丛书主编 吴松弟　丛书副主编 戴鞍钢

Modern Economic Geography of China
Vol. 7

樊如森 著

中国近代经济地理 第七卷

华北与蒙古高原近代经济地理

华东师范大学出版社

本书为
国家出版基金资助项目
"十二五"国家重点图书出版规划项目
上海文化发展基金会图书出版专项基金资助项目

本书系2011年度国家社科基金重大项目"中国旧海关内部出版物整理与研究"(11&.ZD092),复旦大学985三期项目"清代至民国时期边疆地区户籍管理与民族认知研究"(2011RWXKZD021),复旦大学985三期复旦丁铎尔中心生态环境与人文社科交叉研究项目"全球变化与区域响应(1200—2000)"(FTC98503A09)的研究成果。

《中国近代经济地理》总序

吴松弟

描述中国在近代(1840—1949年)所发生的从传统经济向近代经济变迁的空间过程及其形成的经济地理格局,是本书的基本任务。这一百余年,虽然是中国备受帝国主义列强欺凌的时期,却又是中国通过学习西方逐步走上现代化道路,从而告别数千年封建王朝的全新的历史时期。1949年10月1日中华人民共和国成立,中国的现代化进入新的阶段。

近20年,中国历史地理学和中国近代经济史研究都取得了较大的进步,然而对近代经济变迁的空间进程及其形成的经济地理格局,却仍处于近乎空白的状态。本书的写作,旨在填补这一空白,以便学术界从空间的角度理解近代中国的经济变迁,并增进对近代政治、文化及其区域差异的认识。由于1949年10月1日以后的新阶段建立在以前的旧时期的基础上,对中国近代经济地理展开比较全面的研究,也有助于政府机关、学术界和企业认识并理解古老而广袤的中国大地上发生的数千年未有的巨变在经济方面的表现,并在学术探讨的基础上达到一定程度的经世致用。

全书共分成9卷,除第一卷为《绪论和全国概况》之外,其他8卷都是分区域的论述。区域各卷在内容上大致可分成两大板块:一个板块是各区域近代经济变迁的背景、空间过程和内容,将探讨经济变迁空间展开的动力、过程和主要表现;另一个板块是各区域近代经济地理的简略面貌,将探讨产业部门的地理分布、区域经济的特点,以及影响区域经济的主要因素。

在个人分头研究的基础上,尽量吸收各学科的研究成果与方法,将一部从空间的角度反映全国和各区域经济变迁的概貌以及影响变迁的地理因素的著作,奉献给大家,是我们的初衷。然而,由于中国近代经济变迁的复杂性和明显的区域经济差异,以及长期以来在这些方面研究的不足,加之我们自身水平的原因,本书在深度、广度和理论方面都有许多不足之处。我们真诚地欢迎各方面的批评,在广泛吸纳批评意见的基础上,推进中国近代经济地理的研究。

目 录

绪 论 /1

 第一节 本书概念的基本界定 /1

  一、区域范围界定的方法取向 /1

  二、华北经济区 /2

  三、华北经济地理 /4

  四、蒙古高原经济地理 /5

 第二节 学术史回顾 /7

  一、区域经济史和经济地理层面的研究 /7

  二、历史经济地理层面的研究 /24

 第三节 主要资料和内容框架 /27

  一、主要资料 /27

  二、研究内容与框架 /31

第一章 近代华北与蒙古高原的资源环境、居民和经济基础 /36

 第一节 该区域的资源环境和居民 /36

  一、华北平原地区 /36

  二、山西高原地区 /44

  三、漠北蒙古地区 /48

  四、漠南蒙古地区 /56

 第二节 清代中期的华北经济概况 /62

  一、商品化程度不断提高的冀鲁豫乡村 /62

  二、多种经济产业并举的山西高原地区 /66

 第三节 清代中期的蒙古高原经济概况 /68

  一、游牧业与手工业的结合 /69

  二、漠北高原的星散农业 /71

  三、漠南高原的嵌入农业 /72

第四节　本章小结 /76

第二章　区域市场结构的时间与空间演进 /78
　　第一节　华北与蒙古高原本地市场的近代转型 /78
　　　　一、清中期前华北"都城—治所"内向型市场网络 /78
　　　　二、蒙古高原市场经济的萌芽 /79
　　　　三、华北与蒙古高原"口岸—市镇"外向型市场网络的
　　　　　　发育 /84
　　　　四、市场网络的交叉与腹地的重叠 /102
　　第二节　华北与蒙古高原国内周边市场的拓展 /107
　　　　一、西北方向国内市场的拓展 /107
　　　　二、东北方向国内市场的拓展 /112
　　　　三、东南方向国内市场的拓展 /116
　　第三节　华北与蒙古高原国际市场的空间位移 /118
　　　　一、欧美市场的开拓 /118
　　　　二、对日贸易增长与国际市场的多元化 /120
　　第四节　本章小结 /125

第三章　传统与现代相耦合的立体化交通 /126
　　第一节　海港建设与华北近代海运业的发展 /126
　　　　一、清中期以前的华北海港与海运 /126
　　　　二、口岸开放与海港建设 /127
　　第二节　陆路交通网络的新发展 /141
　　　　一、传统陆路运输的存续 /141
　　　　二、铁路的修筑 /147
　　　　三、公路运输的发展 /151
　　第三节　新式邮政和电信业的发展 /156
　　　　一、古老的传统邮驿系统 /156
　　　　二、新式邮政的兴办 /157
　　　　三、电报电话的应用 /161
　　第四节　内河航运的繁荣 /163
　　　　一、华北的内河航运 /163
　　　　二、蒙古高原的水路交通 /173
　　　　三、传统与现代交通的耦合 /176

第五节　本章小结 / 180
第四章　商业、金融嬗变与对外贸易发展 / 182
　　第一节　华北与蒙古高原商业的嬗变 / 182
　　　　一、华北商业从业人员的变化 / 182
　　　　二、商业经营内容的改变 / 187
　　　　三、商品营销方式和网络的变迁 / 190
　　　　四、蒙古高原的近代商业 / 196
　　第二节　华北与蒙古高原的金融变革 / 197
　　　　一、天津及其腹地的新式融资方式 / 197
　　　　二、青岛及其腹地的新式融资方式 / 201
　　　　三、漠北蒙古地区的近代金融 / 202
　　第三节　华北口岸与腹地进出口贸易的发展 / 204
　　　　一、近代天津及其腹地的对外贸易 / 204
　　　　二、烟台开埠与山东进出口贸易的发展 / 211
　　　　三、青岛成为华北东部最大的对外贸易口岸 / 217
　　　　四、海州开埠与苏北豫东的进出口贸易 / 221
　　　　五、抗日战争爆发后的华北对外贸易 / 224
　　第四节　蒙古高原的近代对外贸易 / 225
　　　　一、漠南蒙古向东通过天津口岸的对外贸易 / 226
　　　　二、漠北蒙古向南向东经由天津的对外贸易 / 228
　　　　三、漠北蒙古向北的直接对俄贸易 / 230
　　第五节　本章小结 / 234
第五章　传统农牧业的现代工业化趋向 / 235
　　第一节　华北农业的市场化和外向化 / 235
　　　　一、粮食作物商品化程度的提高 / 235
　　　　二、大面积棉花种植专业区的形成 / 238
　　　　三、从经济视角看鸦片的种植 / 245
　　　　四、花生的种植与销售 / 251
　　　　五、山东、河南两省的美烟种植 / 256
　　　　六、其他农业经济作物的产销 / 257
　　　　七、近代农业科学技术的推广 / 260
　　第二节　蒙古高原的近代农业 / 266

一、内蒙古西部的草原放垦 /267
　　二、内蒙古东部的草原放垦 /268
　　三、漠北蒙古地区的近代农业 /269
第三节　蒙古高原和华北地区牧业经济的发展 /270
　　一、清代中期以前蒙古高原的游牧业 /271
　　二、蒙古高原近代牧业经济的发展 /272
　　三、草原过度开发与土地沙化的关联 /277
　　四、华北家庭养殖和野外猎捕业的发展（以海水捕捞业为中心）/281
第四节　本章小结 /294

第六章　华北与蒙古高原工业的现代化 /296
第一节　城市工业的繁荣 /296
　　一、以天津为代表的华北西部城市工业 /296
　　二、青岛等华北东部城市的现代工业 /302
　　三、蒙古高原城市工业的起步 /307
第二节　矿产工业的发展 /310
　　一、开埠前后的煤炭业概况 /310
　　二、煤炭的现代化开采 /311
　　三、民国时期的华北主要煤铁企业 /313
　　四、金矿的开采 /314
第三节　乡村工业的转型 /315
　　一、直接以农产品为原料的加工业 /315
　　二、棉、丝纺织工业 /321
　　三、蒙古高原的乡村工业 /328
第四节　本章小结 /331

第七章　城镇发展、人口增长与民族融合 /333
第一节　华北与蒙古高原城镇结构的变迁 /333
　　一、清中期以前"都城—治所"型的华北城镇网络 /333
　　二、蒙古高原城镇的萌生 /337
　　三、"口岸—市镇"型城镇的发育 /339
　　四、蒙古高原近代城镇的涌现 /346
第二节　人口增长与近代城市化 /349
　　一、近代华北和漠南蒙古的城市人口 /350

二、城市人口等级与华北和漠南蒙古的城市系统
　　　　／353
　　三、近代漠北蒙古的城市人口／359
第三节　经济视角下的汉人蒙古化与蒙古人汉化／360
　　一、清代前期纯游牧地区的汉人蒙古化／360
　　二、清末民国时期纯农耕地区的蒙古人汉化／364
　　三、蒙汉两族生活习俗和语言的融通／368
第四节　本章小结／371

第八章　华北与蒙古高原近代经济地理格局变迁的动力机制／373

第一节　近代华北与蒙古高原的市场整合度／373
　　一、区域内部市场化程度的空间差异／373
　　二、区域内部经济发展的时间差异／375
第二节　影响区域市场整合的核心要素及其动力机制／377
　　一、市场整合的核心要素／377
　　二、经济地理格局演变的动力机制／378
第三节　近代华北与蒙古高原经济的剧变与渐变／380
　　一、区域经济的市场化水平还不高／381
　　二、以农牧业为主导产业的陆向型经济模式没有根本改变／381
　　三、城市化的整体水平还很低／382
第四节　本章小结／382

后记／384

表图总目／386

参考征引文献目录／391

索引／408

绪　论

本书的绪论部分，主要交代与本书内容直接相关的基本概念、学术研究现状、本书的基本学术定位、所用资料、方法与论述框架，使读者从整体上了解华北与蒙古高原近代经济地理研究的前期基础和努力方向。

第一节　本书概念的基本界定

对著作所关注的学术命题，进行基本概念的界定，是从事科学研究的必要前提。本书涉及的概念很多，如"华北经济区"、"华北经济地理"、"蒙古高原经济地理"，等等，皆属学界迄今或语焉不详，或莫衷一是，而又无法避开并绕行的基本词汇。故而，笔者需在此进行一番个人的阐释。

一、区域范围界定的方法取向

按照顾颉刚、谭其骧先生的说法，"历史好比演剧，地理就是舞台；如果找不到舞台，哪里看得到戏剧"[①]。两位先生所一再强调的空间舞台，正是历史地理学者从事学术研究的基石。所以，对考察对象所涉及的地理范围进行空间界定，自属最首要的基础性工作。

在历史地理学科看来，由相同文字组成的同一区域名词，在不同历史时期内的空间含义，是不完全相同的；即便是在同一个历史时期内，同一个区域名词的空间内涵和外延，也会随研究任务和学术视角的不同而产生很大差异。

在地理学看来，空间是指地球表面的一部分，即一种二维的地表空间，可以名之为区域、地表、地方、地区、地带、领域、景观，等等。如果再在其中加入时间、人文等要素，它就形成了一种三维乃至多维的空间结构。[②] 根据研究对象和任务的不同，地理空间又可再细分为经济空间、文化空间、社会空间、生活空间、感知空间、景观空间等。而对于每一类空间的研究，又往往都要强调空间的构成要素、空间尺度、空间主体、空间过程和空间结构五种基本属性。[③]

具体到与本书相关的学术命题来说，抛开自然、社会层面的空间内涵不谈，仅就经济层面的区域空间而言，也是相当纷繁复杂的。比如，仅仅是对"华北近代经济区"空间范围的界定，学术界就至少存在着两种旨趣迥异的方法取向。一种是分区域研究的经济史方法，即首先圈定一个地域范围的空间边界，然后再对其中的不

---

① 顾颉刚、谭其骧：《发刊词》，《禹贡半月刊》创刊号，禹贡学会，1934年。
② 柴彦威等：《中国城市的时空间结构》，第二章，时间地理学理论研究，北京大学出版社，2002年。
③ 柴彦威：《城市空间》，第2章，城市空间的相关概念，科学出版社，2000年。

同经济要素进行不同历史时段上的时间性纵向考察,进而得出该区域各个历史时期的经济映象来。① 另一种是历史地理学的研究方法,即不预先限定考察区域的空间边界,而是考察影响该经济区构建的基本要素(中心、腹地、交通、产业、网络、结构等),在不同时间和空间维度上的变革与拓展过程,动态描绘相关经济区的发育状态和历史作用。② 鉴于个人专业素养,笔者在本书中对华北近代经济区的界定,即倾向于后一种方法和路径。征诸大量历史事实可以发现,近代华北的经济面貌,正是随着该区域经济中心城市的成长和对外贸易网络的构建而发生时间和空间上变迁的,即由19世纪60年代前以北京、济南等"都城—治所"网络下的农业主导型传统经济区,演变为20世纪30年代后以天津、青岛等"口岸—市镇"网络下的工业主导型现代经济区,两类经济区在地域范围、中心城市、市场层级、网络结构、社会功能、发展水平等方面,都存在明显差异。当然,受很多主、客观条件特别是资料的限制,要准确揭示其演进过程和程度是相当困难的。但作为学术研究的一种方法取向,历史地理学无疑有其一定的合理性。

二、华北经济区

就社会普通人群日常交流和社会认知的需求而言,"华北"与"华东"、"华南"等地理名词一样,已经有了相对固定的空间内涵和广泛的社会认同,根本用不着偏好咬文嚼字的秀才们再进行更加深入细致的辨析了。但是,如果是出于科学研究的需要,那就非要界定清楚不可。

因为事实上,"华北"的概念及其空间范围问题,看似非常简单,其实却是一个极其复杂的学术命题。不消说社会上的普通民众,就连从事该区域学术研究多年的专家级学者,也会感到十分的"挠头"。③ 张利民经过多年的反复考察和论证,以4篇专文的篇幅,基本上厘清了"华北"概念的来龙去脉,并从区域经济史的视角,对其做了详尽的空间界定。④ 这里根据张文的考析,做一个概括性的梳理。

"华北"作为一个词组,虽然在近代之前已经出现并偶尔使用,但是其所涉及的地域范围却多与西岳华山有关,即泛指华山以北的广大地区,与现代地理指向的华北概念几无相关之处。

"华北"作为表达地域范围的专有名词,是近代西方列强在华扩大势力的过程中,从英语"North China"一词逐步衍生出来,并与日语"北支那"一词密切相关的。

---

① 王洛林和李京文总编、社会科学文献出版社出版的《环渤海经济圈大型系列丛书》,包括1个综合卷和涵盖北京、天津(1996年)、沈阳、大连、青岛、辽宁、河北、山东的8个地方卷,共9册,内容包括3省2市经济发展的历史与现状、战略与对策等。
② 樊如森:《环渤海经济区与近代北方的崛起》,《史林》2007年第1期。
③ 罗澍伟:《谈谈近代的"华北区域"》,载江沛、王先明主编《近代华北区域社会史研究》,天津古籍出版社,2005年。
④ 张利民:《区域史研究中的空间范围界定》,《学术月刊》2006年第3期;《"华北"考》,《史学月刊》2006年第4期;《论华北区域的空间界定与演变》,《天津社会科学》2006年第5期;《首次发现的〈华北月报〉与华北一词的滥觞》,《历史教学(高校版)》2007年第8期。

后来，经过美国基督教公理会北京分会《华北月报》(1891年创办)等传媒的陆续使用，和诸多社会阶层的渐次关注，"华北"一词才成了具有广泛民众认同的地理词汇。不过，由于不同社会阶层和学科专业兴趣点的差异，不同人群对于华北空间范围的精确地理指征，依然莫衷一是。

在行政管理层面，七七事变后成立的伪"华北政务委员会"，就曾将其华北辖区的范围，界定在当时的北平、天津、青岛3市，河北、山东、山西3省，以及河南省北部1市39县的地域空间之内。而1948年8月成立的中国共产党华北局人民政府，则将其华北辖区的范围，界定在当时的河北、山西、察哈尔、绥远、内蒙古、平原6省及北平、天津2市。1954年以后，国家虽然撤销了大区一级的地方政权，但受其影响，今天的国家行政主管部门，依然常以原来的6个大区为基础划分管理区片，华北仍为其中的区片之一。

在科学研究层面，不同学科对华北区域范围的空间界定，也大相径庭。1934年，曲直生曾从农业地理的角度，将华北的区域范围界定为河北、河南、山东、山西、陕西、热河6省区以及察哈尔、绥远、甘肃、宁夏、青海的一部分。1954年，中国科学院地理研究所又从地貌角度，把华北的区域范围界定为黄土高原、冀热山地、华北平原地区、辽河平原、山东和辽东丘陵；从河流流域角度，界定为辽河、海河、黄河和淮河4大流域；从政区角度，界定为京津2市、冀鲁晋3省、辽宁与内蒙古大部、苏皖豫陕甘的一部分。1957年，孙敬之主编的《华北经济地理》一书，则把华北从地理区位上定格在北纬31°25′—42°40′与东经110°20′—122°41′之间，从行政上定位在京津2市和晋冀鲁豫4省。1983年，研究区域社会史的乔志强，又将近代华北界定在涵盖今天京津2市和晋冀鲁豫4省，以及内蒙古和陕西的部分相邻地区。2006年，张利民则在回顾和总结华北一词的形成和发展历程以及不同人群和学科对华北概念的不同界定以后，通过考察近代北方广大地区交通和物流网络的变迁历程，将华北的经济区域范围，锁定在现今行政区划下的京津2市和冀鲁晋3省，河南省黄河流域的一部分，以及内蒙古中西部地区。

综上所述，笔者认为，张利民的相关界定，比较符合近代华北交通运输体系和商品流通网络的发展实际，有着更强的学术论证和解释能力。

常言道："有多少个观众，就有多少个哈姆雷特。"意即，要让认知程度存在诸多主客观差异而目标和志趣又千差万别的社会人群，都认可同一个词语的唯一内涵和外延，是很困难的。如果再考虑到时间和空间变迁的因素，去综合界定某一历史时期的区域概念，那又要比对当今地理词汇的界定复杂许多倍。这就需要在学术研究中，"提倡'史无定法'，鼓励区域史研究者根据不同的研究对象和角度，划分区域的空间范围"[①]。

---

① 张利民：《区域史研究中的空间范围界定》，《学术月刊》2006年第3期。

三、华北经济地理

如上所述,学术界对于"面"状的"华北经济区"的界定,是充满纠结的;而对于"体"状的"华北经济地理"的认知,就更不会轻松了。

因为从研究内容上讲,如果对一个经济区的考察,是关注其基本要素(中心、腹地、交通、产业、网络、结构等)的空间拓展和运行机制的话;那么,对该区域经济地理的研究,还要在此之外再加上对资源禀赋、经济政策、交通状况、人口结构、风土民情等自然与人文环境的综合考量。因为按照现代地理学的解释,经济地理学是以研究人类经济活动的地域系统为中心内容的学科,它包括经济活动的区位、空间组合类型(即结构)和发展过程。具体来说,就是关注以生产为主体的人类经济活动(即生产、交换、分配和消费)的整个过程,是如何在一定的地域空间范围内,通过物质流、商品流、人口流、信息流的循环,而将农场、矿场、工厂、农村、城镇、交通和商业网点、金融等经济中心,联结成为一个经济活动系统的。① 概言之,经济地理学是研究各经济要素在市场规律作用下,如何由"点"、"线"、"面",连接成"体"的过程的一门学科。

从学术实践上讲,对于同一个地理概念的把握,除了上述社会认知和学科分野的一般差异之外,还存在不同语言环境和研究任务中的特定要求。比如,笔者曾根据学界通例和历史史实,在《民国时期西北地区市场体系的构建》一文中,将近代"西北"的空间范围界定在"秦岭以北,潼关和山陕黄河大转弯以西的陕西、甘肃、青海、新疆、宁夏、绥远和外蒙古地区"②;在《近代西北经济地理格局的变迁(1850—1950)》一书中,也将近代"西北"的空间范围界定在"昆仑—秦岭以北,潼关和山陕边界黄河大转弯以西,民国行政建制下的陕西、甘肃、青海、宁夏、新疆、绥远6省和外蒙古地方"③。相应地,便在《近代西北与华北的市场联系》一文中,将近代"华北"界定在秦岭—淮河以北,潼关和山陕黄河大转弯以东的"山西、察哈尔、热河、河北、山东、河南省的黄河流域、江苏省的徐州海州地区"。④《华北与蒙古高原近代经济地理》作为吴松弟教授主编的9卷本《中国近代经济地理》之一,除按照以往的空间界定外,还不得不考虑与其他分卷如《西北近代经济地理》、《东北近代经济地理》、《华中近代经济地理》、《江浙沪近代经济地理》等,在撰写内容和涉及空间上的区分与衔接,并保证本书中"蒙古高原"地理空间的完整性,最终将本书"华北"的空间范围,大体上限定在民国政区下山西、河北、河南、山东、江苏等省的全部或部

---

① 中国大百科全书编委会:《中国大百科全书·地理学》,中国大百科全书出版社,1990年,第246页。
② 樊如森:《民国时期西北地区市场体系的构建》,《中国经济史研究》2006年第3期。
③ 樊如森:《近代西北经济地理格局的变迁(1850—1950)》,台湾花木兰文化出版社,2012年,第3页。
④ 樊如森、吴焕良:《近代西北与华北的市场联系》,载张萍主编:《西北地区城乡市场结构演变的历史进程与环境基础》,三秦出版社,2011年。

分地区。① 进而把长城以南列为华北,长城以北列为蒙古高原。同时,为了表述的方便,本书还从市场网络的角度,将民国治下山西省、河北省以及豫北、鲁西北等以天津为核心市场的区域称为华北西部,山东省大部以及豫东、苏北等以青岛为核心市场的区域称为华北东部。

总之,在本书中,"华北近代经济地理"是研究自19世纪60年代华北的通商口岸对世界市场开放,到20世纪50年代计划经济体制在该区域实施的大约100年间,以京、津、济、青等地为核心市场的华北地区,由此前以"都城—治所"网络下的农业主导型传统经济区,向以"口岸—市镇"网络下的工业主导型现代经济区的时空演进过程。大约1958年以后,随着计划经济体制的强势实施,原本较为成熟的市场经济格局又向传统经济形态的方向回归,令华北地区市场经济的正常发育进程有所迟滞。

四、蒙古高原经济地理

蒙古高原,作为中亚大高原的东北部分,整体面积约260万平方公里。在清代,隶属于中国版图的蒙古高原,北部称漠北蒙古,包括喀尔喀蒙古4部(车臣汗部、土谢图汗部、三音诺颜部、扎萨克图汗部,俗称外蒙古)、科布多地区、唐努乌梁海地区、呼伦贝尔地区。蒙古大漠以南的地区,称漠南蒙古,包括内扎萨克6盟24部49旗(俗称内蒙古)、察哈尔8旗、归化城土默特2旗、套西2旗。

在本书关注的近代历史时期内,即1949年10月16日中华人民共和国中央人民政府正式承认外蒙古地区的独立地位之前,包括漠北和漠南在内的蒙古高原,都是当时中国领土的重要组成部分,亦即本书研究的经济地理空间之一。②

按照抗日战争胜利之初的统计,中华民国的陆地国土面积为1 117.355 8万平方公里,其中本书所涉及的华北和蒙古高原,面积大约为312万平方公里。其中,含喀尔喀4部、科布多、唐努乌梁海的外蒙古地方161.2万平方公里,呼伦贝尔26.3万平方公里,河南省17.215 5万平方公里,河北省(含天津、北平)14.052 6万平方公里,山东省(含青岛、威海)15.371 1万平方公里,山西省16.184 2万平方公

---

① 民国政区下的豫东和苏北地区,在自然地理上,是1855年前的黄河干道流经区,显系黄河流域;在经济地理上,徐州和海州2个自开口岸及其腹地,或为青岛胶海关的下属分关,或通过黄河、小清河及沿海航运,同济南、烟台、青岛等口岸紧密衔接,成为华北市场的一部分。故而,可将该区域视为近代华北的边缘腹地,或称之为青岛、上海、镇江的交叉腹地。将河南部视为天津、镇江、汉口的交叉腹地。
② 进入民国以后,外蒙古的一些主张区域独立的人,在俄国和苏联支持下,不断从事区域独立的活动。由于历届民国政府、一般民众和愿维持统一的蒙古王公的反对,其图谋未能成功。1945年8月14日,国民政府与苏联签署《中苏友好同盟条约》,允许外蒙古地方于1945年10月20日进行公民实名投票,结果多数赞成脱离中国而独立。1946年1月5日,国民政府依约宣布承认外蒙古独立。同时,漠北蒙古近17万平方公里的原唐努乌梁海地区,也在宣布独立后加入苏联,成为其图瓦自治州。1949年10月16日,中华人民共和国与蒙古人民共和国建立外交关系,正式承认了外蒙古独立和唐努乌梁海地区并入苏联的事实。

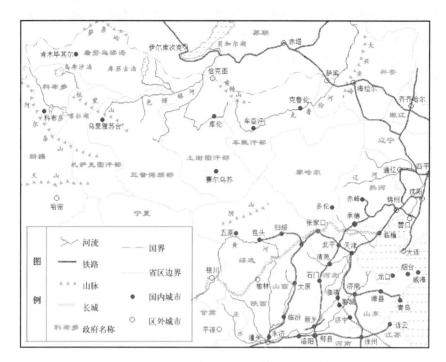

图 0-1 1948 年前后的华北与蒙古高原示意图
（资料来源：金擎宇编纂：《中国分省新地图》，第三图"全国政区图"之部分，亚光舆地学社，1948 年。）

里，热河省 17.396 万平方公里，察哈尔省 25.881 5 万平方公里，绥远省 18.386 万平方公里。尽管河南省的淮河以南不属华北，但江苏省的原黄河流域却是华北的一部分，二者面积大体相当和相抵。① 整个域境约占当时全国陆地总面积的 28%。

需要特别指出的是，自然地理空间的辽阔，并不完全等同于区域经济实力的巨大。尤其是清代中期之前的蒙古高原地区，其主导经济产业是自给自足性的传统游牧业，生产活动分散，商品化程度低下，没有出现足够数量的繁华城市，市场关联度较高的经济区形态更是无从谈起。只有在清代中期之后，随着民族关系的改善，蒙古牧区和华北农耕区之间的商品交流才渐次展开，该区域农牧业经济的市场化才开始起步；再加上沿边和内陆口岸经济辐射力的不断增强，当地以畜产品进出口为内容的近代外向型经济，才有了一定程度的发展，但水平尚远不能与华北内地相比拟。② 其结果，造成了华北和蒙古高原经济现代化水平的时空差异，这是近代中国区域经济发展不平衡的客观体现。不明晰华北与蒙古高原近代经济地理的普遍性和特殊性，就容易在学术研究中陷入以偏概全的误区。

---

① 杨景雄、李庆成、邱祖谋、盛叙功、葛尚德绘编：《中华民国最新分省地图》，赛澄出版社，1946 年；另外检索互联网获知，呼伦贝尔地区面积为 26.3 万平方公里。
② 樊如森、杨敬敏：《清代民国西北牧区的商业变革与内地商人》，《历史地理》第 25 辑，上海人民出版社，2011 年。

第二节　学术史回顾

华北,长期作为中国的政治核心区和主要农耕区之一;蒙古高原,一直是中国游牧民族繁衍生息的主要家园之一;近代,则是两大区域传统农、牧业经济受外来生产方式冲击而变化显著的历史阶段。几种因素的叠加,使得华北和蒙古高原近代经济发展研究的意义更为凸显,从而引发了中外学者的竞相关注,研究成果非常丰硕。此处选介一些原创性著作,一是为了给读者提供研究相关课题的学术背景,同时也在于夯实本书的学理基础。不过限于篇幅,这里只能以专著的介绍为主,论文的介绍为辅。

一、区域经济史和经济地理层面的研究

有关近代华北与蒙古高原经济史和经济地理层面的学术专著,从研究所涵盖的空间范围大小上,可以概括为点、线、面三个层级。

1. "点"的研究

"点"的经济史研究,是相对于华北与蒙古高原这一宽阔"扇面"而言的,主要是指那些以一个城市或较小区域为考察对象的微观研究。其中,又以对城市特别是对通商口岸城市,如天津、青岛等的研究为多。

以对近代天津的研究为例,早在日本明治四十二年(1909)的时候,就在日本出版了由日本中国驻屯军司令部主编的《天津志》[①]一书,全面汇集了清朝末年,天津的地理环境、建置沿革、户口、市政、交通、金融、工商、国内外贸易等状况。该书名之为志书,似乎遵循了旧志"述而不作"的传统,实际上却是"述""作"并重的研究性著作,不少内容都显示出编著者的深刻见解。如第十五章"工商业"开篇云:"天津是华北最优越的商港,是往来于直隶、山西、陕西、甘肃、内外蒙古及奉天、吉林、河南、山东各省的要地,是它们的一部分货物的几乎是唯一无二的吞吐港。"没有对天津及其腹地经济发展状况的详细了解和系统把握,是无法得出这种精当结论的。由此可见该书的重要参考价值。

20世纪20年代英国学者雷穆森(O. D. Rasmussen)著有《天津——插图本史纲》[②]一书,记述了天津从开埠至1924年间的政治、军事、外交、文化、社会等方面的基本状况,尤其是书中的第22章,集中介绍了该时期天津在商业、工业、航运和贸易等方面的许多内容,对天津城市及其腹地经济发展历程的研究,有一定的参考价值。

这一时期,不少具有西学背景的中国学者在学成回国后,纷纷将欧美现代学科

---
① 侯振彤等中译本改名为《二十世纪初的天津概况》,天津市地方史志编委会总编室,1986年。
② *Tientsin — An Illustrated Outline History*. The Tientsin Press, Ltd. 许逸凡、赵地译,《天津历史资料》第2期,天津市历史研究所,1964年。

的理论和方法,运用到对中国社会经济的考察与研究中,取得了一批成果。在南开大学经济所任教的何廉、方显廷,就是其中的代表,他们通过系统深入的专业考察,撰写出以《天津地毯工业》①、《天津之粮食业及磨坊业》②、《天津棉花运销概况》③等多部著作,对天津的工商业发展进行令人耳目一新的解析。

20世纪40年代,李洛之、聂汤谷合著了《天津的经济地位》④,该书共分4章18节,所附各类统计图表457个,极为全面地介绍了民国时期,特别是20年代到抗日战争胜利期间,天津在进、出口贸易、工业、商业、金融等许多经济领域的发展状况,以大量翔实可信的史实,凸显出天津在华北经济发展当中的主导地位,是20世纪前半期天津经济发展研究领域里的集大成之作。

20世纪80年代以后,中国大陆重新开始以经济建设为中心,相关学者的研究也进入了一个新阶段。其中最具代表性的专著,首推罗澍伟主编的《近代天津城市史》⑤。该书以洋洋23章64万字的篇幅,较为详细地论述了近代天津城市在市政建设、交通、工业、商业、金融、社会生活等领域的基本发展历程,并对天津进出口贸易及其腹地经济变迁等方面,也进行了较多的探讨,成为新时期天津乃至全国城市史研究的先导。

姚洪卓所著的《近代天津对外贸易(1861—1948)》⑥,则以丰富的海关统计数据,详尽地分析了1861—1948年间,天津对外贸易的发展历程、原因、特征以及天津在北方和全国的地位,对于天津及其腹地进出口结构和经济发展进程的研究,特别是在当时旧海关资料没有被系统地整理和出版的背景之下,具有相当鲜明的特色和参考价值。2011年,姚洪卓"又不顾70多岁的高龄,继续辛勤搜索、精心整理、潜心研究,最终编制了48份研究数据表和多篇专题论文,客观公正地追溯了天津的对外贸易历史,为后人的研究提供了佐证、铺垫了基石,弥足珍贵"⑦,具有重要的学术价值。

商业是近代天津城市经济的龙头和支柱产业,对商业主体即商人的考察,自然十分重要。宋美云所著《近代天津商会》⑧,将天津商会放入社会变迁的历史过程中进行考察,揭示了政府相关政策的变化与近代天津商会的兴衰过程与实质,并对商会的运行机制、组织网络系统的构建、参与政治的情况、对政府决策的影响以及商会的市场经济功能和在城市管理中的重要作用等问题,进行了具体的考辨和细致的分析。

---

① 南开大学社会经济研究委员会,1930年。
② 南开大学经济学院,1932年。
③ 南开大学经济研究所,1934年。
④ 经济部冀热察绥区特派员办公处驻津办事处,1948年。
⑤ 中国社会科学出版社,1993年。
⑥ 天津社会科学院出版社,1993年。
⑦ 姚洪卓:《近代天津对外贸易研究》,序,天津古籍出版社,2011年。
⑧ 天津社会科学院出版社,2002年。

张利民主编的《解读天津600年》①,共分4篇17章,从空间环境与城市功能、经济发展与经济地位、城市社会与控制、教育、文化与生活等方面,综合研究和论述了天津设卫建城600年演进的主体脉络,分析了天津城市不同时期的发展特征和在全国经济发展当中的重要位置。作为一部贯通性的城市史研究著作,较之断代城市史研究有着更为宽阔的学术视野和全局性把握。

刘海岩所著《空间与社会——近代天津城市的演变》②,把城市生态、城市社会和城市人口的理论有机地结合起来,应用于天津近代城市成长过程的研究,并对河道水系与天津城市形成的关系、近代运载工具传入对天津城市空间发展的影响、城市人口结构与社会阶层演进、居住分布及生活方式与公共事务的关系等方面,作了较为新颖而全面的探讨。该书地理学的空间视角颇为宽广,学术素养相当深厚,是天津近代城市史和城市社会史研究领域的有特色的力作。

庞玉洁所著《开埠通商与近代天津商人》③一书,则主要论述了开埠以后,天津商人是怎样随着对外贸易的产生和发展,以及新式工商业的崛起而被迫卷入世界资本主义体系,逐步改变经营方式而由封建商人向资本主义商人过渡;又是怎样在天津商会这一具有资本主义性质的新式商人社团的领导下,随着其自治精神的形成和组合体制的变革,在不断完善商人组织系统的同时,为近代天津城市社会经济的早期现代化和社会生活的进步做贡献。该书作为陈振江教授"通商口岸与近代文明传播研究"的组成部分,在引入新的学科理念进行全新阐释方面,做出了很有价值的探索。

与此同时,台湾学者叶淑贞撰有硕士学位论文《天津港的贸易对其腹地经济之影响(1867—1931)》④。全书分5章,近10万字。该论文主要运用海关年报、十年报告以及领事商务报告,比较系统地论述了1867—1931年间天津港对外贸易的发展概况、商品结构和市场结构,并勾勒出1904年前后天津港的基本腹地范围;同时运用方志和相关调查资料,初步探讨了港口贸易对腹地农、牧、矿、工各产业部门所产生的影响。该学位论文统计表格颇多,是运用经济史方法研究天津港口贸易对腹地经济发展影响的重要成果。

稍后,南开大学的两篇博士学位论文郭锦超的《近代天津和华北地区经济互动的系统研究》、高福美的《清代沿海贸易与天津商业的发展》⑤,也都有较高的参考价值。

美国学者关文斌所著《文明初曙——近代天津与社会》⑥,则从社会史的视角,在剖析天津近代的重要经济势力盐商社会活动与作用的同时,较多地关注到作为

---

① 天津社会科学院出版社,2003年。
② 天津社会科学院出版社,2003年。
③ 天津古籍出版社,2004年。
④ 台湾大学经济研究所1983年硕士学位论文,未刊稿。
⑤ 南开大学经济研究所2004年、历史学院2010年博士学位论文,未刊稿。
⑥ 天津人民出版社,1999年。

天津重要支柱产业之一的盐业的发展状况,在众多的近代天津城市史研究著述中,颇有他山之石的功效。

日本学者吉泽诚一郎所著《天津の近代——清末都市にぉける政治文化と社會統合》①,运用大量的中日文档案和调查资料,分10章考察了团练、救火会、义和团、善堂、习艺所、体育社等社团组织及活动,以及近代天津行政管理制度转型和社会风俗变革之间的内在关系,从城市社会史的视角厘清了天津城市逐步走向现代化的文化渊源,在一定程度上丰富了天津作为北方工商业大都市的历史人文内涵。

日本学者佐藤宪行所著《清代ハルハ・モンゴルの都市に關する研究——18世紀末から19世紀半ばのフレを例に》②,共6章,运用大量的蒙古文、汉文、日文、俄文档案,以18世纪末到19世纪中期库伦的成长历程为例,系统梳理了清代喀尔喀蒙古地区的城市发展与当地宗教、民族、区域经济开发之间的互动关系。该书资料翔实,视角独特,具有较高的史料和学术价值。

另外,20世纪90年代以后,天津市地方志编修委员会陆续编著了一套《天津通志》,如金融志③、港口志④、外贸志⑤等,分别记述了天津自明代建城一直到20世纪90年代相关领域的发展状况。金融志包括货币、机构、银钱银行保险业务、市场、人物5篇,港口志包括港区的变迁、港口建设、设施与设备、运输与装卸、腹地与集疏运、港口管理、名录7篇,外贸志包括管理机构、出口货源、出口贸易、进口贸易、外贸服务、业务管理、外贸企业、教育科研、名录9篇。在不少板块的开头部分,都有或多或少的回溯性研究。它们虽然较为简单,但还是颇有启发和资料价值的。类似的书籍,还有天津市档案馆编的《近代以来天津城市化进程实录》⑥,分城建、商贸、工业、交通、金融、人文6个方面,详细展现了天津150余年特别是近代90年间的城市发展脉络和建设成就。该书作为集体协作的成果,共112万字,史论结合,概述部分简洁明了,资料部分辑录很有条理,是研究天津近代城市发展的有益参考。

同时,华北与蒙古高原其他省市,近年来编撰的不少新方志,也有不少回溯性的内容。但因其焦点毕竟不在近代时期,故在此不一一专述了。

秦皇岛是渤海湾西岸长期隶属于天津的口岸城市,因港口条件的优越而在区域经济发展中占有重要的地位。原创性较强的研究,有编写组集体编著的《秦皇岛港史(古、近代部分)》⑦一书,不但用较大的篇幅记载了自鸦片战争,特别是1898年3月26日清政府宣布秦皇岛为自开口岸后直至1949年间,当地码头工人的革命斗争史,也叙述了该地港口设施建设和进出口贸易的情况,以及港口发展对当地城镇

---

① 名古屋大学出版会,2009年。
② 东京学术出版会,2009年。
③ 《天津通志·金融志》,天津社会科学院出版社,1995年。
④ 《天津通志·港口志》,天津社会科学院出版社,1999年。
⑤ 《天津通志·外贸志》,天津社会科学院出版社,2001年。
⑥ 天津人民出版社,2005年。
⑦ 人民交通出版社,1985年。

和冀东腹地经济发展的影响,是考察该港口城市和冀东近代变迁不可多得的重要出版物。

唐山是随着近代交通与工业发展对能源需求的不断增加而迅速兴起的矿业城市,对它的考察,有南开大学经济研究所经济史研究室编写的《旧中国开滦煤矿的工资制度和包工制度》①,该书从3 000万字的开滦煤矿企业英文档案和对数百名老工人以及矿方、包工大柜的调查访问中,提炼出中国最早使用机器开采的极少数大型煤矿的各类工资和包工制度,为了解华北煤炭采掘工业的现代化进程和内部运作机制,提供了详尽的资料。

青岛是山东半岛的最大枢纽港,国内学者的学术性考察,有胡汶本、寿杨宾主编的《帝国主义与青岛港》②,记述了1897年德国占据青岛至1949年解放军攻取青岛的52年间码头工人的革命斗争、国内外不同政治势力统治下青岛港的建设情况,以及他们各自以青岛为基地,以胶济铁路为纽带,通过对港、路、矿、关、厂的控制,建成青岛港在山东经济腹地的历程,可资相关研究参考。

任银睦的《青岛早期城市现代化研究》③,则"尝试摆脱传统城市史的研究范围与方法,一方面,运用行政管理学、法律学、经济学、社会学、文化人类学、历史学、城市地理学及人口学等学科的理论与方法,多视角、全方位地阐释在青岛百年城市发展中具有奠基作用的青岛早期(1898—1922年)城市现代化进程;另一方面,将城市研究视野扩大,把青岛早期城市现代化进程置于青岛城市腹地这一更广阔的经济、政治和社会文化时空中进行考察,并以此为基础,总结青岛在近代中国沿江沿海城市现代化进程中的城市发展模式及特点",④参考价值较大。

日本关西外国语大学学者栾玉玺所著的《青岛の都市形成史:1897—1945——市場經濟の形成と展開》⑤,全书共分10章,运用当时大量翔实的日文调查、档案与著述,全面考察了自1897年德国强占胶州湾以后,青岛在德占、日占和民国政府管辖等不同历史时期,港口与城市建设、交通状况与商品流通、对外贸易发展、龙头工业棉纺织业的生产与经营、其他加工制造工业、文化教育与近代技术的引进等诸多城市建设特别是市场经济发展方面的内容,是青岛城市史研究中的原创性力作。

济南是由政治中心向经济城市转变的内陆城市之一,近年来的专题性考察,有聂家华的《对外开放与城市社会变迁——以济南为例的研究(1904—1937)》⑥一书,对自开商埠背景下的济南城市早期现代化在各个层面的展开情况进行了细致的考

---

① 天津人民出版社,1983年。
② 山东人民出版社,1983年。
③ 三联书店,2007年。
④ 引自该书封底上的内容简介。
⑤ 日本京都思文阁,2009年。
⑥ 齐鲁书社,2007年。

察,从现代工商业的诞生到现代市政的发展,从社会生活和社会结构的变迁到教育文化的转型等,均做了较为全面的分析。

美国学者鲍德威(David D. Buck)所著《中国的城市变迁:1890—1949年山东济南的政治和发展》,①从城市社会史的角度,叙述了19世纪晚期、清末新政时期(1901—1911年)、民国初年(1912—1916年)、军阀统治时期(1916—1927年)、国民党统治时期(1927—1937年)、战争时期(1937—1948年)6个阶段的济南政治、经济与社会生活面貌,肯定了各级政府和资产阶级所进行的中国式城市化的努力,但并没有全然认为近代济南城市变革道路是成功的。他的观点是尽管城市建设获得了某些成果,但农民离开乡村熟悉的环境来到城市却是一种痛苦的经历。其说法看上去有些离奇,却也颇具启迪价值。

作为"北洋三口"之一的烟台,是山东省最早的开埠口岸,青岛崛起之前是华北东部最有影响力的港口城市。刘素芬所著《烟台贸易研究(1867—1919)》②,对开埠到第一次世界大战以后,烟台的进出口贸易结构和其山东对外贸易格局中地位的升降,做了细致的梳理。支军所著《开埠后烟台城市空间演变研究》③一书,对烟台城市空间形态、产业结构、社会空间、区域结构4个方面,作了有意义的梳理。二书资料充实,思路清晰,颇具参考性。

石家庄原本只是正定县境内一个800余人的小村子。1905年京(北京)汉(汉口)铁路建成通车,并于1907年与正(正定)太(太原)铁路交会后,它开始成为河北平原重要的现代铁路枢纽,因此,长期被作为海内外学者说明华北近代社会变迁的典型例证。不过,篇幅较大的专题研究著作却不多见。李惠民所著《近代石家庄城市化研究(1901—1949)》④,作为"一部系统研究近代石家庄城市化发展的历史学著作,在国内外已有研究成果的基础上,作者通过深入挖掘原始档案资料和拓展近代石家庄城市史研究的领域,运用历史学、社会学、经济学、政治学、人口学、地理学、教育学、文化学等多学科的理论与方法,对近代石家庄城市兴起、发展史实、过程特点,进行了广泛考证和深入剖析,多视角、全方位地阐释了石家庄城市化的近代模式"⑤,具有一定的参考价值。

托马斯·J·麦考迈克(Thomas J. McCormick)所著 *China Market: America's Quest for Informal Empire* (1893—1901)⑥(《中国市场——美国人建立超常帝国的探索(1893—1901)》)一书,主要讲述19世纪90年代的美国,是如何依靠贸易自由的"门户开放"主张,向西横渡太平洋而扩张其经济霸权,进而为美国工农业剩余

---

① 张汉等译,北京大学出版社,2010年。
② 台湾商务印书馆,1990年。
③ 齐鲁书社,2011年。
④ 中华书局,2010年。
⑤ 引自该书封底的内容简介。
⑥ Elephant Paperbacks (Ivan R. Dee, Chicago), 1990.

产品在中国找到无限市场空间的探索历程。而促使美国从欧洲大西洋沿岸转向亚洲太平洋沿岸的决策依据,来自美国驻华公使田贝(Charles Denby,著有 *China and Her People*,汉译(《中国和她的子民》),1906)。此人是个"北京通",1897—1898年间他发给美国政府大量在华商贸收益报告和决策分析。该书对于全面理解和把握19、20世纪之交,北京周边及国内外复杂的市场形势,有一定帮助。

2. "线"的研究

和对单一城市"点"的研究相比,可以将对某一区域城市网络的研究,称为"线"的研究。

这方面较早的经济史研究成果,当数王玲所著《北京与周围城市关系史》,①该书从战国燕赵时代一直关注到民国时期,以今天的北京城为主体,将北京及其周围城市作为一个有机整体,通过考察这些城市的政治、经济特点,特别是它们和北京之间的相互联系和影响,得出了应该建立一个以北京为核心,周边其他城市分工明确的华北现代城市体系的研究结论。此书直接或间接地成为此后众多"首都经济圈"支持者著书立说的一个依据。

王守中、郭大松所著《近代山东城市变迁史》②,则以5章50万字的篇幅,叙述了1840—1933年间,山东省范围内各主要城市,特别是运河沿岸城市如临清、济宁、东昌(聊城)、德州,沿海港口城市如烟台、青岛、龙口、威海,胶济铁路沿线城市如济南、潍县、周村、博山的市政建设和工商经济发展等的变迁过程,并对山东城市不同发展阶段的特点和动因,以及近代中国城市发展缓慢的原因等问题,进行了探讨和总结。

张利民所著《华北城市经济近代化研究》③,共分2编6章,以城市经济的变迁为主要研究视角,通过对最能够代表近代化进程的对外贸易、商业和商品流通网络、金融组织与市场、近代工业,以及与此相关的交通等的系统梳理和阐述,对华北城市发展的不同阶段及其特点,做了全面的分析与总结,为华北城市近代化研究的深入进行,奠定了深厚的学术基础,是华北城市体系变迁研究领域的典范之作。

王云所著《明清山东运河区域社会变迁》④,利用碑刻、家谱及地方文献资料和多学科的方法,对明清时期山东运河区域的社会变迁、戏剧等文化交流、不同区域民间信仰的相互交融,以及运河区域社会变迁的特点与趋势,运河城镇的分布与空间结构特点,社会变迁的表现形式、深度及其特点,各地地域商人势力的分布消长,民间信仰的交融等方面,均有不少新的见解,对近代山东运河沿线经济变迁问题的研究,也有一定的参考价值。

受自然环境的制约和风俗习惯的影响,蒙古高原的生产方式长期表现为一种

---

① 北京燕山出版社,1988年。
② 山东教育出版社,2001年。
③ 天津社会科学院出版社,2004年。
④ 人民出版社,2006年。

"逐水草而居"的游牧经济形态,除一些军事堡垒之外,具有商业集散功能的城镇聚落,在规模、数量上远不如内地农耕区发达,从而也制约了该地区城市史的研究水平。乌云格日勒所著《十八至二十世纪初内蒙古城镇研究》,①则弥补了这一学术研究缺憾。该书在运用诸多汉文、蒙文、日文、俄文资料的基础上,对清代内蒙古地区城镇兴起的背景、早期形态、清末时期卓索图盟、昭乌达盟、哲里木盟、乌兰察布盟、伊克昭盟等不同地区城镇的特点、功能、工商业经济的发展、宗教与文化等内容,均进行了条分缕析的考察。该书是研究近代内蒙古地区城镇发展状况的重要参考著作。

3."面"的研究

对某一地域空间范围内的经济现象,进行全方位考察,这就是"面"的研究,在民国时期就已经开始了。

(1)华北经济史和"当时代"经济地理的研究

20世纪20年代,日本学者吉野美弥雄著有《利用すべき天津を中心こせる北支那の物産》②,详细地介绍了第一次世界大战以后,山东、河南、直隶、奉天、蒙古、山西、陕西、甘肃等地的铁矿、煤炭、棉花、羊毛、花生、小麦、草帽辫、碱、鸡蛋、猪鬃、牛皮、山羊皮、绒毡、核桃、牛油、麻、兽骨、枣、胡麻、柿饼、甘草等物产的产地、加工、运销概况,及其与北方经济中心城市天津之间的贸易关系,是研究该时段华北等地商贸地理的重要资料。

20世纪30年代的相关著作,有日本学者田中忠夫著、姜般若译的《华北经济概论》③,该书以8章的篇幅,叙述了1927—1933年间河北、山东、山西、察哈尔、绥远5省的自然环境、社会结构、农业、工业、财政方面的经济发展状况,并对自19世纪60年代以后的国际环境和华北地区的历史概况进行了分析和探讨,考察较为系统条理。

1939年,中华书局陆续出版了吴世勋编的《河南》④、黄泽苍编的《山东》⑤、葛绥成等编的《中国地理新志》⑥(黄河和沽河流域部分)、周宋康编的《山西》⑦等新方志类著作,从体例到内容都充分加入了作者的见解,与"述而不作"的传统方志有了很大区别。其中的不少章节,已包括当时华北的资源物产、城市商埠、交通民俗,以及新式工业的发展等经济地理内容。

20世纪50年代以后,从翰香主编的《近代冀鲁豫乡村》⑧,作为以从翰香为首

---

① 内蒙古人民出版社,2005年。
② 日本大阪三岛开文堂,1924年。
③ 北京出版社,1936年。
④ 中华书局,1927年。
⑤ 中华书局,1935年。
⑥ 中华书局,1936年。
⑦ 中华书局,1939年。
⑧ 中国社会科学出版社,1995年。

的中国社会科学院近代史研究所部分学者所进行的华北区域经济史调查和研究的结晶,复原了冀、鲁、豫3省近代乡村在社会结构、农业、手工业发展、市镇兴起、田赋徭役负担与资本主义化等方面的概貌,是1949年以后有关华北区域经济史的研究中,最有分量的原创性学术成果之一。

日本学者久保亨所著《中國經濟100年のあゆみ——統計資料で見る中國近現代經濟史》[1],针对日本学术界对1949年前的中国经济史研究偏少的状况,遍览大量的日文和中文调查和统计资料,编辑整理出清末以降100余年间中国在近代工业如棉纺织、丝纺织、面粉、火柴、造纸、橡胶、化学、机械制造、造船、钢铁,交通业如铁路、轮船、公路、电信,矿产和能源工业如煤炭、石油、电力等方面的144张统计表格,对于研究包括华北在内的中国近代经济史,都具有系统的参考价值。

刘建生、刘鹏生、任凯、刘俊凯、贾惠杰合著的《山西近代经济史》[2],概述了1840—1949年间,山西地区的商业、金融业、农业、手工业、交通运输业等方面的发展历程,并对商品经济发展、产业结构变化与晋商群体兴衰的相互关系作了努力探索。该书既是几位作者此前多年研究的总结,也是他们此后从事《晋商研究》[3]的基石,对其他学者的近代山西经济史研究,也具有学术参考价值。此外,黄鉴晖所著《山西票号史》[4],也对明清晋商票号的兴衰历程作了系统的梳理,有助于厘清山西商人与华北和蒙古高原经济发展的关联。

许檀所著《明清时期山东商品经济的发展》[5],通过丰富而扎实的典章和方志资料,编绘了75张表格和9张要素分布示意图,对明代和清代前中期山东地区农业、渔业、手工业、矿业生产的基本发展状况和各主要商品的流通状况作了细致的描述,详尽地勾画了该时段山东商品经济的发展轨迹和发展程度,为近代山东区域经济变迁史的进一步探索,夯实了必要的学术基础。

李正华所著《乡村集市与近代社会——20世纪前半期华北乡村集市研究》[6],以对华北乡村集市的研究为基础,对中国广大地区近代乡村集市的类型、分布格局、规模、运作方式、地位和作用,其所具有的时空、经济性与社会性、宗教色彩的淡化等特点,集市发展与商品经济、人口、乡民经济生活、地理条件、乡村政治、宗教、习俗、社交等要素的相互关系,均作了条分缕析的考察,并将华北与江南、西南等地的乡村集市进行了比较分析。

美国学者马若孟著、史建云译的《中国农民经济——河北和山东的农民发展,1890—1949》[7],以满铁的调查资料和卜凯的调查资料为依据,对河北、山东农村的

---

[1] 日本福冈久留米市创研出版,1995年。
[2] 山西经济出版社,1997年。
[3] 刘建生、刘鹏生、梁四宝、燕红忠、王瑞芬、樊江春合著,山西人民出版社,2005年。
[4] 山西经济出版社,2002年。
[5] 中国社会科学出版社,1998年。
[6] 当代中国出版社,1998年。
[7] 江苏人民出版社,1999年。

经济状况,如土地分配状况、农民通过作物种植结构调整来应对的市场变化、农村雇佣、对外贸易与农村手工业发展的关系等,进行了深入考察,并指出了该种农业经营方式对乡村经济发展和农民生活改善所具有的积极意义。其实证研究基础和独特分析视角,可供近代华北经济变迁史研究者借鉴。

美国学者黄宗智所著《华北的小农经济与变迁》[①],主要利用20世纪30年代满铁人员在河北和山东2省33个村庄的实地调查资料,对该时期农村的土地结构、租佃结构、产业结构、收入与消费结构等农业经济关系的诸多方面进行系统分析,对清代和20世纪50年代华北平原地区的农业经济也有所涉及,目的是寻找该时期中国农民运动和农业危机的经济根源。该书与其另一部著作《长江三角洲小农家庭与乡村发展》,曾一度引起学界对中国区域经济历史和发展道路的热烈讨论。

徐永志所著《开埠通商与津冀社会变迁》[②],系统地考察了天津开埠对津、冀社会变迁的作用,并通过对津、冀政治中心的迁移、城乡的经贸关系、早期工业化、商业、金融、交通与城市网络的形成等过程的分析,揭示了天津及其腹地河北地区,由传统社会向近代社会的转型,是从社会学的角度,对天津城市与腹地关系所进行的一次新的探索。该书和上述庞玉洁的论著一样,也是南开大学陈振江教授"通商口岸与近代文明传播研究"课题的组成部分和延伸研究之一。

庄维民所著《近代山东市场经济的变迁》[③],考察了自开埠通商以后,山东各地市场在进出口贸易的引领下,由传统市场网络向以沿海城市为核心的新型市场网络的转变历程,以及随着市场结构的演化所产生的农业、工业和商业的商品化与现代化。该书与许檀所著《明清时期山东商品经济的发展》,堪称山东区域经济史研究的双璧。

日本学者内山雅生著,李恩民、邢丽荃译的《二十世纪华北农村社会经济研究》[④],主要依靠20世纪40年代满铁在山东、河北农村的"惯行调查"和他本人20世纪80年代以后的实地调查资料,对整个20世纪华北农村的经济构造、社会变动以及社会关系与社会习惯的变迁等,进行了深入论述和考察。书中的民国部分,对于近代华北区域经济史的研究具有一定参考价值。

日本学者杉山(Shin'ya Sugiyama)和顾琳(Linda Grove)主编的论文集 Commercial Networks in Modern Asia[⑤],汇集了学者们有关18世纪至20世纪亚洲商业网络的研究论文13篇,其中包括 Linda Grove 的 International Trade and the Domestic Marketing Networks in North China(1860—1930)。该论文集论述了1860—1930年间华北进出口贸易和国内市场网络的状况,特别是对棉纱和棉布贸

---

① 中华书局,2000年。
② 中央民族大学出版社,2000年。
③ 中华书局,2000年。
④ 中国社会科学出版社,2001年。
⑤ London: Curzon Press 2001.

易网络的分析尤为具体。这在顾琳的《中国的经济革命——二十世纪的乡村工业》一书中,得到了继承和发展,具有较重要的启迪意义。

顾琳所著《中国的经济革命——二十世纪的乡村工业》[①],研究的主体是关于民国年间河北省高阳地区乡村织布业发展原因和内在机制的探讨,但并没有将关注点完全局限在1910—1930年这一核心时段,而是借助于实地调查和其他中外文献资料,将考察视野上延到清朝末年,下展到解放以后直到1995年,从治乱兴衰的社会变迁和荣辱成败的企业发展起伏中,提炼出具有高阳地域特色的乡村工业运作机制,足资华北近代经济研究者参考。

张利民、周俊旗、许檀、汪寿松合著的《近代环渤海经济与社会研究》[②],运用区域经济的理论和方法,首先将环渤海地区按照行政区划,划分成山东、直隶和辽宁3个大的经济区,然后进行了分别的学术考察,并论述了天津在3省2市区域内经济发展中的作用和地位。该书是从整体区域的新视野,探索北方经济与社会协调发展的成功尝试。

美国学者彭慕兰著、马俊亚译的《腹地的构建:华北内地的国家、社会和经济(1853—1937)》[③],探索了清末民初华北内地的社会、经济和生态变迁概况,尤其是山东西部地区的金融、农作、交通、税收情况和农民的反抗斗争,分析了不同阶级、地区和性别的因果关系,得出了经济腹地是被当地群体与外部力量共同创造、而不是被人们主观发现的研究结论。整体而言,该书的社会史研究特征,比其经济史研究要充分而到位。

王建革所著《传统社会末期华北的生态与社会》[④],从生态史学的研究视角,以水土环境为中心来探讨华北平原地区的生态大背景,进而集中讨论了生态系统中的各要素——特别是与农作物种植和动物养殖相关的技术、制度——是如何与农业生产和社会生活相互适应与衔接的。对近代华北平原地区农业经济发展问题的探讨,具有学科交叉层面的参考价值。

张学军、孙炳芳所著《直隶商会与乡村社会经济(1903—1937)》[⑤],叙述了直隶商会在各地市镇的发展过程与特点,探讨了商会在乡村商业、工业、农业、公益事业发展中的作用。此书体现了商会研究的重心由通商口岸城市向内地基层的下移,是研究乡村社会经济变迁的新尝试。

熊亚平所著《铁路与华北乡村社会变迁(1880—1937)》[⑥],通过大量翔实的历史资料,梳理了近代华北陆路交通史上最具革命性的运输方式——铁路交通的产生

[①] 王玉茹、张玮、李进霞译,江苏人民出版社,2009年。
[②] 天津社会科学院出版社,2003年。
[③] 社会科学文献出版社,2005年。
[④] 三联书店,2009年。
[⑤] 人民出版社,2010年。
[⑥] 人民出版社,2011年。

和发展历程,考察了铁路交通与近代华北工矿业发展、市场体系建构、产业结构调整、城乡经济和社会变迁等方面的紧密关系,肯定了铁路交通发展与华北社会经济转型中的促进作用,是交通史与区域史研究相结合的典型案例。

与此同时,研究近代华北经济变迁的学术论文,同样大量涌现。比如许檀撰有《清代前中期的沿海贸易与山东半岛经济的发展》①、《明清时期城乡市场网络体系的形成及意义》②,张利民撰有《近代华北港口城镇发展与经济重心的东移》③、《简析近代环渤海地区经济中心重组的政治因素》④,林满红(Lin Manhoung)撰有 Late Qing Perceptions of Native Opium⑤,庄维民撰有《近代山东农业科技的推广及其评价》⑥,刘大可、庄维民撰有《抗战时期日本在山东的经济统制及其影响》⑦,樊如森撰有《华北近代经济地理格局的变迁》⑧,等等,皆对华北经济发展某一层面进行了深入探讨,学术积淀和启迪意义也很大。但限于本书篇幅,不再一一列举。

(2) 内外蒙古经济史和"当时代"经济地理的研究

有关蒙古高原经济发展的学术探索,也和该区域相对低下的经济水平一样,要比对华北的研究薄弱得多;而相对于漠南蒙古而言,对漠北蒙古的研究,又要更加薄弱一些。

较早的相关研究,应该是清朝道光、咸丰年间张穆著、何秋涛校补的《蒙古游牧记》⑨,以史志体例记述了清代前中期,内蒙古24部、外蒙古4部,以及额鲁特蒙古、新旧土尔扈特部的游牧场所、山川地理形势、四至八道、历代尤其是元代以降的沿革概况,该书以盟旗为单位,总叙与分述结合,考证翔实,是研究近代蒙古高原等地历史地理的必读著作。

光绪年间姚明辉编纂的《蒙古志》⑩三卷,除对蒙古高原的山脉、河流、湖泽、沙漠、气候等自然地理状况,和区分、都会、人种、政体、宗教、教育、风俗等人文地理内容进行梳理之外,也对该区域的贸易、物产、道路、电线、会计等经济内容进行了介绍,足资相关研究者参考。

进入民国以后,蒙古地区的政治危机日趋严重,人们对该区域的关注也日益增加。1913年北洋法政学会编译并出版了俄国学者婆兹德奈夜夫所著《蒙古及蒙古人》⑪一书,此书是其1892—1893年间,沿着恰克图—库伦—乌里雅苏台—科布

---

① 《中国社会经济史研究》1998年第2期。
② 《中国社会科学》2000年第3期。
③ 《河北学刊》2004年第6期。
④ 《天津社会科学》2012年第5期。
⑤ Harvard Journal of Asiatic Studies 64.1(June 2004)。
⑥ 《近代史研究》1993年第2期。
⑦ 《山东社会科学》2005年第8期。
⑧ 《史学月刊》2010年第9期。
⑨ 张正明、宋举成点校,山西人民出版社,1991年。据同治六年刻本点校。
⑩ 中国图书公司,光绪三十三年。
⑪ 北洋法政学会,1913年。

多—库伦—张家口的线路,游历考察的笔记,全书分为10章,对于了解清朝末年蒙古高原的社会经济状况,具有重要的参考价值。

稍后的清末工科举人和中华总商会招待委员卓宏谋,鉴于"民国成立,外蒙多事",发愤编著《最新蒙古鉴》①一书。该书在查阅大量书籍资料和实地调查的基础上,对内外蒙古地区的自然与人文内容详加考订,并专辟"实业"一卷,分类介绍各地农、牧、工、商各产业与交通的发展状况,以资该区域的经济开发,和"留心蒙事者之考镜",堪称该时期有关蒙古高原状况最详备的参考文献。

20世纪20年代,东方杂志社编纂了《蒙古调查记》②一书,内容包括王华隆著的《内蒙古人民之生活状况》,美国人Boy Chapman Andrews著、易道尊译的《库伦写真》,英国人毕兰勒(Pereira)著、甘永龙译的《鄂尔多斯游记》3部分,分别对内外蒙古相关地区的民族、语言、风俗、服饰,以及交易、生计、狩猎、牧畜等社会与经济内容,进行了实地调查和记录,对研究20世纪20年代初年蒙古经济的发展状况,颇有参考价值。

苏联学者克拉米息夫著、王正旺译的《中国西北部之经济状况》③,根据俄国商人和工业家所搜集的大量材料,叙述了中国西部即蒙古、甘肃、新疆地区,20世纪一二十年代前十余年间的进出口贸易状况、商品种类、交通运输状况、自然资源的分布、工业发展等方面的内容。该书分类颇有条理,逻辑清晰,数据丰富,是研究蒙古高原西部经济地理不可或缺的原创性著作。

此外,刘虎如所著《外蒙古一瞥》④一书,除对外蒙古地区的自然、民族、风俗、交通进行介绍之外,也述及了当地物产的种类、商业贸易的情况,以及人民的衣食住行概貌,史料价值亦复明显。包罗多

图0-2 中译本《中国西北部之经济状况》书影

所著《外蒙古》⑤一书,第三章"都市与旷野"及第四章"产业",也有一定的参考价值。

1931年九一八事变的爆发,使中国北部边疆形势急剧恶化起来,保卫边疆、建设边疆的呼声此伏彼起,学术界撰写的著作和发起的调查也就更多了。如马鹤天所著《内外蒙古考察日记》⑥,详细记述了张掖—额济纳—拜申图—郭尔班赛恒—三

---

① 北京西城丰盛胡同四号卓宅发行,1919年。
② 商务印书馆,1923年。
③ 商务印书馆,1933年。
④ 商务印书馆,1927年。
⑤ 昆仑书局,1928年。
⑥ 南京新亚细亚学会,1932年。

音诺颜汗部—库伦—买卖城·恰克图—乌金斯克—库伦—阿拉善沿线的风土民情、交通物产、市场贸易等方面的内容。该书与上述婆兹德奈夜夫的考察线路和内容,在时间和空间上,有着很大的互补性。

中国学者李延埠、杨实编纂的《察哈尔经济调查录》[1],根据旅居该省期间的见闻和调查资料,采用综述的方式,分类梳理了该省区在农业、工业、矿业、商业、交通等经济部门的发展状况。杜延年、孙毓钧编纂的《绥远省实业视察记》[2],则本着"开发西北富原,供给中外市场之需要"的宗旨,先从空间上分述各县产业的发展,再以图表等形式介绍绥远全省的矿产、农作物亩产量、物价等情况。而贺扬灵所著《察绥蒙民经济的解剖》[3],运用来自日本研究会和西北问题研究会的丰富资料,采用文字、表格、图示相结合的方式,叙述了20世纪30年代内蒙古地区农、牧业经济的地域分布、生产、贸易和居民的生活状况。以上3种著作各有特色和侧重,均为研究20世纪30年代内蒙古经济史的重要参考文献。

独立出版社编撰的《我们的外蒙古》[4],尽管只是一个仅有58页正文的战时宣传册,但对于外蒙古地区的历史和现状,却也给出了完整的介绍,其中第五章"外蒙古的经济情形",对于了解当时当地的畜牧业、农业、交通和对外贸易状况,也提供了不少的文字材料和统计数据。沙泉所著《外蒙古》[5],也是一个仅有82页正文的小册子,但其中所刊载的有关外蒙古地区政治、经济、军事、外交、民族等方面的内容,还是有一定参考价值的。

日本学者吉村忠三著、李祖伟译的《外蒙之现势》[6],则根据日本人的大量实业调查材料,以11章的篇幅,对外蒙古地区的政治制度、文化教育、宗教风俗、军事情况,以及经济与贸易、实业、工业、交通与通信、都市发展,均做了有条理的介绍,也是研究这一时期外蒙古地区经济发展的重要资料。

许公武编纂的《内蒙古地理》[7],共分"总论"、"地位"、"地势"、"气象"、"民族"、"户口"6章,和附录"蒙古风俗"3章,搜罗宏富,对于漠南蒙古地区的自然状况,特别是蒙古民族社会的风貌,有着比同类书籍更详细和系统的记述,弥足珍贵。

黄奋生编纂《蒙藏新志》[8],以3编16章50万字的篇幅,参考当时有关蒙藏地区的各种公报、期刊、专著近800余册,记述了1929—1936年间有关内、外蒙古,青海、新疆蒙古族聚居地,西康、西藏等地的地理位置、行政区划、气候地形、都市、人

---

[1] 新中国建设学会出版科,1933年。
[2] 北平万国道德总会,1933年。
[3] 商务印书馆,1935年。
[4] 汉口独立出版社,1938年。
[5] 广州全民出版社,1938年。
[6] 商务印书馆,1937年。
[7] 新亚细亚学会出版所,1937年。
[8] 广州中华书局,1938年。

口、风土民情、国家和地方相关法规、政治、党务、教育、宗教、经济、交通等诸多内容，为研究该时期蒙古高原的经济状况，提供了丰富信息。

美国学者拉铁摩尔所著《中国的亚洲内陆边疆》[①]一书，以宏大的历史、地理视野，综合考察了包括内、外蒙古在内的原中国西北部广大地域的历史、民族、产业、社会方面的状况，特别是作者将游牧和农耕时时比对考量的视角和观点，对于恰当定位蒙古高原经济的历史地位，有很强的启发意义。

整个20世纪40年代，由于受日本全面侵华战争和中国国内战乱的巨大冲击，以及苏联对外蒙古的操控和国民党政府的压制，蒙古高原地区的社会、政治、经济秩序一直处于比较混乱的状态。受这样的研究条件影响，社会各界对蒙古高原社会经济问题的关注变得越来越微弱了。较有代表性的著作有日本学者中村信所著《蒙疆の經濟》[②]一书，在日本殖民机构如蒙疆调查机关及相关联合会的协助下，对于蒙疆即所谓的"蒙古同盟地区"——民国时期的察哈尔和绥远，进行了详细的经济状况调查研究，以便为日本在中国内蒙古地区的经济掠夺和"吾ガ國家產業、經濟の劃期的發展"助一臂之力。全书共分6编50章，分别考察了察、绥地区的社会风俗、农业生产、牧业生产、矿业生产、金融、物价、对外贸易、对外蒙古和西北其他地区的贸易等众多经济领域，是研究抗日战争时期内蒙古地区经济状况的重要参考资料。

察哈尔蒙旗特派员公署编的《伪蒙政治经济概况》[③]，综述了日本卵翼下的伪蒙联合自治政府，是如何以张家口为中心，通过平绥铁路强化对内蒙古地区政治经济控制的。其中下编"伪蒙经济概况"，虽然内容是在控诉敌人破坏金融、垄断工商、掠夺资源、罗掘财政、统制交通、纵毒敛财罪行的，但亦可从中发掘出不少反映该时期内蒙古地区经济发展状况的资料。

而杨景雄、李庆成、邱祖谋、盛叙功、葛尚德绘编的《中华民国最新分省地图》，[④]第39图"蒙古人民共和国"说明部分，以简明准确的笔触，概括了外蒙古当时的自然地理、物产、交通、民生和都市，可稍稍弥补该时期相关经济资料严重不足的缺憾。

吴怀冰编著的《外蒙古内幕》[⑤]，从地理、历史、政治、经济、教育、文化、军事、城市、国际关系的层面，概述了外蒙古地区政治上逐步走向独立，经济上不断发展的整个历程。为了解这一地区和中国内地的关系，包括20世纪40年代的经济状况，提供了一定的参考。

1949年10月以后，中华人民共和国政府继重庆民国政府（1946年5月5日还

---

① 原书著于1939年，出版于1940年，后来由唐晓峰重新翻译再版，江苏人民出版社，2005年。
② 日本东京有光社，1941年。
③ 正中书局，1943年。
④ 寰澄出版社，1946年。
⑤ 经纬书局，1947年。

都南京)之后,重新承认了蒙古人民共和国的独立地位。受此影响,[①]中国大陆全面考察蒙古高原近代经济史的学术著作,便寥若晨星了。在此后30余年间,原创性著作也只有余元盦所著《内蒙古历史概要》[②]一书。该书在查阅大量历史文献的基础上,将蒙古高原从远古到中华人民共和国成立初期(自清代开始,便只讲内蒙古地区)的民族、社会、政治、经济、文化变迁历程,进行了系统深入的梳理。既可以为了解这一地区的社会历史提供详细背景,也能为研究其经济的发展过程,提供一定的学术参考。

"改革开放"以后的相关成果,首推沈斌华所著《内蒙古经济发展史札记》[③],分85篇,以较为浅显通俗的笔触,历述了内蒙古地区自古至新中国建立前夕的各种经济现象和问题,颇具首倡之功。

蒙古族经济史研究组编纂的《蒙古族经济发展史研究》第一、二两部论文集[④],共刊载38篇学术论文和若干重要史料,内容涉及蒙古草原从古代到现代农牧渔猎经济的变迁过程。其中"清代蒙古族游牧经济浅议"、"初探清末哲盟地区'榜青'制的产生"、"近代蒙古族畜牧业生产的商品化趋势"、"浅谈清王朝时期蒙古族经济衰落的原因"等篇目,对该区域近代经济发展问题的研究,均具启迪价值。

钢格尔主编的《内蒙古自治区经济地理》[⑤],全书共分5篇25章,主要对内蒙古自治区自1947年成立以后45年间的农牧业、工业、交通、商业与经济区划状况,进行了分门别类的叙述,是研究该时期该区域现代经济地理内容的必备文献。其中的回溯性探索,对于考察该区域近代经济也具有参考价值。

真正能够在学术探索当中解放思想,冲破内、外蒙古之间传统研究樊篱的,是卢明辉、刘衍坤所著《旅蒙商——17至20世纪中原与蒙古地区的贸易关系》[⑥]一书。该书共分8章,以明朝末年以后逐渐兴起的赴蒙地贸易的内地商帮的产生、发展和衰亡过程为主线,将中原地区与蒙古高原经贸交流的历史画卷清晰地展现在人们面前。对于全面了解清代民国时期整个蒙古地区的畜牧和商业状况,具有重要的理论、学术和史料价值。

色音所著《蒙古游牧社会的变迁》[⑦],从社会人类学的视角,探讨了清代以前,特别是清代民国时期以后,原本以游牧业为主要社会生产和生活内容的蒙古族,是如何随着内地汉人自发和有组织的移民农垦活动,而逐渐在内蒙古地区形成农业区、

---

① 参见郭沫若:《中苏同盟四周年——中苏友好同盟条约四周年纪念日在北平新华广播电台对全国的广播词》,《人民日报》1949年8月14日,人民日报图文数据库1949年8月,第1133条。胡生访谈录:《关于承认和保证蒙古人民共和国的独立地位》,《人民日报》1950年2月24日第4版,人民日报图文数据库1950年2月,第271条。
② 上海人民出版社,1958年。
③ 内蒙古人民出版社,1983年。
④ 内蒙古蒙古族经济史研究组,1987、1988年内部出版。
⑤ 新华出版社,1992年。
⑥ 中国商业出版社,1995年。
⑦ 内蒙古人民出版社,1998年。

半农半牧区、牧业区3种经济产业区的,并对滥放滥垦与草原退化问题,表达了高度的关注和忧虑,引人深思。王玉海所著《发展与变革:清代内蒙古东部由牧向农的转型》①,关注内容则集中在哲里木、卓索图、昭乌达3个自然条件较好、游牧业向农业转化力度最大地区的经济社会变迁。

牛敬忠所著《近代绥远地区的社会变迁》②,是在近代化的视野之下,对于清末民国时期漠南绥远地区的政区沿革与政治状况、土地开垦与人口增长、阶级结构与社会流动、物质生活与精神生活、社会问题与灾荒救治,以及传统教育向近代的转化等内容,进行了条分缕析的介绍,对于考察当地当时的经济发展,具有借鉴意义。

阎天灵所著《汉族移民与近代内蒙古社会变迁研究》③,通过梳理大量档案与方志等资料,从移民与区域开发的角度,对清代民国时期漠南蒙古的蒙汉民族交流、农牧业发展及其相应的社会变革,均作了系统条理的勾勒。王卫东著的《融会与构建——1648—1937年绥远地区移民与社会变迁研究》④,除关注的地域范围上与阎著有所不同之外,王著则更强调历史地理学的研究视角,尤其注重地理环境对内蒙古西部地区移民过程和社会变迁的影响,以及不同区域移民的特色与差异。二书对于考察该区域近代以来的经济发展的社会背景和农业垦殖活动,均具有重要的参考价值。

乌日陶克套胡所著《蒙古族游牧经济及其变迁》⑤,以蒙古民族的兴衰演变为核心内容,把游牧经济看作人类独立的基本生产方式之一,对其赖以产生和发展的自然环境、经济特征、社会组织、农牧关系及其演变历程,进行了从理论到实证的系统分析。作者对大量当地文献特别是蒙古文献的运用,进一步提升了该书的参考价值。阎光亮所著《清代内蒙古东三盟史》⑥,则主要介绍了清代漠南蒙古东部三个盟哲里木盟、卓索图盟、昭乌达盟的民族关系,以及其农牧业经济的发展演变情况。

王建革所著《农牧生态与传统蒙古社会》⑦,则运用生态人类学和历史学方法,主要根据满铁资料对近代蒙古草原的生态与社会进行了广泛而深入的研究,内容包括草原生态、游牧生态、畜群、汉族的渗透农业与蒙古社会的关系及其历史变迁,对于探索近代蒙古高原的经济发展状况,具有一定的借鉴意义。

齐光所著《大清帝国时期蒙古的政治与社会——以阿拉善和硕特部研究为中

---

① 内蒙古大学出版社,2000年。
② 内蒙古大学出版社,2001年。
③ 民族出版社,2004年。
④ 华东师范大学出版社,2007年。
⑤ 中央民族大学出版社,2006年。
⑥ 中国社会科学出版社,2006年。
⑦ 山东人民出版社,2006年。

心》①,共10章,充分发挥自己熟悉多种语言的优势,大量运用清代的满文、蒙古文、汉文、藏文档案及文献,系统梳理了清朝中央政府对阿拉善蒙古地区的民族统治政策,以及当地的和硕特蒙古部族同周边的青海和硕特蒙古、喀尔喀蒙古、卫拉特蒙古部族,以及西藏达赖喇嘛政权之间民族与政治关系,复原了阿拉善和硕特部扎萨克王爷相关政治动向与区域社会体制的演变过程,对于深入把握近代蒙古高原地区的社会经济内容,有较大的参考价值。

研究论文方面,民国时期和20世纪50年代以后的很多学者,对于华北与蒙古高原地区的经济开发,也都给予了积极的关注,质量上乘的文章亦不在少数,比如20世纪30年代创刊的《禹贡》半月刊,就刊载了不少研究河套地区农业开发的文章,如伊志的《明代"弃套"始末》②、顾刚(顾颉刚)的《王同春开发河套记》③、李秀洁的《后套冲积地的自然环境概况》、蒙思明的《河套农垦水利开发的沿革》、段绳武的《开发后套的商榷》、张玮瑛的《后套兵屯概况》④,等等,均属不可多得的参考文献。而色音的《从牧民到农民——蒙地开垦后蒙汉经济文化的冲突与交融》⑤、王建革的《农业渗透与近代蒙古草原游牧业的变化》⑥、樊如森、杨敬敏的《清代民国西北牧区的商业变革与内地商人》⑦、樊如森的《清代民国的汉人蒙古化与蒙古人汉化》⑧等,学术价值也较大。限于篇幅,不再一一列举。

二、历史经济地理层面的研究

从学术研究的方法和视角来看,以上有关华北和蒙古高原经济史和"当时代"经济地理的研究,与本书的区域历史经济地理研究,还是有不少区别的。核心差异就在于,有无历史和地理相融合的时间、空间研究视角。

在已有研究成果当中,虽然不乏对研究区域的空间关注,但在笔者看来,区域经济史所涉及的空间,往往是一种地理范围大致不变的"死"空间,其具体的学术研究进度和逻辑分析主线,主要还是从时间序列上,探索某一固定空间内经济现象的前后变革。而"当时代"区域经济地理所涉及的时间,只是前后跨度只有几年的"死"时间,其最关心的还是经济要素的空间延展。可见,二者均没有全面及时地反映该区域经济在时间和空间多个维度上的盈缩和变异,均需要将历史与地理视角进行有机整合,即引入历史地理学。

尽管自觉运用历史地理学的理论和方法,对特定地理区域和历史时段的经济

---

① 复旦大学出版社,2013年。
② 《禹贡》半月刊,第2卷第7期,1934年。
③ 《禹贡》半月刊,第2卷第12期,1934年。
④ 李、蒙、段、张4文,均载于《禹贡》半月刊,1934年第6卷第5期。
⑤ 《传统文化与现代化》1996年第2期。
⑥ 《中国经济史研究》2002年第2期。
⑦ 《历史地理》第25辑,上海人民出版社,2011年。
⑧ 《民俗研究》2013年第5期。

现象进行系统探索的历史经济地理学研究,[①]开始于20世纪90年代陕西师范大学史念海先生领导下的历史农业地理研究团队,[②]和稍后发展起来的复旦大学吴松弟、戴鞍钢带领的"港口—腹地"学术团队。[③] 但是,与华北和蒙古高原近代经济地理相关的学术研究,应该说还是从樊如森对近代天津与华北西北地区、陈为忠对近代山东地区的经济地理研究开始的。

该学术团队最早面世的研究成果,是吴松弟指导、樊如森所撰单篇论文《天津开埠后的皮毛运销系统》[④]、《西北近代经济外向化中的天津因素》[⑤]和《近代天津外向型经济体系的架构》[⑥],以及吴松弟指导、陈为忠所撰硕士学位论文《山东港口与腹地研究(1860—1937)》(2003)和樊如森所撰博士学位论文《天津港口贸易与腹地外向型经济的发展(1860—1937)》(2004)。

其中,陈为忠所撰硕士学位论文《山东港口与腹地研究(1860—1937)》,以"港口—腹地"为研究视角,运用大量的海关贸易统计数据,系统地探讨了自1860年烟台开埠、1897年青岛开埠以后,山东地区的进出口市场逐步从沿海走向内陆,又从内陆走向沿海的双向互动过程,并考察了不同港口在各个时期经济腹地范围的差异,及其在山东近代对外贸易中地位的演变,堪为用历史地理学的方法研究山东近代商业地理的重要学术成果。

樊如森所著《天津与北方经济现代化(1860—1937)》,[⑦]运用历史地理学的理论

---

① 更加详细具体的历史经济地理学术研究回顾,参见樊如森:《中国历史经济地理学的回顾与展望》,《江西社会科学》2012年第4期。
② 截至2000年,史念海团队指导20余位硕、博士研究生,均以历史农业地理作为学位论文的选题内容,以某一朝代和某一区域作为关注的时间和空间范围,对中国历史时期的农业地理问题进行了深入系统的考察,取得了令人瞩目的成绩。已经出版的相关著作,包括韩茂莉著《宋代农业地理》和《辽金农业地理》,吴宏岐著《元代农业地理》,郭声波著《四川历史农业地理》,龚胜生著《清代两湖农业地理》,耿占军著《清代陕西农业地理研究》,马雪芹著《明清河南农业地理》,陈国生著《明代云贵川农业地理》,萧正洪著《环境与技术选择——清代中国西部地区农业技术地理研究》,周宏伟著《广东历史农业地理》,王社教著《苏皖浙赣地区明代农业地理》,李心纯著《黄河流域与绿色文明——明代山西河北的农业生态研究》,李令福著《明清山东农业地理》,王双怀著《明代两广闽台农业地理》,等等,这些成果共同构筑起中国历史农业地理学研究的学术大厦,使陕西师范大学西北历史环境与经济社会发展研究中心,成为蜚声海内外的中国历史农业地理研究基地。
③ 复旦大学史地所截至2013年的24部"港口—腹地"学位论文,分别是:戴鞍钢博士论文《港口·城市·腹地——上海与长江流域经济关系的历史考察(1843—1913)》(1997),陈为忠硕士论文《山东港口与腹地研究(1860—1937)》(2003),姚永超硕士论文《大连港腹地核心地域结构演变的研究(1907—1931)》(2004),方书生博士论文《珠江三角洲港埠与腹地的经济关系(1842—1938)》(2004),樊如森博士论文《天津港口贸易与腹地外向型经济的发展(1860—1937)》(2004),唐巧天博士论文《近代上海外贸埠际转运变迁(1864—1930)》(2006),毛立坤博士论文《晚清时期香港对中国的转口贸易(1869—1911)》(2006),姜修宪博士论文《环境·制度·政府——晚清福州开埠与闽江流域经济变迁(1844—1911)》(2006),刘强硕士论文《重庆港口贸易与腹地经济关系研究(1891—1937)》(2006),刘伟峰硕士论文《近代的镇江与其腹地(1864—1931)》(2007),王列辉博士论文《区位优势与自我增强——上海、宁波两港空间关系演变的多维分析(1843—1941)》(2007),姚永超博士论文《东北港口空间的构建与绩效研究(1861—1931)》(2007),张珊珊博士论文《近代汉口港与其腹地经济关系变迁(1862—1936)》(2007),方书生博士论文《近代经济区的形成与运作——长三角与珠三角的口岸与腹地(1842—1937)》(2007),王哲博士论文《晚清民国对外和埠际贸易网络的空间分析——基于旧海关史料等的研究(1873—1942)》(2010),李伟燕硕士论文《近代宁波内河轮运业研究(1895—1949)》(2010),武强博士论文《近代上海港城关系研究(1843—1937)》(2011),张永帅博士论文《近代云南的开埠与口岸贸易研究(1889—1937)》(2011),吴焕良硕士论文《近代上海棉纱业空间研究(1889—1936)》(2011),李波硕士论文《广西近代进出口贸易的口岸选择(1877—1937)——以北海、龙州、梧州、南宁为中心》(2011),田戈硕士论文《明清时期今慈溪市域的海塘、聚落和移民》(2012),徐智博士论文《改造与拓展:南京城市空间形成过程研究(1927—1937)》(2013),王中硕士论文《长三角区域内河航运(1950—1980)的兴衰过程》(2013),曾声威硕士论文《近代上海公共租界城市地价空间研究(1899—1930)》(2013)。除戴鞍钢博士论文为邹逸麟教授指导,吴焕良、曾声威硕士论文为樊如森副教授指导外,其余21部均为吴松弟教授指导。
④ 《中国历史地理论丛》2001年第1期。
⑤ 《复旦学报》2001年第6期。
⑥ 《历史地理》第18辑,上海人民出版社,2002年。
⑦ 东方出版中心,2007年。

与方法,以近代中国北方最大的口岸城市和工商业中心天津作为切入点,以进出口贸易对华北大部、东北西部、西北东部广大腹地外向型经济的拉动作为关注面,以港口—腹地之间的商品市场网络作为研究体,系统地考察了北方广大地区的近代商业地理状况,并将学术研究的视野,拓展到了对北方农业、牧业、工业、交通、城市等多个经济领域的整体性经济地理探索。

吴松弟、樊如森、陈为忠等合著的《港口—腹地与北方的经济变迁(1840—1949)》[1],作为国家社科项目的结项成果,从进出口贸易这一促进区域经济变迁的途径入手,论述了中国北方地区在沿海、沿边尤其是天津、烟台、青岛、连云港、营口、大连、安东等城市开埠以后,所发生的巨大经济变迁,展示了东北、华北、西北等区域近代经济成长的过程和差异,分析了近代北方经济变迁的主要特点、内因和外因、经济成长及其限度。该书是复旦大学"港口—腹地"研究学术团队有关近代北方商业地理研究的学术集成。

樊如森所著《近代西北经济地理格局的变迁(1850—1950)》[2],选取蒙古高原、天山南北和陕甘高原3大地域,以历史地理学的时空间视角,多维度、多层面地综合考察了近代百余年间,西北地区在政策环境、市场格局、交通网络、生态环境、区际联系等方面的经济地理格局变迁历程。该书资料翔实,图表规范,是研究近代西北经济发展进程的有益参考。

真正意义上的近代蒙古高原经济地理著作,至今尚未出现。周清澍主编的《内蒙古历史地理》[3],所述只是该区域的政区沿革地理。米镇波所著《清代中俄恰克图边境贸易》[4],在全面参考学术界特别是苏联、俄罗斯学术界相关研究成果的基础上,通过大量发掘和运用俄文档案资料,精心地梳理了中俄恰克图贸易的来龙去脉和发展历程,但从学科分野上来看,主要还属于区域经济史著作。

当然,这既不代表历史地理学只是陕西师范大学和复旦大学一些学者的研究专利,也不代表只有用历史地理学的方法,去研究华北和蒙古高原近代经济地理才最为高明和有效,而是说,历史地理学在研究区域经济的长时段变革时,有其独特的视角。并且,学术乃天下之公器,所有学者都有权学习和运用自己认为适合的学科理论和研究方法。再者,历史和地理、时间和空间本身,并不是什么艰涩隐秘的知识和道理,每个人都或多或少地拥有这样的知识和分析技能,只是专业性强弱有所差异罢了。比如,在米镇波所著《清代中俄恰克图边境贸易》中,很多篇章均体现了作者渊博的蒙古高原自然与人文地理知识,展示了许多商业空间内容,因而也是

---

[1] 浙江大学出版社,2011年。
[2] 台湾花木兰文化出版社,2012年。
[3] 内蒙古大学出版社,1993年。
[4] 南开大学出版社,2003年。

笔者研究蒙古高原近代经济地理的重要参考文献。

第三节 主要资料和内容框架

一、主要资料

有关华北与蒙古高原近代经济地理的参考和研究资料,种类和数量繁多,整体上可以分为直接资料、间接资料两大类。

1. 直接资料

直接资料,亦称一手资料,即近代历史时期内的人们,对有关华北与蒙古高原经济地理状况的直接记录和调查资料,如当时的英文海关资料、领事报告、地方志资料、学者的调查资料和研究著述等。

近代中国海关已经陆续"渗透到近代中国社会的各个领域,所以它的业务非常庞杂。它以征收对外贸易关税、监督对外贸易为核心,兼办港务、航政、气象、检疫、引水、灯塔、航标等海事业务,还经办外债、内债、赔款以及邮政为主体的洋务,从事大量的业余外交活动。海关经办的业务和活动,牵涉到近代中国财政史、对外贸易史、港务史、洋务史、外交史以及中外关系史等专门学科,它对中国近代社会有着广泛的影响和作用。深入地探讨中国近代海关的起源、发展、活动及其对近代中国社会的影响和作用,不但可以丰富有关学科的内容,而且可以充实、扩大整个中国近代史,加深对中国社会性质的认识"。[①] 按照海关总税务司的规定,各分关税务司每年都要向总税务司上呈该关与辖境的贸易报告。其内容除本关的贸易情形和贸易统计外,还包括当地的政治、军事、税收、物价、交通、灾害、市政、人口等经济与社会发展各个方面的概况,涵盖相当广泛。海关报告又分为月报、季报、年报和十年报告等多种,它们都依据海关统计及各种调查材料写成,数据相当准确。因此,它们就成为研究华北近代经济发展的重要一手资料。茅家琦主编的《中国旧海关史料(1859—1948)》[②](1—170卷)的整理出版,为相关的学术研究提供了很大的便利。然而,这只是旧海关资料宝库众多资料中的很小一部分。[③]

1901年签署的《辛丑条约》规定,此后海关附近50里的常关,也归海关税务司节制,所以海关贸易报告里,又同时附有常关贸易报告。津海关便附有1902—1928年间的常关贸易报告,内容涉及本关税课、土货贸易、内地贸易、内港行船、沿海贸易、口岸城市与内地间的交通等,可与海关报告相参证。

为了保护本国商人的在华利益,西方各国都在各主要通商口岸建立了各自的

[①] 陈诗启:《中国近代海关史》,人民出版社,2002年,"再版序言",第3页。
[②] 京华出版社,2001年。
[③] 吴松弟、方书生:《一座尚未充分利用的近代史资料宝库——中国旧海关系列出版物评述》,《史学月刊》2005年第3期;吴松弟教授主编:《哈佛燕京图书馆所藏未刊中国旧海关出版物》(279册),广西师范大学出版社,2014年影印本。(此书可与茅家琦主编《中国旧海关资料(1859—1948)》相互补充。)

领事馆,并每年向其上司上交报告,汇报当地政治、经济、文化和港口贸易等方面的发展状况。华北各主要通商口岸如天津、烟台的领事报告,卷帙浩繁,同样具有极为重要的史料价值。

据米镇波所著《清代中俄恰克图边境贸易》介绍,莫斯科有很多中俄陆路贸易和蒙古贸易俄文档案资料,诚为非常重要的一手资料。惜乎机缘和外文水平的限制,笔者尚无法直接利用。所能利用者,只能是汉译版的俄文资料。如前述婆兹德奈夜夫著、北洋法政学会编译的《蒙古及蒙古人》,克拉米息夫著、王正旺译的《中国西北部之经济状况》等。

清代和民国时期所编纂的华北和热、察、绥地区的地方志较为齐备,内容宏富,涉及当时当地自然和人文、政治和经济、风俗和文化等诸多领域。其中虽有不少照抄和重复的地方,也有很多夸张和溢美的成分,并且相关的数据记录也含混不清,但是,由于它们多系当时或稍后的当地人所记载和整理,资料来源当比较丰富真实,仍然是研究华北与蒙古高原经济发展不可或缺的一手资料。同时,近年来各地陆续编著出版了大量的新方志,其中也有不少是对近代地方经济的回溯,可视为有价值的二手材料使用。

为了考察、规划和发展区域经济,清代特别是民国时期的中外各级政府机构、社会团体和个人,都对包括近代华北与蒙古高原在内的许多地区,进行了多形式、多层面、多渠道的实地调查。

如前所述,自1903年开始,出于其扩张野心,日本中国驻屯军司令官、陆军步兵大佐仙波太郎就主持并组织了一大批熟悉中国情况的日本学者、来华的官员、军官、技术人员、商人等,本着"各尽所长,广查实情,深究现状"的原则,着手全面调查天津、北京等北方地区的社会政治经济资料。其中,仅参加调查和编纂天津资料的,就有30多人。该项工作于1908年2月完成。1909年9月以《天津志》为书名,在日本出版发行。此书是研究近代天津及其腹地经济发展的重要参考资料之一。

此后,日本方面对华北地区的各种调查继续进行,规模比较大的,如同样由日本中国驻屯军司令部主持,开始于1936年的冀东29个村庄的农村实态调查,内容更加全面详尽,后来分别出版了《冀东地区农村实态调查报告书》4册和《第二次冀东地区农村实态调查报告书》3册。自1939年10月开始,由日本东亚研究所承担、南满洲铁道株式会社予以配合的"华北农村惯行调查"分别在河北顺义沙井村、栾城寺北柴村、昌黎侯家营村、良乡吴店村、山东历城冷水沟村、恩县后夏寨村等6个村庄进行,内容涉及家族、宗族、土地关系、村落管理之变化、宗教庙宇、节日民俗、家产遗产处理、日常农业经济活动的各个方面。调查资料结集为《中国农村惯行调查》6卷,于1952—1958年和1981年在东京岩波书店陆续出版。①

---

① (日)顾琳:《华北农村"惯行调查"概述》,载吴松弟、樊如森主编:《近代中国北方经济地理格局的演变》,人民出版社,2013年。

另一方面,1900年5月成立于南京、1901年4月迁往上海的"东亚同文书院",在1901—1945年的40余年间,先后派出学生5 000余人,对除西藏以外的中国所有省区、东南亚和俄国西伯利亚及远东地区,进行了密如蜘蛛结网的旅行调查,线路多达700条。内容涉及中国各地经济状况、经商习惯、地理形势、民情风俗、各种方言、农村实态、地方行政组织。调查项目包括地理(沿途形势、气候、都市、人情风俗、交通运输、税关)、经济(经济单位、资本家、劳动者、田园及住宅、农业、畜牧业、林业、矿业、工业、物价、生活水平、外国企业及势力)、商业(贸易状况、商贾、公会、度量衡、货币、金融、商品、商业惯例)、政治(现在政情及过去政情);记述方式除文字外,还有图表、素描速写、照片,等等。这些见闻材料,又由学生整理成"调查旅行报告书",作为毕业论文,并开展宣讲报告活动,学校对调查报告的要求是严守实证,务求真实。①

其中,不少次调查的内容,涉及山东、山西、河北和蒙疆(察哈尔、绥远)地区的城乡经济和社会生活状况,足资研究之参考。

与此同时,中国各政府机构和学者也对华北与蒙古高原的经济状况,进行了深入的调查。如绥远省政府编的《绥远概况》②,行政院农村复兴委员编的《河南省农村调查》③,全国经济委员会编的《山西考察报告书》④,察南政厅官记资料科编的《察哈尔省和县实况调查报告》⑤,建设总署水利局编的《华北河渠建设事业关系各县农事调查报告书》⑥,等等。其他团体和个人的调查,有金城银行总经理处天津调查分部编的《山东棉业调查报告》⑦,1921—1925年间金陵大学农经系主任卜凯(J. L. Buck)领导的对全国7省17县的农村经济与社会调查,其中包括对《河北盐山县一百五十农家之经济及社会调查》。20世纪30年代,有南开大学方显廷教授对天津针织业、地毯业、织布业以及高阳织布业的调查⑧,中华平民教育促进会李景汉主持的《定县经济调查一部分报告书》⑨,等等,均相当地专业、系统和深入。此外,陈希周的《山西调查记》⑩、李延墀、杨实编的《察哈尔经济调查录》⑪、李宗黄的《考察江宁邹平青岛定县纪实》⑫、陈伯庄的《平汉沿线农村经济调查》⑬、曾鲁的《山东省各县概

---

① 冯天瑜:《东亚同文书院的中国旅行调查》,《文史知识》2000年第1期。
② 绥远省政府,1933年。
③ 商务印书馆,1934年。
④ 全国经济委员会,1936年。
⑤ 察南政厅官记资料科,1937年。
⑥ 建设总署水利局,1942年。
⑦ 金城银行总经理处,1935年。
⑧ 方显廷:《天津地毯工业》,南开大学社会经济研究委员会,1930年;《天津之粮食业及磨坊业》,南开大学经济学院,1932年;《天津棉花运销概况》,南开大学经济研究所,1934年;《华北乡村织布工业与商人雇主制度》,南开大学经济研究所,1935年。
⑨ 河北省县政建设研究院,1934年。
⑩ 共和书局,1923年。
⑪ 新中国建设学会,1933年。
⑫ 作者书社,1935年。
⑬ 交通大学研究所,1936年。

况一览》①,崔宗埙编的《河南省经济调查报告》②,也有重要的参考价值。

为了修建铁路并加强其营运管理,各铁路部门也进行了卓有成效的区域经济调查工作,如陇海铁路车务处商务课编的《陇海铁路全路调查报告》,③平绥铁路车务处的《平绥铁路沿线特产调查》④,铁道部全国铁路沿线出产货品展览会编的《中华民国国有铁路平汉线物产一览》⑤,中国国民党陇海铁路特别党部编的《陇海铁路调查报告》⑥,北宁铁路经济调查队编的《北宁铁路沿线经济调查报告》⑦,等等。

近年来,内蒙古自治区图书馆学会编辑和出版了一整套的《内蒙古历史文献丛书》⑧,共分6个部分。其中包括《哲里木盟十旗调查报告书》(上、下)、《西蒙游记》、《侦蒙记》、《东四盟蒙古实纪》、《东蒙古纪程》、《昭乌达盟纪略》、《蒙古一斑》、《鄂托克富源调查记》、《准郡两旗旅行调查记》、《伊盟左翼三旗调查报告书》、《伊盟右翼四旗调查报告书》、《伊克昭盟概况》,等等,均属今人整理出来的近代调查资料。

民国时期的一些团体和个人,还就近代华北经济的某些方面,写过专门的论著。如池泽汇、娄学熙、陈问咸编纂的《北平市工商业概况》⑨,实业部国际贸易局编的《中国实业志·山东省》⑩,廖兆骏的《绥远志略》⑪,等等,在内容上虽系资料整合性的时人著述,而并非当时的一手资料,但对于今天的相关学术研究,仍有重要史料价值。

2. 间接资料

间接资料,亦称二手资料,即20世纪50年代以后的"现代"人,对"近代"时期华北与蒙古高原经济地理资料的整理编纂和历史回忆。

20世纪50年代以后整理编纂的经济资料很多,不少都包括近代华北与蒙古高原地区。如严中平等编的《中国近代经济史统计资料选辑》⑫,陈真、姚洛主编的《中国近代工业史资料》⑬,李文治、章有义主编的《中国近代农业史资料(1840—1937)》⑭,中国人民大学工业经济系编著的《北京工业史料》⑮,彭泽益主编的《中国近代手工业史资料(1840—1949)》⑯,姚贤镐主编的《中国近代对外贸易史资料

---

① 新民会中央总会,1942年。
② 财政部直接税署经济研究室,1945年。
③ 陇海铁路车务处,1932年。
④ 平绥铁路车务处,1934年。
⑤ 铁道部全国铁路沿线出产货品展览会,1934年。
⑥ 中国国民党陇海铁路特别党部,1936年。
⑦ 北宁铁路管理局,1937年。
⑧ 远方出版社,2007年。
⑨ 北平市社会局,1932年。
⑩ 实业部国际贸易局,1934年。
⑪ 正中书局,1937年。
⑫ 科学出版社,1955年。
⑬ 三联书店,1957年。
⑭ 三联书店,1957年。
⑮ 北京出版社,1960年。
⑯ 中华书局,1962年。

(1840—1895)》①,中国近代经济史丛书编委会编的《中国近代经济史研究资料》②,许道夫编的《中国近代农业生产及贸易统计资料》③、渠绍淼、庞义才编的《山西外贸志》上卷④,交通部烟台港务管理局编的《近代山东沿海通商口岸贸易统计资料(1859—1949)》⑤,郑昌淦的《明清农村商品经济》⑥,孙健主编的《北京经济史资料(近代北京商业部分)》⑦,山西省史志研究院编的《山西通志·对外贸易志》⑧,台湾中研院近代史研究所编印的《中俄关系史料——东北边防与外蒙古(1921)》⑨,戴鞍钢、黄苇主编的《中国地方志经济资料汇编》⑩,吴弘明编译的《津海关贸易年报(1865—1946)》⑪,许檀编辑的《清代河南、山东等省商人会馆碑刻资料选辑》⑫等。

　　这些资料虽然属于对近代时期经济资料的统计和整理,但是受编纂目的和视野的制约,不少内容还是进行了较多主观的剪裁和加工,从而无法十分全面地反映当时经济发展的所有情况,有的统计资料还要进行认真的鉴别。再者,由于上述整理者当年利用特殊身份才能看到的资料如海关资料等,今天已经解禁为普通的资料,每个人都能够进行很方便的直接查阅,所以在研究华北与蒙古高原近代经济地理的过程中,能直接引用一手资料的,就尽量少引用这类二手资料。当然,许檀编的碑刻资料,作为她本人及学术团队田野调查的结晶,其史料搜集和整理之功,尤为突出。

　　20世纪50年代以后,华北、内蒙古的各地各级政协机构,组织编纂了大量的"文史资料",对于近代华北和蒙古高原经济地理的研究,也有着重要的参考意义和史料价值。不过这些多是口述史资料与当事人回忆资料,因受种种限制,在真实和全面性方面还是有一定局限性。作为补充性的二手资料使用时,应该注意和一手资料的印证。

二、研究内容与框架

　　目前已经面世的经济地理著作,从内容框架上,大体形成了3个不同时期的代表性样板和体例。

　　一个代表性的样板,是1930年出版的张其昀所著《中国经济地理》⑬,以产业的

---

① 中华书局,1962年。
② 上海社会科学院出版社,1984年。
③ 上海人民出版社,1983年。
④ 山西省地方志编委办公室,1984年。
⑤ 对外贸易教育出版社,1986年。
⑥ 中国人民大学出版社,1989年。该书虽然是以学术专著的形式出版,但却大量利用了明清时期内地"18省"的各种方志材料,从农具、工具、生活用品到棉麻丝葛、烟茶糖蔗、菜蔬瓜果、花卉、染料、树木、粮油肉蛋各种经济作物的生产与市场交换,无不尽可能地摘录下来,用来说明作者的观点。
⑦ 燕山出版社,1990年。
⑧ 中华书局,1999年。
⑨ 台湾中研院近代史研究所,1975年。
⑩ 汉语大词典出版社,1999年。
⑪ 天津社会科学院出版社,2006年。
⑫ 天津古籍出版社,2013年。
⑬ 商务印书馆,1930年。

空间分布为行文主线。民国时期的经济地理著作，大多沿用这个体例。该书秉承南京民国政府《建国大纲》第2条"建国之首要在民生，故对于全国人民之衣食住行四大需要，政府当与人民协力：共谋农业之发展，以足民食；共谋织造之发展，以裕民衣；建筑大计画之各式房舍，以乐民居；修治道路运河，以利民行"的训导，分5章论述地理与民生的关系。"第一章'食'：包括米、麦、大豆、杂粮、茶叶、糖、盐、植物油、鱼类、肉类、烟草、果实、药材、肥料等项。第二章'衣'：包括棉花、蚕丝、苎麻、羊毛、兽皮、染料等项。第三章'住'：包括木材、砖瓦、石灰、水泥、桐油、漆液、柴薪、煤、煤油、火柴、陶瓷器、纸张以及各种陈设品与用具。第四章'行'：包括铁路、航路、汽车路、队商之路、航空、电报与无线电。第五章'工业上之原动力'：凡农产与矿产，大多数须经过工厂制造之手续，方可合于衣食住行之用，而工厂必需有原动力，如烟煤、石油、水电力是也。钢铁为机器材料，乃一切物质建设之基础，锑、铅、锰、钨等矿，亦均为国防上之重要材料，故分节论述之"。这一写法，以当时的西方经济地理学著述为指导，突破了以行政区划为框架、以政治治理为本底的传统方志体例，更加关注民生社会，贴近百姓经济生活，对于中国经济地理学的科学化，具有划时代的意义。

另一个代表性的样板，是20世纪50年代孙敬之主编的《华北经济地理》[①]，它以苏联条块分割的计划经济理论为基础，将华北严格按照行政区划的界线，划分为河北、山西、山东、河南4个大的地域空间，分别考察其工业、农业、运输、城市等产业部门的生产布局。20世纪50年代以后的经济地理著作，如华东师范大学等院校合编的《经济地理学导论》[②]、张维邦编的《经济地理学导论》[③]、胡兆量等的《经济地理学导论》[④]、陈才主编的《经济地理学基础》[⑤]、钢格尔主编的《内蒙古自治区经济地理》[⑥]，等等，大都沿用了这样一种理论框架和编写体例，在一定程度上推动了中国经济地理学研究的系统化和理论化。不过，这种以行政空间而不是以市场空间作为考察范围的做法，正是当时普遍实行的计划经济体制在理论和学术上的体现。

第三个代表性的样板，是20世纪90年代李小建主编的《经济地理学》[⑦]，它跳出苏联的经济地理框架，借鉴西方区位和计量等经济地理理论和方法，并在中国的经济地理学研究中加以运用。该书以企业这一经济活动中最基本的单元为基点，首先沿着单区位企业——多区位企业——跨国企业这一链条，进行企业区位及空间组织分析，然后跳出单一企业框架，研究区域内部和区域之间的经济活动空间组织，再跳出一国区域研究经济活动的全球化问题。20世纪90年代以后出版的经济

[①] 中国科学院《中华地理志经济地理丛书》之二，科学出版社，1957年。另外，该丛书尚有《华东经济地理》、《华南经济地理》、《西北经济地理》等。
[②] 华东师范大学出版社，1983年。
[③] 山西人民出版社，1985年。
[④] 商务印书馆，1987年。
[⑤] 高等教育出版社，1988年。
[⑥] 新华出版社，1992年。
[⑦] 高等教育出版社，1999年。

地理学著作,如胡传钧、刘建一、甘国辉所著《现代经济地理学》,①杨吾扬、梁进社所著《高等经济地理学》,②均属于这样一个体例的研究。这是改革开放以后,中国逐渐实行市场经济体制并与国际市场重新接轨的建设实践,在理论和学术上的反映。以区域经济活动的主体——企业作为关注点的新思维,对于中国经济地理学研究的深入和细化,有直接的启发意义。

在笔者看来,就物质生产和再生产活动即经济活动的内容和实质来讲,人类最主要也是最直接的基本经济产业有4个,以种植植物为主要生产内容的农业、以饲养动物为主要生产内容的牧业、以制造器物为主要生产内容的工业、以贩运货物为主要经济内容的商业,它们是社会赖以存在和发展的核心物质基础。其他的人类活动领域和方式,如交通运输、人口生产、城市建设等,虽然也与经济活动有一定关联,但毕竟不是直接的经济活动,最多只能算作间接的经济内容。③ 主、次部分相加,就构成了一个区域经济地理的框架体系。

华北与蒙古高原幅员广大(约312万平方公里),经济地理内容繁多复杂,任何仅凭个人力量、短暂时间和有限文字,就试图予以全方位深层揭示的想法,都不过是一种无知者无畏的狂妄。然而,如果从历史地理的时空变迁视角,打破自然和行政区划的僵硬界限,以市场网络发育和外向型经济发展为主线,去探索该区域近代经济演化的某些层面和环节,倒有可能收到其他研究方法所难以达到的学术效果。为此,谨将本书的研究框架安排如下:

绪论主要交代与本书内容直接相关的基本概念,学术研究现状,本书的基本学术定位、所用资料、方法与研究框架,使读者从整体上了解华北与蒙古高原近代经济地理的前期基础和努力方向。

第一章主题为"近代华北与蒙古高原的资源环境、居民和经济基础"。资源环境既是人类经济活动的生产场所,也是人类生产和生活的物质来源地。居民作为人类经济活动的能动主体,他们通过与各种劳动资料、劳动对象的有机结合,实现资源的潜在经济价值。清代中期华北和蒙古高原地区以农、牧业为主导的自然经济状态与国内贸易结构,既是当时当地资源环境经济价值的客观体现,也是该区域近代经济继续发展和深层演变的历史地理基础。

第二章主题为"区域市场结构的时间与空间演进"。和古代相比,包括华北与蒙古高原在内的中国近代经济发展,最大最根本的变化,不仅是商品种类、产业门类和企业数量的增加,更是随着欧洲工业革命和商业扩张而带来的世界市场,以及随之更加繁荣而联系紧密的国内市场,共同引发的区域市场结构的时空演化。从华北与蒙古高原的视角来看,它包括当地市场网络由传统向近代的转型,国内周边

---

① 江苏教育出版社,1997年。
② 北京大学出版社,1997年。
③ 樊如森:《中国历史经济地理学的回顾与展望》,《江西社会科学》2012年第4期。

市场不断的拓展,以及国际市场空间的扩大与重心位移3个层面。它提升了经济现代化和外向化程度,成为推动该区域近代经济变迁的必要条件和深层动力。

第三章主题为"传统与现代相耦合的立体化交通"。随着火车、轮船和汽车等新型运输工具的出现,和新式邮政和电信网络的建立,华北和蒙古高原的交通状况产生了质的飞跃,到20世纪30年代,初步形成了以现代铁路和公路交通为骨架,联通沿海和远洋轮船运输,辅之以传统内河和陆路交通方式的新型立体交通体系。从而为该区域商品流通和商业信息传递提供了便捷的物质和技术手段,强化了与国内外市场间的人员、物资和信息交流,促进了该区域近代外向型经济的发展与经济地理格局的演变。

第四章主题为"商业、金融嬗变与对外贸易发展"。商业作为生产和消费之间不可或缺的经济环节,在社会生产和再生产的循环中,起到了重要的链接作用。传统金融业作为商业的辅助产业,主要承担货币资金的流通和运作,保障商业经营的正常开展。近代口岸开放以后,随着市场环境的变革,华北与蒙古高原的商业和金融,在从业人员和组织结构、经营内容和营销方式等方面,均随之发生了相应的调适,从而顺应了该区域由传统内向型经济向现代外向型经济的历史转变,促进了区域开发和对外贸易的繁荣。

第五章主题为"传统农牧业的现代工业化趋向"。西方现代工业生产方式在华北与蒙古高原地区的登陆和发展,使得该区域的传统农牧业经济,逐步纳入中国近代工业的产业链当中,并衍生出新的、富有生机的现代农牧业内涵,其最重要的表现形式,就是农牧产业结构的调整及其产品市场化、外向化程度的提高。由于不同区域经济产业历史根基的地理差异,造成了各地工业化水平的差距。华北地区的农业市场化程度较高而牧业水平有限,蒙古高原的牧业市场化程度较高而农业发展粗放,加之自然环境脆弱,经济开发过程中还引发了环境的破坏。这也是该区域近代经济地理格局变迁时空复杂性的体现。

第六章主题为"华北与蒙古高原工业的现代化"。进入近代以后,华北和蒙古高原的传统手工业生产发生了明显的改变。从传承关系上,它们可分为中国传统工业的现代化转型和西式新型工业企业的创立;从生产场地的地理区位上,可分为城市工业与乡村工业;从集约化程度和管理模式上,可分为工厂型工业和作坊型工业;从生产原料上,可分为矿产品加工业、农产品加工业,等等。整体而言,以天津、青岛等通商口岸为代表的城市工业,是近代北方现代工业的主体;以高阳、潍县棉纺织业为代表的乡村工业,是近代华北现代工业的重要组成部分;而蒙古高原的城、乡畜产品加工业,也有了一定程度的发展。工业化程度的提高,是华北与蒙古高原近代经济地理格局最为显著的变革和进步之一。

第七章主题为"城镇发展、人口增长与民族融合"。进入近代以后,华北和蒙古高原形成了以"口岸—市镇"为核心、以发展经济特别是外向型经济为主要功能的新型城镇体系。从城市建设上来看,如果说"都城—治所"型传统城镇的城市布局,是以宫殿、府衙等政治功能区为城市中轴线或核心建成区的话,那么,"口岸—市镇"型新兴城镇的城市布局,则是以车站、码头、厂矿、租界等经济功能区为核心建成区了。同时,人口数量、素质和结构的变化,无论对于城市的壮大还是乡村的开发,都既是重要的考量指标,同时又反过来影响城乡经济发展的效果。相对于华北和蒙古高原近代经济地理的变迁历程而言,人口数量和人口结构的变化,还涉及区域开发和民族融合等问题。

第八章主题为"华北与蒙古高原近代经济地理格局变迁的动力机制"。经过1860—1950年近1个世纪的发展,华北和蒙古高原地区初步形成了以现代工业为主导、以口岸—市镇为核心、以外向型经济为主要内容的华北与蒙古高原近代经济地理新格局。这其中,城镇网络由政治职能为主向经济职能为主的转变,为该区域提供了走向经济现代化的龙头与节点;从水路到陆路、从沿海到内地、从传统到现代的交通方式的进步,保障了该区域人流、物流、资金流、信息流的畅通;农、牧、工、商业市场化与现代化程度的不断提高,为区域经济的繁荣奠定了坚实的物质基础,初步形成了以天津、青岛为中心的华北与蒙古高原外向型市场网络,提升了该区域在全国经济发展中的地位。由于传统积淀的深厚和政治因素的制约,该区域近代经济的现代化水准整体上还不高。

第一章　近代华北与蒙古高原的资源环境、居民和经济基础

　　资源环境既是人类经济活动的生产场所,也是人类生产和生活的物质来源地。在人类认识自然、利用自然能力相对弱小的古代,人类所能利用的资源环境相对狭小;进入近代以后,人类认识和利用自然的能力有了较大提高,经济活动所直接关联的资源环境日趋复杂,社会进步对经济发展的需求不断提高,经济开发对资源环境的依赖和影响也进一步加深了。居民作为人类经济活动的能动主体,他们通过与各种劳动资料、劳动对象的有机结合,实现资源的潜在经济价值。不过,不同时、空间环境下的居民,在知识、技能、风俗、习惯等方面的区域特点,又会造成各地经济活动内容和发展水平上的空间差异,进而构筑起近代华北和蒙古高原绚丽多彩的区域经济内涵。

　　清代中期华北和蒙古高原地区以农、牧业为主导的自然经济状态与国内贸易结构,既是当时当地资源环境经济价值的客观体现,也是该区域近代经济继续发展和演化的历史地理基础。过分渲染鸦片战争之前中国经济的封闭与落后,并强调欧美工业文明所带来的冲击与促进,都是欧洲中心论者罔顾中国客观历史进程的片面言辞,是经不住大量经济发展事实验证的。

第一节　该区域的资源环境和居民

　　为了考察的方便,本书将所涵盖的相关地理空间,大体上以长城为界,之南划为华北地区,之北划为蒙古高原地区。而从地形地貌上看,华北地区可以再分为华北平原地区、山西高原地区2个大的地理单元。蒙古高原,也可以再分为漠南、漠北2个地理单元。不同地理单元所具有的特定自然生态环境和资源环境,很大程度上影响和制约着各地的产业类型与市场结构。

一、华北平原地区

　　按照现代自然地理学的划分,华北平原地区作为中国东部大平原的组成部分,又称为黄淮海平原(对其中零碎的丘陵和山地,本书不再另作析分)。它大致位于北纬32°—40°、东经114°—121°之间,北抵燕山南麓,南达大别山北侧,西靠太行山和伏牛山,东至渤海和黄海,跨越今天行政区划下的京、津2直辖市,冀、鲁2省大部,以及豫、皖、苏3省北部,平原部分总面积约30万平方公里。华北平原地区作为华北地区的主体地理空间之一,基本上涵盖在以京津济青等为核心市场的华北近代经济区之内。

　　1. 华北平原地区的近代政区沿革
　　政区划分的直接作用,是国家进行分区域行政管理的一种空间依据和政治手

段;它对于中国中央集权政治体制下的古代区域经济发展,产生了显著的规范和制约效应。这是因为,第一,区域经济发展所必需的人、财、物资源,大都集中和掌控在各级行政中心城市;第二,交通、水利、赋税政策的制定和具体执行过程,更带有鲜明的行政区划色彩;第三,历史经济现象的记述和数据统计,也大多是以行政区域为单位来进行的。所以,尽管行政区和自然区、经济区之间,有着不同的划分标准和时间、空间差异,但是,行政区却是区域经济地理的研究过程中所无法忽视的人文地理要素。以下仅述其概略,以资参考。①

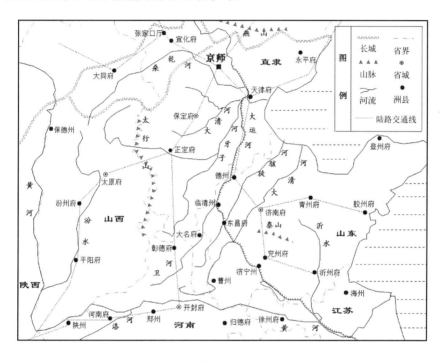

图1-1 1820年前后的华北地理形势示意图
(资料来源:谭其骧主编:《中国历史地图集·清时期》,中国地图出版社,1987年。)

(1) 直隶省

清代,华北平原地区的西北部是顺天府和直隶省的行政辖区。其中,顺天府24县由顺天府和直隶省共同管理。民国以后将其中的20县独立管辖,1914年称为京兆地方。1928年后改隶河北省。

清代的顺天府,治大兴、宛平县,辖24县:大兴县、宛平县、良乡县、固安县、永清县、东安县(安次县)、香河县、三河县、霸县、涿县、通县、蓟县、昌平县、武清县、宝坻县、顺义县、密云县、怀柔县、房山县、平谷县、宁河县、文安县、新镇县、大

---

① 本节的政区沿革内容,主要参考了郑宝恒:《民国时期政区沿革》,湖北教育出版社,2000年。

城县。

清代的直隶省,分霸昌、清河、天津河间、通永、大顺广、口北、热河7道。1914年政区调整后,直隶省设津海、保定、大名、口北4道,计119县,省会1914年前设在保定,此后改在天津。1935年后仍为保定(清苑县)。

民国时期的津海道,原称渤海道,治天津县,辖32县:天津县、青县、沧县、盐山县、庆云县、南皮县、静海县、河间县、献县、肃宁县、任丘县、阜城县、交河县、宁津县、景县、吴桥县、故城县、东光县、卢龙县、迁安县、抚宁县、昌黎县、滦县、乐亭县、临榆县、遵化县、丰润县、玉田县、文安县、大城县、保定县(新镇县)、宁河县。

保定道,原称范阳道,治清苑县,辖40县:清苑县、满城县、安肃县(徐水县)、定兴县、新城县、唐县、博野县、望都县、容城县、完县、蠡县、雄县、祁县(安国县)、安新县、束鹿县、高阳县、正定县、获鹿县、井陉县、阜平县、栾城县、行唐县、灵寿县、平山县、元氏县、赞皇县、晋县、无极县、藁城县、新乐县、易县、涞水县、广昌县(涞源县)、定县、曲阳县、深泽县、深县、武强县、饶阳县、安平县。

大名道,原称冀南道,治大名县,辖37县:大名县、南乐县、清丰县、东明县、开县(濮阳县)、长垣县、邢台县、沙河县、南和县、平乡县、广宗县、钜鹿县、唐山县、内丘县、任县、永年县、曲周县、肥乡县、鸡泽县、广平县、邯郸县、成安县、威县、清河县、磁县、冀县、衡水县、南宫县、新河县、枣强县、武邑县、赵县、柏乡县、隆平县、临城县、高邑县、宁晋县。

口北道,治宣化县,辖10县:宣化县、赤城县、万全县、龙门县(龙关县)、怀来县、西宁县(阳原县)、怀安县、蔚县、延庆县、保安县(涿鹿县)。

(2) 山东省

清代的山东省,设济东泰武临、兖沂曹济、登莱青胶3道。1914年置济南、济宁、东临、胶东4道,辖107县,省会历城县。

济南道,原称岱北道,治历城县,辖27县:历城县、章丘县、邹平县、淄川县、长山县、新城县(桓台县)、齐河县、齐东县、济阳县、长清县、泰安县、新泰县、莱芜县、肥城县、惠民县、阳信县、海丰县(无棣县)、滨县、利津县、乐陵县、沾化县、蒲台县、商河县、青城县、博兴县、高苑县、博山县。

济宁道,原称岱南道,治济宁县,辖25县:济宁县、滋阳县、曲阜县、宁阳县、邹县、滕县、泗水县、汶上县、峄县、金乡县、嘉祥县、鱼台县、兰山县(临沂县)、郯城县、费县、蒙阴县、莒县、沂水县、菏泽县、曹县、单县、城武县、定陶县、钜野县、郓城县。

东临道,原称济西道,治聊城县,辖29县:聊城县、堂邑县、博平县、茌平县、清平县、莘县、冠县、馆陶县、高唐县、恩县、临清县、武城县、夏津县、邱县、德县、德平县、平原县、陵县、临邑县、禹城县、东平县、东阿县、平阴县、阳谷县、寿张县、濮县、朝城县、观城县、范县。

胶东道,治福山县,辖26县：福山县、蓬莱县、黄县、栖霞县、招远县、莱阳县、宁海县(牟平县)、文登县、荣成县、海阳县、掖县、平度县、潍县、昌邑县、胶县、高密县、即墨县、益都县、临淄县、乐安县(广饶县)、寿光县、昌乐县、临朐县、安邱县、诸城县、日照县。

进入民国以后,山东省的行政区划层次和具体辖县特别是边境接壤地区的县份,和清代相比有一定的变化,但其整体格局和辖县总数等基本信息,尚无根本差异。又因其并非本书所要探讨的核心问题,故不再进行细部叙述。以下对于其他省区清代、民国时期政区沿革的内容,亦作同样的处理。

(3) 河南省

清代的河南省,设开归陈许郑、彰卫怀、河陕汝、南汝光淅4道。1914年置开封、河北、河洛、汝阳4道,辖108县,省会开封县。如果从近代外向型市场体系的角度来看,河南省陇海铁路以北的地区属于华北市场,该线以南则主要属于汉口、镇江和上海市场了。

开封道,原称豫东道,治开封县,辖38县：祥符县(开封县)、陈留县、杞县、通许县、尉氏县、洧川县、鄢陵县、中牟县、兰封县、禹县、密县、新郑县、商丘县、宁陵县、鹿邑县、夏邑县、永城县、虞城县、睢阳县、考城县、柘城县、淮宁县、商水县、西华县、项城县、沈丘县、太康县、扶沟县、许昌县、临颍县、襄城县、郾城县、长葛县、郑县、荥阳县、河阴县、荥泽县、汜水县。

河北道,原称豫北道,治汲县,辖24县：汲县、武陟县、安阳县、汤阴县、临漳县、林县、内黄县、武安县、涉县、新乡县、获嘉县、淇县、辉县、延津县、浚县、滑县、封丘县、河内县(沁阳县)、济源县、原武县、修武县、孟县、温县、阳武县。

河洛道,原称豫西道,治洛阳县,辖19县：洛阳县、陕县、偃师县、巩县、孟津县、宜阳县、登封县、永宁县(洛宁县)、新安县、渑池县、嵩县、灵宝县、阌乡县、卢氏县、临汝县、鲁山县、郏县、宝丰县、伊阳县。

汝阳道,原称豫南道,治信阳县,辖27县：信阳县、南阳县、南召县、镇平县、唐县(唐河县)、泌阳县、桐柏县、邓县、内乡县、新野县、方城县、舞阳县、叶县、汝阳县(汝南县)、正阳县、上蔡县、新蔡县、西平县、遂平县、确山县、罗山县、潢川县、光山县、固始县、息县、商城县、淅川县。

2. 华北平原地区的地形地貌

华北平原地区的山脉比较支离破碎,北部是阴山东延的余脉,自察哈尔和热河的分界处南入长城以后向东伸展,介于桑干河和白河(海河)之间的,叫做西山山脉;白河和滦河之间的,叫做燕山山脉。河南省西部的山脉,是秦岭山脉向东的延伸,主干叫做伏牛山脉,向东南逶迤成大别山,也称桐柏山。山东省的山脉主要有劳山和泰山两个较为短小独立的山脉,属于自成一体的断层山系。

就地势来看,华北平原地区海拔高度大多在100米以下,并由山麓向滨海平缓倾斜,顺序出现洪积倾斜平原、洪积—冲积扇平原、冲积平原、冲积—湖积平原、海积—冲积平原、海积平原等地貌特征。黄河、淮河、海河、滦河4大河流所塑造的冲积扇平原,构成了华北平原地区的主体地貌。其中,以黄河冲积扇平原面积最大,其冲积扇的中轴部位,淤积高度相对较大,从而形成华北平原地区的"分水脊",并将淮河、海河2大水系分隔开来。

华北平原地区作为华北陆台上的新生代断陷区,其基底形成于太古代和元古代,盖层构造主要是受燕山运动的影响。后来随着从中生代到新生代时期的交替隆起——断裂——堆积——下沉作用,逐渐形成了局部沉积厚达千米的广阔平原地带,成为中华民族的天然"粮仓"之一。华北平原地区的土壤主要为棕壤或褐色土。由于耕作历史悠久,各类自然土壤已经熟化为农业土壤。在山前洪积—冲积扇或山前倾斜平原,主要发育有黄土(褐土)或潮黄垆土(草甸褐土),平原中部为黄潮土(浅色草甸土)。黄潮土耕性良好,矿物养分丰富,是华北平原地区最主要的耕作土壤。另外,沿黄河、漳河、滹沱河、永定河等大河的泛滥故道上多为风沙土,河间洼地、扇前洼地、湖淀周围多为盐碱土或沼泽土,它们均不利于农作物的种植和生长。①

3. 华北平原地区的水文环境

水文上,华北平原地区的众多河流,以黄河、淮河、海河为主。其中,以黄河为最大河流。

黄河是世界上含沙量最大的河流,据中游陕县水文站的测量,1立方米的黄河水,竟然含有泥沙34千克之多。黄河自孟津以下进入下游的平原以后,由于地势平坦,河水流速变缓,容易引起泥沙沉积,形成河床底部高于两岸地面3—10米的"地上河"。加之该河流域夏秋多暴雨,水量暴增,洪水宣泄不及,极易决溢改道,形成祸患。②

由于含沙量极大的"悬河"——黄河的频繁改道与泛滥,使得华北平原地区内部的微观地形地貌,长期处于不断的变动之中。根据粗略性的统计,1949年以前,黄河下游的决口泛滥次数达1 500多次,其中大的改道也有26次之多。洪水泛滥的波及范围,北达今天的天津、南抵苏皖,纵横25万平方公里。它"淤塞了河流,填平了湖泊,毁灭了城市,阻塞了交通,使良田变为沙荒,洼地沦为湖沼,沃土化为盐碱,生产遭到破坏,社会经济凋敝"③。因此,历代中原王朝,均把治理华北平原地区的黄河水患,作为其治下的首要政务之一。从这个层面上讲,黄河河患,确为华夏民族的心腹大患之一。

---

① 华北地形地貌的内容,参见中国大百科全书编委会:《中国大百科全书·中国地理》,中国大百科全书出版社,1993年。
② 谭其骧:《何以黄河在东汉以后会出现一个长期安流的局面——从历史上论证黄河中游的土地合理利用是消弭下游水害的决定因素》,《学术月刊》1962年第2期。
③ 邹逸麟:《黄河下游河道变迁及其影响概述》,《复旦学报(社科)》1980年增刊,历史地理专辑。

不过另一方面,黄河干流和主要支流,也能为沿岸的农作物提供灌溉的便利,并且从上游发源地的青海到下游入海口的山东,从河面宽阔的干流到水道狭窄的支流,总长度达4 000—5 000公里的河段上,各类水上交通工具都因地制宜地发挥着内河航运的最大效用,成为华北平原地区的主要水上运输通道。①

淮河中、下游位于华北平原地区南部,从洪河口到洪泽湖之间,长度为724公里,两侧水系发育很不对称。北侧支流长而密集,水势缓慢,南侧支流短小湍急。北侧水系中的较大支流,自西向东分别为汝河、颍河、西淝河、浍河、濉河等,"大河流之间,还有不少小河流穿插其间,既便于灌溉和运输,又便于排涝"②。今天的淮河,在洪泽湖以下,大部分河水经高邮湖流入长江,小部分东流进入黄海。不过在1855年黄河铜瓦厢改道北流之前,即黄河由开封流向东南的时候,黄、淮二河是在淮阴(又名清江浦)附近汇合,然后共同注入东海的。由于黄强淮弱,淮河的原有河道便被黄河的大量泥沙所淤塞抬高。再加上淮河干流地区7、8月间多暴雨,洪水下泄不及,很容易发生决溢,造成严重的水患。

海河流域,也是我国内河水资源丰富的地区之一。在晋冀交界处的山区发源地,流程达10公里以上的300多条支流,汇集成流经东部平原的几十条大河,从而奠定了河北平原内河航运的自然地理基础。不过东汉以前,这些河流都独流入海,内河航运之便比后来逊色。东汉末年,曹操为运送军需而人工开凿了白沟、平房渠、泉州渠等运河,把该地区东西流向的主要河流连通起来,形成了扇形的沤河水系(今海河水系),构成了一个以今天津地区为中心的内河水运网络。隋炀帝时,又开凿了大运河北段的永济渠,将漳水、滹沱河、拒马河、桑干河、潞河连通入海,并与大运河的通济渠、邗沟、江南河相衔接。唐朝又开挖了新平房渠,使今军粮城一带发展成为船只云集的"三会海口"。1153年,金朝将首都迁到燕京(今北京)后,今天津地区便成为今河北、河南、山东一带粮食转运京师的水运枢纽。"自旧黄河行滑州、大名、恩州、景州、沧州,会境内濒河十四县之粟;自漳水行御河,通苏门、获嘉、新乡、卫州、浚州、黎阳、卫县、彰德、磁州、洺州之馈;自衡水经深州,会于滹沱,以来献州、清州之饷"③。此后的元、明、清各朝,也都以今天的北京作为都城,处在首都漕粮河运和海运中枢位置的今天津地区,内河航运的通达性,也就格外得到历代政府的重视。到清代中期,天津的三岔口遂成为海河流域的内河航运中心。进入民国时期,海河水运依然繁盛,海河5大内河航线上的船只,所联结的内河航运腹地达22.5万平方公里,在天津与河北、山东、河南广大区域的物资交流中,依然发挥着重要作用。④

---

① 樊如森:《民国以来的黄河航运》,《历史地理》第24辑,上海人民出版社,2010年。
② 吴海涛:《淮北的盛衰成因的历史考察》,社会科学文献出版社,2005年,第15页。
③ 天津市地方志编修委员会编著:《天津通志·港口志》,天津社会科学院出版社,1999年,第278—279页。
④ 樊如森:《内河航运的衰落与环渤海经济现代化的误区》,《世界海运》2010年第5期。

4. 华北平原地区的气候环境

地处淮河以北的华北平原地区,属于暖温带湿润或半湿润气候,冬季干燥寒冷,夏季高温多雨,有利于农作物生长;春季少雨,蒸发强烈,常常发生春旱。年均气温由黄淮地区的 14—15℃ 向北降至京津地区的 11—12℃,全区 0℃ 以上积温为 4 500—5 500℃,10℃ 以上活动积温为 3 800—4 900℃,无霜期为 200—220 天,可保证近代历史时期基本农作物 2 年 3 熟的需要。年降水量由淮河流域的 800—1 000 毫米,减少为黄河下游的 600—700 毫米,再降至京津一带的 500—600 毫米。降水的年内不均衡表现为夏季可占全年的 50%—75%,年际不均衡表现为年相对变率达 20%—30%,非常容易出现旱涝灾害,影响农业生产。

只是在山东东部沿海一带,气候的海洋性较为明显,降水要比华北的内陆地区稍多一些,温度变化也较其他区域为缓,比较适宜于果树的生长,故而烟台苹果、莱阳梨等水果均以其多项优良品质而驰名中外。

5. 华北平原地区的物产状况

该区域物产丰富,主要可分为动物、植物和矿物三大类别。[①]

动物类,在华北的山地和丘陵地区,有狐狸、狼、野猪、麝等野兽,其他区域有鹧鸪、鹌、鹑等野禽;家畜有牛、马、骡、羊、猪等,家禽有鸡、鸭、鹅等;河湖水泽特别是河北、山东沿海,鱼介出产很多,比较有名的是青花鱼、比目鱼、大口鱼等,庙岛列岛还产有海豹、海狗等。

植物类,农作物在丘陵、山区主要有玉蜀黍、小米、高粱,平原多种植小麦、大豆、棉花、花生、麻、烟草、芝麻、蓝靛,河南信阳地区有大面积的水稻。林木有松、柏、杨、柳、柞、栎树,山东东部和河南南阳地区以柞树叶为原料饲养柞蚕,生产的柞蚕丝享誉全国。蔬菜、食用菌类以山东的白菜、金针菜,河北的萝卜,河南的木耳最为著名。药材以河南商城县所产的茯苓最佳。果类有桃、杏、葡萄、苹果等,山东肥城的桃、莱阳和胶县的梨、乐陵的枣,河北正定和大名的枣、良乡和固安的栗子,天津的梨和苹果,河南的柿子驰名全国。

矿物类,以煤、铁最多。其中山东以坊子、淄川、章丘、峄县的煤,金岭镇的铁,招远的金,博山的石英、陶土;河北以开平、滦县、临城、井陉、磁县、门头沟、杨家宅、斋堂、长沟峪、三安子的煤,沿海地带的长芦海盐,河南以鲁山县和博爱县的煤,在进入近代以后开采较多。

同时,在滨海以及黄淮海诸河经常泛滥、盐碱土较多的河北、山东、河南某些低洼地区,土盐、火硝的生产也较为普遍。

---

① 杨文洵等编:《中国地理新志》,第 5 编,中华书局,1936 年,第 15、69、158 页。

图 1-2 1932 年前后河南虞城的火硝土盐生产
（资料来源：张英甫、张子丰：《河南火硝土盐之调查》，黄海化学工业研究社，1932 年。）

6. 华北平原地区的人口和居民

河北地区的居民，除汉族外，有满、回二族杂居，满族以北平为中心，分布于附近各县，回族则散居于各地。山东地区的居民，除土著外，元末从湖北移来 20 万人，鲁西南地区从山西迁来的移民数量也不少。河南地区的居民，绝大多数都是汉人，其他民族的人很少，开封城内有少数的犹太人。据国民政府内政部 1931 年的统计，河北省的人口 3 123.3 万人，平均每平方公里 222 人；山东省的人口 2 867.3 万人，平均每平方公里 180 人；河南省的人口 3 056.6 万人，平均每平方公里 177 人。[①]

河北居民，均操用国音，且为全国普通话之标准，一般认为，其民俗质朴沉毅，尚实践而富有服从心，原本尚武，所谓"燕赵古称多感慨悲歌之士"（韩愈《送董邵南游河北序》），而进入明清以后则大不如前，大概因故都为官吏渊薮，富贵享乐，熏染一般人心已久的缘故。保定一带民风宽厚朴茂，长城一带勇健而耐劳苦。

山东地区的居民也皆用官话，但较北平语音稍浊；一般认为，山东民性迟钝，保守好斗，勤勉耐劳，长于经商，有冒险精神。鲁人的开发东三省，堪与华侨的开发南洋媲美。

河南全省语言，概用国音；民俗勤俭和厚，淳朴守分，甘于粗粝而安于拙愚；无论平原山地，居民大半居茅茨，食杂粟，衣土布，用土器，颇有草昧遗风。

---

① 杨文洵等编：《中国地理新志》，第 5 编，中华书局，1936 年，第 17、72、161 页。

二、山西高原地区

山西高原地区位于中国黄土高原的东部,地处吕梁山与太行山之间,南、西、北三面隔黄河同陕甘高原为邻。

1. 山西高原地区的近代政区沿革

清代的山西省,共分冀宁、河东、雁平、归绥4道。1913年,归绥道划归绥远特别区域管辖,仅剩3道,105县。1927年废除道的建置。

冀宁道44县:阳曲县、太原县、榆次县、太谷县、祁县、交城县、文水县、岚县、兴县、徐沟县、清源县、岢岚县、汾阳县、孝义县、平遥县、介休县、石楼县、临县、宁乡县(中阳县)、永宁县(离石县)、长治县、长子县、屯留县、襄桓县、潞城县、平顺县、壶关县、黎城县、凤台县(晋城县)、高平县、阳城县、陵川县、沁水县、辽县(左权县)、和顺县、榆社县、沁县、沁源县、武乡县、平定县、乐平县(昔阳县)、盂县、寿阳县、方山县。

雁门道26县:大同县、代县、怀仁县、山阴县、阳高县、天镇县、广灵县、灵丘县、浑源县、应县、右玉县、左云县、平鲁县、朔县、宁武县、偏关县、神池县、五寨县、忻县、定襄县、静乐县、五台县、崞县、繁峙县、保德县、河曲县。

河东道35县:安邑县、临汾县、洪洞县、浮山县、乡宁县、岳阳县(安泽县)、曲沃县、翼城县、太平县(汾城县)、襄陵县、吉县、永济县、临晋县、虞乡县、荣河县、万泉县、猗氏县、解县、夏县、平陆县、芮城县、新绛县、垣曲县、闻喜县、绛县、稷山县、河津县、霍县、汾西县、灵石县、赵城县、隰县、大宁县、蒲县、永和县。

2. 山西高原地区的地形地貌

山西高原地区的山脉,属于阴山山系向东的延伸。它自绥远与察哈尔的分界处向南进入长城以后,成为山西高原地区上的管涔山脉,并分成数支。东行者为恒山山脉,南行者为吕梁山脉,东南行者为太行山脉。地势上,高原内部有许多褶皱断块山岭和断陷盆地。全境海拔一般在1 000—2 000米,五台山的北台顶,海拔3 058米,为华北第一高峰。山西高原地区的地貌形态,可分为东、中、西三大部分,东部是以太行山、恒山、五台山、太岳山、中条山等为主体的山地和构造高原,西部是以吕梁山为主体的山地和晋西黄土高原,中部是一系列的断陷盆地,如大同盆地、忻州盆地、太原盆地、寿阳盆地、榆社盆地、临汾盆地、运城盆地等。

山西高原地区以山地为主的崎岖地貌,不利于农业生产和水、陆交通事业的发展。其土壤的分布,在水平和垂直分布上都有显著差异。垂直差异表现为海拔2 200米以上为亚高山草甸土,1 600—2 200米为山地棕壤,1 600米以下的低山、丘陵和高阶地为褐土、灰褐土、栗钙土,盆地内较低部位及河谷两岸则为草甸土。水平差异表现为地带性的褐土、灰褐土和栗钙土分布。褐土主要分布在吕梁山以东、恒山以南的高阶地和丘陵区,土质最佳;其中韩候岭以南的临汾盆地为碳酸盐褐土,黏化程度高,耕性好,保水保肥性能强;以北的太原盆地为淡褐土,有机质含量较前者为少,质地亦较粗。恒山以北为栗钙土。吕梁山以西、昕水河以北为灰褐土,土质疏松,侵蚀严重,肥力较低。另外,在大同、太原、忻州等盆地排水不良的地方,亦有不少的盐碱土。

图1-3　1935年前后的山西娘子关风光
(资料来源:山西民社编《太原指南》,北平民社,1935年。)

3. 山西高原地区的水文环境

山西高原地区的河流分属于黄河和海河两大水系,北部与东部的桑干河、滹沱河等属于海河水系,西部南部的汾河、沁河等属于黄河水系。汾河是山西高原地区最大的河流,它发源于北部的管涔山麓,向南穿行于霍山和吕梁山的山谷之中,最终在晋西南的河津以南西入黄河。介休特别是太原以北,河流狭窄湍急,夏季容易泛滥;新绛以南,河道才趋于广阔平缓。山西高原地区的不少河流,不仅具有季节性的灌溉之利,而且黄河的大部分河段和汾河的新绛以下河段,均有通航之利。①

另外,山西高原地区也有分布广泛的泉水,为农业生产带来了宝贵的水源。较为著名的大泉,有朔县的神头泉,平顺的辛安泉,平定的娘子关泉,霍县的郭庄泉,洪洞的广胜寺泉,临汾的龙子祠泉,太原的上兰村泉、晋祠泉、柳林泉,阳城的马山泉,晋城的三股泉,等等。

4. 山西高原地区的气候环境

山西高原地区的气候,属于大陆性季风气候,季节变化明显,区域差异大,并且由于地形关系,垂直差异往往大于水平差异。南部的运城盆地和沿黄河谷地,热量

---

① 樊如森:《民国以来的黄河航运》,《历史地理》第24辑,上海人民出版社,2010年。

较为丰富,永济的年均温为 13.8℃,10℃以上活动积温为 4 563.2℃,无霜期为 221.5 天,属于暖温带,不仅可以种植喜温的玉米、棉花,在中条山以南连毛竹也可以生长良好;而北部的右玉,年均温只有 3.6℃,10℃以上活动积温只有 2 224.4℃,无霜期仅为 122.2 天,属于温带,耐寒作物莜麦和胡麻种植普遍。大致恒山——内长城一线,是山西冬小麦和春小麦的分界,以及农作物一年一熟和二年三熟地区的分界线。

山西高原地区的年降水量自东南向西北减少,由 600 毫米降为 400 毫米左右,不过五台山却因为地势的关系,年降水多达 913 毫米,属于特例。除地区差异之外,山西高原地区各地降水的年际变化也相当大,多雨年为少雨年的 2—3 倍;年内的季节变化也很明显,60% 的降水集中在 7—9 月,旱情较为普遍。

5. 山西高原地区的物产状况

动物类,牛、羊放牧以北部为盛,山间野兽众多,有野羊、山猪、狐、鹿、獐、麝,以及豺、狼、虎、豹等中型、大型猛兽,不过水产非常稀少,人们视鱼虾为奇珍。

植物类,农产物出产最多的是汾水流域的杂粮、烟草、棉花,因气候和土壤的关系,豆、麦、高粱、玉米的出产并不多;蔬果类有枣、柿、茄、白菜、蓁椒、西瓜、葡萄等;林木类有漆、桑等。

矿物类,煤、铁最为富饶,中南部是煤的主产地,长城以北和汾水西部也有出产;但整个近代时期,山西煤的开采量和巨大的蕴藏量相比,并不太大。山西铁矿资源的生产,以平定最有名,南部的晋城、长治各县也有不少。另外,解县的池盐,阳曲的硫磺,也有一定的产量。①

6. 山西高原地区的人口和居民

山西高原地区的居民,以汉族最多,间有回族人。人口以汾水流域密度最大,北部人口相对稀少。据国民政府内政部 1931 年的统计,山西全省有 1 223 万人,平均每平方公里 75 人。

山西高原地区的居民,皆用北方语言,所以普通话通行南北。长城外的蒙古人虽然主要操蒙语,但亦通晓普通话。风俗简朴,善于经商,经营手段机敏灵活,经商地域除内地之外,远及蒙古、新疆、西藏各地。坚忍有恒心,远游他乡动辄数十年不归乡里。雍正皇帝曾笑谈山西地区的风俗,谓"山右大约商贾居首,其次者犹肯力农,再次者谋入营伍,最下者方令读书"②。

据安介生推断:"在清代山西省商业较发达,县里出外经商谋生人员应占总人口的 1/8 左右,若与较为贫瘠的县相平均,出外经商谋生人口应占全省总人口的 1/10,应该是较为妥当的";"按 1/10 计,平常年份山西外出经商的人数应在 132.7 万

---

① 杨文洵等编:《中国地理新志》,第 5 编,中华书局,1936 年,第 127 页。
② 《雍正朱批谕旨》,第四十七册,雍正二年五月九日刘于义奏疏,台湾文海出版社,1965 年。

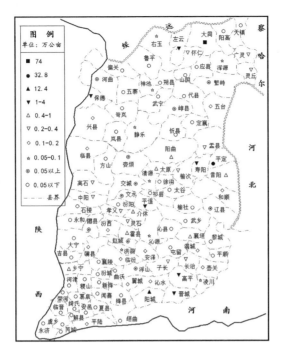

图 1-4 1934 年的山西各县煤炭生产分布图
（资料来源：山西省政府秘书处：《山西省统计年鉴》下，山西省政府，1934 年。）

人左右"；有清一代，应该有 1 300 多万的山西人出外经商谋生，相当于平常年份山西人口的总和！① 其更深层次的历史地理原因，在于山西高原地区气候干寒，土瘠民贫，地狭人多，很多州县如果单纯从事农业生产，生活难以为继。恶劣的农业自然条件，迫使山西人不得不把外出经商当作谋生的首选职业，从而造就了当地的重商社会风尚和享誉大江南北、长城内外的晋商群体。

晋人衣着以素布为主，不尚浮华，但对于住所却比较讲究，所以城乡之间厦屋颇多；只有榆次、平定一带建筑简陋，且有穴居土窑的。居民多信佛，很崇拜关羽。晋人饮食喜酸，每餐必备醋，妇女喜欢穿戴饰物。

民国年间的山西，虽然在文明开化的很多方面都走在了全国的前列，被誉为"模范省份"，但是，由于地形地势的区域分割，高原各地的进化程度也有不少的差异。比如在许多省份早已经被涤荡的缠足之风，20 世纪 30 年代却依然在山西盛行，山西北部的女子，"双跌瘦削，常须扶墙挂杖而行。大同每年六月六日，有赛足之举，翘其缠足而任人品评，恬然不以为怪"②。

---

① 安介生：《山西移民史》，山西人民出版社，1999 年，第 393 页。
② 杨文洵等编：《中国地理新志》，第 5 编，中华书局，1936 年，第 129—130 页。

三、漠北蒙古地区

蒙古高原地形和民族成分复杂,"内、外蒙古交界地方,有横断大沙漠。漠北,为外蒙古;漠东北,为呼伦贝尔蒙古;漠东南,为内蒙古;漠西南,为宁夏蒙古、青海蒙古;漠西,为新疆蒙古"(参见图1-5)。整个蒙古民族的生产生活空间非常辽阔,其"旧日四至区域,北,与俄属之西伯利亚交界;东北,抵黑龙江省之东兴安岭;东,至吉林省、辽宁省内之柳条边;南,与河北、山西、陕西、甘肃各省接壤;西南,至青海省内之巴颜喀喇山;西,至新疆省内之天山南麓。总面积为1 367 953方哩";其民国初年的行政区划情况为:外蒙,分喀尔喀、科布多、唐努乌梁海3大部;内蒙,分哲、昭、卓、锡、乌、伊6盟,及4特别旗1牧场;呼伦贝尔,为特别区;察哈尔,为内属蒙古;青海,分左、右翼2盟;新疆,分青(青塞特奇勒图部)、乌(乌讷恩素珠克图部)、巴(巴图塞特奇勒图部)3部。全部蒙古,计14盟,6部,237普通旗,4特别旗,1牧场。①

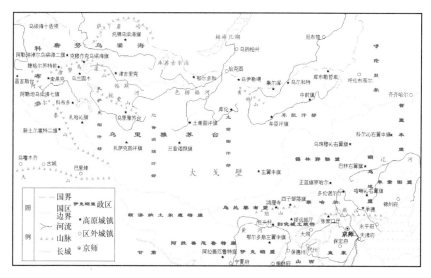

图1-5 1820年前后的蒙古高原地理形势示意图
(资料来源:谭其骧主编:《中国历史地图集·清时期》,中国地图出版社,1987年。)

漠北蒙古包含清代前期的"外蒙古"喀尔喀4部、科布多、唐努乌梁海和呼伦贝尔高原4个地区。东抵大兴安岭,西及阿尔泰山脉,北至萨彦岭、肯特山脉,南界戈壁大漠,面积约为187.591 2万平方公里。② 自先秦时期就是中国北方游牧民族生产和生活的家园,也是中国灿烂游牧文明的重要活动舞台之一。

---

① 方范九:《蒙古概况与内蒙自治运动》,商务印书馆,1934年,第5页。引文中的宁夏蒙古,也称西套蒙古或套西二旗。
② 本数据来源于杨景雄等绘制《中华民国最新分省地图》,襄澄出版社,1946年,说明部分第67页记载,民国时期的外蒙古地方(喀尔喀四部、科布多、唐努乌梁海),面积161.291 2万平方公里。互联网显示,呼伦贝尔地区面积为26.3万平方公里。

漠北蒙古地区版图盈缩的根本原因,来自俄国对它的蚕食和鲸吞。[①] 20世纪30年代有学者分析道:"蒙古北邻苏联,彼此关系颇切。苏联的野心侵略,由来已久。盖蒙古疆域,清初尚不止此,就是现在苏联属后贝加尔、伊尔库次克、叶尼塞斯克、多木斯克等省,当时大部属蒙古,而次第丧失于俄国的。兹分述之如下:一、东北境所丧失的。俄人从十七世纪初经营西伯利亚以来,屡次入寇蒙古。清康熙二十八年(1689年),中俄使臣会议于尼布楚,订《尼布楚条约》:北以外兴安岭、东以额尔古纳河为两国国界,于是贝加尔湖以东约199 066方公里(与黑龙江共之),之地尽入于俄,俄人于此设后贝加尔省。二、北境所丧失的。嗣后,俄人常到土谢图汗部互市,时与蒙人冲突,疆界问题又起。清雍正六年(1728年),中俄使臣会议于贝加尔湖西布拉河上,订《恰克图条约》:以恰克图、鄂尔怀图两地中间,立为疆界,东到额尔古纳河、阿巴海图,西到唐努乌梁海北境托罗斯岭、沙宾达巴哈,各立界牌。于是,恰克图以北、贝加尔湖南部、西部,约298 598方公里的地方,尽入于俄,就是现在西伯利亚铁路所经、伊尔库次克省的南部。三、西北境所丧失的。从沙宾达巴哈以西与俄交界处,尚未立有界牌。清中世后,新疆回部作乱,俄人又乘机侵入外蒙西北境。清廷先后与订《塔城条约》(同治三年,1864年)、《科布多条约》(同治八年,1869年)、《乌里雅苏台条约》(同治九年,1870年),及光绪九年(1883年)的《伊犁条约》,于是旧有定边将军所属的唐努乌梁海十佐领和科布多所属的阿尔泰诺尔、乌梁海二旗,包括阿巴堪河、毕雅河、喀屯河、额尔齐斯河、斋桑泊诸流域,约2 985 984方公里的地方(与新疆共有),皆入于俄,就是现在苏联叶尼塞斯克、多木斯克二省。又乌梁海西北的乌素河流域,同治八年(1869年)尚为我属,就是肯木次克旗地,后以俄人潜移界牌,无形中又划入俄境,这是不因条约所损失的,他的面积当亦不在少数。至于丧权的事更多。"[②] 当这些原本属于中国先民开发和生息的家园——漠北高原的部分地区、中亚地区,乃至整个漠北高原地区,"一旦为人所攫去,河山改色,(当局)则闭眼打盹,或是敷衍职责;或明明理直气壮,竟不能挽救事实于一二;事后痛定思痛,即大声悲号,亦何裨补?此种行政与心理,真胡涂万分"[③]。其实,他们并非真的糊涂,而是为了自己在国内的既得权势和地位不受边事问题冲击,宁愿息事宁人罢了,实属一种尸位素餐、辱没先人、愧对后人的历史犯罪。这也就是本书所关注的漠北蒙古这一中国的重要经济地理空间,何以在近代逐步消亡的重要原因。

1. 漠北蒙古的政区沿革

清朝在漠北、漠南蒙古地区,行政管理上均推行盟旗制度,并与蒙古传统

[①] 相关研究有台湾学者李毓澍:《外蒙古撤治问题》,中研院近代史研究所专刊(一),台湾商务印书馆,1976年;樊明方:《唐努乌梁海历史研究》,中国社会科学出版社,2004年,等等。本条信息为侯甬坚教授提供,特此注明并致谢。
[②] 杨文洵等编《中国地理新志》,第11编,中华书局,1936年,第24—25页。
[③] 吴绍璘编著:《新疆概观》,仁声印书局,1933年,第155页。

的部落组织形式相结合,构成了清朝中央政府有效管辖下的不同层级的地方政区之一。在漠北地区,盟和部的名称虽然不同,但所辖的地域范围则是相同的。

光绪朝《大清会典》所说"大漠以南为内蒙古,部二十有四,为旗四十有九;逾大漠曰外蒙古,喀尔喀部四,附以二,为旗八十有六"①,指的是光绪朝的政区情况,并不完全代表清代前期。

事实上,光绪朝以前的"外蒙古"一词,仅专指包括自东向西分布的车臣汗部、土谢图汗部、三音诺颜部、扎萨克图汗部4部86旗的喀尔喀蒙古游牧区,它们在行政上,隶属于驻扎在乌里雅苏台(今蒙古国扎布哈朗特)的定边左副将军统辖。也就是说,在清朝前期,东面的呼伦贝尔草原,虽属于漠北高原的一部分,但不包含在"外蒙古"之内。而西面的科布多和唐努乌梁海地区,也不包括在"外蒙古"之内。换句话说,作为清代辖境的漠北蒙古地区,其范围是大于光绪朝之前的"外蒙古"的。

在行政区划的设置上,车臣汗部(即克鲁伦巴尔城盟)下辖:东路车臣汗旗、东路左翼中旗、东路中右旗、东路右翼中旗、东路中左旗、东路中末旗、东路左翼前旗、东路中后旗、东路右翼中右旗、东路中前旗、东路左翼后末旗、东路中左前旗、东路中右后旗、东路中末次旗、东路中末右旗、东路左翼左旗、东路左翼后旗、东路左翼右旗、东路右翼中左旗、东路右翼中前旗、东路右翼左旗、东路右翼前旗、东路右翼后旗,共23旗。会盟地点,在克鲁伦河北岸的巴尔和屯。

土谢图汗部(也作图什业图汗部,即汗山盟)下辖:后路土谢图汗旗、后路右翼左旗、后路中右旗、后路左翼中旗、后路中旗、后路左翼左旗、后路中右末旗、后路左翼前旗、后路左翼左中末旗、后路右翼右旗、后路右翼右末旗、后路中左旗、后路中次旗、后路中左翼末旗、后路左翼中左旗、后路左翼右末旗、后路左翼末旗、后路左翼后旗、后路右翼左末旗、后路右翼右末次旗,共20旗。会盟地点,在土拉河南岸的汗阿林。

三音诺颜部(即齐齐尔哩克盟)下辖:中路三音诺颜旗、中路中左末旗、中路中右旗、中路右翼右后旗、中路中左旗、中路中前旗、中路额鲁特前旗、中路额鲁特旗、中路中末旗、中路中后旗、中路左翼左旗、中路右翼中左旗、中路右翼末旗、中路右翼前旗、中路左翼中旗、中路中右翼末旗、中路中后旗、中路左翼左末旗、中路左翼右旗、中路右翼中右旗、中路右翼中末旗、中路右翼左末旗、中路右翼后旗、中路右末旗,共24旗。会盟地点,在齐齐尔哩克。

扎萨克图汗部(即毕都哩雅诺尔盟)下辖:西路扎萨克图汗旗、西路左翼后末旗、西路中左翼左旗、西路左翼中旗、西路左翼右旗、西路中左翼右旗、西路中左翼

---

① 昆冈等纂:《钦定大清会典事例》,光绪朝,卷六十三,光绪二十五年石印本。

末旗、西路左翼前旗、西路左翼后旗、西路右翼右旗、西路右翼右末旗、西路左翼左旗、西路中右翼末旗、西路中右翼左旗、西路中右翼末次旗、西路右翼前旗、西路右翼后旗、西路右翼后末旗、西路辉特旗，共19旗。会盟地点，在札克河源头处的毕都哩雅诺尔。

到了清光绪朝以后，"外蒙古"一词的空间外延有所扩大，既包括上述喀尔喀4部86旗领地，也包括了《大清会典》所说的"附以二"，即科布多和唐努乌梁海。

科布多地方，乾隆二十六年（1761年）十月设科布多参赞大臣一员，驻科布多（今蒙古国吉尔格朗图），属定边左副将军节制。统辖阿尔泰山南北两麓厄鲁特蒙古、阿尔泰乌梁海、阿尔泰诺尔乌梁海各部领地，各旗不设盟。沙皇俄国分别通过1864年的《中俄勘分西北界约记》和1881年的《中俄伊犁条约》，先后割占了阿尔泰诺尔乌梁海全部和阿尔泰乌梁海西部地区，相当于今天俄罗斯戈尔诺阿尔泰自治州。光绪三十年（1904年），清廷设立阿尔泰办事大臣，统辖阿尔泰乌梁海东部地区以及新土尔扈特、新和硕特，相当于今天的新疆阿勒泰市辖境，以及蒙古国巴彦乌列盖省的部分地区，其余部分仍归科布多参赞大臣管辖。民国初年，科布多地方统辖2盟19个旗。其中的三音济雅图右翼盟所辖7旗，分别是杜尔伯特前旗、杜尔伯特前右旗、杜尔伯特中右旗、辉特下前旗、札哈沁旗、明阿特旗、额鲁特旗。三音济雅图左翼盟所辖12旗，分别是杜尔伯特汗旗、杜尔伯特中旗、杜尔伯特中左旗、杜尔伯特中前旗、杜尔伯特中后旗、杜尔伯特中上旗、杜尔伯特中下旗、杜尔伯特中前左旗、杜尔伯特中前右旗、杜尔伯特中后左旗、杜尔伯特中后右旗、辉特下后旗。[①]

唐努乌梁海地方，分为5旗46佐领。沙皇俄国通过1864年的《中俄勘分西北界约记》，割去了西北部的10佐领，相当于今天俄罗斯哈卡斯自治州和克麦罗沃州的南部。民国初年，唐努乌梁海地方统辖5旗36佐领，分别是唐努乌梁海旗、萨拉吉克乌梁海旗、托锦乌梁海旗、库布苏库诺尔乌梁海旗、克穆齐克乌梁海旗。乌梁海2佐领、乌梁海4佐领、三音诺颜汗部乌梁海13佐领、乌梁海4佐领（原文如此，治所有别——本书作者注）、扎萨克图汗部乌梁海1佐领、乌梁海3佐领、乌梁海2佐领、扎萨克图汗部乌梁海1佐领、扎萨克图汗乌梁海1佐领、扎萨克图汗乌梁海1佐领、扎萨克图汗乌梁海1佐领、哲布尊丹巴呼图克图属乌梁海3佐领。

1911年辛亥革命爆发之际，沙俄强占了中部的27佐领，东部9佐领由宣布独立的喀尔喀封建主所占领。俄国十月革命以后，中东部的36佐领为中国政府收复，不久被迫退出。东部9佐领今属蒙古国库苏古尔省。在苏联的策划下，中部俄

---

① 方范九：《蒙古概况与内蒙自治运动》，商务印书馆，1934年，第6—11页。

图 1-6 1920年民国北洋政府蒙藏院接见外蒙古地方王公
（资料来源：风凌石：《蒙古国乌兰巴托印象》，据蒙古国民族历史博物馆藏品翻拍。）

占的27佐领于1924年宣布成立"乌梁海共和国"，1926年改称"唐努图瓦人民共和国"；1944年，被苏联直接并入其版图，称为"图瓦自治共和国"；1948年，苏联又将之改称为"图瓦自治州"。①

然而，无论外蒙古地区在清代至民国的政区如何沿革变化，在本书所关注的近代历史时期，即1949年10月16日中华人民共和国中央政府正式承认蒙古人民共和国之前，包括被俄国（以及苏联）巧取豪夺的地区在内的整个外蒙古高原地区，仍是中国的领土。

"外蒙古"地区东面的呼伦贝尔地区，为大兴安岭南北所纵贯。在明代，大兴安岭东麓系蒙古阿鲁科尔沁牧地，岭西直至尼布楚的广阔草原为蒙古四子、乌拉特和茂明安部游牧地。到了清代，这里则属于清廷的直辖区域，统称为"呼伦贝尔八旗"。方范九认为，"呼伦贝尔八旗"分别是索伦左翼旗、索伦右翼旗、新巴尔虎左翼旗、新巴尔虎右翼旗、陈巴尔虎旗、额鲁特旗、布里雅特旗、鄂伦春旗。② 而包梅花的研究则指出，"呼伦贝尔八旗"，实系"索伦八旗"和"新巴尔虎八旗"的合称，它们分别是雍正十年（1732年）和十二年（1734年），在呼伦贝尔地区设置。两个"八旗"，均分别按照镶黄旗、正黄旗、正白旗、正红旗、镶白旗、镶红旗、正蓝旗、镶蓝旗八旗进行编制，直接隶属于清朝黑龙江将军统辖。这一地区的游牧民族，原来是单一的蒙古民族，此后变为蒙古族、巴尔虎（原属喀尔喀）、达斡尔、索伦（鄂温克）、鄂伦春等民族共同生活的地域。③ 伪满洲国时期，在呼伦贝尔地区设立兴安省，省会为海

---

① 郑宝恒：《民国时期政区沿革》，湖北教育出版社，2000年，第234—246页。
② 方范九：《蒙古概况与内蒙自治运动》，商务印书馆，1934年，第15页。
③ 包梅花：《雍正乾隆时期呼伦贝尔八旗历史研究》，内蒙古大学蒙古学研究中心2012年博士学位论文，未刊稿。

拉尔。1948年改称呼伦贝尔盟。

2. 漠北蒙古的地形地貌

从地形上看,漠北蒙古的大部分地区为古老的台地,仅西北部有较多的山地,东南部为面积广阔的戈壁,中部和东部为大片的丘陵。其最高点是阿尔泰山脉的蒙赫海尔汗(Monh Hayrhan)山,海拔4 362米。高原面的平均海拔高度为1 580米,整个地势自西向东逐渐降低。漠北蒙古的山脉,从整体上说,属于阿尔泰山系。它从新疆西北境的塔尔巴哈台岭起,分为三支:一支向东南方向进入漠北蒙古的西南境,成为南阿尔泰山脉。一支向东北穿行,出新疆后沿着科布多的西北境折而向东,穿行于科布多、扎萨克图汗与唐努乌梁海之间的叫唐努拉山脉;先向东南行然后再由西向东形成的一个大弯曲山系,叫杭爱山脉;此后再向东北行的叫肯特山脉;再延伸出中国国境以后对接外兴安岭。再一支是从科布多的西北上行,沿唐乌梁海与西伯利亚之界的山脉叫萨杨岭山脉,又称萨彦岭。

从微观地势上看,漠北蒙古又可以划分为以下五个不同的地理单元。

(1) 乌梁海盆地

位于漠北蒙古的西北部,是一个介于北部萨彦岭和南部唐努乌梁山脉之间的陷落盆地,面积为16.574 7万平方公里。其最高处海拔2 440米,最低处海拔610米。从这里流经的乌鲁克穆河,是注入北冰洋的叶尼塞河的西源上游支流。该盆地森林繁茂,山地间的草原广阔,土壤肥沃,是漠北蒙古的重要麦类作物产地。

(2) 科布多盆地

是乌梁海盆地以南,介于唐努乌梁山脉和阿尔泰山脉之间的另一陷落盆地,其间有很多起伏的山峦。盆地中多河流和咸水湖泊,其中的帖斯河注入乌布萨泊,匝盆河注入喀拉湖,科布多河注入慈母湖和喀拉湖。这里土肥草茂,也是一个宜农宜牧的好地方。

(3) 瀚海沙漠地带

位于漟江以北、叨林以南,又称大戈壁,汉族人因为其有着浩瀚如海的壮阔景观,所以又将其称作"瀚海"。戈壁之间虽有一些小的湖沼散布,但却因为降水稀少,遂至于水泽干涸,使当时的这里成为动植物稀少、砂石遍布、人迹罕至的绝地,只是偶有野骆驼的行踪出没。

(4) 漠北高地

自叨林以北,地势向北倾斜,雨量也逐渐增多。这里是叶尼塞河东源的上流色楞格河的发源地,色楞格、鄂尔浑、土拉三条支流汇合以后,进入俄国境内。同时也是黑龙江上源克鲁伦河的发源地,该河由肯特山南侧向东北,流经呼伦湖。漠北高地虽然从整体上说属于草原地带,但是在鄂尔浑、土拉、鄂嫩河流域水量丰富的地方,又是宜于稼穑的农耕地带,麦类农作物的种植广泛,尤以库伦北面哈拉河谷地产麦最多。其余的高山地域,森林繁茂,优良牧场也不少。

（5）肯特山东高地

位于肯特山脉以东,直到呼伦贝尔草原之间的地区。高地的东部,为大兴安岭、室韦山支脉的延伸,地势较高,森林分布广泛;西及西南部地势较低,属于草原牧地。河流以克鲁伦河为主,河谷地带土质肥沃,农耕条件优越。①

3. 漠北蒙古的水文环境

漠北蒙古的河流,共分为四大部分:一是黑龙江的上源,即东部的克鲁伦河与鄂嫩河;二是苏联西伯利亚叶尼塞河的东源,即北部的色楞格河、鄂尔坤河;三是叶尼塞河的西源,即西北部的乌鲁克木河、贝克木河;四是湖泊及其他河流,如北部的库苏古尔泊,西部的乌布沙泊、奇尔吉落泊、艾里克哈拉泊,南部的察罕泊、鄂洛克泊、塔楚泊、乌留泊、三沁泊等。

蒙古高原虽然是很多河流的发源地,但大多数的河流流程很长但水量却很小,因此其航运价值和水能都非常低。只有色楞格河、乌鲁克木河、帖斯河的部分河段,略有航运上的便利。②

4. 漠北蒙古的气候环境

气候方面,漠北蒙古属于温带大陆性气候,整体上干燥少雨。夏季多骤雨,年平均降雨量约200毫米。除库伦以北的色楞格河及乌鲁克穆河谷地有较多的降水之外,其他地区降水较为稀少。最热月份和最冷月份的平均气温相差很大,库伦(今蒙古国首都乌兰巴托)附近,1月份平均气温为零下31℃,而7月份平均气温则达到了16℃。漠北蒙古的冬季(11月至次年4月)寒冷而漫长,一月的最低气温可以达到零下40℃,并伴有大风暴雪;春季(5月至6月)和秋季(9月至10月)短促,并常有突发性的天气变化,原本是秋高气爽的天气,霎时便会狂风大作,飞沙走石,甚至会突然降下大雪。夏季(7、8月)昼夜温差大,光照充足,紫外线强烈,最高温度可达35℃。

漠北蒙古各地的霜期很长,5月犹有霜雪。所以草木萌发得很迟,农作物的播种须在6月间进行,而且每年只能成熟一次。

5. 漠北蒙古的物产状况

外蒙地区是物产非常富饶的地方:

（1）动物类

漠北蒙古多高山大河,动物资源很多。兽类动物,以狐、狼为最多,野驴、野马、野羊、野猪、猿、熊、狸、鼠、豹、鹿、狍、猞猁、水獭、香獐等次之,产地多在山

---

① 有关地形地貌的内容,参见王益厓:《高中本国地理》,世界书局,1934年,第63—65页。
② 杨景雄等绘制:《中华民国最新分省地图》,寰澄出版社,1946年,说明部分第68页。

岭。鸟类则以鹭、鸢、鹰等为最多,沙鸡、云雀、杜鹃、雉、鹊等次之,产地多在平原、水泽间。水禽到冬季则群集于湖沼,鱼类各河湖中皆有生产。牧民们所放牧的牲畜,数量很多,"外蒙古自来即以游牧为经济生活的基础,人民的衣、食、住三者均得取给于是,因之,牲畜便是外蒙古人民的主要财产,色楞格河上游一带,库苏古尔河以南,杭爱山以东之地区,便是外蒙古牲畜的主要产地。牲畜的种类以羊为最多,其百分比中,羊的数量即占其五十七,余为骆驼、马、牛三者"①。

除了放养驯化过的牲畜之外,大量捕猎野生动物,也是蒙古人民重要的生产活动内容。

(2) 植物类

蒙古山岭重叠,森林资源丰富,最著名的是松、杉、桦、枞、白杨、果松、落叶松等,统统产于北部。东南部牧草繁盛,南部沙漠间,基本上没有树木,只有矮小的灌木及各种杂草。药材类则有甘草、大黄、红花、黄蓍、防风、桔梗、党参、元参等。菌类有蘑菇、香蕈等,皆产于森林及沿河流一带。至于农产物则颇少,蔬菜、瓜果类除种植之外,也有野生的。

(3) 矿物类

以金矿最多,煤、铁、铜、石棉、石盐等次之。

金矿主要产地为土谢图汗部(古德拉、昭莫多、托罗盖图、茂垓、那林哈拉干、布克里儿、固苏里、宝棍台、义拉布、伊勒沟、义肯、老东沟、小南沟、科尔僧、马林堆、希巴尔图、乌苏奇、察罕奇鲁图、额罗图、依克哈尔干、西金沟 21 处),乌梁海(库苏古尔泊附近),车臣汗部(哈达各),扎萨克图汗旗(野马、吐陶来克及达尔罕旗西北等山),科布多(阿尔泰山一带),三音诺颜汗部(乌里雅苏台)。银矿主要产地为唐努乌梁海,铅矿主要产地为土谢图臣汗部,煤矿主要产地为库伦东面的毛笃庆,铜矿主要产地为乌梁海的达布逊山,铁矿主要产地为恰克图东南的甘子谷,石棉矿的主要产地为克木克赤河,石盐矿的主要产地为乌梁海的达布逊山。②

丰富的自然资源,为漠北蒙古近代社会经济的发展,奠定了坚实的物质基础。

6. 漠北蒙古的人口和居民

漠北蒙古地区的居民,主要有蒙古人、土耳其人及汉人三族,而以蒙古人为主体。蒙古人共分四大派:

一是喀尔喀人,大半是元朝人的后裔,即居住在车臣汗部、土谢图汗部、扎萨克

---

① 吴怀冰编:《外蒙古内幕》,经纬书局,1947年,第2—3页。
② 杨文洵等编:《中国地理新志》,第11编,中华书局,1936年,第10页。

图汗部、三音诺颜汗部,以及察、绥二省的蒙古人。在漠北蒙古方面,人口占了总人口的90%左右,用蒙语,信喇嘛教。

二是额鲁特人,也称喀尔满人,人数仅次于喀尔喀人,分支极多,占地亦广,即欧人所称的卡尔马克人。如北自乌布萨泊、南迄科布多河左岸的杜尔伯特人,科布多附近、阿拉善、腔吉斯河上流塔城附近以及呼伦南方伊敏、锡尼克两河流域的额鲁特人,阿尔泰山北斜面的札克沁人,额济纳流域、伊犁河谷、准噶尔盆地西部、焉耆以及阿尔泰的土尔扈特人,科布多河畔的明阿特人,都属此族,主要栖居于科布多及西套蒙古。

三是乌梁海人,和突厥族相近,但言语习惯和蒙人相类。在乌梁海游牧的,叫做唐努乌梁海人,语言用突厥族的鞑靼语。在阿尔泰山南麓游牧的,叫做阿尔泰乌梁海人,用蒙语。

四为部立亚人,又称布里雅人,除蒙古的北部外,呼伦贝尔是他们主要的住地,呼伦贝尔的新巴尔虎人,海拉尔河西北部的陈巴尔虎人,以及根河、灭尔果勒河畔在1919—1921年来避难的西伯利亚部立亚人,都属此族。

上述四大派的蒙古人,大部分都用蒙语,信仰喇嘛教。①

其余是土耳其人,住在西部,多从事牧畜和骑射,这是新疆、甘肃的回族迁居于此的。

还有汉人,多住在南部,主要是从山西、河北、山东等省移居的,皆从事农业、商业。民国年间,这里也有少数的俄人。

据国民政府内政部1931年的统计,外蒙古全境人口为610.6万人,平均每平方公里3.8人。城市里面,汉人、俄人居多数。蒙古人以游牧为生,迁徙无定,定居仅占蒙人总数的10%。蒙古人一向骁勇,擅长骑射和行走,日行百里而不倦。男女皆着长袍,以砖茶招待客人;商品交换一般采取以物易物的方式进行。除喇嘛之外,大部分人都从事畜牧业。②

四、漠南蒙古地区

漠南蒙古俗称内蒙古高原,是蒙古高原的重要部分。狭义的内蒙古高原,包括中央大戈壁以南、阴山山脉之北、大兴安岭以西的狭窄地域;而广义者还包括阴山以南的鄂尔多斯高原、贺兰山以西的阿拉善高原。这里和漠北地区一样,自古就是中国游牧经济文化的发祥与繁衍基地之一。

1. 漠南蒙古的政区沿革

和漠北的外蒙古一样,在光绪朝之前,"内蒙古"也专指和漠北4部86旗相对应

---

① 王益厓:《高中本国地理》,世界书局,1934年,第102—103页。
② 杨文洵等编:《中国地理新志》,第11编,中华书局,1936年,第14—16页。

的漠南6盟24部49旗游牧区。而本书所说的"内蒙古地区"或者"漠南蒙古地区",则除此之外,还要加上阴山以南、长城以北设置的许多县、设治局,也就是民国初年的热河特别区域、察哈尔特别区域、绥远特别区域,亦即1928年以后的热河省(1928年辖15县、3设治局、20旗)、察哈尔省(1928年辖16县、4牧群、18旗)和绥远省(1928年辖15县、2设治局、14旗)辖区。所以,"漠南蒙古"又要比"内蒙古"广阔得多。

清代前期的内蒙古,在行政上共分6盟24部49旗。6盟,自东向西分别为哲里木盟、昭乌达盟、卓索图盟、锡林郭勒盟、乌兰察布盟、伊克昭盟。24部,自东向西分别为科尔沁部、扎赉特部、杜尔伯特部、郭尔罗斯部、喀喇沁部、土默特部、敖汉部、奈曼部、巴林部、扎鲁特部、翁牛特部、阿鲁科尔沁部、克什克腾部、喀尔喀左翼部、乌珠穆沁部、阿巴哈纳尔部、浩齐特部、阿巴噶部、苏尼特部、四子部、茂明安部、乌喇特部、喀尔喀右翼部、鄂尔多斯部。

清代内蒙古内扎萨克49旗,包括哲里木盟10旗:科尔沁左翼前旗、科尔沁左翼中旗、科尔沁左翼后旗、科尔沁右翼前旗、科尔沁右翼中旗、科尔沁右翼后旗、郭尔罗斯前旗、郭尔罗斯后旗、扎赉特旗、杜尔伯特旗。

昭乌达盟11旗:敖汉旗、奈曼旗、巴林左旗、巴林右旗、扎鲁特左旗、扎鲁特右旗、阿鲁科尔沁旗、翁牛特左旗、翁牛特右旗、克什克腾旗、喀尔喀左旗。

卓索图盟5旗:哈喇沁中旗、哈喇沁左旗、哈喇沁右旗、土默特左旗、土默特右旗。

锡林郭勒盟10旗:乌珠穆沁左旗、乌珠穆沁右旗、浩齐特左旗、浩齐特右旗、苏尼特左旗、苏尼特右旗、阿巴噶左旗、阿巴噶右旗、阿巴噶那尔左旗、阿巴噶那尔右旗。

乌兰察布盟6旗:四子部落旗、茂明安旗、喀尔喀右翼旗、乌拉特前旗、乌拉特中旗、乌拉特后旗。

伊克昭盟7旗:鄂尔多斯左翼中旗、鄂尔多斯左翼前旗、鄂尔多斯左翼后旗、鄂尔多斯右翼前旗、鄂尔多斯右翼前末旗、鄂尔多斯右翼中旗、鄂尔多斯右翼后旗。①

除内扎萨克49旗之外,清朝中后期又陆续在漠南蒙古设置了归化城土默特左旗与右旗、阿拉善厄鲁特旗、额济纳土尔扈特旗,以及达里冈厓牧场。

另外,漠南高原地区,尚有朝廷直辖的察哈尔8旗4牧场,即察哈尔左翼正蓝旗、察哈尔左翼镶白旗、察哈尔左翼正白旗、察哈尔左翼镶黄旗、察哈尔右翼正黄旗、察哈尔正红旗、察哈尔右翼镶红旗、察哈尔右翼镶蓝旗,以及商都牧群、牛羊群、左翼牧群、右翼牧群。

后来,随着内地移民农耕活动的拓展,长城以北地区出现了大面积的汉民族聚

---

① 郑宝恒:《民国时期政区沿革》,湖北教育出版社,2000年,第203—212页。

居区,为了强化对他们的管理,清中期以后,中央政府又陆续在这里设置了许多的厅一级的政区,如萨拉齐厅、托克托厅、和林格尔厅、清水河厅、丰镇厅等等,后来又把它们变成了县。

1928年以后,热河省省会为承德县,辖15县:承德县、滦平县、平泉县、隆化县、丰宁县、凌源县、朝阳县、阜新县、建平县、绥东县、赤峰县、开鲁县、林西县、围场县、经棚县。

1928年以后,察哈尔省省会为万全县,辖16县:万全县、宣化县、赤城县、龙关县、怀来县、阳原县、怀安县、蔚县、延庆县、涿鹿县、张北县、商都县、康保县、沽源县、多伦县、宝昌县。

1928年以后,绥远省省会为归绥县,辖15县:归绥县、萨拉齐县、清水河县、五原县、托克托县、和林格尔县、武川县、东胜县、固阳县、包头县、丰镇县、凉城县、兴和县、陶林县、集宁县。

2. 漠南蒙古的地形地貌

内蒙古高原一般海拔1 000—1 200米,南高北低,北部形成东西向低地,最低海拔降至600米左右。其间虽有山脉分布,但相对高度并不大,大部分地势都较为坦荡开阔,所以又称内蒙古高平原。

阴山山脉是横贯漠南蒙古的主要山脉,为东西走向,长度约600公里。阴山山脉的西端接贺兰山,向北东方向环绕后套,成为狼山,即古代所说的狼居胥山,再向东延伸至归化城西北,开始称为大青山。

漠南蒙古地区与华北平原地区和山西高原地区之间,有很多山脉和长城的隘口如古北口、喜峰口、张家口、杀虎口等相通,交通和经济上的联系较为密切。

民国时期的漠南蒙古,虽有很多牧地,但农耕区域却在日益扩大,它们分属于热河、察哈尔、绥远、宁夏四省,可再细分为四个小的区域。

(1) 塞外草原地带

该处为大戈壁以南、阴山以北的草原地带,海拔高度在1 280—1 600米,阴山山脉为其南部的屏障。大致可分为二区,一为乌兰察布草原,一为锡林郭勒草原。二者皆在阴山以北、瀚海以南,草原辽阔。从牧草的生长形势和载畜能力来看,后者要明显优于前者。

需要加以说明的是,由于地处内陆,气候干旱少雨,植物生长缓慢,所以,漠南蒙古高原西部许多地方的草原景观,远没有古诗中所谓"天苍苍,野茫茫,风吹草低见牛羊"的美妙意境。因为这一带"草原上所生的野草并不高,根本就不能掩遮着吃草的牛羊,不必待风吹草偃才能看出。大致所谓蒙古草原的情形,都是仅有一点漫生的氄氄小草而已"[①]。

---

① 边疆通信社修纂:《伊克昭盟志》,边疆通信社,1939年。

(2) 河套农耕平原

这是北临阴山、南含鄂尔多斯的黄河冲积平原。① 海拔高度虽在 1 000 米以上，但地势平坦，一望无垠，为黄河大弯曲所形成的冲积地。1850 年以后的黄河干流（南河）以南即鄂尔多斯高原和宁夏平原叫做前套，黄河干流（南河）以北的地方叫做后套。这里的土质富黏性，但雨量甚少，若不引黄河水进行灌溉，是很难耕种的。

地处阴山以南的河套平原，又大致可分成四部分：

一是套的西北隅，南河、北河之间，也称后套。这一地区虽然靠近黄河，但是垦殖的历史却并不怎么久远，原因就在于当地由南向北倾斜的地势。自从清朝康熙年间黄河主泓道由北河改行南河以后，自流灌溉成为可能，农垦事业才开始发展起来。清光绪初年，后套已经开有永济、通济、丰济、义济、长济、塔布、刚目、沙河八条干渠，支渠的数目更多，可灌溉农田百余万亩，大多种植豆类、麦类和高粱，是绥远省的最主要商品粮基地。

二是套中，就是五原到包头的区域，荒草弥望，除放牧以外，农垦并不发达。

三是套东，就是包头到归绥的归化城土默特地区。这里土地肥沃，又有黄河支流黑水河、黄水河、红水河、清水河以及民生渠等灌溉的便利，自明末就有大面积的垦殖，农业发达，麦类、小米、油菜子、胡麻、豆类种植普遍。但因人口稠密，粮食的商品化程度远不如后套。

四是鄂尔多斯高原。为前套的主体部分，这是一片由黄河自西、北、东三面环绕，并与南面的长城所共同围成的黄土高原过渡区，为伊克昭盟辖境。它的地势自南向北倾斜，南部最高点约为 1 525 米，北部仅为 975 米。高原的东部为草原地带，黄河的支流很多，最大的是无定河和乌兰木伦河，汉人在可以农耕的地带种植小麦、大麦、荞麦、小米等作物，其余为蒙古族放牧的草原。高原的西部有毛乌素、库布齐两大沙漠，"伊盟中的草原与沙漠相较，沙漠地带约可占去四分之一强"②。不过，由于该处的气候相对湿润，不少地方的沙漠为固定沙丘，也是蒙古牧民放牧牲畜的地方。

(3) 阿拉善高原

即贺兰山脉以西的西套蒙古地区，分属阿拉善和硕特旗、额济纳土尔扈特旗辖境，是新疆、漠北蒙古和黄土高原之间的过渡地带，又称小戈壁，属于沙漠、草原、沃地相间的地域。该区域东部临黄河及其支流的地方，有不少可以引水灌溉的农耕

---

① "河套"是一个复杂的历史地理概念。"河套这一名辞所包含的地域，本极广泛，加以历代地形的变易、河道的迁徙，而河套的领域亦因以古今而不同。大约地说：黄河自中卫而下，遂沿着贺兰山麓向东北流，又为大青山所阻，于是遂折而东流，既又折而南流，成为山陕两省的天然分界；凡黄河三曲包围的地方，都叫做河套，至于南界，则极难确指，大约以宁夏（银川——本书作者注）榆林以南为极限"（蒙思明：《河套农垦水利开发的沿革》，《禹贡》半月刊，1934 年 6 卷 5 期）。清初以前，黄河长期以北（五加河）为正流。在河套地区以河为界，河南叫套内，河北叫套外，在秦汉时总名叫'河南地'"（谭其骧：《黄河与运河的变迁》，《地理知识》，1955 年第 8—9 期）。本书取谭说。
② 边疆通信社修纂：《伊克昭盟志》，边疆通信社，1939 年。

沃地和大块的草原。众多的咸水湖当中,以吉兰泰盐池最为著名。阿拉善高原的西部地区,基本上是荒漠。但是南方的祁连山融雪,一路北流后汇集成为古代称为弱水的额济纳河,河流两岸平原广阔无垠,下游潴集成居延海,林密草茂,水渠纵横,农耕和放牧俱佳,是著名的居延绿洲所在地。"出酒泉石峡入蒙古后,分成好几条河往下流,更分注于两个死水湖,一个叫东海,一个叫西海。酒泉以北金塔、鼎新各县,中有一段荒瘠地,过此直至东、西二海,南北长三四百里,东西广约二百余里,皆为肥沃地带,水草丰美,森林畅茂"①。

(4) 热察高原

即绥远以东、长城以北直到滦河流域的辽阔区域,是漠南蒙古高原的重要组成部分。该地在民国时期,为热河、察哈尔二省辖区,俗称东蒙古地区。热察高原的山脉,属于阴山山系向东的延伸,以及内兴安岭向南的延伸。前者包括马尼图山脉和大马群山脉二支。马尼图山脉,沿长城的北面东走,经张北、沽源、多伦等县,接兴安山脉,向南折入长城,至居庸关止。大马群山脉,经商都县,越张库汽车路再向东北,连接兴安山脉的苏克斜鲁山(热、察二省之界山)。而东部兴安山脉向南的延伸,分成四支,即雾灵山脉、七老图山脉、努鲁尔虎山脉、松岭山脉。

整体上看,热察高原的南部,地势为山间盆地,境内山岭绵亘,土壤肥沃,河流也较多,便于灌溉,所以,这里早已完全脱离了畜牧业为主的生活,而以农业生产为主;中部地带,虽然相对地势较为低平,但由于处在海拔一千多米的高原地区,"冬严寒,夏酷暑,早晚寒冷,虽盛夏尚须衣棉。多风沙,雨水极少,植物生长期,每年只有120日。加以开垦未久,或尚未开垦,属半农半牧时代,教育建设,类皆不及南部";而北部地势更加高亢,"气候较中部尤为酷烈,居民纯属以牧畜,逐水草为生"②。

3. 漠南蒙古的水文环境

该区干旱少雨,山峰低缓,降水和融雪形成的河流不多。西部地区较大的河流,主要是远道而来的黄河及其支流。黄河自甘肃向北经宁夏而入绥远,经定口分为南北二流,东流的叫南河,北流的叫北河,也称乌加河,北河东北流至乌兰脑包折向东南,潴水而成乌梁素海子。南河向东流340公里至托克托县而折向南,进入长城内的山陕交界地区。黄河在该区的最大支流,一为发源于陶林县西的黑河,也叫图尔根河,一为发源于山西平鲁县的红河。黄河为河套地区农业开发带来了充足的水源,以及航运上的便利。

此外,各地更为细小的河流也不在少数,它们在当地的农牧生产和生态环境中所起的作用,也同样不可忽视。以当时伊盟的鄂托克旗为例,文献中记载的河流就

---

① 长江:《塞上行》,天津大公报馆,1937年,第88页。
② 李延墀、杨实编辑:《察哈尔经济调查录》,新中国建设学会出版科,1933年,第4页。

有17条：保尔格斯太沟，宽约数十丈，长约100里；乌兰布龙沟，宽90余丈，长80余里；杂袋沟，宽90余丈，长100余里；都司图沟，宽40余丈，长200余里；苦水沟，宽200余丈，长100余里；冰沟，宽40余丈，长5里；水洞沟，宽10余丈，长20余里；迈林沟，宽三五丈至10余丈不等，长60余里；石拐沟，宽100余丈，长100余里；羊门子沟，宽100余丈，长70余里；喜鹊涧，宽100余丈，长70余里；赵官涧，宽100余丈，长度不详；察汗根渠，民力所开，宽0.4丈，长10余里；五堆子渠，民力所开，宽0.8丈，长20余里；陶乐湖滩渠，民力所开，有2条，各宽0.7丈，各长20余里；月牙湖渠，民力所开，宽0.4丈，长10余里①。

漠南蒙古高原东部的较大河流，分别是属于黑龙江、嫩江、辽河水系的上游支流，如洮儿河、西拉木伦河、滦河、大凌河、小凌河、桑干河等。

此外，还有不少比较大的湖泊，西部有乌梁素海，东部有多伦诺尔。另外还有众多小的淡水湖和盐碱湖，当地人称之为淖。以伊克昭盟的鄂托克旗为例，就有淡水淖16处，即乌素淖、达拉吐噜淖、皂素淖、沙拉可图淖、毫赖图淖、哈达图淖、乌尔杜淖、可克淖、哈比里汉奴素淖、叨好图淖、钢达气乌素淖、可克乌素淖、沙拉乌素淖、毫类甲达亥淖、迭不拉亥淖、察汉淖；有盐碱淖13处，包括大池盐淖、苟池盐淖、脑包地盐淖、察斌达布素盐淖、察汉碱淖、巴彦碱淖、大纳林碱淖、小纳林碱淖、唔吗碱淖、敖龙碱淖、大克泊碱淖、小克泊碱淖、伊肯碱淖。② 东蒙地区的湖泊，"多在西部，著名的如克勒泊、昂古里湖、达里泊、冈厓泊、魁屯泊、柴达母泊、那塔克泊、阿塔阿泊、库尔察罕泊、苏尼特盐池等统是。各湖泊除盐池外，统有小河注入之"。③

4. 漠南蒙古的气候环境

气候上，这里属于中温带大陆性季风气候。夏季季风弱，冬季季风强，夏季并不炎热，且无蚊蚋；冬季严寒，直到来年的春分前后才能解冻；春秋多风沙，9月上旬，就已经下早霜，直到次年5月结束霜期，年均气温为3—6℃，农作物年仅可一熟。冬季严寒，夏季较热，"一日之内，昼夜之间，温度的高低，有很显著的变化。讲到地势，那末平原较热，高地较寒。在阴山山脉南北，尤大相悬殊。南部温度平均，冬季在华氏表零下10度左右，夏季在100度左右。北部温度变动很快，如早晨的温度在冰点以下，到正午往往升到100度以上，入夜复降如初。愈北则愈寒，九、十月间，就飞雪，入冬更不必说了。行人虽御重裘，也有冻死的"④。年降水量，从东部的400毫米减少为西部的150毫米，空气干燥。降水不仅有东西的差异，也有南北的差异。热察高原南部多山脉河流，空气得以调剂；北部沙漠地方，空气干燥，沙风激烈，雨量缺乏，少则两三年一次降雨，多则一年一到两次。而骤雨之后，又无森林河流等为之储蓄，水

---

① 周颂尧：《鄂托克富源调查记》，绥远垦务总局，1928年。
② 周颂尧：《鄂托克富源调查记》，绥远垦务总局，1928年。
③ 杨文洵等编：《中国地理新志》，第6编，中华书局，1936年，第3页。
④ 杨文洵等编：《中国地理新志》，第6编，中华书局，1936年，第3—4页。引文中的华氏表零下10度左右，约等于零下37.56摄氏度；夏季在华氏表100度左右，约等于37.8摄氏度。北部沙漠地方，即浑善达克沙地。

分流入沙土,不久就干涸了。① 整体而言,干旱成为当地农牧业生产发展的制约因素;不过,河套地区尚可借黄河灌溉,东蒙地方也可以用到一些河水。年日照 2 600—3 200 小时,为中国日照时数较多的地区之一。年均风速 4—6 米/秒,8 级以上大风日数为 50—90 天,年沙暴日数为 10—25 天,容易引起土壤沙化。由此可见,漠南蒙古特别是其西部地区的气候环境,比漠北蒙古的很多地区,还要恶劣一些。

5. 漠南蒙古的物产状况

除以上各区域已经提及的农作物之外,漠南高原的其他物产还有,家畜以牛、羊、马、骆驼的数量最多;野兽有鹿、狼、狐狸、獾、青羊、黄羊、兔、刺猬、黄鼠狼、黄鼠、松鼠等,均为当地牧民的狩猎对象。野生药材以甘草、黄芪最为著名,其他还有黄芩、红花、防风、党参、知母、黄精、大黄、枸杞、柴胡、蒲公英等。矿物以鄂尔多斯地区的盐、碱和大青山脉的煤最多,其他如归绥的石墨和萨拉齐的石棉、银、铁矿资源也不少。东蒙地区赤峰、建平、阜新、朝阳一带的金,承德、滦平、丰宁、平泉一带的银,宣化、张北、凌源一带的煤,龙关、怀来一带的铁,苏尼特盐池的盐,隆化、张北的铅,滦平的铜,宣化、赤峰的硫磺,朝阳的石棉,凌源的石油,开鲁、张家口的冰碱,宣化的石英,都很丰富。②

6. 漠南蒙古的人口和居民

漠南蒙古高原地区的居民,以蒙古族为主体,汉人移民而来的也很多。城市里都有汉人,乡村里的汉人以河套地区最多,主要来自河北、山东、山西、陕西、甘肃。1931 年,绥远全省人口为 212.3 万人,平均每平方公里 7 人,其中汉人占 6/10,蒙古人占 3/10,回族及满族人共占 1/10。

语言方面,汉族人之间普遍通行北方官话,蒙古人则彼此使用喀尔喀语。不过,由于汉、蒙长期杂处,相互之间也能了解一些对方的日常语言。而在风俗方面,由于汉人多从内地迁徙而来,大多数人并未脱离故乡的风俗习惯,因此他们在当地或营室耕田,或从事商品贩卖,勤苦耐劳,不畏艰险。蒙古人则非常骁勇,熟习骑射,粗犷豪迈,不谙机巧。这里村落稀疏,往往走二三十公里才能见到一个村落,人口也不过八九十家。乡村多为土房,城镇中间或有砖瓦建筑,也有凿山穴居的。当地汉人多喜欢吸烟,用胡麻油灯照明,衣服多用土布,或者用羊皮做成袄裤。俗尚淳厚,行人昏夜叩门投止,无不延纳,且备食饷客而不索值,盖沿途无旅舍食店,家各供人食宿。③

第二节　清代中期的华北经济概况

一、商品化程度不断提高的冀鲁豫乡村

作为华北平原地区主体的冀鲁豫地区,地势平坦,土层深厚,降水充足,气候温

---

① 杨文洵等编:《中国地理新志》,第 6 编,中华书局,1936 年,第 4 页。
② 杨文洵等编:《中国地理新志》,第 6 编,中华书局,1936 年,第 4 页。
③ 杨文洵等编:《中国地理新志》,第 5 编,中华书局,1936 年,第 218—219 页。

暖,开发历史悠久,是中国农业、工商业经济发展水平较高的地区之一。学界一般认为,进入唐宋以后,农业发展条件更加优越的江南地区,各项主要经济指标都超越了华北平原地区,从而导致了中国古代经济重心由北向南的转移。①

然而,由于促使华北经济发展的种种传统优势并没有全然消失,所以事实上,中国经济重心的南移,只能是相对的南移而不是绝对的南移;华北经济的衰落,只能是相对的衰落而不是绝对的衰落。并且,该区域农工商业的发展历史也一再表明,宋元明清时期,华北经济并没有发生线型的长期衰退,而是在自然和人文因素的干扰中,曲折地向前发展的。②

换句话说,到清代中期的时候,华北和江南相比虽然有着明显的差距,但仍然不失为中国一个重要而先进的农业经济区。

1. 直隶平原

燕山以南海河平原,降水和热量条件良好,土质肥沃,土层深厚;元、明、清三代均以北京为首都,为这里带来了便捷的交通,以及大首都城镇圈的资源与市场辐射,使直隶平原成为华北传统农业最发达的地区之一。

清代中期的时候,直隶平原的传统经济继续向前发展,水平在前代的基础上又有了很大提高。其具体表现在:③

首先,人口和耕地面积均有大幅度增长。明朝初年,该地区的人口约192万,明中叶增至426万,清代乾隆初年为937万,乾隆末年为2 000万,道光二十年(1840)达2 264万。与此同时,耕地面积也由明初的27万顷,增至清初的45万顷和清中叶的74万顷。尽管数据统计的准确性尚可探讨,但其所反映的农业经济不断发展和提高的基本趋势和史实,却是毋庸置疑的。

其次,农业生产结构趋于合理。清初之前,直隶地区的农作物种植,尚处于一年一熟的粗放经营阶段,且以高粱、谷子、黍等杂粮为主。乾隆初年,二年三熟制开始在冀地实行。即头一年种秋粮,收获后播种冬小麦,第二年小麦收割后接种豆类或者其他杂粮;然后休闲一季,再周而复始,使收益较高的小麦成为直隶平原的主要粮食作物。与此同时,棉花、桑麻、染料、蔬菜、花卉等经济作物的种植也有了一定程度的发展,大大提高了土地的耕作效率和经济效益。

第三,农副产品加工业的发展。清乾隆、嘉庆年间,直隶的主要植棉区已形成棉纺织和商品布的输出中心;同时,各地的麦秆、芦苇、蒲草、柳条编织业也很普遍,并出现了像河间县(今河间市)商家林镇那样的编织专业村镇。另外,轧花、造纸、酿酒、榨油、制瓷、皮毛加工、烧炭等家庭手工业,也蓬勃发展。

第四,进行商品交易的集市数量日趋增加。清代中期,直隶93个州县的集市

---

① 邹逸麟编著:《中国历史地理概述》,福建人民出版社,1993年,第186页。
② 邹逸麟主编:《中国历史人文地理》,科学出版社,2001年,第6—9章。
③ 参见徐永志:《开埠通商与津冀社会变迁》,中央民族大学出版社,2000年,第21—25页。

总数为1041个,平均每州县有11集市,其中10—20集的有42个州县,20集以上的有12州县。这表明直隶农产品商品化的程度已较前代有所提高。

2. 山东地区

明清时期的山东地区,在社会经济的各主要领域和层面上,都发生了明显的变革和进步。[①]

从产业门类方面来说,首先,山东地区种植业的商品化程度有了显著的提高。19世纪中叶,山东粮食作物的商品率至少可达20%—25%,棉花、桑树、果树、烟草、花生等经济作物的种植面积平均可达耕地面积的3%—5%,专业化种植区可达耕地面积的10%—30%。以种植粮食为主的自耕农,售粮所得约占其田产总收入的20%—30%,粮棉、粮烟、粮蔬、粮果兼种者可占30%—35%,植棉为主者则占50%以上。其商品化程度在北方各省中,已属较高的了。

其次,是农副产品加工业的较大发展。清代中叶,山东地区大约有2/3的州县有棉纺织生产,已形成棉纺织品较大输出能力的有20多个州县;从事普通蚕丝业生产的有20多个州县,从事柞蚕丝生产的也有20多个州县;编织、陶冶、粮食加工、果品加工、烟草加工业也都有了一定程度的发展。

第三,商业城镇的发展。一是运河沿线商业城镇的发展,二是东部沿海和内陆地区也有商业城镇的兴起,三是原有府、州、县城经济功能的增加。嘉庆、道光年间,山东十余个较大商业城镇的年经营额,至少已达3000—4000万两。这些商业城镇的经济功能,除商品零售之外,亦兼中转批发,在山东及其周边地区的商品流通中,起了重要的枢纽作用。

第四,市场流通量的扩大。清代中叶,山东市场上每年的商品流通量至少有2000万石粮食、7000万斤棉花、3000万匹棉布、6000万斤果品、1.5亿斤食盐、10万头大牲畜,每年的交易额为5000—6000万两。

从地域上来说,山东各地的经济发展状况,又是有很大差异的。明清时期山东商品经济最发达的地区,当属京杭运河沿线的鲁西平原。这里是伴随着漕运商业的发展而最先纳入全国长距离经济流通链条的,不仅吸纳和转运南北各地商品,而且把当地的农副产品运销塞北和江南。受其带动,山东运河沿线兴起了一批繁盛的商业城镇,其中最为突出的是临清。明代它一度是华北最大的棉纺织品交易中心,位列全国八大钞关之首;清代地位虽有下降,但仍是华北最大的粮食流通中心。道光年间漕粮试行海运,特别是咸丰五年(1855)黄河铜瓦厢改道夺大清河由山东入海,淤塞了大运河济宁至临清的会通段以后,鲁西平原的商品流通受到了巨大的冲击,沿线城镇也迅速衰落了。

山东半岛多山少河,耕地条件远远不如鲁西,加之明清严厉的海禁政策,海运

---

① 参见许檀:《明清时期山东商品经济的发展》,中国社会科学院出版社,1998年,第398—403页。

和渔业生产也不发达。自从康熙二十三年(1684年)清廷开放海禁之后,这里的沿海贸易才有了一定的发展。乾隆中叶以后,清政府不再将山东的大豆贸易严格限定在江海关的浏河口,东北地区的粮食禁运政策也同时废止,由此山东半岛充分发挥出了其中国北部沿海海运中枢的区位优势,成为山东大豆、东北粮食、江南棉花、山东布匹的中转中心,逐步改变了此前山东地区以运河为主的传统交通地理格局。

近代以来,由于通商口岸的对外开放,沿海和国际市场的进一步扩大,以及胶济铁路的建成通车,山东半岛逐步成为全省经济最繁荣的地区。

鲁中多山地,虽然资源丰富,但受地形起伏、交通不便的制约,商品流通不畅,直到清代中叶,当地一直没有形成强有力的商品集散中心,区域经济发展一直相当缓慢,水平自然也很低。

3. 中原腹地

今天的河南省辖区,史书上又称中原,既因为天下之中的优越地理位置而成为华夏民族早期的核心腹地和各种政治势力相互争夺的角斗场,也因为这里良好的自然条件而成为中国农耕经济的主要发祥地,并在较长时期内保持了全国领先的地位;还因为这里地处黄、淮、海三大流域交界地带,特别是黄河的下游,而成为遭受水灾最频繁的区域。治乱丰歉的交替,使得中原地区的经济发展进程和面貌,呈现出相当纷繁曲折的状态。

清代前期以后,随着社会秩序的稳定和政府休养生息政策的实施,河南地区的社会经济又在前代的基础上得以恢复和发展起来,乾隆年间已经达到了历史上的新高度。[1]

农业生产的发展的主要表现,一是农田水利的兴修,二是作物种植面积的扩大。河南是全国小麦的主要产区,尤其是中北部种植面积更大,品种多质量好,除供给本地需要外,还大量运销到周边省区。同时,谷子也是河南的主要旱地作物,种植相当广泛。此外,豆类的种植也很普遍,在嘉庆二十五年(1820年)的全省田赋中,麦为47 990石,米为50 731石,而豆为120 822石,超过麦、米的总和。再者,水稻的种植也不少,除了中北部的郑州、嵩县、河内(今沁阳市)、武陟、修武、辉县的分散种植外,主要集中在南部的淮河流域。高产的玉米、甘薯等新种杂粮,主要在豫西山地种植,豫北、豫东也出产不少,南阳盆地次之。经济作物棉花、烟草的种植面积也日益增加,并成为中国的主要产区之一。

纺织业方面,一是丝织业仍很普遍,并有新的品种出现。开封府、河南府(治今洛阳市)、汝宁府(治今汝南县)、嵩县、河内县、辉县、汤阴县、临颍县、鹿邑县、正阳县、扶沟县、方城县、鲁山县等地的纺织品,质地均很优良。二是棉纺织业也很发达。温县、偃师、孟县(今孟州市)、孟津、鹿邑、汝州、正阳县、信阳等地,都是棉纺织

---

[1] 参见程民生:《河南经济简史》,中国社会科学出版社,2005年,第256—292页。

业比较发达的地方。

采矿业方面,主要是采煤业的发展。清代前中期,豫西、豫北丘陵山区的煤炭,均有普遍的开采。河南府的巩县、宜阳、登封、新安、渑池、孟津6县,陕州的灵宝、汝州、禹州、怀庆府、辉县、林县、安阳等地,均普遍开采和在居民生活中使用煤炭。河南的产铁地点主要是禹州。

畜产业方面,隶属于农业的家庭饲养业,包括牛、马、驴、骡、猪、羊、鸡、鸭、鹅、兔等动物的养殖,是种植业的重要补充。另外,山区较成规模的放牧业比较发达,如北部林县的放羊业、南部光山县的放猪业等。

尽管学界一直倾心于唐宋以后中国经济重心南移说,但是,这并不意味着此后,北方所有地区在所有的时间内,各项经济指标都落后于南方,甚至是江南。比如,河南省在乾隆时期,社会经济就呈现出大幅度增长的良好态势。乾隆三十一年(1766年),河南的农田数量居全国第2位,占全国总数的9.8%,赋税总数居全国第4位,占全国总数的9.2%。清代后期的相关统计中,河南的地位有所下降,但仍处于全国的中上游位置。

二、多种经济产业并举的山西高原地区

山西是一个山地丘陵面积占多数的高原省份,除南部的汾河中、下游谷地和上党(治今长治市)盆地之外,降水、热量、土壤、交通等条件,皆不如东部平原优越,农业经济整体上不如冀、鲁、豫地区发达。但是,山西地理位置特殊,地形条件复杂,矿产资源丰富,具有发展多种经济的先天优势,从而形成了与华北平原地区迥然不同的经济风貌。

1. 精耕细作的农业经济

山西所在的"三河地区",是中国农业经济的发祥地之一,西汉时期,山西高原地区的农牧业分界线,已经从战国时期的今河津——太原一线,向北推移到了今兴县——大同一线,尤其以西南部的汾水中下游、涑水流域最为发达。这一地区在春秋时代,就已经普遍种植黍(黄米,塞北地区称之为糜子)、稷(小米)、稻(水稻)、麦(冬小麦[①])、菽(大豆)5种基本的农作物了。

此后一直到清代,随着各种外来的农作物在山西地区的陆续引种,农业生产的成效进一步扩大。晋南地区农业基础条件较好,是小麦、烟草、棉花、水稻的主要产区;晋中地区的河水和泉水灌溉发达,小麦、水稻、谷子、高粱、玉米等多有种植;晋东南的河谷和盆地多种小麦,山地多种谷子、玉米、豆类;晋西北和雁北地区因无霜期短,所以只宜大量种植生长期短的马铃薯、莜麦、荞麦、豆类、胡麻。[②]

---

① 山西地区冬小麦和春小麦的南北分界线,大致沿恒山——内长城一线。
② 参见黎风:《山西古代经济史》,山西经济出版社,1997年,第21—104页。

2. 由盛转衰的畜牧业

山西高原地区可耕地的面积有限,但是,山麓河畔的草地资源却非常辽阔。丰盛的水草,为早期畜牧业经济的发展提供了良好的条件。由上述农牧界线向北推移的过程可以发现,秦汉以前,山西高原地区的中、北部地区,畜牧业一直是相当繁荣的。只是后来,随着人口压力的增强和农耕区域的扩大,山西牧区逐渐北移。"山西畜牧业到清代,便完全转变为小农饲养,较大的牧群不再存在了。清代民间多饲养驴、骡、牛、羊杂畜"①,但以山区饲养为主,并且从属于作为主业的农业生产。

3. 繁荣昌盛的工矿业

山西矿产资源丰富,开发历史悠久,②是华北工矿业经济最发达的区域。

春秋时代,晋国的冶铁业就已经有了较大的规模,铁器被广泛应用在军事和农业生产中。汉代实行盐铁专卖,在全国设置铁官49处,山西设有4处。到了清代,山西的私营冶铁业在前代的基础上又有了更大的发展,广泛分布在闻喜、解县、隰县、孝义、太原、大同、宁武、临县、中阳、赵城、安泽、辽县、和顺、昔阳、保德、阳曲、灵石、长治、壶关、陵川、虞乡等34个县。

春秋时期,今安邑、解县地区池盐的开发也已经开始。汉代实行盐铁专卖,在全国设置盐官36处,山西设有4处,晋北地区开始熬制土盐。到了唐代,泽州(今晋城市)、潞州(今长治市)的土盐,也得到了开发,只是盐质较差。到了元代,解县池盐的生产更加繁盛,运城也由一个小村子崛起为一个城镇。清代由于改垦畦种盐法为掘井浇晒法,解盐的产量进一步提高,达到古代鼎盛时期。顺治三年(1646年)的年产量为 69 920 600 斤,康熙十九年(1680 年)为 85 741 200 斤,雍正三年(1725 年)为 109 717 920 斤,乾隆五年(1740 年)为 140 605 920 斤,嘉庆二十四年(1819 年)为 168 561 350 斤,咸丰十年(1860 年)为 191 959 750 斤。与此同时,山西的土盐产地也有了进一步的扩展。雁门以北的应县、代县、山阴、左云、大同、怀仁、朔县、阳高、天镇为北路区,雁门以南的清源、阳曲、太原、徐沟、太谷、榆次、平遥、介休、祁县、忻州、定襄、崞县、文水、交城、汾阳、孝义为中南路。

煤炭在山西各地的储藏量尽管十分丰富,但由于林木资源充足,所以,山西人对煤炭的利用却稍晚,确切记载始见于隋代,以后才广泛起来。清代山西的煤炭开采继续发展,采煤地点有57处,分布在51个县。

山西的其他矿产资源也有一定程度的开发,如代州、保德、曲沃、翼城、闻喜、垣曲的铜,天镇县的银铅矿,汾西、蒲县的硫矿,平陆的石膏矿,太原的矾矿、陶土、石灰石矿,等等,也有一定的开采。

另外,矿业以外的其他手工业,如髹漆、轮舆、鞣革、骨角、织帛、绩麻、编织、造

---

① 黎风:《山西古代经济史》,山西经济出版社,1997年,第124页。
② 参见黎风:《山西古代经济史》,山西经济出版社,1997年,第140—204页。

纸等,生产历史悠久,分布广泛,成效也很显著。

4. 享誉海内的商业

山西地处华北平原地区与黄土高原、农耕地带与游牧地带的交错地区,处在各类商品需求与供给的枢纽位置,加之当地物产丰富,地狭民稠,凡此种种,均为其商业特别是长距离转运业的发展,创造了历史、地理舞台。

山西素有"八分山丘二分田"之说,山多地少是其基本的地貌形势。不仅气候干寒、土地贫瘠的晋北地区不利于农业生产,就连地处汾河谷地的晋中晋南地区,也因人多地狭、十年九旱而无法单纯以农为生。恶劣的农业自然条件,迫使山西人不得不把外出经商当做谋生的首选职业,从而造就了当地异常重商的社会风尚。与其他地方通常将商人排在"士农工商"四民之末的做法截然相反,山西把商人列为四民之首。

据史书记载,"晋俗以商贾为重,非弃本而逐末,土狭人满,田不足于耕也。太原、汾州所称饶沃之数大县及关北之忻州,皆服贾于京畿、三江、两湖、岭表(五岭以南)、东西北三口(古北口、杀虎口、张家口),致富在数千里或万余里外,不资地力"①。再加上他们投机冒险与拼搏实干并行,及时而充分地利用了国家的相关经济政策,如明代的"开中法"、清代的"赶大营",经商事业更是如鱼得水了。

仅就对北方商业发展的影响而言,清代前期的山西商人,已经基本上"垄断了对蒙贸易和西北、东北市场"②。而且,他们还伙同陕西商人一起,依托南北大运河,在南北各地间从事其富有特色的商业活动。仅就山东运河沿线而言,德州附近的禹城、齐河、恩县、陵县、东昌府(治今山东聊城市)各县,济宁附近的峄县、宁阳等地,都遍布山陕富商大贾的足迹。他们所从事的商业内容非常广泛,除了传统的贩卖食盐、粮食、丝绸、木材、药材、典当、账局、票号业之外,"其他如铁器、煤炭、棉布、茶叶、皮货、烟草、纸张、海味、日用杂货等等,应有尽有"③。

明清时期的晋商,"不仅垄断了中国北方贸易,而且插足亚洲地区,甚至伸向欧洲市场。南自加尔各答,北到伊尔库次克、西伯利亚、莫斯科、彼得堡,东起大阪、神户、长崎、仁川,西达塔尔巴哈台、伊犁、喀什噶尔,都留下了山西商人的足迹"④。

第三节 清代中期的蒙古高原经济概况

寒冷、干燥气候制约下的蒙古高原,发展农业的自然条件,远不如发展牧业那

---

① (清)徐继畬纂:光绪《五台新志》,卷二,生计,光绪十年刻本。
② 刘建生等:《山西近代经济史》,山西经济出版社,1997年,第237页。
③ 王云:《明清山东运河区域社会变迁》,人民出版社,2006年,第130—139页。
④ 山西省史志研究院编:《山西通志·对外贸易志》,中华书局,1999年,第31页。

么优越。因此,这里的先民,很早就因地制宜地从事着以游牧为主的生产和生活方式,从而创造出了既不晚于也不次于农耕文化的上古草原文明。在考古发现和先秦史书的记载中,都有大量匈奴人等草原游牧民族在政治、经济、军事上繁荣昌盛的史实证明。

一、游牧业与手工业的结合

和东南部靠近海洋的华北农耕地区不同,地处内陆的蒙古高原,无论是土壤、热量、降水条件,都不适合大规模定居的农耕生产。但是,对于牧民而言,该地区除了那些寸草不生的纯戈壁和纯沙漠地带,都具有很好或较好的牧业生产条件和牧业生产环境。

在草原地区,牧草是第一生产资料,牲畜既是生产资料,也是生活资料,它们通过牧民的生产劳动,才能产生相应的经济意义。

蒙古高原地形复杂,土壤各异,气候多变,从而造成了牧草种类的繁多和差别,不过整体上还是以多年生的耐旱、耐低温草本植物为主。禾本科草类以针茅和羊草为主,杂草类以菊科、豆科为主,旱生灌木以锦鸡儿属为主,河流、湖泊附近以芨芨草、星星草、碱蓬、硬苔草为主。然而不同的畜种,体质和习性不同,对牧草的需求也不一样,以致出现了不同的畜群边吃、边走、边寻草的流动景观。例如,"羊和骆驼在潮湿的牧场上长得不好,石灰质的土壤对马有利,而含盐的土地适合骆驼。山羊和绵羊吃草时比其他牲畜咬得深,因此它们可以在牛马吃过的地方放牧,但羊刚吃过的地方牛马却不能再吃。这许多技术上的细则就影响到对养羊、骆驼、牛、牦牛和捕猎野兽的偏重的程度"。此外,饲养的偏重也与不同牲畜的用途差异有关。比如马在战争和日常骑乘中特别有用,骆驼则可以远距离驮运,牛和牦牛的肉、奶较多,且拖挽原始、粗笨车辆的力量较大,羊则自古至今都具有最高的经济价值,因为羊毛可以制毡,羊皮可以做衣服,羊乳不仅可以做夏天的饮料,而且可以做冬天食用的奶酪和奶油,羊肉可以充饥,羊粪也可以作为燃料和垒圈的材料,①对于牧民生活而言,可谓全身是宝,所以,各地都以羊的养殖数量为最多。

牧民们要适应并有效控制自己的财产——畜群,就必须使自己的生活内容和生活方式也随之进行流动,从而形成一种完全有别于农耕生产工序的做法,即草原游牧生产。其基本内容是,"依据气候、天气的变化,牧民把牲畜赶到符合生存和采食的地方,人也适应游牧生产的需要过游牧生活。牲畜的生存和采食受制于大自然的变化,牧民也按照季节变化规律和牧场情况安排游牧生产活动和游牧生活。在生产力发展较低阶段,游牧经济的发展确实受到自然环境的制约,这种制约突出

---

① (美)拉铁摩尔著,唐晓风译:《中国的亚洲内陆边疆》,江苏人民出版社,2005年,第48页。

图 1-7 蒙古地区逐水草而居的游牧生活
（资料来源：黄奋生：《蒙藏新志》，中华书局，1938 年，第 773 页。）

表现在游牧畜牧经济的不稳定性和脆弱性"①。

中国大陆学术界占主导地位的认识，还是马克思主义经典作家的相关概念，即把小农经济的耕织结合，作为自给自足的自然经济的典型甚至是唯一代表。② 事实上，草原上的游牧经济形态，要比内地的定居农耕经济更加偏重于自给自足的特性。因为各种牲畜为牧民们提供了衣、食、住、行的各种生产和生活需求，因此，其内部自发性的贸易要比中国内地稀少得多。此外，草原地区对于其外部农耕区商品交换的贸易需求，又要比农耕社会对草原社会商品交换的贸易需求强烈一些。"因为草原社会里必需品分配的普及性，造成了必须用这个社会以外的奢侈品来区别贵族与平民、统治者与被统治者"③。这就造成了游牧状态下的蒙古高原，畜牧业经济自给性与商品性并行的局面。

与蒙古族人民游牧、狩猎等生产活动及生活内容相适应的，是为其服务的特定的畜牧手工业生产，它与农耕地区的农业手工业相比，内容上有着很大的不同。蒙古人民的手工业生产，主要是制造一些与畜牧业有关的乳制品、器具及日常用品。"由于战争及射猎之故，每一阿拉特（牧民）都会制矢，惟弓及甲则雇用汉族工匠在王公营盘中专门制造，弓由桑、榆为弧干，采取黄羊、野牛胶以及鹿皮制成，其弦以皮条制造。用柳木作矢杆，以铁铸簇。甲胄用铁制成，分为明甲及暗甲。又有钩枪及弩，战时吹觱栗，以木为之，后来又出现了喇叭，以木为质，角为饰"④。不过，由于

---

① 乌日陶克套胡：《蒙古族游牧经济及其变迁》，中央民族大学出版社，2006 年，第 48 页。
② 徐新吾：《近代中国自然经济加深分解与解体的过程》，《中国经济史研究》1988 年第 1 期；李根蟠：《自然经济商品经济与中国封建地主制》，《中国经济史研究》1988 年第 3 期；方行：《封建社会的自然经济和商品经济》，《中国经济史研究》1988 年第 1 期；林甘泉：《秦汉的自然经济与商品经济》，《中国经济史研究》1997 年第 1 期；魏金玉：《封建经济.自然经济.商品经济》，《中国经济史研究》1988 年第 2 期。
③ （美）拉铁摩尔著，唐晓风译：《中国的亚洲内陆边疆》，江苏人民出版社，2005 年，第 45 页。
④ 余元盦：《内蒙古历史概要》，经纬书局，1947 年，第 58 页。

受草原经济流动性的影响和制约,这里工业的发展水平和规模,要比内地农耕区差了许多。①

总之,受地质、地貌、气温、降水等自然地理要素的制约,地处干旱、半干旱地带的蒙古高原地区,土地面积虽然非常辽阔,但其发展农业经济的充要条件却相对缺乏。在这里广袤的区域之内,除了荒漠就是牧场。只有河流沿岸和泉水涌出的狭小区域,才有点、线状的绿洲农业存在。只有到了清代后期,较大规模的农业种植区,才在水、热条件较好的大漠东南部地区发展起来。

二、漠北高原的星散农业

漠北蒙古很多地方气温偏低、无霜期短、降水稀少,发展农业的自然条件相对恶劣;加之这里草原辽阔,畜牧业一直占据着绝对优先的地位。不过除了南部的大戈壁之外,漠北蒙古的西部、北部、东部地区,均有不少高山融雪所形成的河流纵横其间,既滋润着牧草和牲畜,也未尝不可以灌溉农田。

在农业气象学看来,一个地区能否发展农业,是看它是否具备农作物生长所需要的最基本的光、热、水、气条件。光、热、水、气等气象条件的不同组合,又强烈地影响着土壤、水的物理特性和状况,不同程度地影响着农业生产。其中,热量和降水又是其中特别重要的两个因子,否则,自然状态下的农业生产便几无可能。② 内外蒙古的无霜期在100—150天,基本可以满足莜麦、糜子等农作物一季生长,年降水量在200—400毫米。雨量在200—250毫米可以支持一般农业,100毫米以下的地区必须要有灌溉作支持。③ 由此来看,漠北蒙古地区能够发展农业特别是灌溉农业的地区,还是相当广泛的。而历史文献记载和考古发掘资料,也证明了这一点。

距离的遥远和信息沟通的困难,使得清代以前的中原文献中,少有漠北蒙古地区农业种植的信息。只是雍正三年(1725年),喀尔喀振武将军穆克登的奏折中,才提到了土谢图汗部的"鄂尔昆一带,尚有昔人耕种及灌水沟渠旧迹,图拉等处,现有大麦、小麦,并非不可开垦之所"。④ 这条资料明确显示,早在清代之前,漠北高原的某些地区,就有了相对成熟的农业生产。

色音在其论文中指出:"蒙古地区的先民们很早就开始农耕并将其产品用于生计,这是原苏联和蒙古国学者根据考古和其他资料进行研究而得出的重要结论。学者们在对游牧民族的农耕遗迹、历史年代、分布位置等进行考察后提出,曾经住在蒙古地区的先民们在从采集植物果实作食物到人类农业史的各个阶段中都延续

---

① (美)拉铁摩尔著,唐晓风译:《中国的亚洲内陆边疆》,江苏人民出版社,2005年,第46页。
② 信乃诠主编:《农业气象学》,重庆出版社,2001年,第1页。
③ 王建革:《近代蒙古族的半农半牧及其生态文化类型》,《古今农业》2003年第4期。
④ 《清实录》,世宗宪皇帝实录,卷三十五,雍正三年八月己卯,中华书局,2008年影印本。

了农耕活动。"①

王建革的考证则表明,唐努乌梁海地区不同民族的先民,很早就掌握了一定的游牧和农耕技术,只是由于畜牧业是当地的主导产业,才使这里的农业生产处于一种时兴时废的断续状态。"匈奴时代发现有小米和骨制的锄,中古时期有铁农具和犁。蒙元时期,这里有中国军队的屯垦,但本地游牧民却基本上不采纳农业,因帝国的商业网络发达,牧民可以用牲畜换粮食。元代以后,由于各种势力的割据,商业停滞,吐洼很难换到粮食,为了满足自给,牧民进行自耕,逐渐扩大了农业。这种农业是汉文化下的农业。无论如何,19 世纪以前的农业很少。19 世纪末 20 世纪初,在汉文化和俄罗斯文化的影响下,吐洼居民的半农半牧才有了进一步的发展"②。

漠北高原较大规模的农田屯垦活动,是随着清廷与准噶尔汗国争夺对该区域的控制权的战争而展开的。当时,为了保证平准战争的顺利进行并巩固胜利,清朝中央政府除了允许内地商人从事"赶大营"的随军贸易之外,还组织兵丁在驻守地区进行军事屯垦,以补充军粮的供应。康熙五十四年(1715 年),率军驻扎科布多以北特斯河和扎布罕河地区的右卫将军费扬古上奏皇帝,认为"苏勒图哈拉乌苏、拜达拉克河、明爱、察罕格尔、库尔奇勒、扎布罕河、察罕搜尔、布拉罕口、乌兰古木等处,俱可种地。现驻扎察罕托辉扎布罕河、特斯河一带地方,应派善种地之土默特兵一千名,每旗派台吉、塔布囊各一员,前往耕种,遣大臣一员监督"兵屯事宜,康熙帝予以允准,屯田正式开始。③ 雍正元年(1723 年),乌兰固木地方的屯田已经大获成效,"收获青稞、糜子四千四百二十石有奇"④,并向科布多、鄂尔齐图杲、巴尔库尔、察罕搜尔地区扩展。与此同时,清军在鄂尔昆、图拉的屯田也有进展,1734 年收获青稞、麦类、糜子 19 700 余石,⑤并向集尔麻泰、扎拜达里克、推河地区扩展。

乾隆年间,该地区的兵屯规模继续扩大,成效显著。"通过屯田,绿营兵将内地的耕种施肥、农田整修、水利灌溉等技术,以及各种铁、木器农用工具,带入了素来不谙耕作的蒙古游牧地区,他们通过手把手地教授同耕的喀尔喀兵丁开荒种田,将先进的生产知识和文化传播开来"。由此可见,"在清末政府开禁放垦之前,屯田是蒙古地区最重要的垦边形式之一"⑥。

三、漠南高原的嵌入农业

自春秋时代开始,漠南地区就一直处于中原农耕政权与草原游牧政权旷日对

---

① 色音:《从牧民到农民——蒙地开垦后蒙汉经济文化的冲突与交融》,《传统文化与现代化》1996 年第 2 期。
② 王建革:《近代蒙古族的半农半牧及其生态文化类型》。引文中的吐洼,即唐努乌梁海地区。
③ 《清实录》,圣祖仁皇帝实录,卷二百六十四,康熙五十四年七月辛酉,中华书局,2008 年影印本。
④ 《清实录》,世宗宪皇帝实录,卷十四,雍正元年十二月己酉,中华书局,2008 年影印本。
⑤ 《清实录》,世宗宪皇帝实录,卷一百五十,雍正十二年十二月辛酉,中华书局,2008 年影印本。
⑥ 陈桦:《清代区域社会经济研究》,中国人民大学出版社,1996 年,第 223 页。

峙的军事前沿,内地民族对该地区农业开发的延续性不强。秦汉、隋唐及明代前期,中原政权军力强盛,这里一度成为内地移民农垦的最北界限;此外的大部分时间里,随着中原势力的南撤,这里原本被内地人民垦殖过的耕地,又慢慢地变成了草地,重新成为游牧民族和游牧业的乐园。

由于漠南地区的热量条件比漠北优越,所以,在水浇条件允许的某些地点,零星和初级的农业生产也时有发生。"清代以前的蒙古传统农业是以游牧经济的副业形式出现的。蒙古人从未大量滥垦牧场,因此蒙古传统农业一直没有对其游牧经济构成威胁";只是在进入清代以后,随着"大批汉族农民涌入草原后大量开垦牧场,农耕面积不断扩大,草场面积越来越少,从此蒙古人的游牧生产受到来自农业社会的冲击"[①]。

不过,从农业生产的技术水平来讲,蒙古地区的传统农业却是相当落后的。"蒙古土民不讲耕作,既播种,四处游牧,及秋乃归。听其自生自长,俗云靠天田"[②]。这种原始的生产方式,在不少地区一直延续到了民国时期。在农牧交错区,"蒙古人的附带生产是农业,而主要生产还是牧业。所种植的多是一些糜黍子,这亦是蒙古固有的谷种。其方法,多是四月间入种,先以牛很简单的锄耙一下,就把种子播下去,雨后这些种子自然会侵入土层里面。再过相当时期,到了秋天,就穗而结实了。他们又没有特别的刈获农具,腰上只带着一把小刀子,只有胡乱的割取了事。这种耕种与收获方法,是最原始的"[③]。

清朝建立以后,蒙古草原重新置于一个政权的统一管辖之下,这就为汉、蒙人民的相对正常交流,尤其是汉族农民向草原地区的迁徙和农业渗透,奠定了必要的政治前提。不过,清朝初年,内地汉人向塞外草原迁移的数量却并不多,主要原因有二:

第一,对中央集权体制下的中国历代统治者来说,王朝的政治利益始终是高于一切的。为了贯彻民族分化政策,保护蒙古贵族的利益,同时防止蒙、汉民族过密交往产生的种种隐患,清政府遂沿明长城一线设置了许多的关卡,严格查禁进入内外蒙古地区经商和垦殖的内地商民。比如顺治十二年(1655年),朝廷明令内地汉人,"不得往口外开垦牧地"[④]。乾隆十四年(1749年)规定"喀喇沁、土默特、敖汉、翁牛特等旗,除现存民人外,嗣后不得再行容留民人多垦地亩,及将地亩典给民人"。此后,嘉庆、道光年间禁垦令仍不断颁发,规定愈益缜密,处罚也更加严厉。[⑤]

第二,明末清初中国北方的连年战争,使长城以南许多地区的老百姓大量死亡

[①] 色音:《从牧民到农民——蒙地开垦后蒙汉经济文化的冲突与交融》,《传统文化与现代化》1996年第2期。
[②] 徐珂:《清稗类钞》,第五册,农商类,中华书局,1984年,第2272页。
[③] 贺扬灵:《察绥蒙民经济的解剖》,商务印书馆,1935年,第30页。
[④] (清)崑冈等纂:《钦定大清会典事例》,卷一百六十六,户部十五,田赋,光绪二十五年石印本。
[⑤] (清)崑冈等纂:《钦定大清会典事例》,卷九百七十八,光绪二十五年石印本。引文中的现存民人,即汉族农民。

和逃亡,使原来地狭民稠的矛盾得到了一定的缓解,客观上抑制了汉民出塞。

然而,受诸多条件和要素的影响,朝廷政策条款和具体实施之间,往往出现很大的差异,使草原禁垦令的执行效果大打了折扣。

首先,漠南蒙古地区的农业垦殖活动并非开始于清代,而是早在秦汉时期就已经进行了。并且,河套一带的军屯和民屯事业,不仅源自中原王朝,而且蒙古统治者也热衷有加。明朝末年土默特蒙古俺答汗大力支持丰州川农业区的建设就是明证。"先是,吕老祖与其党李自馨、刘四等归俺答。而赵全又率漯恶民赵宗山、穆教清、张永宝、孙天福及张从库、王道儿者二十八人,悉往从之。互相延引党众至数千,房割板升地家焉。自是之后,亡命者窟板升,开云田丰州地万顷,连村数百,驱华人耕田输粟,反资房用"。① 入清以后,这里靠农业为生的汉、蒙人民,依然从事着农业生产,否则,上述康熙皇帝拨给费扬古在科布多屯田的一千名种田能手——土默特兵丁,岂不"从天而降"?由此可见,区域经济发展的历史惯性和塞外人民对粮食等农产品的长期需求和依赖,是不可能因为清廷的一纸禁令而真正踪影全无的。

其次,清廷也在一定程度上需要河套地区生产的粮食,来满足其军事行动特别是平准战争的需求,这也直接让草原禁垦令打了折扣。为了保障平定准噶尔叛乱的军需供应,康熙间朝廷允许在水浇条件较好的后套和土默特川平原进行一定程度的垦殖。并且,漠南的土默特蒙古是带着自己的属地而归附清朝的,所以,清廷对这里的土地拥有较大支配权;同时,蒙古王公为表示效忠,也向清廷直接报效了不少旗地。而清廷也正好利用这些旗地,设立官庄和皇庄,直接招徕内地农民耕种。雍正十三年(1735年),放垦了官地八处共计40 000顷;到乾隆八年(1743年),归化城土默特地区的牧地已不足1/5。② 乾隆三十年(1775年)前后,就在丰镇东北放垦23 300顷;乾隆末年,察哈尔右翼的升科地亩,已经达到了28 000顷。③

第三,蒙古王公为了获取必需的粮食和丰厚的租金,也在灌溉条件较好的土默特平原和包头以西的后套地区,招募内地汉人进行农业垦殖。④

第四,随着平定"三藩之乱"、收取台湾特别是用兵天山南北地区军事行动的结束,清朝进入了医治战争创伤、与民休息的康乾盛世阶段。社会秩序的安定,降低了人民生活的物质和精神成本,人口得以大量地繁衍。据何炳棣的研究,康熙三十九年(1700年)全国人口为1.5亿,乾隆四十四年(1779年)增至2.75亿,乾隆五十九年(1794年)是3.13亿,道光三十年(1850年)上升到4.3亿,达到了中国古代人

---

① (明)瞿九思撰,楚哈明湖勘注:《万历武功录》,卷八,俺答列传下,引自《内蒙古史志资料选编》第四辑,内蒙古地方志编纂委员会,1985年。
② 肖瑞玲、曹永年、赵之恒、于永合著:《明清内蒙古西部地区开发与土地沙化》,中华书局,2006年,第151页。
③ 闫天灵:《汉族移民与近代内蒙古社会变迁研究》,民族出版社,2004年,第12、24页。
④ 蒙思明:《河套农垦水利开发的沿革》,《禹贡》半月刊,第6卷第5期,1934年。

口的峰值。① 包括北方地区在内的中国人口的快速增长,使人多地少的矛盾空前地凸显出来。须知明万历二十八年(1600年)全国人口的峰值才1.5亿。② 如果再遇上灾荒年月,北方内地人民移民塞外谋生的生存压力便进一步增强。

第五,军事行动的减少,使得塞外地区军马、军驼基地的重要性大大降低,不少官私牧场趋于荒废,这也为移民农垦提供了直接可能。

因此,自雍正以至乾隆中期,漠南蒙古地区便出现了汉族人民移垦草原的第一次高潮。不过,由于地理环境和社会条件的差异,漠南蒙古地区农业垦殖的过程和时间不尽相同。大体上,以灌溉条件较好,官府和王公控制都相对松弛的后套地区开始较早,往东的察哈尔地区要晚一些,力度也要小一些。③

后套地区能够进行大规模农业垦殖的地理基础,是康熙年间黄河主泓道由北道(五加河)改为南道以后,南高北低的地势,正好便利了在这一自然坡面上开渠灌溉。据民国年间学者的考证,当年的基本做法是:"后套的农垦既经开始,其地主与垦辟者之关系,皆由地商包办。地商包租蒙地,年纳租金,地商除留一部分土地自种外,再分别租于佃户耕种。其一切关于开渠浇水的事,皆由地商自办。作地主的是蒙旗,年向地商收租银。实地耕种的是佃户,年纳租粟给地商。地商则开渠放水,在蒙旗与佃户之间取得大利。当日租价低贱,出产富饶,蒙利汉租,汉利蒙地,开垦的事,遂与日俱进。自乾隆至于光绪,其间曾有不少能干的地商,对于农垦水利有重大供献:如初开缠金渠(今永济渠)的甄玉,开老郭渠(今通济渠)的郭敏修,开沙河、义和等渠的王同春,尤以王同春的功劳独大。"④ 仅王同春一人,就组织开辟了5条灌溉干渠,垦出耕地10 000余顷。⑤

整个内蒙古地区的农业开发进程,"一是由长城沿边,渐次向北推进;一是从东三省越过柳条边墙向西推进,进入哲里木盟。从时间上来说,前一路线较之后一路线早将近一百年"⑥,意即西蒙的农垦整体上早于东蒙。但就西蒙内部而言,其东部又早于西部。"内蒙牧地的放垦以察哈尔部为最早",《口北三厅志》记载,该地"在明代中叶以前,已有过较大规模的移垦了。到清朝雍正二年(1724年),清廷依据察哈尔都统黄升等奏议,又公开准许察哈尔部积极招垦。察哈尔可以说是全蒙放垦最早的蒙旗了"⑦。造成这种移垦时空差异的地理原因在于,西蒙东部的气候和降水条件优于西部,距离华北大面积农业区也较为近便,所以,其农业垦殖早于和快于西部。另一方面,东蒙地区的水热条件又优于西蒙地区,所以,东蒙农垦虽晚,

---

① 葛剑雄:《中国人口发展史》,福建人民出版社,1991年,第246页。
② 葛剑雄:《中国人口发展史》,福建人民出版社,1991年,第237页。
③ 王卫东:《融会与构建——1648—1937年绥远地区移民与社会变迁研究》,华东师范大学出版社,2007年,第12页。
④ 蒙思明:《河套农垦水利开发的沿革》,《禹贡》半月刊,第6卷第5期,1934年。引文中的地主,即蒙王公。
⑤ 顾刚(顾颉刚):《王同春开发河套记》,《禹贡》半月刊,第6卷第12期,1934年。
⑥ 薛智平:《清代内蒙古地区设治述评》,载内蒙古档案局、内蒙古档案馆主编《内蒙古垦务研究》第一辑,内蒙古人民出版社,1990年。
⑦ 边疆通信社修纂:《伊克昭盟志》,边疆通信社,1939年。

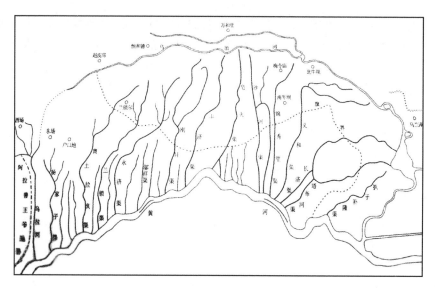

图 1-8　清末后套地区的河渠灌溉网
（资料来源：王卫东：《融会与建构——1648—1937 年绥远地区移民与社会变迁研究》，华东师范大学出版社，2007 年，第 72 页。）

但进程却较快。

东蒙地区的内地移民，主要来自山东和河北等省，他们或从山东半岛北渡至辽东半岛再向西，或者出山海关、喜峰口、古北口、独石口向北向西，进入哲里木盟、卓索图盟、昭乌达盟等地。史料记载，乾隆末年的科尔沁左翼前旗、中旗和郭尔罗斯前旗等地，已经有不少的农业移民存在，此后，农垦的范围和规模不断扩大，如郭尔罗斯前旗的长春堡，到嘉庆五年(1800 年)已经有汉民 2 330 户，种植的熟田地达265 648 亩。①

第四节　本章小结

由于资料和视角的限制，学术界以往有关中国北方的区域经济史研究，地理范围上大多集中于农业经济发达的东部省份和关内地区，而疏于游牧经济为主的塞北草原；更大空间视野下的跨行政区、跨自然区、特别是跨不同区域经济体的研究，更是稀少。结果，使北方各区域之间和不同经济体之间的固有联系得不到充分揭示，区域经济发展的客观性和整体性难以体现。本书将自然环境和经济结构反差明显的华北与蒙古高原置放到一个空间视野下，就是想在整体性和差异性的反复比对中，发现它们之间原本客观存在却被人们主观忽视的经济联系和时空特征，为非传统、跨区域的经济史创新研究，做些初步的尝试。

---

① (清)崑冈等纂：《钦定大清会典事例》，卷九百七十八，理藩院，户丁，光绪二十五年石印本。

华北和蒙古高原地区,原本是两块政治上长期对立、经济上联系稀少的地区。但是,自从清军入关建立王朝以后,中原政权的边境防线和中国的主要农牧业分界线,已经由万里长城,向北远徙到巴尔喀什湖——萨彦岭——外兴安岭一线,从而引发了华北和蒙古高原两大原本孤立的农耕、游牧经济区之间日趋密切的经济联系。这是中国清代、民国时期经济地理格局的重大变化,理应成为中国经济史学界必须高度重视的地域研究空间。

学术界的传统研究认为,随着唐宋以后中国经济重心的南移,江南地区超越华北而成为中国经济发展水平最高的地区。那么,此后的华北经济到底是一种什么样的发展状况,学界迄今尚未给出充分、全面的实证研究。不厘清这一点,就无从客观地评析北方地区在近代历史时期经济发展的快慢和得失。从本章的回溯性梳理来看,唐宋以后,南方地区在全国经济地位的上升和北方经济地位的下降,只是两大区域经济发展进程中的相对趋势,而不是一种绝对状态,更不等于北方无可挽回地走向了衰落。至少到清朝前、中期,华北地区的许多经济产业,商品化的水平已经很高,国内区域市场的发育已经相当成熟,从而为清末民国时期环渤海地区进一步跃升为与长三角、珠三角并驾齐驱的中国经济现代化水平最高的三大区域之一,奠定了坚实的历史地理基础。与此同时,自古代就与内地农业经济分庭抗礼的蒙古高原畜牧业经济,在近代也取得了很大的发展,并成为北方外向型经济的重要组成部分,学术界没有理由将其摒弃在热点区域之外。

相关实证研究证明,第一,华北与蒙古高原近代之前的经济发展基础,是坚实而牢固的;第二,进入近代以后,该区域经济又获得了更大发展,这一历史进程是紧密而明显的;第三,中国国内和国外的经济发展环境,在近代前后是对等而互补的;第四,单纯的"中国中心论"、"欧洲中心论"、"冲击—反映论"、"二元经济论",是主观而片面的。

第二章 区域市场结构的时间与空间演进

和古代相比,包括华北与蒙古高原在内的中国近代经济发展,最大最根本的变化,不仅是商品种类、产业门类和企业数量的增加,更是随着欧洲工业革命和商业扩张而带来的世界市场,以及随之更加繁荣而广阔的国内市场,它们共同引发区域市场结构的时空演化。从华北与蒙古高原的经济演化来看,这包括当地市场网络由传统向近代的转型、国内周边市场的不断拓展,以及国际市场空间的扩大与重心位移三个层面。

这一市场变革过程的开端和表现,是西方列强为了自己的世界霸权特别是商业利益,以坚船利炮为后盾,通过不平等条约胁迫经济上既不落后、外交上亦不封闭、政治上却极度腐败的晚清政府,[①]对外开放了一系列贸易口岸。后来,在与世界经济和国际市场接轨的过程中,中国政府又主动开放了一些贸易口岸。结果,使近代华北与蒙古高原的对外开放口岸(含条约和自开口岸)达到了 22 个,占全国一级商埠总数 115 个的近五分之一,大大改变了当地市场原有的相对封闭状态,优化了该区域的市场结构,提升了其经济现代化和外向化的程度。市场结构的演进,成为推动该区域近代经济变迁的必要条件和深层动力。

第一节 华北与蒙古高原本地市场的近代转型

一、清中期前华北"都城—治所"内向型市场网络

金元以至明清,华北基本上都是中国的政治核心区。中央政府由于能运用超经济强制手段,从江南等地榨取巨额的漕粮和税收,因而便无须再把华北的经济建设作为重点,而是将政治中枢建设当成了该区域压倒一切的要务。这体现在,把今河北、山西地区视为"腹里"或"直隶",把今山东和辽东半岛视为京畿门户。除设置层叠的行政机构强化控制外,还建筑坚固的城堡和军事要塞(如长城等)加强防守;经济上,通过"都城—治所"网络,掌控本区域的资源配置,排斥外来因素对经济秩序的冲击。在北方,1689 年和 1728 年后,中俄之间虽然开放了贸易,但却把地点限定在边境上的尼布楚和恰克图,并严格规定了俄国商队四年一次的进京路线以及人数、商品、场所和停留日期。[②] 在南方,1684 年废止海禁后,虽设置了管理对外贸易的四个海关,但地点却设在了远离京师的上海、宁波、厦门、广州;并于 1757 年

---

① 朱维铮:《重读近代史》,百家出版社,2010 年。
② 参见米镇波:《清代中俄恰克图边境贸易》,南开大学出版社,2003 年,第 18 页。

后,关闭了其他三个海关的对欧贸易,将中欧贸易限定在广州一地,并设"十三行"严加管束;第一次鸦片战争之后,清廷虽然被迫恢复了欧美商人"五口通商"的自由,却坚持不答应其开放天津为通商口岸并让外国公使进驻北京的分外要求。① 这些做法的目的,都是为了保障京畿重地的政治中枢地位不受侵害。结果使得原本交通便利的华北平原地区,只能通过一条运河来链接外部市场;近在咫尺的海洋通道得不到充分利用,造成该区域"以内陆型的相对封闭的国内市场为主,经济中心与城镇规模呈较强的关联性,政治功能与经济功能形成重合与互补"②的相对封闭局面。

华北地区以自然经济和国内区域贸易为主的内向型市场网络,主要体现在清代中期的时候,全国许多地方城乡市场网络体系的发育,均较明代有了很大进步,出现了由流通枢纽城市、中等商业城镇和农村集市构成的三级市场网络,贸易范围覆盖数省或十数省且为中央一级税关所在地的流通枢纽城市,由明代的八个增加到清中期的二十多个,但华北地区却依然只有原来的首都北京(崇文门)、州城临清和府城天津(河西务)三个而已。"北京市场上的商品绝大部分都是从外地输入的,其中较大宗的主要有粮食、绸缎、布匹、纸张、茶叶、糖、瓷器、洋广杂货以及皮毛、牲畜等等。这些输入的商品除满足本城居民的消费之外,也有相当一部分转销华北和西北,特别是西北的新疆、内外蒙古与俄国";临清是冀、鲁、豫三省的粮食调剂中心;天津虽然成了北方最大的沿海港口,以集散东北粮食和南方洋广杂货为主要职能,但绝大部分还是为转运北京服务,本地消费和销往直隶各府的只有很小一部分。除了这三个经济辐射范围较大的枢纽城市之外,其余则是贸易范围仅覆盖一两个府、十来个县的地区性商业中心,如山东省的济宁、德州、胶州、聊城、益都、泰安、莱阳、黄县、潍县、博山、张秋、周村、烟台。其中前十个为府、州、县城,后三个为村镇,作用是本地区农工商业产品的大宗集散和调剂。河南省的开封、洛阳、朱仙镇等,也属于此类商业中心。至于更基层的、在农民和小工商业者间调剂产品余缺的乡村集市,华北地区的数目虽然众多,但却以每旬开市二次的最为普遍。其集市密度和开市频度,均比江南和广东地区落后。③

总之,直到清代中期,华北经济还处在"都城—治所"主导下的内向型市场网络格局之中,区域经济的潜在优势还为自然经济和封建专制政体严格禁锢。

二、蒙古高原市场经济的萌芽

受内部单一游牧产业结构和外部复杂民族关系的制约,直到清朝初年,以自给自足的游牧业为主要产业的蒙古高原,经济上依然封闭落后,区域内外的商品交换

---

① 参见严中平主编:《中国近代经济史(1840—1894)》,人民出版社,2001年,前言,第6—7页。
② 张利民:《简析近代环渤海地区经济中心重组的政治因素》,《天津社会科学》2012年第5期。
③ 参见许檀:《明清时期城乡市场网络体系的形成及意义》,《中国社会科学》2000年第3期。

都很稀疏。漠北乌里雅苏台地区的蒙古族,"地处极边,时令暖迟寒早,虽盛暑不热;冬令则遍地霜雪,气候严寒,行动作喘。不谙播种,不食五谷,毡房为家,游牧为业,分布散处,人户殷繁,牲畜遍满山谷。富者驼马以千计,牛羊以万计,即赤贫之家,亦有羊数十只以为糊口之资。冬则食肉,夏则食乳,以牛羊马乳为酒,以粪代薪。器具用木,至代烟砖茶尤为要需,家家食不可少。男女皆一律冠履皮靴、皮帽,冬用皮裘,夏著布衣。富者间或亦用绸缎。不使钱文,鲜需银两。至日用诸物,均向商民以牲畜皮张易换"。①

造成塞北草原与中原地区经济联系稀少的重要原因,是长城内外政治上的长期对峙。直到清朝初年,两大区域之间的经贸关系,也只有规模极其有限的宗藩贡赐贸易和边境互市贸易两种形式。

1. 清朝初年的宗藩贡赐贸易与边境互市贸易

自先秦时代开始,蒙古高原的游牧民族政权与中原地区的农耕民族政权,就处在一种长期而频繁的对抗状态之中。直到明代后期"俺答封贡"(1571年)之后,双方的激烈冲突才基本停止。②民族之间长期政治对立的经济结果,就是两大区域之间贸易上的相互隔绝。所以,即便在清朝入主中原以后的很长一段时间里,内地和西北牧区的商品交流,也只是从前朝延续下来的宗藩贡赐贸易和边境互市贸易,牧区内部的商业封闭性依然浓厚。在天山以北的卫拉特蒙古牧区,部落内部的交易稀见,牧民之间极少通过定期的集市进行商品买卖,只有在节日期间或者庙会之上,才会相互易换彼此所需的物品。③

据唐杜佑《通典》卷七十四考证,宗藩关系之下的贡赐贸易,自周代就产生了。当时各地诸侯和藩属,都有定期向天子朝觐和贡奉方物的义务;周天子为了笼络他们,则在以礼相待的同时,还进行薄来厚往的物品回赐,以示怀柔远人的圣心。后来历代中原王朝均大体承袭了这一做法,并把它变成具有一定贸易功能的政治活动。藩属的朝贡使团在完成与宫廷之间物品的进贡与回赐的同时,其成员和随使团行动的商队被允许在指定的线路和地点从事商贸活动。清朝初年,天山以北的卫拉特蒙古准噶尔部、外蒙地区的喀尔喀蒙古各部、青海地区的和硕特部等蒙古王公,均与清朝中央政府之间保持着这种贡赐贸易关系。如噶尔丹在建立准噶尔汗国后,"贡使往来进一步频繁,几乎每年都有商队进入北京,有时甚至一年数起。其中既有噶尔丹直接派遣的商队,也有由其属下各台吉遣发而来的商队。进贡商队规模大小不一,少的数十人,多的数百人、千余人或数千人不等";而"按照清朝政府规定,凡贡使进京纳贡,其所带货物分别于两地进行交易。毛皮细软便于驮载者随贡使进京交易,牛、羊、马、驼、葡萄、硇砂、羚羊角

---

① 佚名:《乌里雅苏台志略》,风俗,台湾成文出版有限公司,1968年影印本。
② 安介生:《山西移民史》,山西人民出版社,1999年,第346页。
③ 蔡家艺:《清代新疆社会经济史纲》,人民出版社,2006年,第71页。

及普通的毛皮等物,则留于沿途出售"。沿途贸易的地点,或在归化城和张家口,或在肃州(今酒泉市)与哈密。贡使到北京以后,在会同馆设立三到五天的临时集市,由户部派专人购买。沿途贸易分为官换和民换两种,前者由官府用库银和库藏绸缎、茶叶、布匹等相兑换,后者由政府指定的富商大贾包揽贸易,严防内地官民套购。①

边境互市贸易,一般认为最晚始自汉代,唐宋以后,发展成以茶马贸易为主要内容的民族间贸易形式。清沿明旧制,于顺治二年(1645年)在陕甘建立了西宁、洮州、河州、庄浪、甘州五个茶马司,掌管相关贸易事务。茶马贸易于雍正十三年(1735年)正式停罢。②不过从贸易内容上看,茶马贸易并不完全等同于边境互市贸易,因为茶马贸易的主要内容,是用内地的茶叶交换牧区的马匹,并且仅限于陕甘五地进行。而内地与蒙古间的互市贸易,却在张家口、归化、肃州、巴里坤、乌鲁木齐、伊犁、塔尔巴哈台等北方广大地区同时进行着;并且这些地点相互交换的商品,既有内地产的丝绸、布匹、日用品等,也有牧区产的药材、牛羊、皮张等,远非茶马贸易可比。③

不过,作为清朝初年内地与牧区间商品交流主要方式的边境互市贸易,其"商业辐射能力十分有限,这种形势一直持续到清中叶。这一时期内地与北方游牧民族的关系相对封闭,双边贸易只在边缘城市定期进行,基本上就是茶马贸易。顺治、康熙年间,政府仍禁止商人直接进入草原,草原的商品交易在蒙古王公组织下进行。秋冬之间,王公所派官员带领队伍,集合牛羊,到指定的边缘城市与汉人进行物物交换。从草原到边缘城市,少则几十天,长则三四个月,对于一般牧民而言,这是相当不便的"。④结果使得清代前期的蒙古族,基本上还是一个游牧民族,畜牧业在其社会生产中占据主导地位,农业、手工业、商业只占有很小的比重,社会经济处于落后状态。⑤

2. 互市贸易的废止与照票贸易的兴起

崛起于塞外的满清贵族,在入主中原以后,接受中国北部长期对峙的历史教训,尝试实行与前代很不相同的民族政策,即通过同化和控制相结合的手段,将长城内外融为一体。也就是康熙皇帝所说"本朝不设边防,以蒙古部落为之屏藩耳"⑥的方略,以图从根本上解除草原民族对内地的军事威胁。具体做法,是政治上在牧区推行盟旗制度,严厉分割、封禁和控制蒙古各部;经济上让持有照票的内地商人到指定的盟旗从事贸易,间接强化对牧区的经济束缚。这样,仅限于边境的互市贸

---

① 蔡家艺:《清代新疆社会经济史纲》,人民出版社,2006年,第74—78页。
② 王晓燕:《论清代官营茶马贸易的延续及其废止》,《中国边疆史地研究》2007年第4期。
③ 蔡家艺:《清代新疆社会经济史纲》,人民出版社,2006年,第78—84页。
④ 王建革:《农牧生态与传统蒙古社会》,山东人民出版社,2006年,第423页。
⑤ 陈桦:《清代区域社会经济研究》,中国人民大学出版社,1995年,第207页。
⑥ 《清实录》,圣祖仁皇帝实录,康熙五十六年十一月,中华书局,2008年影印本。

易,便不适应中央政府及蒙民与内地汉商双方的经济需要了,边境互市贸易逐步转向了腹地照票贸易。

清代的照票贸易,分为普通贸易与随军贸易两种形式。

图2-1 旅蒙商所持的照票(信票)
(资料来源:余元盦:《内蒙古历史概要》,上海人民出版社,1958年。)

普通照票贸易大致开始于雍正五年(1727年)。这一年,清政府将喜峰口、古北口、独石口、张家口、归化城、杀虎口、西宁等地,指定为汉人进出蒙地经商的贸易孔道,规定凡前往内外蒙古和漠西厄鲁特蒙古牧区深处从事贸易的内地商人,必须经过张家口的察哈尔都统、多伦诺尔同知衙门、归化城将军、西宁办事大臣的批准,并颁发盖有皇帝印玺的营业照票即"龙票",又称"部票",才能在指定的蒙古盟、旗境内经商。该照票用满、蒙、汉三种文字书写,填写有经商人数、姓名、商品种类、数量、回程日期等内容,在指定地区蒙古官吏的验证和监督下从事贸易。无票者严厉禁止进入草原腹地。① 照票规定旅蒙商的经商时间以一年为期,不准携带家属,更不准在经商地成家,②故人称"雁行商人"。这就为内地商人在草原的本地化经营,制造了巨大障碍,不利于游牧区域商业的进一步发展。

从事照票贸易的内地商人,与蒙古草原之间的商贸往来,主要通过在前代基础上新建和扩建的驿道进行。清朝前期,内地通往内蒙古地区的主要驿道有五条,分别是长城沿线边关的喜峰口、古北口、独石口、张家口、杀虎口,它们均呈南北走向,东西并列,共同向草原腹地延伸。往来于这些商路上的内地商人,主要来自山西、直隶、山东等省份,而以山西商人最为活跃。③ 他们用内地生产的茶叶、布匹或其他日用品,到草原上交换牧民生产的牲畜、皮张和药材。

在清朝前期,到口外做蒙古生意的内地商人,通常被称为旅蒙商、拨子商、外馆,其主要基地是张家口和归化城。

张家口地处万全都司,明代隆庆年间(1567—1572年)被定为与蒙古间的互市

---

① 张正明:《晋商兴衰史》,山西人民出版社,1995年,第72页。
② 卢明辉、刘衍坤:《旅蒙商——17世纪至20世纪中原与蒙古地区的贸易关系》,中国商业出版社,1995年,第32—33页。
③ 乌云格日勒:《十八至二十世纪初内蒙古城镇研究》,内蒙古人民出版社,2005年,第20页。

之地,主要贸易商人是号称"八大家"的晋商。清初属宣化府万全县,雍正二年(1724年)置张家口直隶厅,成为中俄贸易的重要口岸。乾隆二十年(1755年),清政府停止了俄国官方商队直接入京贸易的传统做法,将双方贸易的地点统一限定在边城恰克图一地,张家口转化为中俄贸易的转运枢纽。从事中俄贸易的晋商,一方面将从内地贩运来的茶叶、丝绸和棉布等大宗商品,输往俄国和蒙古草原;另一方面又将俄国的呢绒、蒙古的皮毛和牲畜输入内地,①使张家口日益发展成为蒙古贸易特别是中俄贸易的核心城市之一。

归化城作为旅蒙商人的另一个营业基地,大约兴建于明万历九年(1581年),后经多次重修,至乾隆元年(1736年)基本定型;其东面建设的绥远城,主要用来驻军。②受地理区位和经商传统的影响,以归化城为人员和商品集散地的内地商人,也主要是晋商。在商业鼎盛的时期,归化城里的旅蒙商号有四五十家,其中最负盛名者,为大盛魁、元盛德、天义德"三大号",它们的总号下面,还陆续设立了遍布各地的分庄、小号、作坊等分销机构。③

照票贸易的另一种形式,就是内地商人的随军贸易,即所谓的"赶大营"。它作为一种商业形式,由来已久,盖为满足缺乏足够后勤保障的远征军对生活物资的大量需求而产生。由于战事难料,所以随军照票只是一种身份认证,并不像普通照票那样限定经营时间,并且在战事结束后,还鼓励内地商人携带家属,扎根边疆屯田经商。④

清朝初年商人"赶大营"的起因,是卫拉特蒙古(明代称瓦剌)的后裔噶尔丹,在天山南北地区建立了准噶尔汗国,并攻打早已归顺清朝的喀尔喀蒙古各部,多次无视和违反清廷的禁令。清朝中央政府自康熙二十九年(1690年)开始多次派军征讨,双方互有胜负,直到乾隆二十四年(1759年),清廷才彻底击败了准部、回部的叛乱,牢牢控制了巴尔喀什湖以东、天山南北、萨彦岭以南的广大地区。在一系列旷日持久的平准战争中,内地商人也如影随形地开展了随军贸易。⑤清初商人"赶大营"的主要区域,既包括天山南北地区,也包括作为战场之一和战争后方基地的漠北蒙古的乌里雅苏台(前营)、科布多(后营)地区。

曾在康、雍、乾间历任数省巡抚的纳兰常安,详细记述了直隶和山西等省商人,在随军贸易途中历尽艰险、跌宕起伏的经商过程:"塞上商贾,多宣化、大同、朔平(治今右玉县)三府人,甘劳瘁,耐风寒,以其沿边居住、素习土著故也。其筑城驻兵处则建室集货,行营进剿时亦尾随前进,虽锋刃旁午、人马沸腾之际,未肯

---

① 许檀:《清代前期北方商城张家口的崛起》,《北方论丛》1998年第5期。
② 乌云格日勒:《十八至二十世纪初内蒙古城镇研究》,内蒙古人民出版社,2005年,第53—56页。
③ 沈斌华:《内蒙古经济发展史札记》,内蒙古人民出版社,1983年,第123—125页。
④ 谢玉明:《赶大营的"路单"和"大篷车"》,《西青文史资料选编》第4辑,第53页。
⑤ 在此之前,已有内地商人从事军中贸易,只是规模尚小。据(清)张鹏翮的《奉使俄罗斯日记》(《小方壶斋舆地丛钞》第三帙,上海著易堂印行)记载,康熙二十七年(1688年)八月初六日,他"次秃儿哈,饮行潦,始见宣府民人,车载烧酒、米面,贸易军中,乏粮者得买食"。

裹足。轻生而重利,其情乎?当大军云集,斗米白镪十两,酒面果蔬虽少,售亦需数金,一收十利,意犹未足。其货小其秤入,银大其戥进,官兵受其愚,恬不为怪。是以收利盈千万亿,致富不赀。以其所获,增买橐驼,百金购一,犹云不昂。每自边口起发,一字尾行,数里不绝;一家所蓄,少亦盈百。至于赤手贫乏之人,伐薪刈草,亦积数百金。得之易,视之轻,骄奢淫逸日甚。及大军既撤,仅留守戍官军,食口既少,则所需不繁,货价大减。且需驼无人,一驼仅值二十金,商贾为之色沮,落魄失业者比比皆然。至不得已,以现有之驼,依然往返载运,运至军营,居住商民受之,分廛列市,零星转售;虽获利天壤于前,然较之内地尚有余饶。"①内地商人的随军贸易,为蒙古高原边疆地区的政治统一与稳定做出了贡献,也增加了漠北蒙古与中原内地之间的商品流通,在一定程度上带动了当地畜牧业经济的市场化。

三、华北与蒙古高原"口岸—市镇"外向型市场网络的发育

至少在19世纪40年代之前,中国的经济体制还是中央集权的政治经济而不是市场经济;经济发展的主导因素是政治统治的需要,而不是市场需求。自然经济和"都城—治所"内向型市场网络,还明显制约着华北区域经济的快速发展。

1. 对外通商口岸的大量开放

在太平天国和第二次鸦片战争的双重打击下,元气大伤的清政府不得不放松了对华北地区的政治禁锢,被迫于1858年的《中英天津条约》和1860年的《北京条约》中,允许于1860年开放了华北的天津、烟台;此后,又通过条约开放和自主开放的方式,先后开放了青岛(1897年)、威海卫(1898年)、秦皇岛(1898年)、海州(1905年)、济南(1906年)、周村(1906年)、潍县(1906年)、龙口(1915年)、济宁(1921年)、郑县(1922年)、徐州(1922年)等13个对外贸易的通商口岸,其中,条约商埠4个,自主开放9个。占1930年全国一级商埠总数115个②的11%,占约开商埠总数82个的5%,占自开商埠总数33个的27%。

---

① (清)纳兰常安:《行国风土记》,转引自谢国桢选编,牛建强等校勘:《明代社会经济史资料选编》,下册,福建人民出版社,2005年,第37—38页。
② 版图的变化、文本与实际的差异等因素,使得近代中国商埠数目的统计很不一致。漆树芬统计,1922年中国商埠97个,其中27个为自开商埠,70个为条约商埠(漆树芬:《经济侵略下之中国》,第二编第三章,上海独立青年杂志社,1926年)。吴松弟先生统计,1930年中国各类商埠、租借地、殖民地总数110个(吴松弟主编:《中国百年经济拼图——港口城市及其腹地与中国现代化》,第一章,山东画报出版社,2006年)。杨天宏统计,1924年中国自开商埠52个,"其数量几与条约口岸相埒"(杨天宏:《近代中国自开商埠研究述论》,《四川师范大学学报(社科)》2001年第6期)。上述3人的统计中,只有漆氏详备每一商埠开放的法理和文案依据,吴、杨2人统计皆阙相关详细备注,故本文暂依漆著为基础进行考究。然漆氏数据中尚未包括者还有:外蒙古地区的库伦(1861)、乌里雅苏台(1881)、科布多(1881)3个外商埠,台湾地区的安平(台南1860)、沪尾(淡水1860)、鸡笼(基隆1861)、旗后(打狗1863)4个条约商埠,鸦片战争时期形成的香港(附加九龙半岛租借地)和澳门2个殖民地,大连湾(大连1898)、威海卫(威海1898)、胶州湾(青岛1898)、广州湾(湛江1899)4个租借地,1922年以后正式开放的无锡(1923)、宾兴洲(江西1923)、蚌埠(1924)、铜鼓(广东1924)、中山港(1930)5个自开商埠。另外,漆著将吴淞列为德国约开商埠,经核应为自开(宝山区地方志委员会:《吴淞区志》,上海社会科学院出版社,1996年)。据上,笔者认为截至1930年,中国的一级商埠总数应该是115个,其中条约商埠82个,自开商埠33个。

整个近代时期,华北地区对外开放的条约口岸只有4个,表明中央政府层面对该区域融入西方列强主导下的世界经济秩序依然采取了审慎的态度,也表现了该区域长期作为政治核心区的历史惯性。然而,占全国四分之一的9个自开商埠的出现,则说明在外向型经济积极作用的诱导下,从中获益的华北地方政府、士绅和民众,对于发展区域经济和对外贸易的迫切愿望,也表明了华北地区的国内外市场环境,整体上已较前发生了很大变化。这期间出现的义和团等排外运动和思潮,虽然代表了一部分人的政治诉求,但却代表不了经济发展的市场需求。政治运动或许能够暂时凌驾一切,但却不可能永远代替一切。

华北地区日出而作、日落而息的农业生产方式,固然难以造就广大的贸易市场;蒙古高原食肉饮乳、逐水草而居的游牧生产方式,更无法产生交换频繁的商品贸易。因为"在草原游牧社会中对内贸易并不必要,而且还可能削弱首领们的权力"[①],所以,"在远离城镇、市场的辽阔草原上,以'逐水草而迁徙'的游牧生活当然要求所有的生产数据和生活数据自给自足。这是游牧经济的必然要求";换言之,"蒙古族牧民所经营'小而全'的均衡性的畜群结构虽然基本能够满足游牧生活的基本需要,但无法满足更高、更新、更多的生产、生活需要。要满足这些新的需要就必须同邻近的部落和民族进行经济贸易,扩大交往,走进市场"[②]。所以,在自给自足的农、牧业自然经济状态下,一潭死水或者波澜不惊的低端区域经济,要想快速地提升商品化的程度,其最为直接有效的动力,就是来自区域之外不同文明和生产方式的外力冲击,包括国际市场的推力。

事实上,单纯从形式上讲,商品经济落后的蒙古高原,对国际市场(主要是俄国市场)的开放,倒要比作为政治核心区的华北"前卫"很多。因为早在1689年的《尼布楚条约》和1728年的《恰克图条约》里面,就规定中俄两国商人可以通过尼布楚和恰克图两个边境口岸开展国际贸易。进入19世纪60年代以后,内外蒙古地区对外贸易,特别是对俄国贸易的力度又得以进一步增强。1861年,根据中俄《北京续增条约》的规定,清政府在漠北蒙古地区对俄开放了库伦(今蒙古国乌兰巴托),1881年又据中俄《改订伊犁条约》开放了科布多(今蒙古国吉尔格朗图)、乌里雅苏台(今蒙古国扎布哈朗特)。进入20世纪以后,又在内蒙古地区自主对外开放了归绥(1914年,今内蒙古呼和浩特市)、多伦诺尔(1914年,今内蒙古多伦市)、张家口(1914年)、赤峰(1917年)、包头(1921年)5个自开口岸。如果再加上1728年就已经对俄国开放、近代时期也一直起着重大作用的恰克图买卖城(恰克图属于俄国,清朝所建的街市称为买卖城,二者之间有一条200余码的中立地带作分隔[③]),蒙古高原地区的对外贸易口岸实

---

① (美)拉铁摩尔著,唐晓峰译:《中国的亚洲内陆边疆》,江苏人民出版社,2005年,第58页。
② 乌日陶克套胡:《蒙古族游牧经济及其变迁》,中央民族大学出版社,2006年,第76页。
③ 米镇波:《清代中俄恰克图边境贸易》,南开大学出版社,2003年,第86—87页。

际上已达到了9个。占1930年全国外贸商埠总数115个的8％,占约开商埠总数82个的5％,占自开商埠总数33个的15％。

这样,华北的13个口岸加上蒙古高原的9个口岸,该区域近代对国际市场开放的商埠总数已达22个,占1930年中国对外开放商埠总数115个的19％有余,几近五分之一。其中条约口岸8个,占全国约开口岸总数82个的10％;自开口岸14个,占全国自开口岸总数33个的42％。这些口岸与当地国内贸易网络相联通,构建起完整通畅的外贸网络,打破了当地市场原有的封闭状态。

这些新兴口岸城市的主要职能,自然就是发展区域经济和对外贸易。

2. 新式交通和矿业城镇的快速兴起

进入清朝末年,轮船、火车、汽车、电报、电话等新式交通方式陆续出现在环渤海地区,以发展现代工商业为目的的交通城镇也随之成长起来。随轮船运输业发展而崛起的城镇,主要是沿海的开埠港口,如华北的天津、秦皇岛、烟台、青岛、龙口、威海、海州,东北的营口、大连、安东、葫芦岛等。比如大连,1898年前还是辽东半岛东南角名叫"青泥洼"的小渔村;1899年由俄国动工修建港口,1906年日俄战争后又被日本接管经营;到1930年,大连港可以容纳3 000至4 000吨级的海轮40艘,3万吨级的大船也可近岸停泊,民船码头可备民船100艘停泊,75处码头堆栈的货物容量共计50万吨,①成为东北南部最大的海港城市。随着火车、汽车运输兴起的交通城市也很多,如山东济南、青岛、周村、潍县,河北天津、北京、石家庄、邯郸,河南郑县、洛阳、开封、新乡,江苏徐州、海州,山西太原、榆次、大同,陕西西安、宝鸡,绥远归化、包头,察哈尔张家口、宣化,辽宁大连、沈阳、锦州,吉林永吉、长春等。以石家庄为例,1900年前只是获鹿县一个八百余人的小村子,1904年京汉铁路通车,特别是1907年正太铁路在此与京汉铁路交汇后,成为沟通河北与山西的交通枢纽,大量土洋货物在这里进出,商业日趋繁荣;同时,大兴纺织公司、振华洋火公司、荣裕玻璃厂、英美烟草公司、银行支行、钱庄分号等工商企业也在此发展;1926年,其城市人口已达到4万余人,1933年达6.3万余人。②

同一时期,不少近代工矿型城镇,也随着轮船、火车以及工业生产对煤炭需求的增长发展起来。如河北唐山,19世纪70年代还是一个村庄,19世纪80年代开平煤矿建立后成为集镇;到20世纪30年代,开滦矿务局有工人3万余人,年产煤炭约600万吨,1922年以前,稳执中国煤矿产业之牛耳。③同时,相关工业企业也设立并发展起来,如启新洋灰公司、华新纱厂分厂等,使唐山成为一个现代工矿业城市;它"有交通大学、铁工厂、巡警局、矿务局、中国医院、矿务局养病院、铁路工厂、

---

① 茅家琦主编:《中国旧海关史料(1859—1948)》,第156册,《海关十年报告》(1921—1930)大连部分,京华出版社,2001年。
② 白眉初:《中华民国省区全志》,第1册第2卷,北京求知学社,1924年,第45页。
③ 张其昀、任美锷:《本国地理》,下册,钟山书局,1934年,第53页。

学校、新开市场,建筑宏敞,非内地县城所能比"①。另外,河南焦作、河北临城、山西大同、江苏徐州、山东淄博、辽宁抚顺等,也都是近代发展起来的环渤海工矿城市。

3. "都城—治所"城市功能的渐次转变

与此同时,原有的"都城—治所"城市,也在基础设施和产业布局方面逐步向口岸城市看齐。比如北京,虽然依然对北方城镇施加着巨大的政治影响,但其城内主要现代化设施和生产生活内容,却都效仿天津,如铁路的大规模兴修、煤矿的现代化开采、邮政电报等现代化通讯方式的运用,各种现代化生产和生活物资的进口等;"北京许多最早的市政工程是由天津帮助进行的,北京早期一些小的工矿企业也有天津企业家的投资。……天津一些巨富还在北京市政建设和小企业中投资"。②从对区域经济发展的贡献来看,20世纪30年代的天津,已经发展成为北方最大的对外贸易、现代工业、现代金融中心,成为仅次于上海的中国第二大工商业都会和近代北方经济的龙头。③而同一时期的北平,还依然是北方最大的消费城市;"经济很不发达,工业极端落后,近代工业出现较迟,多为手工业生产。直到抗日战争胜利以后,北京工业中手工业仍然占80%以上,在全国工业产值中的比重甚小,只占1.93%";直到1948年,"北京工业发展极其缓慢,没有真正的机器制造工业,没有基本化学工业,不能纺纱,不能炼钢。企业的规模狭小,设备简陋,技术落后;产品成本高,质量低;原料和市场多依赖外国和外地;而本市所需用的产品却仰赖于洋货或津、沪供给";④不要说在全国,即便在华北,其经济辐射功能也很弱小。

4. 西方地理学市场区位理论的参考意义

随着全球经济一体化进程的加快,西方市场经济国家的学者,纷纷开始探索市场区位、网络层级、分布规律等市场区位理论。其中,以德国地理学家克里斯泰勒提出的中心地理论(图2-2),最具有基础性和代表性。

(1) 中心地理论的四个基本概念

A. 中心地: 它作为周围区域的中心,是指能够向周围区域的消费者提供商品和服务的地点,可以是城市,也可以是市镇、稍大的居民点,以及商业或服务中心。

B. 中心性: 是中心地对周围区域的重要程度,亦即它发挥中心职能的程度。可以用公式表示为: $C = B_1 - B_2$

其中,C为中心地的中心性,B_1为中心地能够供给的商品和服务总量,B_2为中心地为自身供给的商品和服务总量。中心性是中心地为周围而非自身所能提供的

---

① 白眉初:《中华民国省区全志》,第1册第2卷,第35页。
② 王玲:《北京与周围城市关系史》,燕山出版社,1988年,第90页。
③ 樊如森:《天津——近代北方经济的龙头》,《中国历史地理论丛》2006年第2期。
④ 中国人民大学工业经济系编著:《北京工业史料》,北京出版社,1960年,第1、6页。

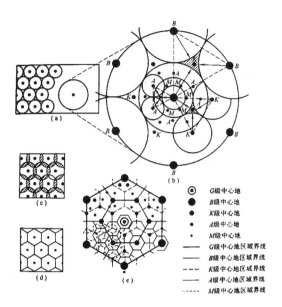

图 2-2　中心地市场网络模型示意图

(资料来源:李小健主编:《经济地理学》,高等教育出版社,2008 年,第 95 页。)

商品和服务总量。

　　C. 货物的供给范围:消费者从居住地到中心地购买货物和服务的距离,或者中心地商店发送货物和服务的距离,就是中心地供给货物的通达范围。而货物供给范围的最大极限,可称为货物供给范围的上限;商店获得正常利润所需最低限度消费人口的范围,称为货物供给范围的下限。前者是空间距离概念,后者是人口数量概念。

　　如果货物供给范围的上限和下限都很大的话,说明中心地具有供给高级货物和服务的职能,成为高级中心地;反之,则成为低级中心地。

　　D. 中心地的等级:中心地能够提供货物和服务的等级有高低之分。等级的高低取决于提供商品和服务的水平。能够提供高级货物和服务的中心地等级就高,反之则低。为消费者提供日常生活商品和服务的小百货店和副食店,属于低级中心地,它们数量多,分布广,服务范围小。为消费者提供高档、贵重商品和服务的大商店,则属于高级中心地,它们数量少,服务范围广。

　　中心地的等级和职能是相互对应的。最低等级的中心地具有最低的中心职能;高一级的中心地不仅具有较高的职能,而且兼具最低中心地的中心职能;最高中心地具备所有等级中心地的职能。而同一等级的中心地之间,有一定的间隔距离和空间。

　　(2) 中心地理论的空间模型

　　中心地理论的核心原则,是为市场布局服务的。其空间模型的假设前提是:

第一,中心地分布的区域为自然条件和资源状况相同,且均质分布的平原;在这一平原上,人口也均匀分布,其收入、需求和消费方式也都相同。

第二,交通条件相同,运费与距离的远近成正比。

第三,消费者都到离自己最近的中心地,就近购买商品和服务。

第四,相同的商品和服务,在任何一个中心地价格都一致,消费者购买商品和享受服务的实际价格,等于销售价格加上交通费用。

在上述前提条件下,中心地便会均匀分布,同类中心地之间的距离也是相同的,每个中心地的市场区域,都是半径相等的圆形区域。进而形成分布均匀、层次分明的市场网络系统。

西方地理学家和经济学家的市场区位理论,虽然建立在许多假设的前提基础之上,但毕竟是人们面对全球经济一体化浪潮所作的市场运行规律的思考,对于探索近代口岸开放背景下,华北和蒙古高原地区的市场网络结构,具有一定的启迪和参考价值。

结合该区域近代市场网络发育的具体过程来看,众多以发展进出口贸易和现代工商业为主要职能的通商口岸城市、交通枢纽城市、工矿城市,共同在华北与蒙古高原地区交织成新的"口岸—市镇"市场网络,逐步取代了原来以"都城—治所"为依托、以政治统治为核心职能、以自然经济和国内市场为基础的内向型市场网络,成为主导该区域近代经济发展方向的新的市场基础。到 20 世纪 30 年代,华北与蒙古高原地区初步形成了以天津、青岛为中心城市,以发展现代工商业和对外贸易为主要内容的新的外向型市场网络体系。其中,中心城市作为一级市场,除直接辐射城市周边市场外,主要通过直接辐射下面二级市场即中等城市的方式,间接地影响整个区域市场网络;中等城市则直接辐射下面的三级市场即中小城市,间接影响次级区域市场网络;中小城市直接辐射下面的初级市场,也称产地市场。当然,整个市场网络到底是像前述许檀教授划分的三个层级、本书划分的四个层级,还是泰勒划分的五个层级,可视市场发育的时间和空间实际而定。近代华北与蒙古高原外向型市场网络的内部结构如图 2-3 所示。

5. 以天津为中心城市的华北与蒙古高原外向型市场网络

在华北与蒙古高原两大"口岸—市镇"外向型市场网络中,以天津网络最为辽阔。其中天津为一级市场,下面辐射八个二级市场,即河南郑县、山西阳曲(太原)、察哈尔张家口、绥远包头、外蒙古库伦、陕西西安、甘肃兰州、新疆古城。从本书所关注的地域空间来讲,应该是前五个。

(1) 一级市场

作为中心城市的天津,起源于金元时期的直沽寨。1404 年开始建立卫所城,清代雍正年间升为天津府。1860 年开埠之前,其城市职能不过是完全依附于京师

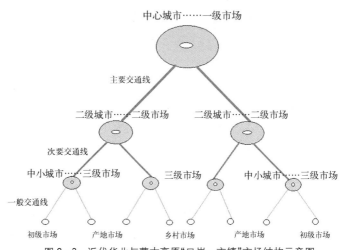

图 2-3 近代华北与蒙古高原"口岸—市镇"市场结构示意图

之下的一个漕粮转运站和有限度的区域性商业中心(经济腹地狭窄,主要为京畿周围的海河流域和山东济宁以北的大运河沿线地区),海河流域水陆交通的枢纽和长芦海盐的营运中心。作为京城漕粮的转运站,它是漕船卸载南方洋广杂货和携带北方土特产品的商品集散地。1855年之前的天津,"地当九河津要,路通各省舟车,南运数百万之漕,悉道经于此。舟楫之所式临,商贾之所萃集,五方人民之所杂处,皇华使者之所衔命以出,贤士大夫之所报命以还者,亦必由于是。实水陆之通衢,为畿辅之门户,冠盖相望,轮蹄若织,虽大都会,莫能过焉"[①]。因而算得上"华北最大的商业中心和港口城市了"[②]。

开埠之后,天津的经济面貌和实力发生了质的飞跃。它作为环渤海地区最早的三个通商口岸之一,让西方国家的先进生产方式和经营方式能够在这里迅速登陆,使天津获得了比华北的许多城市都更为宽松的政策环境、更多的发展机会和更加广阔的国内外市场,成为北方最大的对外贸易中心城市。这主要表现为它在北方各口岸城市中拥有最为广阔的经济腹地,"河北、山西、察哈尔、绥远及热河、辽宁等省都成为他的直接市场圈,同时山东、河南、陕西、宁夏、甘肃、吉林、黑龙江诸省的一部分划归他的势力范围以内"[③]。作为北方主要商品出口数值最多的港口城市,它不仅成为北方,而且成为全国最大的皮毛、草帽辫、棉花、蛋产品、麻类等商品的出口基地,商品的进出口总值也北方各港中名列前茅;在现代工业、金融领域里的各项主要指标,都仅次于上海,成为中国北方第一大工商业城市,其综合经济实

---

① (清)张焘著,丁绵孙、王黎雅点校:《津门杂记》,卷上,形胜,天津古籍出版社,1986年。
② 许檀:《清代前期的沿海贸易与天津城市的崛起》,《城市史研究》第13—14辑。
③ 李洛之、聂汤谷:《天津的经济地位》,经济部驻津办事处(内部刊行),1948年,第2页。

力已成为近代北方无可争议的经济中心和龙头城市了。① 20世纪30年代有学者认为:"天津当河北五大河会流之点,贸易区域北至内外蒙古,西连山西、陕西、甘肃、新疆,南及河南、山东之北部,范围之大,除上海外殆无其匹。人口75万,与武汉等。天津为北方棉花集散地,加以接近开滦,煤炭丰富,纺织业极有希望。中国羊毛十分之九,由天津出口",是北方经济地位最高的都会。② 20世纪40年代有学者说:"天津由于一个繁荣的商业都市,而成为一个进步的工业都市。……一天一天地增高了他在全国中所占的地位。七七事变以前,天津的贸易额仅次于上海,在工业都市方面也站在与青岛竞争第二的地位;七七事变后,上海、青岛的工厂都遭受惨重的牺牲,天津方面的工厂,不但未曾受到破坏,而且急速地增设了许多新的工厂,当时在工业都市中位居全国的首席,在贸易方面,如果包含海关统计以外的数字,进口额也非其他商埠所可比拟。"③ 当代学者张利民指出:到20世纪20年代,天津已经形成了"以轻工业和出口加工业为主的工业体系,基本上改变了传统天津仅仅是商业和手工业繁荣的商品集散转运中心的面貌,改变了传统城市以政治职能为主、经济职能为辅的格局,使天津成为以工业为基础,金融业和商业发达的具有先进的交通通讯的近代开放型城市",成为仅次于上海的中国第二大工商业都会。④

(2) 二级市场

郑县原本只是豫中的一个普通县城,京汉(1905年)、汴洛(1909年)两条铁路在此交汇后,便奠定了它在中原现代交通中的枢纽地位。其工商业"繁盛街市,为大通路、钱塘里、敦睦里、天中里、三多里、福寿街,皆在车站之东,经商多汉口、天津人,河南人竞争于商业者,颇不多见。工厂有豫丰纱厂、中华蛋厂、大东铁器厂、利济织布厂、省立郑县贫民工厂等"⑤。"河南、陕西、山西三省之棉花,多会集于此,然后转销于天津、汉口、上海等处。故郑县成为北方棉花大市场之一"⑥。上海、天津、青岛等地的纺织厂,多到郑县坐地收购棉花。棉花运输的繁荣,又促进了打包、纺织、金融、保险、货栈、转运等行业的发展。⑦

作为天津对山西经济辐射最大关节点的太原,早在清朝中期,就是山西经济区的经济都会。这里店铺林立,商业繁盛。以商品命名的街巷有剪子巷、帽儿巷、牛肉巷、米市街、估衣街、麻市街等;相关的商业行会,也有粮行、油面行、布行、药行、干菜行、酒行、鞋帽行、典当行、杂货行、银钱行等十大行。1907年正太铁路通车以后,太原和外埠特别是天津的商业贸易进一步扩大,销售进口商品的洋货行,成为

---

① 樊如森:《天津——近代北方经济的龙头》,《中国历史地理论丛》2006年第2期。
② 张其昀:《中国地理大纲》,商务印书馆,1930年,第52页。
③ 李洛之、聂汤谷:《天津的经济地位》,经济部驻津办事处,1948年,第2页。
④ 罗澍伟主编:《近代天津城市史》,中国社会科学出版社,1993年,第433—435页。
⑤ 吴世勋编:《河南》,中华书局,1927年,第72页。
⑥ 崔宗埙:《河南省经济调查报告》,财政部直接税署经济研究室,1945年,第11页。
⑦ 张学厚:《郑州棉花业的兴衰》,《河南文史资料》,第37辑。

太原最活跃的行业。进入民国以后,太原商业进一步发展,商业区日益扩大,以经营天津进口商品为重要内容的开化市场,成为太原最热闹的市场。20世纪20年代,太原有各类商业店铺2500多家。太原的一些大商号,如主要从天津进货的义升厚棉布庄,除零售外,还大量转批给太原市内以及晋中等外地的布匹销售商。①1934年同蒲铁路的贯通,更提高了太原的经济地位,使它既成为山西"全省进出口之中心",又是"天津商埠之尾闾"。②

张家口自清中期后就成为华北对蒙古草原贸易的中心。1909年京张铁路通车、1914年自开商埠以后,商业更加繁荣。1918年张家口至库伦通行汽车后,"输运愈便,商务尤盛,西沟'外管'增至一千六百家,贸易额达一亿五千万两,计进口八千万两,出口七千万两,是为张库交易鼎盛时期,凡西沟外管,类多在库伦设立分号,不下六七百家,旁及恰克图、乌里雅苏台等处"③。"英、法、美、日、意、德等国商人,在张家口都很活跃。尤其是民国七、八年徐树铮经营外蒙的时候,有大小商号七千余家,银行上堡六家,下堡三十二家,外管一千六百余家,茶庄、毛庄亦各二三十家,每年进出口贸易额达三万万元",成为天津对塞外高原倾销洋货并吸纳畜产品的重要商品集散市场。④

民国时期的包头,不仅是河套及内蒙古高原、甚至也是西北广大地区内外贸易的中心市场之一。"凡京、津、陕、甘、内外蒙古、新疆货物之往来,均以此为转运之场,诚西北一大市场也。(1918)年贸易额达五百余万,商店大小共一千二百余家"⑤。1923年前后,这里仅绒毛一项每年就集散约2000—3000多万斤,占整个西北地区绒毛产量的三分之二以上。⑥到20世纪30年代,包头"陆则有平绥路为吞吐之骨干,而平、津各地遂为包头出入之尾闾,由包头可至西宁、肃州、五原、宁夏、兰州等地;至水路则有黄河之水流,用皮筏可由兰州至包头",其商业腹地已包含了河套地区的全部、蒙古(阿拉善、额济纳地区)、宁夏、甘肃及青海等广大地区。⑦

自清代中期以后,漠北蒙古就通过汉族旅蒙商人,与内地发生了商业联系。该地区以恰克图—买卖城、库伦、乌里雅苏台、科布多等地为商业中心,通过大、小草地路,经由归化城、包头、张家口等地,通过天津口岸展开畜产品的出口贸易,并进口洋货和内地杂货(参见图2-4)。⑧库伦在土谢图汗部东境土拉河北,市街位于丘陵上,1861年开放为对俄贸易的商埠。库伦的城市建成区,大致分成三部分。一

---

① 任步奎:《解放前的太原商业》,《太原文史资料》,第7辑。
② 实业部国际贸易局编纂:《中国实业志·山西省》,第三编,第一章,太原,1937年内部刊行,第31页。
③ 黄奋生:《蒙藏新志》,中华书局,1938年,第786页。引文中的外管,即从事对蒙古贸易的商号。
④ 贺扬灵:《察绥蒙民经济的解剖》,商务印书馆,1935年,第51页。
⑤ 林竞:《西北丛编》,神州国光社,1931年,第43页。
⑥ 李绍钦:《古代北方各民族在包头地区的活动》,《包头文史资料选编》第4辑。
⑦ 廖兆骏纂:《绥远志略》,正中书局,1937年,第269页。
⑧ 樊如森、杨敏敏:《清代民国西北牧区的商业变革与内地商人》,《历史地理》第25辑,上海人民出版社,2011年。

为西库伦即西营子,有两个大的喇嘛庙,为1924年以后新的货物集散的中心。二为中部的宫殿区,今为蒙古政府及俄领馆驻地。三为东库伦即东营子,又名买卖城,从前有内地汉族商人开设的店铺数千家,是库伦商业的中心地带。牛、马、羊、骆驼、布帛、杂货都在此地交易,1924年后急速衰落。① 库伦作为漠北蒙古地区的最大商业中心市场,贸易输出品以牛、马、羊、骆驼等为大宗,输入品以布、帛、杂货等为大宗。库伦的商业辐射范围,曾经向东到达东三省,向南到热、察、绥等省,向西到新疆,向北到西伯利亚。交通上四通八达,最为便利。②

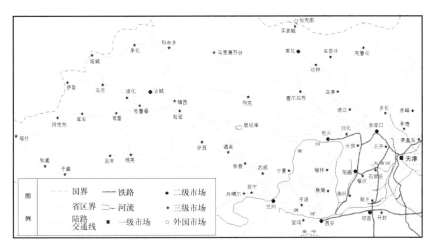

图2-4　1934年前后以天津为中心城市的华北西北市场网络示意图
(资料来源:《中华民国分省地图》,申报馆,1933年。)

从俄国人的视角来看,库伦也是漠北蒙古最重要的市场,"其地位于中俄的主干商路之上,且为全蒙古转运及分散之地。蒙古与外国之贸易,尤其与中国,至少有四分之三经过库伦"。中国内地商号输出外蒙古地区的贸易商品,大半先运到库伦行栈,然后再转运到各贸易中心以及各区域。输入亦如此,即各行栈把由外蒙各地收买到的原料集中到库伦后,再运到中国内地的总号,进而出口到欧美市场。库伦有中国内地商号400家,俄国商号50家。库伦的贸易腹地,包括车臣汗及土谢图汗二盟,以及库苏古尔境内,及三音诺颜汗东部。③

(3) 三级市场

正如图2-3和2-4所示,上述二级市场再通过其下面的三级市场,辐射下面的三级市场,进而统领整个区域市场网络。如库伦作为天津外向型市场网络下的二级市场,下面就有恰克图—买卖城、乌里雅苏台、科布多三个三级市场。

---

① 王益厓:《高中本国地理》,世界书局,1934年,第115页。
② 杨文洵等编:《中国地理新志》,第11编,中华书局,1936年,第28页。
③ (苏)克拉米息夫著,王正旺译:《中国西北部之经济状况》,商务印书馆,1933年,第17—18页。

恰克图—买卖城,在土谢图汗部极北,与苏联交界的地方,距库伦276公里。1727年中俄《恰克图条约》以后,确立为中俄陆路通商埠,各派官员于此。从雍正初年开始,将旧市街全部划入俄国领辖以后,另外再建筑了新的市街于其南,叫做买卖城,一直延续下来,成为中俄边境贸易的要地,商业繁盛。输出品有砖茶、大黄、金、银、绸、缎、杂货等大宗,输入品有羊、狐、猫、貂、海獭、银鼠等皮及纺织物、毛织品、呢、绒、金属等。1924年后,随着苏联商品的大规模输入,由中国内地输入的货物,迅速地减少了。①

乌里雅苏台,在三音诺颜汗部西境,乌里雅苏台河上,1881年开放为对俄贸易的商埠。埠址叫买卖区,街市井然,商肆罗列。1924年以后,商铺大部分是苏联人、蒙古人所开。以前,山西商人在此地经商的很多。输入品以牛、羊、驼、马等各种兽类及其皮张为大宗,输入品以洋货等为大宗。其地东通库伦,西通科布多,是漠北蒙古地区重要的商业中心。②"乌里雅苏台为次要之贸易中心,此地所买卖之商品与库伦一样。惟应注意者,乌里雅苏台为羊毛贸易的重心,其势力所及之区域,皆富有绵羊及骆驼",其贸易腹地包括三音诺颜西部,扎萨克图汗全部及科布多北部。③

科布多,在科布多中部,布彦图河右岸,1881年开放为对俄贸易的商埠。南门外的街市,颇为整洁,蒙人、苏联人、回人皆设店肆于此。贸易旺盛,是额鲁特蒙古的第一大市场。内地商人以山西人最多。输出品以牲畜、砖茶及各种兽皮为大宗,输入以布、帛、绸、缎、杂货为大宗。④"再次之贸易中心为科布多,其地与乌里雅苏台相同,为批发贸易之中心,商品自此运至各旗之商店",其贸易腹地包括科布多及新疆的阿尔泰地区。⑤

包头之下的三级市场有归绥,每年转销来自蒙旗以及甘肃、新疆等地来的羔皮细毛约值40万两,本地羊皮年销约20万张;洋商在该市所设的采买羊毛绒及牛、马皮的洋庄有十几家;众多的旅蒙商人还从这里贩运大量的砖茶、绸、布、棉花、米、面等物,分赴各蒙旗牧区交换牧民的驼、马、牛、羊、皮革、绒毛等物,"春夏去而秋冬归,岁以为常"⑥,"凡华北之工商品,销售于西北各省,或宁、甘、新等省之货物转销于平、津各地,均以归绥为重心"⑦。另外,临河县的商品流通也很活跃,1931年前后的对外输出,以牛、马、骡、驼、羊、羊绒、粮米、皮张为大宗,年销售数值约为400万元;输入品以茶、布、烟、酒、糖、纸等为大宗,年值约300万元。⑧ 萨拉齐和乌兰脑

---

① 杨文洵等编:《中国地理新志》,第11编,中华书局,1936年,第28页。
② 杨文洵等编:《中国地理新志》,第11编,中华书局,1936年,第28页。
③ (苏)克拉米息夫著,王正旺译:《中国西北部之经济状况》,商务印书馆,1933年,第18页。
④ 杨文洵等编:《中国地理新志》,第11编,中华书局,1936年,第28页。
⑤ (苏)克拉米息夫著,王正旺译:《中国西北部之经济状况》,商务印书馆,1933年,第18页。
⑥ 廖兆骏纂:《绥远志略》,正中书局,1937年,第229—230页。
⑦ 廖兆骏纂:《绥远志略》,正中书局,1937年,第268页。
⑧ 吕咸等修,王文墀等纂:《临河县志》,卷中,纪略,商业,1931年。

包(在五原县东北50里)等地,也是该地区对甘、新、外蒙及平、津等地进行商品交流的重要市场。① 它们皆以包头为中心,构成了漠南蒙古西部地区的区域性市场网络。

山西省的大同作为张家口二级市场下的三级市场,早在明代嘉靖年间就设立与蒙古通商的马市,内地茶叶、布匹与草原皮张、牲畜的交换相当繁盛。天津开埠以后,特别是民国年间京绥铁路通车以后,大同作为天津腹地的重要中级市场,"处山西之北陲,扼平绥铁路之中枢,西抵包头可通宁夏、蒙古诸省,东北至平津直通京(南京)沪各地,为晋北进出口货物之总汇,其商业地位之重要,于本省列第二位。全市商铺林立,大小商号共计一千余家。商业市场,以南北大街、四牌楼、西街等处为精华荟萃之区"②。

其他如郑县二级市场之下的开封、许昌、洛阳、新乡等三级市场,太原二级市场下的交城,张家口之下的多伦等,功能也与大同类似。

(4) 初级市场

介于各三级市场与各商品生产者和消费者之间的,是广泛分布于华北和蒙古高原广大农、牧区之内的集市和庙会等产地市场,即所谓的初级市场。它们数量众多,而根据其所在区域自然环境、产业结构、商品性质等不同,又可以进一步区分为形式、规模不同的各种层次与类型的初级市场。在直隶、山东等沿海平原农耕区,初级市场的场地比较固定。它们数量众多,或在城镇,或在乡村,尽管其规模大小不一,但作为农副产品产地和基层市场的集散作用,还是一致的。

规模较大、层次较高的初级市场往往集中在县城或当地主要商业集镇上。如津南平原上的泊头镇,地处津浦铁路与南运河的交汇点上。附近各乡、县的出产物,大部分由此输出;而当地农民大部分的日用品,也都由此输入。1935年,泊头镇有固定商店230余家,流动摊贩无算。输入品以面粉、火柴、棉纱、棉布、煤、煤油、洋广杂货、木材、纸、竹等制造品和日用消耗品为主;输出品以粮食、梨、枣、西瓜、麻、蜡烛、核桃、花生、柿饼等农产品为主。除了平日的交易外,主要靠定期的集市进行贸易。泊头镇每逢农历的三、八日为小集,五、十日为大集。集市之日,住在乡村的农民,一大早就背着口袋,推着小车,套着大车,到集市上去买卖物品。"集"设在镇上开阔的地方,摆上众多的摊位,衣食、器物,应有尽有。农民和商贩在集市上出售手中的商品,买回所需要的东西。前来赶集的人,从距离数里到数十里的都有。③

与华北地区西部的外向型市场网络不同的,除了高级市场辐射能力和吞吐商品的差异外,还有初级市场存在形式和发挥作用的差异。西北地区的初级市场,主

---

① 廖兆骏纂:《绥远志略》,正中书局,1937年,第229页。
② 实业部国际贸易局编纂:《中国实业志·山西省》,第三编,第二章,1937年内部刊印,第75页。
③ 王干:《泊头镇一瞥》,《工商学志》,第7卷,第1期,天津工商学院,1935年,第85—94页。

要可分为游牧区、农业区、农牧交错区三种类型。

游牧区初级市场商品流通的特点,一是流动性很强,二是直接的物物交换。

比如,在天山以北游牧区初级市场的商品流通中,货郎们把货物贩运到山里,行止随牧民的迁移而定。双方间的交易不以货币为媒介,而是采取物物交换的方式进行。牧民需要何种货物,就商定于某一时日用某一数量的某种牲畜或皮毛予以偿还,决不食言。如果不能偿还,届时就将本带利一起算上。收债一年分春秋两次进行,届时货郎们等在牧民迁徙冬夏牧场的必经路口,按所记账目收取,非常方便。①

蒙古高原游牧区初级市场的货物交易,则是通过旅蒙商以"出拨子"(货郎)的形式来进行的。他们以每年的阴历三月至五月、七月至九月为期,将蒙古人所嗜好的日用必需品积载于牛车或驼背上,然后向蒙古内地进发。到达目的地后,或住在熟人家,或自搭帐篷,冠上蒙古文的店号,将携带的物品排列起来,以招徕顾客。过上四五天至六七天后,再转移到别处。生意好的时候,也有长久地停留在一处的。附近的蒙古人,听到某号拨子来了,都争相用皮毛等物品来换取他们所需要的日用品。等到携带的商品卖完,拨子们便把所换来的皮毛、药材等物产,驮载在牲畜背上或牛车上,集运到归化(今内蒙古呼和浩特市)、包头等大市场上去。②

西北农业区初级市场的商品流通,在交易的时间和地点上都具有很强的固定性。比如,甘肃农业区的初级市场,就是定期在县城或乡镇举办的集市。集市的期限,有两天一集的、三天一集的,甚至九天一集的,间隔的长短完全看当地的商业状况和消费量的多少而定。集市之日,商贩和消费者从四面八方赶到那里进行交易。③ 除非重大变故,集市的日期、地点、交易方式、习惯,甚至市面上货物的种类等,都不会有什么改变。

而农牧交错区初级市场的商品流通,则兼有游牧区和农业区的特色。

比如,在河套以北的农牧交错地区,就有每年一定时期才举行的集市和庙会。大旅蒙商在这些地方,设立了一些杂货铺和皮庄。杂货铺大多用贩来的嗜好品及日用必需品,换取蒙古人的牲畜和皮毛等;皮庄的资本比杂货铺雄厚,它一方面"依据所在的市场,直接向蒙古人购取其皮毛产料,另一面又将出拨子从蒙旗中所换得的皮毛产料收买过来,每年探取某种时间的市场需要,输送到内地大市场或国外去"。这些店铺除了坐地收购周围集聚来的皮毛之外,还派遣众多的行商,以"出拨子"的形式深入到牧区,直接换取牧民的皮毛等畜产品。与此同时,蒙古牧民为了换取日用必需品,也于每年初夏或初冬的时候,主动前往定期举办的集市和庙会,

---

① 王应榆:《伊犁视察记》,《中国西北文献丛书》,总第 139 册,第 158—159 页,兰州古籍书店,1990 年影印本。
② 贺扬灵:《察绥蒙民经济的解剖》,商务印书馆,1935 年,第 58 页。
③ 铁道部业务司商务科编:《陇海铁路甘肃段经济调查报告书》,1935 年内部刊印,第 72 页。

用他们所带来的牧畜或皮毛等,到汉人店铺进行交易。① 另据20世纪40年代的记载,在青海北部的农牧交错区,蒙古族牧民于每年秋冬二季到湟源、亹源(今青海门源回族自治县)、大通一带互市,春夏二季则在本境以内定期进行集市贸易。这种集市的地点多选在旷野之中。集市期间,方圆数百里的牧民都来赶集,用当地的物产同汉族商人交换各种日用品,"交易由双方拣选估价至相当价值而止,每次凡二十余日乃散",②"平时虽有交易,但不甚盛"③。

(5) 城市周边市场

另外,天津这个一级市场,除了直接辐射八个二级城市,间接统领整个外向型市场网络之外,还有它自身的周边市场。这个周边市场的一级市场是天津,二级市场还是天津,类似于城市分类中的"附郭直辖城市"。通过德县、临清、北平、秦皇岛、清苑(保定)、石家庄等三级市场辐射初级市场,进而统领天津周边市场网络。

这里以河北平原的棉花出口网络为例,说明这一周边市场网络的结构。"最小原始市场与较大原始市场之关系,可以藁城县之实例说明之。在该县城北八里有谈下村,村中耕地70%为棉田。每年新棉收获时,村西部早晨有棉市。棉农将籽棉或花衣,担至市上出售。在谈下村西北八里有南董镇,为较大之原始市场。镇上有棉花店、轧棉店,花店中住有各地棉客、洋行代理。每日早晨,该镇都有人赴谈下村收买棉花,收买后再运至镇上,未轧之籽棉轧出,已轧者分类。惟该镇无打包设备,客人需将花衣运至石家庄或正定车站,实行打包,再向外装运",④销往沿海和国外市场,进而构筑起一张由"产地市场(谈下村、南董镇)——三级市场(石家庄)——二级市场(天津)——一级市场(天津)"组成的外向型市场网络。

和天津这个一级城市一样,二级城市、三级城市,均有自己直辖的周边市场区域。层级越高,直辖的周边市场范围越广阔。见图2-3所示阴影部分。

6. 以青岛为中心城市的华北东部外向型市场网络

在华北地区的东部,还有一个与天津市场网络并列的、以青岛为中心城市的华北东部外向型市场网络。

(1) 一级市场

作为华北近代重要口岸的青岛,源自"青岛口",见于史书的名称最早始于明代万历年间,其地理位置在胶州湾出入口外的北岸,是一个后来被称为"外港"的小型海湾。"青岛口"岸边的青岛村,居民1300多人。大多数在沿海捕鱼,少数从事商业和航运业。1897年的时候,"本口禀县商铺数目,除新近由即墨、平度、金口、海阳来此赁屋暂营者六家外,计车马旅店七,洪炉一,成衣、估衣、鬃发三,油坊、磨坊、

---

① 贺扬灵:《察绥蒙民经济的解剖》,商务印书馆,1935年,第55—64页。
② 许公武纂:《青海志略》,第五章,第九节,商业,1945年。
③ 高良佐:《西北随轺记》,建国月刊社,1936年,第230页。
④ 曲直生:《河北棉花之出产及贩运》,商务印书馆,1931年,第98页,注2。

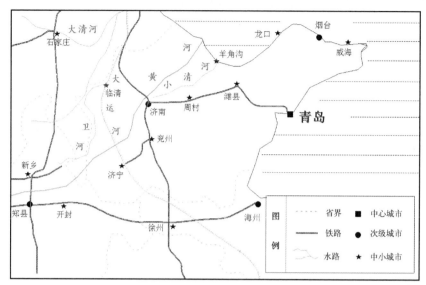

图 2-5 1934 年前后以青岛为中心城市的华北东部市场网络示意图
(资料来源:《中华民国分省地图》,申报馆,1933 年。)

染坊六、杂货、竹席、瓷器店铺五、药铺二、当铺一、织网、麻草、油篓、木材八、肉、鱼、盐铺行六、鞋帽、皮货各一、纱布绸店、广洋杂货店三、酒馆饭铺九、酱园、豆腐坊各一、糕点茶食三,计六十五家"①。其商业规模,已经堪比内陆的一般市镇。

1897 年 11 月,德国侵占了青岛口,并在筹划胶州湾租借地的同时,宣布青岛口为自由港,对世界各国开放。往来的货物里面,除那些运进内地或由内地运进保护区、再经海路运往外地的必须照章纳税以外,由海路直接进、出青岛口的货物均不征税。1898 年,清政府也在前海栈桥西侧设立了胶海关,前海栈桥一带成为青岛商旅和货物的集散地。不过,由于"青岛口"是一个相对浅狭的"外港",不便于大型船只的避风和进出装卸,德国殖民当局又于 1901 年,在胶州湾内的东岸南部地带,建成了小港区;1904—1908 年间,又在小港区的北面,建成了大港区的一、二、四、五号码头,使得胶州湾的"内港"区,陆续成为青岛对外贸易的主要港区。1914—1922 年日本占领青岛时期和中国政府收回以后,又继续进行了内港大、小港区的建设。

优越的港口条件,促进了青岛进出口贸易的发展。"所有山东的货物,从胶济铁路运输过来,全以此为输出的口子;而同时,外面的货物,也以此为进口的总门,从此再经胶济铁路运到山东内地各县去"②。它的海上航线,"南可以到达上海、香港,北可以到达天津、大连,东可以通朝鲜、日本,交通便利,贸易发达","输入品以

---

① 青岛市博物馆等编:《德国侵占胶州湾史料选编(1897—1898)》,山东人民出版社,1986 年,第 25 页。
② 倪锡英:《青岛》,中华书局,1936 年,第 38 页。

织物、火柴、煤油、砂糖、染料等为大宗,输出以煤、铁、盐、草帽辫、花生、豆油、麦、果实等为主要,每年的贸易额,竟达六七千万两。所以我国北方的商港,除掉天津、大连以外,就要推青岛了"①。因此,青岛迅速超过烟台,成为山东第一大对外贸易港,在北方则仅次于天津、大连而位列第三,在全国主要港口的排序中,也常常位居关内五大口岸之列。对外贸易的兴旺,带来了工商业和城市的繁荣。"往者本市繁荣仅恃商业,十余年来,工厂猬起,制造发达,纺纱、火柴、卷烟等类尤负盛名。现市内中外商店不下七八千家,资本总额三亿一千八百余万元,各类工厂不下二百三十家,资本总额与出品总值,均在九千万元以上"②,现代工业水平在北方仅次于天津。

(2) 二级市场

在青岛为中心城市的市场网络之下,统领着烟台、济南、海州三个二级市场。

烟台原本是山东福山县的一个小渔港,后来才逐渐有帆船停泊,商业逐渐兴旺。1862年设立东海关和19世纪70年代轮船海运业发达以后,烟台很快取代了登州的地位,成为19世纪后期山东地区最重要的港口城市。烟台开埠后,大量洋蜡、洋靛、洋布、洋油、火柴、洋纱等货进入烟台。这些洋货除了在烟台和山东北部地区销售外,向西运到河南、山西、陕西。烟台进口的糖和纸就是先运到济南府以及东昌府,再运到河南、山西、陕西等地,然后再收购当地的土货,如河南的百合花、蜂蜡和药材,山西的甘草、药材和毛皮,陕西的烟草和药材,运回烟台。③ 大量的洋货通过不同的途径进入内地,同时土货也通过各级市场集聚到烟台。烟台与腹地之间的物资流动,形成了几个重要的连接农村和烟台的中级货物集散市场。胶东各地直接从烟台购进洋货,是烟台的基本市场。大约在1860—1910年的半个世纪时间里,烟台在山东大部和河南东部广大区域的对外贸易中,居于无可替代的主导地位。只是后来由于青岛的崛起,烟台的地位才有所下降,经济腹地被压缩到山东半岛北部沿岸地区,处在青岛的间接辐射之下,但仍然不失为山东半岛黄渤海沿岸的重要港口城市,成为山东省的特别市。1933年,烟台已经是一个人口18万的中等城市。④

19世纪60年代以后的济南,政治上虽然是山东省会,经济上却处在烟台主导的外贸网络之下。烟台开埠通商后,济南通过烟潍大道的延长线和大小清河,每年从烟台港输入大量的洋货。19世纪80年代,济南每年从烟台输入价值200万两的纺织品,并输出部分土货。⑤ 济南的码头以洛口和黄台桥最重要,洛口是黄河的码头,黄台桥是小清河的码头。济南、武定、济宁三府是烟台进口白糖、红糖主要的消

---

① 陈博文:《山东省一瞥》,商务印书馆,1925年,第63页。
② 胶济铁路管理局车务处编:《胶济铁路沿线经济调查报告分编》,胶济铁路管理局,1934年,第59页。
③ 烟台港务局档案馆译:《1866年贸易报告》,烟台港务局内部印行。此为陈为忠2001年暑假期间,在烟台港务局查找资料时的手抄内容。因当时资料查找颇为不易,匆忙之间未及详细记录档案的卷宗号码。以下有关资料情形相同。
④ 郭岚生编著:《烟台威海游记》,天津百城书局,1934年,第28页。
⑤ 烟台港务局档案馆:《1882—1891年烟台十年贸易报告》,陈为忠抄录。

费区,这些货物均经黄河水路转运过去,泺口是重要转运码头。①1904年胶济铁路通车后,济南的主要贸易对象转向青岛。1906年,济南自开商埠后,烟台、青岛的洋行纷纷到济南开业,民国初年有经营进出口贸易的洋商25家,经营棉花、粮食、畜产品等土产贸易的行栈商人也聚集在这里,年贸易额达1 200万两,其中输入占700万,输出占500万;②在内陆地区的货物集散能力,大大超过潍县、周村。同时,山东西部及河南、山西等省的土货,也顺黄河大量水运到济南,再转胶济铁路抵达青岛。由此,济南成为青岛主导下覆盖鲁西、豫东的二级市场。

济南市场包括三部分,除了济南,还有泺口、黄台桥两个转运河码头市场。泺口是山东、陕西、山西、河南、直隶等省内外贸易的要冲,是当时的黄河沿岸的第一码头。除秋季河水泛滥外,泺口自冬至夏,通行无阻。从下游来的是利津、蒲台的食盐,南方的纸、茶叶、烟草等其他杂货;从上游来的是山西的铁,河南的桐油、药材等。通常黄河上游河南、山西等省运销山东或经由山东出口的货物,一般在泺口登陆,运到济南。1906年泺口与黄台桥的铁路支线修通,使黄河流域和小清河联系起来,黄河沿岸的货物可以经由小清河和胶济铁路运到东部港口。如河南的大豆经过黄河水运泺口,然后在泺口上火车运到胶济铁路沿线,供应榨油作坊。20世纪20年代中转贸易以煤油和粮食两种货物最盛,"黄河帆船所运之粮食土产由此卸船,转运济南或改装津浦车,煤油、煤炭、杂货、棉纱、布匹、济南面粉由此装船分销各处"。③

黄台桥离济南城、泺口很近,是小清河上游最大的码头,位于小清河、津浦路、胶济路交汇点。黄台桥是小清河贸易的转运站,与济南和羊角沟的关系最为密切。运出的货物以洋货棉纱、煤油等为主,主要销到小清河沿岸各县;输入主要是小清河沿岸的粮食、食盐、棉花、花生、豆制品和东三省木材。

海州是苏北地区的重要城镇之一,因为粮食集散贸易发达,清康熙年间曾经设立江海关的子口于海州的云台山。1905年,大浦港作为商埠开放后,海州设立了大浦分关,改隶青岛的胶海关。不过,由于历史上形成的金融和市场联系依然存在,连云港进出口贸易对上海的依赖性还很大。1936年连云港与青岛之间的贸易,占连云港贸易总额的11.1%,而连云港与上海的贸易,则占其贸易总额的49.2%,④反映出海州在青岛市场网络中的边缘性特征。不过从青岛的角度看,它依然是该市场网络辐射苏北和豫东地区的一个二级市场。

(3) 三级市场

由于山东地区的一级港口城市,在近代发生过从烟台到青岛的易位,所以,山

---

① 烟台港务局档案馆:《1888年贸易报告》,陈为忠抄录。
② 《济南之商工业》,《中华实业界》1915年第2卷第5期。
③ 胶济铁路管理局车务处编:《胶济铁路经济调查报告》,第六分册,四十九,济南市。
④ 徐德济:《连云港港史(古近代部分)》,人民交通出版社,1987年,第112页。

东的一些三级市场的隶属关系也有一个前后变化。它们大体在1904年胶济铁路通车之前,直接受烟台辐射,此后主要受青岛辐射了。

羊角沟市场。羊角沟俗称羊口,位于寿光县境内。同治年间,羊角沟还是"寥落数十家,谋微利营生"的小市镇,1892年小清河全线疏通,羊角沟市镇南迁至河口处。此后,羊角沟商务日益繁盛,成为百货云集、舟楫辐辏的商品集散市场。① 沿海港口的货物可经过羊角沟进入小清河航道,达到周村、济南等内地市场。由于水运比陆运便宜,内地货物先汇集黄台桥(济南境内),经由小清河抵达羊角沟,装上海船出海。同样,烟台大宗货物也经过海路来到羊角沟,由小平船运到内地市场。19世纪末烟台每年有大量的棉纱、布匹等洋货经由羊角沟转运内地。② 胶济铁路通车后,小清河贸易受到有力竞争,洋货贸易减少。

桓台集散市场。在小清河沿岸有桓台索镇、广饶石村、新城岔河三个主要码头,羊角沟转运来的洋货由此运销附近地区,形成了几个重要的集散地市场。因桓台最为重要,故统称桓台集散市场。其中,桓台索镇是小清河沿岸的重要码头,外来货物多由烟台以海轮运至羊角沟,再换装河船,经过小清河、乌河来到索镇,然后分销各县,商业十分繁盛。③ 广饶石村是水陆转运码头,清末烟台的洋货多由羊角沟经小清河运入广饶石村码头,再由旱路运到临淄县城西关,然后分销到益都、淄川、博山等县。④ 新城岔河地当小清河中段,距离周村60里,是周村货物经小清河输出的咽喉,交通便利,又是长山、新城、高苑三县水路贸易的集散码头。单是新城一县,每年从羊角沟运入煤油数千箱、火柴数千箱、洋布数千匹、棉纱数百件、铁数万斤、糖数千斤,然后分销于周围各县。⑤

周村市场。周村地处山东腹地,南通鲁中山地,西边经过索镇与小清河相通,货物经过小清河出海,陆路正处在济南到青州、潍县的大道上。19世纪后半期,周村是山东北部国内外货物的最大的集散地。洋布、棉纱、铁、煤油、火柴等从烟台运至羊角沟,在羊角沟改装小平船,溯小清河上行200里至索镇,由索镇起陆路到周村。这些货物除在周村销售外,还销售到蒲台、齐东、泰安、东平、宁阳等地。周村本镇的年交易额约达1 500万两。⑥ 可见在铁路未开通之前,周村是烟台棉布、棉纱、煤油等进口货物进入内地的中级市场。胶济铁路修到周村后,从青岛入口的棉纱、棉布等货物不少。1905年周村输入青岛的棉布总值达到200万两,其余由日本输入的洋货总值在30万两左右。⑦ 民国初期,周村每年经铁路运出羊毛135万斤,占集散总量的90%,运出牛皮10万斤,棉花200万斤。第一次世界大战期间,周村

---

① 光绪《寿光县乡土志》,商务,陈为忠抄录。
② 烟台港务局档案馆藏:《光绪二十五年胶州口华洋贸易情形论略》,陈为忠抄录。
③ 《山东各县乡土志》,卷三,桓台县,陈为忠抄录。
④ 《山东各县乡土志》,卷三,临淄县,陈为忠抄录。
⑤ 光绪《新城县乡土志》,商务,陈为忠抄录。
⑥ 《光绪二十五年胶州口华洋贸易情形论略》,陈为忠抄录。
⑦ 李文治主编:《中国近代农业史资料》,第一辑,三联书店,1957年,第483页。

每年向青岛输送棉花2万担,牛皮10万斤,羊毛150万斤,黄丝3500担,输送量在青岛相应的出口物中占很大的比重,如棉花占29%,黄丝占72%。① 20世纪20年代后周村逐渐复苏,30年代初仍然是鲁北地区的商业中心。输出货物以棉花、花生、鸡蛋、布匹等为大宗,主要来源于利津、滨县、蒲台、惠民等地,年输出量为12 835吨。输入货物以煤油、面粉、糖、烟叶、木材、纸烟、火柴、布匹、纸张等为大宗,年输入量为15 435吨,70%的货物在青岛采购,10%的货物在济南采购。上述货物,以高苑、博兴、桓台、广饶、邹平、齐东、青城、滨县、蒲台、利津等县为市场。②

潍县市场。潍县位于烟潍商路的终点。清末以来,在烟潍商路的影响下,潍县市场交易基本以烟台为主要对象,同时与烟潍商路沿线的昌邑、沙河、莱州、龙口与小清河的羊角沟都有密切的联系。当时山东中部和东部的物流多以潍县为集散地,并由潍县向烟台、龙口输出。③ 另外临朐等地的洋布、洋线等货物自潍县运来,销行北关、冶源、五井等地。④ 胶济铁路通车以后,潍县正好处在济南、青岛两地的中间,因此贸易以青岛、济南为输出入市场。1906年潍县自行开埠,商业更加兴盛。青州府、沂州府、泰安府的部分地区的土货如土布、茧绸、草帽辫、花生、烟草、畜产品等,往往先集中到潍县,然后再运往通商口岸。同样,通商口岸的货物也运到潍县,然后再分流到各个小的市场。据1906年统计,潍县从青岛输入了价值200万两的棉纱和价值150万两的布匹,这些棉纱、布匹由15家洋布庄分销到沂州、莒州、泰安、临朐、蒲台、泗水等地。⑤

潍县及其周围地区是山东近代手工业和农业的重要产区,产品主要有土布、草帽辫、刺绣、猪鬃、烟叶、花生等。民国初年,随着铁路货运比重的不断上升,越来越多的花生、烟草、猪鬃、绣品从潍县车站运出。第一次世界大战后,潍县是全省最大的烟草、绣货、猪鬃的集散地。1928—1931年潍县境内的五处货运车站平均每年自青岛输入棉纱等货物116 729吨,输出猪鬃、花生、烟叶等货物77 272吨。⑥

四、市场网络的交叉与腹地的重叠

以天津、青岛为中心市场的华北与蒙古高原两大市场网络,只是涵盖了该区域外向型经济发展的一个层面,并不能替代区域经济发展中的一切市场和交换活动。它既不能有效覆盖本地性、区域性、国内性的传统商业活动,也不能取代其他城市和通商口岸的市场渗透和争夺,从而出现边缘地区随着时间的推移而变化市场联系的强度,以及市场网络交叉和腹地重叠等问题。这是华北与蒙古高原近代经济

---

① 青岛守备军铁道部:《周村事情》,1917年,第26页,陈为忠抄录。
② 胶济铁路管理局车务处编:《胶济铁路经济调查报告》,第五分册,三十七,长山县。
③ 胶济铁路管理局车务处编:《胶济铁路经济调查报告》,第一分册,二十二,潍县,胶济铁路管理局,1934年。
④ 光绪《临朐县乡土志》,商务,陈为忠抄录。
⑤ 日本外务省:《清国事情》,1907年,第287页,陈为忠抄录。
⑥ 胶济铁路管理局车务处编:《胶济铁路经济调查报告》,第一分册,二十二,潍县,胶济铁路管理局,1934年。

发展复杂性、多样性的真实体现。

1. 边缘市场联系的强度

以漠北蒙古地区为例,在整个清代和民国前期,中国中央政府对该区域的政治控制相当有力,加上旅蒙商人辛勤的劳作,以库伦为二级市场,以恰克图—买卖城、乌里雅苏台、科布多为三级市场的区域市场网络紧密有效,成为天津为中心市场的外向型市场网络的重要组成部分,这是毫无疑问的。但是,随着俄国在这一地区渗透的加剧和中国中央政府对外蒙控制力的减弱,该区域政治上的独立性越来越明显,原有市场网络的效用渐渐降低。到 1921 年特别是 1924 年以后,漠北蒙古地区在商业上的主导权,由以前的山西商人逐步让位给了苏联商人;主要的对外贸易方向,也由以前经由张家口、天津输往国际市场,到主要向北向西方向,直接输往苏联市场了。①

受漠北蒙古市场网络衰落的影响,内地旅蒙商对外蒙古地区的交易活动,也受到政局的影响而衰落,不得不向包括东蒙地区在内的内蒙古地区退缩。在这种情况下,以赤峰为集散中心的经棚、林西、乌丹城、开鲁、通辽等靠近牧区前沿的地区,商业上反倒比 1924 年以前繁荣起来。据福昌公司的调查,每年秋季的八九月间,邻近各旗的牧民,赶着马、牛、羊或者载着皮、毛,前来赤峰地区交易,仅来自天津而专门为外国洋行服务的皮毛收购店,就有十几家。此外,在林西还有德国人经营的礼和洋行(本店在天津)和当地几家店铺,在经棚天津英、德两家洋行,均收购畜产品。林西和经棚的皮毛外运,分东西两路。60% 先用马车或畜驮的方式集运到赤峰,再转运到天津;40% 用骆驼和其他驮畜先集运到张家口,再利用火车运到天津。另据关东州都督府 1926 年的调查,1924 年以后,每年由赤峰集散的羊皮约 50 万张,羊毛、羊绒近 1 000 吨。其中 2/3 的皮毛利用马车或畜驮运往锦州,经由铁路运到天津;1/3 由喜峰口经遵化、林南仓(属玉田县——本书作者注)驮运到新安镇,再转(蓟运河——本书作者注)水运到达天津;冬季河流结冰的时候,则由遵化由陆路驮运到唐山,再经铁路运到天津。②

2. 市场网络交叉与腹地重叠

前述以海州为二级市场的豫东、苏北地区,就是青岛和上海两个通商口岸的经济腹地相互交叉的明显例子。而整个河南省的市场分割,更能体现出市场网络交叉与腹地重叠的问题。

河南所处的中原地区,水陆交通较为便利。商品运输方式,既有车拉马驮的陆运,也有舟装船载的水运。陆运主要借助于通往陕、甘的旧有驿道,水运交通也很便利。卫河发源于晋南山地,流经豫北平原的怀庆府、卫辉府和彰德府(治今安阳

---

① 杨文洵等编:《中国地理新志》,中华书局,1936 年,第 11 编第 28 页。
② 韦胜章主编:《内蒙古公路交通史》,第一册,人民交通出版社,1993 年,第 40 页。

市),在山东临清入南运河而通往天津。卫河含沙量小,河道平稳,水量的季节变化不是太大。道口镇以下更便于航行,因此,一直是豫北平原与山东、直隶的许多地区进行商品交流的主要通道。① 豫东南是河南水网最为密集的地区,贾鲁河、沙河、颍河、蔡河、涡河等众多的支流,经安徽注入淮河,再东行至江苏入运河,通向江南。清朝嘉庆、道光年间,朱仙镇是这一水运网络中最繁华的货物集散中心。② 河南西南部的南阳、镇平、内乡、南召、邓县等地,山区面积广大,陆路交通极为不便,对水运的依赖程度也就更大。包括陕西、山西、甘肃等地的物产,大量集中于唐河上游的赊旗镇,再顺唐河、汉水而至汉口,然后通过湘江、赣江运往华南;而南方北运的货物,也多取道于此。此外,丹江、白河也是这一地区联通汉水的重要水路。③

天下之中(中原)的地理区位,和四通八达的陆路和水路交通线,既为河南省的对外交流提供了便利,也使这里的市场容易遭到来自不同经济中心城市的经济辐射和市场分割。

天津开埠之初,其经济辐射力就覆盖到了直隶、山西、内蒙、河南及山东等省区的全部或部分地区,成为拉动这些地区近代外向型经济迅速发展的龙头。处在天津近代经济直接辐射之下的豫北卫河沿线地区,其对外物资交流的内容和目的地,也就随之发生了变化。天津进口的各色布匹和其他洋货,经卫河大量地输入到河南彰德府、卫辉府和怀庆府的广大地区。④ 当地的药材、棉花,顺卫河而下,至临清后进入南运河,最后抵达天津市场,使河南省北部的怀庆府(今沁阳市)、卫辉府(今汲县)和彰德府(今安阳市)地区,成为天津口岸强力辐射下的重要经济腹地。

黄河向有通航之利。1855年黄河自铜瓦厢改道,夺大清河而由山东利津入海以后,沿黄河各县如洛阳、孟津、偃师、巩县、汜水、荥阳、武陟、广武、郑县、中牟、开封、兰封(治今兰考县)等,得以借助黄河水运,与山东的济南等地发生了直接的物资交流。烟台开埠后不久,其所进口的布匹等各类洋货,便先运抵济南等地,然后再溯黄河而上,销往河南东中部地区。⑤ 而开封府各县、商丘、鹿邑等地的草帽辫、花生等物产,在开封府的惠济桥等处聚集后,也顺黄河而下,抵济南城北的泺口镇后,再沿大、小清河入渤海,最后到达烟台。⑥ 藉此河南东部地区,与济南、烟台以及后来的青岛口岸市场之间,建立起了一种外向型的经济联系。

镇江开埠以后,其进口洋货沿淮河支流运到河南的东南部地区。⑦ 而豫东南地区也先后以贾鲁河沿岸的朱仙镇和沙河沿岸的周家口镇为集散中心,将芝麻、杂粮

---

① 王金绂:《中国分省地志(上)河南省》,商务印书馆,1926年,第107页。
② 河南省建设厅:《河南建设概况》,1933年内部刊印,第8页。
③ 白眉初:《中华民国省区全志(河南省)》,北京求知学社,1924年,第101页。
④ 吴弘明编译:《津海关贸易年报(1865—1946)》,1868年贸易报告,天津社会科学院出版社,2006年。
⑤ 烟台港务局档案馆译:《东海关贸易报告》,1866年,陈为忠抄录。
⑥ 烟台港务局档案馆译:《东海关贸易报告》,1874年,陈为忠抄录。
⑦ 佚名:《列说》,《江南商务报》,1900年9月14日。

等各类物资顺颍河而下,至安徽的正阳关入淮,再抵达镇江。①

汉口开埠以后,各种洋货便经汉水支流销往河南的西南部。②而豫西南淅川、内乡、镇平、南召、鲁山等县的桐油和漆等物资,也通过唐河、白河、丹江等汉水支流,经襄樊、老河口等地集运到汉口,再辗转出口到国际市场。③这样,豫西南地区又成为汉口的经济腹地。

进入20世纪以后,河南开始修建现代化的铁路。一是纵贯河南全境的京汉铁路,1906年通车;二是从道口镇(在今滑县)至清化镇(在今博爱县)的道清铁路,1907年通车,与京汉铁路在新乡交会;三是开封至洛阳的汴洛铁路,1909年通车,与京汉铁路在郑县交会,1915年向东延展到徐州,1934年向西延展到西安。三条铁路的通车以及和其他铁路如津浦铁路的交叉,为河南提供了更为便捷的交通运输手段,与各通商口岸间的联系更加紧密,市场分割也进一步加剧了。

位于豫北棉区的安阳县,"在昔铁道未通,多半由小车、马车运销卫辉、怀庆一带,远及黄河以南,直达开封、许昌等处。迨广益纱厂成立,遂相率售于纱厂。其后天津、石家庄、郑州、青岛、汉口纱厂日多,于是棉花出境北达天津、石家庄,东至青岛、济南,南通郑州、汉口转销上海,已非往昔之局促于本省者可比。经营棉业者曰花行,全县不下数十家"④。使得不仅本地,就连附近临漳、汤阴、武安、磁州等县的棉花,也都由安阳集散。⑤

新乡"地当京汉、道清两路之交叉点,及御河(指南运河)之终航点,俨然为天津、清化镇、汉口、北京间之一适中地",不仅豫北,而且山西向东线输出之货,皆以此为集散地点。当地所产的"面粉,南输至洛阳,北输至张家口;焦作之煤,由此分输南北;鸡蛋由此运往汉口,皆大宗货物"⑥。

河南所产棉花大都在郑县打包后,由陇海铁路转津浦铁路,再转运上海等地;⑦陕西渭南、泾阳,河北邯郸等地的棉花也都是先集中到郑县,再由火车转运上海、天津、青岛等地。⑧

许昌地处豫省中部,"自铁路交通,许昌商业日形起色。火车站有襄八盐场、猪厂、蛋厂、煤炭、煤油转运各公司,西关有收买烟草厂,城内有中国银行、河南银行,丝绸庄、钱钞庄、棉花庄、洋货庄、皮庄、香油庄、杂货庄等业,均较前发达",附近广大地区的烟叶,多在许昌聚集后,运往汉口或转运上海。⑨

驻马店"自铁道行驶,交通便利,富商大贾云集城关,懋迁有无,商业颇为发达。

---

① 白眉初:《中华民国省区全志(河南省)》,北京求知学社,1924年,第33页。
② 李必樟译编:《上海近代贸易经济发展概况(1854—1898)》,上海社会科学院出版社,1993年,第515页。
③ 河南农工银行经济调查室:《河南之桐油与漆》,1942年内部刊印,第31页。
④ 方策等修纂:《续安阳县志》,卷七,实业志,商业,民国二十二年排印本。
⑤ 胡宗耀:《彰德棉业调查及分级鉴定结果报告》,《国际贸易导报》第6卷第12期,1934年。
⑥ 白眉初:《中华民国省区全志(河南省)》,北京求知学社,1924年,第62页。
⑦ 工商部工商访问局:《调查》,《工商半刊》1卷13号,1929年。
⑧ 张学厚:《郑州棉花业的兴衰》,《河南文史资料》第37辑。
⑨ 王秀文等修纂:《许昌县志》,卷六,实业,1923年宝兰斋石印本。

商埠设驻马店。查驻马店车站向为底洼之区,自火车通行,争购地基建筑房屋,街道棋布,商贾云集,陆陈盐厂荟萃于此,并设警察所,以资保护南北往来,商旅称便。谓为商埠,谁曰不宜"①。

陕县自陇海铁路通车以后,"商务之盛,逾于城内。多山陕商人,有旅馆客店,以供商人之积货宿居。洛阳以西货物集散之要地也,棉市尤盛";灵宝"以产棉著闻,昔皆舟运而来,转输四方。今日铁路通行,棉业益盛,所以有华北棉业公司,应时而起,凡津、沪、汉购运棉花者,皆可承办,今后自当益盛"②。

与此同时,各通商口岸也借助铁路强化了对河南经济的辐射与带动作用。如开埠之初的天津,就是通过卫河与河南北部地区发生商业联系的。20世纪以来,天津不仅继续通过卫河水运,更借助于京奉、京汉、道清、陇海4条铁路,与河南的广大地区进行更加频繁的物资交流。1930年前后,河南北部和中部等地,成为天津羊毛、皮张、棉花、药材、草帽辫等商品的主要来源地之一。③

汉口开埠以后,主要通过汉水及其支流唐河、白河、丹江等,与豫西南地区进行商品交流。铁路修筑以后,伏牛山区所产的桐油、漆、粮食以及其他商品,依然通过汉江支流水运汉口,西坪镇、西峡口、荆紫关等地还因为桐油等货物的集散而繁荣起来。④但是,赊旗镇却因为周围襄城、叶县、方城、唐河、郏县等地的商货多转经京汉铁路向汉口输出,其经济地位变得大为衰落。⑤

除前述地区的棉花等农产品经郑县沿京汉铁路大量运销汉口外,豫东南的西华、扶沟、商水、淮阳、沈丘、项城、上蔡、新蔡等地,行销的商品原本在周家口集中再水运镇江,此时小麦等物产则先集中到郾城,再沿京汉铁路运往汉口了。另外,西平、遂平、驻马店、确山、明港、信阳等县的小麦等物产,也同样由火车大量运到汉口。⑥这样,汉口对河南的直接影响区域,就由以前的豫西南一隅,扩展到黄河以南的大部分地区。汉口市场对河南的经济辐射力进一步增强了。

烟台口岸虽然较早就通过黄河与豫东等地开展进出口贸易,但是,1898年青岛成为约开口岸、1904年胶济铁路的通车、1906年济南等成为自开口岸以后,烟台的腹地范围就逐渐地缩小了。河南东部如开封、兰封、归德(今商丘)、中牟等地的花生等大宗物资,一方面,沿黄河经水路运抵济南后再部分地转经胶济铁路运往青岛,另一方面,则主要用火车沿陇海铁路东运至海州(今连云港),再装上招商局的轮船北运青岛,南运上海;还有一部分是沿陇海铁路东运至徐州后,再转津浦铁路辗转运抵上海。⑦另外,河南西部、北部所产的棉花,在郑县集散后,也通过陇海铁

---

① 李景堂等纂修:《确山县志》,卷十三,实业,商业,民国二十年排印本。
② 白眉初:《中华民国省区全志(河南省)》,内部刊印,1937年,第80页。
③ 李洛之、聂汤谷:《天津的经济地位》,经济部驻津办事处,1948年,第2页。
④ 河南农工银行经济调查室:《河南之桐油与漆》,1942年,第43页。
⑤ 白眉初:《中华民国省区全志(河南省)》,内部刊印,1937年,第101页。
⑥ 金城银行总经理处汉口调查分部:《汉口之麦粉市场》,内部刊印,1938年,第55页。
⑦ 实业部国际贸易局:《花生》,长沙商务印书馆,1930年,第43—44页。

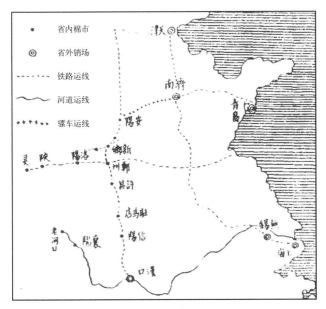

图 2-6　1936 年前后河南棉花的外销市场与运输路线
（资料来源：河南省棉产改进所：《河南棉业》，1936 年。）

路转运青岛和上海。① 这样，青岛和上海这两大繁盛的工商业口岸城市，也随之把其经济辐射力伸展到了河南的中、东部地区。

第二节　华北与蒙古高原国内周边市场的拓展

随着"口岸—市镇"网络的发育，华北与蒙古高原在不断完善以天津、青岛为中心城市的本地市场网络的同时，也逐步开拓了其周边的国内市场空间，首先是毗邻的西北地区。

一、西北方向国内市场的拓展

受交通和市场化发展水平以及清朝的民族分化政策的限制，清代前期的西北和环渤海特别是华北地区之间，市场联系是非常微弱的。一直到乾隆年间，清政府武力平定了多起边疆叛乱之后，才允许内地的汉族商人即旅蒙商人进入草原腹地，用内地的茶叶、布匹等日用品，交换蒙古牧民的细皮张或牲畜，双方间的经济联系才有所增多。② 清末民国以后，随着交通条件的改善、外贸口岸的增加和进出口贸易的发展，西北与环渤海地区的物资交流和市场联系进一步强化，其最主要的物流指向，就是作为国内终点市场之一的天津。

---

① 张学厚：《郑州棉花业的兴衰》，《河南文史资料》第 37 辑。
② 樊如森、杨敏敏：《清代民国西北牧区的商业变革与内地商人》，《历史地理》第 25 辑。

津海关贸易报告显示,1865年天津的出口货物中出现了归化城产的皮毛;天津的进口货物也开始运销到"陕省之西安府、同州府(治今大荔县)及兴安府(治今安康县),余则运往蒙古之西南部"。1876年天津出口的驼毛95%购自归化城,来自陕西、甘肃等地运到天津的大黄,数量也较前增加,以西宁府所产者品质最优;陕西、甘肃、蒙古西部所种植的鸦片,运到天津销售的也不少;同时,天津的外来"洋货俱由本口运往河南、山西、陕西、甘肃等省销售"①。1906年前后,西北运往天津的羊毛,以甘肃省的宁夏府、兰州府、西宁府、甘州、凉州和山西省归化城、包头一带最为集中;②天津出口的畜产品中,直接来自西北牧区的,至少要占到1/3以上。③因此时人呼吁:"津埠必须筹划将商务向西推广,缘甘肃、陕西两省每年购运洋货者实繁有徒也。"④1911年前后,天津洋行"在甘肃各地设庄的很多。中宁有仁记洋行、新泰兴洋行,中卫有平和洋行、瑞记洋行"。在河州(今甘肃临夏市)收购畜产品的天津洋行有9家,他们将收购到的羊毛、皮张、肠衣、药材、猪鬃等,先雇用皮筏子沿黄河水运至包头,再通过陆路将其运到天津出口。⑤

在华北与蒙古高原地区向西北特别是宁甘青地区和天山南北地区拓展市场空间的过程中,包头起了重要的桥梁作用。它"据西北中心,当水陆要冲,东由平绥路直出平津,以达内地,以通外洋,南连晋陕,西接宁、甘、新、青,北通内外蒙古,凡由内地运往西北各处之零整杂货及由西北各处运赴内地之皮毛、药材等货,均以包头为起卸转运之中枢"⑥。以向天山的拓展为例,大批的骆驼商队就是从归化、包头出发,由百灵庙向西,穿越阿拉善蒙古的草地和沙漠,过居延海、镇西(今巴里坤),而至于新疆东部的商业重镇古城(参见图2-5)。这条线路虽然偏僻难行,但因税收关卡和土匪较少,因而依然成为多条东西间商道中的重要一条。

古城交通便利,是新疆东部地区的商业贸易中心。史志记载:"迪化不居要冲,惟古城绾毂其口,处四塞之地。其东,至嘉峪关趋哈密为一路,秦、陇、湘、鄂、豫、蜀商人多出焉。其东北,自归化趋蒙古为一路,燕、晋商人多出焉。自古城分道,西北科布多,为通前后营路,外蒙古人每岁一至,秋籴麦谷并输毛裘皮革易缯帛以归。又循天山而北为北路,取道绥来以达伊犁、塔城。循天山而南为南路,取道吐鲁番以达疏勒、和阗。故古城商务于新疆为中枢,南北商货悉自此转输,廛市之盛,为边塞第一。"⑦又载:"(古城)地居新疆北路之中枢,四塞灵通。秦、陇、豫、蜀、湘、鄂商

---

① 吴弘明编译:《津海关贸易年报(1865—1946)》,相关年份报告,天津社会科学院出版社,2006年。
② 日本中国驻屯军司令部:《天津志》,侯振彤中译本名为"二十世纪初的天津概况",天津市地方史志编修委员会总编辑室,1986年,第291页。
③ 樊如森:《西北近代经济外向化中的天津因素》,《复旦大学学报(社科)》2001年第6期。
④ 吴弘明编译:《津海关贸易年报(1865—1946)》,1907年贸易报告,天津社会科学出版社,2006年。
⑤ 政协甘肃文史委:《甘肃文史资料选辑》第8辑。
⑥ 铁道部财务司调查科:《包宁线包临段经济调查报告书》,"工商"部分,内部刊印,1931年。
⑦ 钟广生撰:《新疆志稿》,卷之二,商务,民国间铅印本。

人出嘉峪关经哈密而至,燕、晋商人由张家口、归化经蒙古草地而来,岁输入绸缎、茶叶、纸张、漆器及东西洋货,达三百余万元。而归化来者居十之六七。归化则又来自京津。……至古城后,乃分布于天山南北两路各商镇。是古城者,实新疆输入内地货物之总汇也。"①

而兰州作为以天津为中心市场的黄河上游的二级市场,"巨大商号林立于此,或收购内地物产,如皮毛、药材等类,运销于外;或运入布匹、茶、糖、杂货等项,分销青海、河西及甘肃西南部各地。皋兰全县每年输出货物仅值九百余万元,输入一千七百余万元,过境货物则值一千三百余万元。而青海羊毛、木料之由黄河直运包头,由此经过而不发生商业关系者,为数甚多也。各类重要商业皆为陕西、山西及天津旅居于此之商人所经营"②。

图 2-7 1907 年修建的兰州黄河铁桥
(资料来源:萧梅性:《兰州商业调查目录》,陇海铁路管理局,1935 年。)

兰州之下,尚有几个相当繁荣的三级市场,如河西走廊上的张掖、陇东的天水和平凉、宁夏平原的宁夏城、青海高原的西宁等。

张掖作为河西走廊的交通枢纽,"商务素称繁盛。输出以大米为大宗。……皮毛虽非本地产,然岁由青海来者,辄百余万斤,转售于各洋行。水烟年由兰州运来数百担,煤炭十余万斤,只供本地之用,余如牛羊、骆驼、药品所产者亦颇不少。输入品多日本货,由天津或包头运来"③。

天水为陇南与陕南、川北物资交流的重要经济中心,每年输入货物 400 余万元,输出 140 余万元,过境 1 000 余万元。重要商号约 350 家,资本总额约 120 余万

---

① 林竞:《西北丛编》,神州国光社,1931 年,第 255 页。
② 铁道部业务司商务科编:《陇海铁路甘肃段经济调查报告书》,内部刊印,1935 年。引文中的收购内地,指甘、青地区。
③ 林竞:《西北丛编》,神州国光社,1931 年,第 326 页。

元,全年营业总值1500余万元。①

陇东平凉的商业状况亦比较繁荣,堪"与兰州、天水鼎足而三"②。

民国时期,宁、青二省不仅在政治上而且在经济上与甘肃有着极深的渊源,内外贸易皆以兰州为区域经济中心,因而使得宁夏城和西宁也成了兰州之下的三级市场。

据1919年的记载,位于黄河上游的宁夏平原,每年对外输出甘草约5000担,枸杞约2000担,羊皮约36万张,羊毛约1000余万斤,驼毛和羊绒约40万斤;所输入的洋布、海菜、糖、火柴、洋烛、爱国布(土布)等共约14000担;过境货物7000余担。这些货物中,从京津、包头等地东来的主要是洋货,从青海、甘肃等地西来的主要是皮毛。作为宁夏平原贸易中心的宁夏城(今银川市),各地商贾云集,商店十分之六为山西商人所开,余下的分属天津、湖南、河南、四川和本地商人。③ 1923年京包铁路通车后,宁夏城与区外的贸易规模进一步扩大,1936年前后,拥有各类商户七八十家,资本共约430多万元。④

青海高原的商品流通也有了很大的发展,皮毛、药材和木料等,大部分要经兰州顺黄河下流至包头再转口出去,据统计,青海高原及甘肃西南部的羊毛,每年经过兰州运出约11000余吨,皮货、药材各约170余吨,木料约6000余吨。由陕西或包头方面经甘肃过境而运往青海高原的货物,每年大约有布匹3000吨,茶叶1100余吨,纸张、印刷材料、棉织品、药材、铁器以及其他杂货共约5000余吨。⑤ 各地输入西宁的商品以杂货、布匹、绸缎、海菜、药材、瓷器等为大宗,每年约值620.7万元;而由此输往天津、上海等地的商品以羊毛、皮革、牲畜、油木、药材为大宗,每年约值1549.7万元。⑥ 青海商业"以湟源、玉树、都兰、西宁等地为中心,凡汉番货物莫不总汇于此","汉商贸易以河北、山西、陕西人为多,资本颇巨,多设庄行,收购皮毛、土产运销于天津,再由天津贩运洋货、布匹销售于青海"⑦。青海皮毛先用牦牛、骆驼或骡车转运到西宁,再用皮筏由湟水入黄河运至兰州、包头,转平绥铁路、北宁铁路而抵达天津出口。⑧

总之,兰州在这一涵盖青海高原、宁夏平原、河西与陇东等地的西北地区另一大区域市场网络中,起着至关重要的作用。正如时人所说:"甘、青、宁三省地居黄河上流,在商业上俨然自成系统,而以兰州为最大焦点。附近复有焦点六处,为各地商业中心,如陇东区之平凉,陇南区之天水,洮西区之临夏,湟中区之西宁,河西

---

① 铁道部业务司商务科编:《陇海铁路甘肃段经济调查报告书》,内部刊印,1935年,第64页。
② 铁道部业务司商务科编:《陇海铁路甘肃段经济调查报告书》,内部刊印,1935年,第64—65页。
③ 林竞:《西北丛编》,神州国光社,1931年,第235—236页。
④ 高良佐:《西北随轺记》,建国月刊社,1936年,第411页。
⑤ 铁道部业务司商务科编:《陇海铁路甘肃段经济调查报告书》,内部刊印,1935年,第87页。
⑥ 顾执中、陆诒:《到青海去》,商务印书馆,1934年,第322页。
⑦ 许公武:《青海志略》,1945年,第80页。
⑧ 顾执中、陆诒:《到青海去》,商务印书馆,1934年,第183页。

区之张掖,宁夏区之宁夏(今宁夏银川市),皆以兰州为其枢轴。言水运,上起西宁,下达包头;言陆路,东起潼关,西至迪化,皆为其贸易区域。上述平凉之六镇以外,复有若干城镇,以河西区为例,张掖以外,武威、酒泉、敦煌三城,商业亦称殷盛。若以兰州比于太阳,甘州之类犹行星,敦煌之类犹卫星,甘、青、宁三省自成一太阳系,构成伟大之商业网。"①

由于陇海铁路陕西段的铺设一直非常缓慢,使得甘肃的货物,走陆路东运远不如走水路北运更加便利和经济,所以,民国年间的大部分时间里,甘肃或西北的皮毛、药材等货物的出口,便多取道包头再由火车东输天津出口,洋货的输入亦经由此道。

西安也是天津辐射下的二级市场之一。它自1934年12月陇海铁路通车后,进一步发展成为秦岭以北乃至西北地区商品输出入的枢纽和最大市场之一。从天津、上海、汉口等地输入的绸缎、布匹、油类、颜料、食糖、纸烟及其他普通日用品,由火车运抵西安后,再用汽车、马车、牲畜、人力等转运到省内各中小市场销售。而过境输往甘肃等地的布匹、茶叶、鞋帽、颜料、肥皂及其他杂货,多由汽车沿西兰公路转运。这样,"西安已渐成为东南工商制造品输入及西北农畜产品输出之门户"②。随着铁路的通达和抗日战争后方基地建设的加速,西安近现代工商业也有了很大的发展,工业门类已遍及钢铁、机器、化工、建材、印刷、棉毛纺织、制革、制药、火柴、面粉、酒精、榨油、碾米、打包等众多领域。③西安已成为天津辐射西北地区的重要门户市场之一。

西安之外,宝鸡、三原、凤翔等地也是秦岭以北地区内外贸易的重要市场。

宝鸡是汉中、四川、西安间输出入货物的重要集散地,种类包括匹头、药材、卷烟、糖、纸烟、杂货等,其中流通匹头年约360余万公斤,全部来自西安,销往汉中;药材年约150余万公斤,70%来自汉中,30%来自四川;卷烟年约40余万公斤,全来自四川,60%销往邻近各省,40%运往甘肃。④

三原既是湖北土布推销到西安、咸阳、平凉、兰州、凉州(今甘肃武威市)、甘州(今甘肃张掖市)、肃州(今甘肃酒泉市)、中卫、宁夏等地去的货物集散地,又是陕、甘、川三省药材的集聚市场。商务最盛的时候,有布店40余家,年销湖北土布20余万卷,价值超过1 000万元;药行有100多家,每家平均的年营业额都在10多万元。⑤

凤翔交通便利,往东可达省会,往西可通甘肃,往南经宝鸡可至汉中。20世纪30年代,"汉南之药材,四川之卷烟,甘肃之兽皮,运至凤翔向西安转售者为量颇

---

① 任美锷、张其昀、卢温甫:《西北问题》,科学书店,1943年,第6—7页。
② 铁道部业务司商务科编:《陇海铁路西兰线陕西段经济调查》,内部刊印,1935年。
③ 云章:《抗战以来之陕西工业概述》,《陕行汇刊》1944年第1期。
④ 铁道部业务司商务科编:《陇海铁路西兰线陕西段经济调查》,内部刊印,1935年,第92页。
⑤ 铁道部业务司商务科编:《陇海铁路西兰线陕西段经济调查》,内部刊印,1935年,第108—109页。

巨。各种匹头,由西安运至凤翔转售汉南者每年达一千五百余万匹,京货由西安运来向甘省转售者每年达二千六百余万件"①。

这样,秦岭以北以西安为中心市场,以宝鸡、三原等地为中级市场,建立在众多初级市场之上的区域市场网络遂逐步架构起来。

同时,民国时期的陕西,与华北地区的邻近省份山西、河南的经济交流也有所加强。据载:"陕北东面,滨临黄河东岸,为山西省界。因有渡口之便,乃以此为陕北交通唯一之快捷方式。同时全部金融,亦多为晋商所掌握。南北往来之行旅,均以渡河取道山西为便。其在绥德方面,则由吴堡过河至军渡,可直通汾阳。在延长一带,则有屹镇渡口。在韩城、朝邑各县,则有芝川镇、大庆关等渡口。故陕北对于本省,除政治上有相当联络外,其他则因交通之梗阻,反不若与山西关系之密切。"②羊毛生产方面,"陕省如中部、洛川、鄜县、甘泉、肤施、延长、延川、宜川、韩城及榆林区各县,年产数千万斤。除供当地自制毡毯外,皆运往晋省,或经潼关,由本路运至津、沪各埠,输出外洋"③。抗日战争爆发以前,"陕北及绥西南各旗羊毛之运销,多半集中榆林、安边、神木等地,用大批骆驼或驴、骡驮运至包头,经绒毛店转售于包头之中外商人,亦间有(经平绥铁路——作者注)自行运往天津出售者"④。战后,一部分为财政部贸易委员会富华公司陕豫分公司榆林收购处买下,一部分用于当地之毛纺业,一小部分则流往包头,⑤运销数量依旧相当可观。

到1925年前后,天津输出的羊毛,"青海、甘肃居其五成,山陕居其成半,蒙古居其二成半,直鲁约居一成"⑥。七七事变前,西北羊毛占天津该项畜产品出口总量的2/3以上,成为天津最主要的畜产品出口基地。⑦到20世纪30年代,以天津为龙头,包含西北地区的西安、兰州、古城三个二级市场的西北外向型市场网络基本形成,成为华北与蒙古高原新的国内市场空间。

二、东北方向国内市场的拓展

华北与蒙古高原地区与东北地区山水相连,两处人员与物资联系便利。主要链接通道有水、陆两条。陆路是由直隶、山西等地出古北口、喜峰口、山海关通往辽东,蒙古高原东部的哲里木、卓索图、昭乌达三盟更是直接伸入东北的奉天、吉林将军辖区,与之连成一片。水路一是由渤海湾西岸的天津、秦皇岛二港跨海赴辽东贩运豆、麦、杂粮,一是由山东半岛北部的登州(治今蓬莱市)、莱州等地向北跨渤海海

---

① 铁道部业务司商务科编:《陇海铁路西兰线陕西段经济调查》,内部刊印,1935年,第109页。
② 陕西实业考察团:《陕西实业考察·交通·陕北交通之考察》,中文正楷书局,1933年。
③ 陇海馆编辑:《第四届铁展会陇海馆专刊》,沿线物产,1935年7月10日刊行。
④ 王遇春:《陕北羊毛》,《陕行汇刊》1941年第5期。
⑤ 王遇春:《陕北羊毛》,《陕行汇刊》1941年第5期。
⑥ 北京西北周刊社:《西北周刊》第15期,1925年5月24日版,第2页。
⑦ 李洛之、聂汤谷:《天津的经济地位》,经济部驻津办事处,1948年,第36页。

峡,直趋辽东半岛等地,明清两代均有粮、棉、布匹的运输。① 近代以降,华北和东北间的陆、海交通更加便利,"河北与东北壤地相接,从河北东部到东北只是一关之隔。北宁路修成以后,从上车到下车只有一夜之隔即可到达东北,更加缩短了到关外的路程。此外,沿海的帆船往来也很方便。移民们可以在天津搭船,在营口及大连等地上岸,转赴东北各地。山东移民入东三省,也不外水陆两途。陆路,主要是由京奉铁路入关,然后沿京奉、南满、打通、四洮等路分散。其间,也有步行从柳条边威远堡门、法库门、辽东边墙的各边口以及喜峰口、古北口等处进入东三省。水路,移民大都先坐车或步行到烟台、青岛、威海卫、石臼港,然后乘船在大连登陆,由南满转赴长春、滨江(哈尔滨)等地。也有在沿海小渡口,如龙口等坐帆船在营口、安东上岸。两岸隔海相望,一衣带水,由烟台到大连,仅90海里,顺风扬帆,一日夜可达"②。

进入20世纪以后,由于日本在环渤海各口岸对外贸易中所占的市场份额越来越大,这一地区的直接对外贸易便主要是对日贸易,并得到快速发展。由于日本人直接控制下的大连港具有自由港的优势地位,所以环渤海各口岸的对日贸易便多以大连为中继港。换句话说,环渤海各口岸以大连为中心的对日贸易,既是民国时期环渤海对外贸易的一个显著特征,也是该区域经济联系的重要内容。大连所在的辽东半岛南部即所谓的"关东州",1898年开始沦为俄国在中国的"租借地";1905年日本打败俄国后,继承了原俄属关东州的一切权益,在继续派遣官员进行治理的同时,把大连建设成了国际化的自由港。1912年以后,中国北部的大宗土货产品很多是经过大连港的转口而到达日本市场的,同时,日本的各种工业产品也经过大连而输往北方诸港。③

除外贸中转之外,大连也成为东北与华北口岸之间国内埠际贸易的重要中转站,把来自华北等地的货物源源不断地疏散到它下面的东北各级市场。另外,从华北最大的经济中心城市天津的角度来看,1930年前后,东北地区的辽宁省原本是它的直接市场圈,而吉林、黑龙江的一部分,也在它的市场范围以内。④

1. 以大连为中心城市的东北南部市场网络

大连是东北南部和内蒙东部地区的国内终点市场,"商业甚盛,海陆航运极为发达,其贸易额常占第二位,次于上海,与天津相颉颃,贸易品出口以大豆、豆油、豆饼、野蚕丝茧为大宗,进口以棉织物、机械、烟草、煤油等为大宗"⑤。其下有营口、长春、安东3个二级市场。

与烟台和青岛一样,营口和大连的关系也经历了一个主次颠倒的过程。营口

---

① 张利民等:《近代环渤海地区经济与社会研究》,天津社会科学院出版社,2003年,第35页。
② 范立君:《近代关内移民与中国东北社会变迁(1860—1931)》,人民出版社,2007年,第154页。
③ 姚永超:《大连港的中转贸易(1907—1931)》,《中国历史地理论丛》2004年第1期。
④ 李洛之、聂汤谷:《天津的经济地位》,经济部驻津办事处,1948年,第2页。
⑤ 王惠民:《新东北指南》,商务印书馆,1946年,第62页。

图 2-8 1933 年前后的大连码头景观
(资料来源:[日]关东长官官房调查课:《關東廳要覽》,大连满洲日报社,1933年。)

作为东北地区最早最大的通商口岸,在鸦片、棉纺织品、煤油、五金、砂糖等的进口,和豆货、皮毛等的出口中起了重要的作用。从 1861 年到 20 世纪初年,营口港的腹地范围,从辽河平原两侧扩大到辽宁省西部和吉林、黑龙江二省的许多地区。20 世纪初以后,营口才因为河港和铁路方面的劣势而逐步屈居于大连之下,成为二级市场。1907 年,营口尚占有东北贸易总额的 66%,1927 年便下降到 12%;而大连港却占有了东北贸易总额的 55%,[1]高居第一。

长春地区以前是蒙古郭尔罗斯前旗的游牧草原,后来随着垦荒面积的扩大和人口的集居,才出现了聚落。1874 年升为长春府后,逐渐成为当地的农副产品集散中心。1903 年以后,位于东清铁路干线和南满铁路支线交汇点的长春,又成了铁路交通的枢纽;特别是 1912 年吉长铁路在此交汇后,长春商业更加繁荣。"长春为吉省商业之中心点,输出入货物均集中于此,故市场至为宏阔,总计大小商铺一千二百余家,其规模较大者,计银钱号三十余家,当铺四家,烧锅四家,杂货行二十余家,粮栈三十余家……当铺、烧锅成本均在二三万元,杂货行则十万元或四五万元不等,粮栈成本较巨,十万乃至二三十万元,银钱号成本亦与粮栈相等"[2]。长春成为取代原省城永吉的区域性中心城市。

安东濒临鸭绿江右岸,与朝鲜新义州隔江相望。1903 年,根据中美通商行船续约开为商埠。辽东各地的农林产品均在夏季水涨时运抵安东,使其成为东北东

---

[1] 满铁庶务部调查科编:《满洲贸易详细统计》1926 年(上),《近代中国史料丛刊》第 3 编 76 册,台湾文海出版社,1988 年影印本。
[2] 中央银行管理处编:《东三省经济调查录》,内部刊印,1919 年,第 210—211 页。

南部的木材、柞蚕茧丝、粮食的出口贸易中心。其"贸易之繁衍,已见乎蒸蒸日上,殆不可遏。而日本与俄国通过东三省之贸易,亦达于美满之境,本口洵为其媒介之地点耳"①。安东港的贸易对象主要为日本和朝鲜,核心腹地为其周围的凤城、岫岩和庄河以及鸭绿江沿岸的辑安(今集安市)、通化、临江、长白等县,沿黄海的大东沟(今东港市)、大孤山等港,也成为安东港的附属港,进一步巩固了其东北东南部区域性中心城市的地位。

2. 以哈尔滨为中心城市的东北北部市场网络

东北北部的市场网络,以哈尔滨为中心城市,统领着齐齐哈尔、呼伦两个二级市场。由于这是一个以内陆交通为基础的区域市场

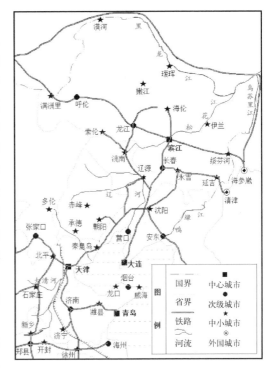

图 2-9 1931 年前后华北与东北地区间的市场联系示意图
(资料来源:《中华民国分省地图》,申报馆,1933 年。)

网络,所以,其独立自主性较其他区域市场差很多。向东,它要依附于海参崴作为海上交通门户;向南,它又不得不沿着南满铁路经长春至大连,以之为南下的海上通道。由于海参崴的主要作用是将北满的农林矿产品输往俄国(苏联),却并不大量输入俄国(苏联)的洋货,故此哈尔滨的洋货,主要是由大连输入的日货。② 同时它也借助于大连市场网络,与华北地区进行一定的货物交流。

哈尔滨也称滨江,土名烧锅子,因扼松花江航运与中东铁路枢纽,东通俄国(苏联)远东大港海参崴,西通西伯利亚,南达辽东半岛以至平津,区位重要。该城 1905 年开埠后,工商业日渐发达。"哈埠市面之发达一日千里。考其原因,则在物产丰饶,交通便利,又值俄国多故,货物缺乏,物价奇昂,西伯利亚一带衣食生活,悉以哈埠为转运之根据地。而业输出入货物者,莫不利市三倍。兼之北满一带地利日辟,生齿日增,消费日大,以故商贾云集,贸易繁兴。综计大小商铺约四千余家,营业牌照共分十四等,其在六等以前者,计九百家之谱。内分钱粮汇兑三十五家,钱粮代理店九十五家,钱庄一百家,存放借贷庄一百三十家,机器火磨十八家,机器油坊二

---

① 茅家琦主编:《中国旧海关史料(1859—1948)》,《中华民国二年安东关华洋贸易情形论略》,京华出版社,2001 年。
② 东省铁路经济调查局:《北满与东省铁路》,第十章对外商务,哈尔滨中国印刷局,1927 年。

十一家,绸缎药店二十家,外国银行六家,本国银行十八家,金银首饰楼十五家,洋广杂货一百一十家,烧锅六家,当铺五家,家货厂五十家,布匹皮货估衣店一百五十家,粮业栈店六十家,磁器芦席店十八家,洋烛洋胰制造厂二十家,铁工厂五家,洋酒工厂五家"①。20世纪30年代哈尔滨被列为中央直辖的特别市,并成为后来松江省的省会,有"东方莫斯科"之称。城区"分道里、道外两区,人口战前为三十二万余人,东北最大都市也(原文如此,与该书前谓沈阳为东北第一大都市相左——作者注)。工商业在北满为最繁盛"②。

齐齐哈尔又名龙江,位于嫩江东岸,中东铁路通车后发展起来,成为铁路交通枢纽,商贸繁盛。"每年九、十月之交,贸易最盛,蒙古之马,嫩江之鱼,在此集散",新开的商埠区在省城西南5里,为嫩江沿岸的重要码头地带,是大豆、大小麦、黍米、荞麦、燕麦、狐皮、水獭、貂皮等大宗农畜产品的转运地。先后为黑龙江省、嫩江省省会,政府机构和商店林立,为北满的一大区域性市场。③

呼伦(今内蒙古呼伦贝尔市),在海拉尔河左岸,土名海拉尔,周围水草丰美,是一优良的天然大牧场。"自中东铁路通,市街林立,商业甚盛"④,为蒙古东部草原地区的一大畜牧业产品集散地和进口货物的交易市场。后来作为兴安省的省会所在地。

三、东南方向国内市场的拓展

环渤海的山东、直隶、奉天地区,清代中期就与江南有一定的市场联系。主要渠道一是大运河的漕运,二是北洋沿海的海运。"清代中叶海禁开放之后,环渤海地区与南方各省的贸易均有大规模的发展",贸易内容是江南沙船和闽广商船运来的糖、茶、杂货、苏木、胡椒、大米、纸张、瓷器、棉花,输出山东、直隶、奉天产的豆类、豆饼、干鲜水果。⑤ 上海也通过沙船与环渤海的牛庄、天津、登州等港口之间,进行布、茶、豆、麦等项商品的交流。当时的上海,"浦滨舳舻衔接,帆樯如栉。由南载往花布之类曰南货;由北载来豆饼之类曰北货"⑥。只是由于帆船航运易受冬夏季风的影响,致使沿海运输的作用未能得到充分发挥。1843年上海开埠以后,它与华北之间传统的商品流通,随着天津、烟台的开放和轮船运输的发展而逐步扩大。

因为1855年黄河铜瓦厢改道后,济宁至临清间的大运河被埋,而清廷正忙于平定太平天国,无暇疏通河道,漕粮被迫改行海运。同时,英美轮船公司的北洋航

---

① 中央银行管理处编:《东三省经济调查录》,第232页。
② 邱祖谋等编绘:《中华民国最新分省地图》,第30图说明部分,澄寰出版社,1946年。
③ 王惠民:《新东北指南》,商务印书馆,1946年,第56页。
④ 王惠民:《新东北指南》,商务印书馆,1946年,第67页。
⑤ 张利民等:《近代环渤海地区经济与社会研究》,天津社会科学院出版社,2003年,第25—46页。
⑥ (清)李维清编纂:《上海乡土志》,沙船,光绪三十三年铅印本。

线有所发展,"中国人充分感觉到把他们的货物交由外国轮船运输能有迅速和安全的优点,他们知道外国轮船可以在任何季节和季候风里航行"①。1872年后,中国招商局也加入其中,轮船运输的优势日趋明显。统计显示,19世纪60年代,天津港的帆船吨位占50%;到19世纪80年代,帆船不到总数的1/3和总吨位的1/6;再到1890年,只有52艘帆船入港,轮船却有533艘;1905年后,除了偶尔有一艘不定期的帆船到大沽口外,再也没有帆船来天津了。②轮船海运成为环渤海与南方物流的主要方式。大体在1905年之前,不仅环渤海大部分的出口和进口物资经海上运输由上海转口;而且,两地之间的国内贸易也是靠它实现。1881年,上海至营口间的木帆船货运航次约400艘,1891年仍有320—330艘。它们从上海北运土布、陶器、竹制品等,南返时运回大豆、豆油、烧酒等货物。不少外国轮船也从事这种运输。③海关贸易报告载:"与天津来往土货之口,计上海、汉口、福州、香港及广东等口为首,但几乎全经上海转运。"④往来于上海间从事土货贸易的青岛民船,1900年为637船次,1901年达678船次。⑤

需要说明的是,铁路开通前,华北与南方间的货物运输,虽以内河(大运河、淮河、汉水等)和沿海水路交通为主,但贵重货物仍由陆路运输。比如"上海各皮商赴北方办货,其运回南方时,多走陆路,由京、津之镖局派人护送,以保安全……由京津直至苏州交货";1880年新式邮政开通之后,"各种细毛衣统由北方从邮局递寄"。⑥再到后来,北京至汉口的京汉铁路(1905年)、开封至洛阳的汴洛铁路(1909年)、天津至浦口的津浦铁路(1911年)及其延伸线建成通车后,南北间的陆路交通更为便捷,还出现了水陆联运。以花生运销为例,陇海铁路沿线的河南产的花生先集中于郑州、开封、中牟、商丘、兰封,苏北及鲁南产的花生先集中于砀山、徐州等地,然后由陇海路运至海州,再转招商局轮船运到上海;津浦路沿线山东各县产的花生,大部分先集中于平原、禹城、黄台桥(属济南)、泺口(属济南)、大汶口、泰安、邹县、滕县等火车站,小部分与苏北产花生集中于徐州,由津浦铁路南运浦口,再转沪宁铁路运到上海;清江浦(淮阴)附近宿迁、窑湾(今邳州)等处产的花生,则由运河水运至镇江,再由沪宁铁路运到上海。⑦

而如前所述,新乡附近出产的焦作煤炭和鸡蛋,郑县集散的棉花,许昌附近的烟叶,都有不少是运往汉口和上海的。镇江与北方之间货物的水路运输,是先向北

---

① 聂宝璋编:《中国近代航运史资料》,第一辑,下册,上海人民出版社,1983年,第1272页。
② (英)雷穆森著,许逸凡、赵地译:《天津——插图本史纲》,第22章,商业、经济与航运,第17条,天津港的航运,《天津历史资料》第二期,1964年。
③ 戴鞍钢:《港口·城市·腹地——上海与长江流域经济关系的历史考察(1843—1913)》,复旦大学出版社,1998年,第81页。
④ 吴弘明编译:《津海关贸易年报(1865—1911)》,津海关1890年华洋贸易情形论略,天津市档案馆、天津社会科学院历史所内部刊印,1993年。
⑤ 青岛档案馆:《帝国主义与胶海关》,1892—1901年胶海关十年贸易报告,档案出版社,1986年。
⑥ 工商部工商访问局:《上海皮货业之调查》,《工商半月刊》1929年1卷1期。
⑦ 实业部国际贸易局:《花生》,长沙商务印书馆,1940年,第50页。

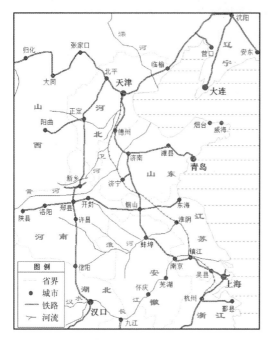

图 2-10 1931 年前后华北与东南地区间的市场联系示意图

(资料来源:《中华民国分省地图》,申报馆,1933 年。)

沿大运河至淮阴,再向西逆淮河干支流到达皖西北和豫东南地区。①汉口开埠后,各种洋货经汉水支流销往河南南部的唐、白河流域,而这一地区的土特产品,也经这一水上通道运销到汉口。②

同时,由于 20 世纪以前的华北对外进、出口贸易主要通过上海港的中转而发展,这也无形中强化了南北之间的市场联系。

从这个意义上说,由于南方区域经济和港口运输的比较优势,华北在向南方拓展国内市场空间的过程中,显得较为弱势和分散,势头远不如在西北和东北地区那样坚定有力。而站在南方的视角上来看,两大区域市场联系的主角,是南方而不是北方。很大程度上,20 世纪以前的华北等北方地区,不过是上海等南方口岸的间接经济腹地而已,在市场联系方面谈不上有多少主动权。③

第三节 华北与蒙古高原国际市场的空间位移

清代中期至"五口通商"以后,南方销往北方的货物中出现了少量洋货,但尚不是环渤海直接参与国外贸易的结果。只有 1860 年"北洋三口"开放之后,对外贸易才成为环渤海口岸的经济职能之一,以当地洋行和买办为中介的进出口贸易才正式展开,国际市场才从无到有地开辟出来。后来,该区域又陆续增加了 36 个通商口岸,与国际市场的经济联系更加密切。不过,国际市场的开拓并非一蹴而就,从时间到空间上都有着明显的变化轨迹。

一、欧美市场的开拓

20 世纪以前,由于贸易基础、金融、航运等方面的限制,"北洋三口"及其腹地

---

① 李必樟:《上海近代贸易经济发展概况(1854—1898)——英国驻上海领事贸易报告汇编》,上海社会科学院出版社,1993 年,第 144 页。
② 李必樟译编:《上海近代贸易经济发展概况(1854—1898)》,上海社会科学院出版社,1993 年,第 515 页。
③ 樊如森:《从上海与北方关系的演变看环渤海经济崛起》,《史学月刊》2007 年第 6 期。

尚缺乏独立开拓世界市场的足够能力。这时,它与国外市场主要是欧美市场之间的进、出口贸易,绝大部分是借助于上海的转运来实现的。这同中国整个的对外贸易趋势是一致的。19世纪70年代以前,中国主要的外贸对象国是英国和英属印度,进口常占总量的80%至90%,出口常占总量的60%至70%。此后,随着航运和电信事业的发展,中国对欧洲大陆的直接贸易扩大,对英国本土的贸易份额逐步下降。[①]

上海口岸的洋货进口统计显示,1856年,上海约2/3的英国货从海路运到北方的牛庄、锦州、登州、天津等港,19世纪六七十年代,上海的进口洋货很多转口到北方的烟台、天津、牛庄等港埠,"上海的重要性几乎全部应归之于它占有向北方和长江口岸转销的一个中心的地位,因为相对来说,上海本地区内的商品消费量是很小的"[②]。

表2-1 1870—1899年天津、烟台与上海间的转口贸易

价值单位:海关两

年份	海关	土货出口			洋货进口			土货进口		
		出口国内总值	其中出口上海	上海占%	进口总值	其中上海进口	上海占%	进口总值	其中上海进口	上海占%
1870	天津	634 694	569 696	90	12 082 993	11 004 756	91	5 200 372	3 128 055	60
	芝罘	1 574 256	602 193	38	4 825 263	3 961 502	82	1 339 354	460 021	34
1880	天津	2 374 097	1 747 996	74	10 399 347	9 208 671	89	13 003 487	8 872 268	68
	芝罘	3 259 378	2 169 077	67	4 383 490	3 732 124	85	2 511 150	871 129	35
1890	天津	4 561 037	3 410 291	75	17 177 294	15 319 440	89	16 571 758	7 671 403	46
	芝罘	4 420 095	3 163 484	72	5 899 229	5 007 986	85	2 391 413	1 128 313	47
1899	天津	14 816 974	10 750 244	73	39 409 029	25 153 820	64	32 622 387	15 395 644	47
	芝罘	8 299 700	5 478 164	66	13 435 027	6 895 256	51	5 966 064	2 532 623	42
历年平均值				69			80			47

(资料来源:津海关、东海关相关年份的海关贸易统计,茅家琦主编:《中国旧海关史料(1859—1948)》,京华出版社,2001年。)

从表2-1来看,19世纪末期,上海对天津、烟台二港有着很大的经济辐射能力。在洋货方面,经由上海转入的洋货,最低占二港洋货进口总值的51%,最高竟达91%,历年平均也占到了80%。土货方面,上海一港占到了华北二港土货进出

[①] 上海社会科学院经济所等编:《上海对外贸易》上册,上海社会科学院出版社,1989年,第32页。
[②] 李必樟译编:《上海近代贸易经济发展概况(1854—1898)——英国驻上海领事贸易报告汇编》,上海社会科学院出版社,1993年,第16、97、397页。

口总值的近半数。这一方面固然反映出华北二港及其腹地对上海经济发展的有力支撑,但同时更能看出上海对上述地区经济外向化的巨大拉动。

天津海关的贸易报告也显示,1865年,天津所销的洋货"殆皆取给于上海";1866年,"天津销场之洋货悉皆取给于上海,唯极小部分运自香港",到19世纪80年代,这一状况依然没有改变。① 1893年,烟台直接进口的货物,"仅居十之三成,其七成则系由上海进口"②。

从出口方面看,从1861—1891年,天津港的主要出口货物如"猪鬃、草帽辫、山羊皮褥、生山羊皮、绵羊皮、绵羊绒、山羊绒、驼绒为大宗,共价值银2 572 000余两。该货物系由津赴沪转运外洋";一直到1899年,天津"土产运外洋者,皆需运至上海,再转运外洋,此处可勿庸赘述"。③ 时人认为,"中国商人一年甚于一年地倾向于把上海作为中国北方贸易的商业中心,他们把北方沿海港口和内河港口只是作为货物的上岸地点来使用"④。

20世纪开始,随着环渤海更多通商口岸的开放,港口设施的改善,轮船、铁路、电信交通的发展,沿海城市和腹地市场的壮大,该区域与国际市场之间的直接贸易能力有了显著提升,对上海中转作用的依赖程度逐步降低。江海关税务司墨贤里(H. F. Merrill)指出:"上海享有的货物分发中心的地位,由于汉口、天津、胶州等对外通商口岸的进口商越来越倾向于直接同欧洲、美国打交道而不是从上海进货,已受到相当大的影响。"⑤

另外,"晚清时期香港与北方环渤海地区的贸易关系密切,东北地区通过牛庄口岸、山东及朝鲜通过烟台口岸,直隶及广大北方腹地通过天津口岸与香港展开了繁密的贸易往来。不同地区的洋货进口结构略有不同,而土货出口结构则差别较大,反映出区域经济发展的差异"⑥。然而,由于香港自1842年就"租借"给英国,所以,它与环渤海之间的贸易中转关系与上海有着本质的不同。环渤海经由上海的外贸转运属于国内埠际中转,上海是通往国外市场的门户;而经由香港的外贸转运则属于国际中转,已经是国外市场的一部分了。

二、对日贸易增长与国际市场的多元化

日本对包括环渤海地区在内的中国的贸易,经历了一个由少到多的发展过程。

---

① 吴弘明编译:《津海关贸易年报(1865—1911)》,1865年、1866年、1885年津海关贸易报告,天津市档案馆、天津社会科学院历史所内部刊印,1993年。
② 山东省地方志编委会:《山东史志资料》1984年第2辑,第32页。
③ 吴弘明编译:《津海关贸易年报(1865—1911)》,1891年、1899年津海关华洋贸易情形论略,天津市档案馆、天津社会科学院历史所内部刊印,1993年。
④ 徐雪筠等译:《上海近代社会经济发展概况(1882—1931)——海关十年报告译编》,1882—1891年海关十年报告,上海社会科学院出版社,1985年,第34页。
⑤ 徐雪筠等译:《上海近代社会经济发展概况(1882—1931)——海关十年报告译编》,1902—1911年海关十年报告,上海社会科学院出版社,1995年,第139页。
⑥ 毛立坤:《晚清时期香港与北方环渤海地区的贸易关系》,载吴松弟、樊如森主编:《近代中国北方经济地理格局的演变》,人民出版社,2013年。

19世纪60年代的日本,也刚刚在美、英、俄、法、荷等列强的威胁下,被迫向西方开放了一系列通商口岸。1871年中日两国签订《修好条规》和《通商章程》,中国对日本开放已经对西方开放的上海、镇江、宁波、九江、汉口、天津、牛庄、芝罘、广州、汕头、琼州、福州、厦门、台湾、淡水15个口岸,日本对中国开放已经对西方开放的横滨、箱馆、大阪、神户、新潟、夷港、长崎、筑地8个口岸,从而打开了中日贸易和环渤海对日贸易的大门。1931年和1871年相比,中国对日本的出口额增长了224倍,日本对中国的出口额增长了155倍,60年间两国的进出口贸易总值增长了182倍,日本成为中国仅次于英国的第二进口贸易国,中国也成为日本仅次于美国的第二进口贸易国。①

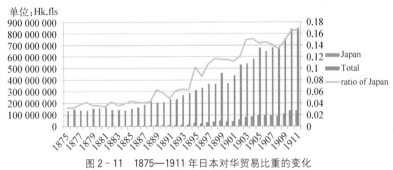

图2-11　1875—1911年日本对华贸易比重的变化
(资料来源:茅家琦主编:《中国旧海关史料(1859—1948)》,京华出版社,2001年。)

具体到华北地区的对日贸易而言,1900年以后,无论是双方贸易的比重还是数值都有了很大提高。"直接从来源国而非从上海市场购买洋货的趋势在1905年变得十分明显,在1906年更进一步得到巩固;这种增长趋势和对日直接贸易的巨大增长解释了直接进口值增长近900万两的原因";"直接进口总值(4 000万海关两)中近1 200万海关两价值归功于悬挂日本国旗的船只带来的商品,那实际上意味着达到这个量的进口来自日本,且主要由日本商品构成";②"以国论之,则日本船只吨数并由日船运进之货为最",以至于"进口洋货迳由外洋购运,不由上海转批定者,本年比上年愈形踊跃。尤因日本与本埠各商直接之生意畅旺",结果,洋货由外洋运津与从上海运津的价值之比,从原先的不足半数,跃升到13:8。③ 其他口岸与日本间的进出口贸易也有快速增长。华北地区与日本直接贸易的增加,也在该区域同其他国家和地区直接进、出口贸易数值的升降中得到了显现。

---

① 樊如森、吴焕良:《近代中日贸易述评》,《史学月刊》2012年第6期。
② 茅家琦主编:《中国旧海关史料(1859—1948)》,第43册,1906年天津海关报告,京华出版社,2001年,第223页。
③ 吴弘明编译:《津海关贸易年报(1865—1946)》,1906年津海关华洋贸易情形论略,天津市档案馆、天津社会科学院历史所内部刊印,1993年。

表 2-2　1880—1903 年日本对华北 4 口的进口贸易

价值单位：海关两

港口	1880			1902			1903		
	从国外	从日本	日本/国外（%）	从国外	从日本	日本/国外（%）	从国外	从日本	日本/国外（%）
胶州				3 678 690	1 214 567	33.02	5 134 229	2 373 685	46.23
芝罘	651 366	53 948	8.28	9 572 175	4 441 720	46.40	9 651 793	5 620 829	58.24
秦王(皇)岛				392 101	973	0.25	1 170 403	79 467	6.79
天津	1 190 676	206 373	17.33	18 849 234	5 477 257	29.06	18 622 406	5 693 021	30.57

（资料来源：茅家琦主编：《中国旧海关史料（1859—1948）》，京华出版社，2001 年。）

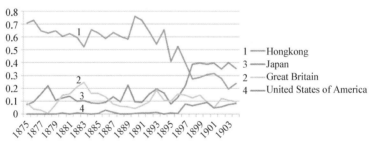

图 2-12　1875—1903 年华北主要口岸的洋货直接进口情况

（资料来源：茅家琦主编：《中国旧海关史料（1859—1948）》，京华出版社，2001 年。）

表 2-2 和图 2-12 均表明，1895 年之前，日本、英国对华北口岸的洋货进口贸易比重，不仅远不如香港，而且起伏不定。虽然在 1883 年左右英国占比出现一个高位，但只是昙花一现。但是，在 1895 年之后，日本对华北的洋货进口贸易比重开始急剧增长，香港所占的比重则迅速下滑。到 1898 年，日本已经成为华北港口最重要的直接进口来源国，并且此后，日本的直接进口比例，长期稳定在华北直接进口总值的 30%—40% 之间。

在华北的出口贸易方面，也呈现出了这样一种趋势。

图 2-13 显示，1890 年之前，华北各口的主要土货直接出口对象是香港，而从 1891 年开始日本变为最重要的土货直接出口对象，并在 1891—1893 年间特别是 1895 年之后，对日出口出现快速增长，日本成了华北港口土货直接出口的主要国际市场。

1904 年之后，由于海关统计体例的变化，华北口岸详细的贸易对象国家和地区信息，缺乏系统连贯的记录。但是，从海关贸易年报和十年报告的文字记载和表

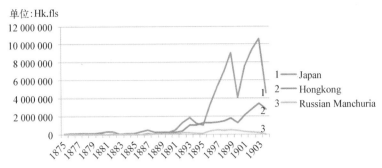

图 2-13 1875—1903 年华北主要口岸的土货直接出口情况

（资料来源：茅家琦主编：《中国旧海关史料（1859—1948）》，京华出版社，2001年。）

述中，依然可以看出，日本市场在华北口岸对外贸易中的优势地位，并没有发生逆转。

1907年天津和秦王（皇）岛"在土货直接进口来源各国中，日本占有突出的位置，从日本进口总值为 9 424 000 海关两"①。1910 年天津的进口中，32 644 289 海关两是与外国直接贸易，而 20 668 748 海关两的洋货是从中国各口（主要是上海）进口。② 1911 年天津的"国外直接进口值合计达 33 824 371 海关两，超过前一年 115万两；而经上海转来的总计为 19 676 668 海关两"③。到 1931 年，秦王（皇）岛"本地市场上外国的和外国样式的商品中 20% 产于中国，40% 产于日本，而剩下的 40% 产自其他国家"④。

表 2-3 1912—1931 年的胶海关洋货直接进口概况

单位：百万海关两

国别	1913	1921	1922	1931	国别	1913	1921	1922	1931
日本	10.40	30.00	39.07	40.50	美国	1.10	2.70	5.59	14.55
德国	5.17	0.38	1.01	6.17	英国	0.80	1.48	2.45	8.52
法国	3.46	0.58	1.23	2.06	比利时	0.78	0.05		
俄国	2.50	0.24	0.45	0.20	荷兰	0.74	0.17	0.30	4.35
英属香港	2.20	5.30	4.30	9.83	朝鲜		0.89	1.04	0.81
荷属东印度			0.50	1.63	英属印度			0.10	1.38
意大利				0.83	加拿大				0.72
澳大利亚				0.44	丹麦				0.61

（资料来源：茅家琦主编：《中国旧海关史料（1859—1948）》，1912—1921、1922—1931 年胶州海关十年报告，京华出版社，2001年。）

---

① 茅家琦主编：《中国旧海关史料（1859—1948）》，1907年天津海关报告（含秦王[皇]岛），第45册，京华出版社，2001年，第207页。
② 茅家琦主编：《中国旧海关史料（1859—1948）》，1910年天津海关报告，第52册，京华出版社，2001年，第322页。
③ 茅家琦主编：《中国旧海关史料（1859—1948）》，1911年天津海关报告，第55册，京华出版社，2001年，第248页。
④ 茅家琦主编：《中国旧海关史料（1859—1948）》，1922—1931秦王（皇）岛海关十年报告，第159册，京华出版社，2001年，第337页。

由表2-3可见,尽管由于胶州"同美国、香港、英国、荷兰、加拿大和澳大利亚的贸易产生了令人吃惊的发展,而日本占总值的份额从70%降到43%,仍然保持着其重要的——但却非独领风骚的——地位"①。

综上可知,进入19世纪90年代特别是1895年以后,日本逐步成为华北口岸最主要的贸易对象国;日本这一优势地位在第一次世界大战中得到巩固,战后虽然有所下滑,但是直到1931年,日本依然是华北地区最主要的国际市场。

尽管大体上自1905年以后,华北地区的直接对外贸易比重开始超越上海对该区域的转口贸易比重,以上海为中介的欧美市场在该区域国际市场总量上的份额开始减少,日本市场在华北国际市场中的份额快速增加,并成为该区域最大的贸易对象国,但是,这并不同时意味着上海在华北外贸中的中转作用彻底消失,以及欧美市场对于北方外贸完全丧失了意义。事实情况是,市场份额虽然缩小了,但是,此后华北对欧美市场的绝对贸易值还是一直在增加(当然,与日本的贸易值更大)。比如胶州"1905年埠际洋货进口总值为6 458 010海关两,而1906年达9 995 622海关两(主要来自上海),或者说是增长了55%";天津的直接对外贸易也长时间没有超越转口贸易,1907年"总出口中,来自天津的17 253 000海关两和来自秦王(皇)岛的1 429 000海关两,只有来自天津的2 071 000海关两和来自秦王(皇)岛的66 000海关两是直接出口到国外"②;到1910年,其"直接出口到美国、欧洲和日本总计为1 845 474,出口到国内各埠(主要是上海)为21 836 468,再重新装船至沿岸或国外"③。

由上可知,1905年以后,伴随着各国在环渤海地区进出口贸易中比例的增减和地位的升降,该区域的国际市场在时间和空间上均发生了很大的变化,国际市场的范围由小到大,贸易对象国由单一到多元。

近代华北与蒙古高原市场结构的演化,经历了"都城—治所"到"口岸—市镇"的市场网络转变,以天津、青岛为中心城市的华北与蒙古高原外向型市场网络的体系发育,国内和国际市场拓展与市场份额升降的时空变迁过程。它使得当地原本封闭落后的经济发展环境,从内涵到外延的许多层面上,都有了很大的改进和完善,是该区域经济的现代化和外向化水平均获得显著提高的重要标志。同时,也成为近代华北与蒙古高原地区对外贸易稳步发展、产业结构不断优化、在全国经济地位明显提升的本底动力。④

---

① 茅家琦主编:《中国旧海关史料(1859—1948)》,1922—1931胶州海关十年报告,第159册,京华出版社,2001年,第450页。
② 茅家琦主编:《中国旧海关史料(1859—1948)》,1907年天津海关报告(含秦王〔皇〕岛),第45册,京华出版社,2001年,第208页。
③ 茅家琦主编:《中国旧海关史料(1859—1948)》,1910年天津海关报告,第52册,京华出版社,2001年,第322页。
④ 樊如森:《近代华北经济地理格局的演变》,《史学月刊》2010年第9期。

第四节 本章小结

中国是一个幅员辽阔、并且有着 4 000 多年文明史的东方大国。各族人民通过勤劳的双手及其聪明智慧,从事着精耕细作的农业和逐水草而居的牧业,以及与之相适应的传统工商业,共同创造出灿烂夺目的中华文化,奠定了自己在世界民族之林中的崇高地位。

然而,按照马克思主义经典作家的观点,"资产阶级在它的不到一百年的阶级统治中所创造的生产力,比过去一切世代创造的全部生产力还要多,还要大。自然力的征服,机器的采用,化学在工业和农业中的应用,轮船的行驶,铁路的通行,电报的使用,整个大陆的开垦,河川的通航,仿佛用法术从地下呼唤出来的大量人口,——过去哪一个世纪料想到在社会劳动里蕴藏有这样的生产力呢?"[①]换句话说,严格附着在陆地上的自给自足的农业和牧业经济,毕竟有着难以克服的弱点,既容易滋生出专制守旧的上层建筑和狭小封闭的经济基础,也不利于彻底解放区域经济发展的潜在生产力。清代中期以前,华北和蒙古高原地区以"都城—治所"为主导的内向型市场网络,很大程度上就是这种政治经济弱点长期积淀的结果和表现。这也是为什么清朝中期以后,中国在与西方列强的政治、军事、经济博弈中,逐步处于劣势的根本原因之一。从这个意义上看,如果说中国汉唐盛世的辉煌是由农牧文化所造就的话,那么,中国晚清民国的屈辱则是农牧文化的强弩之末。它面对正处在上升期的西方现代工业文明,无时无地不暴露出捉襟见肘的尴尬。

在这种历史境况下,中国经济要想迸发出更大的活力,较为可行的途径就是被动或主动地接纳源自西方的先进生产方式和技术,以现代工业作为主导经济产业,将传统农牧业经济自觉纳入到现代工业经济轨道之中。而开放一系列对外贸易通商口岸、以"口岸—市镇"外向型市场网络取代原有"都城—治所"内向型市场网络、积极整合区域市场,并逐步开拓国内市场和国际市场,正是发展现代工业的必要条件。

近代华北与蒙古高原也正是被动或主动地适应了晚清民国的国内外经济形势,才使得当地农牧工商业经济在已有的基础上,获得了前所未有的发展成就。而其经济进步的根本动因,也正缘于该区域市场结构的时间与空间转型。

---

① (德)马克思、恩格斯著,中共中央编译局编译:《马克思恩格斯选集》,第一卷,人民出版社,1995 年,第 277 页。

第三章 传统与现代相耦合的立体化交通

交通虽然不是经济活动中的四大基本生产事业,却是流通环节必不可少的辅助手段和过程,它可以在物流方面协助完成经济链条中从生产到消费的衔接,实现商品的价值和使用价值,完成生产和再生产的物质循环;同时,也在人员流动和信息传播方面,联通着整个的经济和其他社会领域。

笔者认为,近代华北和蒙古高原的交通体系(communication system),包括客货运输(transportation)和信息传递(information transfer)两大部分。即既包括新式的水陆运输、邮政和电信,也涵盖传统的物流、人流和信息流渠道。

清代中期,华北和蒙古高原的运输方式,依然是以依赖人力和畜力的陆路运输为主,以依赖人力和风力的内河和沿海水运为辅;通信方式,则以传统的驿站传递为主。开埠通商以后,随着火车、轮船和汽车等新型交通运输工具的出现,以及新式邮政和电信网络的建立,华北和蒙古高原的交通状况产生了质的飞跃,到20世纪30年代,该区域初步形成了以铁路和公路交通为骨架,以沿海和远洋轮船运输为补充,以传统内河和陆路交通方式为辅助的交通运输网络,为该区域的商品流通和商业信息传递提供了便捷的物质和技术手段,强化了与国内外市场间的人员、物资和信息交流。该区域的立体交通体系,促进了近代外向型经济的发展与经济地理格局的演变。

因此,"这中间的关键因素,是动力和技术条件的改变所带来的交通工具和装备上的革新,只有看到和强调了这一点,才知道路永远是路(尤其是平原地区的近捷路线),而支持交通的动力、技术、工具的变化是首要的,其变化会带来交通体系及网络的根本变革"[①]。

第一节 海港建设与华北近代海运业的发展

一、清中期以前的华北海港与海运

从相关记载和研究成果可知,华北沿海的港口建设和海上运输业很早就开始了,清代继承前代,并有了一定程度的发展。

清代前期的华北沿海港口,主要有渤海湾西岸的天津港,山东半岛沿岸的胶州塔埠头港、莱阳县的羊郡港与金家口、福山县的烟台港等。[②]

---

① 这是侯甬坚教授为本章初稿所作的评审意见,特此注明并致谢。
② 张利民等:《近代环渤海地区经济与社会研究》,天津社会科学院出版社,2003年,第69—75页。

随着漕粮转运和南北物流的发展,清代中期天津港的贸易范围,已经由南北大运河沿线地区逐步向华北、江浙和闽粤沿海地区扩展;吞吐的货物类别,也大大超出了内河漕运所限定的范畴。到清代中叶,天津已成为华北最大的商业中心和港口城市。

塔埠头是胶州湾内最大的港口,清咸丰九年(1859)的时候,"其贸易之繁盛,乃在附城之西南郭,载货大小车相属于道。旧设行八家:福广行曰孙公顺,杉木行曰王德茂,棉花行曰陈正隆,驴骡行曰匡吉成,草果行曰王祥升,油饼行曰孙裕盛,腌猪行曰徐德顺,干粉行曰匡公聚。近岁贸易,一分于金家口,再分于烟台,闽广船遂无一至者"。出口货物有山楂、花生,行户有杂粮、杂货,商业已大不如前。[①]

羊郡港是清代前期莱阳海湾最繁盛的港口市场,"南船北马,凡平(度)、掖(莱州)、栖(霞)、招(远)之土产,江、浙、闽、广之舶品,胥以此为集散所"。后来,羊郡海口逐渐淤塞后,商场转移到即墨县的金家口,"当烟台未兴,土产若油饼(豆油、豆饼)、猪、盐、沙参之属,南方棉、纸、竹、木、蔗糖之类,山西之铁锅,周村之铜货,博山、淄川之煤炭、瓷器,于焉转输";"迨青岛继复开港,龙口开埠,金口又骎骎萧索,有不能立足之势矣"。[②]

福山县治下的烟台,在明代"不过一渔寮耳,渐而帆船有停泊者,其入口不过粮石,出口不过盐鱼而已。时商号仅三、二十家。继而帆船渐多。逮道光之末,则商号已千余家矣。维时帆船有广帮、潮帮、建帮、宁波帮、关里帮、锦帮之目",[③]为稍后辟为通商口岸,奠定了航运和商业基础。

清代前期的华北沿海港口,在该区域以及南北沿海之间的国内物资交流中起到了一定的中介作用,但是,由于这些港口的腹地经济主要是传统的农业经济,所以其港口运输的规模有限。从港口技术上看,清代前期的环渤海港口,主要集中在天然水运条件较为优越的沿海小港湾或者较大入海河流的岸边,人为修筑的工程不多。面对自然力量的冲击,如泥沙的沉积和港口的淤浅,人们几乎无能为力,唯一的办法,就是消极退让,转移港口;从航运技术上看,无论是吃水较深的大海船,还是吃水较浅的河船,都属于木帆船,航行的动力是人力和风力,抗风浪能力差,航运的速度较慢,运输量也较小。

二、口岸开放与海港建设

太平天国运动和中英第二次鸦片战争以后,华北沿海的天津(1860年)、烟台(1860年)、青岛(1897年)、威海卫(1898年)、秦皇岛(1898年)、海州(1905年)、龙口(1915年)先后被动或主动地辟为通商口岸。此后,为适应沿海和对外贸易的发

[①] (清)郭嵩焘:《郭嵩焘日记》,第一卷,湖南人民出版社,1981年,第267—268页。
[②] 王丕煦等纂修:《莱阳县志》,卷二之六,实业,商业,民国二十四年排印本,台湾成文出版社影印本。
[③] 许钟璐等修纂:《福山县志稿》,第五,商埠志,缘起,民国二十年排印本,台湾成文出版社影印本。

展,这些地方的港口建设均得到了快速发展。

1. 天津港的发展

(1) 内河码头三岔口港区

海河流域,是中国内河水资源非常丰富的地区之一。在晋冀交界处的西部山区,仅流程在10公里以上的支流就有300多条,它们汇集后,形成流经东部平原的几十条大河,进而奠定了华北平原地区西部内河航运的自然地理基础。不过东汉以前,这些河流大都独自流入渤海。东汉末年,曹操为运送军需而开凿了白沟、平虏渠、泉州渠,把该地区东西流向的主要河流连通起来,构筑了一个以今天津地区为中心的内河水运网络。隋炀帝时,又开凿了大运河北段的永济渠,将漳水、滹沱河、拒马河、桑干河、潞河连通入海,并与大运河的通济渠、邗沟、江南河相衔接。唐朝又开挖了新平虏渠,使今军粮城一带发展成为船只云集的"三会海口"。金贞元元年(1153年),金朝将首都迁到燕京(今北京)后,今天津地区便成为今河北、河南、山东一带粮食转运京师的水运枢纽。此后的元、明、清各朝,也都以今北京作为都城,处在漕粮河运和海运中枢位置的今天津地区,内河航运的通达性也就得到了历代政府的格外重视。到清代中期,南运河、北运河和海河交汇的三岔口,成为天津地区也是海河流域重要的内河航运码头。

图 3-1　1910 年前后的天津三岔口码头

(资料来源:天津中裕洋行:《北支那寫真帖》,1910年前后内部发行,日本学习院大学图书馆藏书。)

(2) 紫竹林港区的建设

1860年天津被辟为通商口岸后,原来浅狭的三岔口内河码头区,已无法适应进出口贸易快速发展的新需要。于是,英、法、美、德、日、俄、奥、意、比九国列强,先后在紫竹林一带的海河南北两岸租界区,修建了新式的沿河码头,同时在塘沽建造临海码头。紫竹林段的海河,河宽水深,满潮和落潮时的潮差达 8—11 英尺,便于大型轮船的进出和停泊,具有建造码头、仓栈、发展港口的优越条件。各国的洋行和航运企业,都争相在这一河段建造了仓库,以及砖木结构或混凝土结构的码头。

紫竹林租界码头由英、法工部局负责施工建设。码头的岸壁构造多用片石和厚木板,成垂直形,便于轮船直接靠岸。英租界码头分为五处,第一码头长 60 英尺,第二码头长 200 英尺,第三码头长 420 英尺,第四码头长 350 英尺,第五码头长 60 英尺。法租界码头一处,长 90 米。为便于运输,1883 年起,又专铺了一条从租界码头通往天津城区的石路。[①] 紫竹林码头的发展,使天津的航运中心从三岔口一带转移至紫竹林租界。此后到 20 世纪初年,天津的各国租界一直在扩大中,沿海河两岸的码头长度也一直在增加。与此同时还进行了河道裁弯取直、河面加宽、修整堤岸、填平沼泽、构筑道路和建设仓库等工程,码头建设有了较大发展。1892—1901 年间,英国人在原有码头的基础上,又修建了 1 039 英尺长的新码头。至 1903 年,租界区的海河河道普遍加宽到了 259 英尺以上,为大船的转头创造了条件;1910 年,英租界码头建立了第一架岸壁式钢结构固定起重机,大大便利了大件货物的装卸。同一时期,法租界也建设了货栈和 2 900 米的码头。德、奥、比、俄等国租界的沿海河地带,也建了不少近代化码头。

同时,中外航运企业又在海河入海口建立了便于大型轮船直接装卸货物的塘沽码头,这样天津港便拥有了三岔口、紫竹林、塘沽三个水深条件不同的码头区。因受制于内河码头航道浅狭、冬季结冰封港等不利条件,1897 年,当地专门成立了由天津海关道、首席领事、招商局、开滦矿务局、外商轮船公司、各国租界、税务司以及商会代表共同组成的海河工程委员会,主要负责协调并着手进行海河水量的保持、河道的裁弯、淤沙的清理等工作。并且,从 1911 年开始,还陆续购置了几艘破冰船,在港区和大沽口航道进行冬季破冰,效果良好,"使天津港进入了一年四季通航的新时期"[②]。

航运技术方面,随着国内外轮船公司陆续到天津开展业务,天津航运发生了由帆船到轮船的变革。据统计,在 19 世纪 60 年代,天津港的帆船吨位占总吨位的 50%;到 1880 年,帆船不到总数的 1/3,占总吨位的 1/6;到了 1890 年,只有 52 艘帆船入港,而轮船却有 533 艘;1905 年以后,除了偶尔有一艘不定期的帆船到大沽口外,就再也没有帆船来到天津了。[③]

以机器为动力的轮船代替以风力为动力的帆船,引起了水上运输特别是海上

---

① 李华彬:《天津港史(古、近代部分)》,人民交通出版社,1986 年,第 60 页。
② 李华彬:《天津港史(古、近代部分)》,人民交通出版社,1986 年,第 392 页。
③ (英)雷穆森著,许逸凡、赵地译:《天津——插图本史纲》,第 22 章,商业、经济与航运,载《天津历史资料》第 2 期,天津历史研究所,1964 年。

图 3-2 海河结冰,轮船尚行
(资料来源:天津中裕洋行:《北支那寫真帖》,内部刊印,1910 年前后。)

远洋运输的巨大革命。"中国人充分感觉到把他们的货物交由外国轮船运输能有迅速和安全的优点,他们知道外国轮船可以在任何季节和季候风里航行"①。此后直到民国时期,天津港进出口船只的吨位,都在大幅度地增长;②与此伴生增长的,则是天津商品进出口的数额。轮船的使用,加快了货物运输的速度,增加了运输的数量,降低了运输的成本,为天津与国际市场直接贸易的扩大和进出口的进一步发展,奠定了坚实的物质和技术基础。

2. 烟台港势地位的变迁

1858 年,中英《天津条约》中所列要开放的口岸,本来应是隋唐以来沿海航运就相当繁盛的登州(治今山东蓬莱市)。然而英国派遣的领事马礼逊考察后发现,登州的港口区位、自然条件和贸易规模,已经不如附近的烟台镇了,遂建议将通商口岸由登州改为烟台,这得到了中英双方政府的认可。1862 年,烟台正式对外开放,当地的海关称为东海关,在海关总署编制的海关贸易报告中,称之为芝罘。"自此烟埠商业勃兴,欧货输入满洲,必先经此,再向安东、大连、牛庄运送,成为北洋贸易港的中心"③。

烟台也称芝罘,最早是因为秦始皇和汉武帝都曾经登临过的芝罘岛而得名。明代曾经在此处的小山上设置过一个海防警备用的烽火墩台,俗称烟台,这座小山于是也就被称为烟台山,后来导航用的灯塔,也设立在该山之巅。由于这个缘故,该地的地名又被称为烟台。清朝道光年间,政府因为运河漕运日趋不便而重启海运后,烟台因其较好的港口条件而成了海运漕粮和其他杂货的中继地,商业开始兴

---

① 聂宝璋编:《中国近代航运史资料》,第一辑,下册,上海人民出版社,1983 年,第 1272 页。
② 李华彬主编:《天津港史(古、近代部分)》,人民交通出版社,1986 年,第 103、146 页。
③ 郭岚生编著:《烟台威海游记》,天津百城书局,1934 年,第 25 页。

旺起来,成为隶属登州府福山县下面的一个港口城镇。道光末年,商号已达千余家。

就自然条件而言,位于山东半岛北部的烟台港,北面濒临黄海,处在中国南方海船进入渤海的枢纽位置。北面芝罘岛横卧于海中,与东面的豆蓁岛、扁担岛、崆峒岛,共同构筑起一个遮挡风浪的天然港湾——芝罘湾。故而长途航行的南方商船和漕船,"每因北洋风劲浪大,沙洲弯曲,时有搁浅触礁之患,非熟谙北路海线舵手不敢轻进,往往驶至烟台收口。另雇熟悉北洋小船,将货物分装搭载,拨至天津"①。在1898年青岛和大连开埠之前,它作为这一水域唯一的对外开放口岸,有着得天独厚的航运优势,山东和辽东半岛东部许多货物,都在烟台集散。故而青岛港崛起之前,烟台一直是山东地区最大的对外贸易口岸。

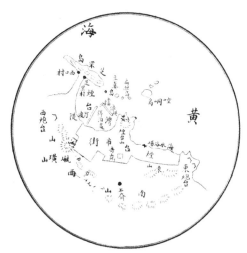

图3-3　1934年前后的烟台港势示意图
（资料来源:郭岚生编著:《烟台威海游记》,插图2,天津百城书局,1934年。）

然而,一方面,1898年大连尤其是青岛的开埠,改变了烟台的上述航运优势。而1904年连接济南和青岛的胶济铁路的通车,又使烟台失去了原有的大片腹地,大伤了烟台进出口贸易的元气。另一方面,烟台港本身的缺陷也随着现代海陆交通的发展而进一步暴露出来。因为芝罘湾虽然可以防护风浪,但水域宽阔,而烟台山以西的港区向北面呈放射性开放,每当北风劲吹之时,岛屿的屏蔽作用便大打折扣。"烟埠东南、南、西南三面环山,可遮蔽东南、南、西南各方面之风。其北面海滨为低沙,东及东北开敞,东面及东北西北各方面之风,一直袭入港内,所以一到冬春东北风或西北风强烈之时,港内波涛汹涌,船身摇动,停泊不易,妨害贸易至巨"②。同时,码头建设简陋,最大水深只有4米,大型轮船根本无法靠岸装卸,客货运输均需用小船往返驳岸。因此,建设防浪堤和深水码头,以及连通内陆腹地的现代化铁路和公路,遂成为烟台港进一步发展的当务之急。但是,清末民初,当地资金、技术的缺乏与政局的混乱,一直成为港口建设的直接障碍。直到1920年,东、西防浪堤岸方告竣工。其工程主要包括:"(1)东面挡浪坝,长二千六百呎,作曲尺状,西北端与防波堤相距,成港的北口门,烟台与大连、天津往

---

① （清）崇恩:《登莱青碍难举办抽厘、烟台从无收税折》,咸丰九年,转引自王守中、郭大松著《近代山东城市变迁史》,山东教育出版社,2001年,第104—105页。
② 郭岚生编著:《烟台威海游记》,天津百城书局,1934年,第21页。

来之轮船,多由此出入。坝的东南端与烟台山相距,成港的南口门,与威海、青岛往来的轮船,多由此出入。(2)西面防波堤,长五千八百七十三呎,北端连一石墙码头,长六百呎,修筑小铁路一道,直达南端陆地,为运货之用。(3)挖泥工程,在坝堤所包水面的大部分,均再挖深至二十呎,即在平均低潮时,可得二十二呎之水","从此商轮寄泊,全称便利"。①

进入20世纪20年代以后,随着防波堤的修建和码头设施的改善,促使市区向烟台山以西拓展,港区和市区逐步连接起来,烟台的城市建设有了一定的改观。1928年刘珍年主政烟台的时候,将烟台100多条干支街道全部翻修成柏油马路,明显改善了交通和市貌。到20世纪30年代的时候,"烟埠建筑,多用石为基,与济南情形相似。马路最整洁的,有朝阳街、海岸街、东马路、张裕路、二马路、三马路等路。最可令人称赞的,全埠大小街巷(极僻静地方除外),皆用洋灰铺道,平滑整洁,令人可爱,路政之美,远胜平、津"②。

3. 威海卫港的建设

威海,唐代以后隶属于牟平县,金、元时期属于宁海州。明代洪武年间设威海卫,隶登州府,清初划属文登。1895—1897年被日本军队占据,1898—1930年成为英国的租借地,范围包括"威海卫湾内水面的全部,含刘公岛及他小岛,和沿湾岸达内地十哩之地,面积二千五百六十五方哩。和租借地相连接的,又有所谓势力范围地带,即自东经一百二十一度四十分起(即自宁海州之养马岛起),迤东直至成山角沿海一带"③。1930年10月1日,收归中国,定名为威海卫行政区,直隶于南京行政院。

威海地处山东半岛的东北角,北、西、南三面背山,北、东两面向海,正北方的刘公岛以及附近的日岛、青岛、黄岛成为遮蔽威海湾风浪的天然屏障。这里港面宽阔,东西16里,南北20里。刘公岛西面和大陆之间稍狭,称为西口或北口,水体较深,可以自由出入2 000吨以上乃至10 000吨的大型船只;而刘公岛的东面和大陆之间则稍微宽阔一些,称为东口或南口,不过这里的水体较浅,仅可出入2 000吨以下的船只。不过,威海湾的平均水深达到15英尺,因此,无论是商业还是军事上的区位,都是很重要的。

1898年英国人租借威海以后,开始大力建设卫城东面沿海一带的爱德华码头区,并把这里设置为不收进出口关税的自由贸易港。来自英国的太古、怡和轮船公司,日本的共同丸商船公司,以及中国轮船招商局的商船,均经过威海港而定期地来往于中国沿海和国际码头之间,各地商家也蜂拥而至,使这里的商业和贸易有了很快的发展。威海当地的商业税收,1901年为22 220元,1911年为75 673元,

---

① 郭岚生编著:《烟台威海游记》,天津百城书局,1934年,第21—22页。
② 郭岚生编著:《烟台威海游记》,天津百城书局,1934年,第17页。
③ 郭岚生编著:《烟台威海游记》,天津百城书局,1934年,第59—60页。

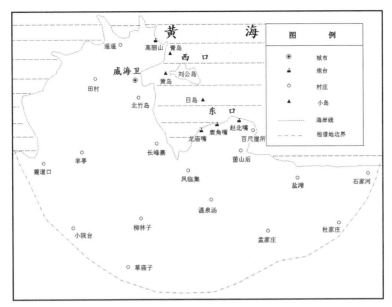

图 3-4　1934 年前后的威海卫港势示意图
（资料来源：郭岚生编著：《烟台威海游记》，插图 4，天津百城书局，1934 年。）

1921 年达 212 464 元，1930 年为 450 000 元。①

只是相对于烟台来说，威海的经济腹地更加狭小。20 世纪 30 年代初有人称其"势力所及，仅胶东的一小部——荣城、文登和牟平的东部，比烟台的贸易范围还小的多。内边既无铁路为之联络，南面又被夺于陆海均称便利的青岛，所以威海的商务，不容易有发达的希望。先是英人以威海为自由贸易港，商人贪图无税，出进口多从此地，商业尚称繁盛。我国接收以后，撤销自由贸易港制，增加海关烟酒印花等税，因是地方担负激增，物价大涨，商家纷纷他去，所以近来工商业很显败落现象"②。此后，经过中国市政当局的不断整顿，威海的进出口贸易和城市商业均有所恢复和发展。1930 年，威海的进出口贸易总吨位是 52 万余吨，1935 年上升至近 300 万吨；1930 年威海大小商号 364 家，1936 年则增加到 1 085 家。③

4. 青岛港的发展

青岛是近代华北港口城市发展中后来居上的奇迹之一。清末的时候，当地还是一派乡村景观。然而在 1898 年德国占领胶州湾之后不到 30 年的时间里，它就拔地而起，迅速发展成为山东最大的港口城市了。从城市空间拓展的角度来看，青

---

① 郭岚生编著：《烟台威海游记》，天津百城书局，1934 年，第 78 页。
② 郭岚生编著：《烟台威海游记》，天津百城书局，1934 年，第 68—69 页。
③ 王守中、郭大松：《近代山东城市变迁史》，山东教育出版社，2001 年，第 628 页。

岛也是华北地区因港兴市的典型之一。

胶州湾地处山东半岛的南面,隋唐以前就是中国东部沿海重要的航运中转港区之一。湾内水深港阔,湾口众多岛屿屏蔽,具有得天独厚的优越港势地位。位于胶莱运河河口、胶州湾内西北角的塔埠头港,成为南北方商船的重要停泊地和货物集散地。而后来的青岛港区,当时还处于荒寂的乡村形态,俗称"青岛口"。

图3-5　1897年前后的青岛口
(资料来源:半岛网。)

"青岛口"的北面背靠不其山,南面有青岛、大公岛、小公岛、竹岔、唐岛的屏蔽,东面是劳山湾,"负山面海,港口曲而澳深,形势绝胜。自归德人后,复依沙线自然之势,筑防波堤分成大小二港;而胶济铁路则直达岬之南端,后路形势开阔"[①]。青岛口地处黄海岸边,扼胶州湾的出入口,兼具北洋航线的中点,各类过往的船只和移民接连不断而来。1891年,清政府登州镇总兵章高元在青岛村修建了镇总兵衙门,1893年建成了长200米、宽10米的前海栈桥铁码头,和长100米、宽6米的衙门桥小码头。由大、小码头所形成的港区,属于镇总兵衙门管辖,而货物装卸事宜则由村里的商家代办。1896年,青岛口码头曾停泊福建、宁波民船117艘,本口以及周边沧口、女姑口、阴岛来的渔船也有400艘。青岛村的天后宫香火旺盛,是商贸活动的集中区域。[②]

1897年11月,德国侵占了青岛口,并在筹划胶州湾租借地的同时,宣布青岛口为自由港,对世界各国开放。往来的货物里面,除那些运进内地或由内地运进保护区、再经海路运往外地的必须照章纳税以外,由海路直接进出青岛口的货物均不征税。1898年德国胶澳总督府公布《置买田地章程》,按照市价征收青岛村的土地,把一般村民迁到了台东镇、阎家山等地居住,原有的商户和作坊迁移到新规划的大鲍岛商业区(今中山路一带)继续营业。除总兵衙门、天后宫以外,将青岛村的全部

---

① 欧洲战纪社编辑:《青岛》,"青岛之历史"第2页,中华书局,1914年。
② 佚名:《往昔青岛口》,青岛文化网 http://www.qdwhw.com/newsdetails.aspx?news=1400。

房屋夷为平地,沿海辟为马路。同年,清政府也在前海栈桥西侧设立了胶海关,由德国人阿里文做首任海关税务司。1899 年,在青岛口前海栈桥起卸的进出口货物为 36.9 万吨;1900 年,进出胶州湾的轮船、民船,分别为 400 艘次、4 695 艘次,进出口贸易总额达到 3 957 万海关两。

1901 年,德国禅臣、捷成、瑞记、美最时洋行和汉美轮船公司,以及英国太古、怡和洋行,相继在太平路、兰山路、广西路等路段开设了分号,从而使青岛口沿海成为洋行的集聚地。外国洋行经营对外进出口或轮船运输业务,陆续开辟了青岛至中国沿海和世界很多地方的货运(兼载客)航线 15 条。同年 8 月,德国将前海栈桥进一步扩展为 350 米,并在栈桥的南端新建了仓库。1905 年,青岛口的货物吞吐量达到了 84 万余吨,前海栈桥一带仍然是青岛商旅和货物的集散地之一。

不过,由于地处胶州湾出入口之外的青岛口是一个相对浅狭的"外港",不便于大型船只的避风和进出装卸,因此,德国殖民当局又于 1901 年在胶州湾内的东岸南部地带建成了小港区。1904—1908 年,又在小港区的北面,建成了大港区的一、二、四、五号码头,使得胶州湾的"内港"区,陆续成为青岛对外贸易的主要港区。1908 年以后,前海栈桥改为船舶检疫、引水和兵员上下的专用码头。1914 年 4 月,胶海关迁往新疆路 16 号的新大楼,以青岛口为中心的"外港"外贸时代宣告结束。[1]

1914—1922 年日本占领时期和中国收复以后,均对港区特别是内港地区进行了建设。北部主要停泊外海巨轮的叫大港,南部专门停泊内地小船的叫小港。"大港计有码头五座,可泊万吨船只。第一、第二两码头,计有堆栈七栋,以为货物临时存放之所。码头界内计有仓库十九栋,其中十一栋为普通货物寄托及租赁之用,六栋为危险品及留置货物之仓库,其余二栋一为存储物品之仓库,一为存储作业器具之仓库。第三、第四两码头专为装卸煤炭之用。至第五码头",规模最大。大港的港口防波堤长 2 990 米,阔度 269 米,面积 155 万方步,水深平均 31 米。小港"位于大港之南,系船壁长二千四百五十五米,防波堤长五百八十六米,港口阔度为一百米,面积约十三万六千方步,水深平均十九米"。20 世纪 30 年代的青岛港,"港口一切设备俱用机械,现有流动起重机二台,一为三十吨,一为二十二吨;固定起重机一台,为一百五十吨;起重机车一台,为四吨",并且青岛还实现了港区与胶济铁路的货物直接联运。[2]

优越的港口条件,促进了青岛进出口贸易的发展。"假如没有大港、小港,青岛的市面一定会减少一半以上的繁荣。因为所有山东的货物,从胶济铁路运输过来,全以此为输出的口子;而同时,外面的货物,也以此为进口的总门,从此再经胶济铁

---

[1] 佚名:《往昔青岛口》,青岛文化网 http://www.qdwhw.com/newsdetails.aspx? news=1400。
[2] 胶济铁路管理局车务处编:《胶济铁路沿线经济调查报告分编》,"一、青岛市",胶济铁路管理局,1934 年,第 51 页。

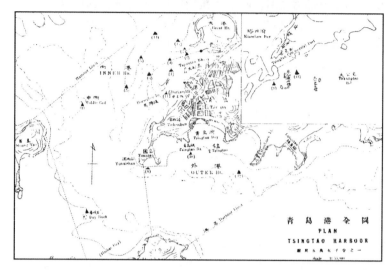

图 3-6　1934 年前后的青岛港港势地位示意图
(资料来源：青岛市港务局：《青岛港务辑览》，插图 9,1934 年。)

路运到山东内地各县去"①。而租借地内实行的自由贸易港制度，也有利于青岛商贸的发展。"开埠之始，贸易总值年仅八十万两，其后逐年递增，民国十一年(1922年)增到九千八百余万两，二十年达二亿一千九百万两，在国内各港殆无伦比"。而对外贸易的兴旺，又带来了工商业和城市的繁荣。"往者本市繁荣仅恃商业，十余年来，工厂猬起，制造发达，纺纱、火柴、卷烟等类尤负盛名。现市内中外商店不下七八千家，资本总额三亿一千八百余万元，各类工厂不下二百三十家，资本总额与出品总值，均在九千万元以上，此皆藉港口设备及本路运输，始克发荣滋长"②。

5. 开平煤的海运码头——秦皇岛

秦皇岛，又名秦王岛，位于渤海湾西海岸北中部一带，海岸曲折，海蚀和海积地貌发育广泛，基岩岬角的基岩出露，海水较深，是发展港口的理想场所，因此，无论是秦汉以后的碣石港，还是明清时期的山海关码头庄港，航运都一度繁盛。

清代道光年间的秦皇岛，是一个不足一平方公里的小半岛，"高不计寻丈，屹然挺立，连接海岸，逶迤深入海中，东西南三面环水贴岸，并无滩唇，潮落亦然"③，港深八九尺，是商船、渔舟理想的自然聚泊场所。④ 1898 年 3 月 26 日，清政府批准了秦皇岛自开商埠的奏折后，港区得到了快速的开发。官方文件称："直隶抚宁县北戴河至海滨秦皇岛，隆冬不封，每年津河(即海河)冻后，开平船由此运煤，邮政包封亦

---

① 倪锡英著：《青岛》，中华书局,1936 年，第 38 页。
② 胶济铁路管理局车务处编：《胶济铁路沿线经济调查报告分编》，一、青岛市，胶济铁路管理局,1934 年，第 59 页。
③ 《筹办夷务始末》道光朝，卷 40，第 18 页。
④ 黄景海主编：《秦皇岛港史(古近代部分)》，人民交通出版社,1985 年，第 125 页。

附此出入,与津榆铁路甚近。若将秦皇岛开作通商口岸,与津榆铁路相近,殊于商务有益。"①

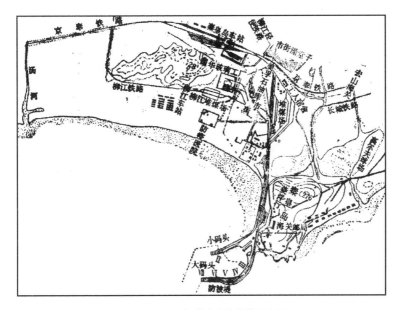

图 3-7 1925 年的秦皇岛港势示意图
（资料来源：黄景海主编：《秦皇岛港史》（古近代部分），人民交通出版社,1985 年,第 204 页。）

秦皇岛港区的大规模建设,始自 1899 年简易防波堤和木质栈桥码头的修筑。该防波堤长度为 1 800 英尺,栈桥码头长 300 米,宽 7—8 米,前沿水深 18 英尺,低潮时 14 英尺,可靠泊较大的轮船 2 艘。防波堤上修建了长约 3 英里的轻便铁路,穿越港区而与津榆铁路在汤河站接轨。同时港区还修建了大片的堆煤场。但这些设施都在 1900 年下半年被义和团拆毁。

此后在英国的主导下,秦皇岛码头继续修建。港口的主体即大、小码头和防波堤,由临海的南山头先向西南方向并列延伸,再向西曲折延长。小码头居内,双面靠泊,泊位总长 610 英尺；大码头及防波堤居外,共有 5 个泊位,单面靠泊,1917 年时泊位总长 2 060 英尺。港口建成后,吃水 25 英尺的船舶全年通行无阻。

和天津港相比,秦皇岛在气候上更有利于航运,"1 月间港口及岸边结薄冰,常为风刮散；无风时岸边可结冰 6 至 8 英寸(15—20 厘米),有时重叠结冰,气候稍暖即可消融。一般船舶进港靠泊无甚妨碍。最冷期海外受东北风影响,在距港 65 至 70 公里处海域,多遇浮冰,约在 2—3 个星期内即消失。但冬春大多时间内由于这里的港

---

① 《总理衙门札行总税务司》,随总字 2353 号文,转引自黄景海主编：《秦皇岛港史(古近代部分)》,人民交通出版社,1985 年,第 141 页。

深,海水含盐度高,且有黄海暖流的直接影响,使港口成为北方不封冻的良港"①。

6. 华人设计和管理的龙口港

龙口位于渤海湾的东南岸,北面向西伸展的屺姆半岛构成了海湾遮蔽北风和海浪的天然屏障。该港湾之内水深13—15英尺,是天然形成的良港。不过,由于这里稍稍向南偏离渤海湾的主航线,以至于民国之前,这里优越的港口条件并未得到充分利用。

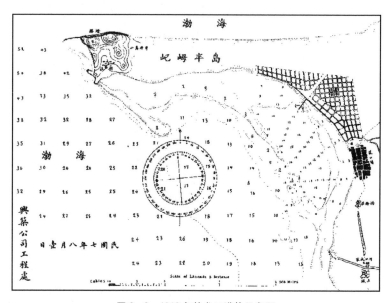

图3-8 1918年的龙口港势示意图
(资料来源:赵琪、蒋邦珍:《开辟龙口商埠纪事》,插图9,龙口商埠兴筑公司,1919年。)

1915年自开商埠的龙口,与秦皇岛一样,均属"吾政府为免人蚕食计,乃有自开商埠之令"。然而,与英国人和开平煤矿主导下的秦皇岛不同,龙口从港口规划到市政建设,都主要依靠华人才俊,比如龙口商埠兴筑股份有限公司的董事长吕海寰、总理赵瑞泉、协理蒋晋英等人,都劳心竭力,锐意进取,终使口岸开发获得了成功。② 它借鉴青岛、秦皇岛、大连各码头建设的经验,由华人陈大我设计,建造了钢筋水泥码头,港区水深在1丈3尺以上,绝大多数船舶进出港口均绰绰有余,③促进了龙口港航运和贸易的繁荣。

7. 港区不断变动的海州

位于今江苏北部朐山(锦屏山)以东至东西连岛之间的海州地区,原本是一片广阔的海湾。后来随着周边河流如沂河、沭河、灌河,特别是黄河的淤积,海

---

① 黄景海主编:《秦皇岛港史(古近代部分)》,人民交通出版社,1985年,第201页。
② 赵琪、蒋邦珍:《开辟龙口商埠纪事》,吕序,龙口商埠兴筑公司,1919年。
③ 赵琪、蒋邦珍:《开辟龙口商埠纪事》,自序,龙口商埠兴筑公司,1919年。

岸线不断地向东推移。这样,在新成陆的平原上,便依次出现不断向东延伸的河流入海口和河口港不断埋废又不断向东推进的奇特景观。比如这一地区的新坝、大浦、青口等,在其淤塞之前,都曾是海州地区的粮食、食盐和其他农副产品的集散中心。而"地处大浦港和灌河流域诸港中心的连云港的建设却姗姗来迟"①。

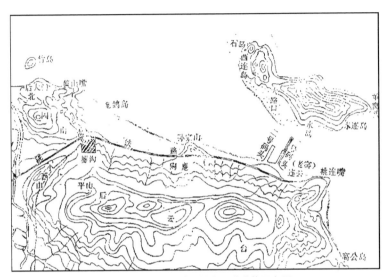

图 3-9　1936 年前后的连云港港势示意图
(资料来源:徐德济主编:《连云港港史(古近代部分)》,人民交通出版社,1987 年,第 86 页。)

近代意义上的海州港口,开始于 20 世纪 30 年代海港连云港的建设。该港区从范围上讲,东起桃连嘴,直线延伸至东连岛的羊窝沟,沿该岛南岸蜿蜒而至西连岛的石岛,再直线延伸至墟沟黄石嘴,顺北固山东麓而至海头湾,再经由陇海路地界向东南到桃连嘴,面积约 14 平方公里。包括东外港、西外港、内港和码头区四个部分。

连云港的主要码头,包括 1936 年 1 月和 5 月完工的一号和二号两个码头,一号码头工程包括长 450 米、宽 60 米的钢板桩式码头,长 600 米、顶面宽 3 米的止浪坝,和深度为 5—6 米的港池。二号码头工程包括长 450 米、宽 55 米的煤炭专用码头,12 个系船墩和进港航道。同时,与港口相配套的一些基础设施也建造起来,包括分别位于东连岛山顶和车牛山山顶的 2 座灯塔,老窑海港工程段的无线电台,在旗台山上设置的旗台揭示号志;一号码头上的 3 座 3 吨起重机和 2 座 2 吨起重机,二号码头上的煤炭卸车装船机械;可储藏 3 千吨货物的货仓,可堆放 10 万吨煤炭的堆场;发电厂和淡水蓄水池,等等。

---

① 徐德济主编:《连云港港史(古近代部分)》,人民交通出版社,1987 年,第 38 页。

近代华北七个沿海城市的港口建设,促进了港口所在的城市、海运和进出口贸易、所在区域经济的发展。

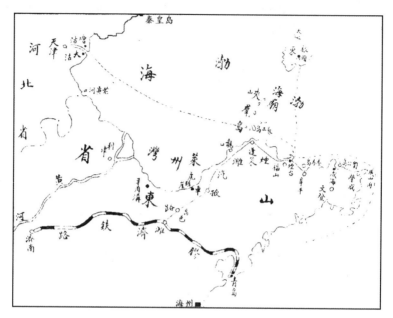

图 3-10　20 世纪 30 年代的华北主要港口港势地位示意图

(资料来源:郭岚生编著:《烟台威海游记》,插图 1,天津百城书局,1934 年。)
本书作者按:郭书原图当中的地理要素绘制不够精确,比如,济南到羊角沟的小清河,经由济南、天津的津浦铁路,经由天津的京奉铁路等重要水陆交通线路,均未画出,特此说明。

第一,市因港兴。港口建设既是城市建设的重要组成部分,也影响和带动着城市其他区域的基础建设。换言之,港口是城市建设的主体,其他区域的建设则是为港口发展和进出口贸易服务的。以天津为例,其传统时期的港区,是狭小落后的三岔口帆船停泊地,与其相对应的城区,便是坐落在南运河和海河岸边狭小的天津卫城。开埠通商以后,适应海上轮船运输的紫竹林新港区修建起来,租界城区也得到了迅速的拓展,日趋繁荣,中国政府关注下的河北新区也随之兴建起来。城区的扩大和人口的增加,使得 20 世纪 30 年代的天津成为中国北方最大的沿海工商业城市。①

第二,进出口贸易的繁荣。口岸开放和港口兴建的直接目的,就是为了发展对外贸易。所以,华北七个港口城市建设的结果,是直接带动了各个港口进出口贸易的繁荣。相关口岸的海关贸易统计显示,到 20 世纪 30 年代,华北六口的对外贸易总值,已经占到了全国对外贸易的五分之一到三分之一以上。

---

① 樊如森:《天津——近代北方经济的龙头》,《中国历史地理论丛》2006 年第 2 期。

表 3-1 1935—1939 年的华北 6 港进出口贸易总额及其在全国的地位

单位：千国币元

港口	1935	%	1936	%	1937	%	1938	%	1939	%
天津	176 362	11.75	190 474	11.53	212 933	11.86	409 929	24.74	440 180	18.99
青岛	99 791	6.65	106 285	6.44	107 852	6.01	78 403	4.73	177 007	7.46
6 港	309 777	20.64	332 014	20.11	361 531	20.14	574 513	34.67	775 385	32.67
全国	1 500 993	100.00	1 651 314	100.00	1 795 004	100.00	1 657 231	100.00	2 373 227	100.00

（资料来源：李洛之、聂汤谷：《天津的经济地位》，第 6—7 页，经济部驻津办事处，1948 年。）

本书作者按：统计数据不含东北港口，6 港指天津、青岛、烟台、秦皇岛、龙口、威海卫。

第三，腹地经济的增长。在港口城市的辐射和带动下，华北腹地以七个港口城市为枢纽的华北城镇网络、市场网络、交通网络和产业结构，都得到了相应的发展，从而提升了整个华北经济的现代化水平。到 20 世纪 30 年代，华北传统上以政治职能为主导的"都城——治所"城镇网络，已经为经济职能为主导的"口岸——市镇"城镇网络所替代，初步形成了以天津和青岛为中心城市的华北外向型市场网络体系。

第二节 陆路交通网络的新发展

一、传统陆路运输的存续

1. 华北地区的传统陆路交通

华北地区特别是其平原地区，地势相对平坦舒缓，自古以来就是陆路交通四通八达的地方。除了宽阔的官马驿道之外，蜿蜒的民间小道也纵横交错。以天津地区为例，仅大道而言，向北就可以通往京师和塞北高原，向东可至冀东与山海关外，向西直抵文安及省会保定，向南径达沧州和德州诸地。[①]

华北地区的陆路运输工具，历代有不少的变化，但到了元明清时代，款式与规制已经基本上稳定下来。以天津地区为例，清代道路上的民间运输工具，主要有四种：

一是驮子和驴脚，用牛、马、驴、骡来驮运货物叫驮子，用驴载人叫驴脚。

二是独轮车，也叫小车或手推车，可以一人独自推行，也可与人、畜牵引结合起来，在狭窄崎岖的乡间小道上非常适合，据 1906 年的统计，仅天津城内就有独轮车 1 567 辆。

---

① 岳丹：《从"河北"看天津交通的发展》，《天津河北文史》第 2 辑。

三是地排车,也称地扒车,结构与马车相同,只是材料均较马车纤细,4人分别驾车和拉车,可运货3 000—4 000斤,1906年天津城有地排车948辆。

四是马车,俗称大车,载货用的也叫敞车,载人加一支架棚席也叫轿车,由一匹马(牛、骡)驾辕或多匹共同拉车,城乡均普遍使用,1906年天津有马车1 394辆。"大车在华北为主要交通工具,稍为富有之农家多自备一辆,以为运载粮食、柴草、煤、盐之用。农闲时又以之为人运货,虽长途不惮跋涉,盖欲多卖气力帮助家用也。在涿县调查五十五户当中,有车的农户共计四十四家,每家多备一架。有车之农户,占调查户百分之八十"①。

图3-11 1936年河南安阳地区的农用大车

(资料来源:河南省棉产改进所:《河南省棉产改进所工作总报告》,1936年。)

华北平原地区东部的烟台,离省会济南等西部人口稠密地区较远。当时烟台洋货西进、西部土货运到烟台出口,除了要依靠小清河的内河航运和海上航运之外,还非常倚重烟(台)潍(县)大道的陆地运输。运输工具陆路以大车、驮畜为主,从烟台到内地每天有2 000匹牲口进进出出,平均每天从烟台转运200吨的商品。②到19世纪八九十年代,每天进出烟台的驮畜达到3 000头,数以百计的驮队往来于这条大道之上。当时,一支往来烟台的运货商队,一般有200头牲畜,每头可载货150—200斤,商队的单程运货能力3万—4万斤。③ 在1904年胶济铁路通车之前,烟潍大道一直是烟台口岸与内地交通的动脉。

山西高原地区,虽然地形整体崎岖不平,但从微观地貌来看,陆路交通并非十分困难。事实上,由于这里物产丰富,商业繁盛,陆路交通相当发达。清代山西的主要陆路通道,既有京西官道、北路、西北路、西路、南路、东路六条官修驿道,还有绥远至京师的山西段民道、陕甘至京师的山西段民道、飞狐道、左云至宁鲁口民道、

---

① 陈伯庄:《平汉沿线农村经济调查》,附录一,交通大学研究所,1936年。
② 烟台港务局档案馆译:《1879年芝罘贸易报告》,《1879年贸易报告》,烟台港务局内部刊印本。
③ 烟台港务局档案馆译:《1882—1891烟台十年贸易报告》,烟台港务局内部刊印本。

河东盐运道,由闽赣湖广前往恰克图等地的"万里茶道"山西段,[①]等等,均为山西地区的经济发展及与邻地的商贸联系,提供了便利的交通条件。

2. 蒙古高原地区的传统陆路交通

蒙古高原,又名蒙古高平原,顾名思义,其地形地貌是平坦而辽阔的。这一地区的气候较为干旱,地表径流较少,水量亦不大。这样的自然地理环境,使得该区域无论是长途还是短途的运输,在理论上都无法过多地利用内河水运,而只能大力发展陆路运输。当地从古到今交通发展的历史,也都从多方面反复印证了这样的事实。

近代前后的内蒙古地区,北毗外蒙高原,东连东北三省,西介西北诸省区,南接山西高原地区和华北平原地区,传统型的陆路交通较为发达。既有自长城沿线各隘口分别往北的驿路,也有通向周边省区的车马大道和商路,还有远至外蒙、新疆等地的驮运路,各县城和蒙旗之间又有众多大道和小路。在辽阔平坦的内外蒙古高原地区,各种道路的选择虽然需要参照不同的地形,但是一般情况下,除了沙漠阻隔和少数隘口(如大青山的蜈蚣坝)之外,大多不需要加工整修即可通行大车骆驼队,从而形成了一条条的通商大道;反过来说,如果一旦由于某种政治或经济的原因,草原上新辟出来的道路停止使用了,那么用不了多长的时间,这条路便会随着草木丛生而自然地埋废了,这在地狭民稠的华北平原地区,是很难发生的事情。

与此同时,蒙古高原地区的陆路运输受气候、季节的影响也不小。这一地区的土壤以黏性沙土为主,东部低洼处的湿地和沼泽也有不少,所以每逢春季冻土冰雪融化或者夏季多雨季节,道路便十分泥泞,陷车事故时有发生,特别是松嫩、松辽平原地带的道路,黏性的土质更为松软,有时四五匹挽马还拉不动一车的货物。夏季正值农忙季节,道路难行之外,复受暑热之扰,所以这一时期,为了避免牲畜体力消耗过大和运输效率低下,一般不搞外出运输,形成陆路运输中的淡季。而到了冬季,一方面属于农闲时间,牲畜闲置,另一方面,大地冻结,河流冰封,降雪也把坑洼的土路乃至车辙深沟一律铺成了坦途,便于车辆行走,从而成为农副产品大量外运和物资集散的旺季。

另外,蒙古草原到处繁衍生息着的无数牛、马、骆驼,也为传统陆运提供了取之不竭的动力资源,这使该区域的畜力运输远比华北平原地区普遍和广泛得多。货物的运输工具,主要有陆路的骆驼、大车和水路的船筏三种,骆驼的载重量为150—200公斤,日行进速度为25—40公里;大车分牛、马、骆驼挽拉的单套(牲畜的匹数称为套)、二套、四套、五套,其载重量冬季分别为150—200公斤、500—700公斤、750—1 100公斤、1 250—1 500公斤,夏季要分别减少50—300公斤,日行进速度冬

---

① 冀福俊:《清代山西商路交通及商业发展研究》,山西大学2006年硕士学位论文,未刊稿。

季为30—40公里,夏季为20—27.5公里。① 如果非要对各地的运输工具和运输方式作一区分的话,只能说蒙古高原特别是内蒙古高原,东蒙地区以牲畜挽车运输为主,西蒙地区以骆驼驮运方式为主。运输工具除马、骡、驴、牛、骆驼等牲畜外,还有大车、小车、勒勒车、骆驼车、俄式四轮马车等。

清代后期的资料显示,当时从天津运货销往内外蒙古草原,共有三条线路可以通行,一是经张家口,一是经独石口,一是经古北口。"凡欲去津前往喇嘛庙(今多伦)之商人,向取古北口之路,因其最为直接;倘生意需该商趋赴归化城(今呼和浩特),则必选择张家口一途。各路均可通行大车,虽有几处崎岖不平。唯商货之上山下山,全凭骆驼载运"②。而由草原上外销到天津的皮毛等货物,平时"全凭骆驼运出蒙古,每峰负载三担左右。每逢夏令骆驼即脱其毛,更有雨水伤及其足,故夏日多听其静养。夏月之运输,或以负荷较小之骡子,或以联牛、马及驴所挽之车。斯二种方式,其费用俱较骆驼为高。出于西伯利亚之货运方式,与蒙古境内如出一辙"③。

从内蒙古地区的角度来看,除民间商道之外,还有清朝政府在元、明两代旧有道路基础上拓建的遍布内外蒙古地区的驿路网络。即通过长城的五个隘口喜峰口、古北口、独石口、张家口、杀虎口的五条驿道,它们呈南北走向,东西并列,共同伸向草原腹地。

其中的喜峰口一路,南起直隶永平府的喜峰口,北达内蒙古哲里木盟的哈达罕,全长1 600多里,共设18个驿站;经过内蒙古的喀尔喀左翼、敖汉、奈曼、扎鲁特、科尔沁、扎赉特等10部20旗。

古北口一路,南起直隶顺天府的古北口,北达内蒙古锡林郭勒盟的阿鲁噶穆尔,全长900多里,共设16个驿站;经过内蒙古的翁牛特、扎鲁特、巴林、阿鲁科尔沁、乌珠穆沁等5部9旗。

独石口一路,南起直隶宣化府的独石口,北达内蒙古锡林郭勒盟的瑚鲁图,全长600多里,共设7个驿站;经过内蒙古的克什克腾、阿巴嘎、阿巴哈纳尔、浩齐特等4部7旗。

张家口一路,为直隶连接内外蒙古的最重要的一条驿道,它南起直隶宣化府的张家口,北达内蒙古乌兰察布盟的吉斯洪伙尔,全长500多里,共设19个驿站,从吉斯洪伙尔站再往北,通往漠北蒙古的乌里雅苏台;经过内蒙古的四子部落、苏尼特、喀尔喀右翼、茂明安等4部5旗。

杀虎口一路,南起山西朔平府的杀虎口,分东西两路抵达内蒙古地区,东路北达归化城,共设4个驿站,西路达于伊克昭盟的察汉扎达盖,共设7个驿站。

---

① 韦胜章主编:《内蒙古公路交通史》,第一册,人民交通出版社,1993年,第31页。
② 吴弘明编译:《津海关贸易年报(1865—1946)》,1865年贸易报告,天津档案馆、天津社会科学院内部刊印,1993年。
③ 吴弘明编译:《津海关贸易年报(1865—1946)》,1866年贸易报告,天津档案馆、天津社会科学院内部刊印,1993年。

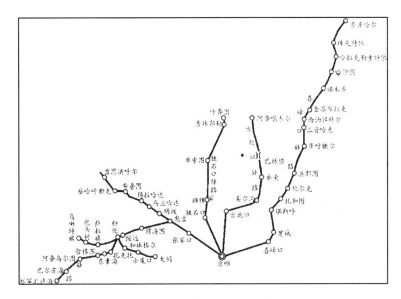

图 3-12 近代内蒙古地区的 5 条驿路示意图
（资料来源：本书编委会：《内蒙古古代道路交通史》，人民交通出版社，1997年，第191页。）

从内蒙古通往外蒙古地区的主要驿道有两条。一条是从内蒙古乌兰察布盟的吉斯洪伙尔向西北方向，通往科布多的驿道。它分为数段，从吉斯洪伙尔北达外蒙古的土谢图汗部的奇拉伊水呼尔，再到赛尔乌苏，共6站；从赛尔乌苏到三音诺颜部的哈拉尼敦，共21站；从哈拉尼敦再到乌里雅苏台（俗称前营），共20站；从乌里雅苏台再到科布多（俗称后营），共14站。从归绥到乌里雅苏台共60站，2660公里，驼行需要60天左右。另一条是从赛尔乌苏向北通往库伦，再到中俄边界的恰克图，共26站。从归绥到库伦共39站，约1435公里，驼行需要30天左右。① 这两条驿道，都向南与始自张家口的驿道相连接，政治、军事、经济意义重大。

当然，微地貌的差异，也对各地的陆路交通方式造成了直接影响。以库伦周边为例，它的南部和北部就因为地势不同而产生了不同的运输手段。它的南部是大草原和沙漠戈壁，适宜走骆驼；北部则为绵延的山脉和越来越密集的泰加群落针叶林，更适合走马车或牛车。②

不过，受外蒙政局特别是苏联扩张的影响，1924年以后，这些由内地和内蒙通往外蒙的驿道和商道，就不畅通了。"民国以后，对蒙贸易交往依旧进行，绥远与外蒙古的交通商运也畅行无阻，其间虽曾受到外蒙古政局的影响，但商务关系及驼路

---

① 陈桦：《清代区域社会经济研究》，中国人民大学出版社，1996年，第212—215页；韦胜章主编：《内蒙古公路交通史》第一册，人民交通出版社，1993年，第8页。
② （美）艾梅霞著，范蓓蕾等译：《茶叶之路》，五洲传播出版社，2006年，第100页。

运输仍继续不停。1924年蒙古人民共和国成立后,禁止汉商入境,绥蒙贸易受挫,绥远通至外蒙古各地的骆驼运路便逐渐阻断"①。

从外蒙古地区的角度来看,近代用于行军递信的官马驿道以库伦为中心,有六大干线。

其一,是阿尔泰军台道(就是库乌台站道、乌科台站道、科阿台站道三路的总称),从库伦西行,经乌里雅苏台,逾札克图汗部,经科布多,直达新疆北境的承化寺止。

其自乌里雅苏台分支的,西北行一路,经扎萨克、科布多、乌梁海三部,直到苏联的乌素止。从东南行一路,经土谢图汗部、绥远,到察哈尔的张家口止。

其科布多分支的,北行一路,经乌梁海的加达,到苏联乌素止。从科布多南行一路,达新疆的奇台止。

其二,是库呼台站道,从库伦东行,沿克鲁伦河,经克鲁伦,直到黑龙江西境的呼伦止。其从克鲁伦分支的,北行一路,到苏联后贝加尔湖的赤塔止;南行一路,达察哈尔的多伦县。

其三,是库恰军台道,从库伦关行,沿库恰汽车路至中苏交界的恰克图止。

其四,是库张台站道,从库伦东南行,经赛尔乌苏、绥远以到察哈尔万全止。

其五,是库绥线从库伦南行,到绥远的归绥止。

其六,是库赤大道,从库伦东北行,经车臣汗直到苏联赤塔止。②

随着电信和铁路等新式交通方式的出现,驿道的固有作用大为降低,所以,自1908年开始,东蒙地区的驿站开始裁撤。"东北地区修筑铁路后,驿路交通便趋于衰落,贯通内蒙古东部的喜峰口驿路和古北口驿路一蹶不振,随后裁撤台站。但在邮电设施还未完备的边远地区仍暂以台站维持。1918年,各驿站改设台站管理处,杀虎口台站管理处同时移驻归绥,1929年改称杀虎口台站管理局,隶蒙藏委员会管辖。独石口路曾设台站管理局,后奉令取消,合并于张家口台站管理局,但规模已经缩小,仅在察哈尔境内各站传递,其余均停。至1936年各站改为牧场,台站管理局则改为牧场管理局,驿传制度便从此废除"③。

3. 传统陆路运输工具的局限

传统运输工具最根本的局限,不仅在于较低的技术水平影响了运输量和行进速度,更在其于受自然条件的外在干扰太多太大。

鉴于自然条件对陆运的限制相当明显,革新传统运输工具便成为众多有识之士的强烈呼声。据载,"茶叶贸易之殊形繁昌,归因于蒙古牧草异常丰茂,彼处殆皆用作驮畜之大群单峰驼,向以此草为生,刍秣之丰歉于此项贸易之繁盛甚有影响。

---

① 韦胜章主编:《内蒙古公路交通史》第一册,人民交通出版社,1993年,第13页。
② 杨文洵等编制:《中国地理新志》,第十一篇,中华书局,1936年,第22页。
③ 韦胜章主编:《内蒙古公路交通史》第一册,人民交通出版社,1993年,第9页。

只缘1885年刍草歉收,单峰驼饿毙者甚伙,俾行此路之运茶工具极形短缺。牧草供应之无常,运输工具便无所保证。如是则使若干俄商首领,筹划铺设一条轻便之窄轨铁路,以便贯穿张家口至库伦之蒙古草原"①。不仅正常的商品流通如此,就是十万火急的灾荒救济,也莫不受到落后运输工具的极大制约。1877年前后,华北连年大旱,"由天津发往晋省之大宗米粮,在地际晋、直两省之山麓须滞数周,以待车辆、驮畜或搬夫将救济物运至彼处。再者,车来人往致使山隘之狭道不断壅塞。当其时也,若有一条铁道,甚至数条易行之马车路,亦能拯救数十万人之生命"②。

从技术层面上来看,这一时期,西北地区内部及其与内地间的陆路交通,还是相当传统和落后的。以西北与天津间的交通运输为例,陆路地段主要靠骆驼和马(牛)车。除了它们的行进速度相当迟缓,单位时间里所能够承载的货物总量也是非常有限的。据统计,每峰骆驼的负载仅为3担(300斤)左右,③骆驼队"由古城至归化,平常七十日可达,运货则至少非半年不可,盖任重道远,不能终日行走,或遇骆驼疲乏,则耽搁数月,亦往往有之",因为"骆驼一年只秋冬二季为强壮之时,春夏全身脱毛,疲敝无力,不能运货,故春夏必须休息"。④而且,货物运到归化以后,还需要再消耗大量的时日才能到达天津口岸。而他们在天津采购到的土洋杂货,也要用同样缓慢的方式运回新疆。从天津到新疆奇台,"行张家口一路,行程须九十日至七十五日之间。行大道则非四阅月不可"⑤;再加上途中耽搁,以及购销货物,马车在两地间"往返一次就需要一年的时间"⑥。交通技术的落后,成为制约西北经济市场化和外向化的一大瓶颈。

二、铁路的修筑

1. 华北近代铁路网的形成

华北地区的铁路建设,肇始于以天津为中心的洋务运动。

为了便于开平煤的外运,在李鸿章的支持下,1881年修通了从唐山到胥各庄的铁路;1888年唐胥铁路又经北塘、大沽延伸到了天津。李鸿章视察后的评价是:"自天津至唐山铁路一律坚实,桥梁车轨均属合法,除停车查验工程时刻不计外,计程二百六十里,只走一个半时辰,快利为轮船所不及。"⑦津唐铁路的通车,揭开了华北陆路交通现代化的新纪元。

铁路运输的便捷,有力地排除了守旧派对铁路建设的猜忌和干扰,并促成了20世纪初胶济(青岛—济南,1904年)、京汉(北京—汉口,1906年)、京奉(北京—奉天,

---

① 吴弘明编译:《津海关贸易年报(1865—1946)》,1886年贸易报告,天津档案馆、天津社会科学院内部刊印,1993年。
② 吴弘明编译:《津海关贸易年报(1865—1946)》,1877—1879年贸易报告,天津档案馆、天津社会科学院内部刊印,1993年。
③ 吴弘明编译:《津海关贸易年报(1865—1946)》,1866年贸易报告,天津档案馆、天津社会科学院内部刊印,1993年。
④ 林竞:《西北丛编》,神州国光社,1931年,第406、405页。
⑤ 林竞:《新疆纪略》,天山学会,1918年,第28页。
⑥ 谢玉明:《赶大营的"路单"和"大篷车"》,《西青文史资料选编》第4辑,1990年。
⑦ 中国近代史资料丛刊:《洋务运动(六)》,上海人民出版社,1961年,第199页。

图 3-13 1910 年前后的天津火车东站
（资料来源：天津中裕洋行：《北支那寫真帖》内部刊印，1910 年前后。）

1907 年)、正太(正定—太原,1907年)、道清(道口—清化镇,1907年)、京张(北京—张家口,1909年,1923年向西展至包头)、汴洛(开封—洛阳,1910年,1934年向东展至连云港,向西展至西安)、津浦(天津—浦口,1912年)等铁路的先后通车,形成了一个以天津、青岛等口岸城市为枢纽的华北现代铁路网,高效地协调了海、陆之间的运输。

而京绥铁路的通车,则直接和间接地改善了蒙古高原南部地区的交通运输状况,引起了内蒙古地区交通格局的重大变迁。使铁路南北两侧的道路交通指向,由原来的散乱状态统一指向了铁路上的中心车站,从而建构起以铁路为中心、以公路和传统道路为枝蔓的新型交通运输网络;使该区域原本星散的交通和商业中心,也在重新洗牌后移到了铁路沿线的城镇。

以多伦为例,由于它位于北京至海拉尔、北京至库伦的官马大道上,同时东经围场、赤峰可至东部各盟旗,西经察北各旗县可进入绥远东部,西南又与张家口及口内连通,所以自清朝前期就成为东部蒙古的交通中心,著名的口北三厅之一——多伦诺尔厅就设在这里。多伦建有闻名远近的汇宗、善因两大寺庙,信徒和商人纷至沓来,香火非常旺盛,自然也成为内、外蒙古与内地之间进行商贸活动,特别是交易马匹和其他物品的商业重镇,俗称马市、马庙、喇嘛庙。也正是由于交通和商业上的重要性,1913年多伦诺尔厅改为县,划归察哈尔特别行政区,并于1914年自开为对外贸易的商埠。口北盐务局、税务监督署、察东镇守使等官署,也都驻扎于此。

然而,铁路的兴修却改变了多伦作为区域交通中心的区位优势。一者,东北铁路网修筑以后,从北京前往呼伦贝尔就不必再经过多伦了;二者,1909年以后,京绥铁路已经通车至张家口,塞上重镇也开始位移,与库伦之间的口内外贸易中继站,也移到了张家口,多伦交通和商业上的重要性大幅下降,反过来成为从属于张家口之下的次一级商业城镇。

2. 东北近代铁路网的建设

东北是中国近代铁路网络最为密集的地区,它肇始于19世纪90年代。主要铁路干线,包括俄国人1898年动工、1903年全线通车的东清铁路(亦称中东铁路,即俄国西伯利亚铁路的中国段,其干线西从满洲里入境,中经哈尔滨,东至绥芬河出境;其支线北起哈尔滨,中经长春、沈阳,南抵大连、旅顺),1905年日本人修建并控制的吉长(吉林至长春,1912年)、四洮(四平至洮南,1922年)、洮昂(洮南至昂昂溪——今齐齐哈尔市,1926)、吉敦(吉林至敦化,1928年)铁路,以及东北地方政府修建的南满铁路的运输支线。

东北铁路的修建,直接影响到东蒙古地区的交通格局和效能。中东铁路西段横贯呼伦贝尔境内,这就使得海拉尔迅速由一个荒凉的小城发展成为黑龙江省西北地区的军事、政治和经济中心;而原本是边防驻地的满洲里,也随之成为重要的畜产品集散地和边境贸易市场。同时,哲里木、昭乌达、卓索图盟各旗王府,也逐步成为连通邻近县城的铁路运输网上的重要节点,形成了以海拉尔、西布特哈、通辽、赤峰等为次中心的新的陆路交通网络。

3. 外蒙古地区的铁路规划

整个漠北蒙古地区,近代时期的铁路建设规划主要有三种:一是外蒙古地方自己的建设规划,包括从库伦到张家口的张库线和从库伦到恰克图的库恰线2线,合称张恰路线,向北连接西伯利亚大铁路的上乌丁斯克站。二是孙中山实业计划的铁路计划里面有关外蒙古的部分,包括中央铁路系统中自东方大港至库伦、乌里雅苏台2线;西北铁路系统中自北方大港至恰克图、乌梁海、阿尔泰3线;东北铁路系统中东镇克鲁伦线、葫芦岛克鲁伦线;扩张西北铁路系统中的15条线:多伦恰克图线、张家口库伦乌梁海线、绥远乌里雅苏台科布多线、静边乌梁海线、肃州科布多线、西北边界线、迪化乌兰固木线、夏什温乌梁海线、五原多伦线。三是南京国民政府国道设计会,设定的全国路线网中,涉及外蒙地区的铁路线,其一为京蒙线,从南京经皖豫晋绥入境,经叨林、库伦,至买卖城止。其二为黑蒙新线,从黑龙江入境,经库伦、乌里雅苏台、科布多至新疆。①

这些铁路建设规划固然美妙,但由于种种原因,却没有真正地付诸实施。

4. 国际铁路的修建

这里所说的国际铁路建设,是指濒临蒙古高原的两条俄国铁路,又分为北路和西路。北路是指1903年贯通的西伯利亚大铁路,西路是指巴尔喀什湖东岸向北连通西伯利亚铁路的土西铁路(1930年通车)。这两条铁路相互连通后,向西通往莫斯科,向东通往中国的东北地区,成为辐射中国漠北蒙古和新疆地区的现代化交通要道。

到新疆和外蒙西部去的华北商人,就有不少人借助这一铁路通道,先从天津乘火车沿北宁铁路(1907年通车)到达沈阳,再转南满铁路(1903年通车)经长春等地到达中东铁路上的滨江(今哈尔滨),再向西经龙江(今齐齐哈尔)、呼伦(今海拉尔)、胪滨(今满洲里)沿西伯利亚铁路(1903年通车)进入俄国境内,再向南沿阿尔泰支线转入土西铁路上的塞尔角波尔,再乘马车向东,到达中国新疆的塔尔巴哈台等地,全程只需25天左右。

---

① 杨文洵等编:《中国地理新志》,第十一编,中华书局,1936年,第22—23页。

5. 近代铁路建设的作用

近代时期的现代铁路建设,在较大程度上为华北和蒙古高原地区之间经济联系的加强,提供了长距离快捷的陆路运输手段。早在1905年,华北铁路网尚在初创时期,津海关的四等一级帮办派伦(Lewis S. Palen),就对这一新型运输方式的作用特别是商业作用,有过很高的评价:"毫无问题最主要的是中国人已经乐意利用这个快速旅行方式,并且用这种方式来从事商业与社交。随着道路的发展,正统的地域观念必然会消失,同时也会唤醒人民的较大的民族统一意识。在商业上,从北京到塘沽以及从塘沽到北京大部分货运已经转向铁路去了,虽说还有较大部分的出口货物还是由队商运到通州,再由木船运到本埠。这两条道路的货运费用相比一下,对保存古老的河道运输起了很大的影响。再者,供应本地市场易腐物品的地区不可避免地扩充了,并且,更多的地区为出口生产这种物品。在某些地区发展了花生与水果的新交易。随着北京—张家口的铁路通车,无疑,大量的由于高运费而未运到市场的便宜物品将会运来加大出口贸易。同时,每向西部与西北的矿产与农产宝库扩张一次,这种贸易增加的过程就会重复一次。"① 稍后,华北铁路网络的快速发展,充分证实了派伦的上述判断。"铁路运输条件日渐便利,对这种进展起了极大的作用。先前,货物一直由骆驼、大车与木船运至本埠,这种运输方式不可避免地会迁延时日,并且有遭受损失的可能性。现在,只有从产地到最近的火车站一段仍采用这种旧的运输方式,到车站后就由火车转运至天津了。这样,节省了许多时日,而且大大地减少了风险"②。

铁路运输的快速发展,不仅便利了华北和蒙古高原地区的商品进出口贸易,而且使沿线一些城镇,在担当天津和腹地间货物中转市场角色的过程中,得以迅速崛起,并由此带动了周围地区经济的外向化。

京汉线上的石家庄,原本是正定县的一个小村子。京汉、正太铁路通车后,这里迅速发展成为天津沟通山西乃至西北地区的重要门户和皮毛中级市场。据记载,每年通过这里运销天津等地的西北皮毛,约有900车皮以上。③

位于豫北棉区的安阳县,"在昔铁道未通,多半由小车、马车运销卫辉、怀庆一带,远及黄河以南,直达开封、许昌等处。迨广益纱厂成立,遂相率售于纱厂。其后天津、石家庄、郑州、青岛、汉口纱厂日多,于是棉花出境北达天津、石家庄,东至青岛、济南,南通郑州、汉口转销上海,已非往昔之局促于本省者可比。经营棉业者曰花行,全县不下数十家"④。

胶济铁路自青岛到济南,始修于1899年,1904年3月15日全线通车。此外,

---

① 许逸凡译:《天津海关1892—1901年十年调查报告书》,天津市历史研究所编《天津历史资料》,第4期,第99页。
② 许逸凡译:《天津海关1902—1911年十年调查报告书》,天津市历史研究所编《天津历史资料》,第13期,第31页。
③ 《中外经济周刊》,1926年9月25日。
④ 方策等修,裴希度等纂:《续安阳县志》,卷七,实业志,商业,民国二十二年排印本。

淄川到博山的铁路支线也建成了。便捷廉价的铁路交通,很快就吸引了内地的土货流向青岛,青岛的进口规模也很快超过烟台。铁路使青岛与山东内地最大的集散市场济南建立起快捷方便的联系,大大扩大了商品贸易的集散范围,山东相当多的地区都成为青岛的商品流通腹地。山东的水果、蔬菜、胡桃、豆类、豆油、烟草、毛皮、牲畜等商品大量运往青岛出口;同时,外国工业品如棉纱、棉布、机器、纸张、煤油、火柴、染料、建筑材料等,也经青岛进口,再通过铁路输往内地。[①]

平地泉原来是丰镇县属下的一个小村镇,京绥铁路在这里设站以后,它在当地的交通和经济发展态势迅速上升。1921年成立设治局,1923年升为集宁县,周邻各县的物资均以集宁为集散地,成为绥远东部地区的重要交通和商贸中心。

三、公路运输的发展

1. 华北地区的公路建设

汽车是继火车之后出现在华北地区的又一种近代化的陆路运输工具。"铁路在境内,犹人身之大动脉,而公路犹小血管。若无小血管,则大动脉中,不能有充分的血液流动。若无大动脉,亦不能充分行其新陈代谢工作"[②]。天津市内最早出现汽车的时间是1910年。1915年第一家汽车行在天津开业,1917年汽车开始在天津的货物运输中使用,此后逐步地普及开来。

随着汽车运输业的发展,用于行驶汽车的公路也开始修建起来。天津至北京、天津至保定、天津至霸县、天津至德州、天津至盐山、天津至白沟、天津至大沽、天津至沧州等几条较为正式的近代公路,通过以工代赈或由中外慈善团体和民间组织捐款等形式得以修筑。在整治、修筑公路的过程中,天津的汽车运输企业随之出现。到1927年,天津的商营汽车公司和运输行已发展到了69家,经营客货运输的汽车在100辆以上,并且大都有较为固定的营运路线。

表3-2 1927年前的天津客货汽车营运路线

起点	终点	途 经 概 况
天津	北京	一经西沽、丁字沽、杨村、武清至北京;一经北仓、杨村、河西务至北京
天津	德州	经郭家村、独流、沿南运河东岸过静海而至德州
天津	保定	经大稍口、杨柳青、独流、文安、任丘、高阳至保定
天津	山海关	经芦台、马城镇、昌黎至山海关
天津	大沽	经梁园门、沿海河南岸经白塘口、咸水沽、新城至东、西大沽
天津	塘沽	经吴家嘴、新河至塘沽

(资料来源:耿捷主编:《天津公路运输史》,第一册,人民交通出版社,1988年,第99页。)

---

① (美)单威廉著,周龙章译:《德领胶州湾之地政资料》,台北中国地政研究所,1980年,第37页。
② 陈燕山:《河北棉产之改进与斯字棉之将来》,国立北京大学农学院,1939年,第18—19页。

据表3-2可知,20世纪20年代,天津的汽车运输已经比较繁忙,为天津城乡与外地的人员和物资交流,提供了较牛马大车快捷得多的运输工具。

汽车作为一种新式的运输工具,以其灵活、快捷的优点获得了迅速的发展,从而成为火车运输的延伸和补充。到抗日战争爆发前,华北各地的汽车客货运输业都有了一定程度的发展。其中,河北省已经完成的主要公路有:京大公路,由北京起,经宛平、良乡、房山、涿县、定兴、新城、容城、雄县、任丘、河间、肃宁、献县、交河、阜城、武邑、衡水、冀县、清河、南宫、威县、广宗、平乡、曲周、肥乡、广平,而达于大名,此为河北中部纵贯南北的交通干线;津保北线公路,由天津起,经静海、霸县、文安、新城、雄县、安新、徐水,而达于清苑;津盐公路,由天津起,经静海、沧县,而达于盐山;沧盐庆公路,由天津起,经静海、沧县、盐山,而达于庆云;韩岐公路,自盐山县韩村起,而达于沧县岐口。①

表3-3 1936年的华北和蒙古高原地区汽车数量统计

省　市	小客车	大客车	货车	其他	总计
河　南	47	108	8		163
山　西	167	120	41		328
河　北	40	281	31		352
山　东	60	615	224	5	904
北　平	1 454	109	165	63	1 791
天　津	235	149	61	13	458
青　岛	819	137	233	16	1 205
热　河	15		250	25	290
察哈尔	60	15	26		101
绥　远		16	57		73
外蒙古	100	500			600
全国(不含东北、港、台)	24 542	8 234	9 362	2 664	44 802

(资料来源:金家凤:《中国交通之发展及其趋向》,第二章第二节"公路",正中书局,1937年。)

表3-4 1936年华北和蒙古高原地区已经通车和正在修筑的主要汽车路

里程单位:公里

省区	路　名	起止点	里程	省区	路　名	起止点	里程
河南	归祁干线	商丘—亳县	30	山东	烟潍线	烟台—潍县	334
	汴粤干线	开封—小界岭	440		烟石线	烟台—石岛	207
	京陕干线	叶家集—荆紫关	550		青烟线	青岛—烟台	302
	海郑干线	永城—郑县	284		青黄线	青岛—黄县	250

① 陈燕山:《河北棉产之改进与斯字棉之将来》,国立北京大学农学院,1939年,第19页。

续 表

省区	路名	起止点	里程	省区	路名	起止点	里程
山东	济濮线	济南—濮县	286	山西	太军西横	太原—离石军渡	288
	潍台线	潍县—台儿庄	455		河清南横	河津—侯马镇	104
	济历线	济南—济宁	256	河北	平津线	北平—天津	138
	青威线	青岛—威海	289		平汤线	北平—汤山	28
察哈尔	张库线	张家口—库伦	1 333		平榆线	北平—临榆县	332
	张白线	张家口—白陵庙	601		平古线	北平—古北	123
	张多线	张家口—多伦	277		平安线	北平—安国	455
	张贝线	张家口—贝子庙	601		平丘线	北平—任丘	270
	张平线	张家口—北平	177	绥远	绥蒙干线	归绥—外蒙	506
绥远	绥张干线	归绥—张家口	311		包宁干线	包头—宁夏	299
	绥晋干线	归绥—偏关	172		包榆干线	包头—榆林	201
山西	太风南纵	太原—风陵渡	674	外蒙古	张库线	张家口—库伦	1 333
	太同北纵	太原—大同	369		库恰线	库伦—恰克图	
	白晋南纵	白圭镇—晋城	348		库呼线	库伦—呼伦贝尔	2 152
	孟洪东纵	平定—辽县	121	热河	因东北四省已为日本控制,原表数据缺		

(资料来源:金家凤:《中国交通之发展及其趋向》,第二章,第二节,公路,正中书局,1937年。)

图 3-14 1934年的河南省长途汽车站景观
(资料来源:河南省建设厅:《河南建设概况》,内部刊行,1934年。)

另据庄维民的研究,山东省的公路建设发轫于1920年,至1936年,全省共有通车公路61条,总长6 700余公里。比较重要的干线有烟潍、青烟、台潍、青威、济濮、济冠、济临、济沽、济乐、历济等。同时各县之间还修筑县道14 557公里。从当时的实际情况看,公路运输的意义不仅仅在于采用了先进的运输工具,更重要的是路面的质量远胜于往昔,大量的传统畜力车、胶轮大车加入到运输中来,提高了商路的货运能力。①

山西省也在传统陆路交通的基础上,加强了公路建设,"自民国九年(1920)利用工赈及兵工修筑以来,进步亦甚可观,现已成路共有三千六百五十余里,其在计划中尚须继续修造之公路,有一万余里。此外由人民义务服役所修之县村路,亦较前日见猛进"②。

2. 蒙古高原的公路运输

内外蒙古地区的公路建设也有较快的发展,20世纪20年代,京绥铁路沿线的主要县城都出现了商业运营汽车。其运行路线一般利用旧有的车马大道或自然道路。1928年绥远建省之后,在省政府设置了建设厅,开始有计划地修建以省会为主通往各县的公路线,并谋求各县之间公路的联通。绥远的所有公路,均以铁路沿线的主要县城为起点,分别通往他县,从而形成归绥、包头和集宁三个中心。

表 3-5   1937 年的绥远省汽车营运路线概况   里程单位:公里

线路名	起止地点	所经主要地名	里程	开始营运时间	本年营运车数
包乌路	包头—乌拉河	五原、临河	365	1928.10	33
归百路	归绥—百灵庙	武川、召河	155	1928.6	9
武乌路	武川—乌兰花	哈乐	61	1931	
归托路	归绥—托县	三两、官土窑	81	1935.10	10
归和路	归绥—和林	桃花板、一间房	60	1935.10	
归凉路	归绥—凉城	西沟门	71	1935.10	
集陶路	集宁—陶林	大土城	60	1936.3	4
集隆路	集宁—隆盛庄	榆树湾	51	1936.9	
集商路	集宁—商都	大六号	75	1936.6	
集兴路	集宁—兴和	孤神庙、红帽营	99	1936.12	
丰兴路	丰镇—兴和	隆盛庄	100	1937.1	3
丰凉路	丰镇—凉城	天成、麦胡图	96	1937.1	
合 计	13 条		1 380		59

(资料来源:韦胜章主编:《内蒙古公路交通史》第一册,人民交通出版社,1993年,第140页。)

---

① 庄维民:《近代山东市场经济的变迁》,中华书局,2000年,第138页。
② 实业部国际贸易局编:《中国实业志·山西省》第9编,交通,第1章,概况,实业部国际贸易局,1937年。

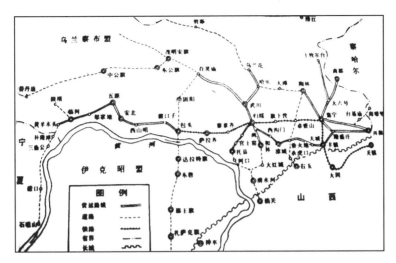

图 3-15　1937 年的绥远省公路交通示意图

（资料来源：韦胜章主编：《内蒙古公路交通史》第一册，人民交通出版社，1993 年，第 141 页。）

内蒙古东部地区的公路交通中心，则集中在张家口、赤峰、通辽、海拉尔。1918 年，张家口的大成汽车公司开设从张家口到库伦的张库汽车路线；同一时期，海拉尔开设合同汽车公司。1924 年，通辽开设汽车公司。1926 年，赤峰也有了军用的汽车运输。当然，各地汽车运输的状况还是有一定差别的，比如，"五原距包头 400 里，这里每天有长途汽车来往，7—8 个小时可到，我们的旅行，从此方便得多了。只是这里的汽车有些特奇，根据'进步的赶走落后的'这个原则，日新月异的汽车，不断的添到都市来，过时的破旧汽车，自然被赶到内地小都市去，越是交通幼稚的地方，越是汽车老朽的地方"①。

在区域内部的短途汽车运输发展的基础上，又出现了跨省区的长途汽车运输。涉及内外蒙古地区的，一是张库路，一是绥新（绥远—新疆）路。

张库路的营运区间是张家口至库伦，最早的营运商是大成张库汽车股份有限公司，成立时间是 1918 年 2 月。此后，其他汽车公司和车行相继加入了这条运输线路。到 1927 年，张家口的汽车行已经有 30 多家，商车五六十部。张库间 1 900 余里，骆驼车需 30 天，牛车需 50 天，汽车只需 10—15 天。②

绥新路在本书所涉及的区域，兴修较早、较好、起作用较大的，还是 1925 年开始冯玉祥督建的包（包头）宁（宁夏城）汽车路。该公路起于包头，中经乌拉山前、麻池、乱水泉、召湾、荷叶萨齐、加格气庙、公庙、西山嘴、西槐木、阜恒兴、黄脑楼、燕安

---

① 长江：《中国的西北角》，天津大公报馆，1936 年，第 353 页。
② 窦卫华：《我省最早的汽车路——张库公路早期通车运营简况》，《河北文资料选辑》第 7 辑。

和桥、东牛犋、五原县、邬家地、杨福来、临河设治局、黄家木独、乌拉河、补隆淖、天兴泉、富家湾、澄口、官地村、百子地、河拐子、耳了地、石嘴子、平罗县，辗转抵达宁夏城，共1 320里。①

需要指出的是，华北和蒙古高原近代交通业的较快发展，固然在一定程度上改变了这一区域的运输状况，有利于区域经济的开发和社会进步。但是，冰冻三尺，非一日之寒，一个区域交通业的彻底改观，需要一个不断完善和持之以恒的过程，不可能一蹴而就，毕其功于一役。以20世纪30年代察哈尔省的交通建设成效而言，就是一个新旧交替、优劣互见和不断反复的过程。有人说："口外六县，及各盟旗（即中部与北部），地据高原，既无峻岭，又鲜巨流，坦坦荡荡，不须人工修筑，其道路皆可行驶汽车。惟地旷人稀，村落寥寥，行旅觅食宿处，至感困难。且匪氛不靖，时有剽窃之虞，行旅须结巨帮同行。若单身作客，中途恐皆饱盗贪囊，膏彼利刃。加以塞外风沙，气候寒冷异常，旅行此地，良非易事。往昔多恃骆驼运输。近一二十年，始通汽车。至若南部之口北10县，崇山绵亘，绝少平原，虽有平绥铁路横贯其间，而铁道之外，山路险阻，曲径羊肠，交通工具，仅适于驼驮之类，困难情状，不言而喻。近年虽曾修有数条公路，然皆不逾年，即已破坏不能行车。盖初修工时，司其事者，已未能工料敷实，而竣工后，当局以忽于养路之重要，任其自然破坏，亦可慨矣。"②

第三节　新式邮政和电信业的发展

一、古老的传统邮驿系统

据史书记载，我国的邮驿、驿传或驿站制度，最早起源于周代，称之为官邮。它采用步行传递或马匹传递的形式，为官府递送文书、物品。此后，历代又进行了发展，使之成为一种机构完善、制度严密的官用通信系统。清代的驿传，分为铺递和驿递两种。铺递是以铺夫、铺兵来走递公文。驿递则用马，除递送公文之外，还护送官物和官差。

就机构建制而言，清代在京师设立皇华馆，作为全国邮驿事务的最高管理机构，直属于兵部的车驾司。另外，又在东华门附近设立马馆和捷报处两个机关，前者专管递夫和驿马，后者收发来去的公文。驿站所需经费，主要由户部及地方政府支取。清代驿传系统的基本运作程序是，由中央经驿站系统寄往各省的官封，先由车驾司验明盖戳，随即送往捷报处，由马馆准备递夫和驿马，然后传递到第一站，即西路的良乡和东路的通州，再由第一站负责传递到第二站，以次到达目的地。各省

---

① 周颂尧：《鄂托克富源调查记》，绥远垦务总局，1928年。
② 李延墀、杨实编辑：《察哈尔经济调查录》，新中国建设学会出版科，1933年，第7页。

呈送到中央来的公文,也按此办法按逆方向传递到京师。凡是经由驿站传递的公文,都要使用马封,粘贴排单,依次填写所经驿站的名称和时间。需要加急传送的公文,驿夫必须每天行进200—600里,沿途驿站则预先准备好换乘的人马。驿站除递送文报外,还要为持有火牌的过往官员供应食宿等。光绪二十二年(1896年)大清邮政成立以后,邮政局取代了许多地方驿站原有的文报递送事务。1913年以后,华北驿站制度被废止;而由于区域辽阔,其他交通方式不便,蒙古高原的驿站制度直到1936年才被废止。

民信局是明代永乐年间以后出现的一种专为民间服务的私营信息传递机构。其产生的主要原因,在于驿站系统为官府所专用,一般百姓的信息传递,除亲自往返外,只好托付给商人或旅馆,既费时日,又不稳定。于是,专门为百姓送达信物、并收取一定报酬的机构,便从宁波一带应运而生了。民信局收取资费低廉,但却极负责任,拥有良好的信誉,商民均称便利。其运输方法灵活多样,车马船舶,尽可利用。它营业最兴旺的时候,在于清中期即道咸同光之交,业务与分支机构,也从沿海沿江扩展至内地各省,甚至远及南洋群岛。1896年,大清邮政局成立以后,民信局的业务有所削弱,但依然存在。1921年,北洋政府为统一全国邮政,严令各民信局必须向邮局挂号,变为国立邮政机构的分支。此后,民信局迅速趋于衰落。

天津民信局的店员,大多属于合股的伙计,年终结账时按照股份多少和工作的成绩分取红利;外聘的帮手和脚夫,每月都发给数量不等的薪金。收取信件的方法为,在发班之前,派遣脚夫向各家商号和居民挨家挨户地询收,或者让脚夫在送信的时候沿途顺便收集。为了迅速快捷,信件从邮局、轮船码头或火车站领取后,不用带回信局,而是由脚夫直接沿途分送。一般信件遗失,予以尽力查找;挂号信件如钞票或有价票据遗失,则照价赔偿。除了有形的物品、信件和报纸由信局收发外,那些无形的重要商业信息如金融汇率和市场行情等,也都是通过信局则在最快的时间内传播到各地去的。为了加快邮件的递送速度,信局运用和借助了包括火车在内的运输工具。收费标准大致是,省内信件每封50文,外省信件每封100文。超过规定的重量,要另付邮资。付费方法分为收信人付费、发信人预付、收发双方各付一半三种;固定的老客户,则采取四季结账的方式进行。

1921年前后,在邮局挂号的天津民信局,有老福兴、全盛泰、协兴昌、森昌盛、三盛5家;未挂号的尚有裕兴福、立成、刘公义、天顺、三顺、福和6家。[①] 天津民信局的产生和发展,为港口城市及其腹地的信息和物品交流,作出了重要的贡献。

二、新式邮政的兴办

中国兴办新式邮政即国办邮政业的起因,在于为《天津条约》的相关条文尽"义

---

① 谢彬:《中国邮电航空史》,第二章,旧式邮政沿革,中华书局,1928年。

务"。当时,总理衙门为了便利各国驻京使节邮件的正常往来,责成北京海关总税务司署、上海海关、镇江海关,附设邮政部,专寄海河冬季封冻以后各国驻华使节的往来邮件。随后,又在牛庄、天津、烟台等各个沿海口岸的海关设立了邮务办事处。到1890年,各个通商口岸都设立了海关邮政部,一个涵盖广大地区的"准国家邮局"网络,已经初具规模。

鉴于传统邮驿系统存在的弊端与局限,清廷遂于光绪二十二年(1896年)颁布上谕,宣布按照欧洲国家的方法,创办国立邮政,将海关邮政部正式更名为大清邮政局,任命海关总税务司赫德兼任总邮政司,由总理衙门节制。其内部组织及相关规章,基本如旧。邮区的划分,仍以海关辖区为基础;各区的邮政司,仍由各海关的税务司兼任;各地的邮政文牍与账务,亦由各地的海关人员兼管。只是具体的邮件递送业务,才由专门的邮务人员来办理。

邮区的划分,以沿海沿江各海关的辖区为基础,将全国分成35个邮区,也称邮界。每个邮区设立一个邮政总局,内设邮政司及副邮政司以下职员,分理区内邮务;如该邮区范围过于广大,再设立若干个副总局来分理邮务。此外,在内地的省会城市中,也都设立了邮政总局,以统领其下属地区设立的邮政分局;没有设立分局的地方,便设立支局,下面再设代办所,以当地大商人为代办人。最基层的邮政单位,是城邑信柜、村镇信柜和村镇邮站。①这样,一个严密的新式邮政网络建立起来。大清邮政局最初归总理各国事务衙门节制,1911年由邮传部直辖,进入民国以后,隶属于交通部。

就其商业上的功能而言,新式邮政除了为客户寄发信件传递商务信息外,还承担大小宗货物的邮寄业务。包裹的重量,最初限定为3公斤,1916年提高到5公斤,1919年才增加到10公斤。

新式邮政系统,除因地制宜地利用传统的水陆运输工具之外,也充分借助于近代化的火车、轮船、汽车,甚至飞机来运输邮件。不仅承接国家政务公函的传递,也服务于商务交流和百姓生活,成为近代中国交通系统不可或缺的重要组成部分。到20世纪20年代,覆盖我国北方广大地区的新式邮政网络,已经相当完整地建构起来。

表3-6 1925年前后华北和蒙古高原的主要邮路概况

省 区	邮 路	沿 线 概 况
北方干线	以北京为起点而达恰克图	北京、张家口间经由京绥铁路,张家口、库伦、恰克图间,则为邮差线,近年已通汽车
山东省	胶济铁路线	于济南连接津浦铁路

---

① 谢彬:《中国邮电航空史》,第三章,新式邮政沿革,中华书局,1928年。

续 表

省 区	邮 路	沿 线 概 况
山东省	潍县—芝罘线	主要为邮差线,近通行汽车
	胶州—沂州—台儿庄线	为邮差线
	济南—大名府—道口镇	为邮差线
直隶	沿长城线	北京、通州为铁路,通州、遵化、昌黎为邮差线
	通州—宝坻—芦台线	为邮差线
内蒙地区	北京—热河线	前为邮差线,近已通行汽车
	热河—朝阳线	为邮差线,于朝阳连接京奉铁路锦朝支线
	张家口—多伦诺尔—林西—赤峰	为邮差线,于朝阳连接京绥铁路
	张家口—宁夏线	张家口、包头间系铁路,包头、宁夏间系邮差路,近已通行汽车,有时利用黄河水运
山西省	北京—太原—宁夏线	北京、石家庄、太原间为京汉、正太铁路线,太原、宁夏间,山西境内已通汽车,余为邮差路
	大同—蒲州线	大同、太原、平阳、蒲州前为邮差路,现通汽车
河南省	道清铁路线	于新乡接京汉铁路,于道口镇接直隶南部和山东西部邮路,于清化镇接山西南部邮路
	驻马店—荆紫关线	为河南西南干线,东接京汉铁路,西接鄂陕邮路
	河南—安徽诸邮路	信阳、固始联络皖西邮路,开封、归德联络皖北

(资料来源:谢彬:《中国邮电航空史》,第七章"邮路",中华书局,1928年。)

  天津是中国新式邮政产生最早的地方之一。早在1867年(同治六年),在海关的参与下,天津和北京之间以及两地涉及上海的邮件邮递业务已开始进行。1879年(光绪五年),津海关税务司德璀琳(G. Detring)被总税务司赫德任命为海关邮政司,负责整顿各口岸的邮政办事处,从而使天津成为海关邮政业务的中枢。

  1896年,大清邮政局举办后,天津邮局成为其重要组成部分。1899年(光绪二十六年),在塘沽、天津城、唐山、山海关、德州、东光、沧州、静海、保定、北戴河、秦皇岛等处设立了邮政局所。1910年,天津改为副邮界,归北京邮政总办管辖。1913年,天津升为管理局,北京改为一等局,归天津节制,并在保定设立一等局。1919年,北京升为独立的管理局,管辖京兆、蒙古、察哈尔等地的邮政事务。天津除直接管辖其邮政管理局辖区内的邮政事务外,还与其他管理局合作,协调相互间的邮政业务,以便于邮件的传递。

表 3-7 1925 年前后华北和蒙古高原地区的邮政局概况

邮界名	邮务管理局所在地	管理局、一二三等局、支局数目	邮寄代办所数目	一等邮局所在地
北京	北京	73	91	库伦、张家口
直隶	天津	197	990	保定
山西	太原	95	328	归化城
河南	开封	149	723	
山东	济南	162	679	芝罘、青岛

（资料来源：谢彬：《中国邮电航空史》，第六章，现代邮政组织，中华书局，1928 年。）

表 3-7 显示，天津所在的直隶邮区，是各级邮政管理局和代办所数目最多的地方。所以，相比较而言，民国期间，"收发邮件及包裹数目，直隶邮界，常居各省前列"。[①]

蒙古高原地区驿路制度虽然没有完全废除，但新式邮政还是得到了一定程度的发展。漠北蒙古地区的邮政网络，原归北京邮区管辖；进入 20 世纪 20 年代以后，随着苏联的强力渗透，外蒙古相对于中国已成半独立之势，其邮政系统也受到俄国人的重大影响。1921 年"邮政制度复兴，逐次脱离旧观，今则到处设有邮局。经由西伯利亚办理外国邮政，惟邮费甚高"；"邮件之检阅，亦颇严重，被开封者甚多。张家口、库伦间，尚未通邮，或托汽车运送，或利用队商。库伦与上乌丁斯克（今俄国乌兰乌得）间，已有航空邮政"。[②]

而"绥远省内邮政，均归交通部北平区邮政管理局直辖。计有一等局一处，二等局二处，三等局九处，代办所三十三处"。[③] 自光绪二十八年（1902 年）开始，在归化城、萨拉齐、包头以及和林格尔各厅，河口、可以力更（武川县治）、隆兴长各镇，设立了新式邮政系统的代办所，民国以后，丰镇、萨拉齐等处又升为二等、三等邮局，包头升为一等邮局。承办的业务除寄递信函、包裹外，还办理汇款、储蓄和国际邮件。同时，长途和短途的有线电报、电话线路及机构，也建立起来。[④]

日渐完备的新式邮政系统，在华北与蒙古高原地区的商品流通和商业信息交流中，作出了贡献。1905 年前后，郑县从上海、天津等地采购的西药，多采用函购邮寄的方式进行；[⑤] 而包头的西药，有的购自京、津，但主要是向上海的药房、药厂函购，由邮局运到包头。[⑥] 民国年间的顺德皮货商人，在蒙古和西北各地购置到皮毛以后，"其贩运方式，大半由邮局或转运公司寄回，其临铁道者由火车运至顺德"，再转

---

① 谢彬：《中国邮电航空史》，第五章，各邮区发达略史，中华书局，1928 年。
② （日）吉村忠三著，李祖伟译：《外蒙之现势》，商务印书馆，1937 年，第 121—122 页。
③ 绥远省政府编：《绥远概况》，第二编第三章，邮政，绥远省政府，1933 年。
④ 郭孝英等：《旧中国包头的邮电通讯事业》，《包头史料荟萃》第 7 辑。
⑤ 王天翔：《郑州药业见闻》，《河南文史资料》第 37 辑。
⑥ 马从中：《包头的西医西药业》，《包头文史资料选编》第 6 辑。

运天津出口。① 天津海关20世纪20年代的相关报告里也称:"近十年来,华北邮务亦以内战频兴,荏苻不靖,进行困难。幸赖所有职工坚苦卓毅,虽于兵匪骚扰之区,犹能克尽厥职丝毫未懈。因而邮件通行无阻,业务蒸蒸日上焉。各项邮件之中,以包裹最为发达。查近十年来,其由西北诸省邮寄本埠之毛皮货物,为数极多,斯为明证也。"②

三、电报电话的应用

1. 有线电报

自从1844年美国人莫尔斯把电报从实验室推向实用通讯领域以后,它就作为交通业的新宠而在许多国家得到了推广。

和铁路、轮船在中国的发展一样,电报的应用也起因于自强图存的洋务运动,这一点在李鸿章的奏折里论述得相当明确。"用兵之道神速为贵,泰东西两各国于讲求枪炮之外,水路则有快轮船,陆路则有火轮车,而数万里海洋欲通军信,则又有电报之法。近来俄罗斯、日本均效而行之,故由各国以至上海,莫不设立电报,瞬息之间可以互相问答。独中国文书尚恃驿递,虽日行六百里加急,亦已迟速悬殊。"③

为了加强通信联系,1879年,清政府开通了天津与大沽、北塘之间的电报;架通了天津与大沽之间的电话线;1880年设天津电报局,并逐步把电报线从天津向东南架设到了上海,并通过各国在上海架设的电报线路,联通了全国和世界的广大地区;向东北达山海关外;向西联通了北京、保定以至恰克图等地,联通了欧洲陆路电线。

电报的兴办方式有官办、官督商办和商办三类,1908年全部收归国办。为便于管理,在北京、天津、上海3处各设电报总局,各省要地设立分局。1912年以后,电报归交通部电政司管辖,并按照各行政区域划分成13个电政管理局,其中华北有2个:直鲁电政管理局,管辖直隶、山东各电报局;晋豫电政管理局,管辖山西、河南各电报局;并于北方的天津、北京两地设立电报学校,以培养相关的技术人才。

表3-8 1925年前后华北和蒙古高原地区主要陆路电报线路的分布概况

主　线	支　线	分　支　线
京沪线:北京—通州—天津—德州—临清—济南—台儿庄—宿迁—清江浦		
京沪线—北京至上海	天津—保定 德州—济南 济宁—曹州—开封 台儿庄—徐州—宿迁 清江浦—海州—青口—沂州	济南—周村—益都—潍县—沙河—掖县—黄县—蓬莱—烟台—威海;沙河—胶州—青岛;济南—泰安—滋阳—济宁;济南—韩庄

---

① 实业部天津商品检验局出版《检验月刊》,1934年2月号,工商要闻,第15页。
② 《天津海关十年报告》(1922—1931年),邮务,天津社会科学院历史研究所编《天津历史资料》,第5期。
③ 赵尔巽等:《清史稿》,交通志,中华书局,1998年。

续 表

主 线	支 线	分 支 线
京汉线：北京—涿州—保定—定州—正定—顺德—彰德—卫辉—郑州—郾城—信阳—武胜关		
京汉线—北京至汉口	顺德—广平—大名	
	道口镇—卫辉—清化镇—怀庆—洛阳	
	开封—郑州—洛阳—陕州—潼关	
	郾城—朱仙镇—开封	郾城—周家口
京蒙线—北京至恰克图：北京—居庸关—怀来—宣化—张家口—库伦—恰克图		

（资料来源：谢彬：《中国邮电航空史》，第十一章"陆路电线"，中华书局，1928年。）

从表3-8中可知，到20世纪20年代，华北和蒙古高原地区的主要城市，都架通了有线电报。从而为各地之间以及它们与国内外其他市场之间商业信息的传递，提供了较为普遍而便捷的现代化通信手段。

2. 无线电报

和有线电报一样，无线电报在中国的兴办同样具有明确的军事目的。1905年，直隶总督兼北洋大臣的袁世凯，在天津创办无线电报学校，招聘意大利海军少佐葛拉司等人为教习，选拔上海电报总局的年轻人做学生，学习各项相关技术。稍后，在葛拉司的帮助下，又在北洋海军的海圻、海容、海筹、海琛4艘军舰上配备了马可尼式无线电发报机，并在南苑、天津和保定的军营里安装了相应的接收装置，试验获得了成功。当时，无线电报的有效通信距离虽然只有150英里，但它却成为中国无线电报通信事业的开端。此后，虽然有个别的商业机构安装了无线电报机，但绝大部分的相关设施，还是控制在政府和军队的手中，主要用于政令和军情的传达，其在商业信息传递方面的价值，远不如有线电报那么巨大。据统计，1926年前后，"我国现在无线电台，为政府所有者，计一百处。为外国经营者，计二十九处。此外，东三省军用无线电台五十二处"[①]。

3. 电话

和电报相比，电话交通有着更加直接而简便的特点。

电话在我国的运用，最早是在上海租界的外国人中间。1900年之后，丹麦人褒尔扬开始在天津和北京安装电话；与此同时，俄国人也在东北的营口、哈尔滨、大连、旅顺，德国人也在胶州、青岛、烟台、天津安装电话；1905年后，日本也将其在南满的军用电话改为民用。

中国自己经营的电话通信事业，肇始于为衙署和官邸服务的天津官电局的成立。不幸的是，该相关机构与设施在1900年的义和团运动中被毁坏殆尽。在电政

---

① 谢彬：《中国邮电航空史》，第十四章，无线电报，中华书局，1928年。

大臣盛宣怀的主持下,1905年(光绪三十一年),天津又继广东和北京之后设立了官办的电话局。稍后,华北的太原、开封等地,也设立了官办电话局。

表3-9 1925年前后华北和蒙古高原地区电话局的分布概况

地点	性质	地点	性质	地点	性质	地点	性质
北京	部办	保定	部办	济南	商办	开封	省办
天津	部办	张家口	商办	烟台	部办	郑州	部办
唐山	筹办	赤峰	商办	青岛	部办	归绥	商办
大沽	部办	热河	商办	清江浦	军办	太原	部办

(资料来源:谢彬:《中国邮电航空史》,第十五章,电话,中华书局,1928年。)

在近代经济的发展中,邮政和电报电话都是不可少的沟通方式。山东是我国近代邮政建立较早的省份,1922年之前在山东省内,已有日本设立的25处邮政局,其中12处在胶济铁路沿线,12处在胶澳租界地内,另有1处在烟台。1912年以来,青岛电话用户增多,到1922年时共有电话2 380部,1931年达3 281部。电报局也创自日本。[①]

到20世纪20年代以后,华北和蒙古高原各主要城市都已经使用了新式的电报电话信讯,为当地政令及商务信息的传播,提供了很大的便利。

但是,在广大农村和不少偏僻的地理区域,传统通信手段依然起着关键性的作用,上述新式邮政、电信的作用,发挥得还相当微弱。比如鄂托克旗"远在绥西,人烟稀少,交通不便,所有邮电,不过甫其名,毫无实际。而且关于蒙事,皆由台站转递,动辄数月不能送到,其传递困难,不问可知"[②]。20世纪30年代的外蒙古地区,虽然"有线电信,各都市间皆有",无线电台在平地泉、乌兰哈达、明安、伊林霍罗斯、乌得等18个地方均有设立,"电信电话,亦已完成",但是,"惟电费甚昂,普通民众,几不能使用,而成为官署专用"。[③]

第四节 内河航运的繁荣

一、华北的内河航运

1. 海河及其支流的水运

华北的海河流域,正是我国水资源较为丰富的地区之一。曹操为了运送军需,开凿了白沟、平虏渠、泉州渠等人工运河,把该地区东西流向的几条主要河流连通

---

① 青岛档案馆:《帝国主义与胶海关》,档案出版社,1986年,第225页。
② 周颂尧:《鄂托克富源调查记》,绥远垦务总局,1928年。
③ (日)吉村忠三著,李祖伟译:《外蒙之现势》,商务印书馆,1937年,第122页。

起来,形成了以今天津地区为中心的内河水运网络。隋炀帝时,又开凿了大运河北段的永济渠,将漳水、滹沱河、拒马河、桑干河、潞河连通入海,并与大运河的通济渠、邗沟、江南河相衔接。唐朝又开挖了新平虏渠,使今军粮城一带发展成为船只云集的"三会海口"。

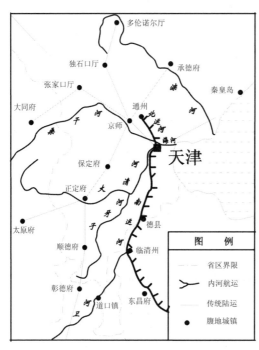

图 3-16 近代海河流域的内河航运示意图

金朝将首都迁到燕京(今北京)后,今天津地区便成为今河北、河南、山东一带粮食转运京师的枢纽。"自旧黄河行滑州、大名、恩州、景州、沧州,会境内濒河十四县之粟;自漳水行御河,通苏门、获嘉、新乡、浚州、黎阳、卫县、彰德、磁州、洺州之饷;自衡水经深州,会于滹沱,以来献州、清州之饷"①。此后的元、明、清各朝,也都以今天的北京作为都城,处在首都漕粮河运和海运中枢位置的今天津地区,内河航运的通达性,也就格外得到历代政府的重视。到清代中期,以三岔口为中心的天津港,已经成为南北运河和海河其他支流内河航运的中心港区。

1860年口岸开放以后,受国内外市场商品流通的拉动,天津地区的海上和内河航运都得到了发展。吃水深度较大的海船,大都停泊到新建的紫竹林租界港区和塘沽沿海港区;航行于海河各支流之上的大小木帆船,则依然停泊在三岔口内河港区。当时"豫省之彰德府(治今安阳市)去津行程十七日,长达四百八十哩,全程几皆水路,是以商货之运费大为减少;鲁省之临清州及东昌府(治今聊城市),去津有十三日之路程,计长三百三十哩,其情形亦复如是"②。海河和支流和潮白河、滦河水系一起,构成了天津地区的内河航运网络。

19世纪末20世纪初,随着轮船、火车、汽车的陆续,以木帆船为主要运输工具的内河水运,在区域间的物资交流中所占的比重有所下降。据统计,1912年,内河航运占天津输往腹地商品运输总量的41.61%,占内地输往天津商品总量的

---

① 天津市地方志编修委员会编著:《天津通志·港口志》,天津社会科学院出版社,1999年,第278页。
② 吴弘明编译:《津海关贸易年报(1865—1946)》,1868年贸易报告,天津市社科院历史所,1993年。

45.87%;[①]到1921年,内河航运在天津与腹地间货物集疏总量中的比重下降到25.5%,[②]但由于内河航运价格低廉、转运灵活,所以仍不失为天津与其腹地之间的重要交通运输手段。

表3-10　20世纪20年代的天津地区内河航运概况

航线	航 线 状 况	运 输 状 况
南运河航线	1. 天津—临清539公里,河道较深,水量均匀,3—12月中旬均可通航100吨左右的木船,上行15—18日,下行10日左右。部分河段可行小火轮。2. 临清—道口340公里,可行60吨左右的木船。3. 经常航行的木船可达7 000只上下。	河北、山东、河南沿线输往天津港的杂粮、煤、棉花等物产,可年达30万吨以上,约值10 077 307海关两;天津运往沿线地区的杂货,可达20万吨,约值5 931 431海关两。
子牙河航线	1. 天津—藏家桥185公里,可行50—150吨木船与汽船(小火轮),通航期9个月。再分岔为滹沱河与饶阳河(也称滏阳河)。2. 滹沱河藏家桥—正定190公里,可行25—35吨木船,亦可行小火轮。3. 饶阳河藏家桥—邯郸马头镇,高水位期可以通航50—100吨的木帆船。	连接河北南部,进而运往河南等省的各种农产如小麦、棉花、高粱、豆类、花生、果物、家畜以及瓷器、煤炭等,年约19万多吨;由天津运往上述地区的货物达11万吨。
大清河航线	1. 天津—雄县128公里,枯水期民船亦畅行无阻;天津至保定200公里,4—5天可达。2. 支流赵王河张青口—十方院30公里,龙河白洋淀—定县159公里,府河白洋淀—保定49公里,新唐河藏家湾—望都62公里,南拒马河白沟镇—定兴42公里,均行木船。3. 天津—白沟镇之间,夏秋高水位期可行100吨木船和120吨汽船。	常年约1 000余只各类木船,将各地农产品如小麦、玉米、棉花、豆类、苇等约9.7万吨运往天津;天津的面粉、砂糖、煤油、煤、火柴等约18万吨,运往大清河沿线。二者总值年约25 049 625海关两。
北运河航线	天津—通州143公里,丰水期可通行25—35吨木帆船,全年通航9个月,连接的腹地面积达9 450平方公里。	密云、怀柔、顺义、通县、武清、兴隆各县花生、大豆、杂粮、棉花、干鲜水果等,平绥、平汉铁路沿线之煤年约4.9万吨运津;天津煤油、洋布、棉纱、纸张等年约8.1万吨运往沿线各地。
蓟运河航线	1. 北塘—五里桥,通航里程216公里。2. 支流中还乡河、箭杆河、洵河、金钟河、芦台运河、煤河等,均可行船。	天津与蓟运河沿线间集疏的货物主要有棉花、谷物、煤炭、面粉、砂糖等;1912年天津向蓟运河沿线输入货物价值8 883 605海关两;1926年各类木船16 997只,总运量21万吨。

(资料来源:天津市地方志编修委员会编著:《天津通志·港口志》,天津社会科学院出版社,1999年,第279页;李华彬主编:《天津港史(古、近代部分)》,人民交通出版社,1986年,第165—170页。)

---

① 李洛之、聂汤谷:《天津的经济地位》,经济部驻津办事处,1948年。
② 吴弘明译:《天津海关十年贸易报告书(1912—1921年)》,《天津历史资料》第13期。

上述5大内河航线上的船只,大多停泊在大红桥、三岔口一带,它们所联结的内河航运腹地,达225 000平方公里,在天津与河北、山东、河南广大区域的物资交流中发挥了重要作用。

表3-11　1921—1930年各类运输工具在天津棉花输入过程中的作用

单位:担

年份	火车	百分比(%)	民船	百分比(%)	大车	百分比(%)	总计	百分比(%)
1921	496 544	78.1	125 761	19.8	13 076	2.1	635 381	100.0
1922	724 514	76.7	215 185	22.8	4 467	0.5	944 166	100.0
1923	715 959	74.6	230 166	24.0	13 671	1.4	959 796	100.0
1924	381 617	68.8	159 255	28.7	13 814	2.5	554 686	100.0
1925	464 338	43.9	574 845	54.4	18 137	1.7	1 057 320	100.0
1926	73 055	7.7	841 809	89.1	30 283	3.2	945 147	100.0
1927	227 065	18.4	956 670	77.6	48 693	4.0	1 232 428	100.0
1928	304 238	25.1	846 465	69.8	61 732	5.1	1 212 435	100.0
1929	64 779	12.5	421 868	81.7	29 909	5.8	516 556	100.0
1930	167 039	18.8	682 812	77.0	37 566	4.2	887 417	100.0
总计	3 619 148	40.5	5 054 836	56.5	271 348	3.0	8 945 332	100.0

(资料来源:华北农产研究改进社编:《天津棉花运销概况》,内部印行,1934年,第10页,第6表。)

表3-11显示,1925年以后,尽管天津地区的铁路网建设已很完善,但受运费和时局的影响,民船运输竟达天津棉花输入量的2/3。

2. 黄河中、下游干流及其支流的航运

(1) 黄河中游干流河段的航运

一般将绥远省托克托县河口镇以下,经山西、陕西2省边界而至于河南省孟津县之间,称为黄河干流的中游河段。由于它主要穿行在黄土高原的山谷沟壑之间,河面反倒不如宁夏城至河口镇一段宽阔平缓。因此,该段黄河虽然具有水运价值,但却逊色于上游的河套地区。

自河口镇以下,河水穿行在山峡之中,船行困难很大。具体表现在,这里河道曲折多且水流急,即使晴朗无风的天气,也必须竭力运用橹、舵,才能保证航行的动力和船只的转折方向;一旦途中遇到大风,那就特别危险,因为两岸陡岩峭壁之间根本没有可以停船避风的地方;春季是浅水期,礁石裸露或者浅藏于水下,更要格外小心触礁。逆水上行,船只遭遇的困难更大,因为除了要克服上述困难之外,更必须克服湍急水流的巨大下冲力。而在当时的条件下,只有完全依靠船夫拉纤。船只上行的速度全视水流缓急而定,"若老牛湾一带,拉纤者攀越悬崖,倍极艰险,每日上行不过3数里,其困难情状,有不可以言语形容者"①。

从绥远省的数据来看,由于河口镇以下河段航运困难重重,绥远与山西两省之间的船运业务,大多数止于河曲县,只有少数延伸到碛口一带。②

事实上,河曲、碛口一带与河套地区水运联系的稀少,并不等于黄河中游其他河段水运价值的缺失。从地处河东的山西省的数据记载来看,黄河中游虽然水流湍急,但"至保德可行民船,更至下流的碛口,民船可顺流而下,但不能逆航而上。至壶口一段,航行非常危险,至壶口附近龙王涎,为黄河瀑布,舟运完全不能",转经陆路绕过该段河床之后,航运之利又得以重新恢复,"自汾河与黄河的合流点而下,舟利虽称不大,但平时得其交通之助甚多"。③ 据光绪《山西通志》记述:每年秋季,从包头、宁夏等地沿黄河顺流而下的船只多达百余艘,所载货物大多为皮毛、粮食、碱面等,大多驶抵河曲、保德、兴县、临县的碛口等地推销后,转装煤炭、瓷器逆水而返,有的船只下达河津、万荣、风陵渡。其中途有壶口之天然险阻,需弃水登陆,旱地行船。凡通过的船只大多就地拍卖,不再返回。④

地处河西的陕西省的数据说得更加清晰,"黄河自绥德州以下,即可通航。但至龙王圈时,须将货卸地,用牲口驮运,约十余里,再行装船。空船则另绕由人工挖成之弧形河道,因该处水流湍急,帆船不能直下,载重则易肇危险,故须先行卸空也。抵龙门后,如遇顺风,约四五日即可至潼关,否则需十余日以致数十日不等。计自龙王圈经芝川、夏阳、大庆关等处至潼关,约三百余里,每船可载货五万斤,船价约二百四十元"⑤。由此可见,河口镇以下河段的黄河水运,尽管颇费周折,但毕竟依然是山、陕地区之间重要的物资交流通道。

由陕西潼关至河南陕县之间的一段黄河,河面变得宽阔起来,航行也相对便利了。只是其中不少的石滩,也给航运带来了一定的困难。特别是逆水上行的船只,"船傍滩拉纤以行,傍岸之机会甚少;……一船水手约四五人,一人扶舵,一人撑篙,其余在岸上拉纤,逆行日不过数十里。夜间泊岸,上游雨水暴至,每冲动船锚,漂流而下,倘有疏虞,则葬身鱼腹矣。所经河路,介在山西、河南二省之间,两岸多峭壁,中间大河通流,河身之宽常至数里,一望浩淼无际"⑥。而陕州(即陕县)东面的黄河之中,又有一块长50余丈的大岩石,"隐显于河中,舟楫至此,极有危险。故渭河流域物产之由黄河水运者,不能至陕州以东。商人之运货于河南方面,至陕州必上陆

---

① 华北水利委员会编:《黄河中游调查报告》,华北水利委员会,1934年。
② 绥远省政府:《绥远概况·上册》,第2编,交通,第5章,河运,绥远省政府内务部,1933年;华北水利委员会编:《黄河中游调查报告》,华北水利委员会,1934年。
③ 周宋康:《山西》,中华书局,1939年。
④ 转引自冀福俊:《清代山西商路交通及商业发展研究》,山西大学硕士学位论文,2006年,未刊稿,第13页。笔者转引后,曾在王轩、杨笃等纂修的《山西通志》中查找原文出处,但未查到。
⑤ 陕西实业考察团:《陕西实业考察·工商·考察陕北工商业情形》,中文正楷书局,1933年。
⑥ 吴世勋编:《河南》,五三,陕县至潼关水程之苦况,中华书局,1927年。

一次。往东陆行十余里,再装船下航。即小汽船之航行,亦无一只"①。另外,过了陕县的险要河段以后,还要再经历三门峡之险。在此峡之中,"一山如堵,横截河中",水石激荡,奇浪翻卷,声闻数里,慑人心魄。此块山石将宽约30丈的河面分成3束,称为人门、神门、鬼门,神、鬼2门,"水道窄曲,舟不敢入;惟人门修广,可行舟。陕西、灵宝之棉花,由(黄)河东运,舟小如瓢,疾行如矢,至三门上数里,簇泊北岸,虔祀禹王、河伯,然后以习水者为导,蝉联东下,去而不返"②。时人记载:"当民国初年火车尚未至陕州(即1924年)之前,陕西棉花向外输出,皆系由水路运输。及至泛水,必须经下门、三门之险,当时运输棉花,除时间长久之外,其危险非今日(即1935年)所能梦想,偶一不幸,则全舟覆没,生命难保。"③

尽管如此,该河段依然是民国时期,黄河中、下游地区之间,进行人员和货物交流的重要通道。产自山西和陕西的大量棉花,分别在荣河县的庙前口、潼关、陕州、茅津渡、垣曲等地打包装船以后,利用黄河干流水运,抵达郑县(今郑州市)的黄河大铁桥附近上岸,进入郑县的棉花集散市场。④

(2)黄河中游主要支流的航运

黄河中游支流众多,较大者亦超过10条,然而,由于受水量特别是黄土高原千沟万壑的分割与限制,能够从事长距离航运的却并不多。从数据记载看,只有山西境内的汾水,陕西境内的渭水,及其渭水的支流北洛水、泾水,有一定的航运便利。

汾水,发源于山西省宁武、静乐两县间,其干流全长约760公里。中间经过26个县境,在荣河县境汇入黄河,是晋省最主要的河流。由于它的河水流量变化太大,所以一般人觉得,汾水整体上是没有什么水运之利可言的。⑤但是,如果对其进行具体和分段的详细考察,就会发现事情并没有这么绝对。在太原以北地区,汾水穿行在山地当中,"流急水浅,航运极为困难。太原以南渐入平原,可资航行。但运行者只民间私用之木船,载重二公吨以至四公吨"⑥。特别是从新绛至汾水的黄河入河口一段,舟楫之利更大。⑦汾水下游的船只,既可以由新绛顺汾水转黄河再溯渭水,到达陕西省西安城北的草滩码头一带;也可以继续沿着黄河再向下,经过潼关而东达于河南省境内。在这一区域内,载重7—8万斤的民船,可以便利地航行。汾河在夏季河水大规模上涨的时候,自临汾以下的河段都具有舟楫之利。⑧

渭水,发源于甘肃省渭源县境内的鸟鼠山,东流至甘肃清水县以后进入陕西,

---

① 刘安国:《陕西交通契要》,下编,第3节,黄河之水运,出版社与年代不详。笔者据文内陇海铁路已通陕州等语判定,当为1924年之后。
② 吴世勋编:《河南》,五〇,三门砥柱,中华书局,1927年。
③ 铁道部业务司商务科编:《陇海铁路西兰线陕段经济调查》,内部刊印,1935年。
④ (日)大岛让次著,王振勋译:《天津棉花》,《天津棉鉴》1930年第4期。
⑤ 全国经济委员会:《山西考察报告书》,第4编,山西水利问题,全国经济委员会,1936年。
⑥ 华北综合调查研究所水利调查委员会编:《洛水汾河及沁河历史研究》,一、汾河历史研究,第二章,水利,华北综合调查研究所,1944年。
⑦ 杨景雄、李庆成、邱祖谋、盛叙功、葛尚德:《中华民国最新分省地图》,第27图"山西省",寰澄出版社,1946年。
⑧ 周宋康:《山西》,中华书局,1939年。

经过宝鸡县的虢镇而进入咸阳,再向东流经西安的草滩、临潼的交口、渭南的白杨寨,在三河口与黄河相汇合。就水运条件来看,渭河虽然是一条蜿蜒千里的大河,但由于其上游多穿行在山谷之间,所以"舟运甚鲜。惟有小舟常见于潼关、咸阳二百五十里之间";从船只种类上看,除通常称呼的大公船之外,还有不少吃水较浅的简易小船;另外,在1917年的时候,还曾经在潼关至西安北窑店铺之间河段,试航过小汽船,可惜未获成功。风向、河水流向和水文状况的差异,都会影响到水运日程的长短。从咸阳顺流而下前往潼关,其间只需2—3日;反之,从潼关逆流而上抵达咸阳,其间则需要4—5日。① 另一方面,"惟水浅流缓,并非四季通航。咸阳以下,载重千担之民船尚能通过。咸阳以上,须在洪水时期,始能通三百担以上之船只。上运货物,有韩城煤炭,山西食盐,及东来之茶、糖、布匹。下运货物,则为药材、棉花、牛羊皮等"②。

北洛水,为渭水的支流,发源于陕西省北部定边县的白于山,流经保安、安塞、甘泉、鄜县、中部、洛川、宜君、白水、澄城、蒲城、大荔、朝邑等县,沿途物产丰富。但是,由于水狭流急,大部分河段缺乏航运便利。只有大荔以下的河段才可以通航,船只的载重量,至多500担。③

泾水,发源于宁夏回族自治区泾源县境内,也是渭水的一条支流,可供航运的河段更短,只有在泾阳以下,才能通行载重20—30担的小船。④

(3) 黄河下游干流河段的航运

黄河自河南省孟津县、特别是武陟、河阴以下,便完全摆脱了两岸高大山脉的约束,进入到广阔平缓的冲积平原,水流的速度遂逐步减缓下来。这样,河水挟带的泥沙便得以大量沉积在河床上,河流改道事件也就屡屡发生。为了减少水患,先民们很早便从这里开始,一直到黄河入海口,人工构筑起了层层叠叠、连绵不断的堤坝。久而久之,黄河就被两岸的大堤束狭成了河底高于堤外地平面的"悬河"。然而,"悬河"的出现不等于航运价值的失却。因为在两岸的堤坝之内,黄河依然是一条洪水翻滚的浩淼巨浸。既然有水,就能行船航运。并且,黄河愈到下游水量愈大,河面愈开阔,航运愈便利,物流方面的贡献也就愈大。

在河南省境内,黄河自"郑县以下,至山东的栎口(即济南附近之洛口镇)间,水运称便,所以豫东的农产品,一部分由此途散布山东一带"⑤。开封北面的黄河,河面宽度已经达到了10余里。除河南省东西方向的物资需要依赖黄河水运之外,南北两岸的物资和人员往来,也必须借助于船只的载运,从而在河流两岸形成了很多

---

① 刘安国:《陕西交通契要》,下编,第4节,渭河之水运,出版社与年代不详。
② 陕西实业考察团:《陕西实业考察·交通·陕北交通之考察》,中文正楷书局,1933年。
③ 陕西实业考察团:《陕西实业考察·交通·陕北交通之考察》,中文正楷书局,1933年。
④ 刘安国:《陕西交通契要》,下编,第5节,泾水之水运,出版社与年代不详。
⑤ 王益厓编著:《高中本国地理》,第二编,第二章,第四节,中央区的交通,世界书局,1934年。

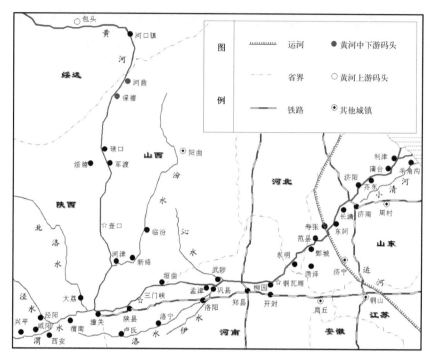

图 3-17 1933 年前后黄河中下游航运概况示意图
（资料来源：丁文江等编：《中国分省新图》，上海申报馆，1933 年。）

既利于东西中转，又便于南北沟通的渡口市镇，其中最著名的，就是黑冈和柳园①。

山东省境内的黄河，水上运输就更加发达了。时人考察谓："黄河在鲁省境内全线可以通航，通行之船只，以帆船最伙，此外舢板、划船等亦有，惟轮船则绝无通航者。帆船顺流每日大概可行百余公里，逆流每日约行三十公里。沿河运输之货物，以各县出产不同而异，大概以花生米、麦子、面粉、黄豆、黑豆、小米、棉花、布匹、食盐、煤炭、煤油、洋油、纸烟、鸡蛋、石料、木料、苇箔等项最多。载客价格平均约十公里取费一角。自利菏汽车路筑成后，黄河之运输价值稍减。但以水脚低廉，故货运仍多利赖之"②。

表 3-12 山东境内的黄河水运概况

县名	船型与航速	重要码头市镇	主要货物及客货运价
菏泽	帆船，每小时 3—6 公里		花生米、洋油、纸烟、煤炭、鸡蛋
濮县	帆船		小麦、花生、黄豆，货每担运 1 日 5 角

① 吴世勋编：《河南》，三四，黄河渡津之险，中华书局，1927 年。
② 实业部国际贸易局：《中国实业志·山东省》，第 11 编，交通，第 4 章，水运，实业部国际贸易局，1934 年。

续 表

县名	船型与航速	重要码头市镇	主要货物及客货运价
鄄城	帆船,顺流每日170公里	临濮集、董口、旧城镇	小麦、花生、黄豆,货每担运1日5角
范县	帆船	陆家集、罗家楼	
寿张	帆船	孙口、十里堡、戴庙	
东平	大划子、杨木头、大无畏		麦、豆、煤油、杂货
东阿	帆船,每小时17公里	东阿县城、香山	食盐、煤炭、麦、豆
平阴	帆船	滑口、大义屯、胡溪渡、康口、陶嘴	食粮、炭,顺水客每人60公里3角,货每百斤60公里3角
肥城	帆船,每小时15公里	傅家岸	花生、麦子、杂货,货每百斤运1日4角
长清	帆船,每小时顺流17公里,逆流6公里	韩道、北店、小溜、谯道、阴阿、董寺、吴渡	粮食、棉布、木料、石料,客6公里2角,货每担6公里2—3角
齐河	帆船	豆腐窝、齐河县城、红庙、丁家口	粮食、杂货,客每人50公里4角,货每百斤50公里3角
历城	帆船,每日顺流百余公里,逆流29公里	王家乡、洛口镇、任家乡	粮食、木料、棉花、苇箔
济阳	舢板、帆船	济阳县城	石料、木料
章丘	划船、帆船,时速7公里	胡家岸	粮食、食盐,客每人10公里1角,货每千斤50公里8角
齐东	舢板、帆船	台子	石料、木料
惠民	帆船	榆林镇、归仁镇、清河镇	洋面、煤油、花生、花衣、小米,由清河镇至洛口,客每人1.5元,货每百斤1元
青城	帆船		粮食,货每百斤6公里2角
滨县	帆船,每小时顺流17逆流5.5公里	尉家口、北镇	洋油、白面、纸烟、杂货,客50公里3角,货每百斤50公里1角
蒲台	舢板、帆船	道旭、十里堡	面粉、粮食、杂货,客货包船1日皆4元
利津	帆船,顺流每日百余公里	小街、县城、王家庄	黄豆,至济南客每人1—2元,货1船20元

(资料来源:实业部国际贸易局:《中国实业志·山东省》,第11编,交通,第4章,水运,实业部国际贸易局,1934年。)

为了提高船只运力,早在光绪中叶,山东巡抚杨士骧就在小清河试验汽船航行,惜因泥沙填塞螺旋而失败。后来德国人进行的同样试验,也因船只搁浅而告终。1919 年 6 月,山东省长沈铭昌支持商人何春江,就"设立山东全省内河轮船股份有限公司,购备轮船、拖船,先在本省黄河下游行驶,上自寿张县十里堡起,下至利津县止,沿线择建码头,搭载客货"事宜,向交通部呈请核批。后经对沿岸 24 县水文状况和营运前景等方面的综合核查,得出了"黄河行轮于堤埝、航路及地方情形,均无窒碍"的结论。这样,该计划便在 1920 年 1 月获得了交通部的批准,汽船航运随后在黄河干流河段逐步展开。①

(4) 黄河下游支流河段的航运

黄河在下游河段的支流也有不少,有航运之利者,为河南省境内黄河南岸的洛水及其支流伊水、北岸的沁水,山东省境内的小清河。

洛水发源于陕西省洛南县,向东北方向流经河南省的卢氏、洛宁、宜阳、洛阳、偃师、巩县等地,在汜水县西北之洛口注入黄河。洛水干流总长 370 公里,下游的航运相当繁盛。据巩县地方志记载,"巩以河洛交流,故船户特多……有清季年,全县商船约七八百艘,帆樯林立,往来如织。洛水上游极浅,逆流仅抵洛阳;黄河则上溯陕西,下浮济南,时或远达海口"。②洛水的航运开发历时很早,但技术改进不大,"直至民国二十年(1931 年)顷,通航于该河者,仍只为小型木船,并只通行于河南界卢氏县至洛口间。然因渠道宽破,沙滩错杂,且水量太浅,航行亦殊感不便,虽可通行,利用亦特少也"。③

伊水是洛水的支流,发源于河南省卢氏县闷顿岭的南麓,向东北方向流经嵩县、伊阳、洛阳、在偃师县境内的高庄注入洛水。夏秋水大之时,也可以通行舟筏。④

沁水发源于山西省沁源县北,向东南流经安泽、阳城、河南省的济源、博爱,在武陟县流入黄河,干流全长约 350 公里。济源以上水流湍急,以下渐趋平缓。济源至武陟 100 多里,水势涨落不定,"每当伏秋汛滥之时山水暴发,一片汪洋,运货行船,尚为便利。设天气久旱不雨,水势减低,宽不过数丈,深只三五尺,运物行舟,颇多不便"。⑤

大清河原为古济水的下游河段,1855 年以后因被从铜瓦厢改道的黄河所夺,遂成为黄河下游干流的一部分。小清河则原为大清河的支流,其上游的黄台码头,尽管与黄河的洛口码头间相隔着 4 公里的陆地而未能贯通,但仍应该视为黄河水系的组成部分。小清河全长 229.71 公里,码头起自济南附近的黄

---

① 交通部、铁道部交通史编纂委员会:《交通史航政编》,第 3 章第 6 款第 1 项第 2 目,黄河下游。
② 杨保东等修纂:《巩县志》,卷七,民政,交通,1937 年刻本。
③ 华北综合调查研究所水利调查委员会编:《洛水汾河及沁河历史研究》,一、洛水历史研究,第二章,水利事业,(一)航运,华北综合调查研究所,1944 年。
④ 吴世勋:《河南》,六,川流,中华书局,1927 年。
⑤ 华北综合调查研究所水利调查委员会编:《洛水汾河及沁河历史研究》,三、沁河历史研究,第二章,水利,(二)航运,华北综合调查研究所,1944 年。

台,经过章丘、齐东、邹平、长山、桓台、高苑、博兴、广饶等县,在寿光县的羊角沟入海,为济南与渤海沿海的烟台、龙口、虎头崖之间的重要水路。通航以3—11月间最为繁忙。通行的船只主要是对槽船、帆船等,水流平缓时,顺风每日可行100公里,逆风每日仅20—30公里,来往运输的货物,以棉花、麦子、花生、面粉、豆类、蔬菜、食盐、煤炭、油、石灰、木料、花衣、苇箔之类最多。由济南至羊角沟每百斤水脚约8角,客票每人约2元。[①] 航行于本河的民船通常超过1 000只,无风时上航7日下航4日,顺风上航3日下航2日。小清河由于航运较为繁忙,所以不少人亦曾屡次试验行驶汽船,最终获得成功。[②] 1935年之前,从河口到羊角沟之间,汽船已经可以乘潮出入。[③] 而本部设在济南的济渤汽船公司、华通汽艇社、泰发顺汽船公司3家公司,也在小清河从事轮船客货运输业务。[④]

二、蒙古高原的水路交通

内外蒙古地区虽然整体上非常干旱,但由于地域广大,高山融雪形成的河流还有不少,所以,具有一定的航运价值。比如外蒙古地区的色楞格河、乌鲁克木河、帖斯河,以及流经河套地区的上游黄河及其主要支流,部分河段在丰水季节,均有一定的航运便利。

1. 漠北蒙古地区的内河航运

漠北蒙古地区河流众多,但大多数河流和河段,由于水流较浅,缺乏航运基础。只有色楞格河的"下游可航行汽船,上游亦可通舟楫"[⑤],可以较好通航的河段达317公里。[⑥]

作为俄境叶尼塞河西源上流支流的乌鲁克穆河,自"叶尼塞河逆流而上,可航行至上游附近地方"[⑦],顺河下行自然也不成问题。

库苏古泊,"亦可航行汽船"[⑧],"夏季最盛舟楫可上溯至乌里雅苏台"[⑨]。

帖斯河,"水势特盛,颇适于航运"[⑩]。

2. 河套地区的内河航运

黄河从其发源地约古宗列盆地到甘肃省永靖县境内的刘家峡,蜿蜒行进在众多山岭之间,大约1 200公里的河段落差达1 300多米,不仅水道浅狭,而且

---

① 实业部国际贸易局:《中国实业志·山东省》,第11编,交通,第4章,水运,实业部国际贸易局,1934年。
② 金曼辉编:《我们的华北》,二山东省,第5章,第3节,水运,上海杂志无限公司,1937年。
③ 国立山东大学化学社:《科学的山东》,Ⅳ,交通,青岛醒民印刷局,1935年。
④ 金曼辉编:《我们的华北》,二山东省,第5章,第3节,水运,上海杂志无限公司,1937年。
⑤ 杨景雄等绘制:《中华民国最新分省地图》,第39图,蒙古人民共和国,寰澄出版社,1946年。
⑥ 王益厓:《高中本国地理》,第100页。
⑦ 杨景雄等绘制:《中华民国最新分省地图》,第39图,寰澄出版社,1946年。
⑧ 杨景雄等绘制:《中华民国最新分省地图》,第39图,寰澄出版社,1946年。
⑨ 杨文洵等编制:《中国地理新志》,第11编,第23页,中华书局,1936年。
⑩ 杨文洵等编制:《中国地理新志》,第11编,第23页,中华书局,1936年。

河床比降大,加之人烟稀少,经济开发程度低,结果使得黄河最上游的河段,水运价值极小。只有从永靖至兰州的黄河干流及其两条较大支流湟水、洮河的下游河段,才有了初级的航运之利。不过,这里的"所谓航运仅系皮筏、木筏由上而下,并无船舶上下通行。皮筏有牛皮、羊皮两种。由湟水下运者,主要为青海之食粮、青油、木料及甘肃窑街之煤炭。自洮河及永靖下运者,仅木料为大宗"①;湟水自西宁以下皆可通行皮筏,名曰"浑脱",用来装运皮毛,间载旅客。②

黄河自兰州以下河段,航运价值才逐渐增大起来。不过自兰州到靖远县的五方寺(亦名五佛寺)之间,又有大峡、小峡、五兄弟、一老老等险要,所以该河段只能通行木排和皮筏,不能行驶木船。自五方寺经过中卫、金积、灵武而至于宁夏城,中间隔有黑山峡等险阻,所以船只通行亦相当艰难。只有从宁夏城再往北,经过罗平而至石嘴子,河面才进一步开阔起来,因此,石嘴子便成为黄河上游河段的一个民船航运中心,来自青海、甘肃、阿拉善及鄂尔多斯的羊毛、药材,都先在这里集中以后再大量运往包头。自石嘴子向北经磴口、五原、包头以抵河口镇之间,均可通行民营木船。且宁夏城经五原、包头至萨拉齐一段,由于河面深阔,尚可以行驶汽船。③

不过,受大陆性季风气候的影响,黄河在每年的立冬前后,便开始进入结冰期,直到第二年的清明前后,才解冻开河。故而民国时期,当地即有"立冬半月不行船","立冬流凌,小雪封河"之类的谚语。也就是说,黄河上游的封冻期长达4个月左右,行船期只有7个多月的时间。再者,气温和降水的差异,也使得黄河上游每年通航期的水量,处于不断的变化之中。"凌汛过后,五、六月间,水位最低。伏汛流量激涨,河水散漫,泛滥纷歧,似无正流之可寻。大汛以后,水位渐落,水势亦杀,束入正槽,直至封河无大变动"④。凡此种种,都对船只运输的规模和速度,产生了不同程度的影响。

(1) 黄河上游的水上运输工具

黄河上游河段各不相同的水文状况,造成了航运条件的很大差异。当地人民为了适应这些有利或者不利的自然环境,不得不对行驶在不同河段的水运工具,进行因地制宜的改造和利用。结果,行进在该水域的运输工具,便呈现出了五彩斑斓的材质和规制。大体而言,可以分为皮筏、木筏、七站船、五站船、高帮船、小划子、汽船等7种类型。

---

① 黄河治本研究团编:《黄河上中游考察报告》,第5章,青甘段之水利,水利委员会,1947年。
② 周振鹤:《青海》,第14章,交通,商务印书馆,1938年。
③ 汪公亮:《中国西北地理大纲》,第11章,西北交通大势,朝阳学院讲义,1933年。
④ 华北水利委员会编印:《黄河中游调查报告》,第4章,航运,华北水利委员会,1934年。

表 3-13　民国时期黄河上游河段水运工具的种类及航运概况

种类	基 本 概 况
皮筏	普通牛皮筏,系由 5 个至 12 个牛皮袋组成;大者则由 40—120 个牛皮袋编组而成,中塞羊毛或驼毛,放入水中,仿若小艇。小者可载重数千斤至万斤不等,大者可载重 3—4 万斤。羊皮筏系由 8—24 个羊皮袋组成,每 24 筏联在一起称为 1 连。视载重之不同,定袋数之多寡,袋内不塞他物。轻快的羊皮筏,每日可行 200 余里。每年经宁夏段下行的皮筏约有 1 000 余排
木筏	黄河上游的洮河、导河流域,盛产黄松与白松等木材,居民把其编成木排,上面附载客、货若干,顺河漂向兰州、宁夏城、包头等地销售。每年经宁夏河段下行的木筏约有 400 余排
七站船	船身长 12 公尺,中部宽 6 公尺,两端 3.5 公尺,高 1.5 公尺,平底,杨柳木质。载重下水 21 600—24 000 斤,上水 7 200—10 800 斤。行船的速度,水势较大而天气晴好的时候,下水每天 70 公里,上水 10 余公里。专行于宁夏城、河口镇、包头之间
五站船	形式与构造与七站船大体相同,只不过船体较小而已,载重 1 万斤上下,往来于五方寺、宁夏城、包头、河口镇之间。该河段此种船只有 5 000—6 000 艘
高帮船	船身长 10 公尺以上,中部宽约 5 公尺,两端仅宽 1 公尺,船高 1.5 公尺,平底,两端翘起,运转灵便,往来于河口镇、包头、宁夏城、五方寺间。上水可运洋广杂货 4 800 斤,每日行 40—50 里,至宁夏城约需时 1 个月。下水可运皮毛 16 800 斤或者粮食 19 200 斤,每日行约 80 里,至包头约 18—19 天,夏秋水大时可日行 120 里
小划子	船身非常窄小,1 人摇桨,大约仅能乘坐 3 人,不能重载,轻灵快速,多用作渡口摆渡
汽船	宁夏城、包头至萨拉齐间一段黄河可行驶

(资料来源:华北水利委员会:《黄河中游调查报告》,1934 年;绥远省政府:《绥远概况·上册》,绥远省政府内部印行,1933 年;叶祖灏:《宁夏纪要》,正论出版社,1947 年。)

(2) 黄河上游的船筏航行技术

自有初级水运之利的甘肃永靖,经兰州、宁夏城、包头以至河口镇 1 600 余公里的黄河上游河段,河道与水流情形极端复杂,对水运工具、航行技术、运输数量与速度,皆有不同的制约和要求。为了适应不同河段的自然地理状况,当地人民因地制宜,努力改进造船(筏)和航行技术,以实现航运效益的最大化。

五方寺以上的黄河河床,以石质为主,河水穿行在众多峡谷之间,不仅水浅流急,而且蜿蜒曲折,险滩迭出。所以,在这一河段,即便使用吃水浅、周转灵、不怕碰的皮筏及木筏作为水运工具,也难免危险丛生。为降低损失,当地木筏工人通常趁着水流的平稳期,将木料编排后下放到河水当中,让其顺水漂流而下;在抵达峡口险滩之前,又将编好的木排拆散,听其自流漂出峡口,然后再将其重新编成木排,如此往复循环。即便如此谨慎,木料被冲撞折断的还是不可胜数。为此,"湟水险滩曾经黄委会上游工程处局部整理,洮河牛鼻峡亦经该处及甘肃省政府先后炸礁,(但)收效颇微"。通常,每10个木筏由4人驾驶,从兰州至包头需近2个月的时间。皮筏分牛皮筏与羊皮筏2种,系用牛皮或羊皮袋联结而成。制作方法是把整牛或整山羊挖去骨肉,置于清油及盐水中浸泡数日后取出。此时皮已为油所浸透,入水以后可久用不腐。将浸好的皮筒吹满空气,缚其四肢,联袋成筏,上架木杆,即可浮游水面,搭客载货了。每个皮筏至少需1人驾驶。牛皮筏载重较大,行驶速度较为迟缓;羊皮筏则较为快捷,每日可行200余里。皮筏到达目的地之后,就把载运来的货物和捆绑皮筏用的木排一并卖掉,而把腾空后的皮筒用骆驼再由陆路驮回原地,以备下次运货时再用。①

三、传统与现代交通的耦合

如上所述,进入近代后,随着传统和现代经济的不断发展,旧有和新兴的水、陆交通方式,都得到了不同程度的发展。就连在东部沿海地区逐渐废止的传统的驿道交通,在幅员广袤的西北地区,也不得不予以一定程度的延续,并成为西北现代交通网络的重要组成部分。

而在黄河水陆联运网络中,起着枢纽作用的关节点,则是沿岸众多的码头市镇。它们不仅是内河航运的物资中转和集散地,而且也是通过岸上道路进行货物运输的起止点。

表3-14 黄河上游的重要码头及其商业概况

码 头	商 业 概 况
兰州	甘肃省城,西北都会。货物输入主要有东面陆路和北面黄河水路2个方向,包括京津粗细布匹和洋广杂货,湖南散茶、汉口砖茶、三原大布、湖北蓝布、陕西棉花和纸张,宁夏中卫大米。另外还有新疆来的葡萄和棉花,青海来的红花、藏香、大黄、氆氇、皮毛,四川来的川绸、川缎、川茶,价值在1 000万元左右。输出的货物以黄河上游地区所产的绒毛为大宗,牛皮、杂皮次之,药品、水烟、毡毯又次之,价值在700万元左右
五方寺	地属靖远,距兰州500里,为黄河上游一大码头,货物多由此上下,以下可以通行木船
中卫	地属宁夏,距兰州700里余,城内商店200余家,输入以平津一带的洋布、土布、糖、海菜及其他杂货为大宗,输出以枸杞(约年1 500担)、甘草(1 000余担)、皮毛(200余万斤)为大宗
宁安堡	地属中卫县,距兰州900余里,产枸杞最富,北路羊毛亦集中于此,有专收羊毛的洋行数家

---

① 黄河治本研究团编:《黄河上中游考察报告》,第5章,青甘段之水利,水利委员会,1947年;叶祖灏:《宁夏纪要》,第6章,交通的大势,第2节,水上的交通,正论出版社,1947年。

续 表

码 头	商 业 概 况
横城堡	地属宁夏,距兰州1 300余里,距宁夏城5里余,每岁输出甘草5 000担,羊皮1 000担,羊毛1 000余万斤,驼绒羊毛绒40万斤;输入洋广杂货、布匹等约10 030余担
石嘴子	地属宁夏,距兰州1 500余里,商店20余家,有专做蒙古贸易的洋行数家,将在西宁等地收购的皮毛集中于此,梳洗后再装包,用骆驼陆路或船运包头,每年皮约100万张,毛约3 000万斤
磴口	地属宁夏,距兰州1 700余里,商店数十家,专与蒙古贸易,每岁贸易额约20万元。西面的吉兰泰池盐岁出3万担,由骆驼运至磴口装船,水运包头,营销归绥、包头各处。输入品极少
南海子	地属包头县,距兰州2 600余里,距包头7里,为黄河上游一大码头。包头上下货物均由此转运,与平绥铁路衔接,运输颇为繁盛。岸边货栈林立,交易均在包头城内
河口镇	地属托(克托)县,距兰州2 800余里,上水以铁货、粗磁、木料为多,下水以杂粮、盐、碱为多。原来为黄河上游最重要的码头,连接归绥,后来为南海子所超过

(资料来源:绥远省政府:《绥远概况·上册》,第2编,交通,第5章,河运,内部刊印,1933年。)

　　内河航运特别是水陆联运的发展,促进了黄河上游的区域开发。以包头的崛起及其周边地区的经济发展为例,它原来不过是河套地区一个普通村落,后来才随着南海子码头水运的发展而成为市镇,1850年后逐步成为黄河上游的皮毛集散地。"凡京、津、陕、甘、内外蒙古、新疆货物之往来,均以此为转运之场,诚西北一大市场也。(1918)年贸易额达五百余万,商店大小共一千二百余家"[①]。1923年,京包铁路通车后,包头更进一步发展成为辐射西北的最大水陆交通中心和皮毛集散中心,仅每年集散绒毛就达约2 000—3 000多万斤,占整个西北地区绒毛产量的三分之二以上。到20世纪30年代,包头"陆则有平绥(铁)路为吞吐之骨干,而平、津各地遂为包头出入之尾闾,由包头可至西宁、肃州、五原、宁夏城、兰州等地;至水路则有黄河之水流,用皮筏可由兰州至包头",其商业腹地已包含了河套地区的全部、蒙古(阿拉善、额济纳地区)、宁夏、甘肃及青海等广大地区。[②]

　　不仅如此,清代到民国时期,京津等东部更广大地区,对绥、宁、甘、青等黄河上游地区所进行的经济辐射,也在很大程度上是依靠黄河水陆联运才得以实现的。[③]统计表明,青海高原及甘肃西南部的羊毛,每年经过兰州运往包头等地的约11 000

[①] 林竞:《西北丛编》,神州国光社,1931年,第43页。
[②] 廖兆骏纂:《绥远志略》,正中书局,1937年,第269页。
[③] 樊如森:《西北近代经济外向化中的天津因素》,《复旦学报(哲社)》2001年第6期。

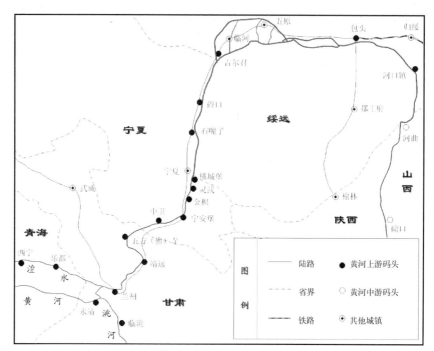

图3-18 1933年前后黄河上游航运概况示意图
(资料来源:丁文江等编:《中国分省新图》,上海申报馆,1933年。)

余吨,皮货、药材各约170余吨,木料约6 000余吨;由包头等方面经甘肃过境而运往青海高原的货物,每年也约有布匹3 000吨,茶叶1 100余吨,纸张、印刷材料、棉织品、药材、铁器以及其他杂货等共约5 000余吨。① 在包头南海子与靖远五方寺2 100余里的航线上,上水多装载由京绥铁路转运来的各色布匹、红白糖、火柴、砖茶、海味、瓷器、罐头、洋油、纸烟及其他华洋杂货,下水多载青、甘、宁地区所产的皮毛、甘草、枸杞、白麻、大米、杂粮、池盐、土碱等。可惜,原始的船运动力和绵长的河床封冻期,限制了上下流之间的航运频度,致使舟楫往来每年至多不过3次,皮筏往来至多不过2次,②结果,陆路尤其是与平绥铁路联运的规模和效能,也随之受到了很大的制约。

综上所述,到20世纪30年代,华北和蒙古高原地区以现代化的铁路和公路交通为骨架,联通沿海和远洋轮船运输,辅之以传统内河和陆路交通方式的新型交通运输网络,已经基本上建构起来,从而为该区域近代经济特别是外向型经济的发展,提供了强有力的物质和技术保障。

近代华北地区通往蒙古高原(含新疆北部)地区的主要交通线有三条。一是

---

① 铁道部业务司商务科编:《陇海铁路甘肃段经济调查报告书》,内部本,1935年,第87页。
② 绥远省政府:《绥远概况·上册》,第2编,交通,第5章,河运,绥远省政府内部印行,1933年。

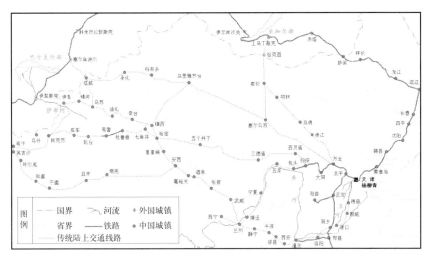

图 3-19　1932 年前后华北与蒙古高原(含新疆北部)之间的三大商路示意图
(资料来源:丁文江、翁文灏、曾世英合编:《中华民国新地图》,上海申报馆,1934 年。)

北路。先从天津乘火车沿北宁铁路(1907 年通车)向北,经秦皇岛等地到达沈阳,再转南满铁路(1903 年通车)经长春等地到达中东铁路上的滨江(今哈尔滨),再向西经龙江(今齐齐哈尔)、呼伦(今海拉尔)、胪滨(今满洲里)沿西伯利亚铁路(1903 年通车)进入俄国境内,再向南沿阿尔泰支线转入土西铁路(1930 年通车)上的塞尔角波尔,再乘马车向东,到达中国新疆的塔尔巴哈台(俗称"北丫",今塔城市)等地。这条线较为快捷(全程约 25 天),但费用很高(300 余元),故以客运为主。

二是中路,由天津乘火车向西沿京包铁路抵达张家口、归化城、包头(1909 年通车至张家口,1921 年至归化城,1923 年至包头)等地,或采用骆驼和牛车运输的方式,由万全(即张家口)向北,经滂江、叩林、库伦到达中俄边境的恰克图,或向西经塞尔乌苏沿"大草地"驼路,经乌里雅苏台、科布多到达新疆西北部的承化(今阿尔泰市)、塔城;或由归化城、包头沿"小草地"驼路向西经百灵庙、三德庙、五个井子,到达新疆的镇西(今巴里坤哈萨克自治县)、古城(今奇台县)、迪化(乌鲁木齐)等地。此路全程需半年左右,时间虽久,但运费低廉,故以货运为主。

三是南路,大体沿陇海铁路向西,经河西走廊到达哈密、古城、迪化等地。不过,由于陇海铁路修筑缓慢(1909 年开封至洛阳间通车,1932 年通车至潼关,1935 年才通车至西安),所以该条线路上,铁路运输的作用甚微,骆驼和马车依然是主要的交通工具。这条线全程约需半年左右,客票全价为银 50 两,以客运为主,兼做货运。[①]

---

① 樊如森:《民国时期西北地区市场体系的构建》,《中国经济史研究》2006 年第 3 期。

第五节 本章小结

　　集人流、物流、信息流于一体的交通,虽然不是直接的经济产业,但却是农、牧、工、商四大基本产业须臾不可或缺的辅助内容,是直接物质生产和再生产的纽带。所以,但凡考察经济地理,决不能避开对交通网络的探索。

　　本章研究表明,进入近代以后,作为华北和蒙古高原物质和文化载体的交通网络,由传统的水陆运输和信息传递方式,向着现代化的火车、轮船、汽车运输和邮政、电信技术转变,并交织成以现代铁路和公路交通为骨架,连通沿海和远洋轮船运输,辅之以传统内河和陆路交通的新型交通运输网络。交通方式的进步,为该区域商品流通和商业信息传递,提供了便捷的物质和技术手段,促进了该区域近代经济地理格局的演变。

　　交通运输和其他历史地理现象一样,都是随着区域经济与人民生活的客观需要而存在和发展的,不会无谓地迎合所谓的时代潮流。传统是现代的基础,现代是传统的延伸,二者之间并非此消彼长的背离,而是相互包容的耦合。如果超越历史的发展阶段和资源环境的区域基础,就不可能全面厘清包括交通在内的区域经济地理问题。有学者认为,"晚清和民国时期,由于黄河改道和铁路运输的发展,再加上军阀混战,使黄河航运趋于衰败"[1]。似乎河流改道就意味着航运价值的消失,铁路兴起则注定了传统内河航运的衰落。

　　事实则表明,有了交通技术的革新,传统运输与现代运输之间就不再是零和博弈的逻辑关系。近代黄河、海河,及其支流的内河水运和传统陆运,非但没有衰落,反而比以前有了更大的发展;在轮船、火车、汽车等现代交通的带动之下,传统内河航运、传统陆运与它们共同组合成一种立体式的现代交通体系,两者相辅相成。原因就在于:

　　其一,随着现代口岸城市工商业的快速发展和人口的急剧增加,城乡之间需要在更广的范围、更大的规模和更深的层次上,加强彼此之间物资、人员、金融和信息的流通。具体到交通运输方式上,就不仅需要现代化程度很高的铁路、公路运输,而且也离不开能够灵活延伸到穷乡僻壤的传统内河水运。

　　其二,铁路运输虽然快捷,但是在当时,同样重量和体积的货物,火车的运费要比内河民船的运费高出许多。[2] 所以,从运输成本的角度考虑,商人们在贩运诸如粮食、棉花、木材等体大笨重、产品附加值低、短期不易腐烂、市场行情变化迟缓的物品时,大多依旧通过内河水运来完成。"以上诸河川在铁路及公路开通以前,为重要之交通路,铁路开通以后,虽渐次减杀其机能,然在一九〇五年,天

---

[1] 陈钲:《历史上黄河航运的兴与衰》,《人民黄河》1990年第5期。
[2] 汪胡桢:《民船之运输成本》,《交通杂志》第3卷第3期,1935年。

津与内地之输送,铁路占百分之四十四,陆路占百分之五,河流却占百分之五十一而居第一位。至今公路四达,其效力自亦日低,惟水运费用较省,于交通上要亦有其重要性在"①。

其三,火车运输要受到物理位置固定的铁路线路和站点的严格限制,货物的运输和装卸,难以实现商品产地和消费市场之间的无缝对接,其物流网络缺乏必要的普遍性和灵活性。而民船、大车等传统水陆交通方式,却正好可以弥补和完善火车的集、疏、运网络。"先前,货物一直由骆驼、大车与木船运至本埠……现在,只有从产地到最近的火车站一段仍采用这种旧的运输方式,到车站后就由火车转运至天津了。②"从这个角度上讲,铁路交通愈发达,对民船和大车等传统运输方式的需求就愈大。换言之,长盛不衰的内河航运和传统陆路交通,是日益繁荣的铁路运输必不可少的重要环节和组成部分。

其四,没有陆运衔接的水运和没有水运补充的陆运,都是不完善的。比如,民国时期的黄河航运,本来就是和陆上运输紧密联接在一起的,水运和陆运只是西北地区物资运输网络的不同环节和不同表现形式而已。民国早期的水陆联运,是水上船筏载运与陆上驼马驮运的结合;1921年京绥铁路通车至归绥、1923年通车至包头以后,水陆联运表现为船筏、驼马与火车运输的结合。

其五,从综合效益上说,内河航运和其他交通方式相比,具有运量大、能耗小、投资省、占地少、成本低等优势。现代测算数据表明,在平原渠化地区,内河航运每马力的运量要比铁路多2—4倍,比公路多50倍;内河航运、铁路、公路的基础建设投资比为1∶3∶7;内河航运、铁路、公路的单位能耗比为1∶2.5∶8.6;内河航运的经济成本,只相当于铁路运输的一半,公路运输的1/3。在对土地的保护方面,铺设1公里的复线铁路需占地20 000—26 667平方米,修建1公里的高速公路需占地33 334—40 000平方米,而内河航运则仅利用天然河道,可以不占或少占土地资源。在对不可再生能源的节约和环保方面,内河航运由于主要靠可再生的河水浮力运行,从而大量节约了石油,减少了对空气的污染,并可以和泄洪、灌溉等功能一起,发挥出水资源的更大生态和社会效益。③

---

① 陈燕山:《河北棉产之改进与斯字棉之将来》,国立北京大学农学院,1939年,第20页。引文中以上诸河川,指御河、白河、东河、西河、海河。
② 许逸凡译:《天津海关1902—1911年十年调查报告书》,天津市历史研究所编:《天津历史资料》第13期。
③ 樊如森:《内河航运的衰落与环渤海经济现代化的误区》,《世界海运》2010年第5期。

第四章　商业、金融嬗变与对外贸易发展

从基本经济部门划分的角度来看,商业是以贩运货物作为主要经营内容的产业。它作为生产和消费之间不可或缺的经济环节,在社会生产和再生产的循环中,起到了重要的链接作用。传统金融业作为商业的辅助产业,主要承担货币资金的流通和运作,为以货币为一般等价物和交换媒介的商品交换活动,提供价值尺度、流通手段、支付手段、贮藏手段的职能,保障商业经营的正常开展。近代口岸开放以后,随着市场环境的变革,华北与蒙古高原的商业和金融,在从业人员和组织结构、经营内容和营销方式等方面,均随之发生了相应的调适。从而顺应了该区域由传统内向型经济向现代外向型经济的历史转变,促进了区域开发和对外贸易的繁荣。

第一节　华北与蒙古高原商业的嬗变

一、华北商业从业人员的变化

商人是商业活动的能动主体,商业的发展与变化同其从业人员的构成及其经营内容,自然有着密切的关联。资料显示,和清代前中期相比,清末民间的华北商人群体,在从业人员的结构上,发生了明显的变化。

1. 清代中期的商人构成

清代前中期的华北商人,从业类型和社会角色各异。从其营业的行为方式上,可以分为行商和坐贾两种。行商们整天风尘仆仆,居无定所,主要从事各地之间货物的远距离运销;而坐贾则长期固定在一个地点营业,通过开设门市和店铺,批发或零售当地土产和行商贩运来的外地货物。行商和坐贾内部,又可以根据资金数量的多寡和经营规模的大小,再分成大、中、小不同层级。当然,这些区分并非一成不变的,各类商人之间的混杂和转化现象经常发生。

从与政府关系的疏密程度上,清代前中期的华北商人,又有官商与民商的区别。官商的人数虽然不多,但是在政治权力和经济资源都为官府所掌控的清代前中期,同政府官员交往密切,可以增加官商之间的信任度,形成政商联姻和权力寻租的利益链条,获取普通商人所没有的行业经营特权和垄断性暴利。这些人攀龙附凤,地位显赫,因而也被称为红顶商人。如操纵张家口贸易的晋商"八大家"——王登库、靳良玉、范永斗、王大宇、梁嘉宾、田生兰、翟堂、黄云龙,他们以盐商起家,均与官府关系甚笃,"承召入都,宴便殿,蒙赐上方服馔",他们及其后代,均获赐太仆寺卿、道台、翰林院编修、候选员外郎、布政司参政、布政司理问、州同、千

总、守备等职,上通朝廷,下联市廛。这些官商不仅籍隶内务府,赐产于张家口,而且还得以垄断了为内务府采办蒙古皮货、贩运日本洋铜等大宗专项贸易,获利甚为丰厚。①

垄断长芦盐运的天津大盐商,也带有官商的色彩。他们为了长期垄断盐务,不惜大量贿赂和取悦官府,通过捐修城墙、兴办教育和慈善事业、报效军需,甚至直接巴结皇帝,不但捐造御舟皇船和行宫,供应其游乐所需,而且还把皇帝接到家里。乾隆皇帝六下江南,四次都驻跸天津大盐商查日乾修建的水西庄。作为回报,皇帝便对盐商"时邀眷顾,或召对,或赐宴,赏赉渥厚,拟于大僚";以至"缓征长芦盐商带征银两",或"缓征积欠盐课",②使盐商们从中获得了实实在在的巨大利益。

没有这么明显官方色彩的绝大部分商人,就是人多类杂的普通民间商人。这些人尽管自古就有,然而在清代前期却有了新的变化,即除了在本乡本土小本经营的当地商人之外,更有为数众多的外地客商。并且,这些背井离乡的后者,由于没有官府的庇护,只好以乡土亲缘为纽带、以相亲相助为宗旨、以会馆为联络议事场所,组建一种松散的地域共同体,维护必要的行业规则和相对利润。清代前中期的地域商帮有很多,著名的有山西商帮、徽州商帮、陕西商帮、山东商帮、福建商帮、洞庭商帮、广东商帮(广府、客家、潮汕)、江右商帮、龙游商帮、宁波商帮,即所谓"十大商帮"。③ 其中,又以北方的晋商、中部的徽商、南方的潮商影响为最大。当然,这只是笼统的说法,因为大的商帮内部,又有更多小的地域商帮的划分。如晋商内部,又再细分为榆次帮、平遥帮、介休帮、太谷帮、平阳帮、潞安帮、忻州帮、代州帮等。

清代各地商帮的兴起和发展,既与当时商品经济的繁荣有关,更与各地的民生民风密不可分。以晋商的兴起为例,既基于三晋大地丰富的物产,更根植于当地极端浓厚的经商氛围。"山右大约商贾居首,其次者犹肯力农,再次者谋入营伍,最下者方令读书"④。安介生推断,"在清代山西省商业较发达,县里出外经商谋生人员应占总人口的1/8左右,若与较为贫瘠的县相平均,出外经商谋生人口应占全省总人口的1/10,应该是较为妥当的";"按1/10计,平常年份山西外出经商的人数应在132.7万人左右";有清一代,应该有1 300多万的山西人出外经商谋生,相当于平常年份山西人口的总和!⑤ 其更深层次的历史地理原因,在于山西高原地区气候干寒、土瘠民贫、地狭人多,很多州县,如果单纯从事农业生产,生活难以为继。恶劣的农业自然条件,迫使山西人不得不把外出经商,当作谋生的首选职业,从而造就了当地异常重商的社会风尚和享誉大江南北、长城内外的晋商群体。

民间商帮的存在和发展,促进了国内商品的交流和商业繁荣。山西商人基本

---

① 刘建生等:《山西近代经济史》,山西经济出版社,1997年,第60—63页。
② 罗澍伟主编:《近代天津城市史》,中国社会科学院出版社,1993年,第86—87页。
③ 张海鹏、张海瀛主编:《中国十大商帮》,黄山书社,1993年。
④ 《雍正朱批谕旨》,第47册,《雍正二年五月九日刘于义奏疏》,台湾文海出版社,1965年。
⑤ 安介生:《山西移民史》,山西人民出版社,1999年,第393页。

上"垄断了对蒙贸易和西北、东北市场"①;并伙同陕西商人一起,依托南北大运河从事特色商业。山东运河沿线,德州附近的禹城、齐河、恩县、陵县、东昌府(治今山东聊城市)各县,济宁附近的峄县、宁阳等地,都有山陕商人的足迹。他们除经营传统的食盐、粮食、丝绸、木材、药材、典当、账局、票号业之外,还从事铁器、煤炭、棉布、茶叶、皮货、烟草、纸张、海味、日用杂货的贩运。②"不仅垄断了中国北方贸易,而且插足亚洲地区,甚至伸向欧洲市场。南自加尔各答,北到伊尔库次克、西伯利亚、莫斯科、彼得堡,东起大阪、神户、长崎、仁川,西达塔尔巴哈台、伊犁、喀什噶尔,都留下了山西商人的足迹"③。

在北方重要的港口城市天津,各地各类商人的身影几乎都能看到。其中,主要为经营商品、货币、交通运输的三类。第一类如盐商、粮商、绸缎商、竹货商、茶商、南纸商、杂货商、皮货商、珠宝商、颜料商、估衣商等;第二类包括本地和外地的船商;第三类包括钱商、票号商、典当商,清前期天津的票号有17家,当铺有30余家。④ 各地各类商人,为维护商业利益,建造了以地域命名的商人会馆。如北方商人在天津建的山西会馆、济宁会馆、怀庆会馆,南方商人的闽粤会馆、江西会馆、绍兴会馆等。⑤ 清代的北京,仅可考的各类会馆就有445所。⑥ 为了保护和协调异地、同业人员的利益,还建立了不少行业公所,如天津钱号公所、当行公所和芦纲公所,等等。

开埠通商以后,商人队伍当中的人员构成发生了变化,包括买办商人的出现和传统商人的分化。

2. 新式买办商人的出现

中国新式的买办商人,最早出现在鸦片战争前一口通商的广州,主要职责是代理外商居间贸易,并管理外国商馆里的内部事务;五口通商以后,又演变为对外商所延用的华人中介人员的称呼,即Comprador,时人音译为"糠摆渡"。

据徐珂考证:"西人之来我国,首至之地为广州,彼时外人仅得居于船,不准逗留陆地,而贸易往来,全凭十三行为之绍介。遇洋船来,十三行必遣一人上船视货议价,乃偕委员开舱起货。及货售罄,洋人购办土货回国,亦为之居间购入。而此一人者,当时即名之为买办,意谓代外人买办物件者。盖此系我国商号雇用,以与外人交易,与上海所谓买办完全受外人之雇用者,性质尚异也。惟买办之名,则沿袭由此也。自上海开埠,外人麇集,彼时中西隔绝,风气锢蔽,洋商感于种种之不便,动受人欺。时则有宁波人穆炳元者,颇得外人之信用,无论何人,接有大宗交

---

① 刘建生等著:《山西近代经济史》,山西经济出版社,1997年,第237页。
② 王云:《明清山东运河区域社会变迁》,人民出版社,2006年,第130—139页。
③ 山西省史志研究院编:《山西通志·对外贸易志》,中华书局,1999年,第31页。
④ 庞玉洁:《开埠通商与近代天津商人》,天津古籍出版社,2004年,第34—42页。
⑤ 张焘撰,丁绵孙、王黎雅点校:《津门杂记》,卷上,会馆,天津古籍出版社,1986年,第11页。
⑥ 孙健主编:《北京古代经济史》,北京燕山出版社,1996年,第285页。

易,必央穆为之居间。而穆又别收学徒,授以英语,教以与外人贸易之手续。及外人商业日繁,穆不能兼顾,乃使其学徒出任介绍,此为上海洋商雇用买办之始。然一宗交易既毕事,则雇佣关系亦遂解除,犹延请律师办案者然。最后,外人之来沪者日多,所设行号与华人之交往亦日繁。行号所用之通事西崽人等,对外购买零物及起居饮食必须之品类,支付款项及种种往来,颇嫌烦琐。于是新开行号,每当延订买办时,并以行内琐务委任之,而买办与行号,乃遂有垫款及代管行事之职务矣。"[1]

天津开埠之初的 1866 年,外国商人在这里设立的洋行代理处或分号,就已经达到了 15 家之多。鉴于语言、风俗、商业习惯、社会关系等方面的诸多障碍,他们不得不把行之于上海等地的买办制度引进到天津。虽然洋商对支付给天津买办高额的佣金,并且还要在一定程度上受他们的挟制而心怀怨怼,但亦无计可施。因为"倘有一熟谙汉语之商人忽欲摈其买办,则必觉得进退维谷,有如撇开竞选代理人之候选议员"。[2]

随着进出口贸易的日趋繁荣,天津买办的人数日益增多,但影响和势力最大的,则为怡和洋行的梁炎卿、太古洋行的郑翼之、汇丰银行的吴调卿、道胜银行的王铭槐等所谓"四大买办"。

天津的买办商人,在为外国洋行推销商品和收购原料的过程中,主要采取代销代购、经销承购和包销包购等三种方式。

代销代购,即买办商人作为外国洋行的雇员,直接为外商服务。每当洋行从国外把商品运到天津口岸以后,买办商人不是先购进商品,然后再向内地推销,而是按外商的要求和规定的价格,直接向内地推销;洋行收购农副产品出口时,买办商人也不是先收购产品,然后再卖给洋行,而是按洋行的要求和价格,直接为外商采购。在经营过程中,买办商人可从洋行领取薪俸,并从买卖双方获得佣金和差价,而不担负任何的盈亏和责任。

经销承购,就是买办商人依靠外商庇护而建立自己的商号,然后开展的业务。他们一方面为洋行推销或购买商品,另一方面又向洋行购买或出售商品;一方面成为洋行的雇员,另一方面又是同洋行做生意的商人。

包销包购,就是买办和洋行双方事先订立合同,向洋行承担一定数量的购销任务,以充分保障洋行的相关利益。

买办商人在为外商赚取高额利润的同时,自己也获得了很大的收益。双方相互利用,又互为依存,从而为外国洋行在天津腹地推销商品和收购原料,逐步构建起了一个完善的商业购销体系。

---

[1] 徐珂编:《清稗类钞》,第五册,农商类,上海洋行之买办,商务印书馆,1917 年。
[2] 吴弘明编译:《津海关贸易年报(1865—1946)》,1866 年贸易报告,天津社会科学院历史所,1993 年。

从相关资料可知,清代后期,天津的外国洋行,在山西的寿阳、榆次、交城、潞安、汾阳、忻县、新绛、太原等地,设立了许多称之为"外庄"的分支机构,作为销售进口洋货和收购当地出口土货的营业网点。这些外庄所从事的进出口业务,大多都是在买办商人的操持下进行运作的。① 这样,洋行和买办一起,便共同控制了北方广大地区洋货进口和土货出口的国内终点市场。

近代口岸开放以后,新的市场形势和贸易需求,迫使国内传统商人的队伍发生分化和转型。不仅表现在买办的出现,也表现在群体组织的分化以及他们的商业营销内容的变化。

3. 传统商人队伍的分化和转型

传统商人队伍的分化和转型,有两层含义。一是指商人营销内容的变化。也就是开埠以前,这些商人活跃在天津及其腹地的市场上,运销传统的国内商品或从事传统汇兑,为国内区域市场服务;开埠以后,他们转向主要经营进口洋货和出口土货,为进出口的国际市场服务。二是商人群体内部组织上的变化。当然,传统商人的转型与商业上的其他变迁一样,也是先出现在通商口岸,然后向华北广大腹地逐步延展的。

开埠以后,随着进出口贸易的发展,在天津及其腹地市场上,中外新的商人群体迅速产生并不断壮大起来。除直接主导进出口业务的新式洋行和买办商人之外,中国的传统商人也发生了分化。一部分继续从事国内传统贸易,另一部分则开始主要营销进口洋货和出口土货,或经营现代银行业务。

商人组织的分化表现在,随着国内外市场的日益扩大,原有的商业会馆、公所组织,已经越来越不适应商业发展的形势和需要。因为旧有的会馆、公所带有明显的血缘和地域特征,具有封闭性、排他性、缺乏联络,严重地限制和束缚了本组织成员的商业活动;而且,它们规模狭小,管理缺乏民主,机构设置也相当杂乱,难以应付西方商品涌入后新的商业竞争形势。有鉴于此,一种能统辖全体工商界的规模较大的新式工商团体——商会,便应运而生。

开埠初期,天津商人的社会组织,依然是以血缘、地缘关系而组成的商业会馆,以地缘、业缘关系组成的行业公所。主要有山西烟行会馆、山西杂货会馆、闽粤会馆、岭南栈、潮帮公所、江西会馆、绍兴会馆、济宁会馆、当行公所、邵武公所、怀庆会馆、吴楚公所、庐阳公所,等等,会馆之下,尚各有公所。②

然而,随着国内外市场的日益扩大,原有的会馆、公所组织,已经越来越不适应商业发展的形势和需要了。据宋美云考证,到19世纪末20世纪初,由于旧有商业性会馆、公所组织带有明显的血缘和地域特征,具有封闭性、排他性、缺乏联络,严

---

① 渠绍淼、庞义才编:《山西外贸志》,上卷,山西省地方志编委办公室,1984年,第124页。
② 张焘撰,丁绵孙、王黎雅点校:《津门杂记》,会馆,天津古籍出版社,1986年。

重地限制和束缚了本组织成员商业活动;而且,由于它们规模狭小,管理缺乏民主,机构设置也相当杂乱,难以应付西方商品涌入后新的商业竞争形势。有鉴于此,一种能统辖全体工商界的规模较大的新式工商团体——天津商会,便在借鉴国外和其他通商口岸经验的基础上,应运而生了。

天津商会这样一种组织形式虽然出现在清末,但该时期它的形态却比较单一,仅由总会、分会或公所组成。天津商务总会下面,有直属于其管理的保定商务总会、张家口商务总会、山海关商务总会,以及设立于秦皇岛、芦台镇、顺德府、磁州彭城镇等县、镇、集市上的商务分会或分所,从而构成了一张联系密切、管理垂直的商业组织网。从属关系方面,各地的分会、分所,在兴办实业、处理商务、抗捐抗税、立宪运动等重大经济和社会活动中,基本上要向天津商务总会征询方策,才会决定其行止的。

进入民国时期以后,天津商会的组织系统和运行机制发生了明显的变化。一方面,是新型的直属组织如各行业研究会所和同业公会设立,增强了商会内部的凝聚力和协同力,在更大程度上摆脱了行业封闭所带来的羁绊;另一方面,是商会附属组织系统的扩大,即除商团附属的天津商会外,还有天津公务分会、商事公断处等。直属和附属系统的纵横交织,构成了复合性的商会组织系统。各个子系统数量的增加与相互作用的加大,扩大了商业信息的交流数量,拓展了商会的覆盖区域,增强了商会的经济与社会功能。①

二、商业经营内容的改变

随着华北对外贸易商埠的开放,欧美国家的机制工业品,源源不断地抵达天津、烟台、青岛并进而输入到腹地市场。这样,除清政府严格控制下的重要传统物资如食盐等货物,能够继续由官商在指定地区运销外,许多传统农副产品的市场份额,在不同程度上为新的外来商品,如鸦片、机制棉布、棉纱、五金、机器、日用洋杂货等所挤占或取代,从而造成传统手工业生产和销售的衰落。由此,导致中国传统的商业经营内容,发生了重要的变化。

1. 土纱土布逐步被洋纱洋布所替代

进口机纱代替土纱的过程,首先在天津及其邻近地区展开,很多手纺业者被迫放弃了纺车,转入以洋纱织布的手工业。与此同时,原先从事土纱土布贩运与销售的商人,也随之销售洋纱洋布了。

原有土纱织造土布受到外来洋纱洋布剧烈冲击的例子很多。直隶枣强县,以前"乡民农隙藉以纺织,获利虽微,颇觉充裕。自商舶云集,洋布输入,而土布遂一

---

① 宋美云:《近代天津商会》,第四章,天津社会科学院出版社,2002年。

落千丈。若线若油,亦为洋线洋油所抵制,余不堪问矣"①。文安县"线,前时妇女纺花,比户皆然,颇为出产之大宗。自洋布、洋线盛行,人竞趋之,纺织均缀业,邻里过从,不复闻轧轧声矣"②。

在土纱织布竞争力下降的情况下,人们不得不转而使用洋纱织布。深、冀二州"布利甚饶,纺织皆女工。近来,外国布来,尽夺吾国布利,间有织者,其纱仍购之外国,故利入益微"③。束鹿县的情况也大体相似,"第近来洋布输入甚伙,尽夺中国纺织之利。间有织者,其线仍购之外国,故利入益微"④。昌黎县在 1900 年以前,"几于家家纺绩,比户机声。近以棉纱、洋布来源日多,棉产日少,纺织者亦大减矣。而蛤泊堡所织之洋线布、冷布,现仍为大宗。年来邑人多留学天津,回里之后织爱国布,颇足挽利权"。由上可知,如果说深州、束鹿人用洋纱织布尚颇感无奈的话,在昌黎则已成"邑人"之共识。

随着时间的推移,适应新原料、新技术和新市场要求的洋纱织布业,在华北大地迅速发展起来。以河北高阳地区农村织布业的发展为例,这一地区以前盛产以土纱为原料的家庭纺织的窄面土布,除了自给外还有一部分销往山西、蒙古一带。随着洋布的输入,高阳原有的土布纺织业深受打击。1906 年以后,高阳商会从天津购买了大批新式织机,培训人才,试办工厂,不再利用本地自纺的土纱,而是购买天津中外纱厂出产的"洋纱"来纺织"洋布"。熟悉织布方法的贫民,可以在找人担保之后,向布庄先交纳织机价格一半的资金,领取织机与棉纱,从事织布。剩下的一半机价,等布织出来以后,用其所应得的工钱抵扣,这样,贫民织布数十匹就可以得到一部织机。另外,由于织布所用的原料也由布庄供给,即便是毫无资本的人也可以从事织布工作。那些积累工资稍多的人,便可以由领纱织布转变为购纱织布的自由营业者了。这项办法推行以后,"高阳布业之基础乃渐趋于巩固,大利所在,织布者日多,经营布庄业者亦如风起云涌。宣统二、三年间,制品之销路仅及于附近各县及山西榆次、太原,民国元、二年间扩充至北京、济南、汉口"⑤。迁安的情况也大体类似,据方志记载,"粗布,邑境妇女无不娴绩。织者初用国产棉纱,自外国线输入,乃参用外线,机声遍于四村。邑之西北,男子业织者亦有之"。⑥ 不仅高阳、迁安的织布业经历了这样的变迁过程,"访问直隶河间、顺德、正定、保定各属,并京东乐亭、宝坻等县,向产棉花,既多且佳。近年(1908 年)民间织布,其线大都买自东洋"⑦。

在这种情况下,商人营销洋纱洋布,也就顺理成章了。

---

① 宋兆升等修纂:《枣强县志料》,卷二,物产,货类,民国二十年铅印本。
② 陈桢等修纂:《文安县志》,卷一,物产,货属,民国十一年铅印本。
③ (清)吴汝纶撰:《深州风土记》,第二十一,物产,光绪二十六年刻本。
④ (清)李中桂等纂:《光绪束鹿乡土志》,卷十二,物产,光绪三十一年修,民国二十七年铅印本。
⑤ 经济讨论处编辑:《高阳之布业》,《中外经济周刊》第 195 期。
⑥ 滕绍周等修纂:《迁安县志》,卷十八,物产,货物,民国二十年铅印本。
⑦ 彭泽益编:《中国近代手工业史资料》,第二辑,三联书店,1957 年,第 229 页。

2. 土杂货逐渐为洋杂货所替代

随着质优价廉的洋杂货如洋铁、洋针、火柴、煤油等的大量进口,工艺落后、成本高昂的传统土杂货如土铁、土针、火石、植物油等,出现了销售的日渐萎缩。因此,洋杂货成为商人和百姓共同看好的热销商品,便是势在必然的了。

天津青县,"自外人通商以来,邑之眼光敏锐者,营充洋行买办,至获巨利。渐而自设行栈,收买内地土货,转售外商或承办各行转运事业,萤声繁盛都埠者,实有数家"①。而直隶宁晋县,这种变化也相当明显。"宁邑滨临滏河,交通便利,城市、集镇商业素称发达。近来铁轨繁兴,远方贸易者日众。惟是(棉)花、粮(食)而外,贩洋货奢侈品者颇多。只知图利肥己,不顾民艰,宁俗之日就奢靡,此其重因"②。

与此同时,各地百姓也大多乐用洋货,如直隶望都县,"光绪庚子(1900年)以前,居民取火以火镰、火绒、火石取火;燃灯则以瓦灯,棉子、豆、麻等油;炊薪率用柴薪;吸烟则烟叶、烟丝,皆国产也。近则取火易以洋火;燃灯多用煤油,而油坊稀少;炊薪以柴薪不敷,半用煤炭;他如纸烟充斥,洋货盛行"③。山西晋城县大阳镇所生产的手工缝衣针,原本几乎垄断了全国的铁针市场。然而天津开埠后不久,欧洲输入的机制钢针,因其光洁、坚硬而又价格低廉,很快就挤占了山西土铁针的原有市场。到19世纪80年代末,就几乎没有人再使用土针了,这样,山西制造的传统土针,也就从百姓的日常生活中逐渐销声匿迹了。④

3. 土货出口业的繁荣

为适应沿海和国外市场对腹地原料产品的需求,皮毛、棉花、药材和干果等很快成为天津的重要出口商品。与此相适应,收购和运销出口国际市场所需要的各类原有或新式土货,便成为北方商业活动的重要内容。

以羊毛等畜产品的出口为例,蒙古高原和西北地区一向盛产羊毛,但在天津开埠前,其用途仅限于制造当地人用的毡毯和帐篷等,用量很小,绝大部分都因得不到利用而白白地废弃了。天津开埠后、特别是20世纪以后,羊毛变成了广大牧区最重要的出口商品之一,大量输往国内外市场。到了20世纪30年代,河北、山东、山西、河南、陕西、甘肃、察哈尔、热河、绥远、东三省,以及新疆、青、宁、蒙、藏等省的羊毛,河北、山西、绥远、陕西、察哈尔、热河等省的山羊绒,都大量运往天津出口。⑤与此同时,其他畜产品如各类皮张、羊肠、骨头等的出口量也在逐年加大。羊肠等本来是没有什么用途的,但20世纪以后,却由于出口的需要而大量地"由新、甘两省发至绥远,再由平绥路运平转津;陕、晋各省则由陇海、正太两路转运至平津",出

---

① 万震霄等修纂:《青县志》,卷十一,故实志,风俗篇,民国二十年铅印本。
② 张震科等纂修:《宁晋县志》,卷一,风俗,民国十八年石印本。
③ 王德乾等修纂:《望都县志》,卷十,风土志,民生状况,民国二十三年铅印本。
④ 渠绍淼、庞义才编:《山西外贸志》,上卷,山西省地方志编委办公室印行,1984年,第145—146页。
⑤ 实业部天津商品检验局:《工商要闻》,《检验月刊》1934年第3—4期。

口欧美等国。①

再比如,麦秆以往只能用来喂牛或烧火,而当国际市场对草帽辫产生了需求之后,它就变成了农民增加收入的重要工艺原料。山东、直隶等地的农民,"每值农隙,男女老幼,团聚编制,寒苦人家,即借此以生活"②。草帽辫作为一种新的商品,"固有烟台、胶州(青岛)威海卫、龙口等处,然从天津出口,或从此(天津)转运他埠,惟天津为独多"③。

显而易见,新型进出口业的兴起,是造成北方商品结构新变化的根本诱因。

三、商品营销方式和网络的变迁

口岸开放以前,华北地区的物资流通,主要是在比较狭隘的地方性区域市场之间展开的,其市场网络也是以当地大大小小的政治或交通中心为结点而组成的,物流指向具有明显的内向性特征。天津等口岸开放以后,洋行和买办控制了腹地洋货进口和土货出口的国内终点市场。然后他们利用华北原有的商品运输集散网络,将洋货销售出去,并把出口的土货收购上来。这样,就使得华北地区的物流指向,由传统的内陆商业中心,转向了通商口岸。

1. 洋货的销售网络

为适应洋货销售和土货出口的新内容,各地各类商人采用了新的商业营销方式。以天津及其腹地间的洋货销售为例,主要有3种类型。

(1) 洋行和买办层层控制各级销售网络,这是天津及其腹地洋货营销的主要渠道。

以煤油和卷烟的销售为例。

表 4-1　七七事变前天津三大石油分公司的营销概况

公司	大致经营范围	所辖主要区段及代理店数	主要品牌及销售状况
美孚	南起黄河两岸,北至张家口及内蒙西部,东迄山海关外,西达陇海铁路西段。	北京、保定、石家庄、新乡、郑州、德州、秦皇岛、张家口、太原和西安等,代理店120多家。	老美孚牌、鹰牌、虎牌煤油,年销约3万吨,另年销汽油约5千吨,润滑油约8百吨。
亚细亚	河北、河南、山西、陕西、绥远、察哈尔、热河及山东、江苏的一部分。	天津、北京、秦皇岛、保定、石家庄、新乡、郑州、太原、西安、张家口、德州、徐州等,代理店170多家。	元宝、铁锚、僧帽牌煤油,占全部业务的70%,另销汽油、洋蜡、柴油、机械油、润滑油及凡士林、蜡料等百余种。

---

① 国民政府工商部工商访问局:《天津肠衣调查》,《工商半月刊》1929年第13期。
② 国民政府工商部工商访问局:《中国草帽辫之制造与销路》,《工商半月刊》1929年第11期。
③ 工商部工商访问局编:《工商半月刊》1929年1卷11期,"调查"部分,第31页。

续表

公司	大致经营范围	所辖主要区段及代理店数	主要品牌及销售状况
德士古	河北、山西、察哈尔、绥远、热河、山东北部、河南北部。	天津、北京、保定、石家庄、郑州、太原、德州、秦皇岛、张家口等，代理店130多家。	红星、幸福、银箱牌煤油之外，另售机械油、柴油、沥青油、石蜡、油膏等200余种。

（资料来源：闵文：《英美三大油行侵入天津概述》，《天津文史资料选辑》第28辑。）

三大油行均以天津为中心，划分若干业务段，直接控制和支配遍布城乡的代理店和分销店。

代理店俗称"经理家"，所选择的对象多为粮栈、洋广货店或杂货店，通过它们自己原有的销售网，向城乡居民推销油类产品。代理店作为"二批发"，负责一个地区的销售业务，它们与油行之间结成托售关系，按照代理契约包销产品。双方在签订油品批发业务合同时，代理商必须先向油行缴纳一笔押金，保证不再经营其他油行的产品，并严格遵照油行规定的价格售油；而油行也不能再包给其他商号经营，并在平时稽查不出问题的情况下，每月按售货额向代理店发放佣金，有时为笼络代理商，也暗地给一些额外的好处。

代理店从油行批到油料后，除自身销售一部分外，再转手分发到下一层的分销店去。在三油行天津分公司的辖区内，约有分销店4 000—5 000家。以亚细亚油行太原供应段为例，山西省境内归孔祥熙财团的"祥记"字号独家经营，"祥记"在石家庄、太原、大同等地区都设有店，这些代理店又分管大小分销店百余处，布满山乡僻壤。①

地处腹地的直隶邯郸县，自"民初以来，销售美孚油者有贞记，销售亚细亚煤油者有怡元亨，均系合资营业"，销售地点为邯郸、邢台、磁县与永年四县。② 而山东临清的情况则是，"煤油，民国以前均系杂货店代售，三四年后始设专行包牌运销。此油之输入，惟美孚、亚细亚两种历史最深，销路亦最广"③。

天津英美烟公司，也拥有庞大而严密的销售网络，它同样通过各级经销机构、代理店、零售商，将其产品运销到腹地广大地区。由于英美烟公司在中国的总部抗战前设于上海，天津烟公司属于其五大分公司之一，所以天津进口的外地英美烟公司其他品牌的产品，也由天津烟公司的销售网来营销。

而各分段又下辖若干较小的县和镇，如天津段的泊头分段，下面又管辖泊头镇、交河、董村、霞口镇、南皮、高川镇、段庄、弓高城、塘上村、淮镇、阜城、寺门村、刘

---

① 闵文：《英美三大油行侵入天津概述》，《天津文史资料选辑》第28辑。
② 李肇基等修纂：《邯郸县志》，卷十三，实业志，商业，民国二十九年刻本。
③ 张自清等修纂：《临清县志》，经济志，商业，民国二十三年铅印本。

表 4-2　1937 年前天津英美烟公司的销售网络

北方区	芦汉区	山东区	边沿区
管辖河北省北部及热河省，总办驻天津，下设 4 个段：天津段下辖天津、泊头、胜芳、沧州、大城、连镇、庆云、宁津等分段；北京段下辖北京、海甸、通州、廊坊、蓟县、密云等分段；唐山段下辖唐山、古冶、乐亭、滦州、热河等分段；秦皇岛段下辖秦皇岛、昌黎、台头营、抚宁、山海关等分段。	管辖河北省南部和河南省北部及山西省，总办驻石家庄，下设 4 个段：石家庄段下辖高邑、正定等分段；保定府段下辖河间、涿州等分段；彰德府段下辖顺德、邯郸等分段；太原府段下辖汾州、平阳等分段。	管辖山东省，总办驻济南。	管辖绥远省、察哈尔省及外蒙古，总办驻张家口。

（资料来源：肖祝文：《天津英美烟公司的经济掠夺》，《天津文史资料选辑》第 3 辑。）

家庄、三里庄、尹家簸箩、老公村、建桥、陈屯等 20 多个县城和乡镇。在这些县城和乡镇之下，又都设有不止一处的代理店，而每个代理店又掌握着若干个零售商。[①] 凡此种种营销点，共同组成了严密的卷烟销售网络。

（2）借助于中国传统的商品销售网络，由中国商人商队直销的方式，销售各类进口商品。

只是各地商人的从业人员和运销路线，因其历史积淀的不同而呈现出很大的差异。

天津杨柳青商人的营销方式，称为"赶大营"。光绪初年，包括天津杨柳青人在内的内地商民，为配合清政府重新收复新疆的军事行动，纷纷从事随军贸易。向军士和西北人民销售来自东部口岸的洋货和其他日用品。他们以肩挑车载畜驮等方式，带上各类土洋杂货，分 3 路往返于天津与新疆等地之间。南路是沿着旧有的驿道，出河北、过山东、河南、穿陕甘、入新疆，以大车和驮运为主；中路是由天津向西，经张家口、归化、阿拉善蒙古草原而抵达新疆的古城（即奇台）、迪化（乌鲁木齐），以骆驼驮运为主；北路是沿京奉、东清铁路北上满洲里，西乘俄国西伯利亚火车，南转阿尔泰支线到塞米巴拉金斯克，再东转由塔城入新疆。3 路中尤以中路为主，尤其是京绥铁路通至包头以后更是如此。天津杨柳青人在天津与新疆间的经商活动，到民国前期达到鼎盛。"赶大营"的津商及其后继者们，不仅从事新疆当地市场间商品的余缺调剂，经营当地皮毛、药材对俄国的出口，销售俄国进口的工业产品，成为新疆商界首屈一指的大商帮，而且也贩运内地的京广杂货和天津洋货，并有不少人利用在新疆的商业积蓄，回到天津开办工商企业。在新疆的经济发展以及西北边疆与内地间的经济交流中，起到了重要的桥梁和纽带作用。除天津杨柳青商人

---

① 肖祝文：《天津英美烟公司的经济掠夺》，《天津文史资料选辑》第 3 辑。

之外,内地山西、陕西、甘肃、湖南、四川等地的商人,也是"赶大营"贸易的重要力量。①

队商贸易的另一个代表,是垄断津晋贸易与蒙古高原贸易的山西商人。天津开埠以后,山西商人依然是天津及其腹地间洋货运销的中流砥柱。他们的营销区域,一是在天津和山西之间进行的洋货贩运,二是以张家口和归化等地为主要据点,以"出拨子"的形式对蒙古大草原展开的旅蒙商贸易。山西的商人从天津进口来的英国市布等洋杂货,"以船只上溯子牙河而运至小范镇。在小范装入每辆可载二十包之大车,尔后沿陆路西向运往获鹿县城。该县城位于直、晋交界之山麓,因获鹿至晋省之路不通大车,故须在此更换工具。是故此时须以骡子或骆驼行完抵达太谷县之余程。唯最后四、五十哩之路,可借小骡车运送";而"运往蒙古之商货,先由水路运至京郊之通州,后以骡子或骆驼再行一百五十哩,而达于地际南蒙之张家口"。②

随同晋商从事内地与口外蒙古地区洋货和皮毛贸易的还有直隶的顺德(今河北邢台)商人。他们先将包括天津进口洋杂货在内的商品,贩运到蒙古草原西部及宁、甘、青等广大西北地区,以换取当地人手中的皮毛和药材。"资本较小之皮贩,每值秋后或骑骡马,或相伴步行,奔赴西北,彼等所携带资本为布匹、线带、土布、厂织品、火柴等物,对西北各地土人大半行直接交易,近者由骡马或人力运回,远者由邮局运回,或转让公司代运。……资本较大之皮贩,赴西北各地,大部住在商业城镇,如兰州、包头,委托当地商店代买,为现金交易。因顺德皮店、银号与天津银号有交易关系,兰州、包头都设有天津银号分号,皮贩只将现款汇至天津银号,便可到西北各地贩运皮毛……其贩运方式,大半由邮局或转运公司寄回,其临铁道者由火车运至顺德。由皮店作中间介绍,售于天津及其他各地商客"③。

(3) 通商口岸当地或周边地区的个体批零商贩,他们把在口岸城市大量批发来的洋货,或通过店铺和门市小量批发出售,或亲自到城镇和乡间的集市上就近兜售。

这些商贩人数众多,各自为政,或车拉船载,或肩挑背扛,在各类进口洋杂货的运销中,表现得灵活而活跃。如光绪年间的山东德州商人,将"洋线由天津水运至州境行销,岁计一千二百件,内转山东内地者九百件。洋油由天津水运至州境行销,岁计十六万箱,内转山东内地者十五万箱。……洋布自天津水运至州境行销,岁计九百匹,内转邻封各地者五百匹。洋纸自天津水运至州境行销,岁计值银五百两。杂色洋货自天津水运至州境行销,岁计值银五千八百两"④。

---

① 樊如森:《近代西北经济地理格局的变迁(1850—1950)》,台湾花木兰文化出版社,2012年,第114—119页。
② 吴弘明编译:《津海关贸易年报(1865—1946)》,1868年贸易报告,天津社会科学院历史所,1993年。
③ 实业部天津商品检验局:《检验月刊》1934年2月号,"工商要闻"部分,第14—15页。
④ (清)冯峦编:《德州乡土志》,商务,光绪间钞本。

2. 出口土货的采购网络

腹地土货的采购,与上述洋货的销售渠道基本类似,只是方向上相反而已。主要来说,一是洋行—买办—分庄收购系统,二是皮毛商、棉花商、杂货商等华商收购网络。

天津开埠之初,西方的洋行就纷至沓来,专门从事洋货进口和土货出口方面的垄断业务。它们除设立代理商间接推销洋货和收购土货之外,还在交通方便的次一级经济中心或者原料产地,建立了洋行的分行与分庄。

1861年5月,就有天津的宝顺洋行,把洋布贩运到山西榆次。此后数十年间,大约有53家在天津的外国洋行,陆续到山西销售洋货和收购土货。其中,常至者有怡和、良济、隆茂、仁记、新泰兴、高林、聚立、李德、平和、胜茂、德隆、太古、源昌、明义、普尔、涌钰、华泰、宝顺等18家英国洋行;有瑞记、禅臣、礼和、鲁麟、世昌、顺发、地亚士、兴发、瑞丰、兴隆、德义、志诚、乾昌、克立、克罗斯、美最时、乾太、元亨、德信、福隆、顺成、顺威等22家德国洋行;有三井、大町、长峰、义大、武斋等5家日本洋行;有德泰、美丰、益昌、茂生等4家美国洋行;有立兴、华顺、拔维晏等3家法国洋行;还有1家荷兰的恒丰洋行。一开始,这些洋行销售和收购的目的达到后,便很快回到设在天津的洋行本部,不常久居山西,也没有固定的货栈。后来,随着其购销业务的扩展,便在山西的一些商业城镇和土货集散中心,如寿阳、榆次、交城、潞安、汾阳、忻县、新绛、太原等地,设立了十几家常住性的外庄。①

清末民初,在天津皮毛中级市场之一的张家口,英、法、美、日、意、德等国的商人设立的洋行相当活跃。② 1911年前后,天津洋行"在甘肃各地设庄的很多。中宁有仁记洋行、新泰兴洋行,中卫有平和洋行、瑞记洋行"。河州(治今甘肃临夏市)有9家天津洋行收购羊毛、皮张、肠衣、药材、猪鬃等货物,然后雇用皮筏沿黄河将其运至包头,再通过陆路运到天津出口。③

华商当中的皮毛商人,主要是晋商组织的旅蒙商。他们早年以车拉驼载的"出拨子"的方式,直接到草原深处交换皮毛,运回到归化、张家口等各大中级市场集中,然后再转运到天津。进入20世纪以后,旅蒙商改变以前落后的购销方式,纷纷在各中级市场上建立起自己的商号,并且在草原众多的集市和庙会上设立了自己的分号店铺,以作为在牧区进行皮毛收购的据点,从而形成以各中级市场的大商号为根本、以各初级市场的店铺为依托的现代化皮毛购销体系。

作为重要出口商品的棉花,其收购系统亦相当复杂,其结构示意图如下:④

---

① 渠绍淼、庞义才编:《山西外贸志》,上卷,山西省地方志编委办公室,1984年,第122—124页。
② 贺扬灵:《察绥蒙民经济的解剖》,商务印书馆,1935年,第51页。
③ 樊如森:《西北近代经济外向化中的天津因素》,《复旦学报(哲社)》2001年第6期。
④ 张利民:《试论近代华北棉花流通系统》,《中国社会经济史研究》1990年第1期。

卖　方	中　介	买　方
棉　农	经纪人	零售商
贩运商		纱　厂
棉花店		棉花栈
棉花栈		出口商

据曲直生的考察,1908年以前直隶地区的棉花主要自用和纺织土布,由收买布匹的商人贩运到直隶以外的山西和绥远地区销售。"故当时出口,以棉花制品之棉布为大宗,棉花之出口则甚少",而"自1908年直隶之西河棉出现于天津市场以后,直隶内地棉花之输向天津日盛"。棉花的收购程序是从最小原始市场即村级棉花市场,逐步向较大原始市场即镇、县棉花市场集聚,然后再由水陆各种渠道运往天津。棉花交易特别发达的地方,有定县的清风店,束鹿县的辛集、旧城、木邱、位伯诸镇,滦城县的县城,正定县城,石家庄,永年县的临洺关,邯郸县的车站,武清县的杨村,丰润县的小集,玉田县的窝洛沽,吴桥县的连窝镇,南宫县的县城,等等。在这些产棉特别集中的县区,"每村甚至都有棉市。乡民早晨担棉(籽棉或花衣)在市上出售,有较大市场特派的商人或专门在此等小市场收买棉花的小商人到市收买,再运至较大的原始市场行轧棉(如所买系籽棉)及分类打包等手续,预备装运出口"。①

禽蛋方面,华、洋商人的收购方式和地点有所不同:华商大多在河北各县及天津附近一带派人到各村庄订购收买,定期运到天津再转售给洋商;而洋商则大多在河南郑州和山东德州等地设庄收买,或委托华商代办购买。除日商因为距离尚近愿意直接购运鲜鸡蛋外,英、德、法、美等国则在各产区设立蛋厂,利用当地廉价的工资,就地将鸡蛋进行加工,以便于储运,加工成的产品种类有干蛋黄、干蛋白、飞黄白子、湿蛋白、湿蛋黄,等等。②

草帽辫收购,大致情况是:乡民将草帽辫编好分束后,由游走于乡间的零星商贩收购,转卖给辫庄;辫庄再将各处集聚而来的草帽辫分类打包后,转运到更大的草帽辫集散中心;再由那里运输到天津等港埠出口。山东商河、掖县、平度、昌邑、寿阳、阳信等县的草帽辫,就往往先由商贩或辫庄,在商河等地收集,然后用船运到潍县,再由潍县再运到天津或青岛;而山东西部的草帽辫,则先集运到济南,再由济南转运天津等地;直隶大名道的南乐、清丰、濮阳、长垣等县的草帽辫,也是先运往济南,再转运天津;直隶东半部各县的草帽辫,则先在沧州集结,再运往天津。③

干鲜水果的收购,情形又有所不同。平、津等地的商人多到北平西、北等盛产

---

① 曲直生:《河北棉花之出产及贩运》,商务印书馆,1931年,第87—89页。引文中的出口,指输出本地。
② 工商部工商访问局编:《工商半月刊》1930年2卷3期,"调查"部分,第27—28页。
③ 工商部工商访问局编:《工商半月刊》1929年1卷11期,"调查"部分,第27—28页。

甜杏、中杏、苦杏的地方,通过向农户预先包株或先向农户贷款,然后让其以杏、仁合价偿还的办法,将所收集来的杏仁运到天津。每年出口到英、美、德三国的约200吨左右,其余由上海驻天津的大昌德、王成永、怡大隆、源顺祥、隆昌等商家收购运沪,分销他省。① 红枣运销则是,将枣用麻袋装好,由农主或客商自各产地运到天津,存放到各山货栈行。然后把货样拿给江南客商或本地的捐客,由货栈居中促成买卖。天津出口的红枣,运往上海的占50%,运往香港、广东的占40%,其他地区占10%。② 天津市场上黑枣的产地,主要为河北顺德府、蓟州及山东济宁、泰安、乐陵一带。黑枣的运销方法、渠道及行销区域,与红枣基本上相同。③ 而花生则除留作自用外,"其余概行运津"。在津经营花生贸易的洋商,有美记、美最时、礼和、亚利、永兴等家,华商有永泰、广泰、志昌兴、交通、锦泰、永丰、仁和等家。津埠除直接出口带壳花生与花生仁外,还加工成花生油,出口外洋及广东。④

华、洋商人在出口土货的收购中,通过各自不同的渠道和系统,既相互竞争又互为表里,共同完成农牧产品的收购、运输和出口环节,客观上促进了北方经济的外向化与现代化进程。

四、蒙古高原的近代商业

如前所述,清代民国时期,蒙古高原地区的商业贸易从无到有,多弱到强,从国内贸易到国际贸易,其主导力量都是外来的汉族商人特别是山西商人,英美洋行商人和买办商人,俄国商人,等等。当地商业的变化,同时也就是外来商人和外地商业包括华北商业的变化。

贺扬灵在对20世纪30年代内蒙古蒙民的游牧生活,进行溯源性的考察后也认为,在游牧状态中的蒙古人经济,本身是不需要商业的。他说:"在某种时期,因为外来工商经济的侵入,于是发生物与物及物与货币的交换状态,就是在纯农或半农牧区域大部分,亦还是停滞在这种半原始社会经济的阶段上。蒙古人对于商业的观念,非常冷淡,亦是他本身生活的反映。因为蒙古人的生活简易,五口之家,只要有牛羊数头,就可以维持在某种限度的最低生活。男人除畜牧或应差外,终日不是游逛,就是伏案喝酒、吸烟、饮茶、诵经,或流于赌博。家庭中的一切操作,就完全交付给女人。在这种简易生活的条件下,自然很容易养成一种懒惰和堕落的习惯。对于商业上的极意榨取,是很耐不惯的。因为这种关系,蒙古内地的商业,几成为汉人的独占业了。不过有些王公及富有喇嘛或平民,间有与汉商合资营业,或以资本贷给汉人,以取得其高利贷。如察哈尔部土默特旗及其他各盟旗,都有这种

---

① 工商部工商访问局编:《工商半月刊》1929年1卷13期,"调查"部分,第32—33页。
② 工商部工商访问局编:《工商半月刊》1931年3卷6期,"调查"部分,第7—10页。
③ 工商部工商访问局编:《工商半月刊》1931年3卷7期,"调查"部分,第15—17页。
④ 工商部工商访问局编:《工商半月刊》1930年2卷4期,"调查"部分,第20—25页。

现象。"①

吹拉弹唱的蒙古牧歌式传统生活,固然十分安逸和令人神往。但是,当经济发展的时代列车,已经驶入工业化和全球化的 20 世纪以后,全人类的生产和生活都被迫纳入了欧美主导下的现代经济快车道。一个地区、一个民族的消极对抗,已经变得无济于事了。

第二节　华北与蒙古高原的金融变革

日趋繁荣的商业,离不开与之相应的金融业支撑。而与华北与蒙古高原近代外向型商业网络相对应的,是以天津、青岛等通商口岸城市及其腹地市场网络为基础的新式融资网络。

一、天津及其腹地的新式融资方式

近代天津及其腹地的主要金融城市有两个,一是天津,二是北京。

从区域经济发展的视角来看,天津是近代北方广大地区的工商业中心,而北京则只是最大的消费城市,对周边地区经济发展的有效辐射很低。但是,由于北京在清末和民国前期依然是中国的都城,所以,财政影响还是很大的。并且,北京自身消费和市场交换活动,也离不开金融的中介作用。所以,近代北京的金融机构还有不少。总之,如果说天津是北方工商金融中心的话,那么,北京则可以称之为财政金融中心。

1. 天津的金融业

天津开埠以后,天津及其腹地商业发展所面对的市场结构,随着进出口贸易的发展而出现了前所未有的新变化。与此相适应,天津及其腹地的金融市场和融资方式,也在其原有的基础上,呈现出许多新的变革。

清朝前期,为适应天津商业日趋繁荣的需要,一些主要的金融机构如钱局、钱铺以及首饰楼、炉房等的经营内容,由原来各自以银两、制钱的兑换以及银两的熔化、金银首饰为主,发展到在存放款业务方面的交叉。1797 年(嘉庆二年),在天津成立了专营异地汇兑业务的日升昌票号,稍后又出现了蔚丰泰票号。开埠以后,国内外贸易日益繁盛,天津的票号、钱庄、银号等传统金融机构,也得到了很大的发展。到 1900 年,天津的钱庄、银号、票号,合计共约 300 家。②

随着国内外贸易的进一步发展,传统的金融机构和融资方式,已经远远不能适应区域日趋辽阔的进出口业务对外汇和巨额周转资金的需求。于是,现代化的外资银行开始在天津出现。1882 年,英国汇丰银行分行在天津设立,此后,法、俄、

---

① 贺扬灵:《察绥蒙民经济的解剖》,商务印书馆,1935 年,第 49 页。
② 人民银行总行金融研究所金融历史研究室编:《近代中国的金融市场》,中国金融出版社,1989 年,第 52 页。

德、意、日等国银行也相继在天津设立分行。到1935年,天津的外资银行共有21家,主要集中在中街(今解放北路),它们基本上垄断了天津的进出口贸易和外汇市场。

1902年成立的天津官银号,是华资新式银行在天津的开端。1905年,户部银行天津分行成立,1908年交通银行天津分行成立,商办的北洋保商银行、殖业银行也相继成立。1915—1917年间,北四行中的盐业、金城、大陆3行都在天津成立了总行,并在全国各地分设机构。1921年中南银行在上海成立的当年即成立天津分行,1923年北四行成立联合准备库,以中南银行的名义发行纸币,形成"北五行集团"。同时,南方的兴业、新华、上海等银行也在天津设立分支机构。1927年前后,天津的新式银行有官办的3家,商界的18家,外商的13家。1934年天津本国银行的资金力量估计达32 000余万元。这些银行在全国各大城市遍设机构,大力发展了存放款、汇兑、押汇、票据承兑贴现业务,成为民族工商业发展不可缺少的融资和结算机构。这些新式银行,由于从旧钱庄对人的信用方式,改变为对物的抵押放款方式,便利企业可以用自己的财产和商品作担保,向银行借用资金;而银行则相应地设立了仓库,并发展保险和运输业务,便由单纯的信用中介发展到购买企业股票和债券,直接对企业进行投资和参与管理。天津纺织业的几个大纱厂、化学工业的久大精盐公司、永利碱厂,以及华北的几个大煤矿、铁路、公用事业的发展,都有天津华资银行从资金到管理的支持。到抗日战争前夕,天津国办和商办的华资银行共有33家,银号94家。[①]加上这些银行遍布北方腹地的分行、分号,共同构筑起以天津为中心的近代金融网络,为天津及北方广大地区外向型经济的发展,提供了雄厚而便捷的资金支持。

表4-3　1882—1937年的天津中外银行

银行名称	设立年	银行名称	设立年	银行名称	设立年
英国汇丰银行分行	1882	法国东方汇理银行分行	1907	日本天津银行总行	1920
英国麦加利银行分行	1895	法国、比利时合资之仪品放款银行分行	1907	中国、意大利合资之华意银行分行	1920
俄国华俄道胜银行分行	1896	日本正隆银行分行	1915	美国美丰银行分行	1923
德国德华银行分行	1897	美国花旗银行分行	1916	俄国远东银行分行	1924
日本正金银行分行	1899	美国运通银行分行	1917	中国、法国合资之中法工商银行分行	1923
比利时华比银行分行	1906	日本朝鲜银行分行	1918	美国大通银行分行	1929

---

① 人民银行总行金融研究所金融历史研究室编:《近代中国的金融市场》,中国金融出版社,1989年,第54—55页。

续 表

银行名称	设立年	银行名称	设立年	银行名称	设立年
美国天津商业放款银行总行	1932	大陆银行分行	1919	大生银行总行	1919
美国合通银行总行	1933	中南银行分行	1921	中国农工银行分行	1926
美国敦华银行总行	1935	大中银行分行	1929	裕津银行总行	1921
中央银行分行	1931	东莱银行分行	1923	中原商业储蓄银行总行	1931
中国银行分行	1912	新华信托储蓄银行分行	1917	殖业银行总行	1911
交通银行分行	1908	中国实业银行分行	1919	中孚银行分行	1916
河北省银行总行	1929	浙江兴业银行分行	1915	聚兴诚银行分行	1918
天津市市民银行总行	1936	中国国货银行分行	1931	上海商业储蓄银行分行	1920
金城银行分行	1917	国华银行分行	1934		
盐业银行分行	1915	中国垦业银行分行	1926		

(资料来源：1934年《全国银行年鉴》等，据人民银行总行金融研究所金融历史研究室编：《近代中国的金融市场》，第三章，附表一、二，中国金融出版社，1989年。)

天津是近代我国北方的金融中心，天津与其腹地的经济联系，最为突出的是以天津为中心的商品贸易关系，而贸易必然会引起资金的流动。因此，贸易所引起的资金流动，对天津与腹地间的资金流动有着决定性的影响。根据龚关的研究，这种影响突出表现在两个方面：[①]

第一，天津与腹地资金流动的路线是由贸易路线决定的，资金流动的路线基本上就是贸易路线。

第二，资金流动的季节性，即天津与腹地的金融市场资金的供求关系呈现的季节性变化，受到农产品贸易的强烈的影响。当农产品大量上市时，对货币需求量大，金融出现紧急；反之，金融松弛。具体地说，当华北的棉花、小麦、高粱、芝麻、花生等农产品，或者皮毛等畜产品大量上市时，资金从天津流向腹地，反之则从腹地流向天津，从而在北方区域内形成以天津为中心资金有节奏地聚集和分散。

因商业贸易而引致的天津与腹地间的资金流动，主要是为了完成贸易结算，同时还包含着商业性融资。商业性融资的一种方式是商业信用，即天津的商号向腹地商号的融资。另一种方式是金融机构的融资，例如，金融机构直接向腹地商号贷款、银行间的借贷，等等。除了与贸易相关的资金流动，还有对金融业、工矿业、农

[①] 参见龚关：《近代天津金融业研究(1861—1936)》，第三章，第三节，天津与腹地间的资金流动，天津人民出版社，2007年。

业的放款与投资所引起的资金流动。这种资金流动,也是双向的,既有天津流向腹地,也有腹地流向天津。天津是工商、金融业聚集的中心,对腹地的投资者有很大的吸引力,从而形成了因投资向天津的资金流动。

近代天津与腹地间的资金流动,一种方式是运现(运送现金),天津运送现金的范围,几乎覆盖东至唐山、秦皇岛,西北至归绥、包头,南至郑州的北方广大地区。另一种方式是汇兑,北方各地的对外汇款均以天津为主要汇兑之地,无论是张家口、包头、邯郸、石家庄、兰州以及山西的城市,无不以天津为主要汇兑对象,只有山东、河南两省的许多地方与青岛、上海、汉口等口岸的联系密度超过天津。[1]

通过进出口贸易体现出来的腹地商业的外向化,是天津与腹地经济互动在商业上的集中表现。天津开埠以前,北方商业的基本功能,主要在于狭小市场范围内商品的余缺调剂,其经营内容和营销方式也都相对封闭。开埠以后,腹地商业从成员身份、经营内容、营销方式、通达渠道、区域范围等方面都有了明显的新变化,也就是加入了许多外向化的成分和内容。其基本的经济功能,也由以前为国内区域市场间的余缺调剂服务,转向为广大腹地与沿海和国际市场间的商品进出口服务。也就是由内向型的商业,逐步转化为外向型的商业。商业性质和功能的这些转化,是腹地经济全面外向化的基础和保证。

"七七事变后,平津首先沦陷,银行业一部停业,一部在敌伪金融管制之下,业务几频停顿,惟银号则较前增多。大都利用敌伪货币恶性之膨胀,直接或间接参加物资之囤积,与金银之买卖,造成一时畸形之繁荣"。抗战胜利后,经过政府整顿,金融市场又趋活跃起来。到1947年,天津共有银行52家,包括总行6家,分行56家;另有办事处26家,银号共有111家,包括总号100家,分号11家,另有办事处2家;钱庄共2家;其他金融机构,包括信托业3家,保险业22家,典当业43家,证券行48家,总计309家。[2]

2. 北京的金融业

由于北京不是通商口岸,所以为对外贸易服务的现代外资银行,在北京出现得比较晚。晚清北京金融业的主体,是旧式的典当业和银钱业,即当铺、钱庄(银号)、票号等。据董良统计,乾隆九年(1744年)北京共有大小当铺600—700家,清末为200—300家,1949年前为30余家;钱庄在道光年间有300余家,咸丰九年(1859年)为500余家。随着西式银行的建立,旧式银钱业的影响逐步减弱,经营业务也向新式银行靠拢,以存放款和汇兑为主。[3] 另据统计,"光绪庚子(1900年)以前,统计北京当业共有二百十余家,迨民国元年壬子兵变以后,则一落为一百七十余家,

---

[1] 龚关:《近代天津金融业研究(1861—1936)》,天津人民出版社,2007年,第155页。
[2] 联合征信所平津分所调查组:《平津金融业概览》,联合征信所平津分所,1947年,第A2页。
[3] 董良:《北京近代金融建筑述略》,《中华民居》2011年第12期。

后又递减为一百二十余家,目下全市仅存有八十七家"①。

1885年设立的英国汇丰银行分行,成为北京第一家外资银行。此后,在北京设立分行的,有英国麦加利银行、法国东方汇理银行、日本横滨正金银行、俄国华俄道胜银行、德国德华银行、中法实业银行,以及中美合办的中华懋业银行、中日合办的义利银行、中意合办的震义银行等。②1905年,中国的户部银行在北京成立,1908年改称大清银行,1912年改称中国银行。1907年邮传奏准设立交通银行,1910年设立北洋保商银行。此后官商合办的银行、商业银行等相继成立,多为私营。1917年,北京成立了由金城银行、盐业银行、新华银行、中国银行、交通银行等10余家银行组成的银行公会;1925年在北京设立总行的银行有23家,是北京银行业的全盛时期。1928年国民政府迁都南京,各行总行纷纷迁往上海,到1934年北平只剩下了1家银行总行和24家分行,其中外资银行9家。1937年北平沦陷后,除以敌伪为中心的金融机构外,其他商业银行仅存10余家。抗日战争胜利后,北平金融业逐渐恢复,1949年之前,"共有国家行、局、库7家,办事处14家;省市银行2家,办事处1家;官商合办分行1家,办事处1家;商业银行总行、支行23家,办事处18家;外商银行3家。在商业银行中所投资本在1亿元以上者有5家,1 000万元以上者有9家,1 000万元以下者有3家"③。

二、青岛及其腹地的新式融资方式

山东省的近代金融业,整体上也可以分为两个中心,一个是省会济南,一个是港埠青岛。只是由于时间和情势的变化,而各有特点和侧重。

山东省的现代银行业始于清末,在省会济南和主要商埠烟台、青岛,皆有大清银行和交通银行的分行,当时的业务,仅限于政府的税收和公款存放而已,市面上的金融事业,仍以传统钱业为主。进入民国以后,山东银行业有了明显的进步。只是由于"此时青岛尚未收回,银行业之发展,以济南为中心",1912—1924年期间,济南设立的银行总行或分行数目为"十有八家",即18家;1929年以后,"山东境内复业及添设之银行,已不下二十余家"。④

青岛虽然是华北东部沿海的重要外贸商埠,1949年的城市人口已达60万人,位列全国第9位,但它毕竟是一个发展历史短暂,又历经德、日殖民统治的西化城市,本土色彩淡薄,所以,其金融业的发展历程和面貌,与上述的京津二市有着明显的差异。

在1897—1914年的德国占领时期,青岛的金融操纵在德国的德华银行手中,

---

① 中国联合准备银行:《北京典当业之概况》,内部刊行,1940年,第69页。
② 董良:《北京近代金融建筑述略》,《中华民居》2011年第12期。
③ 人民银行总行金融研究所金融历史研究室编:《近代中国的金融市场》,中国金融出版社,1989年,第158—160页。
④ 实业部国际贸易局编:《中国实业志·山东省》,实业部国际贸易局,1934年,癸,第1页。

其间,华资金融如山东银行、中国银行的分支机构虽然也于1911年和1913年先后成立,但主要业务是代收税款,对市面影响不大。1914—1922年日本占领时期,青岛金融又为横滨正金、朝鲜银行所把持。华资银行除中国、山东2行和新开业的东莱银行外,只有一些经营兑换业务的小钱庄。

1922年青岛回归以后,当地金融获得了发展的空间,一时出现了繁荣的景象。不但本地人开设的山左银行、中鲁银行,以及义聚合、福聚和、福顺德、福兴祥等钱庄陆续开业,中央银行以及一些全国性的著名银行,如交通、明华、大陆、中国实业、上海、金城、国华、盐业、浙江兴业等银行,也纷纷到青岛设立分支机构,使青岛的银行和钱庄达到了60—70家。

其中的中国、交通2家银行,除了掌控青岛的金融业务之外,还统辖山东全省的各该行分、支行、处的业务和资金调拨事宜,"使青岛取代省会济南,成为山东半岛的金融中心及经济中心"。①

1937年之后,青岛再次沦为日本的殖民地,驻青岛的日商银行和敌伪银行,重新垄断了全市的金融市场,华资金融机构大多处于紧缩至多是维持局面的状态。抗日战争胜利以后,华资金融再度复兴。但由于国共内战再度爆发,并一直持续,"青岛处于孤岛状态,钞票贬值,物价飞涨,银行业务获得畸形发展,一度出现虚假繁荣景象"。②

三、漠北蒙古地区的近代金融

清代之前,漠北蒙古地区的商业很不发达,金融业自然同样滞后。各地旅蒙商人大多用砖茶、生烟、布帛等物品,直接交换蒙古牧民手中的皮毛和牲畜,属于典型的物物交换。即便用些媒介物,也只是少量的散碎银块。"蒙民交易,多用食物交换,或以砖茶为准,或以皮张计算,一般人民,尚不知货币流通之妙用。惟边城附近,与汉人交通,渐用钞票,颇重视银块,谓之元宝。王公富豪,或大喇嘛庙,率盛之以器,深埋地中,盖恐胡匪之强夺也"。③

到了光绪年间,随着中俄贸易的扩大,俄国华俄道胜银行发行的纸币,开始在蒙古地区流通,并逐步垄断了当地的金融市场,汉、蒙人民均感便利。"维时俄币市价,高至八九钱之间,不独蒙人信用已深,即华商亦欣然乐用,外蒙财政,半入俄人掌握。"清政府为了维护对外蒙古地区的经济主权,遂在库伦的东营子,设立大清银行的分行。但因辛亥革命的发生,该行被迫歇业,外蒙金融依然处于俄国人的垄断之下。后来,由于俄国十月革命的爆发,俄国金融动荡,纸币暴跌,"始而五钱,继由四钱而三钱、二钱,最近且减至二三分之谱,华商损失,为额甚巨。物价奇昂,较之

---

① 人民银行总行金融研究所金融历史研究室编:《近代中国的金融市场》,中国金融出版社,1989年,第297—298页。
② 人民银行总行金融研究所金融历史研究室编:《近代中国的金融市场》,中国金融出版社,1989年,第298页。
③ 王华隆:《蒙古调查记》,商务印书馆,1923年,第25页。

内地价格,高至数倍,其有达十倍以上者,皆俄币之害也"①。

有鉴于此,外蒙地方政府遂与中国中央政府驻库伦都护陈毅,协商在外蒙地方设立中国银行事宜,主要内容是可以向当地蒙、汉商人和政府机构发放1年期5万元以下的贷款;所发行的纸币,可在张家口的中国银行兑换成现银。自1918年中国银行库伦支店之后,"库伦一隅,遂改以中钞为本位,发行以来,信用卓著,蒙人亦乐用之,多有以俄钞收买中钞存储者。惟中行基金薄弱,钞票发行总额仅七八十万元。以外蒙之大,商务之繁,区区之数,何能敷用?故其买卖交易,仍以俄钞为多"②。

为了强化中央政府对外蒙古地方金融和财政的影响,1919年徐树铮到库伦就任西北筹边使之后,遂筹谋另外设立边业银行,拟定股本总额1 000万元,分为10万股,每股银元百元。"总行设于北京,库伦亦有分行。开幕以来,办理尚称妥善,集资较厚,信用渐著。发行钞票,边民亦甚欢迎。塞外金融,日形活动,此银行之力居多"③。

此后,频繁的军阀混战削弱了中国中央政府对外蒙古的实际控制力,加上苏联红军的武装入侵,以苏黑巴托尔、乔巴山领导的蒙古人民党,遂于1921年7月10日,成立"蒙古人民革命政府",在苏联的卵翼下宣布脱离中国而"独立"。为了巩固统治,外蒙地方政府在苏联的掌控下(苏联注资一半),于1925年11月成立蒙古银行,采用银本位,发行纸币和银、铜货币。"银币单位为都开尔格,每都开尔格等于一百蒙沽,相当纯银十八克。"纸币种类分为1、2、5、10、50及100都开尔格。同时发行1、50都开尔格,以及10、15、20蒙沽面值的银币硬币,1、2、5蒙沽的铜币硬币。这些币种,大体上均于1926年3月开始在市面流通。④

外蒙古地方政府建立了自己的银行之后,不仅用于控制经济,还用它作为压制中国内地商人在外蒙古势力的工具。"原来库伦贸易的机关银行,为俄、蒙合办的蒙古银行。商人的汇兑,统由该行经理。倘若有商人自为汇兑业务,一经查出,马上将款没收,且加以十倍处罚之后,更要另行惩办。至于该行的汇费,则又故意提高,每千元须缴七十元汇费。而出库(伦)南下的汉商,每人只许携带旅费五十元,如多带一元,除征税二成,还要课以相当的罚金。倘若带的数目过多,查出来之后,马上将他扣留收监。此外则该行所发行的纸币,统由苏俄代印,并禁止我国货币和其他货币之流行。无论租税以及商业交易,一概都用此种纸币,如此一来,更足以致汉商于死命了"⑤。

随着大量对外贸易商埠的开放,以及商业和金融业的近代转型,以商品进出口

---

① 陈崇祖编纂:《外蒙古近世史》,第二篇,商务印书馆,1922年,第107—108页。
② 陈崇祖编纂:《外蒙古近世史》,第二篇,商务印书馆,1922年,第110页。
③ 陈崇祖编纂:《外蒙古近世史》,第三篇,商务印书馆,1922年,第14页。
④ (日)吉村忠三著,李祖伟译:《外蒙之现势》,商务印书馆,1937年,第74—76页。
⑤ 刘虎如:《外蒙古一瞥》,商务印书馆,1927年,第81—82页。

主要内容的华北与蒙古高原外向型经济,快速地发展起来。

第三节 华北口岸与腹地进出口贸易的发展

一、近代天津及其腹地的对外贸易

1860年《中英北京条约》的签订,使英法列强一直渴望得到的近畿商埠——天津开辟出来。天津的对外开放,在很大程度上成为华北与蒙古高原地区与国际市场接轨的开端,天津及其腹地的对外贸易随之逐步发展起来。

表4-4 1861—1937年的天津港进出口贸易

价值单位:1873年前为津行化两,后为海关两

年代	进口总额	出口总额	进出总值	指数	年代	进口总额	出口总额	进出总值	指数
1861	5 014 071	461 573	5 475 644		1888	13 641 592	19 082 907	32 724 499	133
1862	7 095 811	470 491	7 503 302		1889	15 412 710	19 931 824	35 344 534	172
1863	6 275 225	913 217	7 188 442		1890	17 177 294	21 550 402	38 727 696	188
1864	7 645 422	1 710 768	9 356 208		1891	18 431 290	23 090 010	41 521 300	202
1865	11 852 437	5 819 825	17 672 262		1892	17 890 775	21 537 803	39 428 578	192
1866	16 583 457	7 262 197	23 845 654		1893	24 177 204	19 523 181	43 700 385	213
1867	9 252 155	5 468 139	14 720 294		1894	26 318 577	24 278 098	50 596 675	246
1868	16 437 708	5 734 424	22 172 132		1895	28 750 065	29 856 863	58 606 928	285
1869	17 127 610	6 924 131	24 051 741		1896	36 235 962	23 510 402	59 746 364	291
1870	11 935 178	4 985 815	16 920 993		1897	39 476 103	25 168 108	64 644 211	314
1871	12 331 357	7 436 344	19 767 701		1898	41 784 719	31 182 007	72 966 726	355
1872	10 564 444	8 470 543	19 034 987		1899	53 664 238	34 067 985	87 732 223	427
1873	9 886 373	9 649 471	19 535 844		1900	14 801 993	17 832 822	32 634 815	159
1874	10 557 532	10 003 017	20 560 549	100	1901	27 678 545	23 756 217	51 434 762	250
1875	8 548 490	11 654 479	20 202 969	98	1902	53 659 526	40 090 079	93 749 605	456
1876	8 956 636	13 219 829	22 176 465	108	1903	37 640 343	33 210 408	70 850 751	345
1877	7 865 774	19 009 350	26 875 124	131	1904	36 840 510	34 981 418	71 821 928	349
1878	7 913 015	19 536 814	27 449 829	134	1905	60 429 673	39 875 425	100 305 098	488
1879	13 503 506	15 092 316	28 595 822	139	1906	65 198 556	51 053 587	116 252 143	565
1880	10 399 347	15 562 583	25 961 930	126	1907	61 966 162	36 871 625	98 837 787	481
1881	10 724 918	14 217 796	24 942 714	121	1908	36 748 180	45 796 960	82 545 140	401
1882	9 634 678	16 305 834	25 940 512	126	1909	45 206 807	57 284 798	102 491 605	498
1883	10 403 543	15 046 631	25 450 174	124	1910	54 038 216	47 485 185	101 523 401	494
1884	10 685 392	17 065 856	27 751 248	135	1911	53 501 039	64 848 927	118 349 966	576
1885	12 516 208	17 220 656	29 736 864	145	1912	48 544 533	55 488 022	104 032 555	506
1886	13 996 512	18 393 109	32 389 621	158	1913	71 622 439	63 395 600	135 018 039	657
1887	13 776 608	20 548 864	34 325 472	170	1914	69 770 856	56 338 302	126 109 158	613

续 表

年代	进口总额	出口总额	进出总值	指数	年代	进口总额	出口总额	进出总值	指数
1915	55 666 045	74 560 299	130 226 344	633	1927	131 598 145	198 512 626	330 110 771	1 606
1916	59 804 049	77 133 257	136 937 306	666	1928	139 484 603	213 531 687	353 016 290	1 717
1917	69 021 197	76 877 335	145 898 532	710	1929	148 595 467	198 931 216	347 526 683	1 690
1918	76 028 599	80 001 657	156 030 256	759	1930	135 506 151	182 729 696	318 235 847	1 548
1919	86 740 924	104 740 675	191 481 599	931	1931	137 387 954	216 796 940	354 184 894	1 723
1920	91 482 381	84 731 409	176 213 790	857	1932	104 548 979	62 876 524	167 425 503	814
1921	116 816 632	111 238 543	228 055 175	1 109	1933	77 520 863	56 785 793	134 306 656	653
1922	125 927 122	122 888 695	248 815 817	1 210	1934	62 047 646	52 022 258	114 069 905	555
1923	104 866 551	136 638 933	241 505 484	1 175	1935	54 659 965	58 537 836	113 197 802	551
1924	105 491 888	149 475 727	254 967 615	1 240	1936	46 628 646	75 626 844	122 255 490	595
1925	110 310 133	180 916 555	291 226 688	1 416	1937	53 954 693	82 716 499	136 671 193	665
1926	108 847 447	172 825 555	281 673 002	1 370					

（资料来源：津海关相关年份贸易统计，据姚洪卓：《近代天津对外贸易(1861—1948)》，附录表 1 整理，天津社会科学院出版社，1993 年。）

本书作者按：价值单位 1861—1873 年为津行化两；1874—1932 年为海关两；1933—1937 年原为法币元，表中已按 1 海关两＝1.558 法币元的比率折算为海关两。

  据表 4-4，开埠之初，也就是本表中进出口贸易的统计单位以当地通行的津行化两来计算的 1861—1873 年间，天津港的进出口贸易增长缓慢，进口大于出口，进出口结构很不合理。1874 年以后，海关贸易统计趋于规范，进口和出口的贸易数值趋于平衡，贸易总值逐步攀升。如果以 1874 年的进出口贸易总值为指数 100 的话，1891 年该指数就翻了一番，达到了 202；1899 年又在 1891 年的基础上再翻一番，达到 427；1918 年在此基础上再翻一番，达到 759；1927 年又在此基础上再翻一番，达到 1 606；最高为 1931 年，指数为 1 723。排除货币通胀因素，进出口贸易总值比 1874 年增长了 16 倍多。

  天津港不断增长的进、出口贸易值，是包括华北和蒙古高原在内的广大腹地在清末民国时期外向型经济不断发展、生产力水平不断提高、社会购买力不断增强的真实体现。

  天津及其腹地的进出口贸易的发展，并非一帆风顺，而是曲折起伏的。从商品进出口结构的变化中，能够详细体察出其中的艰辛。

  由表 4-5 可知，在天津开埠初期，其进口商品中，生活资料类产品占了相当大的比重。1863 年，以棉布、糖等为主的生活资料的进口值，占了整个进口总值的 31.2%，而到了 1883 年，这个比例增长到了 80.7%。与此同时，棉纱、机器、木材和铁路材料等生产资料类产品所占的比重，却始终没有超过 1%，反映出该时期腹地工业基础的异常薄弱。相反，英国人自己也认为"极不道德的"特殊商品——鸦片的输入量却很大。1863 年，鸦片的进口值占到了整个进口总值的 36.4%，仅此一项，要比该年全部正当生活资料的进口值还要多。所有这些，正是开埠初期腹地商品经济不够发达的体现。

表 4-5 1863—1903 年的天津进口商品概况

价值单位：1873 年前为津行化两，后为海关两

商 品		1863	1873	1883	1893	1898	1903
生活资料	棉布	1 018 222	5 054 296	6 322 653	34 915	453 008	3 797 036
	糖	274 645	12 403	377 573	931 260	1 711 315	1 714 729
	其他	664 732	1 601 779	1 606 489	679 837	1 071 944	1 800 454
	合计	1 957 599	6 668 478	8 306 715	1 646 012	3 236 267	7 312 219
	百分比(%)	31.2	68.3	80.7	37.1	35.5	39.2
生产资料	棉纱	—	—	—	61 408	1 042 524	2 395 548
	机器	—	—	56 256	20 599	351 068	454 562
	铁路材料	—	—	—	590 763	2 345 756	3 071 210
	木材	—	70 616	—	20 552	—	—
	合计	—	70 166	56 256	693 322	3 739 348	5 925 383
	百分比(%)	—	0.7	0.5	15.6	41.0	31.8
鸦片		2 285 651	301 326	937 966	11 730	13 500	2 601
	百分比(%)	36.4	3.1	9.1	0.3	0.1	0.01
其他		2 017 368	2 228 259	989 571	2 082 266	2 067 157	5 386 266
	百分比(%)	32.1	22.8	9.6	47.0	22.7	26.7
总计		6 275 211	9 768 679	10 290 571	4 433 290	9 110 272	18 622 406
	百分比(%)	100.0	100.0	100.0	100.0	100.0	100.0

（资料来源：津海关相关年份贸易统计，据茅家琦主编：《中国旧海关资料史料(1859—1948)》，京华出版社，2001 年。）

19 世纪 90 年代以后，天津港棉纱、机器特别是铁路材料等生产资料的进口，开始有了明显的增加。1893 年，生产资料类产品的进口值占整个进口总值的 15.6%；1898 年，这个比例增长到了 41.0%，其中棉纱占 11.4%，铁路器材占 25.7%；1903 年，该比例虽然只有 31.8%，但其实际进口值却比 1898 年要多得多。这些状况反映出腹地近代工业和交通运输业的初步发展。

19 世纪 90 年代末到 20 世纪初，天津港农产品、土副产品的出口值，也有了明显的增加，在整个出口总值中的比重均占到了 2/5 以上。畜产品的出口，不仅种类增加了，而且出口值以及在整个出口总值中的比重也大大地上升。1898 年畜产品的直接出口值为 92 331 关平两，占天津港直接出口总值的 18.85%；1903 年畜产品的直接出口值为 451 230 关平两，为 1898 年的 5 倍，占天津港直接出口总值的 39.33%。[①]

[①] 王怀远：《旧中国时期天津的对外贸易》，《北国春秋》1960 年第 1—3 期。

天津港出口业的发展说明20世纪初年腹地农副业经济外向化程度的初步提高。

进入20世纪初,华北地区的铁路修建加快进行。北京至汉口的京汉铁路(1906年)、北京至奉天(即沈阳)的京奉铁路(1907年)、正定至太原的正太铁路(1907年)、北京至张家口的京张铁路(1909年)、天津至浦口的津浦铁路(1912年)等得到铺设并通车。此后,京张铁路又向西继续延展,1921年延至归绥,1923年又延至包头。它们相互交织,最终形成了一个以天津港为出海口的现代铁路运输网络,改善了天津与腹地间的交通运输,促进了对外贸易的成长。天津港商品进出口业务逐步独立,贸易结构趋于合理。

自1905年之后,天津港的进出口贸易,逐步摆脱了对上海港的依附。据海关1906年的统计,"进口洋货迳由外洋购运、不由上海转口者,本年比上年愈形踊跃。尤因日本与本埠各商之生意畅旺,本年洋货进口价值约增九百万两。于一九〇四年,洋货贸易仅九分之四(约合44.44%)系由外洋迳运进口者,余则由上海或他口转运来津,一九〇五年则增至多半,而本年则占全数十三分之八(约合61.54%)矣"①。日本人的调查也说:"天津的贸易,以前是经由上海的间接贸易。外国货物全都一律在上海卸货,然后从上海转卖到天津。可是,在近两三年以来,由于天津商人地位的提高,以及各种贸易机构的完善,结果过去经由上海进口的货物,大多数从原产地直接向天津进口。以前天津外来货物之八九成,是经上海而来;可是在一九〇六年,外国直接输入额为四〇一〇二五五八两,经由上海的输入额为二五〇九五九九八两,二者成为八与五之比。"②对外贸易的日益独立,是天津进出口贸易走向成熟的重要表现。

同时,天津港的商品进出口结构日趋合理。从进口方面来看,1908年,属于非正常生活消费的鸦片在进口商品中已经销声匿迹,而各类正常生活消费品的进口比重却迅速增长到了52.86%,说明中外间的经济交流正逐步趋于正常,腹地的商品化程度和对外来商品的接纳能力也在提高。另一方面,生产资料如棉纱、机器、木材,尤其是铁路器材继续大量地输入,1908年生产资料的进口值仍为4 357 792关平两,占整个进口总值的22.20%,③反映出天津及其腹地的铁路建设和近代工业的发展。

出口方面,1908年,天津港狭义农产品的出口值虽不大,土副产品的出口值却达总出口值的半数以上,1908年天津港商品的直接出口总值为1 544 678关平两,土副产品为879 077关平两,占总值的56.96%。畜产品的出口值为384 094关平两,占整个出口总值的24.84%。④天津港各类商品出口的增加,是腹地外向化经

---

① 吴弘明编译:《津海关贸易年报(1865—1946)》,1906年津海关贸易报告,天津社会科学院出版社,2006年。
② 日本中国驻屯军司令部编:《天津志》,侯振彤中译本,天津市地方史志编修委员会总编辑室,1986年,第239—240页。
③ 王怀远:《旧中国时期天津的对外贸易》,《北国春秋》1960年第1期,第63页。
④ 王怀远:《旧中国时期天津的对外贸易》,《北国春秋》1960年第1期,第63页。

济不断发展的表现。1914年欧战爆发,进口到天津港的洋货迅速减少,总额由1913年的95 629 651关平两,猛降到1915年的75 192 494关平两;而天津港的出口总值却由1913年的37 828 623关平两,猛增到1915年的49 859 964关平两。[①]一战期间天津港进出口的这一变化,极大地刺激了腹地外向型经济的发展。

表4-6 1919—1931年的天津主要出口货物

价值单位:海关两

	货物	1919	1927	1928	1929	1930	1931
狭义农产品	粮食/副品/油料	2 460 259	4 247 315	1 656 057	1 441 208	4 591 095	7 234 172
	蔬菜/水果/茶	900 530	1 987 557	1 768 313	2 268 350	3 321 407	4 027 528
	烟草/麻/其他纤维	157 206	6 329 885	6 482 455	5 831 956	4 955 735	4 768 752
	棉花	10 725 812	25 941 592	19 602 480	19 479 840	22 901 088	24 231 745
	合计	14 243 807	38 506 349	29 509 305	29 021 354	35 769 325	40 262 197
	指数	100	270	207	204	251	283
土副产品	鱼介类	42 139	8 741	3 831	13 496	13 745	9 181
	蛋类	668 539	7 301 678	5 638 529	9 163 830	8 565 856	11 451 556
	草帽辫/其他编织	887 441	985 762	1 320 884	986 435	537 611	754 843
	木制品	5 995	54 180	59 903	88 819	112 542	126 384
	合计	1 604 114	8 350 361	7 023 147	10 252 580	9 229 754	12 341 964
	指数	100	521	438	639	575	769
畜产品	牲畜	5 803	12 667	30 160	41 031	7 783	13 653
	肉类	87 964	1 278 039	1 442 960	1 778 170	2 192 934	1 894 995
	猪鬃	229 299	3 007 968	2 538 261	3 761 325	3 041 579	2 558 176
	其他动物原料	561 104	1 530 726	1 672 489	1 761 003	1 449 279	2 558 176
	羊毛/驼毛	4 262 225	13 966 743	17 577 613	11 821 606	6 028 791	7 875 843
	各类皮张	2 023 172	10 564 646	16 419 776	18 058 708	14 615 879	14 430 376
	合计	7 169 567	30 360 789	39 681 259	37 221 843	27 336 245	29 331 219
	指数	100	423	553	519	381	409
工业品	矿物及其制品	111 553	178 051	68 931	158 866	278 922	405 700
	各种植物油、副品	1 076 280	1 190 937	549 763	45 465	844 344	869 835

---

① 王怀远:《旧中国时期天津的对外贸易》,《北国春秋》1980年第1期,第83页。

续表

	货　　物	1919	1927	1928	1929	1930	1931
工业品	化工产品	6 690	241 580	296 858	309 670	327 665	391 397
	纸张	……	2 738	869	448	689	3 311
	棉布/棉纱/衣物	127 268	207 547	348 867	201 558	57 946	67 696
	各种金属及制品	101 757	304 694	305 747	1 439 730	956 196	929 020
	机器及配件	305	5 238	2 134	3 713	1 035	387
	合计	1 423 853	2 130 785	1 573 169	2 159 450	2 466 797	2 667 346
	指数	100	150	110	152	173	187
	总　　计	24 441 341	79 348 284	77 786 880	78 655 227	74 802 121	84 602 726
	指　　数	100	325	318	322	306	346

（资料来源：津海关相关年份贸易统计，据蔡谦、郑友揆《中国各通商口岸对各国进出口贸易统计(1919、1927—1931)》，第四部，主要土货各通商口岸对各国出口统计，商务印书馆，1936年。）

由表4-6可知，一战后天津港狭义农产品的出口，无论在种类还是在整个出口结构中的比重，都比战前有了很大的提高。1919年，狭义农产品的出口值增长到14 243 807海关两，占该年整个出口总值的58.28%，此后出口值整体上一直处于上升状态，这既是天津港的出口结构进一步合理化的重要标志，也是腹地农业整体商品化、外向化的重要标志。另一方面，一战后天津港畜产品的出口种类和数值，也在不断扩大。1919年，畜产品的出口值已经增长到7 169 567海关两，此后其出口值一直占天津港商品出口总值的1/3以上，成为天津港对外贸易的一大支柱。

这一时期，天津港进口方面的变化也不小。

表4-7　1919—1931年的天津主要洋货进口情况

价值单位：海关两

	货　　物	1919	1927	1928	1929	1930	1931
生活资料类	牛乳/蛋/蜜	104 505	211 208	221 376	165 872	124 353	187 794
	咖啡/香物	213 804	254 566	275 386	235 497	239 459	260 440
	米/面	33 894	21 631 612	25 601 483	36 648 086	19 911 661	18 509 737
	糖	3 132 190	8 787 922	13 030 542	7 068 083	8 350 147	7 724 763
	酒/其他饮料	362 202	608 933	879 901	448 343	434 254	327 941
	香料	351 904	587 899	594 072	365 985	428 327	342 644
	纸	1 419 438	3 604 849	3 465 341	3 356 777	3 975 848	5 403 790
	各种棉布	15 923 553	14 912 895	15 874 360	10 476 245	14 974 065	17 132 088

续 表

	货物	1919	1927	1928	1929	1930	1931
生活资料类	煤油	7 606 933	5 178 576	8 374 972	6 642 373	6 902 800	6 786 383
	其他	2 891 022	5 405 151	6 864 042	6 373 011	5 707 938	6 057 210
	合计	32 039 445	61 183 611	75 181 475	71 780 272	61 048 852	62 732 790
	占总值的百分比(%)	51.69	66.11	72.69	67.71	64.90	62.60
生产资料类	动物原料	10 839	160 323	483 205	557 342	94 091	30 825
	小麦	3	56	……	……	93	915 102
	烟草	1 245 775	2 283 958	3 109 291	2 461 772	3 432 060	2 958 767
	煤/其他矿物	501 759	1 658 388	1 650 208	1 711 432	1 439 656	1 386 212
	化工/医药材	1 249 201	2 888 803	2 170 903	2 836 195	4 398 979	4 687 884
	各种木材	2 220 062	2 471 540	2 363 089	3 305 650	2 295 252	2 737 484
	人造丝	……	330 460	942 583	1 598 142	898 052	802 748
	棉花	13 428	1 796 740	127 756	2 187 075	3 569 969	2 571 704
	棉纱	10 735 529	2 408 736	985 169	464 784	257 204	144 752
	钢铁等金属	3 845 508	4 266 421	4 710 819	5 541 322	4 502 397	6 160 640
	机械设备	2 339 987	3 486 049	2 142 213	3 580 578	3 744 718	3 540 771
	铁路材料	4 464 424	1 577 582	1 734 646	1 171 079	2 193 818	2 580 300
	交通工具	717 093	2 250 324	2 274 053	3 026 770	2 106 991	1 977 569
	其他	2 500 496	5 635 794	5 526 907	5 712 519	3 985 831	6 952 017
	合计	29 844 104	31 215 174	28 220 842	34 154 660	32 919 111	37 446 775
	占总值的百分比(%)	48.15	33.73	27.28	32.22	35.00	37.37
	军械军火	100 045	152 266	32 210	80 443	98 655	34 545
	总计	61 983 594	92 551 051	103 434 527	106 015 375	94 066 618	100 214 110

(资料来源：蔡谦、郑友揆：《中国各通商口岸对各国进出口贸易统计(1919、1927—1931)》，第三部，主要洋货各通商口岸对各国进口统计，商务印书馆，1936年。)

与20世纪初相比，天津港一战后生产资料的进口，在种类和数值上都有了很大的发展。1903年天津港进口的生产资料仅有木材、棉纱、机器、铁路材料四种，而到1919年，进口的生产资料除了这四种，还有动物原料、小麦、烟草、煤、其他矿物、化工器材、医药器材、人造丝、棉花、钢铁等金属、交通工具，等等。1903年天津港生产资料的进口值只有5 925 383海关两，而1919年生产资料的进口值则为29 844 104海关两，1931年达到了37 446 775海关两，分别为1903年的5倍多和6倍多，在很大程度上反映出直接腹地近代工业的迅速发展。而且，生产资料在进口总额中所占的比重已大大上升，1919年占了全部进口总值的48.15%，此后虽有下降，但仍保持在1/3乃至37%左右。生产资料进口所占比重的大幅度提高，反映出天津及其腹地近代工业迅速发展的事实。

同时,天津港一战后生活资料进口的种类和数值也大大增加了。1903年天津港进口的生活资料仅有棉布、煤油、糖等很少几种,而到1919年,进口的生活资料除了上述品种,还有纸、牛乳、蛋类、蜂蜜、咖啡、香物、米、面、酒、其他饮料、香料、食用果品,等等;1903年天津港生活资料的进口值只有7 312 219海关两,而1919年生活资料的进口值则为32 039 445海关两,1928年达到了75 181 475海关两,分别为1903年的4倍多和10倍多。各种生活用品特别是米、面等食品的大量进口,既是天津等城市规模不断扩大、非农业人口大量增加的客观需要,也是腹地粮食作物种植面积减少、经济作物种植面积增加、农业商品化水平提高的物质保证;同时也是腹地农业商品化、外向化程度提高的体现。

总之,到20世纪30年代,天津港的进、出口结构已经变得比较合理和完善了。进口方面,由以前受外国和上海的控制,到根据本地和腹地经济发展的需要而进口各种生产资料和生活资料;出口的商品,不仅数值比以前增多了,而且种类也更加齐全。除农、畜、土特产品原料外,还有相当部分的工业制成品出口,如煤、矿砂及其制品、各种植物油及其副产品、化工产品、纸张、棉布、棉纱、衣物、各种金属及制品、机器及配件,等等,尽管数量有限,但这毕竟是天津港进出口结构进一步完善的良好开端。它既是腹地外向型经济迅速发展的集中体现,又反过来促进了其经济商品化与外向化的进程。

二、烟台开埠与山东进出口贸易的发展[①]

依据1858年《天津条约》,登州府的府城蓬莱将对外开放,但是由于蓬莱港湾缺乏屏蔽,贸易稀少,英国人坚决要求开放烟台口,于是烟台成为山东最早开埠的通商口岸。清政府于1862年设立东海关,任命登莱青道道尹兼任东海关监督,移驻烟台。烟台开始代替登州成为胶东的政治经济中心,迈出了走向近代港口城市的步伐。

开埠初期的烟台,是北方最重要的港口之一。烟台港口进出方便,是北方三埠中唯一在冬季可以通航的港口。又由于位于南北洋航线的中段,地理位置优越,因此成为南北交通的煤炭补给站。而且与日本、俄罗斯及朝鲜有着密切的商业往来,是北方与日本、俄国远东地区、朝鲜进行贸易的中心。[②] 进入20世纪后,大连、安东等港口陆续开埠,打了烟台兴盛的再出口贸易。而1897年青岛开埠、特别是1904年济南通往青岛的胶济铁路通车以后,原来经由烟潍大道运往烟台的大宗货物,大多改道胶济铁路输往青岛,对烟台进出口的打击更为直接而巨大。另外,日

---

① 本部分内容主要参考了陈为忠的相关著述。参见吴松弟、樊如森、陈为忠等:《港口—腹地与北方的经济变迁(1840—1949)》,第二章,第二节,浙江大学出版社,2011年。
② 烟台港务局档案馆译:《1866年烟台贸易报告》,烟台港务局内部本,陈为忠抄录。

本对东北的开发建设,导致了以东北为原料基地的烟台出口加工业如豆饼、野蚕丝业的衰微。凡此种种,迫使烟台在民国年间沦为二等口岸。

表4-8 1867—1936年的烟台进出口贸易

单位：1874年前为芝罘两,之后为海关两　1875＝100

年度	洋货进口	土货进口	进口总额	土货出口	贸易总额	贸易指数
1867	3 203 188	1 494 069	4 697 257	1 567 769	6 265 026	
1868	4 662 641	2 352 454	7 015 095	1 525 817	8 540 912	
1869	4 437 907	1 877 945	6 315 852	1 885 536	8 201 388	
1870	4 532 115	1 191 392	5 723 507	2 278 925	8 002 432	
1871	4 303 898	2 212 688	6 516 586	2 310 673	8 827 259	
1872	4 848 068	1 677 991	6 526 059	2 607 771	9 133 830	
1873	3 647 969	1 624 081	5 272 050	2 138 512	7 410 562	
1874	4 161 210	1 689 949	5 851 159	1 960 402	7 811 561	
1875	9 986 102	5 647 198	15 633 300	5 586 732	21 220 032	100
1876	7 152 154	4 511 109	11 663 263	5 286 813	16 950 076	80
1877	7 260 361	4 425 313	11 685 673	4 784 971	16 470 644	78
1878	11 650 952	5 467 913	17 118 866	7 975 139	25 094 005	118
1879	15 206 770	6 710 767	21 917 537	7 865 678	29 783 215	140
1880	10 868 739	6 123 789	16 992 527	8 266 854	25 259 381	119
1881	10 177 672	5 118 210	15 295 881	8 686 857	23 982 738	113
1882	9 304 822	4 971 697	14 276 519	10 482 420	24 758 939	117
1883	8 703 415	5 929 863	14 633 278	10 607 215	25 240 492	119
1884	9 512 385	6 450 423	15 962 809	12 578 462	28 541 271	135
1885	11 620 753	5 458 979	17 079 732	12 023 923	29 103 656	137
1886	10 799 529	5 013 767	15 813 296	13 744 193	29 557 488	139
1887	10 768 688	5 631 040	16 399 728	10 671 631	27 071 359	128
1888	10 346 314	4 971 849	15 318 163	9 918 292	25 236 455	119
1889	9 998 050	5 418 108	15 416 158	10 951 595	26 367 753	124
1890	14 278 147	5 494 545	19 772 693	9 349 313	29 122 005	137
1891	15 474 274	6 564 315	22 038 589	8 167 380	30 205 970	142
1892	14 832 098	5 773 912	20 606 010	10 056 693	30 662 703	144
1893	10 828 470	5 593 089	16 421 559	11 272 988	27 694 547	131
1894	9 230 043	3 841 514	13 071 557	12 442 686	25 514 243	120
1895	11 068 890	4 202 009	15 270 899	13 833 602	29 104 501	137

续 表

年度	洋货进口	土货进口	进口总额	土货出口	贸易总额	贸易指数
1896	14 576 231	5 139 079	19 715 310	10 927 175	30 642 485	144
1897	15 412 827	4 551 745	19 964 572	11 675 360	31 639 932	149
1898	20 226 458	5 609 623	25 836 081	12 299 570	38 135 650	180
1899	18 260 257	8 314 487	26 574 744	13 199 651	39 774 395	187
1900	14 819 195	7 447 678	22 266 873	14 428 165	36 695 038	173
1901	25 572 969	8 676 020	34 248 989	16 814 449	51 063 438	241
1902	23 458 315	7 834 676	31 292 991	14 095 324	45 388 315	214
1903	19 719 117	8 218 046	27 937 163	15 185 839	43 123 002	203
1904	14 648 099	10 088 164	24 736 263	13 685 172	38 421 434	181
1905	21 129 028	12 342 966	33 471 994	13 221 377	46 693 371	220
1906	19 628 353	10 579 695	30 208 048	13 204 635	43 412 682	205
1907	12 917 007	8 866 032	21 783 039	10 982 656	32 765 695	154
1908	10 364 403	7 296 980	17 661 383	11 834 647	29 496 030	139
1909	10 352 781	10 865 467	21 218 248	20 158 090	41 376 338	195
1910	7 852 501	7 234 485	15 086 986	16 047 521	31 134 507	147
1911	7 999 499	8 296 024	16 295 523	15 209 309	31 504 833	148
1912	8 672 023	7 200 696	15 872 719	14 518 884	30 391 603	143
1913	8 905 028	8 551 833	17 456 861	14 184 363	31 641 224	149
1914	7 795 886	5 349 877	13 145 763	10 880 020	24 025 783	113
1915	6 106 700	8 700 113	14 806 813	21 023 711	35 830 524	169
1916	5 501 054	6 419 583	11 920 637	17 510 079	29 430 716	139
1917	5 907 768	6 987 121	12 894 889	14 445 494	27 340 383	129
1918	3 842 122	6 185 746	10 027 868	14 056 698	24 084 566	113
1919	4 135 713	8 269 356	12 405 069	17 009 575	29 414 644	139
1920	3 756 060	6 645 122	10 401 182	17 355 182	27 756 364	131
1921	6 301 339	8 264 284	14 565 624	26 524 671	41 090 295	194
1922	5 347 717	9 229 829	14 577 546	19 259 496	33 837 042	159
1923	4 802 403	9 689 458	14 491 861	16 856 017	31 347 878	148
1924	3 919 212	6 970 536	10 889 748	11 268 484	22 158 232	104
1925	2 604 025	7 918 546	10 522 570	12 035 040	22 557 610	106
1926	3 449 826	7 642 554	11 092 380	11 516 335	22 608 715	107
1927	3 322 683	7 143 281	10 465 964	9 511 572	19 977 536	94
1928	2 760 261	7 039 172	9 799 433	8 049 226	17 848 659	84

续　表

年度	洋货进口	土货进口	进口总额	土货出口	贸易总额	贸易指数
1929	3 554 163	6 709 725	10 263 888	7 383 860	17 647 748	83
1930	2 535 390	7 551 741	10 087 131	7 781 750	17 868 881	84
1931	4 227 320	11 303 294	15 530 614	11 497 517	27 028 131	127
1932			7 506 171	4 280 213	11 786 384	56
1933			7 434 992	7 053 989	14 488 982	68
1934			9 172 645	7 396 787	16 569 432	78
1935			10 287 702	7 199 866	17 487 568	82
1936			9 722 130	6 600 158	16 322 288	77

（资料来源：烟台港务局编：《近代山东沿海通商口岸贸易统计资料》，对外贸易教育出版社，1986年，第4—9页表1，第16页表6。）

本书作者按：原书1932—1936年数据单位是国币元，本表按1海关两＝1.558元国币元换算。

由表4-8可见，在1867—1910年间，洋货进口贸易的总体趋势是不断增长，但从数字上看又常被个别年份的下降所打断，这一般是因为烟台腹地受到水旱灾害的影响，农业歉收自然导致消费压缩。1878年贸易度过了成长期，开始超过1000万两，有几年甚至增加到2500万两。这种增长趋势在1910年便停滞不前，进口额大幅度下滑，这显然是由于青岛港的进口贸易影响了烟台。1914年以前进口额尚能维持在七八百万两，以后便下降到四五百万两，1924年后仅存二三百万两。土货进口在1898年以前，基本上在600万两以下。从1899年起土货进口开始增长，此后的大部分时间里，超过了七八百万两，有些年份甚至超过1000万两以上。进口贸易从总体上看，洋货进口占主导地位，绝对的优势在1910年之前表现得特别明显，贸易处在增长期，基本上在1400万—2000万两之间，1898—1910年间攀升到2000万两之上，有些年份甚至超过3000万两以上。1910年之后洋货进口与土货进口平分秋色，但洋货进口开始衰退，洋货和土货的进口贸易总值回落到1000万—1600万两。

土货出口贸易在1879年之前，一直停滞在四五百万两之间，1879年贸易开始增长，由七八百万两逐渐上升到1000万两以上，但是在1900年以前很少超过1400万两，自此以后基本上处在1400万两以上，有些年份甚至超过2000万两以上，最高达到2600万两。1924年贸易衰落下去，此后除了几年有所超过，每年一般贸易都在1000万两以下。

从贸易总额看，在1909年之前，进口贸易大大超过出口贸易，对贸易的增长起着主导作用，贸易额从1000万两上升到2000万两以上，1891年贸易进入全盛期，到1913年为止，贸易额基本上在三四千万两，1901年甚至达到5100万两。1910年进出口贸易数据已经平分秋色，由于进出口贸易都在下降，总体趋势也处在衰退中,1914—1926年间贸易总额尚能维持在2 000万两以上,1927年以后便大大低于2 000万两。在烟台港不同的发展时期,都有不同的主要商品对贸易的发展起着举足轻重的作用。

据刘素芬的相关研究,[①]烟台1919年以前出口货物当中,对输出趋势影响较大的产品主要有豆类及豆饼、黄丝、野蚕丝、屑丝、茧绸、粉丝、草帽辫、果类、花生、药材、花边、发网共15项。最初的十年,豆类及豆饼所占出口总额的比重在30%—50%,而且豆类的出口比豆饼多。1876年以后,豆类直接在牛庄出口,不再经烟台转口,贸易额因此急剧减少。但豆饼则有相当的增长。1876—1907年期间,豆类和豆饼的出口比例还能占到出口贸易的20%左右。1907年以后,由于辽东的营口和大连港的竞争,导致烟台豆货贸易衰落,豆类及豆饼贸易的出口比重在1918年为0.37%,已不值得一提。

代替豆货而起的是草帽辫贸易。从1877—1903年的二十多年间是草帽辫贸易的黄金时期。1881年草帽辫首次超过豆货成为最重要的出口品,其出口比重在1887年达到最高,占了烟台全部出口总值的38.10%。1898年以后青岛开埠,草帽辫逐渐由胶济铁路运往青岛出口,烟台的草帽辫贸易衰落,1911年至1913年间甚至出现绝迹的情形。自1914年起,由于青岛成为战场,烟台草帽辫贸易重新兴起,但也是昙花一现。

生丝贸易的成长趋势相当明显。丝绸贸易自始至终对出口贡献至大,从1868年起各种丝的出口值合计基本都超过10%。1893年以前,黄丝比野蚕丝所占的比重要大,以后野蚕丝贸易额所占比重从5%稳定增长到20%以上,黄丝则由原来的10%下降到不到1%。茧绸和野蚕丝的贸易起点很高,1908年以后呈现野蚕丝与茧绸并驾齐驱的情形,各占出口比重的20%以上,丝和绸贸易也占出口的一半。1918年丝绸出口比重甚至高达58.37%。比较说来,粉丝出口比重最为稳定,长期维持在10%左右。1915年龙口开埠后,烟台粉丝贸易的前途堪忧,到1919年粉丝所占的出口比重跌至前所未有的5.59%。

表4-9 1919—1936年的烟台主要原货出口　　　　单位:海关两

年份	花生仁	花生	粉丝	花边	茧绸	乱丝头	发网	干咸鱼
1919	308 894	121 536	1 039 704	440 429	5 253 925	1 435 827		230 307
1920	296 140	134 862	1 314 533	667 743	6 377 450	999 685		326 089
1921	311 582	401 926	1 556 288	743 099	8 199 728	502 889		27 834
1922	361 981	200 547	1 254 233	1 153 817	5 585 273	606 988		315 322
1923	369 034	286 643	978 470	489 014	5 271 465	404 927	2 131 308	406 031

---

① 刘素芬:《烟台贸易研究(1867—1919)》,台湾商务印书馆,1990年。

续 表

年份	花生仁	花生	粉丝	花边	茧绸	乱丝头	发网	干咸鱼
1924	494 452	413 678	1 093 947	464 351	3 140 967	263 865	1 241 586	246 140
1925	691 873	662 755	1 163 783	476 240	3 138 934	419 300	830 567	270 103
1926	673 097	899 245	1 081 016	386 565	2 824 905	406 619	563 428	276 418
1927	994 410	790 957	1 279 213	507 067	1 507 332	413 284	414 185	284 551
1928	448 395	750 005	950 068	331 090	1 445 247	292 751	375 138	322 317
1929	566 771	638 134	1 008 989	354 954	1 347 300	214 282	375 217	263 191
1930	483 066	581 772	1 135 134	424 109	1 606 669	129 356	416 809	220 930
1931	649 765	755 934	1 315 905	490 198	3 833 269	76 459	351 884	317 012
1932	776 118	928 912	5 523 891	523 242	2 811 466		706 068	99 609
1933	255 184	935 628	622 675	390 993	886 873		440 492	
1934	153 169	619 868	683 263	428 663	995 489		490 257	
1935	480 326	749 983	629 960	370 548	687 762		447 046	
1936	93 894	541 161	457 105	569 720	639 541		547 190	

（资料来源：烟台港务局编：《近代山东沿海通商口岸贸易统计资料》，对外贸易教育出版社，1986年，第147—154页，表72、73、74、75。）

本书作者按：原书1932年以后数据单位为国币元，本表按1海关两=1.558元换算。

从表4-9可见，1919年以后，花生产品贸易发展十分迅速。1925—1936年，几乎年年超过100万两，1927年竟然达到178万两，在烟台不振的出口贸易中自然占有重要地位。粉丝产品也没有因为龙口的开埠而衰落，几乎年年超过百万两，1932年甚至超过550万两。花边和发网是新兴的贸易产品，两者之和也有几年超过100万两，其他年份靠近百万两。以茧绸和乱丝头为主的丝绸贸易一直是烟台出口的大宗产品，尤其是茧绸，1919—1923年每年都在500万两以上，1921年竟然超过800万两。由于日本截留辽东的野蚕丝原料以及青岛港的出口竞争，茧绸在不断下降，20世纪30年代降到100万两以下。另外，烟台海产品也为贸易贡献了几十万两。

根据刘素芬的相关研究，鸦片、纺织品、纺织原料、糖、纸、燃料、火柴、五金、粮食和染料等是烟台进口贸易主要商品。烟台开港初期，鸦片、纺织品是最重要的进口商品，在1867—1880年间两者的进口比重达到50%—60%。自1880年以后，鸦片进口数量迅速下降到5%以下，变得无足轻重。1913年政府全面禁止吸食鸦片，进口绝迹。纺织品贸易继续占最重要的比重，1896年以前占进口的30%，1898年以后则降至20%左右。下降的原因可能是进口普遍分散和纺织原料进口的成长。纺织原料是1880年鸦片骤衰后继之而起和纺织品分庭抗礼的进口大宗。它所占的进口比重，由1886年以前的不到10%升到20%，1898年超过纺织品，成为进口第一。1867—1919年纺织品和纺织原料的进口值稳定，始终占有重要的地位，两项合计在30%—60%间。其余的重要进口商品,有的进口值下降,如糖和五金类在1896年以后由原来的10%—20%下降到5%—2%。有的进口值不降反增,纸和染料的进口比较稳定,分别保持在5%和1.5%—2%水平上。粮食、燃料、火柴等杂货属于成长型,三者合占进口比重5%左右,逐渐成长为10%以上,1904年高达31.24%。

到20世纪30年代,烟台的进出口贸易已经相当式微。"贸易总额,约当青岛百分之十五。其贸易性质与青岛略有不同,烟台出口贸易往通商口岸者与往外洋者并重。近年以来,虽出口往通商口岸者较往外洋者为多,但为数相差不远。至于入口贸易,则由通商口岸进口者,当自外洋入口者多三倍半以上。考烟台港埠设备未周,直接航线尚不发达,其直接贸易之未能充分发展,职是故也";具体而言,1932年的贸易总额为3 158万余海关两,较10年前的1922年不但没有增加,反而减退38.93%,其中进口值17 118 773关两,较1922年减少34.04%,出口值14 463 612关两,较1922年减少39.79%,"烟台贸易之衰落,至为明显"①。

三、青岛成为华北东部最大的对外贸易口岸②

明清之际,今青岛所在的胶州湾及其附近海口贸易已经有了一定的发展。董家口、古镇口、宋家口、柴胡荡、灵山卫、唐岛口、薛家岛、女姑口、沧口、青岛口、沙子口、登窑口、金家口等港口相继兴起。1865年,塔埠头、金家口、青岛口设有东海关分关,灵山卫、女姑口、沧口、沙子口、登窑口和薛家岛则设有海关分卡。1891年6月14日,清政府议决在胶澳建置设防,调登州镇总兵章高元移驻胶澳。1892年,青岛近代第一座人工码头即青岛前海栈桥兴建。此外,在青岛河入海口以南兴建了"衙门桥"。这两座码头的兴建,是青岛建港的开端,也是青岛港航活动的转折,对青岛地区的经济发展有重要影响。

在港航业方面,开埠之前船舶往来极盛,航运通达。青岛港外通朝鲜,北通辽宁,南通江浙闽粤,以及山东诸港,贸易很活跃。青岛被德国人占领前,胶州出口豆子、花生、豆油、花生油、豆饼、鲜果等物,进口棉花、纸张、瓷器等必需的物品,进口货物估价可达300万两。③ 由于进出货物基本上是一种物物交易,此时的贸易额估计在600万两左右。

1897年巨野教案发生,德国以此为借口出动海军强占青岛口,并通过不平等条约拿到了梦寐以求的胶州湾。此后直到1937年,青岛的发展可分为三个阶段:首先是1897—1914年德国人统治时期,再次是1914—1922年日本人统治时期,最

---

① 实业部国际贸易局编:《中国实业志·山东省》,第二编,第三章,实业部国际贸易局,1934年,第145页。
② 本部分内容主要参考了陈为忠的相关著述。参见吴松弟、樊如森、陈为忠等:《港口—腹地与北方的经济变迁(1840—1949)》,第二章,第二节,浙江大学出版社,2011年。
③ 烟台港务局档案馆藏:《光绪二十五年胶州口华洋贸易情形论略》,陈为忠抄录。

后是青岛回归时期。

自胶海关1899年开关以来,青岛贸易进步神速,在全国口岸贸易额排名中,青岛往往占据第六位或第七位,在北方各港中位列第三。青岛港的贸易不但发展速度快于烟台,而且贸易结构也有别于烟台。

表4－10　1899—1936年的青岛进出口贸易

单位：海关两　1902＝100

年度	进口洋货	进口土货	进口总值	出口总值	贸易总值	贸易指数
1899	326 683	1 648 897	1 975 580	1 131 509	3 107 089	24
1900	842 937	2 970 667	3 813 604	1 532 003	5 345 607	41
1901	4 554 453	3 372 572	7 927 025	3 911 997	11 839 022	90
1902	7 494 095	2 858 790	10 352 885	2 777 714	13 130 598	100
1903	9 572 547	3 186 646	12 759 193	3 743 870	16 503 062	126
1904	10 030 697	4 435 744	14 466 442	6 741 177	21 207 618	162
1905	13 338 605	5 254 280	18 592 884	7 992 542	26 585 426	202
1906	22 467 728	6 764 987	29 232 715	9 349 795	38 582 510	294
1907	19 946 601	4 548 616	24 495 217	8 686 808	33 182 026	253
1908	16 476 182	4 090 472	20 566 654	12 787 786	33 354 440	254
1909	20 422 853	5 832 095	26 254 947	16 283 568	42 538 515	324
1910	20 149 580	4 639 893	24 789 472	18 705 245	43 494 717	331
1911	20 445 039	5 277 063	25 722 102	21 697 999	47 420 101	361
1912	23 955 281	5 757 450	29 712 731	28 215 982	57 928 713	441
1913	26 207 915	7 268 592	33 476 507	25 692 373	59 168 880	451
1914	16 716 270	2 760 092	19 476 362	15 747 619	35 223 980	268
1915	5 312 098	774 278	6 086 376	5 861 449	11 947 825	91
1916	15 438 168	4 111 374	19 549 542	19 601 869	39 151 412	298
1917	17 204 873	7 276 976	24 481 848	24 210 706	48 692 554	371
1918	15 098 218	7 971 707	23 069 925	25 794 358	48 864 283	372
1919	13 442 826	5 619 901	19 062 727	34 593 400	53 656 127	409
1920	14 545 822	5 335 232	19 881 054	28 922 142	48 803 196	372
1921	20 037 552	8 513 833	28 551 385	29 053 578	57 604 964	439
1922	30 055 950	12 613 557	42 669 507	27 339 256	70 008 763	533
1923	28 230 014	15 635 438	43 865 452	30 984 835	74 850 287	570
1924	30 186 335	21 463 223	51 649 558	39 201 357	90 850 915	692
1925	28 332 574	15 922 441	44 255 015	40 736 006	84 991 021	647

续表

年度	进口洋货	进口土货	进口总值	出口总值	贸易总值	贸易指数
1926	30 700 558	18 169 665	48 870 223	40 548 050	89 418 273	681
1927	29 007 787	17 248 139	46 255 925	50 170 603	96 426 528	734
1928	27 968 226	20 805 837	48 774 063	40 842 187	89 616 250	682
1929	36 824 921	17 866 245	54 691 166	47 311 304	102 002 470	777
1930	36 902 187	20 231 120	57 133 307	50 473 092	107 606 399	820
1931	38 901 847	19 375 726	58 277 573	63 654 689	121 932 262	929
1932	31 260 411	18 489 728	49 750 139	62 000 000	111 750 139	851
1933	26 237 226	11 525 109	37 762 335	54 192 318	91 954 653	700
1934	20 493 518	14 620 118	35 113 635	54 120 023	89 233 659	680
1935	23 796 267	14 361 419	38 157 686	71 626 574	109 784 260	836
1936	23 094 747	14 244 570	37 339 317	67 827 527	105 166 844	801

(资料来源：1899—1931年数据，据烟台港务局：《近代山东沿海通商口岸贸易统计资料》，对外贸易教育出版社，1986年，第10—12页，表2。1932—1936年数据，据青岛档案馆编：《帝国主义与胶海关》，档案出版社，1986年第385—396页。)

本书作者按：原书1932—1936年数据单位是国币元，本表按1海关两＝1.558国币元换算。

由表4－10可见，在1904年以前，洋货进口贸易都在1 000万两以下，处在成长期，1904年以后受胶济铁路全线通车的带动，开始突破1 000万两大关，1906年达到2 200万两的高度，直到1913年进出口总值几乎都超过2 000万两。由于第一次世界大战的影响，1914—1921年洋货进口贸易回落，除个别年份之外贸易额都在1 300万—1 700万两之间浮动。在1921年恢复到2 000万两的水平，以后贸易进入快速增长期，1922—1931年除个别几年洋货进口都大大超过3 000万两，最高的1931年达到近3 900万两。1933年以后洋货进口贸易回落到2 000万两水平。

土货进口贸易方面，长期以来都在800万两以下浮动，1921年开始增长，以后基本都在1 200万—2 000万两之间徘徊，也有几年超过2 000万两，最高为1924年2 146万两。大体上，土货进口贸易的总趋势与洋货进口比较接近。

就包括洋货进口和土货进口两个方面的进口贸易而言，总的说来，1905年之前，显然处在成长期，最高达到1905年的1 800万两水平；1906—1913年间贸易增加，都在2 000万两上，1913年甚至超过3 300万两。1914—1921年间贸易低落，1922年恢复并达到4 200万两的新高，至1932年进口总额都在四五千万两以上。1933年以后，进口贸易虽然接近4 000万两，但与以前比较有所下降。

出口贸易额在1908年以前处在成长期，以后超过1 200万两，进入增长期。1914—1916年出口贸易低落，但到1916年就恢复到2 000万两的水平，1919年竟然到3 400万两，至1924年之前出口贸易基本处在4 000万两之下。1925—1936

年出口贸易都在4 000万—7 000万两之间,这12年出口贸易额基本处在增长的态势。

青岛进出口贸易趋势变化十分明显。1899—1913年为成长阶段,贸易额接近6 000万海关两大关;虽然进口和出口贸易都处在成长期,但这一时期仍以出口贸易占优势。第二阶段为衰退期,受日、英与德国战争影响,贸易额连年下降,直到1921年才恢复到1913年的水平,相对来说进口贸易受到沉重打击,但出口贸易受的影响比较小。第三阶段为高速增长期,贸易额都在8 000万海关两以上,1929年突破1亿海关两大关,1929—1936年连续超过1亿海关两。在这一时期内,出口土货的比重有所加强,特别是1925年之后这种趋势表现得十分明显;进口贸易衰落,出口贸易持续增长,在总贸易额中的比重大大超过进口。

在1928年《胶澳志》商业部分中也可以看到同样的记载。出口土货包括原料和工业品。大宗原料主要包括花生、棉花、牛肉、鸡蛋、煤炭、烟叶等;大宗工业品主要有棉纱、花生油、花生饼、火柴、纸烟、草帽辫、丝绸等。① 花生及其产品(包括带壳花生、花生仁、花生油三类)占出口土货的第一位,1924年在全部出口总额中高达44%,1927年仍占出口总额的30%。1908年当花生及其产品刚刚走出青岛港时,只有花生仁一项,价值不过45余万两,经过20年的发展,到20世纪30年代出口价值已达2 400余万两,出口增加了四五十倍。

由于俄国、日本市场的需要,牛肉也是青岛出口贸易的大宗产品,牛肉、牛油、牛皮每年都有大量的输出。普通煤炭和焦炭的出口贸易也十分可观,在1924、1925年两项贸易之和都超过460万两。烟叶贸易自一战后兴起,出口以1918、1919年为盛,达到三四百万两。20世纪20年代烟叶出口基本保持在15万—20万担之间,出口值在二三百万两左右。棉花除了供给青岛本地的棉纺织厂外,20世纪20年代也有出口,甚至达到300余万两。草帽辫出口在1905—1913年十分兴盛,青岛的贸易额曾经占全国草帽辫贸易的八成,价值600余万两。后来由于战争的影响,贸易转移到天津,战后青岛草帽辫贸易虽有所恢复但已不如以前。

丝绸贸易包括土丝和厂丝两种,土丝和蚕茧的出口在1908年和1909年最盛,达到一百七八十万两,其后,土丝贸易时增时落。进入20世纪20年代后,厂丝贸易发展起来,每年的出口达到300万—400万两。② 另外,从以上两表可见,青岛也有茧绸出口。

据《胶澳志》记载,青岛进口土货以棉花、棉纱、棉布、卷烟、纸、煤油等为大宗。棉纱、棉布两项是最重要的进口货物,1906年两项进口货值已各达500万两。20世纪20年代末期,日本商人为了利用中国低廉劳动力、逃避海关税,纷纷来中国口

---

① 赵琪、袁荣等纂:《胶澳志》,食货志,商业,民国十七年铅印本,第781—801页。
② 赵琪、袁荣等纂:《胶澳志》,食货志,商业,民国十七年铅印本,第795—800页。

岸设厂。由于中国生产的棉纱增加,开始减少洋纱进口。洋纱进口自1922年开始递减,1927年减至23万两。洋布1906年进口达到190万匹,价值590万两,其后开始递减。但由于青岛织布比较粗,工厂不善染色,此后还继续进口一定的洋布。

棉花本属出口大宗,但是自1921年开始,进口的美国、印度棉花逐渐递增,由于青岛七大纱厂需要大量的棉花,而本省所产的棉花纤维短,不易于纺织,厂家多用美棉、上海棉花与本地棉花掺和使用。由于青岛纺纱厂的需要,棉花进口逐年增加,1924年达到713万两,1927年更达到1 270万两。卷烟在1924年进口79 000担,价值1 630万两,达到最高。后来,山东的卷烟厂不断增设,卷烟产量大增,进口逐渐减少。山东用纸多来自福建、上海,1907年前后进口贸易的规模在300万两左右。20世纪20年代末期洋纸进口大增,使土纸滞销。①

四、海州开埠与苏北豫东的进出口贸易②

连云港又称海州,居青岛、上海之中,为南北航路往来必经之道。同时,海州与山东南部的沂州府水陆相通,沂河、沭河发源于沂州境内,或流经海州入海,或经海州进入运河,因此海州境内水网密布,水运便利。海州、沂州盛产粮食、豆类,通过运河、盐河、沂河、沭河、蔷薇河等为动脉的苏北鲁南河海联运,加速了粮食商品的流通。海州是这一地区的粮食外销的集散中心。由于粮食贸易发达,据说在清朝康熙年间,朝廷曾经想在海州云台山设立江海关,此后考虑到上海沟通南北洋的区位优势,才将江海关移至上海县,但海州仍然设有江海关子口。海州榷关历经100多年,不断变换隶属关系,改变名称,直到光绪三十一年(1905年),大浦港作为商埠开放,海州设立大浦分关,改属于胶海关,1921年大浦分关改称胶海关海州分关。③

就此而言,海州各港明显属于青岛港和胶海关的内港。如前所述,在青岛崛起之前,豫东地区也一直通过黄河、小清河与烟台港相连接。烟台港进口的布匹等各类洋货,多溯黄河而上,销往河南东、中部地区;而开封府各县、商丘、鹿邑等地的草帽辫、花生等物产,也顺黄河而下,运抵济南以后,再沿小清河跨莱州湾而到达烟台。由此可见,苏北、豫东的相关区域,自然是华北近代市场网络无法分割的重要部分。当然,由于该区域同时也通过大运河联络镇江口岸,通过沿海航线联络上海口岸,可以视为几大通商口岸的交叉腹地。该区域体现了苏北、豫东地区在华北近代市场网络中的边缘性特征,同时也再次表明,经济区域的形成并不受行政区划的严格限制。

---

① 赵琪、袁荣等纂:《胶澳志》,食货志,商业,民国十七年铅印本,第808—815页。
② 本部分内容主要参考了陈为忠的相关著述。参见吴松弟、樊如森、陈为忠等:《港口—腹地与北方的经济变迁(1840—1949)》,第二章、第三节,浙江大学出版社,2011年。
③ 徐德济主编:《连云港港史(古近代部分)》,人民交通出版社,1987年,第31页。

近代以来,本区域的港口,经历了从河口港向海港转移的过程。分布在海州湾的河口港因受泥沙淤积、海水顶托的作用,容易淤积,中心港口先后由青口转移到新浦、大浦等,最后由大浦转到在老窑、墟沟新建的海港,即今日之连云港,港口兴衰与贸易变迁相辅相成。

1. 青口

青口港位于今连云港赣榆县,是本区域最先兴起的港口。自清朝乾隆以来,山东沂州府一带的农村粮食生产和畜牧业、工矿业有所发展,有一定的产品可供外销。因地势向南倾斜,沂河水入夏水势平槽,船只可以直入运河,再转入青口港,输出沿海各地。每年,都有船只自南方装南货前来,再将当地的柿饼、核桃、枣、落花生之类运回,作为回头货。① 到了晚清,受五口通商的影响,青口的贸易更加兴盛。据胶州海关的贸易报告,自上海北运的棉纱、棉织品、糖等货物,由镇江经过运河和清江浦运到青口和海州,再由陆路和沿海水路运到目的地,山东沂州、郯城等地所产的花生、花生油、棉花、豆饼、杂粮、沭阳、东海各地的米麦、豆类油饼,都由青口出海,运往上海、青岛、苏杭等地。② 青口的贸易大约兴盛了170余年,青口也从一个河口小港发展成为著名的港口商业城镇。1905年大浦港和新浦口港作为商埠正式开放,青口港才退出大港行列。③

2. 新浦口

清末位于青口河下游的青口淤塞严重,海港逐渐转移至蔷薇河。滨临大海的新浦口,交通运输便捷,逐渐成为新兴集镇。随着新浦集镇的开发和商业的发展,沈云霈等一批有识之士提出了选择新浦为通商口岸之一的呼吁。光绪三十一年(1905年)署两江总督周馥在海州绅商的吁请下,向光绪帝奏请海州为自开商埠,同时开放新浦口和附近的大浦。物流带动了人流的汇集,到了1938年,新浦已由一个农村集镇,发展为拥有30 000多人的小商业城市。④

3. 大浦

大浦位于临洪河口。大浦原不靠海,后由于海岸线东迁,原在新浦附近入海的临洪河口东迁至十几里外的大浦,流经连云港的蔷薇河、临洪河在大浦汇流入海,形成一个宽达1.5公里、水深7米的入海口,成为一个河海交汇的自然港。此后,从大浦溯河而上,大船可到海州西门外沙板桥,小船可直抵今东海县至沭阳县的三荡。通过乌龙河和蔷薇河相连,舟楫方便。顺流而下,经临洪口,海运可与上海、天津、青岛、烟台相连接。联海通陆的优越地理条件,是决定此地成为开放海港的重要因素。1905年大浦开埠,贸易逐渐发展起来,土货贸易以小麦、大豆、苞米、落花

---

① 吴树声:《沂水桑麻话》,《临沂文史资料》第3辑。
② 烟台港务局档案馆藏:《1899年胶州贸易报告》,陈为忠抄录。
③ 徐德济主编:《连云港港史(古近代部分)》,人民交通出版社,1987年,第35页。
④ 徐德济主编:《连云港港史(古近代部分)》,人民交通出版社,1987年,第35页。

生为主,运销上海、山东等地,尤其以豆饼为商货之大宗。1921年2月,大浦正式设立胶海关海州分关。①

大浦港在开埠时已有5座码头,3 000吨的货轮可以进口停泊。1925年7月,陇海铁路徐海段通车至新浦、大浦,大浦的码头建设进一步加速。当时,陇海、裕兴永、大振共4个泊位的3座木质码头,以及豫海、大振、大久3个与码头配套的仓库相继建成。当地还建立了自新、公益、福泰、聚兴、大陆等公司,从事经贸活动。徐州、蚌埠、潼关等地的商人,也在此设立各种土产专运公司。大宗的花生、黄豆、豆饼、芝麻、粮食和"帮猪"在此装运转海路北上青岛、南下上海等地,锦屏山的磷灰石则从这里运至青岛,再转运日本出口。②

4. 连云港

以上所述的苏北海州湾一带的3个港口,随着时间的变迁而相继兴起,由于受海港条件和腹地交通条件的限制,普遍规模不大。最后一个港口大浦港也是河口港,同样面临着河道淤塞的威胁,严重制约着贸易的发展。1930年英发轮和白鹤丸轮的沉没更加速大浦港的淤塞。另一方面,陇海铁路的东向原先只修到徐州,所承运的物资须经徐州中转津浦线。1921年,开始修筑自徐州通往海港的铁路,1925年修至大浦港。1932年陇海局着手筹划海港码头建设。1936年荷兰的治港公司完成连云港码头扩建,建成两个码头共6个泊位,定名连云港,并与陇海线衔接。海港的扩建和与陇海铁路的衔接,大大改善了港口条件和腹地的交通,连云港开始了以前3个港口从来没有过的迅速发展,大大密切了苏北地区与上海、青岛等沿海口岸的经济联系。

连云港的输入货物主要是五金、水泥、木材、砂糖、面粉,输出货物主要有煤炭、豆、小麦、棉花等农产品。1935—1937年间煤炭输出占当年贸易额的28.1%,1936年增加到56.3%,1937年竟然达到68.6%。煤炭的大量输出使连云港的贸易发生了根本的变化,由农副产品为主的中转港变为以输出煤炭为主的中转港口。③

连云港虽然是青岛港的内港,而且到上海的距离是到青岛的4倍,但由于历史形成的金融、市场等方面的关系,连云港贸易显示出依靠上海市场的倾向。比如,1936年连云港与青岛间的贸易,占连云港贸易总额的11.1%,其中输入量11 701吨,占全年输入量的19.1%;输出量34 535吨,占其输出量9.7%。与此同时,连云港与上海间的贸易占其总额的49.2%,输入量占输入总额的55.5%,输出量占输出总额的46.9%。④ 连云港主要贸易产品煤炭、食盐、豆类产品除了运往国外,历来出口南方市场;而北运青岛的,主要是粮食、花生等产品。

---

① 徐德济主编:《连云港港史(古近代部分)》,人民交通出版社,1987年,第35页。
② 徐德济主编:《连云港港史(古近代部分)》,人民交通出版社,1987年,第35、109—110页。
③ 徐德济主编:《连云港港史(古近代部分)》,人民交通出版社,1987年,第35、109—110页。
④ 徐德济主编:《连云港港史(古近代部分)》,人民交通出版社,1987年,第112页。

五、抗日战争爆发后的华北对外贸易

自1931年9月18日,驻守"关东州租借地"的日本军队,通过制造"柳条湖事变",并陆续占领中国东北三省128万平方公里的领土起,日本大规模军事侵华的战争就开始了。这是蒋介石政府和张学良的东北军,贯彻防民甚于防寇、"攘外必先安内"的混账国策,怯敌退让的直接恶果,也与其他地方割据政权进行的连年内战不无关联。不过无论如何,中国的抗日战争都应该是14年,而决非某些试图推脱历史责任的人说的8年。从经济发展的事实看,日本侵华战争对华北外贸的消极影响,也是从1931年的九一八事变开始的。以华北最大的进出口贸易口岸天津为例,情况正是如此。

津海关1931年贸易报告指出:"日军侵占东北,终于十一月初间,津埠亦生纷扰,以致岁暮两月之贸易,备受摧残。出口货物,尤受挫折。"[①]1932年的报告也说:"天津非独为华北商业之中心,且为密迩东省之最大市场。当此中日风云紧急,国难方殷之际,金谓本埠商业,必受重大打击。迨至年终结算,果然未出所料。直接进口货值,虽减少无多,而出口货运往外洋及通商口岸者,则无不惨落。"[②]1933年的报告也有同样内容:"上年天津贸易,因东北事变,所受挫折,已属綦重。本年中日纠纷,益形恶化,则其所遭打击,必愈剧烈,固为不易之理也。溯当年初数月,日伪军队,既占热河,又逼平津,人心震动,百业俱废。迨至塘沽停战协定,正式签订,秩序始渐转佳,商务亦稍恢复。惟是热河土地,沦胥敌手,大好市场,一旦丧失,本埠贸易,所受影响,自必日甚一日,绝不能因一纸协定,即可挽救者也。况乎越时未几,察省抗日同盟军,又复揭竿而起,通电抗敌,情势益趋紧张,懋迁又告停顿。"[③]1935年报告又称:"贸易区域,逐渐蹙狭,尤与商务不利,譬之东省市场,几已封锁;向由张垣往来蒙古之货物,亦告断绝;晋绥二省,不啻自成一经济集团。"[④]1939年报告则云:"因中日战事之故,商民所受限制,层出不穷,且系行而复废,废而复行,而其中关系重大者,当以三月间施行之统制出口贸易汇票办法为最甚。该项办法,对于所有出口土货一律适用,影响至巨。进口贸易,则以国币跌价,剧遭打击。"[⑤]1941年太平洋战争爆发,日军强行接管津海关,税务司由英国人梅维亮换成日本人黑泽二郎。因而海关贸易报告谈及侵华战争破坏的时候,说法已经较前隐晦了许多,但仍能从中看出端倪。1941年报告说:"因苏德启衅,英美二国冻结中日之资金,日本采取同样策略而报复,以及太平洋战争之爆发,故对外贸易,备受打击。

---

① 吴弘明编译:《津海关贸易年报(1865—1946)》,1931年津海关贸易报告,天津社会科学院出版社,2006年。
② 吴弘明编译:《津海关贸易年报(1865—1946)》,1932年津海关贸易报告,天津社会科学院出版社,2006年。
③ 吴弘明编译:《津海关贸易年报(1865—1946)》,1933年津海关贸易报告,天津社会科学院出版社,2006年。
④ 吴弘明编译:《津海关贸易年报(1865—1946)》,1935年津海关贸易报告,天津社会科学院出版社,2006年。
⑤ 吴弘明编译:《津海关贸易年报(1865—1946)》,1939年津海关贸易报告,天津社会科学院出版社,2006年。

幸自日本及其属地所输入之货物,较为增加,深资臂助,得补东隅之失矣。"①然而,这种"东隅之失"却不是那么好补的,所以,1942 年报告中不得不承认:"本年进口贸易锐减,乃因战争所致。盖自太平洋战事发生后,本埠对于外洋之贸易,即仅以日圆集团国家为限矣。"②1945 年 11 月 1 日,津海关被中国政府收回,税务司卢斌所作的报告中,明确指出:"自一九四二年至战事结束时,对外贸易限于日圆集团之各国。一九四二年进口货价值及数量,俱见减少。"③

征诸贸易统计数据,也清晰地反映了 1931 年九一八事变后,天津及其腹地对外贸易的下降趋势。1932—1937 年间,天津的直接进出口贸易值,年均低于 1931 年的水平。1932 年比 1931 年下降 15.13%,1933 年下降 31.92%,1934 年下降 41.8%,1935 年下降 42.62%,1936 年下降 38.02%,1937 年下降 30.72%。即便计入日本和朝鲜浪人的走私货值,这一下降趋势依然不变。1937、1938、1941 年,天津外贸虽然略高于 1936 年的水平,但太平洋战争爆发后就急剧下降了,也就是说,14 年抗日战争期间始终远未超过 1931 年的外贸水准。以美元计,天津 1936 年的进出口总值为 56 723 千美元,1937 年为 62 858 千美元,1938 年为 88 462 千美元,1939 年降为 48 772 千美元,1940 年为 46 883 千美元,1941 年为 65 351 千美元,1942 年为 36 700 千美元,1943 年为 25 680 千美元,1944 年为 4 833 千美元,1945 年为空白。④

抗日战争胜利以后的 1946 年和 1947 年,天津的对外贸易出现了复苏,分别达到了 33 644 千美元和 36 728 千美元,与 1942 年持平。但进入 1948 年后,由于国共内战等原因,天津的对外贸易又重新落入了 12 874 千美元的低谷。⑤

第四节 蒙古高原的近代对外贸易

满清入主中原以后,政治上将长城南北融为一体,经济上逐步废除了仅限于边境的互市贸易,让持有照票的内地商人到指定的盟旗从事贸易。清代的照票贸易,分为普通贸易与随军贸易 2 种形式。照票贸易的发展,促进了包括蒙古高原在内的西北边疆与中原地区的经贸关系,提高了内外蒙古畜产品的商品化程度,有效拓展其国内层面的市场空间。

另一方面,在进入清代中期以后,内外蒙古地区还先后对国外特别是俄国开放了 8 个通商口岸,如果再加上 1728 年开放的恰克图,一共就是 9 个对外贸易商埠,这就打开了这一地区的国际市场,促进了蒙古高原对外贸易的发展。

---

① 吴弘明编译:《津海关贸易年报(1865—1946)》,1941 年津海关贸易报告,天津社会科学院出版社,2006 年。
② 吴弘明编译:《津海关贸易年报(1865—1946)》,1941 年津海关贸易报告,天津社会科学院出版社,2006 年。
③ 吴弘明编译:《津海关贸易年报(1865—1946)》,1943—1945 年津海关贸易报告,天津社会科学院出版社,2006 年。
④ 姚洪卓:《近代天津对外贸易研究》,天津古籍出版社,2011 年,第 3—5 页。引文中的"空白"一词,校诸 1945 年贸易统计,只有 4 900 万国币元的国货进口和转口数值;进口洋货和出口国货的数值,皆为空白。
⑤ 姚洪卓:《近代天津对外贸易研究》,天津古籍出版社,2011 年,第 6 页。

不过,由于"蒙人不知慭迁,温饱以外,便无余事,器用布帛,多运自内地。其交易商人,多晋、鲁行商。初至时,恒以车载杂货,周游蒙境,蒙人谓之货郎。亦有以布帛交易牛羊,其利最巨"①,因此,无论是蒙古高原的区域内部贸易,还是当地的对外贸易,均非蒙古牧民所为,而是由来自内地、甚至是国外的"旅蒙商"们所主导的。近代内、外蒙古地区的对外贸易,主要是从东、北两个物流方向,通过两大市场体系来展开的。

一、漠南蒙古向东通过天津口岸的对外贸易

漠南蒙古地区的对外贸易,主要是面向东方、辗转通过天津这一龙头口岸而展开的。

天津开埠以后,国际市场对包括内蒙古地区在内的草原畜产品、特别是羊毛的需要日趋增加,于是外国洋行便通过以天津为国内终点市场的港口—腹地市场网络先行收购,然后再出口到国际市场上去。

天津海关1873年的贸易报告指出:"天津特有之出口货,计有毡、毡帽、马毛、各色皮货、骆驼毛、绵羊毛、山羊毛、牦牛尾、水牛角及水牛皮。所有此类商品,除毡及毡帽率由直省所制外,均产于蒙古。"②而把蒙古高原的畜产品从产地运销到天津洋行的中间人,则主要是活跃在牧区和各中级市场上的山西旅蒙商人与直隶顺德(今河北邢台)商人。

从事内外蒙古地区皮毛收购业务的旅蒙商人,除了小部分属于个体经营外,大部分是由各大商号派出的,其采购方式则以"出拨子"的形式进行。具体为每年阴历的三月至五月,七月至九月,他们将蒙古人所嗜好的日用必需品积载于牛车或驼背上,以三四人或数十人为一组,带着食料、寝具、帐幕及炊事用品,途中不做零售,一直向蒙古内地进发。他们大多熟悉蒙古人的语言和风俗民情,到达目的地后,或住在熟人家,或自搭帐篷,冠上蒙古文的店号,将携带的物品排列起来,以招徕顾客。过上四五天至六七天后,再转移到别处。生意好的时候,也有长久地停留在一处的。附近的蒙古人,听到某号拨子来了,就用皮毛等物换取他们所需要的日用品。等到所携带的商品都卖完了,拨子们便把所换来的皮毛,驮载在牲畜背上或牛车上,运销到归化、多伦诺尔(今多伦)、张家口、赤峰等的皮毛中级市场上去。这些城市都有很多规模较大的商号和洋行,它们从事皮毛的购销业务,成为连接草原初级市场和天津终点市场的桥梁。③

归化城在清朝中期的时候,就已经是内蒙古地区西部的商业城市和对漠北蒙古贸易的货物集散地。到了清末,归化城的旅蒙商号达40—50家,其中以大盛魁、

---

① 卓宏谋:《最新蒙古鉴》,第3卷,实业,北京西城丰盛胡同四号卓宅发行,1919年,第22页。
② 吴弘明编译:《津海关贸易年报(1865—1946)》,1873年贸易报告,天津社会科学院出版社,2006年。
③ 樊如森:《天津开埠后的皮毛运销系统》,《中国历史地理论丛》2001年第1期。

元盛德、天义德规模最大;洋行有仁记、聚立、平和、新泰兴、隆昌、安利、兴泰等7家。① 1914年,从这里外销的骆驼毛和羊毛有200万斤,皮张9万张;② 1924年运出的驼羊毛更是增至1180万斤,皮张百万张以上;③ 20世纪30年代,每年有价值40万两的蒙旗、甘肃、新疆细毛皮,经归绥运往天津等地;洋商在此所设的采买羊毛绒及牛、马皮的洋庄,有10余家;众多旅蒙商也从这里将大量的砖茶、绸、布、棉花、米、面等货物,贩往各蒙旗牧区进行交换。④

包头原本是土默特平原西端、萨拉齐厅下面的一个普通村镇,清朝末年开设钱粮商市进行贸易,此后随着经由天津的国际市场对当地及其周边草原地区羊毛需求的不断扩大,而逐渐地兴旺起来。包头不仅成立了商会,而且还设立电报局和银行,商业贸易日渐发达,出现了商贾辐辏街市日盛的景象。⑤ 1923年京包铁路通车到包头后,它更迅速成为西北地区的水陆交通中心和皮毛集散地,"每年在这里集散的绒毛约二千至三千多万斤,占整个西北地区绒毛产量的三分之二以上"⑥;1933年,包头的21家皮毛店,每年从青海、甘肃、陕北、蒙古等地采购的各类绒毛约600万斤,各类皮张11万张,均销售到天津等地,共值250万元。⑦

清末民国时期的张家口,作为"商货转运总汇之地。北通内外蒙旗,及库伦、乌里雅苏台、科布多等处,西通绥远、宁夏、新疆,为近边西北之咽喉";铁路修建后更成为"内地通蒙古及西伯利亚之门户。东北经多伦至东三省,西通宁夏、新疆。本口商业大抵可分为两区。上堡多以商业而兼工业,如碱行、皮行皆在上堡,而纯正属于商业性质者皆在下堡。张家口出口货以牲畜、皮毛称最。此外春麦、莜麦、荞麦、胡麻子、面粉、豆粉以及牛、马、驴、骡、猪、羊等为大宗。洋行在此设庄采买胡麻子、菜子、皮革、绒毛者数十家。每年销售胡麻约二百五十余万斤,菜子二百余万斤,羊毛、驼绒、羊绒约三百七十万斤,皮革二十九万余张"⑧。

套西的阿拉善厄鲁特旗,清朝初年的时候就有旅蒙商来做生意。"但商业普遍发展起来却是清朝末年的事。那时商号增多了,集中在定远营(今巴彦浩特市)地方。到民国七八年(按:1918、1919年)间,定远营已有商号二十余家,其中有不少是北京、天津商号的分号,在此收售货物。民国九年以后,各种小型商业更普遍地增多起来。这些商号中有的经营皮毛、百货,有的经营杂货、酒类,经营药材,有的开当铺,开栈房,开饭馆等。有固定地址的座商是主要的。其次,还有一些流动的季节行商,他们是春季来秋季去。行商多是河南、山东等地人,座商则多是山西人,

---

① 沈斌华:《内蒙古经济发展史札记》,经纬书局,1947年,第125、173页。
② 《内蒙商业之破天荒》,《农商公报》,第1卷,第7册,1915年。
③ 白眉初:《中华民国省区全志》,第1编,北京求知学社,1924年,第13页。
④ 廖兆骏:《绥远志略》,正中书局,1937年,第229—268页。
⑤ 韦胜章主编:《内蒙古公路交通史》,第一册,人民交通出版社,1993年,第13页。
⑥ 李绍钦:《古代北方各民族在包头地区的活动》,《包头文史资料选编》第四辑,第25页。
⑦ 绥远省政府:《绥远概况》,下册,内部刊印,1933年,第67—71页。
⑧ 汪公亮:《西北地理》,正中书局,1936年,第193—194页。

也有甘肃民勤、银川等地人经营"①。这里的对外贸易,构成以天津为龙头的东向型进出口贸易网络的组成部分。

东蒙地区的赤峰,在乾隆年间为乌兰哈达厅,后来改为赤峰县,宣统二年(1910年)升格为赤峰直隶州,1913 年复称赤峰县,隶属于热河特别区。赤峰周边矿产丰富,林木繁茂,牲畜、皮毛、青盐出产旺盛,四方土产和杂货皆以它为贸易集散中心,自清末以降,一直是古北口外繁盛的蒙汉商业市场,1914 年辟为商埠(1917 年正式开放)。通商范围东至朝阳、锦州、营口、沈阳,东北及于开鲁、通辽、洮南,西北经林西、经棚伸向多伦、乌珠穆沁以至外蒙古地方,西南到围场、承德、天津、北京等地。商品的输入渠道,有京奉铁路及其沟(帮子)营(口)支线,从营口港经锦州陆运来的居多;由天津经平泉或北京经承德一线运来的次之。②

海关贸易统计显示,19 世纪 70 年代以后,仅来自归化城的驼毛,便占到了天津驼毛出口总量的 95%③;到 1898 年,天津的皮毛出口总值为 56 071 关平两,占天津整个出口总值的 11.44%;1903 年,天津的皮毛出口总值为 370 144 关平两,占天津整个出口总值的 32.28%;1908 年,天津的皮毛出口总值为 223 567 关平两,占天津整个出口总值的 14.46%④。到 1925 年前后,"天津输出之羊毛,青海、甘肃居其五成,山陕居其成半,蒙古居其二成半,直鲁约居一成"⑤,包括内外蒙古在内的西北牧区成为天津畜产品出口的主要基地。

表 4-11　1937 年以前天津羊毛类畜产品的收集状况　单位:万担

产　　地	收集量	百分比(%)	产　　地	收集量	百分比(%)
青海、甘肃、宁夏、新疆	20	50	河北、山东、河南	4	10
内蒙	10	25	合计	40	100
山西、陕西	6	15			

(资料来源:李洛之、聂汤谷:《天津的经济地位》,第 36 页 31 表,经济部驻津办事处,1948 年。)

表 4-11 统计表明,到 1937 年抗日战争全面爆发之前,仅内蒙古牧区,就占据了中国最大畜产品输出口岸天津毛类产品出口的 1/4,也表明了蒙古高原畜牧业经济市场化和外向化水平的提高。

二、漠北蒙古向南向东经由天津的对外贸易

漠北蒙古地区,政治上作为清朝版图的重要组成部分,经济上自然也与国内市

---

① 内蒙古自治区编辑组:《蒙古族社会历史调查》,内蒙古人民出版社,1986 年,第 79—80 页。
② 韦胜章主编:《内蒙古公路交通史》,第一册,人民交通出版社,1993 年,第 24 页。
③ 吴弘明编译:《津海关贸易年报(1865—1946)》,津海关 1876 年贸易报告,天津社会科学出版社,2006 年。
④ 据王怀远《旧中国时期天津的对外贸易》中"天津口岸 1898—1908 直接出口商品结构表"推算。王文载《北国春秋》1960 年第 1 期,第 83 页。
⑤ 北京西北周刊社:《西北周刊》第 15 期,1925 年 5 月 24 日,第 2 页。

场有着相当密切的商贸关系。这一点,可以从积极从事内地与内外蒙古高原商贸活动的一个著名商号——大盛魁的发展历程和经营概况中,略窥一斑。

早在清代前期的康熙、雍正年间,大盛魁就通过"照票"从事内外蒙古地区与内地之间的商贸活动。自从康熙二十九年(1690年)清军与噶尔丹的军队在乌兰布通大战之后,蒙古西部地区便成为清朝与准噶尔汗国军事对抗的前沿。而以随军贸易为主要内容的大盛魁商号,在成立的初期,便把总号设在了定边左副将军驻地、俗称"前营"的乌里雅苏台,而把分庄设在参赞大臣的驻地科布多和内蒙地区的归化城等地。后来,大盛魁不断扩大营业范围,不仅服务于军政人员,而且也放贷给蒙古王公;乾隆末年开始,它包办了政府在外蒙的税收;嘉庆八年(1803年)以后,它又乘政府清理无效照票的时机,廉价收购了被驱逐的旅蒙商号,承继了它们在外蒙的贸易关系,进一步壮大了商业势力和营销网络。大盛魁的总柜设于归化城,以乌里雅苏台、科布多为中心,活动于内蒙西部和外蒙大部地区;以"放印票帐为主,经营牲畜、皮毛、药材、日用百货等业务;京、津、沪、杭、晋、冀、鲁、豫、湖、广等地,均有它的分支、小号和坐庄人员;它的从业人员连同雇佣的牧民、工人,有六七千人;它的贸易总额,一般年份约在白银一千万两左右。像这样的大商号,在过去内蒙地区是独一无二的"[①]。到了"道光年间,大盛魁一方面扩大销售地区和增加经营货物品种的数量,一方面加大放印票帐的数量。这时清朝把征收驿站的费用也包给大盛魁,这样,大盛魁的营业就更加发展了"[②]。

近代口岸开放以后,漠北蒙古地区通过传统商人和商品营销网络,以及新兴的商埠和交通网络,向南向东经由天津连接英美日等国市场的对外贸易,也有了很大的发展。这种进出口贸易的网络节点,依然是前述在国内贸易中起桥梁作用的蒙古城镇,如归化城、包头、多伦、张家口,等等。

1911年辛亥革命的爆发,使得清朝作为一个统一政权分崩离析,中国各地实权人物恣意而为的状态愈演愈烈,漠北蒙古地区的分裂事件也由此发生。一些人在保护国军队的帮助下,驱逐了清政府的库伦办事大臣三多,于1911年12月拥戴哲布尊丹巴呼图克图为"蒙古国皇帝",建元共戴。后经中华民国北京政府的多次交涉,才于1915年6月7日,在恰克图签订了中俄蒙三方协约,外蒙古地方取消独立,承认中国中央政府的宗主权,中央政府则承认了外蒙古地方的自治权。1917年俄国十月革命爆发后,外蒙古地区受到了旧俄势力的巨大冲击,当地王公遂决定取消自治,呈请中央政府保护。民国北京政府派遣徐树铮为西北筹边使,率军进抵库伦,进一步行使主权。这期间,旧俄将领谢米诺夫、日本浪人、苏俄新政府,均积极地参与到再次分裂中国外蒙古的活动之中。[③]

[①] 内蒙古政协文史委:《旅蒙商大盛魁》,前言,《内蒙古文史资料》第12辑,1984年。放印票帐,即放高利贷。
[②] 内蒙古政协文史委:《旅蒙商大盛魁》,《内蒙古文史资料》第12辑,1984年,第4—5页。
[③] 独立出版社编:《我们的外蒙古》,独立出版社,1938年,第3—6页。

不过直到1924年以前，中国中央政府对外蒙古地方的政治影响整体上依然有力，外蒙古地区的政治环境和经济环境，还是相对稳定的。这一时期，该地区以恰克图、库伦、乌里雅苏台、科布多等地为商业中心，尚能展开较为繁盛的对俄，以及经由张家口对天津口岸的畜产品出口贸易。仅1918年，张家口就有"外管（专做蒙古生意的店号）一千六百余家，茶庄、毛庄亦各二三十家，每年进出口贸易额达三万万元"①。

1924年之后，外蒙古地区受苏俄的控制日益增强，内地商人的经营活动被明令禁止，外蒙古与祖国内地的经济联系日趋削弱。但是，几百年来与内地旅蒙商人建立的深厚经济联系和消费习俗，使得外蒙的广大牧民依然"习惯于使用中国内地生产的各种传统的民族商品。对于苏俄商人贩运来洋货贸易颇不感兴趣，尤其是日用生活物品和一部分蒙古人传统食品等，'洋货'很不合其口味。所以，尽管蒙古人民共和国政府，禁止华人旅蒙商人在外蒙古地区从事贸易，然而，蒙古游牧民群众自行私贩毛皮、土特产品和赶着少量牲畜来到蒙古国与内蒙古边境没有关卡的地方，仍与旅蒙商人约定会合地点，进行走私贸易"。这种秘密贸易在20世纪30年代以后，一直持续下来。②

外蒙古地区与祖国内地之间的市场联系迅速降低，最根本和最直接的原因，自然是来自苏联对该地区政治、军事和经济上的干涉和控制。据记载，20世纪30年代之后，外蒙古"库伦国民政府的参政院、内务、财政、诸部，统有苏联人为顾问，他们的权限很重要。故该政府除一二中立王公外，大半是亲苏派"，"库伦蒙古银行（远东银行）资本大半属苏联掌握，握蒙古金融实权，纸币已发至五百万卢布以上，票面价额值一半。对于中国内地货物入境，悉征六分税，有时超出原价。苏联货物入境则完全豁免。近来且不准华人领事售茶烟酒三项，令纳人头、护照、营业、流水、地基、房屋等杂捐，以故蒙古商业尽为苏联人所操纵，华人几无立足之地"③。

从外蒙古地区与祖国内地经济关系以至政治关系日渐疏远历史过程，也就是中国政府在外蒙古地区经营失败的惨痛教训，我们也能够得出这样的历史结论，即对于边疆地区的开发而言，经济建设事业要想长期稳定地发展下去，相应的、强有力的军事占领和政治控制，也必须紧紧地跟上。

三、漠北蒙古向北的直接对俄贸易

漠北蒙古地区对俄国的贸易，自1728年中俄双方签署《恰克图条约》之后，就分别在俄国一方的恰克图和中国一方的买卖城进行。1861年增加了库伦，1881年

---

① 贺扬灵：《察绥蒙民经济的解剖》，商务印书馆，1935年，第51页。
② 卢明辉、刘衍坤：《旅蒙商——17世纪至20世纪中原与蒙古地区的贸易关系》，中国商业出版社，1995年，第244页。
③ 杨文洵等编：《中国地理新志》，第11编，中华书局，1936年，第26—27页。

又增加了科布多、乌里雅苏台。该地区对俄输出的商品,除内地转运来的茶叶外,主要是当地所产的皮毛。除俄国商人外,山西的旅蒙商人也在当地的对俄贸易中,起了重要的作用。

随着中国内地政治格局的动荡和由此导致的中央政府对外蒙古实际控制力的松弛,特别是俄国人对中国外蒙古地区渗透的加强,内地旅蒙商人在当地创立的百年基业逐步倾废,俄国人对这里的经济控制力量越来越强大了。

图 4-1 清朝末年的中俄北部边境口岸恰克图——买卖城
(资料来源:〔美〕艾梅霞著,范蓓蕾等译:《茶叶之路》,插图,五洲传播出版社,2006 年。)

1. 苏联对中国外蒙古地区的经济渗透

从历史发展的事实来看,苏维埃联邦政府和沙皇俄国政府在对华领土扩张方面,是如出一辙的。千方百计地分裂原中国领土外蒙古,就是最典型的例子。有人说:"俄国对蒙之经济侵略,乃历史上始终一贯之政策。战前沙皇政府所怀抱之计划与理想,在过去十年间,已由苏联见诸实行。自苏维埃政权出现后,苏、蒙之关系,虽为之一变,而内部之势力,则仍保有极密切之关系。在二十世纪初期,从事于对蒙事业者,非俄国之商人或公司,乃其帝国政府。至苏维埃政府,为使对蒙贸易为其掌握,亦同样的努力于指导之布置,中央集权之国营贸易机关,大肆活跃。"①

根据 1921、1923 年的蒙苏条约和相关协定,苏联实施了一系列有利于对中国外蒙古地区进行经济控制的举措:外蒙古对苏联的进口商品给予最惠国待遇;苏联人在外蒙地区有土地买卖权;无主土地给予外蒙和苏联贫民耕种;天然资源开发、实业发展及商业贸易事业,委托苏联专家办理;矿山移交苏联消费组合同盟和

---

① (日)吉村忠三著,李祖伟译:《外蒙之现势》,商务印书馆,1937 年,第 63 页。引文中的"战前",指第一次世界大战前。

蒙古劳动者协同开发;苏联的西伯利亚地方消费组合同盟、羊毛输出部、西伯利亚国营商业部、纳弗得·新基特等商贸公司,开始渗入并逐步垄断蒙苏贸易;由莫斯科国立银行出资50%组建蒙古银行,操纵外蒙的内、外汇兑,排挤中国内地的金融势力;1928年,将苏联在外蒙的主要贸易机构,与蒙古中央消费组合合并,名之为蒙苏会社,全面垄断外蒙的商业贸易。①

上述措施的实施,极大地压缩了中国北方原有的区域市场空间,使得"苏联对蒙贸易急激发展,英、美与中国大受打击。一九一八年,有华商四百,俄商仅五十,惟至一九二六—二七年度,华商遂减至六十,最有力之二英国商行,亦迫不得已而退却,外蒙所产羊毛百分之八十入于苏联之手。结果,苏联对蒙之输出入总额比率,一九二四年仅百分之十七,一九二六年遂增至百分之二十九。关于羊毛之输入,一九二四年仅为百分之十八,1926年激增至百分之七十七.七。关于羊毛贸易,蒙古之输出,事实上,自一九二八年已为苏联独占。最大之外国羊毛公司,亦必假苏联之手"。而作为外蒙商业贸易拓荒者的中国内地商人,却倍受打击,"中国对蒙贸易,仅有少量茶叶输出,向来华商经营外蒙所产之羊毛、毛皮、生皮及鞣皮等之委托贩卖品,已完全不见于中国市场矣"。②

2. 中国外蒙古地区对苏俄的进出口贸易

据到中国蒙古草原旅行和贸易的俄国人调查,1920年前后由外地输入到这里的货物,食物类商品包括茶、面粉、雀麦、小米、米、糖、酒、烟草,织物类商品包括Dalemba,tsuemba,tebesuteba(以上外文单词系3种织物的读音,原文如此——作者注),绵绒、绸缎、锦缎,杂货类商品包括家具、熟皮、装饰品。其中,茶主要是来自中国内地的砖茶,年输入数量约14万箱,每箱27块。面粉的2/3来自中国内地,1/3来自俄国,年消费61 200万磅。中国烧酒、布尔酒及俄国酒,每年消费约2 177 280磅。布匹一战前主要是俄国布,一战后主要是经由张家口转运并染色的英、美、日布和中国内地布匹,计880万码。锅、茶壶、小刀、斧、提桶、鞍镫等类,75%自中国内地输入,25%自俄国输入,年值120万元。一战前俄国熟皮独占蒙古草原市场,此后多由中国内地和日本输入,年约10万张。妇女服饰品均输自中国内地,价值90万元。对外出口方面,蒙古市场每年输出肉和脂肪60万担,绵羊毛12万担,骆驼毛13 000担,马毛11 300担,绵羊及山羊皮50万张,羔羊皮70万张,牛皮84 000张,马皮7万张,乳类1 323兆磅,毛皮12兆磅。③

另据史料记载:"自从与俄人接触,各处贸易渐有起色。商埠有库伦、恰克图、乌里雅苏台、科布多四处,与东三省、热河、察哈尔、绥远、甘肃、新疆及苏联属西伯利亚互市。尤以西伯利亚人为最盛,输出品以牛、马、羊、驼、金、茶、大黄等为大宗,

---

① (日)吉村忠三著,李祖伟译:《外蒙之现势》,商务印书馆,1937年,第63—66页。
② (日)吉村忠三著,李祖伟译:《外蒙之现势》,商务印书馆,1937年,第66页。
③ (苏)克拉米息夫著,王正旺译:《中国西北部之经济状况》,商务印书馆,1933年,第10—13页。

输入品以貂狐、海獭、银鼠等皮毛、布呢、杂货为大宗。"①

以往,俄国"对蒙之输出中,谷类与石油,特多于其他货品。然大战以后,更逐年增加,而来自东三省之农产品,特别是高粱,对蒙古市场,历有相当输入,惟现时已不见其踪迹。苏联之大麦、燕麦、高粱等,则遍布市场,占绝对优势","石油之输出,亦与农产品有同一现象。一九一三年,仅输出九十一吨,至一九三二年则增至二千吨。其他如布帛、砂糖、洋灰、电具、金属及其制造品、食品、烟草、化学药品、糖果、花生及干果、通心粉、细手工品、香水、石碱、感光膜、蓄音器、鸡子、硝子及陶器等之输出,亦逐年增加"②。

表4-12　1927—1929年中国内地和苏联的对外蒙古贸易

单位:千都开尔格

	1927		1928		1929	
	中国内地	苏联	中国内地	苏联	中国内地	苏联
输入	12 080	16 900	10 780	21 000	6 000	21 500
输出	27 600	4 000	25 400	7 100	8 700	2 300

(资料来源:〔日〕吉村忠三著,李祖伟译:《外蒙之现势》,商务印书馆,1937年,第66页表格。)
本书作者按:都开尔格,外蒙古地区当时的货币单位,1都开尔格=1墨西哥银元=90俄戈比。

表4-13　1923—1936年的外蒙古对苏联贸易　　单位:千卢布

年度	输入	输出	合计
1923—1924	1 504	1 970	3 474
1924—1925	2 769	3 583	6 352
1925—1926	3 670	3 735	7 405
1926—1927	4 633	7 553	12 186
1927—1928	7 546	12 089	19 635
1930	17 819	19 745	37 564
1931	37 341	28 833	66 176
1932	41 395	19 278	60 673
1933	38 562	17 369	55 831
1934	44 806	20 561	65 367
1935	46 102	21 689	67 791
1936	49 202	22 852	72 074

(资料来源:独立出版社编:《我们的外蒙古》,独立出版社,1938年,第17页。)

---

① 杨文洵等编:《中国地理新志》,第11编,中华书局,1936年,第21页。
② (日)吉村忠三著,李祖伟译:《外蒙之现势》,商务印书馆,1937年,第67—68页。

苏联对中国外蒙古地区的经济渗透,严重损害了中国内地商人的利益。结果,"中国商人之不满,酿成暴动勃发之机运,以致苏联当局亦提出三项妥协条件",到1933年,在外蒙古地区的市场上,"中、俄商品之比较,苏联占总商品百分之八十,仅百分之二十为中国之商品"。①

第五节　本章小结

市场结构的转型,引发了近代华北与蒙古高原商业和金融的变革,促进了该区域进出口贸易的发展,加速了使该区域近代的经济开发和文明开化,其积极作用是值得充分肯定。

口岸开放之前,本地市场相对狭小的华北和蒙古高原,资源固然没有外流,人民也未受盘剥,但是,当地潜在的财富却没能转化成为现实生产力,商品的经济价值自然也无从得到体现。而在22个口岸开放以后,按照当时的贸易规则,农、牧民虽然承受了不等价交换的痛楚,但却从中实现了自身劳动力和商品的价值。对华北农民而言,为沿海和国际市场种植棉花等工业原料的机会成本,远比种植传统的谷物小,或者说有更大的比较优势,能够获得更多的经济收入(前者是后者的3—4倍);对蒙古牧民而言,增加畜产品出口种类和数量的机会成本,要比以前单纯出售牛羊活体小,或者说有更大的比较优势,能够获得更多的经济收入(此前80%以上的羊毛和全部的羊肠羊骨头等均为废弃物)。与此同时,各地税关和管理机构,也能从中外贸易中获得数量颇丰的财政收入。这些新的经济实惠,是口岸开放之前所不曾有过的。

客观地讲,近代中国和外国、内地和沿海、草原和内地之间的贸易逆差问题,本质上是一个农牧业初级产品和工商业高级产品、科技附加值低的产品和附加值高的产品之间,固有的价格剪刀差问题。其主要原因是由于贸易的双方,在社会化大生产链条中,所处的上、下游或高、低端区位的差异造成的,有着历史的时、空间合理性。而且这种由于区位或技术原因而形成的产品不等价交换,不仅在近代,就是在今天和将来也会长期存在。换句话说,近代对外贸易的发展,对于中国农、牧民而言,的确包含明显不合理和不平等成分。但是,在近代特定的历史、地理和社会条件下,却毕竟是当时双方都能够接受又都能获利的经贸方式,它对于区域经济的开发和老百姓生活的改善,也确实起到过积极的历史作用。

中国近代经济的转型和现代化进程,核心内容就是引进最初出现于西方的现代工业生产方式,积极与国际市场接轨,努力发展对外贸易,从而逐步完成由农牧业为主导的传统内向型经济向现代外向型经济的过渡。不承认这一点,既违背了马克思主义经典作家的关于欧美资产阶级革命功绩的论述,也不符合华北与蒙古高原近代经济发展的历史实际。

---

① (日)吉村忠三著,李祖伟译:《外蒙之现势》,商务印书馆,1937年,第70—71页。

第五章 传统农牧业的现代工业化趋向

优越的自然资源和人文环境,使华北平原地区成为中国最先进的农业开发区域之一;而辽阔的蒙古高原,也造就出中国最丰硕的游牧业文化。正是由于这两种居于主导地位的基础产业,才支撑起中国古代北方文明的宏伟大厦。然而,正如马克思所言,传统农牧业生产方式所蕴含的生产力,毕竟与现代工业生产方式还有着很大的差距。所以,当世界进入 18 世纪以后,英伦三岛所孵化出来的新型工业生产方式及其相伴生的全球化商业,便日益显示出蓬勃的生机和活力,以至于包括中国北方在内的世界许多地区,都不得不主动或被动地接受了它的主导,以实现自身经济和社会的现代化转型,这也是华北和蒙古高原近代经济地理格局变迁的核心内容。

西方现代工业生产方式在华北与蒙古高原地区的登陆和发展,使得该区域的传统农牧业经济,逐步纳入中国近代工业的产业链当中,并衍生出新的、富有生机的现代农牧业内涵,其表现形式,就是农牧产业结构的调整及其产品市场化、外向化程度的提高,亦即其现代工业化趋向。

尽管传统农牧业的现代工业化趋向,在华北与蒙古高原的广阔地域空间上普遍展开,但是,由于不同区域经济产业历史根基的地理差异,造成了各地工业化水平的差距。华北地区的农业市场化程度较高而牧业水平有限,蒙古高原的牧业市场化程度较高而农业发展粗放。加之自然环境脆弱,经济开发过程中还引发了环境的破坏。这也是该区域近代经济地理格局变迁时空复杂性的体现。

第一节 华北农业的市场化和外向化

一、粮食作物商品化程度的提高

明清时期,华北地区的农业种植结构得到了进一步优化,先进的两年三熟制,成为核心的粮食种植结构,在一定程度上提高了粮食的商品率。[1]天津、烟台等沿海口岸开埠后,粮食作物特别是商品化程度较高的小麦等品种,在华北农业的种植结构中,占据了重要的地位。

从 19 世纪后半期至 1914 年间,在华北地区粮食作物的种植中,"小麦略有扩展,玉米、甘薯有较大的增长,而一些次要作物则有相应缩减";而此后,在冀鲁豫"三省粮食作物产量结构中占主导地位的作物是小麦、小米、高粱、玉米、甘薯、大麦

---

[1] 许檀:《明清时期区域经济的发展——江南华北等若干区域的比较》,《中国经济史研究》1999 年第 2 期。

等",小麦的"产量大约占到粮食作物总量的近1/3,它是华北平原地区上最重要的粮食作物"。①

小麦种植以轻黏土或重沃土含水较少者最佳。河南省北部及中部各县多系风成黄土,冬季干冷,春季多雨,夏季和暖,正适合秋播之冬小麦的生长发育,故而小麦产量甚丰。1922年农商部的统计显示,"全国小麦产地以河南为第一,该年之小麦产量达244 788 000石。与全国小麦总量相较,约占百分之七十弱"。②

表5-1　20世纪二三十年代冀鲁豫三省及全国小麦的播种面积与产量

地区	1924—1929年			1931—1937年		
	面积（千市亩）	总产量（千市斤）	亩产量（市斤/亩）	面积（千市亩）	总产量（千市斤）	亩产量（市斤/亩）
河北	28 820	3 645 145	126	32 211	3 651 900	113
山东	45 713	7 259 234	159	51 213	7 170 500	140
河南	54 766	7 397 566	135	58 455	8 136 700	139

（资料来源:从翰香主编:《近代冀鲁豫乡村》,中国社会科学出版社,1995年,第276页。）

表5-2　1931—1936年的华北粮食生产估计　　　　单位:千市担

省份	稻谷	小麦	杂粮	总计	省份	稻谷	小麦	杂粮	总计
察哈尔		2 719	16 777	19 569	山西	126	17 311	49 152	66 589
河北	3 776	41 240	121 384	166 400	山东	246	74 676	152 429	227 369
河南	5 002	85 343	132 777	223 122					

（资料来源:吴传钧:《中国粮食地理》,表六,重庆商务印书馆,1943年。）
本书作者按:杂粮主要包括高粱、小米、大豆、玉米、燕麦等。

从表5-1、5-2中可以看出,到20世纪30年代,包括冀鲁豫3省在内的华北,粮食作物特别是小麦的种植一直相当普遍。

据铁路部门20世纪30年代的调查,"我国产麦本以鲁、豫二省为最盛,境内则以平度、诸城、泰安、历城五县产量最丰,各在一百万担以上";其商品化程度较高的原因,在于"小麦虽为主要食品,然一以内地人民节俭,不轻食麦粉,二以面粉盛行,所有小麦多运至面粉厂林立之都市销售,经制成面粉后,再分销各地。故除胶东各县及淄(川)、博(山)、新(泰)、高(苑)等县出产太少,不能输出外,其余各县皆有巨额运销济南,以备各面粉厂之用。间亦有由青岛装船输出者"。③可见农业产品的工业加工,是带动小麦等粮食作物商品化的因素之一。

---

① 从翰香主编:《近代冀鲁豫乡村》,中国社会科学出版社,1995年,第248—255页。
② 崔宗埙:《河南省经济调查报告》,财政部直接税署经济研究室,1945年,第19—20页。
③ 胶济铁路管理局车务处编:《胶济铁路沿线经济调查报告总编》上,(三)农业,内部刊印,1934年。引文中的境内,系指胶济铁路沿线地区。

"粜精籴粗"行为的频繁和普遍化,以及现代面粉工业的发展,则不仅使小麦,而且也使杂粮的商品化程度大大提高了;并且粮食商品化的市场范围,也不仅再限于当地,而是扩展到了相当广泛的地域空间。① 不仅冀省的小麦,大多输往城市人口和现代面粉工业集中的天津,②而且,山东德州、济宁、枣庄等产粮区的小麦也多运往天津。③ 不仅华北平原地区,就连塞北高原的河套地区也卷入进来。平绥铁路沿线之绥远省、察哈尔省出产的小麦,每年约有 46 000 吨以上输出,除供应沿线的各面粉厂生产面粉外,大部分运往北平;如果天津的售价比较高,也运往天津销售。④

除小麦之外,高粱、小米、豆类等杂粮的商品化程度,也随着华北工业化引发的城市化而有了一定的提高。20 世纪 30 年代的调查显示,除当地出产的粮食之外,京、津一带所消费杂粮,主要来源于"北宁(铁路)之关外段与平绥(铁路)之察、绥两省之沿线各地。平汉(铁路)沿线人口稠密,粮食无多,鲜有输出能力,据二十一年(按:民国二十一年,1932 年)统计,该路尚由北平运入杂粮四千吨即其明证。在九一八以前,东北高粱、大豆,畅销于关内,平津附近及滦东市场,几全部为其垄断。本路所产粮食,除胡麻、菜子为特种出口产物,它路难于竞争外,其能畅销者,不过小米一项。高粱及豆类,则不能与关外所产者,竞争于市场。自九一八后,关内外经济关系几同断绝,东北粮食仅少数得由海道输入,据北宁报告,二十二年(按:民国二十二年,1933 年)八月至今年三月,输入数量不过三万余吨,较诸曩者,实隔霄壤。本路(平绥铁路)粮食因得源源运出,据二十二年统计,输出数量约三十万吨,大部分销于平、津两地。是本路对于平、津粮食之供给,实占最要之地位"⑤。"满铁"的调查也证实,1936 年前后,天津市场上各类杂粮的来源,主要是冀东、天津周围、冀中及津浦铁路沿线地区,并扩展到陇海铁路沿线。⑥

尽管华北地区粮食的商品化程度有了不小的提高,但是,由于这里人多地狭,本地生产的粮食,一直是不敷需要的,灾荒年间尤甚。这就要靠发育良好的天津 3 大粮食市场,从南方的长江流域甚至国外市场上输入大米、杂粮和面粉。⑦

粮食作物商品化程度的提高,为外向化经济作物种植面积的扩大,奠定了一定的基础。河北南部"沿卫河之龙王庙、大名府一带,为产麦名区。天津面粉厂到此采购小麦,恒载高粱入乡,与之交易。其高粱则来自关外或平绥沿线。故此处麦区,其夏间或种商品作物,或休息地力以增小麦之产,均无不可"⑧。1923 年"正定

---

① 从翰香主编:《近代冀鲁豫乡村》,中国社会科学出版社,1995 年,第 276—277 页。
② 吴传钧:《中国粮食地理》,重庆商务印书馆,1943 年,第 75—76 页。
③ 朱仙洲:《天津粮食批发商业百年史》,《天津文史资料选辑》28 辑,第 78 页。
④ 平绥铁路车务处编:《平绥铁路沿线特产调查》,内部刊印,1934 年,第 9 页。
⑤ 平绥铁路车务处编:《平绥铁路沿线特产调查》,内部刊印,1934 年,第 22—23 页。引文中的今年,系 1934 年。
⑥ 满铁北支经济调查所编:《天津を中心とする北支谷物市场》,南满洲铁道株式会社调查部,昭和 18 年(1943 年),第 38 页。
⑦ 樊如森:《清末至民国时期京津的粮食供应》,《中国农史》2003 年第 2 期。
⑧ 陈伯庄:《平汉沿线农村经济调查》,交通大学研究所,1936 年,第 18—19 页。

一带居民,类皆以产棉为主要之职业","农民对于耕作地,十分之八皆为植棉之用","故食料一项,不得不仰给于山西及临近各省矣"。①

二、大面积棉花种植专业区的形成

随着中国沿海工业和国际市场对中国农产品原料的需求,华北地区的不少农业产品,由以前国内民众的生活消费品,演变为现代工业生产所必需的原料,使农业生产主动或被动地成了工业发展的一个环节,农业发展由此前的自主经营,逐步演化为由现代工业来主导。

近代华北农业工业化的一个重要表现,就是经济作物的种植,在农业种植结构中的比重得到了快速提升。其中最突出的经济作物,是种植面积最大、市场化程度最高的棉花。

1. 开埠前华北的棉花种植

据从翰香研究,"华北推广植棉始于明代,清中叶前后又有较大发展。明清两代'北棉'南运现象固然已开始引人注目,但是当时的棉花主要作衣被填充物和制作土布的原料,而且产量有限。因此,直至清末以前,华北各地棉花的集散活动,大多分布于产地县城和乡村市集之上"②。

山东自明代中叶就已经普遍种植棉花,东昌(治今聊城市)、兖州、济南三府,已初步成为棉花的集中产区;到了清代中叶,山东棉花则基本形成了以高唐、临清为中心的鲁西北棉区,以滨州为中心的鲁北大清河棉区和包括郓城、曹县等县在内的鲁西南棉区。③ 乾隆年间,"郓城县地广衍饶,沃土宜木棉,贾人转鬻江南,为市肆居焉,五谷之利不及其半"④。

道光时期,直隶栾城县,"地四千余顷,稼十之四所收不足给本邑一岁食,贾贩于外济之;棉十之六,晋、豫商贾云集,民竭终岁之勤,售其佳者以易粟,而自衣其余"⑤。临近的河南,棉花种植也相当广泛。归德府(治今商丘市)宁陵县"地沙瘠,宜木棉,附城郭多为圃"⑥。山西的棉花种植也非常多。乾隆年间,蒲州府(治今山西永济市)的虞乡县,已经是"境内皆种"棉花了。⑦

2. 天津、烟台开埠后华北棉花种植的增加

天津、烟台开埠以后,华北棉花的种植已经相当普遍。但是,由于棉花当时的主要用途仅限于作为家庭手工棉纺织和被褥填充的原料,从而直接限制了棉花生产和销售规模的扩大,经由天津进行的出口也不甚发达。

---

① 章有义主编:《中国近代农业史资料(1840—1937)》,第二辑,三联书店,1957年,第133—134页。
② 从翰香主编:《近代冀鲁豫乡村》,中国社会科学出版社,1995年,第146页。
③ 许檀:《明清时期山东商品经济的发展》,中国社会科学出版社,1998年,第42—48页。
④ (清)周尚质修,李登明纂:《曹州府志》,卷七,食货志,风土,郓城县,乾隆二十一年刻本。
⑤ (清)桂万超等修,高继珩等纂:《栾城县志》,卷二,食货,物产,道光二十六年刻本。
⑥ (清)陈锡辂修,查岐昌纂:《归德府志》,卷十,地理略,形胜,光绪十九年据乾隆十九年刻本翻刻本。
⑦ (清)周大儒纂修:《虞乡县志》,卷一,地舆志,物产,清乾隆五十四年刻本。

表 5-3　1862—1910 年天津的棉花出口及其在全国的地位　　　　单位：担

年份	天津输国外	天津输国内	全国输国外	天津占全国输国外%	年份	天津输国外	天津输国内	全国输国外	天津占全国输国外%
1862		74			1888		344	202 546	
1863		2 366			1889	733	2 258	504 420	0.1
1864	27 457	67 282			1890		90	298 887	
1865		63 758			1891		3	355 584	
1866	630	136 177			1899	274	3 777	229 220	0.1
1867	1 395	25 153	29 391	4.7	1900	629	26 263	711 882	0.1
1868		9 699	38 141		1901		760	290 865	
1869	237	237	69 274	0.3	1902	12	551	774 536	
1873		68	25 349		1903		238	759 521	
1875		2 016	31 610		1904	2 940	10 597	1 228 588	0.2
1876		113	42 976		1905	7 213	11 649	789 273	0.9
1881	478	7 764	22 908	2.1	1906	1 447	10 634	769 542	0.2
1882	1 793	6 962	41 690	4.3	1907	475	7 933	988 055	0.1
1883	1 015	7 694	22 074	4.6	1908		3 824	613 509	
1884		5 559	53 572		1909	164	25 128	633 687	
1885		192	61 850		1910	23 906	125 226	1 247 304	1.9
1886	63	63	47 572	0.1	1911	111 708	387 430	877 744	12.7
1887		452	69 227						

（资料来源：华北农产研究改进社编：《天津棉花运销概况》，内部刊印，1934 年，第 40 页，第 17 表。）

从表 5-3 可以看出，开埠前期天津对国内外的棉花出口，经历了相当大的起伏与波折。1862 年时尚不足 100 担，1866 年时却猛增到了超过 10 万担，但这一势态却并没有一直保持下来。当时的津海关税务司查尔斯·汉南（C. Hannen）说："（天津）棉花之出口，因美国内战而增至十三万六千担者，在一八六九年（按：同治八年）间已降至一千担。一八六七与一八六八年（按：同治六年、七年）内南方因所进印棉转销英国而使北省棉花乃有销路。本年（按：1869 年）对南方之出口既已停止，我亦未闻出口将次恢复。"①也就是说，这一时期，华北棉花的种植虽然已经相当普遍了，但是，其作为商品，尤其是出口商品的竞争优势尚不明显，但大部分也只是出口到了南方的国内市场。

---

① 吴弘明编译：《津海关贸易年报（1865—1946）》，1869 年天津贸易报告，天津社会科学院出版社，2006 年。

3. 棉花专业区的形成与市场化程度的提高

进入近代特别是20世纪以后,随着国际市场以及沿海城、乡棉纺织工业原料需求的不断增加,北方地区尤其是黄河流域的种植面积和产量都有了新的提高。到20世纪20年代,黄河流域的产棉量,已经占到了全国的54%。在产棉的省份中,以直隶为第一。其省会天津,作为和上海、汉口并驾齐驱的三大棉市,不但集散直隶所产的棉花,陕、豫、晋、鲁各省棉花,也有相当大的部分集运到此地。① 随着棉花市场化程度的提高,河北、河南、山东、山西、陕西等省的种植面积进一步扩大,形成了大面积的棉花种植专业区。

以河北棉区为例,按棉花的种类和运输路线划分为三大产区:西河(大清河为上西河、滹沱河为中西河、滏阳河为下西河)流域区,御河(南运河)流域区和东北河(滦河、北塘河、北运河)流域区。

西河流域区的主要产棉县份有,大清河沿岸的完县、满城、清苑、定县、高阳、蠡县、安国等,滹沱河沿岸的有获鹿、正定、藁城、晋县、束鹿、高邑、元氏、滦县、赵县、深泽等,滏阳河沿岸的磁县、邯郸、永年、沙河、曲周等。

御河区的主要产棉县份有,以山东临清为集散中心的临清、馆陶、冠县、夏津、高唐、武城、邱县、清平、堂邑、恩县、博平等,以直隶吴桥为集散中心的宁津、东光、南皮、阜城、景县等,以南宫为集散中心的南宫、清河、威县等。

东北河区有三个棉花集散中心,一是以丰润县小集镇为中心的丰润、滦县棉花集散中心,以武清县杨村为中心的棉花集散中心,以玉田县窝洛沽镇为中心的棉花集散中心。②

上述海河三大支流地区,形成了河北棉花的三个主要的专业生产区。

1910年前后,河南的产棉区域比以前有了进一步的扩大,豫北的安阳、临漳、武安、孟县、内黄、获嘉,豫西的洛阳、灵宝、阌乡,豫东的商丘、虞城、兰封、通许、项城、西华、尉氏,豫中的汜水、荥阳、鄢陵、洧川,豫南的汝阳、新野、罗山、睢州、商水、邓县等地,都有大面积的种植。③

表5-4 1927—1936年的河南棉花种植情况　　　　单位:担

县名	平均年产量	靠近的运输线	县名	平均年产量	靠近的运输线
安阳	137 932	京汉铁路	邓县	39 419	水路
太康	77 267	水路	洛阳	37 996	陇海铁路
泌阳	62 263	水路	灵宝	37 204	陇海铁路
武安	40 275	京汉铁路	永城	34 800	水路

---

① 曲直生:《河北棉花之出产及贩运》,商务印书馆,1931年,第2页。
② 曲直生:《河北棉花之出产及贩运》,商务印书馆,1931年,第2—6页。
③ 李文治编:《中国近代农业史资料》,第一辑,三联书店,1957年,第426页。

续 表

县名	平均年产量	靠近的运输线	县名	平均年产量	靠近的运输线
阌乡	25 664	水路	正阳	15 090	水路
陕县	21 412	陇海铁路	临漳	15 050	水路
孟县	21 292	陇海铁路	淅川	14 560	水路
汤阴	20 578	京汉铁路	巩县	13 220	陇海铁路
偃师	19 998	陇海铁路	内黄	12 641	
新乡	19 751	京汉铁路	睢县	12 337	陇海铁路
淮阳	18 749	水路	虞城	11 410	陇海铁路
杞县	18 316	陇海铁路	扶沟	11 210	
唐河	17 456	水路	获嘉	11 175	京汉铁路

（资料来源：张瑞德：《平汉铁路与华北经济的发展(1905—1937)》，台湾中研院近代史研究所，1987年，第85页。）

天津、汉口、济南、青岛、上海等口岸城市，都成为河南棉花的重要销售和出口市场。

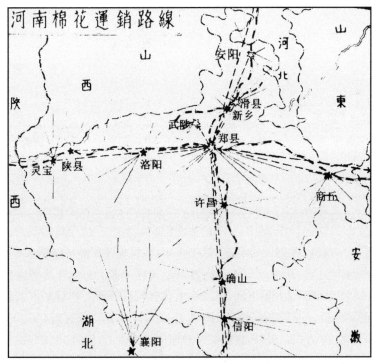

图 5-1 1936年前后的河南棉花主要集散市场
（资料来源：河南省棉产改进所：《河南棉业》，1936年。）

山东于1906年开始改良品种。山东商务局从美国引进棉种,在东昌府试种,获得成功。美国棉种高大,三倍于本地棉种,每亩本地棉产量七八十斤,美国棉可得100多斤至200斤,而且棉绒长细,利于纺织。1907年山东省政府再次从美国购进棉种,分发至东昌府、滨县、夏津、邹平、平度、恩县、定陶、临清等地。① 此后,山东仍然不断引进外国优良的棉种,并选育了优良的脱字47号、正大8号、正大13号等优良品种,并在鲁西和鲁北进行推广。20世纪20年代后期,因国内棉纺织工业生产中细纱所占的比重增大,棉种选育逐渐由注重产量转向注重质量。1927—1931年间,棉种培育科技人员经过不懈的努力,成功的培育了绒长、丰产早熟的脱字36号棉种。② 优良的棉种、供不应求的市场,促使棉花的种植面积和产量不断增加。

表5-5 民国时期山东的棉花种植面积和产量统计

年度	面积(亩)	产量(担)	备 注
1918		720 787	
1919	3 218 000	894 558	
1920	大减	126 070	遭遇旱灾,无法播种
1921	2 333 190	304 077	雨灾
1922	3 534 707	1 005 230	
1923	3 392 137	1 387 666	
1924	2 804 358	937 224	
1925	3 099 111	995 603	
1926	3 284 550	51万余	受灾
1927	3 172 630	70余万	
1928	3 317 210	620 413	
1929	423万余	121余万	
1930	654万余	217余万	最高产量
1931	794万余	215余万	最高面积
1932	684万余	172余万	受灾
1933	500万余	1 537 826	受灾

(资料来源:实业部国际贸易局:《中国实业志·山东省》,戊,1932年,第131页。)

由表5-5可见,在1928年之前,除了灾年,山东棉花的种植面积基本在300万亩以上;1928年之后,几乎以每年100万亩的速度增长,1931年几乎达到800万亩;1932、1933年面积又开始下降,但基本上在五六百万亩。产量基本上和面积同时增长,正常年份,一般都在100万担以上,以1931年最高达到215万余担,以1927年最低才70万担。另外,自然灾害对棉花危害很大,例如1921年由于遭遇旱

---

① 《东方杂志》第4卷第2期、第4期。
② 庄维民:《近代山东市场经济的变迁》,中华书局,2000年,第516—517页。

灾,棉花的产量只有 12 万担。

表 5-6　1914—1937 年北方主要产棉区的棉花种植面积

单位：千市亩

年份	山西	河北	山东	河南	陕西	年份	山西	河北	山东	河南	陕西
1914	1 544	4 124	1 592	1 608	2 106	1927	1 202	2 306	2 938	2 608	1 336
1915	5 103	3 940	1 354	1 610	2 633	1928	879	1 948	3 072	1 451	1 188
1916	541	3 706	2 188	1 808	11 261	1929	290	2 377	3 925	841	171
1918	427	3 615	11 589	10 128	6 269	1930	254	2 731	6 060	2 482	1 119
1919	450	5 924	2 980	1 313		1931	323	2 734	7 384	2 667	1 518
1920	570	4 066	397		1 189	1932	280	4 763	6 338	3 171	1 308
1921	644	4 361	2 161	793	2 228	1933	1 214	5 669	4 961	3 433	1 951
1922	777	4 030	3 273	2 822	1 729	1934	1 663	7 230	5 087	3 789	3 436
1923	811	3 362	3 405	2 494	1 521	1935	989	5 849	1 668	1 663	3 386
1924	568	2 841	2 764	2 479	1 521	1936	1 921	9 659	5 659	5 619	3 940
1925	699	2 681	2 870	2 765	1 219	1937	2 287	13 852	5 575	6 463	4 825
1926	1 303	2 253	3 041	2 668	1 340						

(资料来源：许道夫：《中国近代农业生产及贸易统计资料》,上海人民出版社,1983 年,第 203—210 页。)

棉花种植的普及,带来了市场供应总量的提高。如前面第 3 章第 2 节所述,天津市场上的棉花,主要来源于河北、山东、山西、陕西、河南等地。除一部分用于天津当地的生产、生活所需之外,大部分经由天津出口到了沿海和国际市场,成为腹地农业的重要出口物资。

表 5-7　1930—1936 年天津棉花出口在该港出口总值中的地位

价值单位：国币元

年份	出口总值	棉花出口值	棉花在总出口中所占％
1930	122 690 623	41 431 782	33.8
1931	138 196 596	46 623 563	33.7
1932	97 961 625	30 173 147	30.8
1933	88 472 265	19 801 947	22.4
1934	81 070 043	12 033 839	14.8
1935	91 201 950	13 504 373	14.8
1936	117 826 623	23 275 420	19.8

(资料来源：王怀远：《旧中国时期天津的对外贸易》,《北国春秋》1960 年 1—3 期。)
本书作者按：1930—1931 年包括国内转口。

由表5-7可知,直到20世纪30年代初期,棉花依然是天津的支柱性出口商品。此后,随着国内棉纺织工业对棉花需求量的增大,以及腹地其他商品出口比重的增加,棉花出口在天津出口总值当中所占的比重有所下降,但它依然是天津的重要出口商品之一。

表5-8 1911—1933年天津的棉花出口及其在全国的地位   单位:担

年份	天津输国外	天津输国内	合计	全国输国外	天津占全国输国外%
1911	111 708	275 722	387 430	877 744	12.7
1912	172 432	248 857	421 289	805 711	21.4
1913	125 533	210 851	336 384	738 812	17.0
1914	119 988	118 703	238 691	659 704	18.2
1915	238 301	206 431	444 732	725 955	32.8
1916	121 180	161 319	282 499	851 137	14.2
1917	49 877	108 315	158 192	832 463	5.6
1918	226 629	99 401	326 030	1 292 094	17.5
1919	340 502	190 379	530 881	1 072 040	31.8
1920	145 390	113 178	258 568	376 230	38.6
1921	390 079	64 819	454 898	609 481	64.0
1922	478 088	70 885	548 973	842 010	56.8
1923	465 035	100 070	565 105	974 574	47.7
1924	284 313	131 228	415 541	1 080 019	26.3
1925	418 749	131 295	550 044	800 786	52.3
1926	579 733	47 777	627 510	878 512	66.0
1927	762 451	48 208	810 659	1 446 950	52.7
1928	653 416	183 631	837 047	1 111 558	58.8
1929	608 745	19 555	628 300	943 786	64.5
1930	715 659	115 370	831 029	825 545	86.7
1931	706 089	162 672	868 761	789 862	89.4
1932	619 293	231 735	851 028	663 264	93.4
1933	456 956	293 262	750 218	723 632	63.2

(资料来源:华北农产研究改进社编:《天津棉花运销概况》,内部刊印,1934年,第40页,第17表。)

由表5-8可以看出,进入民国以后,天津对国内外的棉花出口整体上呈上升趋势。1912—1933年间,天津输往国际市场上的棉花,在半数以上的年份里都占到了全国棉花出口总额的50％以上,1932年竟达到了93.2％!由此可见,天津腹地棉花种植业(同时也代表着华北农业)的市场化和外向化水平之高。

三、从经济视角看鸦片的种植

单纯从种植与销售的角度讲,鸦片罂粟的种植,与近代华北和蒙古高原的其他农产品,并无太大的差异。作为商品化程度高的经济作物,它在近代华北的农业种植结构中,同样有着不可忽视的经济地位。

事实上,排除人们厌恶毒品的感情色彩,单纯就经济的理性标准而言,鸦片和其他奢侈品一样,都是价值高昂的消费品,都可以为社会创造不少的就业机会。华北与蒙古高原近代经济发展的客观实际也充分显示,"严禁鸦片几乎是不可能的,因为这样将会影响到太多人的经济利益,包括那些因鸦片贸易而获得各种非法收入的官员。穷人借贷、富人变卖家财以从事鸦片贸易,而英美商人也决不会放弃他们因之而获得的巨额利润"[①]。

1. 清代中期以前的鸦片问题

鸦片罂粟(Papaver Sonmiferum),本来是一种非常美丽的草本药用植物,唐朝初年由阿拉伯人传入中国。由于它的花朵硕大,有着红、黄、白、粉、紫等不同颜色,因而成为人们喜爱的观赏植物。

进入宋代以后,罂粟的医用价值开始得到了认知和应用。明代著名医学家李时珍(1518—1593年),在其《本草纲目》卷二十三中,详细描述了鸦片的采集方法:"罂粟结青苞时,午后以大针刺其外面青皮,勿损里面硬皮,或三五处,次晨津出,以竹刀刮,收入瓷器,阴干用之。"并且指出生食鸦片少许,可以治疗各种泄痢、风瘫、百节病、正头风、痰喘、久咳、劳咳、吐泄、禁口痢、热痛、脐下痛、小肠气、膀胱气、血气痛、胁痛、噎食、女人血崩、血不止、小儿慢脾风等20余种病痛。由此可见,此前的罂粟,并非毒品。

因此,有学者认为:"在漫长而寂寞的古代、中世纪,后来被判定为毒品的鸦片、大麻等东西,都曾为人类的繁衍、进化提供过帮助。古柯曾为印第安人创造无比灿烂的文化与建筑助过一臂之力。而由罂粟果熬成的鸦片,作为良药的历史比作为毒品的历史要长得多。即使后来人们谈虎色变的吗啡,也是迄今为止,人类最能信赖的镇痛药物。但是,人类由发现鸦片的止痛疗疾作用而进一步享用成瘾后,便自尝恶果了。"[②]

此种祸源,可以上溯到17世纪前期,东南亚苏门答腊人把鸦片由生食变成熟吸。这样做的结果,增强了鸦片的毒性,开发出能够使人忘却烦恼、遁入欢娱的麻

[①] 林满红著,詹庆华、林满红等译:《银线》,江苏人民出版社,2011年,第84页。
[②] 苏智良:《中国毒品史》,前言,上海人民出版社,1997年。

醉与致幻效用,使人于不自觉中染上毒瘾,欲罢不能。"瘾至,其人涕泪交横,手足委顿不能举,即白刃加于前,豺虎逼于后,亦惟俯首受死,不能稍为运动也。故久食鸦片者,肩耸项缩,颜色枯羸,奄奄若病夫初起"①。

吸食鸦片的方法明末传入中国,清代趋于流行。乾隆时普用烟枪,吸食更加方便,由此所造成的社会问题,也就日趋严重。为此,自雍正七年(1729年)开始,清政府便禁止鸦片的销售。以后的乾、嘉、道各朝,亦严令禁止。只是由于吏治的腐败与贩毒集团的破坏,禁烟成效不大。到道光初年,贩毒网络已遍布内地18省。林满红认为:"中国一直到1805至19世纪20年代之间,才试图突破技术困难,开始生产吸食用鸦片。"②

19世纪初,全国鸦片的走私中心在广州湾和珠江口。而北方最大的鸦片贸易市场,则在天津。③ 据记载,早在1800年的时候,英国的非法鸦片就已经流入天津海岸。闽、广船只夹带鸦片到达大沽口以后,便由天津当地的毒贩接运到城内,屯入潮义、大有、岭南栈房等货栈转售。"山陕等处商贾,来津销货,即转贩烟土回籍。"道光十八年(1838年)十月,"天津镇道等在大沽口一带金广兴洋船上,查获烟土八十二袋,计重十三万一千五百余两,并查获烟具、军械无数。其余停泊在大沽口外的一百二十三只洋船,起碇逃跑"。作为北方鸦片的转销中心,天津本地所受的毒害首当其冲,结果"烟馆很多,烟具陈列街头"。④

这样,开埠之前的天津,所转售的洋货,除闽、广船只带来的一般南洋特产外,当属英国东印度公司贩运而来的印度鸦片了。1858年的《天津条约》,明确规定了鸦片属于"洋药",每担交纳30两的进口税后,即成为合法的商品,从而使有着巨额利润的鸦片,成为天津开埠早期最主要的进口商品。

2. 开埠通商后的鸦片进口与销售

1860年天津、烟台的开埠,为鸦片作为合法商品经由华北通商口岸大量进口到北方各地,大开了方便之门。

表5-9 1861—1910年天津开埠早期各类鸦片进口情况　　单位:担

年代	数量	年代	数量	年代	数量	年代	数量
1861	1 482	1864	2 805	1867	7 895	1870	7 161
1862	3 699	1865	5 654	1868	7 422	1871	7 090
1863	3 714	1866	9 163	1869	5 423	1872	4 624

① 中国史学会编:《鸦片战争》,第1册,上海人民出版社,1957年,第318页。
② 林满红:《清末自产鸦片之替代进口鸦片(1805—1906)》,载(日)中村哲主编:《东亚近代经济的历史结构——东亚近代经济形成史(二)》,人民出版社,2007年。
③ 苏智良:《中国毒品史》,第二、第四章,上海人民出版社,1997年。
④ 天津市历史研究所地方史研究室编:《天津史大事记》,转引自李华彬主编:《天津港史(古、近代部分)》,人民交通出版社,1986年,第85—86页。

续　表

年代	数量	年代	数量	年代	数量	年代	数量
1873	4 957	1880	3 219	1891	1 401	1907	150
1874	5 331	1881	3 421	1896	1 146	1908	153
1875	3 908	1882	2 508	1897	906	1909	152
1876	3 635	1883	2 525	1898	903	1910	43
1877	4 034	1888	1 783	1899	1 344		
1878	4 030	1889	1 799	1903	308		
1879	5 246	1890	1 510	1906	272		

（资料来源：吴弘明编译：《津海关年报档案汇编（1865—1911）》，天津社会科学院出版社，2006年。）

本书作者按：进口鸦片的种类主要有白皮土、公班土、喇庄土、波斯土、土耳其土、熟药膏等。

从表5-9中可知，开埠以后，天津口岸的鸦片进口数量增长迅速。由1861年的1 482担，快速增加到1866年的9 163担，6年的时间增长了6倍有余。19世纪80年代以后，鸦片进口数量有了下降，但直到19世纪90年代，依然维持在1 000担上下。

我们知道，鸦片是一种质轻而值重的特殊商品，利润极端丰厚，在不平等条约的保护下，中外商人对鸦片的进口和销售，更是趋之若鹜。

以1863年的进口情况为例，这一年，天津鸦片的进口数量为3 714担，比1838年增加了46倍！如果从进口值上做一个比较，那么，1863年的鸦片进口值，则占到了天津该年全部洋货进口总值的36.4%，仅此一项商品，要比全部正当生活资料的进口值还要多！

19世纪80年代以后，随着各界的禁烟努力，特别是国内土产鸦片的大面积种植，进口鸦片的数量开始下降。津海关20世纪初年的十年报告里说，"1910年白皮土进口减少到19担，公班土减少到24担，而且到1911年时，已无鸦片进口了"，其原因可归结为"地方当局采取有力的措施去实施颁布的禁烟规章，甚至有时变本加厉，这就是洋药消费迅速减少的原因。实际上，目前消费的只是土烟，而且数量非常有限"。①

其实从海关资料中来看，此后，鸦片的进口数量虽然很少了，但是，并没有绝迹。民国年间较为严厉的禁烟运动，迫使鸦片进口商避过海关而从事走私；同时用其他毒品，来代替鸦片。

---

① 许逸凡译：《天津海关十年报告书(1902—1911)》，天津社会科学院历史研究所编：《天津历史资料》，第13期，第35页。

表 5-10　1912—1921 年天津海关及地方查获的毒品数值

种类	折合银两	折合盎司
生鸦片	155 076	206 768
精制鸦片	1 182	1 576
吗啡	16 658	22 210
古柯碱	1 308	1 744

（资料来源：吴弘明译：《天津海关十年报告书(1912—1921)》，天津社会科学出版社，2006 年。）

津海关民国初期的十年报告指出，虽然"既无外国的也无中国的鸦片向海关报税。但鸦片及其衍生物的走私规模却非常庞大。鸦片是经由北宁线从满洲向关内走私的，最近四五年间，满洲种植了鸦片；而吗啡及古柯碱，则是从日本运来的，并且数目不断增加"，"因为海关毕竟是税收机关而非缉私机关，它并不自称能经常发现数量较大的走私"。①

各种毒品的源源流入，进一步毒害了北方人民。河北广宗县，"自鸦片流入，吸食者众。清末明令禁烟。迄于民国，代以金丹（其原料均购自日本，内有吗啡，以机器制为丸，如梧桐子大），吸食者倾家亡身。近年，又代以料子（其原料不外海洛英、吗啡等物制为细粉)，吸食较鸦片金丹为便，并可以鼻嗅。日须数元乃至数十元，倾家亡身者前后相望"②。

3. 鸦片的禁与产

如前所述，中国北方自唐初以降，就有罂粟的种植了。但是，直至明代，此类种植仍以观赏和药用目的为主，而且，种植得非常零散。

进入清代中期，随着鸦片割制方法和吸食的普遍，以生产鸦片为目的的罂粟种植，便扩展开来。西北的甘肃、陕西和华北的山西等地，是这一时期鸦片罂粟种植最为广泛的省份，它们均由四川传播而来。

具体到国内鸦片罂粟广泛种植的原因，就农民而言自然是为了取利，就官府而言则是为了收税。即便在禁烟相对严厉的道光朝，弛禁的呼声依然高涨，理由是"种植罂粟花，取浆熬烟，其利十倍于种稻"，"鸦片之利，数倍于麦，其益于农者大矣"，"内地之种越多，夷人之利日减"，③上下相通的结果，致使禁烟令始终难以得到有效的贯彻执行。鸦片战争以后，洋烟进口的藩篱完全撤除，土烟种植的禁令自然也就形同虚设了。"自咸、同以后，烟禁已宽，各省种植罂粟者，连阡接畛，农家习为

---

① 吴弘明译：《天津海关十年报告书(1912—1921)》，天津社科院历史所编：《天津历史资料》，第 13 期，第 54 页。
② 姜櫆荣等修纂：《广宗县志》，卷四，风俗略，民国二十二年铅印本。
③ 《筹办夷务始末》，道光朝，卷一，第 64 页，中华书局，1964 年。

故常,官吏亦以倍利也,而听之"①。

在这种情况下,鸦片作为北方各地的特殊经济作物,得到了广泛的种植。

华北地区的种植面积很广。"太行以西南渐曹、亳、徐、泗,往往种罂粟取利,旁近数百里间,颇染其俗"②。山东肥城县,"鸦片为本境之特产,在未行减种以前,每岁土商之贩运于外境及直隶、东三省等处,大商至本境购买者,约进银十万余两。近则日就萧疏矣"③。胶海关十年贸易报告显示:"无论国外或者国内生产的鸦片,经过青岛输入内地的数量是微不足道的。青岛附近消费的鸦片几乎全部来自本省各个产地。主要有鲁西兖州和鲁西南曹州(今菏泽市)两个产地。鸦片贸易的主要市集是在济宁府金乡县。据个人调查资料,该地每年能销鸦片一千三百担。另一个鸦片贸易市集是在兖州丰县,但该处每年鸦片销量比济宁金乡县少得多。鸦片在当地又名西土,亦包括来自江苏、河南和山西等邻省出产的鸦片。西部出产的鸦片质量较优。我们常能在本省各地看到居民的房前房后种植罂粟。"④宣统元年(1909年)前后,山东各地鸦片种植进一步扩大,"东省种烟地亩,以兖、沂、曹、济四属为最。固由罂粟利厚,倍蓰稻粱;而习染风从,相率私种,几于无地蔑有。则又以近接苏、豫,都为著名产土之区。故除武定一府,地滨斥卤,土性不宜,虽登州枕海环山,砂石相错,亦复多有种者。其余如济南、东昌、泰安、临清、青州、莱州、胶州,种者亦居十之四五"⑤。

同一时期的江苏北部,"栽种罂粟之区,向以徐州府为最盛。他如淮安、海州等处,亦属多数。各该处地方偏瘠,民情强悍,而种烟之利又较种禾黍所获丰厚,小民习于近利,惮于改图","向种罂粟,如徐州属之铜山、宿迁、睢宁、邳州、丰县、沛县、萧山、砀山,淮安府属之清河、桃源、安东、海州及所属之赣榆、沭阳等十四县"⑥。安徽"种烟最盛区域,向以宿州、涡阳、亳州、阜阳、太和、蒙城为尤甚,颍上、凤台、怀远、定远、灵璧次之,霍丘、凤阳、五河、泗州又次之。此十余州县,皆民风素称强悍,交错于苏、豫两省之间者也"⑦。

山西省和内蒙古西部地区鸦片的种植也很广泛,"最盛时竟有二十多厅、州、县,其余多少不等,几于无县无之,致使亩无栖粮,家无储粟"⑧。山西广灵县,"自洋药弛禁以来,小民无知,因见栽种罂粟之利较五谷稍厚,遂视为利薮。始而山坡水湄偶尔播种,近则沃土肥田种植日广,以致粮食渐缺,粮价是增"⑨。而据民国年间的山西人回顾:"罂粟种在清季咸丰年至宣统间,止五十余年,人民已大受其害。光

---

① 中国史学会编:《鸦片战争》,第1册,上海人民出版社,1957年,第300页。
② (清)吴汝纶:《深州风土记》,第二十一,物产,光绪二十六年刻本。
③ 李传煦等纂修:《肥城县乡土志》,卷九,商务,光绪三十四年石印本。
④ 青岛市档案馆编:《帝国主义与胶海关,1892—1901年报告》,档案出版社,1986年。引文中的兖州,似有误,应为江苏徐州。
⑤ 李文治主编:《中国近代农业史资料》,第一辑,三联书店,1957年,第464页。
⑥ 李文治主编:《中国近代农业史资料》,第一辑,三联书店,1957年,第902页。
⑦ 李文治主编:《中国近代农业史资料》,第一辑,三联书店,1957年,第903页。
⑧ (清)张之洞:《张文襄公奏稿》,卷三,民国九年刻本。
⑨ (清)杨亦铭等纂修:《广灵县补志》,卷六,政令志,光绪七年刻本。

绪三年(1877年),邑遭大祲,饿殍载道,非粮价之昂,实因上地尽种罂粟,粮无来源耳。当光绪中叶,沁源全县按少数计算,种罂粟之地亩约在四百顷以上","以山西一省言之,真不可以数计"。①另据李孝悌所查资料:"山西的鸦片产地遍布境内各州县,以太原、榆次、交城、文水、代州、归化等处最盛。省南以霍州、洪洞、赵城、汾阳、永宁、交城、文水等州县为多,夏县、曲沃、河津、长子、长治、潞阳等县次之;省北以代州、河曲、浑源、丰镇、归化、萨拉齐各厅州县为多,五原、托克托城、五台、繁峙、崞县等处次之。"②

清末与民国年间的内蒙古地区,普遍种植鸦片。一个重要的原因,是"绥远地方军阀,特别是傅作义任省主席的时候,曾经打着筹集军费的名义,允许在本省公开栽种鸦片,然后好向其课以重税"③。绥远的烟田集中在土默特川、河套、后山3大产烟区,④仅托克托县1915年的烟田就达500顷。⑤热河1928年的烟田面积在10 000顷以上,其中凌源、赤峰、朝阳、丰宁等县的烟亩均在700顷以上。⑥每逢农历六月割烟的季节,是塞外农民最忙的日子,山西北部的农民也纷纷到烟区打短工;城里的商人也赶到各个种烟的乡村,或购置烟膏,或出售衣物食品,因为这个时候的当地人最为富有,所谓"穷半年,富半年,单等六月割洋烟"⑦。丰镇县的"庙前广场上,百货陈列。最触目惊心者为鸦片烟灯枪及盛烟膏之罐,大批的在出售,几乎无摊无此物"⑧。结果,不仅汉人吸食,向守清规的蒙古人也染此恶习,"庙中驻有蒙古游击骑兵一小队,似为维持治安者,其中过半有鸦片嗜好"⑨。

河南省的罂粟种植材料,虽较他省零散,但仍可以洞悉一二。据1910年《国风报》的禁烟调查,河南"归德府、许州全属,为河南产烟最富之地。前年之秋,早已下禁种之令,然请求展期者不绝于道。陕州各处,私植尤多"⑩。

各地广泛种植的土产鸦片,以其低廉的价格和成本,在国内鸦片市场上所占有的份额越来越大。津海关1892—1901年的十年调查报告书,对这一趋势分析是:"在好些十年报告与年报中提出了预言,经常提到的外国鸦片贸易下降的趋势,说明了外国鸦片的最后命运,这一点在过去十五年的记录中,得到了部分的证实。在一八九二与一八九八年间,鸦片进口额减少一半,并且从那个时候起,除一八九九年外,进口额一直减少,直到现在只不过比先前总数十分之一稍多一点儿。"究其原因,在于"本地商人毫不犹豫地把洋药的这种变动归之于印度鸦片的涨价,以及由

---

① 《沁源县志》,卷二,农田略,民国二十二年铅印本。
② 李孝悌:《清末的禁烟运动》,引自林满红:《清末自产鸦片之替代进口鸦片(1805—1906)》(日)中村哲主编:《东亚近代经济的历史结构——东亚近代经济形成史(二)》,人民出版社,2007年。
③ (日)中村信:《蒙疆の経済》,东京有光社,1941年,第88页。
④ 牛敬忠:《近代绥远地区的社会变迁》,内蒙古大学出版社,2001年139页。
⑤ 屠义源:《绥远政坛见闻琐记》,《内蒙古文史资料》第31辑,1988年。
⑥ 章有义主编:《中国近代农业史资料》,第3辑,三联书店,1957年,第48页。
⑦ 刘绍仁、李维章:《萨县种植鸦片及其恶果》,《土默特右旗文史资料》第3辑,1989年。
⑧ 郑振铎等:《西行书简·平绥沿线旅行记》,山西古籍出版社,2005年,第55页。
⑨ 长江:《中国的西北角》,天津大公报馆,1936年,第354页。
⑩ 李文治主编:《中国近代农业史资料》,第1辑,三联书店,1957年,第906页。

于这样而造成的价格悬殊,因而外国鸦片无法同土产鸦片竞争"。而天津市场上所用的大部分土烟来自山东、河南、陕西、甘肃与直隶的永平府。甘肃鸦片依其出产地不同而分成甘州(今张掖市)土与凉州(今武威市)土,每当产地的一家商店准备好大量的鸦片时,就先派出前哨买通沿途关卡,然后便经由归化与张家口等地顺利东来了。①

进入民国以后,虽然北京、南京及地方政府,不时出台禁烟措施,但效果甚微。如陕西宜川县,"清光绪初,陕督左宗棠、陕抚谭钟麟迭加严禁。光绪十年(1884年),知县樊增祥莅任,履行原野,拔弃烟苗,禁种禁吸,同时并举。尔后清政不纲,禁令时弛。民国初年,军队派种收款,地方毒卉又复故态。七、八年(1918、1919年)间,政府严禁,雷厉风行,几经绝迹。后复日久玩生,驻军派种如前"②。甘肃镇原县,"清政府于光绪三十二年(1906年)与英人订立专约,期以十年禁绝。在此期内,洋药则递年减进,土药则递年减种。至宣统二年(1910年),又以土药充斥,吸者过多,若不早为筹备,恐难达十年禁绝之目的,遂复缩短年限,拟于宣统三年(1911年)年底一律禁绝。……乃民国二年(1913年),又复大种特种,饮鸩止渴"③。事实上,直到1953年,中国大地上才第一次将作为毒品的鸦片罂粟彻底铲除干净。④

由此观之,洋鸦片的大量进口,一是天津开埠初期,腹地经济的自给自足性较强,正常的生活消费品和生产资料需求量小,致使远道而来的西方商人,无法通过普通的商业贸易而获利;⑤二是中国土产鸦片的数量和质量,不能满足中国相关需要。1900年以后,随着腹地经济外向化程度提高所造成的正常进出口贸易的发展,鸦片这种连英国人自己也认为是极不道德、并给中国人民带来巨大摧残的毒品,就很少进入北方市场了。当然,这也与其他类型毒品的进口,以及中国人自己广泛种植的土产鸦片,大量充斥于北方毒品市场有关。

四、花生的种植与销售

和棉花一样,花生也是近代华北地区所广泛种植的重要农业经济作物。花生喜欢沙质土壤,对水分的需求不大。而地处黄淮平原的河南、河北、山东、苏北地区,正好具备这些自然条件,因而能够成为中国花生的集中产区。

花生在明末的时候传入中国,清代已经有了较多的种植。光绪后期,河北、河

---

① (英)派伦著,许逸凡译:《天津海关1892—1901年十年调查报告书》,天津市历史研究所编:《天津历史资料》,第4辑,第58—59页。
② 余正东等纂修:《宜川县志》,卷十八,卫生志,禁烟,民国三十三年铅印本。
③ 钱史彤等修纂:《重修镇原县志》,卷九,外交志,烟禁,民国二十四年铅印本。
④ 苏智良:《中国毒品史》,上海人民出版社,1997年,第470页。
⑤ 五口通商初期,签订中英《南京条约》的英国全权公使,即断言中国市场的开放,肯定能为英国机制工业品的销售带来巨大的赢利空间,"虽罄兰开夏诸纱厂所制长袜,亦不敷其一省之用"。而中国相关消费市场极度狭小的实际,让乘兴而来的英国商人大失所望。(吴弘明译:《津海关贸易年报(1865—1946)》,1866年贸易报告,天津社会科学院出版社,2006年)当然,英国人对中国的鸦片倾销早已有之,以此作为对华进口毒品的理由,实属狡辩。但是,当时北方经济自给自足性很强而所造成的消费市场狭小,也是正常贸易难以正常开展的客观经济环境。

南、山东的花生种植面积,已经分别占到了农田种植面积的 10%、10% 和 1.5%。只是由于当时交通落后、市场狭窄,花生贸易的规模与交易范围受到了很大的限制,反过来限制了生产。当时花生主要输出香港、俄国远东地区和日本,直到 1908 年后,华北花生才大批进入欧美市场。

进入清末民国以后,华北地区的铁路、公路、轮船等现代化运输方式日渐发达,交通条件大为改善;加上欧美市场对中国农产品的大量需求,华北花生的种植和运销,也得到了快速的发展;华北内地的花生集散网络,也随之兴起,以青岛、天津、烟台、上海等沿海口岸为龙头的华北花生运销系统逐渐形成。[①]

表 5-11　1914—1937 年的华北花生的生产概况

单位:面积 千市亩,产量 千市担

	1914—1918		1924—1929		1931—1937	
	面积	产量	面积	产量	面积	产量
山东	2 367		3 758	14 970	4 395	12 557
河北	1 658		2 550	7 554	3 571	8 516
河南	675		2 119	5 192	2 384	5 383
江苏	1 670		2 061	7 465	2 167	6 352
华北合计	6 370		10 488	35 181	12 517	32 808
17 省合计	13 902		16 809	50 845	22 512	53 804
华北与 17 省之百分比	46%		62%	69%	56%	61%

(资料来源:许道夫编:《中国近代农业生产及贸易统计资料》,上海人民出版社,1983 年,第 195 页。)

本书作者按:许道夫书无苏北数字,据赵如珩《江苏省鉴》(1935 年,第 84—86 页) 1932 年数据,苏北的花生种植面积占江苏全省的 78.3%,花生生产占江苏全省的 89%。故基本可用江苏全省数据代替苏北。

由表 5-11 可见,华北花生的种植和产量,占据了中国花生生产的大半个江山。因此,华北花生的运输和销售,也决定着中国花生贸易的兴衰。近代华北的花生运销,以出口港为目的地,以各级市场为纽带,通过各种交通路线连接起来,最终形成了烟台、青岛、天津和上海为龙头的 4 大运销系统。

(1) 烟台花生运销系统

在出口的带动下,花生贸易成为烟台商业的主要部分之一。到 20 世纪 20 年代,烟台经营花生贸易的行栈已发展到二三十家,从业者组成花生公所,统一行规,规范本港的花生交易。烟台花生主要输出上海、香港、南洋和欧洲等地,尤以欧洲为多。最大出口商益司洋行 1923 年 11 月调来的远洋轮船在烟台装运花生,都以欧洲为销售市场。以后欧洲商人的轮船都按期往来于欧洲烟台间。

[①] 本部分内容主要参考了陈为忠:《近代华北花生的运销体系(1908—1937)》,《中国历史地理论丛》2003 年第 1 期。

烟台花生来源主要有两路：其一，黄河以西，如济阳、惠民、商河一带之花生，由小清河出海运至烟台；其二，烟台附近如黄县、招远、蓬莱、栖霞、福山、牟平等所产皆陆运至烟台；此外，章丘、齐东所产也有一部分由小清河出海，运至烟台。

龙口、威海都是烟台附近的较小的港口。1914年龙口开埠之前，黄县货物由烟台出口；1898年威海成为英国租借地之前，威海农产品亦由烟台出口，两港口都是烟台港的内港（非通商口岸）。两港开埠后，花生独立出口。龙口的花生来源除本地外，也来自小清河沿岸，出口带壳花生、花生仁、花生油三种商品。1927年以后，花生油出口大增，1931年达到11 483担的高峰。威海卫出口花生均自附近一带运来，出口结构与龙口相同，但花生油出口不旺，最多达到7 400担。1931年威海花生出口最多，其中有90 846担带壳花生，359 193担花生仁，花生油7 280担，主要运销香港。

（2）青岛花生运销系统

青岛出口花生主要来自本省，分为3路运送。

诸城、胶县、莱阳、即墨、招远、潍县、高密等县所产花生，称为胶东货，多由火车运到青岛；环海一带，如日照所产花生由帆船运到青岛，称为风船货；南路泰安、莱芜、邹县、滕县、曲阜、费县、郯城、临沂、新泰、宁阳、泗水等县所产花生，北路齐东、禹城、平原以及临濮集黄河沿岸所产花生，除由津浦路南运外，皆先集中济南，再由胶济铁路运到青岛，这一路基本上可称为济南货。

另外，还有两路：一是石岛、乳山、海阳一带所产，称石岛货，由航船运至青岛；一是苏北一部分花生在海州集中，再由船运到青岛。

以上的胶东货、风船货、石岛货3路花生均由商人在初级（产地）市场收购后直接运到终点市场。惟有济南货和来自苏北的花生需先在中心市场济南和中级市场海州集中，再运到青岛。在这两个市场中，又以济南最为重要。

济南是山东省最大的花生中心市场，货源主要分为南路货、北路货、临濮货等几种。南路货主要来自鲁南产区，内中泰安、曲阜、邹县、滕县、峄县各县所产花生和花生油皆在本县津浦沿线各站集散，费县所产经滕县运出，新泰、莱芜、泗水、宁阳等县所产则由津浦路大汶口站输出，济宁市场的花生经运河和津浦路运到济南。北路货是指黄河以北之齐东、禹城、平原等县所产，由公路直运济南。临濮货由黄河运到济南。20世纪20年代济南市场的花生，50%来自大汶口，20%来自齐东，20%来自黄河沿岸，10%来自河南。货物以花生仁为主，带壳花生不多。济南有现货和期货两种交易，出口原以南京浦口为多，后来主要在青岛出口。济南有花生商号如汶泰泉、志诚号、广泰号等33家之多。其他口岸如天津、上海、青岛等在济南设立元泰、广汇长、悦来公司、同泰公、万里源、利兴等9家经销商。在众多的花生栈中，以青岛帮为主，因为济南市场上的花生90%转销青岛。

（3）天津花生运销系统

花生为天津出口的大宗农产品，主要为河北所产的花生。

到20世纪20年代，河北的花生运销主要有4路货源：

东路货，即抚宁、昌黎、滦县、迁安、永平、丰润、卢龙、玉田一带所产花生，主要依靠京奉铁路运往天津，另一部分花生则由芦台装船运到天津。

北路货，指天津、北京间平谷、遵化、顺义、昌平、密云、大兴、宛平、固安、霸县、永清等县所产。其中蓟县、平谷、遵化所产花生由平谷码头运到天津，顺义、昌平、密云等由铁路或运河来天津。这一带的产量很大，因运费昂贵，运到天津的较少，主要供应北京的消费。其他大兴、宛平、固安所产花生由铁路运到北京或天津。

西路货，是指正定府无极、正定，顺德府任县、邢台、巨鹿、南宫、饶阳、深州、河间、广平等地所产花生。定州、正定离河较远，水运不便，主要依靠铁路运往天津。广平、南宫、饶阳、河间的花生水运天津。

御河货，是指河北大名府各县及山东省御河流域的德县、恩县、夏津、临清、馆陶、平原、禹城等地所产花生。德县地近运河，附近各县花生在此上船运往天津，每年大约60万担。临清附近的花生在临清集中后，由运河运往天津。大名濒临与运河相接的卫河，是河北省南部农产品的集散中心，高粱、落花生、小麦等在此集结，水运天津出口。

表5-12 1901—1937年的天津花生出口 单位：担

年份	数量	年份	数量	年份	数量	年份	数量
1901	242 518	1911	369 027	1921	165 981	1931	183 238
1902	338 402	1912	481 323	1922	266 634	1932	391 490
1903	99 742	1913	451 623	1923	392 760	1933	584 991
1904	248 061	1914	452 983	1924	322 805	1934	401 450
1905	183 601	1915	272 774	1925	158 862	1935	487 092
1906	211 443	1916	86 563	1926	192 020	1936	471 715
1907	133 427	1917	22 829	1927	235 183	1937	447 036
1908	157 815	1918	44 352	1928	133 759		
1909	151 216	1919	118 694	1929	146 721		
1910	215 397	1920	135 004	1930	179 117		

（资料来源：茅家琦编：《中国旧海关史料(1859—1948)》，京华出版社，2001年。）

本书作者按：1. 自1918年起，含花生仁在内。2. 自1933年起，单位为公担。

秦皇岛开港之初，冀东地区的一些农副产品便由此出口，运往南方港口或销往欧美、日本、东南亚各地，其中花生为输出大宗。秦皇岛花生质地优良，深得欧洲人青睐。外商以前多在天津购买，后来考察运费与收货手续，发现秦皇岛较天津便捷。每当新货上市,一部分洋商便派中国人到秦皇岛收买。1933—1936年年出口量均超过60万担。秦皇岛出口花生主要来自雷庄(今属唐山)、石门寨(今属秦皇岛)等处,称秦皇岛货。

(4) 运往上海方向的华北花生

20世纪30年代,华北花生运往上海方向的主要有三路:

陇海路货,河南各地出产花生除在本地消费外,集中于郑州、开封、中牟、商丘、兰封,苏北及鲁南的一部分花生集中于砀山、徐州等地,然后由陇海路运至海州转招商局轮船运到上海。

津浦路货,山东沿津浦路各县所产集中于平原、禹城、黄台桥(属济南)、泺口(属济南)、大汶口、泰安、邹县、滕县等站,其中小部分花生与苏北花生集中徐州由铁路南运浦口,再由铁路运到上海。

此外,江北之宿迁、窑湾(今江苏邳州)等处花生沿运河至镇江,再由铁路运到上海,这一路被称为清江浦货。

秦皇岛、烟台、青岛、威海卫的上等花生也由海轮运到上海,但数量不多。

上海市场上的北方产花生,主要来源于豫东和苏北、鲁南,这些地区的花生主要在河南之开封、兰封、归德、中牟和苏北之徐州、清江浦(今江苏清江市)等地集中,再转运至上海。因此,上述城市是上海运销系统的中转市场。

豫东是河南花生的重要产区,收成虽然丰歉不等,但平均每年产量总在15万吨以上,以每吨价值75元算,豫东地区每年就有1100万元的收入。20世纪20年代中后期河南省落花生的产地以开封附近为最,开封以西的中牟、新郑谢庄、郑州都是产地兼市场,开封以东民权李霸集、兰封(今兰考)也是产地兼集散市场。20世纪30年代中后期豫东一带所产的花生,在商业上主要分四路:陈留、通徐一带所产集中到开封市场,称为开封货;考城、杞县附近花生均集中兰封市场,称为兰封货;虞城马牧集、宁陵、柘城等出产之花生集中归德(今商丘)市场,称为归德货;黄河沿岸陇海路西端及平汉(北京到汉口)南部所产花生,多以中牟为集散地,称为中牟货。民国以来,河南花生开始大宗出口。豫东花生用产自汉口、上海的麻袋包装,运往汉口、上海等地销售。开封到上海运费是370元,到汉口运费是440元,所以运到上海的花生要远远多于运到汉口。

徐州为苏北第一大埠,位于山东、安徽、河南、江苏四省交界处。1910年津浦铁路通车后,徐州成为南北交通的枢纽。1925年徐州到海州铁路建成通车,徐州与苏北大港有了方便的交通联系。鲁南苏北一带地瘠民贫,既无钱庄更无银行,金融流通全靠在徐州采办土产的各省客商,徐州遂成为苏北最重要的土产集散中心市场。徐州附近地处要衢,交通便利,又是花生产区,故鲁南、豫东等处花生也在此集中。徐州花生除本地所产外,主要有三路来货:

东北路货,指鲁南郯城、峄县(今属枣庄)及徐州之邳县等处出产的花生,由津浦路临台支线(今枣庄市台儿庄至临城)或陇海路或运河转运至徐。

东南路货,包括淮北睢宁、萧县等,由公路运至徐州。

西北路货,是指沛县、丰县、砀山等所产,沿公路或转陇海路至徐。每年自徐州输出的花生,常在一万吨左右。1933年陇海路与国营招商局实现水陆联运以前,徐州土产外运多经津浦路为交通要道,自陇海路招商局举办联运以来,大部分货物改由海州装船,北达青岛,南通上海,费用亦较前减少。徐州运到上海的居多,青岛次之,一部分则由津浦路直达济南或浦口。

此外,鲁南郯城及苏北邳州窑湾、宿迁、睢宁、清河码头镇、泗阳众兴、沭阳新安镇所产花生聚于清江浦(今江苏清江市),总称为清江浦货。此路货沿运河下镇江,转铁路到上海,以带壳花生为大宗。

五、山东、河南两省的美烟种植

山东、河南两省是我国烟叶的两大产区,河南的烟叶集中在许州(治今许昌市),故称为许州烟;山东烟叶集中在青州,故称为青州烟。山东中部向有烟叶出产,尤其以安丘、昌邑、昌乐、潍县为最,只是当时出产的是土种烟叶,仅供旱烟之用。

(1) 山东的美烟种植

山东省美种烟叶的种植,开始于1915年。当时英美烟草公司在潍县的坊子镇,"租地六十亩,试植美国烟草,收获甚佳。因由公司散布烟种,劝农民种植,并派员指导培植方法,约期收买。后南洋兄弟烟草公司,亦仿行其法,于是安邱(丘)、昌乐、临朐、潍县、临淄、益都一带,烟业大兴。种烟既多,薰烟及制烟公司亦相继设立"[①]。

据时人记载,美烟种植"工作开始时,这些农民有些胆怯,颇有戒心。等到他们获得出售烟草的成果远远超过他们原来的期望后,他们又纷纷竞向该英美烟草公司提出要订合同了。因此几年以后,坊子附近,凡是过去种植小麦的土地,现在都改种了烟草,成为美国烟草的种植园了"[②]。此后,美国烟种沿着胶济铁路传入青州。1916年,青州府境内的铁路沿线、弥河两岸都有种植,并扩展至临淄、临朐等地。20世纪30年代青州种植烤烟98 633亩,产量达1 754万斤。[③]

20世纪30年代山东美国烟的种植面积,从1926年的15.8万亩扩展到24万亩,并在胶济铁路西部沿线地区形成了集中产区。[④] 集中产区西达胶济路辛店,东到黄旗堡,长约400里,铁路两旁百里之内,依靠种烟为生的农民近百万人,年产值千万元。[⑤] 1931年之前,山东烟叶出口有增无减,烟价昂贵,农民相率抛弃其他作

[①] 胶济铁路管理局车务处编:《胶济铁路沿线经济调查报告总编》上,(三) 农业,内部刊行,1934年。
[②] 青岛市档案馆编:《帝国主义与胶海关》,1912—1921年报告,档案出版社,1986年。
[③] 青州文史委:《青州文史资料选辑》第5辑,第123页。
[④] 《山东美烟叶种植概况》,《工商半月刊》第4卷第8期,1932年4月。
[⑤] 《鲁省烟叶概况》,《中行月刊》第9卷第6期,转引自庄维民:《近代山东市场经济的变迁》,中华书局,2000年,第532页。

物多种烟草。1931年由于淞沪战事的发生再加上东三省市场的失去,烟草种植才开始走下坡路。①

美种烟叶的种植和加工,促进了山东相关地区农村经济的发展和农民增收。"农民眩于大利,争相种植","每年产烟价值约三百余万元,几与小麦之总值并驾齐驱,目下已属最全盛时代,为农村经济之绝大补助";熏制加工方面,"一转移间,劳工、资本均蒙受莫大之利益。据财政部熏烟税局报告,自蛤蟆屯至辛店一带,二十一年份(按:民国二十一年,1932年)的地方熏烟税收总数竟高达一百一十万元左右"。②

(2) 河南的美烟种植

许昌作为平汉铁路和豫省铁路的交通中心之一,是河南的烟叶种植和收购基地。据1934年在许昌县石固镇所作的调查,该镇的美国种烟叶,是1918年从邻近的襄城县引种过来的。起先,英美烟草公司的人派人发放烟叶种子,并指导种植的方法。几年后的1930年,便成为许昌美国种烟草种植面积和价格的黄金时期。除英美烟公司外,上海的许多烟草公司也前来收购烟叶。

美烟的种植方法是:清明节前后下种,即先将种子浸透出芽,然后植于土内。土须干湿适宜,每株距离1尺,肥料是每亩用80斤豆饼。种烟很费工夫,每人只能种3亩烤烟,因为除了施肥,还要中耕、除草、捉虫、摘叶、烘烤。烟叶收获——摘叶要持续1个月的时间,从贴近地面的叶子开始,向上按照成熟度采摘,每亩可以收获烟叶250斤。烟叶摘好以后,还要送到烘房,20只叶子捆扎成1把,放在搭好的秫秸架子上,用煤炭的文火慢慢蒸烤,3昼夜才能烘干。

许昌是河南烤烟的重要集散地,"车站附近,收买烟叶之商行,星罗棋布。可是,近年来因市面不景,有许多已停歇了。在西门外,有南洋兄弟烟草公司和英美烟公司,望门峙立"③。

此外,"烟草为襄县、郏县及许昌之大宗产品,每年各季新烟上市,由各行商向各城乡收买,汇聚许昌,经平汉路转销上海。战前每年约收烟十万包,每包平均价值二十元,共约值二百万元。英美烟草公司及南洋兄弟烟草公司,且在此设厂制造,及抗战期间沿海沦陷,许昌制烟厂大增,供给内地需要"④。

六、其他农业经济作物的产销

除棉花、鸦片、花生、烤烟之外,华北外向化程度较高的其他农产品,当属干果和麻类。

---

① 实业部国际贸易局:《中国实业志·山东省》,戊,实业部国际贸易局,1934年,107页。
② 胶济铁路管理局车务处编:《胶济铁路沿线经济调查报告分编》,二十二,潍县,胶济铁路管理局,1934年。
③ 陈伯庄:《平汉沿线农村经济调查》,交通大学研究所,1936年,附录一,第32—35页。
④ 崔宗埙:《河南省经济调查报告》,财政部直接税署经济研究室,1945年,第11页。

(1) 干果的产销

干果主要包括杏仁、红枣、黑枣、核桃、瓜子、栗子等,既是华北农村的重要物产,也是口岸开放以后,该区域大量出口到沿海和国际市场上去的重要商品,是华北农业经济市场化、外向化的组成部分。

表5-13 1861—1900年的天津干果出口 单位:担

年份	黑枣	红枣	年份	杏仁	黑枣	红枣
1861	3 422	2 989	1881	22 902	28 916	
1862	2 434	11 530	1882	19 756	21 901	
1863	5 583	14 852	1883	6 022	8 241	24 517
1864	998	3 607	1884	7 536	8 994	37 226
1865	7 102	7 558	1885	6 600	27 569	32 830
1866	15 301	21 502	1886	5 645	37 080	19 577
1867	8 028	18 344	1887	10 004	40 251	36 638
1868	3 257	20 894	1888	5 580	50 855	55 301
1869	16 065	31 590	1889	8 908	56 852	52 895
1870	4 260	26 047	1890	8 285	31 753	27 592
1871	1 861	13 511	1891	7 011	66 555	49 054
1872	10 500	17 739	1892	5 164	82 220	42 947
1873	14 262	19 995	1893	10 707	48 063	34 320
1874	8 352	15 126	1894	6 043	40 305	26 865
1875	12 848	19 467	1895	10 323	22 857	26 418
1876	19 133	19 791	1896	8 498	78 160	31 531
1877	6 421	26 236	1897	9 447	50 813	38 804
1878	10 199	19 554	1898	8 079	33 736	27 441
1879	25 742	20 201	1899	7 443	70 620	55 662
1880	14 218	22 992	1900	3 512	14 455	12 881

(资料来源:茅家琦:《中国旧海关史料(1859—1948)》,京华出版社,2001年。)

由表5-13可知,随着时间的推移,腹地干果经由天津出口的数量和种类,都有了明显的增加。

而进入20世纪以后,天津及其腹地的经济环境进一步改善,干果的出口更为迅猛了。

表 5-14　1901—1937 年的天津干果出口　　　　　　　　　　单位：担

年份	杏仁	黑枣	红枣	瓜子	核桃	核桃仁	栗子
1901	10 902	42 466	32 885				
1902	10 098	47 315	44 820				
1903	8 605	47 484	44 404				
1904	12 303	65 676	54 968				
1905	11 131	60 491	40 670				
1906	11 404	59 148	61 346				
1907	12 770	75 779	70 661				
1908	11 140	94 678	68 512				
1909	13 226	78 170	97 668				
1910	11 977	61 544	64 758	35 888	23 675	6 928	20 072
1911	21 157	33 138	34 625	68 472	39 523	2 362	22 253
1912	36 009	44 723	41 401	41 461	33 774	1603	20 225
1913	33 440	38 414	84 799	58 167	47 560	8 850	27 157
1914	23 521	64 223	84 735	51 890	68 497	8 684	24 543
1915	54 388	58 151	83 979	63 305	58 649	3 958	24 852
1916	27 860	63 500	70 904	55 618	87 475	10 044	26 796
1917	19 703	19 228	33 913	25 097	36 475	7 266	20 169
1918	21 596	34 318	64 091	44 178	23 842	18 569	26 117
1919	22 970	39 900	58 286	28 609	90 749	41 315	26 954
1920	19 703	93 431		31 100	34 309	18 067	37 808
1921	23 714	155 164		30 180	105 208	29 410	46 951
1922	28 218	176 719		18 825	40 814	24 045	68 341
1923	19 440	178 555		39 678	40 264	15 748	48 783
1924	29 643	57 994	145 096	16 800	65 929	29 438	52 891
1925	54 347	52 047	82 596	20 788	65 430	39 710	45 224
1926	53 647	80 875	99 333	29 440	74 619	54 961	59 309
1927	48 795	43 824	85 605	24 418	49 523	55 998	41 247
1928	45 440	58 405	92 307	25 501	55 727	47 819	37 462
1929	51 801	38 730	94 234	21 955	41 023	58 591	52 526
1930	56 676	49 713	164 354	12 717	24 485	85 313	60 059
1931	52 347	63 255	179 421	67 103	26 256	80 046	78 551
1932	49 974	46 877	124 886	42 690	24 570	48 199	69 065
1933	41 464	41 695	99 367	49 865	25 848	32 434	64 224

续表

年份	杏仁	黑枣	红枣	瓜子	核桃	核桃仁	栗子
1934	27 438	29 789	62 037	17 195	19 228	10 561	44 552
1935	45 456	31 777	60 468	12 526	18 497	36 107	42 248
1936	48 050	35 988	76 759	12 120	10 907	41 736	34 870
1937	48 837	14 214	41 258	8 053	11 010	51 532	24 893

(资料来源：茅家琦：《中国旧海关史料(1859—1948)》，京华出版社，2001年。)
本书作者按：自1933年起，单位为公担。

到1920—30年代，干果已成为天津出口量仅次于皮毛的大宗土货。[①]

（2）麻类的产销

内蒙古的河套平原，山西省的潞安、清源、徐沟等县，河北省的顺德、望都、正定、晋县、磁县，河南省的彰德，山东省的泰安等地，是主要的大麻产地；而河北、山东、河南、山西等省的低湿地带，又是青麻的主要产区。它们作为北方重要的农业经济作物，在天津的出口贸易中，也占有很高的地位。

表5-15　1933—1937年的天津麻类出口及在华北六港的地位

单位：吨

年代	港口	大麻	青麻	年代	港口	大麻	青麻
1933	六港	936.3	3 551.0		天津	4 322.7	6 136.9
	天津	907.7	3 551.0	1937	六港	2 212.6	4 339.1
1934	六港	1 684.6	3 275.7		天津	2 199.0	4 338.4
	天津	1 579.3	3 274.7	五年平均	六港	2 867.7	4 350.9
1935	六港	5 172.6	4 451.7		天津	2 823.2	4 349.6
	天津	5 107.7	4 451.7	天津/六港		98.5%	99.9%
1936	六港	4 333.2	6 137.4				

(资料来源：李洛之、聂汤谷：《天津的经济地位》，经济部冀热绥区特派员驻津办事处，1948年，第35表。)
本书作者按：华北六港，指秦皇岛、天津、龙口、芝罘、威海卫、青岛。

七、近代农业科学技术的推广

中国是一个历史悠久的农业大国，历届王朝从政府到民间，都以农为本，非常重视农业生产和技术提高，总结出许多先进的精耕细作知识和技能，这一点，从中国历代流传下来的数百部"农书"中，可以得到详细的验证。然而，他山之石，可以攻玉，

[①] 工商部工商访问局编：《工商半月刊》1930年2卷19期，调查，第37页。

西方以工业为主导的近代农业科学知识和生产技术,在适应农业的工业化和市场化方面,也确有独到之处,不失为中国近代农业生产,特别是市场化农业的有益借鉴。在包括品种改良、灌溉技术、化肥和农药使用、土壤改良以及农作物栽培等方面的西式农业科技的推广方面,各级政府和民间机构,都发挥了各自的重要作用。

1. 清朝末年的华北农技推广

山东省近代农业科技的推广,发端于清末新政时期,它是与农事试验场的设立同时起步的。济南、青岛两地农事试验场成立后,立即着手引进试用新式农具和化学肥料,以考察新生产手段的效用;并引进高粱、玉米、粟、荞麦、豌豆、棉花及蔬菜品种,经过地方适应性试验,向周邻农村推广。另外,农场还编印《植棉浅说》、《植桑浅说》等普及读物,宣传介绍科学的栽培技术与方法。从事农业改良的机构主要是起源于戊戌变法时期农会,也称农桑会。1903 年,山东巡抚周馥在济南设立农桑总会,雇聘日本农学士"考验各省农法"。此后又在泰安、兖州、沂州、曹州、济宁等州府设立农桑分会,"凡属可兴之利,可植之物,均令试种考验"。1907 年山东设劝业道,正式饬令各州县设立农桑会。稍后,农桑会改称农务会。1911 年,除农务总会外,山东各地农务分会已有 106 所。其主要作用是劝导农户试种美棉,分发桑苗、植树育苗、垦辟荒地等。此外,长山、章丘、泰安等县农会还试办凿井灌田,改良当地旱地耕作。朝城等县农桑会附设农事试验场或示范农场,示范引进品种的栽培,试验农作新法,购进桑秧,分发乡间。农会对促进地方农业改良,改变传统农业的闭锢状况,起了一定积极作用。①

河北省也自清末开始,"识者提倡改良棉种后,省内公、私场所,以及慈善团体、棉花商人等,虽年曾散布若干美国棉种于农家,惟引种之前,品种是否纯洁,风土是否适宜,既未考查试验,发种之后,亦未加以指导管理,遂致省内种植之美棉,多为退化棉种"②。

2. 民国年间的华北农技推广

山西省的做法是,于 1918—1919 年间,"在各区县创办甲、乙种农业学校,开场设局,任用专门农业技术人员,以资提倡与领导。颁发优良种子,购买各种家畜,因之栽桑、养蚕、造林、植棉。得因地制宜,次第兴办。救济农村之农林畜牧各种事业,即自此时而收相当之效果矣"③。

民国成立后,山东省兴办了不少试验农场,农桑学校和其他推广机构,加大农业科技的推广范围和力度,开展作物良种的育成。④

河南省也设立了省农业改进所,下面附设农艺、蚕丝、园艺、森林、畜牧、兽医、

---

① 庄维民:《近代山东农业科技的推广及其评价》,《近代史研究》1993 年第 2 期。
② 陈燕山:《河北棉产之改进与斯字棉之将来》,国立北京大学农学院,1939 年,第 22 页。
③ 晋阳日报卅周年纪念特刊:《三十年来之山西》,晋阳日报社,1936 年,第 99 页。
④ 庄维民:《近代山东农业科技的推广及其评价》,《近代史研究》1993 年第 2 期。

病虫害、农艺化学、农业经济、农业推广 10 个系,在许多地方成立专业农场,督促并指导各县的相关机构,开展小麦、棉花、柞蚕、苗圃生产和病虫害防治的工作。①

河北省也陆续成立棉业编制委员会河北省棉产改进所、全省棉产改进会等机构,设立南苑、军粮城 2 个棉场,并且在邯郸、安次、清苑等处指导推广植棉等项工作。②

(1) 品种改良

山西高原地区的植棉事业原本晚于东部平原,"光宣间"才开始在河东道各县有海量的种植,其他县份"绝无种植者"。阎锡山任山西省省长以后,着力提倡植棉,到 1917 年河东道的植棉约为 272 300 余亩。1918 年,设立军人农事试验地及临汾棉业试验场,积极从事棉种改良,推广棉花种植区域。"同时采购美国优良棉子及朝鲜金克氏种,试行种植,并按年特悬重赏,奖进提倡。于是数年之间,而脱字棉宜于岭南,金字棉宜于岭北,成效大著,"1919 年全省棉田增至 486 000 亩,1920 年增至 835 700 余亩,"嗣后年有增加"。③

经过十余年的连续推广,山东美棉良种的种植比例大幅度提高,棉花种植结构发生了很大变化。1931 年,全省美棉栽培面积已由 1927 年前的不足 100 万亩,扩大为 300 万亩,产量也由 1922 年时的 5 万多担上升到 100 多万担,超过了中棉产量。同时农场自育改良品种的推广也取得显著成效。1937 年脱字 36 号棉已产到 500 多万斤皮棉,脱字 57 号棉已产到 100 余万斤,脱字 47 号棉也推广至邹平、菏泽、历城、临清等地。另外,齐细 4 号棉、正大 64 号棉及百万棉的种植也在中棉产区占了一定比例。一些原先不产棉的地区也陆续开始种植棉花。④

河南省 1916 年就在彰德设有中央政府直辖模范种植场,向棉农推广棉花种植技术,改良棉种,使得各地棉花种植的专业化程度明显提高。1939 年继续在偃师、洛阳等县,推广斯字棉 3 号棉种 336 亩,产量较普通农家所种者增加 20% 以上;1940 年度推广斯字棉 3 号 10 000 亩;1941 年在新安、巩县、郑县、伊川、偃师、宝丰、临汝、登封、邓县、洛阳、西平、许昌、扶沟、新郑、广武、伊阳、叶县、长葛推广斯字棉 3 号 18 020 亩。⑤

河北省作为华北最大产棉省份,但因棉花"品质大部低劣,难与外棉抗衡,且种植方法,墨守成规,丰歉悉凭天时,未能尽量利用地力,殊为可惜"。为此,该省上下,对于棉花品种的引进与改良方面,着力渐勤。1934 年,华北农产研究改进社成立以后,积极实地开展棉花种植的试验、推广、合作及运销工作,成效颇大。棉种改良方面,该社认为:"中棉,以定县 114 号改良种为佳,美棉中之斯字棉(Stoneville)、

---

① 河南省政府建设厅编:《河南建设述要》(1939—1941),河南省政府建设厅,1941 年,第 1 章第 1 页。
② 陈燕山:《河北棉产之改进与斯字棉之将来》,国立北京大学农学院,1939 年,第 22 页。
③ 晋阳日报卅周年纪念特刊:《三十年来之山西》,晋阳日报社,1936 年,第 102 页。
④ 庄维民:《近代山东农业科技的推广及其评价》,《近代史研究》1993 年第 2 期。
⑤ 河南省政府建设厅编:《河南建设述要》(1939—1941),第 1 章,河南省政府建设厅,1941 年,第 5 页。

德字棉(Delfos)、福字棉(Foster)及快车棉(Express)数品种,均较原有之脱字棉(Trice)与金字棉(King)为佳。至中、美棉相较,则中棉不如美棉。"推广方面,将南京的脱字棉及农民认为较优的品种,分发给各合作社试种。合作运销方面,共组织村级单位的棉运合作社 655 个,社员 10 463 人,运销棉花 10 452 包,介绍贷放生产贷款 261 279 元,办理仓库抵押贷款 183.9 元。[1]

(2) 水利灌溉

地处温带季风区的华北,尽管具备发展农业的不少有利条件,但是其不足之处也明显存在,并成为制约农业生产的障碍。比如春旱与秋涝,就是严重干扰农业播种与收获的两个最大的不利因素。为此,灌溉和浚河,便成为华北农村常抓不懈的基础工作之一。

在华北平原地区的灌溉事业中,"至少存在着两三种灌溉水利的生态—社会复合。滏阳河上游地区是渠道灌溉,以闸会和可分水性水权为特征,这种旱地水利模式具有普遍性。另一种是国家控制下水利集权模式,即圩田式水利模式,大圩水利是其一种。天津地区的形态证明这种水利制度会在干旱条件下向前一种模式转化。两种制度与官办和小农经营不同的结合程度,形成复杂的水利经营类型"[2]。

从灌溉的规模和方式上,华北地区的灌溉工程,分为大规模的河渠灌溉和小规模的凿井灌溉 2 种。在华北的河渠灌溉中,"由于河流所经过的地区只是一条线,一个乡村内不是所有的农户都可惠及"[3],所以,凿井灌溉便成为远离河道的高亢地块,抵御干旱的有效方式。

1920 年华北大旱,河北"定县人民凿井取水,农作物资以灌溉,不但可免旱忧,产量亦增。现已遍地是井,据平教会统计,现全县有井约六万口。每井可灌三十亩地。每井凿费约八十元"。河南省"自信阳至黄河南岸均无水利可言,纯靠天吃饭,水多则成泽国,水少则任枯槁。惟新乡以北以至彰德(今安阳市),田中多凿井资为灌溉。利用简单机械,在井上架以水平齿轮,该齿轮嵌入一垂直齿轮之上,垂直齿轮连以铁制多数联络之水斗,以驴曳之旋转。水从水斗涌出,流入沟渠"灌溉田地;通常情况下,"井深约三丈,凿井费须四十元,齿轮及水斗须六十元,驴一头须二十元。一井能灌田三十亩,若一家之地不及三十亩,亦有与邻地合凿一井者"[4]。

山东省在灌溉技术方面的成效,也比较明显。该省春秋两季干旱缺雨,不利小麦和秋禾的生长,在无河渠可资利用的地区,凿井灌田不失为当时抵御风旱的一项

---

[1] 陈燕山:《河北棉产之改进与斯字棉之将来》,国立北京大学农学院,1939 年,第 22 页。
[2] 王建革:《传统社会末期华北的生态与社会》,三联书店,2009 年,第 56 页。
[3] 王建革:《传统社会末期华北的生态与社会》,三联书店,2009 年,第 57 页。
[4] 陈伯庄:《平汉沿线农村经济调查》,附件一、二,交通大学研究所,1936 年。

图 5-2 20 世纪 30 年代河北定县井水灌溉用的水车
（资料来源：李景汉编著：《定县社会概况调查》，中华平民教育促进会，1933 年，第 605 页。）

有效办法。早在清末民初，泰安、恒台等地农民即在农会的倡导下，开凿灌田水井，发展花生、烟草等作物生产。20 世纪 20 年代，鲁东和鲁南的花生、烟草等经济作物区也开始发展人工灌溉，不但农会有人倡导凿井开渠，而且劝业所也派出人员专门指导凿井事宜。据统计，单是 1925 年一年，全省各地即开凿灌田水井 9 万余眼。此后，人工凿井灌溉由经济作物区向粮食作物区扩展，截至 1929 年，总计全省水井数（包括少部分饮水井）共 33 万余眼。旧式土井，井筒浅、水量少、水质差，若用水车提水一汲即干，而且井壁容易松裂坍塌。因此，开凿砖井和新式钻井，以水车或压水机代替辘轳，成为当时人工灌溉技术改进推广的方向。提水用具大部分使用传统手摇辘轳或桔槔，一天约可浇地 3—5 亩。而盛产烟叶的潍县，已有 1/3 的水井用上水车；宁阳、泰安、莱阳、桓台以及长清、汶上等县，也有相当部分换掉辘轳，改用水车。当时水车井一眼，一般可浇地 15—20 市亩，作物收成比旱田明显提高。小麦增产 80%，达 153.1 市斤；谷子增产 86%，达 243 市斤。①

河南省在除打井灌溉之外，还兴办了不少大型的水利工程，如开挖和疏浚了泥河、石梁河、清流河、灰河、师河、伊河、港河、韦河的河道，并在鲁山县修建了中和渠、邓县修建土山支渠、伊阳和临汝县修建三民渠、镇坪县修建贾宋渠等区域灌溉工程，有利于农业生产的发展。②

（3）化肥和农药的使用

与此同时，不同于传统厩肥、人粪尿和豆饼的新兴化肥及新式农具，也开始得

---

① 庄维民：《近代山东农业科技的推广及其评价》，《近代史研究》1993 年第 2 期。
② 河南省政府建设厅编：《河南建设述要》(1939—1941)，第 2 章，河南省政府建设厅，1941 年，第 1—20 页。

到试用推广。1906年,山东农事试验场自日本购进化学肥料十数种,逐一试验。大约同期,德国洋行也投入资金和人员,在山东各地推销硫铵肥和磷肥。其主要推销方法是编印浅显易懂的使用说明书,连同一定数量的化肥免费分发给试用农户,同时派人分赴各地,宣传介绍化肥的使用方法和效用,然后再择地进行大范围推销。到1910年,化肥的销售与使用范围,已从烟台、济南周邻农村扩展到胶济铁路沿线和运河沿岸的部分乡村及经营农场。当时,化肥不仅由国外购进,山东也有多家工厂能够制造。1905年,济南济农公司曾依照美国新法制造肥料,种麦效果好于农家肥,自此购买者渐形踊跃。到20世纪二三十年代,化肥的效用渐渐为农民所认识,特别是硫铵肥(肥田粉)已在大部分美烟栽培地区得到采用,并逐步扩展到棉花、小麦等作物的种植上。据统计,1925年青岛硫酸铵进口尚只有945担,而到1930年进口增至56 094担。同年,山东各口岸化肥进口已达111 050担,1931年又增至141 030担。①

病虫害是困扰近代农业生产的一大祸患,山东农作物病害以黑穗病、白发病为患最广,虫害则以蝗虫、粟盗虫、蚜虫为患最烈。各种病虫害每年都给农业生产造成很大损失,单是粟白发病每年即使谷物减产2%—18%。从民国初年到20世纪20年代初,山东农事试验场和青岛李村农场曾连续多年试验用冷温水浸种和硫酸铜浸种等方法,防除黑穗病和白发病,并将试验成果刊布,向周围农村示范推广。20世纪30年代,在推广使用农药防治病害方面,各地农场起着愈来愈重要的作用。与此同时,在济南、青岛附近农村和烟草改良区、棉作推广区,使用农药和喷雾器防治虫害也收到了相当成效。②

从近代华北各地农业科技推广的效果来看,在各个不同时期和各个不同地区,农事机构的推广工作始终以良种推广为先导和中心。原因主要是良种推广投入少,易见成效,即使在相同耕作条件下,收成也比普通品种明显提高,因而容易为农民所接受。而在当时贫弱的小农经济基础上从事化肥、农药及新式农具的推广,因资金、技术等项原因,难度很大,在农业报酬方面风险也较大。所以,化肥和农药当时除了烟草、棉花和花生等经济作物的种植使用稍广外,在粮食种植中很少使用。至于新式农具农用水泵、耘田机、脱粒机的使用的推广,更是只是局限于试验场和个别农场内。③

(4) 乡村建设运动

除政府机构的农业科技推广作用明显之外,由梁漱溟、晏阳初等学者发起的乡村建设运动,也对20世纪30年代的农村经济起到了积极的效果,功不可没。

他们除了在山东的邹平、菏泽,河北的定县,江苏的无锡选取试验点之外,还把

---

① 庄维民:《近代山东农业科技的推广及其评价》,《近代史研究》1993年第2期。
② 庄维民:《近代山东农业科技的推广及其评价》,《近代史研究》1993年第2期。
③ 庄维民:《近代山东农业科技的推广及其评价》,《近代史研究》1993年第2期。

运动铺向全国更多的地区。抗日战争爆发前,全国从事乡村建设工作的团体和机构有 600 多个,先后设立的各种实验区有 1 000 多处,目的在于"以文艺教育救愚,以生计教育救穷,以卫生教育救弱,以公民教育救私"①,经济方面的目标是"改善地方人民的经济生活"②,取得了一定的成效。

以山东邹平县的乡村建设为例,就是从发展农业生产入手的。内容包括帮助农民改良棉种,培育、推广优良小麦、大豆品种和畜禽良种,研究乳牛、乳羊的饲养法和蜜蜂的养殖,积极倡导和支持发展各种各样的合作社。从 1931 年到 1936 年,邹平成立了棉花运输、蚕业产销、林业生产、信用庄仓、购买、机织等六种合作社,共计 307 所。克服了过去一家一户的分散经营模式,增强了抗风险的能力,很受群众欢迎。1932 年 9 月成立的"梁邹美棉运销合作社",从美国引进高产优质的"脱立斯长绒棉",统一进行技术指导、收购、扎花、打包,直接供给青岛、烟台等地的大型纺纱厂,并向外国出口,给农民带来了实实在在的经济效益。③邹平实验县还重视家畜的改良推广,有荷兰牛、瑞士羊、波支猪、约克猪等,在当地几乎家家都养;特别是改良棉种方面,经济效益显著。经上海华商纱厂联合会评定,邹平所产棉花质量超过河南的灵宝棉,为全国最优。④

第二节　蒙古高原的近代农业

如果说清末以前的蒙古农业出现,是汉族农民私自进入草原违禁开垦和蒙古王公私自招徕汉民垦殖两种类型活动的结果,那么,进入 20 世纪以后,清政府明令放垦蒙疆的经济政策,则将蒙古地区特别是漠南蒙古地区的农业开发,推进到一个新的历史发展时期。

清政府大规模放垦蒙疆的历史背景有 2 个,一是太平天国运动和鸦片战争期间及其之后,沙皇俄国利用清政府元气大伤的时机,对中国东北和西北边疆进行了空前蚕食和鲸吞,使得原属中国的外兴安岭以南、巴尔喀什湖以东的 162 多万平方公里的领土顷刻间丧失殆尽。与此同时,又大力对中国的蒙古高原地区,进行政治、经济和军事渗透,中国北部边疆遭遇严重的危机。清政府此前在蒙古和东北地区的封禁政策,受到朝野人士的质疑,移民实边,保卫边防,成为当务之急。

另一方面,随着移居口外的汉族民众日益增加,草原上的农业种植区越来越大。然而按照清朝的体制,对于长城边外的蒙古地区,国家是不征收赋税的,所以,草原上耕地和农业人口的增加,却并未增加清政府的财富。正如山西巡抚张之洞所说,当时则出塞民人,数倍于土著蒙部,"察哈尔附近、围场地方,弥望沃壤,私垦甚多,其地本属蒙部,

---

① 李景汉编著:《定县社会概况调查》,序言,中华平民教育促进会,1933 年。
② 李景汉等编:《定县经济调查一部分报告书》,绪言,河北省县政建设研究院,1934 年。
③ 刘丽君、宋萍:《梁漱溟与山东乡村建设运动》,《山东档案》2011 年第 3 期。
④ 肖洲:《梁漱溟与山东乡村建设运动》,河北师范大学硕士学位论文,2007 年,第 21—22 页。

不征钱粮,今若听其旷废则可惜,徒听私垦不能升科,则仍于国计无补",所以他于光绪七年(1881年)上奏朝廷,请求将寄居于察哈尔、归化城土默特以及伊克昭、乌兰察布二盟各旗境内的所有汉人"稽察登记,编户立籍,令其报地升科,永远居住"。① 清廷虽然没有即刻批准这一奏议,但进一步放垦蒙疆的动议已在高层的酝酿中。

一、内蒙古西部的草原放垦

光绪二十七年十一月二十六日(1902年1月5日),清朝中央政府批准了山西巡抚岑春煊关于开垦蒙旗土地的奏折,认为"晋边西北乌兰察布、伊克昭二盟蒙古十三旗,荒地甚多,土脉膏腴,自应及时开垦,以实边储,于旗、民生计,均有裨益",正式任命兵部左侍郎贻谷为钦命督办蒙旗垦务大臣,赴内蒙古西部督办伊、乌两盟及察哈尔垦务。

贻谷及其继任者,为了有效推行农垦政策,先后在绥远各地设立了一系列垦务管理和执行机构,如负责伊克昭、乌兰察布2盟垦务及后套水利的西盟垦务总局,下设准噶尔旗垦务分局、郡王旗垦务分局、鄂托克旗垦务分局、乌审—扎萨克旗垦务分局,乌拉特3旗垦务分局,乌兰察布盟垦务总局,绥远城八旗牧场垦务总局,杀虎口站地垦务总局,清理土默特地亩总局,绥远垦务总局,等等。同时以中央政府的权威与激烈反对农垦事务的伊克昭盟7旗及乌兰察布盟6旗王公,围绕放垦与禁垦问题,进行了反复激烈的斗争。在中央政府的高压下,"经过六七年的努力,到光绪三十四年(1908年),西盟各旗报垦联翩,大开渠工,辟地千里,垦务大兴",1902年到1911年间(光绪二十八年至宣统三年),在绥远地区共放垦土地7 984 273亩,共应征押荒地价银2 641 200余两;② 1912年到1915年,垦务最高机关绥远垦务公所主持放垦了295 800亩,共应征押荒地价银91 011余两。③ 除民垦之外,军队也参与了屯垦活动,以20世纪30年代成效最大。到1932年,"绥省面积一百四十九万方里,三十年来丈放土地二十万顷,蒙荒未报者二百五十万顷,除沙碛盐碱外,可耕地尚有一百七十万顷"④。

表5-16 1930年察哈尔省口北6县的农垦情况　　　　单位:亩

	张北	多伦	商都	沽源	宝昌	康堡	总计
水田	53 000		400			831 700	885 100
旱田	1 567 000	128 000	1 000 000	785 000	600 000	1 040	4 081 040
园艺		4 000		200	100		4 300
合计	1 620 000	132 000	1 000 400	785 200	600 100	832 740	4 970 440

(资料来源:黄奋生:《蒙藏新志》,中华书局,1938年,第848—849页。)

---

① 张之洞:《张文襄公全集》,《奏议》卷二,台湾文海出版社,1963年。
② 宝玉:《清末绥远垦务》,《内蒙古史志资料选编》,第一辑,下册,内蒙古地方志编纂委员会,1985年,第33—38页。
③ 宝玉、海棠:《民国初年绥远垦务》,《内蒙古史志资料选编》,第二辑,内蒙古地方志编纂委员会,1985年,第289页。
④ 张玮瑛:《后套兵屯概况》,《禹贡》半月刊,1934年第6卷第5期。

大规模放垦"蒙荒"的结果,使内蒙古西部地区的农田面积,进一步地扩大了,"对于该地区农业经济的发展、工商业的兴起产生了一定的积极作用,并且大大促进了州县体制在内蒙古地区的进一步推广,对内地汉民移入蒙古地区创造了更为有利的环境"。

但是,"大规模放垦蒙地也带来了新的问题,招致新的矛盾和冲突,对北部边疆地区的稳定产生了不利影响",因为清朝中央和地方政府主张放垦的"蒙荒",其实并非真正的无主荒地。或许,这些地方在饱受地狭民贫之苦的内地农民和习惯收取田赋内地官吏看来,肥沃的草原孳生荒草而不种植庄稼,是得不偿失的事情,但是"对蒙古牧民来讲,在草原上除寸草不生的沙漠外,所有地方都是牧场,只是优劣不等而已。所以,在他们的头脑中是并不存在'荒地'这个概念的"①。认识上的矛盾,再加上蒙汉双方实际利益的冲突,便造成了蒙古农业经济扩张过程中的许多社会和经济问题。

不过整体上看,清代至民国时期西蒙地区大规模的农业垦殖活动,还是改变了这一地区原来以牧业为主的单一产业结构,使许多地方特别是后套—土默特平原,成为良田弥望、阡陌相连的农业耕作区。

到 20 世纪 20 年代,这里的粮食不仅实现了自给,而且还远销区外,成为塞北地区的一个商品粮供应地。"查武川、和林、托县、清水河等处所产之粮食,皆系运至归绥销售。其来城大宗,全年麦子约有二十万石,糜子三万石,谷子三万石,高粱三万石,莜麦二万石,菜籽三万石,其余粮食不上一万石,共计三十五万石之谱。其余萨县(萨拉齐)、东胜、固阳、五原、包头等处所产之粮食,均由包头运销北京等处"。②另据平绥铁路调查,由于九一八事变之后,东北粮食无法大量输入,京、津地区所消费的杂粮,如高粱、小米、豆类等,主要来源于平绥铁路沿线,"据二十二年(民国二十二年,1933 年)统计,输出数量约三十万吨,大部分销于平、津两地,是本路对于平、津粮食之供给,实占最要之地位"③。

二、内蒙古东部的草原放垦

在内蒙古西部草原公开放垦的同时,内蒙古东部草原也进入了农业垦殖的新高潮。东蒙放垦的重点是哲里木、昭乌达二盟,分别由吉林、奉天、黑龙江三将军和热河都统督办。1907 年(光绪三十三年)东北三省建立后,哲盟垦务改由东三省总督以及三省巡抚督办,并专设蒙旗垦务局执行。

哲里木盟放垦区主要集中在北部的科尔沁右翼 3 旗、扎赉特旗、杜尔伯特旗和郭尔罗斯后旗,时间集中在 1902 年到 1911 年(光绪二十八年至宣统三年)之间。

---

① 苏德:《关于清末内蒙古西部地区的放垦》,《蒙古史研究》第七辑,内蒙古大学出版社,2003 年。
② 唐肩宇等撰:《绥远农业调查》,《内蒙古史志资料选编》,第二辑,内蒙古方志编纂委员会,1985 年,第 278 页。
③ 平绥铁路车务处编:《平绥铁路沿线特产调查》,平绥铁路车务处,1934 年,第 22—23 页。

表 5‑17　1902—1911 年哲里木盟各旗的放垦情况　　　　　　单位：亩

蒙　　旗	放垦面积	蒙　　旗	放垦面积
扎赉特旗	570 000	杜尔伯特旗	3 819 610
郭尔罗斯后旗	6 179 609	科尔沁右翼中旗	2 837 700
科尔沁右翼前旗	7 652 176	科尔沁左翼中旗	1 600 000
科尔沁右翼后旗	5 889 736	郭尔罗斯前旗	3 002 866

（资料来源：阎天灵：《汉族移民与近代内蒙古社会变迁研究》，民族出版社，2004 年，表 1‑6。）

在东蒙地区，蒙古人大致经过了从游牧业——牧主农副——农主牧副的转变过程。早期为牧主农副阶段，即以牧业为主业、以农业为副业的阶段，农业生产技术为"漫撒子"法，如扎鲁特旗与阿鲁科尔沁旗的蒙古人村庄，20 世纪 30 年代仍以农业为副业，其主要作物是糜子、荞麦，但不会种植蔬菜。

在农主牧副阶段，即以农业为主业、以牧业为副业的阶段，如扎赉特旗的蒙古人，农业生产已经达到了一定的水平，开始了集约化的种植。但是，与汉人相比，农业的集约化经营仍有差距。比如大豆种植，蒙人不施肥，而汉人施肥；蒙人除草只有 2 次，而汉人达 3 次；役畜的投入方面，汉人比蒙人多出 51.5%；人工的投入方面，汉人比蒙人多出 39.1%。在黍子的种植上，尽管汉人与蒙人在各个耕作环节上都有相应的投入，但在投入的量上，蒙人仍远不如汉人，汉人的役畜投入要比蒙人多出 71.4%，人工投入比蒙人多 8.3%；在粟的种植方面，汉农在役畜投入上比蒙人多 29.1%，人工投入上比蒙人多 36.4%。[①]

三、漠北蒙古地区的近代农业

漠北蒙古地区的主导经济产业虽然是游牧业，但也有不少适合灌溉农业的发展的地方，如库伦附近的图拉河畔、科布多地区的特斯河畔等，从清代前期开始就是农业较为集中的地方。当然，这些地方主要农业经营者，还是内地来的汉族平民和屯守兵丁。一直到 20 世纪 30 年代初年，当地的蒙古人依然不擅长农业生产。日本学者的调查表明，"蒙人多营游牧生活而卑视农业与渔业。若向蒙人询以何不经营农业，恐彼等必云'掘大地必触怒地神，致恶疫流行于家畜之间'。或曰'掘地杀蚯蚓等，乃犯杀生戒'。蒙人从前几无农业，仅华人行之"。

不过从 20 世纪 20 年代开始，希望获得政治独立却又处于苏联人掌控之下的外蒙古地方当局，为了表达仰羡苏联境内布里亚特人（地处贝加尔湖东、南岸的蒙古人，《恰克图条约》签订后归附俄国——作者注）农业生产方式的意愿，着手出台了一些奖励蒙古人从事农耕的措施，同时积极打压在外蒙地区生产生活的内地

[①] 王建革：《定居与近代蒙古族农业的变迁》，《中国历史地理论丛》2000 年第 2 期。

汉人。

至于外蒙古农耕区的确切生产数据,从笔者目前所能看到史料记载中,是很稀少的。主要还是农耕基础较好的库伦以北至恰克图—买卖城一带,以及科布多地区。"前者即色楞格、鄂尔浑、哈拉、伊罗诸河沿岸,科布多区即布颜次沿岸之达里雅沁、后西营、萨哈沁特尔古特、乌兰固木等。"

20世纪30年代,在外蒙地区从事农业生产的,分为企业者和劳动者2类。企业又分为个人企业、共同企业、国营企业等,个人企业一般是内地汉人经营,分布于库伦附近最有利的2个旗之内;共同企业,即属于寺院,占有3旗地域;国营企业,则为地处哈拉河沿岸达里雅沁、乌兰固木地区的国立农场。劳动者即自耕农,散居在色楞格河、鄂尔浑河等渡河的沿岸各地,比企业农场在耕种面积和收获的数量上都要多出很多。

外蒙古地方当局奖掖农耕的措施包括:第一,地方官可以对蒙古人"无租贷与耕地";第二,蒙古人经营农业,不征任何租税;第三,"以汉人农业压迫蒙人为理由,汉人借用之耕地,期满后收回,贷与蒙人";第四,奖励蒙古农民,设立国立农场,发展农业灌溉和施肥技术,传授蒙古农民合理的耕作方法并供给农具;第五,从苏联进口种子和粮食;等等。

外蒙地区农作物的种类和清代中期相比,没有出现明显的区别。旱地作物以黍为主,有时也种植小麦、大麦、燕麦;水浇条件较好的地块,以种小麦(春小麦——作者注)为主。①

相比较而言,20世纪30年代的"外蒙古的农业,只限于色楞格河和鄂尔浑河流域才发达,向佃由汉人经营。现在国营农场占全面积的百分之六十。主要的农产物为小麦、大麦、燕麦,但仍不促供国内之需"②。

第三节　蒙古高原和华北地区牧业经济的发展

如果说农业是以种植植物作为主要生产内容的基本经济产业的话,那么牧业应当就是以饲养动物作为主要生产内容的另一个基本产业部门,二者在生产过程、生产内容、生产技术、生产效益等方面,都有着显著的差异。

中国北方牧业的主要活动场域,包括西部高原和东部平原两大地理空间,生产过程又分为流动放养和固定饲养两种不同形态,进而形成和隶属于游牧和农耕两个产业文化类型。虽然它们都是通过调节动物的数量和质量,为人们提供肉、蛋(奶)、脂肪和纤维等物质产品的,但是在近代前后,其发展的内涵和外延还是有不少变化的。比如,此前华北和蒙古高原尽管也是中国北方畜牧业的主要产区,但牧

---

① (日)吉村忠三著,李祖伟译:《外蒙之现势》,商务印书馆,1937年,第105—108页。
② 独立出版社编:《我们的外蒙古》,独立出版社,1938年,第16页。作者按:引文中的"国内",指外蒙地区。

业生产的自给自足性还是比较浓厚的;口岸开放以后,随着越来越多的畜产品输送到沿海和国际市场上去,北方牧业的市场化和外向化程度大为提高,成为北方对外贸易的支柱产业之一,工业化成分也开始渗透其中,并改变着其原有的产业结构。作为农业副业的华北地区的家庭养殖和野外捕猎业,也在近代有了明显的发展,并成为牧业经济外向化的重要组成部分。

值得警醒的是,随着牧业开发力度的增强,以及农垦与药材采挖活动,生态环境原本就异常脆弱的蒙古草原,也产生了明显的环境问题。

一、清代中期以前蒙古高原的游牧业

和对农业问题的关注一样,中国对牧业生产的记载也非常早。传说黄帝时期,就已经"淳化鸟兽虫蛾"(《史记·武帝本纪》),《周礼·夏官·司马》中,就有当时各种适宜饲养的牲畜的叙述。北方作为中国牧业经济的重要发展区域,其主要活动场域,包括西部高原和东部平原两大地理空间,生产过程又分为流动放养和固定饲养两种形态。不过相对而言,"内地以牧草不便,羊之生产遂受限制"[①]。所以,北方牧业经济的主体区域还是在西部高原牧区。

据韩茂莉研究,"畜牧业是从原始农业中分离出来的生产部门,早期的畜牧业属于放养型,依托定居农业而存在,游牧业的产生晚于放养型畜牧业,并与定居农业完全脱离。导致畜牧业从原始农业中分离,并由放养型过渡到游牧型与气候变迁有直接关系"[②]。

蒙古高原作为我国北方最主要的牧业基地,一直是各族牧民生息繁衍的家园,放牧牲畜是他们的主要生产事业,进入近代亦然。不过,一直到清代前期,蒙古高原的牧业生产水平都很低,产品的自给自足性很强,畜产品的交换范围和程度还是相当有限,整体处于一种相对的封闭状态。当时有人分析说:"蒙古人对于商业之观念,不甚注意,此皆由其本身生活之关系所致也。盖蒙人生活之简易,五口之家,有牛羊数头,即可维持矣。因是,则蒙古内地之商业,几为汉人所独占也。"[③]

从历史发展的实际看,蒙古高原的经济封闭状态,除了生产力发展水平的低下外,还与各个时期双方地方政府的狭隘民族政策有关。从处于攻势的草原游牧政权来看,他们在自然灾害面前,甚至风调雨顺的年月,也热衷于南下掠夺农耕民族的财物,从而造成了双方之间的直接冲突。从处于守势的中原农耕民族政权来看,为了防范草原游牧民族的侵扰,他们一方面进行剑拔弩张的军事防守,另一方面通过严密控制边界的互市贸易和宗藩贡赐贸易的形式,作为羁縻游牧民族南下抢掠

[①] 彭作桢等修纂:《完县新志》,卷七,食货第五,民国二十三年铅印本。
[②] 韩茂莉:《论中国北方畜牧业产生与环境的互动关系》,《地理研究》2003年第1期。
[③] 廖兆骏纂:《绥远志略》,商业,第五节,正中书局,1937年。

的经济手段。

清朝入主中原以后,便延续前朝的宗藩贡赐贸易和边境互市贸易,牧区内部的商业封闭性依然浓厚。天山以北的卫拉特蒙古准噶尔部、外蒙地区的喀尔喀蒙古各部、青海地区的和硕特部等蒙古王公,均与清朝中央政府之间保持着密切的贡赐贸易关系。边境互市贸易,则安排在张家口、归化、肃州、巴里坤、乌鲁木齐、伊犁、塔尔巴哈台等地进行。不过,两种贸易方式的商业辐射能力仍十分有限,结果使得清代前期的蒙古族,基本上还是一个游牧民族,畜牧业在其社会生产中占据主导地位,农业、手工业、商业只占有很小的比重,社会经济处于落后状态。①

不过,满清贵族毕竟是一个崛起于塞外的牧猎民族,他们在入主中原以后所实行的民族政策,与前代还是有很大不同的。他们接受中国北部长期对峙的历史教训,开始尝试通过同化和控制相结合的手段,将长城内外融为一体,以图从根本上解除草原民族对内地的军事威胁。即政治上在牧区推行盟旗制度,严厉分割、封禁和控制蒙古各部;经济上让持有照票的内地商人到指定的盟旗从事贸易,间接强化对牧区的经济束缚。这样,仅限于边境的互市贸易,便自然转向了腹地照票贸易。如前所述,无论是汉族商人随军照票贸易"赶大营",还是普通照票贸易"出拨子",加强了牧区与内地间的商品交流,提高了蒙古高原牧业经济的市场化程度。

二、蒙古高原近代牧业经济的发展

进入近代以后,蒙古高原地区的牧业经济在前代的基础上,又有了进一步的发展。这主要表现在两个方面,一是放牧牲畜数量的增加,二是畜产品市场化程度的提高。

1. 牲畜数量的增加

随着近代以后国内、外市场对蒙古高原畜产品需求的日益增加,牧民们纷纷增加各类牲畜的放牧数量,促进了该区域牧业经济的发展。

据农商部1917年对绥远、察哈尔两特别区蒙古人所养(不含当地汉人所养——作者注)主要牲畜的数量统计,其马的数目分别为56 107匹和81 828匹,牛的数目分别为97 296头和125 269头,羊的数目分别为706 228只和716 003只,驴的数目分别为14 466头和25 073头。② 而克拉米息夫20世纪30年代初的统计则显示,当时,内外蒙古高原地区主要牲畜为马、牛、骆驼、绵羊、山羊5种,其放养量分别为,马1 840 817匹,骆驼365 824匹,黄牛、牦牛、犏牛共计1 725 451头,绵羊和山羊共计11 500 808只。③

---

① 陈桦:《清代区域社会经济研究》,中国人民大学出版社,1995年,第207页。
② 贺扬灵:《察绥蒙民经济的解剖》,商务印书馆,1935年,第75页。
③ (苏)克拉米息夫著,王正旺译:《中国西北部之经济状况》,商务印书馆,1933年,第5—6页。

另外,对草原上野生动物的狩猎,也在蒙古人民的生活中占据着重要地位,是牧业生产的主要副业之一。据苏联学者20世纪30年代初的记载,蒙古高原牧民狩猎的主要野生动物有Tot(原文如此,不知中文应该对应何种动物——作者注)、松鼠、臭鼬、狼、大野猫、熊、牡鹿、黑貂、银鼠(又称伶鼬、白鼠——作者注)、跟鼠(又称为旱獭、土拨鼠、雪猪——作者注),等等。每年输往俄国、或经由张家口输往内地销售及天津出口海外的数量很多。① 而套西阿拉善蒙古牧民,猎取的野兽则与上述记载有所差异,主要为狼、黄羊、大头羊、青羊、狍、兔、沙狐、草狐等。②

2. 畜产品市场化程度的提高

如前所述,进入19世纪50年代以后,在蒙古高原和相邻的西北其他地区,相继对外开放了一些贸易口岸。包括1852年开放的伊犁、塔尔巴哈台,1861年开放的喀什噶尔、库伦,1881年开放的迪化、吐鲁番、哈密、古城、肃州、科布多、乌里雅苏台,1914年自开的归绥、张家口、多伦诺尔,1922年自开的包头等。在这些口岸的经济辐射和带动下,当地畜牧业经济原有的相对封闭状态被打破,包括蒙古高原在内的西北畜牧业经济获得了进一步的发展,畜产品的国内市场进一步扩大,国际市场也逐步开拓出来。包括蒙古高原在内的西北地区的畜产品对外贸易,有东、西、北3个方向。其中,向西、向北输往俄国,向东方向则辗转通过天津口岸进行。

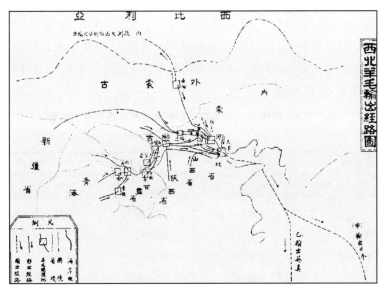

图5-3　1933年前后的西北羊毛运销线路示意图
(资料来源:绥远省政府编:《绥远概况》,第6编,畜牧,内部刊印,1933年,第81页。)

---

① (苏)克拉米息夫著,王正旺译:《中国西北部之经济状况》,商务印书馆,1933年,第9页。
② 内蒙古自治区编辑组:《蒙古族社会历史调查》,内蒙古人民出版社,1986年,第32页。

据相关史料记载,天津开埠以后,外国洋行即通过天津及其腹地的市场网络,来收购西北等地的畜产品进而出口到国际市场。津海关贸易报告明确指出:"天津特有之出口货,计有毡、毡帽、马毛、各色皮货、骆驼毛、绵羊毛、山羊毛、牦牛尾、水牛角及水牛皮。所有此类商品,除毡及毡帽率由直省所制外,均产于蒙古。"①而把西北的畜产品从产地运销到天津洋行的中间人,则主要是活跃在牧区和各中级市场上的山西旅蒙商人与直隶顺德(今河北邢台)商人。从事皮毛收购业务的旅蒙商人,除了小部分属于个体经营外,大部分是由各大商号派出的,其采购方式则以"出拨子"的形式进行。拨子们把所换来的皮毛,驮载在牲畜背上或牛车上,运销到归化、多伦诺尔(今多伦)、张家口等皮毛的中级市场上去。这些城市都有很多规模较大的商号和洋行,它们从事皮毛的购销业务,成为连接草原初级市场和天津终点市场的桥梁。②

1892年,天津的英商仁记洋行及其买办最早来到包头,他们以山西人开办的恒义德牲畜皮毛店为落脚点,收购了抓羊毛二三十万斤,雇用骆驼运经张家口抵达天津口岸。接踵而来收购皮毛的,是天津的英商新泰兴洋行及其买办。为了便于经营,他们稍后还在包头设立了自己的皮毛商号,有天长仁、天聚德、天泰合等。进入20世纪以后,天津其他洋行也纷纷到包头设立分庄,如俄商隆昌洋行、英商平和洋行、慎昌洋行、怡和洋行、聚立洋行、成记洋行、安利洋行,以及日商、德商洋行。洋行和买办在绥远及西北广大地区的商业活动,一是把进口的洋货运进来销售,一是把当地的皮毛等土货运出去出口,双重赢利。一般情况下,洋行在春节过后就把现银预付给恒义德、明远堂、广恒西、义同厚等二三十家皮毛店,皮毛店再用这些钱支付给旅蒙商(走后山的)和伊盟7旗的商人以及毡房,由他们去具体收购皮毛。到了6月,毛贩及毛店便把收购来的皮毛按照洋行认可的价格交付,由洋行雇佣车马(后来是火车)运回天津出口。③

表5-18 1936—1939年洋行在包头每年收购的皮毛数量

单位:皮(张)、毛(斤)

商品名称	数量	商品名称	数量
驼毛	1 200 000	狐皮	100 000
羊毛	10 000 000	扫雪皮	3 000
山羊板皮	200 000	猞猁皮	2 000
山羊拔绒皮	150 000	狗皮	30 000
狼皮	20 000	牛马大皮	100 000

(资料来源:贾曦、白玉:《洋行掠夺包头皮毛见闻录》,《包头史料荟要》,第7辑。)

---

① 吴弘明编译:《津海关年报档案汇编(1865—1911)》,1873年贸易报告,天津社会科学院出版社,2006年。
② 樊如森:《天津开埠后的皮毛运销系统》,《中国历史地理论丛》2001年第1期。
③ 贾曦、白玉:《洋行掠夺包头皮毛见闻录》,《包头史料荟要》第7辑。

来自蒙古高原地区畜产品出口,成为天津对外贸易的重要组成部分。

表 5-19 1866—1906 年的天津皮毛出口数量

单位:毛鬃(担) 皮(张)

概况年份	绵羊毛	骆驼毛	年份	绵羊毛	骆驼毛	猪鬃	山羊皮褥	生山羊皮
1864	114	428	1885	19 700		326 014		
1865	134	738	1886	25 189	20 939	546 093	2 217	
1866	946	638	1887	35 302	14 739	452 041	2 824	
1867	430	462	1888	37 125	24 473	462 508		1 151
1868		309	1889	62 579	25 681	519 173		
1869		303	1890	80 600		474 000	4 100	
1870		702	1891	80 600	10 000	519 000	5 000	648 000
1871	46	125	1893	88 000		791 000	7 200	
1872	971	1 935	1894	207 574			8 500	700 000
1875		4 071	1895				9 100	1 700 000
1876		9 824	1897	188 000	23 000		10 000	1 690 000
1877		13 384	1898	98 000	17 000		13 000	1 700 000
1878		11 592	1899	218 000	41 000		14 000	2 600 000
1879		9 802	1901	93 000			11 000	1 353 000
1880		16 442	1902	165 232	15 271		15 000	3 000 000
1881		9 772	1903	118 000	15 528		15 000	2 155 000
1882	2 327	14 951	1904	178 000			15 000	1 186 000
1883	8 015		1905	165 801			11 000	2 140 000
1884			1906	269 114			15 103	2 521 507

(资料来源:吴弘明编译:《津海关年报档案汇编(1865—1911)》,天津社会科学院出版社,2006 年。)

进入 20 世纪以后,以京津为中心,修筑了较为密集的北方现代化铁路运输网,使蒙古、东北、西北等地的皮毛,可以通过现代化的运输方式抵达天津。而第一次世界大战爆发后,交战各国对畜产品需求的大幅增加,也为蒙古高原牧业的外向化带来了更加辽阔的国际市场,天津与其腹地间的皮毛运销更加繁盛。西北地区成为天津畜产品出口的主要基地,畜产品的出口逐渐在天津进出口总值中占据了举足轻重的地位。

表 5-20 1924—1926 年天津口岸主要出口商品的价值及百分比

单位：千关平两

	商　品	1924 价值	%	1925 价值	%	1926 价值	%
畜产品	羊皮毛及加工品	25 233	29.05	24 470	24.12	17 370	19.37
	其他皮毛等	9 367	12.08	11 546	11.15	9 519	9.94
	合计	34 600	41.13	36 016	35.27	26 889	29.31
农业经济作物	棉花	15 063	17.25	20 008	19.93	21 335	22.31
	麻类	193	0.32	1 651	1.49	1 310	1.36
	油料作物	2 528	3.07	1 469	1.14	2 593	2.60
	绿豆	929	1.11	676	0.59	2 800	2.92
	药材及干果	2 295	2.83	3 408	3.11	4 357	4.20
	合计	21 008	24.58	27 212	26.26	32 359	33.39
	蛋类及其他	31 969	35.44	36 620	36.32	36 336	37.97
	总　计	87 567	100.00	99 938	100.00	95 630	100.00

（资料来源：王怀远：《旧中国时期天津的对外贸易》，1924—1926 年天津口岸主要出口商品价值量表，《北国春秋》1960 年第 2 期。）

表 5-21 1927—1931 年的天津畜产品出口状况

价值单位：海关两

畜产品	1927	1928	1929	1930	1931
牲畜	1 2667	30 160	41 031	7 783	13 653
肉类	1 278 039	1 442 960	1 778 170	2 192 934	1 894 995
猪鬃	3 007 968	2 538 261	3 761 325	3 041 579	2 558 176
其他动物原料	1 530 726	1 672 489	1 761 003	1 449 279	2 558 176
羊毛/驼毛	13 966 743	17 577 613	11 821 606	6 028 791	7 875 843
各类皮张	10 564 646	16 419 776	18 058 708	14 615 879	14 430 376
合计	30 360 789	39 681 259	37 221 843	27 336 245	29 331 219
占出口总值的百分比	38.26	51.01	47.32	36.54	34.67
1927—1931 年出口总值	79 348 284	77 786 880	78 655 227	74 802 121	84 602 726

（资料来源：蔡谦、郑友揆：《中国各通商口岸对各国进出口贸易统计》，主要土货各通商口岸对各国出口统计表，商务印书馆，1936 年，第 355—599 页。）

表 5-21 显示，天津的畜产品 1928 年时曾占到了出口总值的 51%，其他年份所占的份额也都在三分之一以上，说明到 20 世纪二三十年代，畜产品已成为天津出口业的一大支柱。

畜牧业外向化程度的提高,促进了蒙古高原牧业经济的市场化和外向化。一方面,随着外部商品的输入,牧民原来食肉衣皮的单一消费结构中,增加了茶叶、布匹、卷烟、食糖等新式生活日用品;另一方面,牧区原来用途很小甚至是废物的羊毛、羊肠、骨头等,则变成了可以换取货币或其他日用品的重要商品,出口值日渐增大。1924 年,天津港羊肠的出口价值为 867 000 关平两,1925 年为 1 314 000 关平两,1926 年为 1 024 000 关平两,其主要的来源地就是蒙古高原等西北地区。[①] 经济收入的增加,生活质量的改善,直接刺激了广大牧民多养牲畜、养好牲畜的积极性,使蒙古高原畜产品对外输出的品种和数值,一直呈现出上升的态势。

三、草原过度开发与土地沙化的关联

西北地区近代时期的经济开发活动,无疑促进了该区域的社会进步,并提高了人民生活的质量。但是,西北地区毕竟是一个气候严重干旱、自然生态条件极度脆弱的区域,在该区域的经济开发过程中,如果忽视自然规律,片面追求经济效益的最大化,就会给生态环境造成难以修复的巨大破坏,反过来严重制约西北经济的可持续发展。近代以来西北地区经济开发过程中所引起的快速沙漠化,既是严酷的历史事实,更是惨痛的反面教训。

现有的研究成果表明,引发区域环境剧变的外部因素,不外乎自然和人文两个层面;不过,二者在不同时期和不同地区的影响力度是不同的。就绥远地区来说,其气候干旱、沙漠广布、生态脆弱的初始自然地理景观,主要是更新世中后期青藏高原剧烈隆起造就的,该区域的乌兰布和沙漠、库布齐沙漠等,就形成于那个时期;[②]而毛乌素沙漠的形成和演变,也自更新世后期就开始了。[③] 此后直至清代中期,尽管气候上也出现过冷暖干湿的交替与波动,但并不足以引发土地的显著沙化;[④]从人文层面来看,人们虽然也在这里从事过连续的畜牧业和断续的农业生产,但限于开发强度,也没有造成环境的显著变化,[⑤]可以视为土地沙化的缓慢发展期。

然而,清代中期以后,蒙古高原地区的土地沙化速度明显加快了:数据显示,原来很多水草丰美的牧地现在已经变成了沙丘,原本彼此孤立的沙丘则连成了一体;到 1986 年,仅鄂尔多斯地区的沙漠化面积,就已经达到 113 023 平方公里(原文如此。本数据应有误,因为鄂尔多斯地区的总面积只有 8.7 万平方公里——作者注),占该区面积的 58.93%。[⑥] 从自然原因看,1824—1982 年的 158 年间,该地区

---

① 天津工商业丛刊之十:《天津市皮毛肠农业经营的方向》,天津进步日报社,1951 年,第 19 页。
② 张力小、宋豫秦:《青藏高原的隆起对中国沙漠与沙漠化时空格局的影响》,《人口、资源与环境》2001 年第 4 期。
③ 董光荣、李森等:《中国沙漠形成演化的初步研究》,《中国沙漠》1991 年第 4 期。
④ 王涛、朱震达:《中国北方沙漠化的若干问题》,《第四纪研究》2001 年第 1 期;董朝阳、樊胜岳、钟方雷、马永欢:《中国沙漠化过程中人文作用研究进展》,《中国沙漠》2006 年第 4 期。
⑤ 肖瑞玲、曹永年、赵之恒、于永:《明清内蒙古西部地区开发与土地沙化》,中华书局,2006 年,第 68、96 页。
⑥ 薛娴、王涛、吴薇、孙庆伟、赵存玉:《中国北方农牧交错地区沙漠化发展过程及其成因分析》,《中国沙漠》2005 年第 3 期。

易于土地沙化的温干气候达 118 年,占 3/4,而情况稍好的凉湿气候仅有 40 年,①这表明清代中期以后的大部分时间内,绥远地区的气候条件是不适合人类高强度经济开发的。而该时期的经济开发的实际情况却是农业、畜牧业、商业以及药材采挖业的发展规模和程度,都已远远超过了以往任何时期。其结果是在促进经济开发的同时,加速了土地的沙漠化。人的过度干预显然成为环境剧变的主导因子。

(1) 载畜量增加

在中外商人和当地牧民的共同努力下,蒙古高原的近代牧业经济,市场化程度得到了很大的提高,扭转了千百年来这一地区畜牧业的封闭落后状态。

但是,由于畜牧业发展与草原生态平衡之间,存在一个负相关的比例关系,所以,在当时只能依靠增加牲畜头数才能提高畜牧业产量和产值的生产技术条件下,牧民们只有通过增加单位草场的载畜量,才能获取更大的经济收益,这就会使草原出现一定程度的超载现象。而超载就会使草场因牲畜反复不断地啃食而得不到休养和恢复,使原本异常脆弱的地表因失去应有的植被保护和牲畜过度的践踏而引起土壤结构的弱化,进而引发土地的沙漠化。② 相关研究表明,50.5％的沙漠化土地是由草地过度放牧引起的。当牧草采食率持续高于55％时,草地开始发生退化;当牧草采食率持续高于70％时,草地迅速退化和沙漠化。

载畜量增加和草原退化的内在机制是:过度啃食使植物光合作用面积减少,光合能力下降,导致用于覆盖地表和固定土壤的物质和能量减少,在家畜践踏和风的双重作用下,裸露的沙质地表发生风蚀并形成风沙流,进而引起更大范围的草地沙漠化。定量研究表明,过牧草地49％的裸地是家畜过度啃食引起的,其余51％是风蚀引起的。③

有学者指出:"清代以前的蒙古传统农业是以游牧经济的副业形式出现的。蒙古人从未大量滥垦牧场,因此蒙古传统农业一直没有对其游牧经济构成威胁。历史进入了清代,大批汉族农民涌入草原后大量开垦牧场,农耕面积不断扩大,草场面积越来越减少,从此蒙古人的游牧生产受到来自农业社会的冲击。清代的蒙地开垦是蒙古游牧社会变迁的一大转折点。"④意思是说,蒙古草原自然环境恶化的主要原因,是内地农民及其农耕生产方式的移入,这是符合历史史实的。

但是,如果因此而忽视牧业盲目发展所引发的过牧化问题,恐怕也未必全然符合蒙古高原近代历史的实际过程。

(2) 农垦区扩大

就自然环境而言,蒙古高原西部地区发展农业的气候条件是很差的,不仅干旱而且低温,兼多风沙。其年降水量从东南部的 400 毫米左右减少到西北部的 150

---

① 史培军:《地理环境演变研究的理论与实践——鄂尔多斯地区晚第四纪以来地理环境演变研究》,科学出版社,1991 年,第 123 页。
② 孔德祥等:《盐池半荒漠风沙区土地沙漠化》,《干旱区资源与环境》1997 年第 3 期。
③ 王涛等:《中国北方沙漠化过程及其防治研究的新进展》,《中国沙漠》2006 年第 4 期。
④ 色音:《从牧民到农民——蒙地开垦后蒙汉经济文化的冲突与交融》,《传统文化与现代化》1996 年第 2 期。

毫米左右,年蒸发量却是降水量的 10 倍;大风与干旱同期,8 级以上的灾害性大风年平均 40 天以上;年平均气温低,无霜期仅为 125—145 天。在当时的技术条件下,除了有河水灌溉的后套—土默特平原之外,其他如鄂尔多斯高原、乌兰察布高原等地区,只适于畜牧业而不适于农业生产。[①]

然而如前所述,清代和民国时期,内地汉人和中央政府,或明或暗地大肆开垦蒙古草原。该地区毕竟处于我国半干旱向干旱地区的过渡带上,除了灌溉条件较好的后套—土默特平原之外,其他如鄂尔多斯高原、乌兰察布高原,只适于发展牧业而不利于农业的垦殖。因为在这些地区,稀缺的降水和旺盛的蒸发使地表缺少足够的植被覆盖,而植被覆盖度与土壤风蚀量之间,存在一种负相关的比例关系,过度的人为活动,会破坏干旱地区的地表植被与土层结构,加大加速质地松散的沙质、沙砾质地表的风蚀活动过程,导致土地沙漠化的产生与发展。[②] 清代以来直至 1949 年后,人们在绥远地区特别是鄂尔多斯、乌兰察布高原[③]盲目的农业开发,是造成了这里土地沙漠化加剧的根源之一。

(3) 药材采挖

市场化程度的不断提高,使药材也成为蒙古高原地区重要的出口商品。这些药材当中,有甘草、大黄、肉苁蓉、发菜等,而数值最大的当属甘草。在铁路未修到包头以前,各草场所出产的甘草,先用牛车或骆驼运到托克托县的河口镇集中,然后,发往河南的甘草沿黄河船载而下,发往天津、河北、山西等地的甘草则用马车和骆驼运输。1923 年京绥铁路通到包头以后,绥远甘草多集聚到包头,利用现代化的火车大量地东运天津,出口海外。[④] 据统计,仅包头一站,每年转运到平、津、沪及祁州等地的甘草数量,就约达 620 万斤。[⑤]

表 5-22　1912—1937 年天津港甘草和发菜的出口数量

单位:担(1 担=100 斤)

年份	甘草	发菜	年份	甘草	发菜	年份	甘草	年份	甘草
1913	17 125	150	1920	93 390	309	1927	35 575	1934	34 846
1914	18 446	289	1921	132 358	463	1928	32 613	1935	36 666
1915	23 669	211	1922	22 691	533	1929	31 730	1936	45 922
1916	27 539	328	1923	55 978	289	1930	38 127	1937	30 658
1917	58 928	253	1924	35 027		1931	34 273		
1918	45 478	350	1925	32 102		1932	25 832		
1919	123 827	372	1926	22 059		1933	52 512		

(资料来源:相关年份贸易统计,茅家琦:《中国旧海关史料(1859—1948)》,京华出版社,2001 年。)

[①] 王卫东:《1648—1937 年绥远地区移民与社会变迁研究》,复旦大学史地所博士学位论文未刊稿,2001 年。
[②] 董朝阳、樊胜岳、钟方雷、马永欢等:《中国沙漠化过程中人文作用研究进展》,《中国沙漠》2006 年第 4 期。
[③] "经过近代以来上百年的开发,乌兰察布盟已经成了一个以农业为主的地区",肖瑞玲、曹永年、赵之恒、于永合著:《明清内蒙古西部地区开发与土地沙化》,中华书局,2006 年,第 182 页。
[④] 尹子衡等:《解放前原绥远省甘草和甘草行业的概况》,《内蒙古文史资料》第 2 辑。
[⑤] 平绥铁路车务处编:《平绥铁路沿线特产调查》,平绥铁路车务处,1934 年,第 75 页。

在蒙古高原地区从事甘草、肉苁蓉、发菜等药材采挖的,是晋西北、雁北、陕北等地特别是保德、河曲、偏关三县的流民。当时,从事药材采挖的人口规模相当大,保德每年大约出去 3 000—4 000 人,偏关约 2 000—3 000 人,河曲约 4 000 人,若遇大灾年,每个县都要超过万人,其方式也由春去秋回的雁行转为定居。河曲人主要居住在临河、陕镇、萨拉齐、土默特左旗和乌拉特中、后旗等地,从 1875 年至 1940 年,在内蒙古定居的河曲人约有 10 万人。保德人分布较广,比较集中的地方是包头、固阳、东胜、五原、临河、乌拉特乔旗、达拉特旗、杭锦旗。"哪里有甘草,哪里就有保德人",保德人在绥远地区的甘草经营中,稳居于垄断地位。从工作量来看,民国时期绥远甘草场子的作业半径一般为 40 华里,掏草工人每天要往返 30—80 里,每天所挖的鲜湿甘草为 60—100 多斤。①

药材的采挖活动,比农、牧业对土地的危害更加严重,因为它可以直接引起土地的沙漠化。相关测算表明,每挖 1 公斤鲜湿甘草,就要破坏 10 平方米的草地(包括挖洞及挖出的土埋压周围草地);土地被挖过以后,植被靠自然恢复需 5 年以上,许多被滥挖的地方,植被尚未恢复就演变为沙丘地了。② 按照这一比例,我们来统算一下甘草出口量与土地沙漠化之间的对应关系。表 5 - 22 显示,1912—1937 年间,天津口岸出口的晒干甘草(主要来自绥远地区),共计 110 737 100 斤,折合鲜湿甘草 332 211 300 斤即 166 105 650 公斤(3 斤鲜湿甘草,折合 1 斤晒干的甘草③),直接破坏草场 1 661 056 500 平方米,即 2 490 340 亩。

如果再加上 1912 年以前和 1937 年以后通过天津出口和不通过天津出口而转销到其他中药材市场上的甘草,以及采挖同样良好的防风固沙植物——苁蓉、发菜、大黄、麻黄草等所破坏的草场面积,其数目将会更加令人触目惊心。1935 年前后,绥远省归绥县的黄芪、大黄、罂粟、野参、赤芍、防风、肉苁蓉、甘草、蒲公英等药材,"每岁营销于津埠各地,豫、鲁商人亦有来购之者"④。

除绥远地区的药材采挖业日趋发达之外,蒙古高原其他区域也相当繁盛,同样在直接破坏着原本脆弱的生态环境。

早在近代之前的乾隆年间(1736—1795 年)开始,大盛魁等商号便把蒙古草原和西北地区的鹿茸、贝母、枸杞、麝香、羚羊角等珍贵药材,集运到归化城(今内蒙古自治区呼和浩特市),从而使该地发展成为西、北路鹿茸等类药材的集散地。这些药材除了供给本地区的药店之外,大量贩往祁州等地销售。⑤ 近代以后,俄国商人也通过恰克图(今属蒙古人民共和国)的中国商人,把大量的大黄冠以"土

---

① 陈秉荣:《话说走西口》,《山西文史资料》第 84 辑。
② 李士成等:《宁夏土地沙漠化现状及防治对策》,《宁夏农林科技》2000 年第 4 期。
③ 陈秉荣:《话说走西口》,《山西文史资料》第 84 辑。
④ 郑植昌修,郑裕孚纂:《归绥县志》,产业志,野业,民国十四年铅印本。
⑤ 内蒙古政协文史委:《旅蒙商大盛魁》,第 11 章,《内蒙古文史资料》第 12 辑。

耳其大黄"之名,销往欧洲其他国家。① 仅1892年,俄国商人就从新疆运走了价值4 108两白银的各类药材。② 而平绥铁路沿线各站如昌平、康庄、怀来、辛庄子、宣化、西湾堡、天镇、大同、卓资山、旗下营、镫口、包头等处,皆盛产黄芪、知母、柴胡、大黄、赤芍等药材。仅包头一站,每年转输到平、津、沪及祁州等地的枸杞数量约达百万斤,甘草约达610万—620万斤,这些"甘草每年运销于日本为最多,美国次之,在对外贸易上极着佳誉。在津、沪及祁州各地成庄,散销于东南各省"③。

从统计资料看,自清中期以降至1949年以后,人们在生态条件更加脆弱(指缺乏足够的河水灌溉条件)的鄂尔多斯高原和乌兰察布高原上所一直进行的高强度农、牧业开发,产生了极其严重的后果:鄂尔多斯地区1948年以前的沙化面积为1 515万亩,1977年增加到5 250万亩,1981年又扩展到1亿亩;乌兰察布盟20世纪末的土地沙化面积为7 569平方公里(折合11 347 826亩),砾石化面积3 900平方公里,水土流失面积1 281平方公里,盐渍化面积185平方公里,总计11 935平方公里,占乌盟总面积54 324平方公里的22%。④

蒙古高原地区近代时期的经济开发活动,无疑在很大程度上促进了该区域社会的进步并提高了人民的生活质量。但由于经济发展的盲目性和急功近利心理,结果使得在走向市场经济的时候,并没有自觉地因地制宜,按照土地资源的合理容量进行农牧业的生产,国家和社会各界也未能给该地区的人民以足够的保护生态环境的经济补偿,从而使该地区原本脆弱的生态环境更雪上加霜。

如何正视历史和现实,认真总结近代蒙古高原经济开发过程中的经验教训,因地制宜,真正做到宜农则农,宜牧则牧,宜草则草,宜荒则荒,以保持当地土地资源的可持续利用,是包括蒙古高原地区在内的社会各界特别是政府层面应该切实关注的重要课题。

四、华北家庭养殖和野外猎捕业的发展(以海水捕捞业为中心)

作为华北地区农业生产重要补充的家畜饲养业,产生很早。近代口岸开放以后,又一直广泛存在并有了新的发展。不过,其主要生产方式,还是农民在从事农业之余的分散喂养,集中专业饲养的很少。野外猎捕的专业性也不强。

近代时期,华北家庭饲养和野外猎捕业都很普遍。据胶海关记载,"牛、驴、骡、

---

① 吴弘明编译:《津海关贸易年报(1865—1946)》,1880年贸易报告,天津社会科学院出版社,2006年。
② 厉声:《新疆对苏(俄)贸易史(1600—1990)》,新疆人民出版社,1993年,第147页。
③ 平绥铁路务处编:《平绥铁路沿线特产调查》,平绥铁路务处,1934年,第75页。
④ 肖瑞玲、曹永年、赵之恒、于永:《明清内蒙古西部地区开发与土地沙化》,中华书局,2006年,第174、182页。

马在本省是当作负载货物和牵拉工具的牲口使用的,并且在省内得到大量繁殖。猪在育肥后大量出口,羊是为外国人消费用的。每年四五月间,湾内的河流和沿海一带都有大批的鱼群,这里能捕到的鱼类、贝类、软体动物有鲷、鳕、鲐、刀鱼、海蜇、海参、蟹、虾、鳗、蛤、淡菜和一种味道可口的牡蛎。关于野兽方面,有野猫、香猫、狼、狐狸、獾、鼬等等。野味鸟兽类有野兔、红足鹧鸪、各种野鸟。初秋期间有鹧和鹌鹑,每年四月和十月,有大批候鸟山鹬迁徙过境"①。清代山西,"民间多饲养驴、骡、牛、羊杂畜。晋南自汉代引进苜蓿,运城、临猗信徒苜蓿为饲料,培育了黄牛良种,自汉至今一直著名。东南和晋中地区也都重视养牛。《马首农言》载:'养犊最为农家之利,''邑志云,产牛特高大,以耕作负重胜于常产,四方争贩易焉。'驴、骡、羊的饲养都很普遍,尤以山区为多。寿阳用催肥法使羊在短期内增肥,名曰栈羊"②。

1. 作为农家副业的家畜养殖业

(1) 大型家畜

华北地区农家饲养马、骡、驴、牛、羊、猪等大型家畜相当普遍,只是其饲养目的和用途有所差异。

回顾20世纪30年代,地多丘陵的山西省,气候温和,草木畅茂,河流纵横,农业经营粗放,森林培育天成。在民国之前,全省宜于放牧牲畜的地方"十居八九",中产以上农家皆养家畜。所饲养的家畜种类,以牛、羊、猪、鸡最多,马、驴、骡次之,骆驼、鸭、兔"间亦有焉"。各种家畜及产品,"除本省互市借供应用外,并可行销邻省各地,调剂农家经济。惟人民狃于积习,不图改进。饲养大动物之牛驴骡马骆驼,仅供农家役使。如马骡之国防能力,牛之乳用肉用,概未提倡改良。中动物之羊、猪,家禽中之鸡、鸭,多作副业营养。羊之毛皮,只作粗制之毡毯、鞋帽、皮衣等物。对于品质之改善,产量之增加,究少规划。尤其对于种畜之选择,疾病之防治,交配、繁殖、饲养、管理等方法,殊少学理上之研究,未能尽其性能而发挥之"。1918—1920年间,阎锡山组织购买了美利奴牝牡羊1 040只,荷兰种和艾尔夏种牝牡牛7头,亚拉伯种及伊犁种马数十匹,创立善群公司,改良本地马、牛、羊。后来又引进巴夏克种猪和来抗种鸡,改良家畜家禽。结果,使牛的产乳量、羊的产毛量、猪的产肉量、鸡的产蛋,以及马的体魄,都得到了明显的改善。"各种畜产,除供给本省应用外,并可行销邻省河北、河南等地。至潞安之猪,间有销于武汉。北部之牛,时亦售于青岛。以及羊毛、鸡蛋之运销海外"③。

河南各地都有马、骡、驴、牛、羊、猪等大型家畜,并以牛最为突出。清末所列的十大产牛省份中,河南居于首位,在"出产尤多"的三地中,信阳又居首位。汝阳还

---

① 青岛市档案馆编:《帝国主义与胶海关》,1892—1901年报告,档案出版社,1986年。
② 黎风编著:《山西古代经济史》,山西经济出版社,1997年,第124页。
③ 晋阳日报卅周年纪念特刊:《三十年来之山西》,晋阳日报社,1936年,第108页。

是全国四大水牛产地之一。而产于豫西南泌阳、唐河、社旗、方城、南阳、邓州、叶县、舞阳、襄城、遂平、西平等地的泌阳驴,为全国四大优良驴种之一。禹州的骡马会,开始于晚春,结束于秋天,持续半年之久,以西关为中心,扩展至附近乡村,形成一个方圆7—8里的大牲畜市场,"招客北抵燕代,西极秦陇,凡马、牛、骡所聚,一望如林"①。这种状况在民国年间一直持续下来。"豫北农民耕种田地及运输货物,多用马力;而豫南农民则多用牛力,因此全省牛、马甚多。其他家畜数目亦巨。据中央农业实验所调查,该省马三八五〇四(匹),驴一四五一八一(头),骡六二一八三六(头),黄牛二一七三〇六七(头),水牛五三〇〇〇九(头),羊四〇〇二七六八(只),豚三五六一一八(头)";据说,中国牛皮的品质以河南最好,主要由汉口出口欧、美市场。②

河北省的牲畜业也很发达,满城县"畜牧以猪为最多,羊次之。猪则农人家家畜之,利用其粪肥田,兼可获利;羊惟近山各村畜之,藉粪肥田,每年扒騷剪毛,亦可获利"③。张北县"以农为正业,以畜牧为副业。然近年以来,农村破产,所赖以生活者,端赖牧畜"④。邯郸县"农家十之八九多饲一豕或二豕,端午、中秋两节,辗转买卖,利获倍蓰。……通常饲猪,率多预备年关,分别售卖、留食,既免市脯,且不伤财,盖亦家常普通计划也"⑤。

图5-4 20世纪20年代北京城外的家庭养羊业
(资料来源:〔日〕后藤朝太郎:《支那行脚记》,东京万里阁,1927年。)

山东家畜饲养作为农业的副业,整体上以养殖猪、牛、羊、马、驴为主。就地域来看,济南、兖州、济宁等地的饲养数量最多,沂州、莒州次之,胶东半岛较少。1915

---

① 程民生:《河南经济简史》,中国社会科学出版社,2005年,第289—291页。
② 崔宗埙:《河南省经济调查报告》,财政部直接税署经济研究室,1945年,第32页。
③ 陈宝生等修纂:《满城县志》,卷之七,县政三,实业,民国二十年铅印本。
④ 陈继淹等修纂:《张北县志》,卷四,物产志,民国二十四年铅印本。
⑤ 杨肇基等修纂:《邯郸县志》,卷十三,实业志,民国二十九年铅印本。

年统计,山东农户 5 年的养猪平均数为 769 619 头,鲁中和鲁西为 575 049 头,胶东半岛 22 150 头。牛有役用和食用两种用途,同期全省养牛 600 000 头,鲁中和鲁西为 486 090 头,胶东半岛 113 910 头。养羊最发达的地区为济宁、青州、泰安、博山、长清、沂水等地,尤其是青州,除散养外,还有不少饲养 300—500 只羊的牧场;同期全省养羊 480 625 只,其中鲁中和鲁西为 437 865 只,胶东半岛 42 760 只。① 具体到各地的情况,以有一些差异。鲁西南的郓城县,"牧畜,驴、牛、鸡最多,骡、马、羊、豕次之,鹅、鸭又次之"②。

山东农家养牛的目的,主要是作为役畜使用,让它们帮助耕田或者拉车。至于"供食用者,初非专为此目的而饲养,大都仍以力役为主,而于衰老时始行宰杀,此盖畜牛并未成为专业,仅为农家副业。青岛、烟台、威海、济南等地通商口岸及重要市镇,外人居住者多,故亦有乳牛之畜养,但为数不多;其他偏僻之县,则并无畜养之者"。而饲养的绵羊和山羊,则主要用来食用。"山羊乳、肉、皮三者兼用,绵羊则仅供肉、皮二用。山羊乳汁浓厚,富滋养,而易消化,为病人及婴儿最佳之饮料,但除青岛、烟台两处有羊乳公司专为乳用放牧外,其他各县所养之羊,殆无以取乳为目的者"。而猪的用途则更多一些。"山东产猪虽多,并不制造火腿,大都皆供肉用。猪粪为肥田之佳料,猪鬃、猪毛,可制刷及毡之用。猪血可以染网。猪骨可肥田。而饲养又极简易,故农家畜之者极多"③。

从民国年间山东家畜养殖业的技术水平来看,比之近代之前并无明显的改善。时人记载,"鲁省畜牧,向不讲究,以致种类繁杂,血统混淆;养育技术,尤形卑劣,推厥祖始,几莫能考,畜体衰弱,亦云极矣"。以养牛为例,"至简易,各农家之称为大户者,尝养至五六头,仅雇佣一牛夫,在耕耘之余暇,则放之郊外而秣其青草,夜间则于牛舍收容之,不与他种饲料,至秋冬之际,田野间既无青草可秣,始以麦秆皮、粟秆、玉蜀黍、豆壳等,切为短末,和水与之"④。

(2) 小型家畜

和大型家畜相对应,华北农家对一些小型家畜的饲养,包括产蛋和肉食用的鸡、鸭等家禽,以及蚕、蜂等经济类昆虫,也很普遍,并有着较好的经济收益。

喂养鸡、鸭等家禽,既是全国、也是华北农村传统而普遍的家庭副业。不过近代以前,除自用之外,农民们多将其拿到附近的集市上出售,略补家用而已。由于禽蛋自身存在易碎、利薄、保鲜困难和市场需求不大等不利因素,因而,将其从产地长途运销到天津并出口海内外市场,便成了商人们避而远之的事情。所以,一直到

---

① 庄维民:《近代山东市场经济的变迁》,中华书局,2000 年,第 616 页。
② 赵翰鎏纂:《郓城县乡土志》,蚕桑,民国五年后钞本,台湾成文出版有限公司影印(作者注:该影印本的封面,作毕炳炎编纂,光绪十九年钞本,经核查,有误。因为该志书的正文部分,已标明纂者为赵氏,毕氏仅为序的作者;且文中尚有"县农会于民国五年改组成立"等明显属于民国的内容)。
③ 实业部国际贸易局:《中国实业志·山东省》,戊,实业部国际贸易局,1934 年,第 411,449,467 页。引文中的猪骨可肥田,应该是指制成磷肥后作为肥料。
④ 转引自庄维民:《近代山东市场经济的变迁》,中华书局,2000 年,第 616—617 页。

20世纪初年以前,天津海关的贸易报告和相关的华洋贸易情形论略当中,也没有关于蛋类产品贸易的记述。有关天津蛋类产品贸易的较早记载,出现在20世纪初年日本人所编纂的《天津志》当中。

表5-23　1904—1906年天津市场禽蛋的输出入状况　　单位:个

输出入情况	1904	1905	1906
由内地输入	17 593 730	54 741 260	39 731 892
由民船向大沽及北塘输入	104 010	169 135	16 539
从大沽及北塘由民船输出	130 000	1 254 770	1 029 600

(资料来源:日本中国驻屯军司令部编:《天津志》,侯振彤译本改名为《二十世纪初的天津概况》,天津市方志编委会总编室,1986年,第288—290页。)

养鸡作为河南农民的家庭副业,几乎每家皆有,"少则几只,多则十余只,故全省人烟稠密之地,皆产鸡之区。自铁路修通后,蛋粉厂成立,制成蛋粉,输至外国"[1],市场化程度的提高,又反过来促进了养鸡业的发展。

山东农村养鸡很多,20世纪30年代的统计是,全省共有鸡24 593 135只,平均每户约有5只,每县23 016只。其中以泰安为独多,计2 095 535只,其余在50 000只以下者,计八县;在50 001只至100 000只者,计19县;在100 001—500 000只者,计79县;在500 001只以上者,计3县。农户养鸡,主要是用其肉、蛋换钱,贴补家用。大宗活鸡和鸡蛋的销售市场,"除本省各大都市如青岛、济南、烟台外,复盛销天津、徐州、南京、上海等处"[2]。其中,"青岛为鸡蛋输出要港,乡间鸡蛋率多由蛋商下乡收买。青岛之滋美洋行、怡和洋行、茂昌公司、培林公司、义利栈、文成洋行、张店之义利栈、聚盛东、济南之青岛鸡蛋公司、竹中洋行、日本公司、植松商店,皆蛋商之较著者也。蛋商收得鸡蛋,运来青岛,或原货出口,或制成干、湿冻蛋品后外运"[3]。

北平市场上出售的鸡,主要来源于三个方向,"最多者为(北)平东之三河、兴隆、蓟县、昌平、玉田各县。次为北口鸡,即从平绥(铁)路沿线各地运来者。第三为保定、高碑店一带,由平汉(铁)路运来。数量每年约十七八万。民十三(按:1924年)时,达二十七八万。运输则平东各县,有由人用筐担来,有用大车运来,亦有以驴驮来者。北口鸡及西路大都由火车运来"[4]。

鸭子也是华北农村较为普遍的一种家庭饲养动物。因为历史、特别是市场需求等原因,北平城郊农民养鸭的更为普遍一些。"北平郊外的鸭户,大别之为二种,

---

[1] 崔宗埙:《河南省经济调查报告》,财政部直接税署经济研究室,1945年,第32页。
[2] 实业部国际贸易局:《中国实业志·山东省》,戊,实业部国际贸易局,1934年,第477—478页。
[3] 胶济铁路管理局车务处编:《胶济铁路沿线经济调查报告总编》上、三、农业,胶济铁路管理局,1934年。
[4] 张景观、刘秉仁:《北平鸭业调查》,千家驹编:《中国农村经济论文集》,中华书局,1936年。

一是以鸭为专业的,一是以养鸭为次要工作的,换言之,即以养鸭为副业的";以养鸭作为专业的农户,"全家从事养鸭工作,所有庭院,大部都是拿来为养鸭用的。鸭栏本用草,后改为用砖,栏内垫以稻草,依鸭之大小而分栏,小鸭则置于竹篓中,内院并专盖有一土屋以藏鸭。另有饲场,即以砖砌成四方形的小广场,中垫以芦席,喂时便将鸭从栏内驱入此广场中,再抛掷食料与之食,食完后便驱入水池中令之洗浴。水池即在食场之对面,用木板筑成,池旁有一井,用水即由井内吸上再灌入池中。池底有阴沟,秽水可由之以放出,浴完后,便将鸭驱回栏中";"北平西郊鸭户所养的鸭数,多是甚少的,在五十只以下的鸭户,竟占鸭户总数中百分之四十三点三三,而一千只以上的鸭户不过百分之十"。①

北平生产的鸭子,除了销售本地之外,还售往国内、外市场。国内的主要销售市场包括四个方向,一为天津,其商贩"于一、二、三月河结冰后,便来北平贩运,多由火车载运东去,营业佳时,每月可去二三千只,不佳时只二三百只";二为上海,其商贩"每若干年贩运一次,用船载运,但运到时死亡甚多。二十三年度(按:民国二十三年,1934年)中,曾运过六七次。每次约一百多只";三为大连,"每年五月至七月来北平收货,年运二次,每次约百余只";四为奉天(今沈阳),"每年交易四五次,每次百余只"。而对国外的输出,主要由总行设在天津的和记公司经营,将宰杀好的鸭子装箱运往天津,再用冷气船运往各国特别是英国去。②

华北地区气候适宜,桑树和蓖麻的种植普遍,适合饲养家蚕。鲁中山区、胶东半岛、豫西山地,柞树种植普遍,适合饲养柞蚕。

以山东地区为例,"商周以前,已有萌芽,至秦汉而大盛";不过在很长的时段内,"其所产之丝绸绢缎,除为贡品外,亦仅销华北各省";口岸开放以后,"山东丝货,初尚鲜有运销海外者,其后生丝对外贸易日盛,江浙丝厂林立,山东丝质优良,故设厂制造,运沪外销者日渐增多。及至民初,政府提倡甚力,分设蚕桑学校数所于各县,以谋技术上之改进,民间亦有丝业公会之组织,海外销路益广";民国年间的山东养蚕区域,"以铁路为中心,其左右附近皆为养蚕繁盛之地,就中尤以益都、临朐、淄川、桓台、博山、莱芜、新泰、蒙阴、滕县、莒县、菏泽、栖霞、单县、牟平、寿光、广饶等县为最盛"。③

到20世纪30年代,桑蚕养殖方面,"鲁省丝茧,昔颇繁盛,惟不如苏、杭所产之纯洁。近自人造丝盛行后,鲁丝益觉不振。临朐、益都、临淄、淄川、博山、莱芜、新泰之茧,近者销益都、周村,远者可销上海"④。山东西部地区也有桑蚕养殖,郓城县"蚕桑颇称发达,计栽湖桑三千五百株,鲁桑、椹桑、荆桑等三万二千株。养蚕者三

---

① 张景观、刘秉仁:《北平鸭业调查》,千家驹编:《中国农村经济论文集》,中华书局,1936年。
② 张景观、刘秉仁:《北平鸭业调查》,千家驹编:《中国农村经济论文集》,中华书局,1936年。
③ 实业部国际贸易局:《中国实业志·山东省》,戊,实业部国际贸易局,1934年,206—207页。
④ 胶济铁路管理局车务处编:《胶济铁路沿线经济调查报告总编》上,三,农业,胶济铁路管理局,1934年。

千家,年产额约一千四百余斤"①。

山东桑蚕的品种来源比较复杂。胶济铁路沿线,以前蚕种为当地土蚕,质量不佳。后来采用意大利和法国的蚕种。20世纪20年代起,曾采用江苏、浙江两省的改良蚕种,但因南方蚕种不耐北方的寒冷,成功者仅占四分之一。与此同时,日本蚕种开始引入,"采用者日众,殆因日本售种商家,承允将其所产之丝,介绍售于青岛日商丝厂,以故农民趋之若鹜"。可惜育蚕的方法仍然非常简陋,水平较高的莱芜蚕户,用秫秸建造蚕室;临朐和博山用芦苇建造蚕室,其他地方连这种设施也没有。有的将蚕种放在棉布上,有的放在被褥中,有的放在贴身的衣袋内孵化。有人评论说:"如此而欲增加生产,不亦夐夐乎?其难哉!是故不谋改良则已,如欲改良,则非灌输科学知识不为功。农事试验场对于此项宣传工作颇能努力。无如曩昔原设试验场六所,现因经费支绌,业已停办四处,今日硕果仅存者只有二处耳。"②

此外,山东还有"柞茧之蚕,长可三寸,绿色,食柞叶,名柞蚕,能作茧,名柞茧,体形亦大于普通桑蚕之茧数倍。烟台、威海卫产绸,类制自柞蚕之丝。胶东各县,产柞蚕甚多,牟平、文登二县,所产尤伙"③。

除胶东半岛之外,豫北、豫西、豫南的山地和丘陵,也有柞蚕养殖,而以汝州府的鲁山和南阳府的镇平、南召、舞阳、方城等县最为繁盛。④

养蜂割蜜,也是华北农村的家庭副业,近代渐有发展。就山东而言,"养蜂事业晚近始渐萌芽,然胶、济二处进步迅速。青岛已有蜂场三十处,其中三处民十八(民国十八年,1929年)创办,十九处民十九所设,其余八处则二十年始立也。上列各场,共有蜂箱二千四百五十六具。济南共有蜂场六十三处,计有蜂箱五千零六十四具。就海关统计观之,以上各场所采蜂种,以日本种为最多,意、美则占少数。本省蜂场均以售蜂为利薮,是以不待酿蜜而即沽之也"⑤。

2. 野外猎捕业的发展——以海水捕捞为中心

除家庭养殖之外,华北地区还存在处于补充地位的野生动物猎捕,包括对陆地野生动物的狩猎和对水生动物的捕捞。

其中,对陆地野生动物如野兔、黄鼬的狩猎和对河湖淡水鱼、虾的捕捞,多属农民农闲时补贴家用的副业生产活动,具有明显的零散而随机性,在区域经济发展中的影响较小。据20世纪30年代初的相关调查,山东省内河淡水鱼类的常年产量约为66 651担,仅占全省捕捞总量的4%,"由此可见,山东渔业以沿海为主,内河渔业并不十分重要"⑥。

---

① 赵翰銮纂:《郓城县乡土志》,蚕桑,1916年后钞本,台湾成文出版有限公司影印。
② 青岛市档案馆编:《帝国主义与胶海关》,1922—1931年报告,档案出版社,1986年。
③ 胶济铁路管理局车务处编:《胶济铁路沿线经济调查报告总编》上,三、农业,胶济铁路管理局,1934年。
④ 从翰香主编:《近代冀鲁豫乡村》,中国社会科学出版社,1995年,第386页。
⑤ 青岛市档案馆编:《帝国主义与胶海关》,1922—1931年报告,档案出版社,1986年。
⑥ 实业部国际贸易局:《中国实业志·山东省》,己,实业部国际贸易局,1937年,第46页。

与此同时,沿海居民的海水捕捞,却是华北地区历史悠久而又生产集中的重要经济产业之一。海水捕捞和海上贸易、航运、盐业生产一样,是华北海洋经济产业的重要组成部分。其中,又以毗邻渤、黄二海的山东、河北两省为主。

和内地农民农闲时的淡水捕捞不同,沿海州县的渔民是全力而为,耕田反倒成了他们的副业。不过直到近代,人们捕捞的水产品绝大部分仍系野生,人工养殖者很少。

海水捕捞也跟陆地种田一样,收获物的多少除了与渔民的辛劳程度、捕捞工具和技术直接相关之外,还与海洋自然环境、生物种群及资源数量的变动,有着密切的关联。[1] 正如山东荣城县志所形象描述的:"濒海渔家,隆冬彻夜结绳,早春剖冰击鲜。惊蛰以后登筏出海,动经四五十里或一二百里。论潮汐,不分昼夜、晦明、阴晴。履牛革,衣狗皮,食糇糟,汛汛于云涛雪浪之中,风信不测。其辛苦数倍于山农。且陆地有丰歉,海滩亦然。得之则以鱼易粟,稍歉则资本不给。况贼船劫鱼,害及身命,网罟衣服犹小也。"[2]

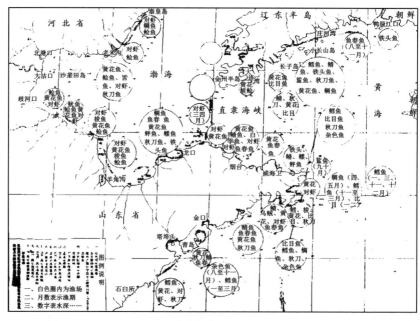

图 5-5　1934 年前后华北近海渔场分布示意图
(资料来源:实业部国际贸易局:《中国实业志·山东省》,己,实业部国际贸易局,1937 年,第 10 页。)

各种鱼类的生活习性不同,巡游到达山东沿海的时间亦即其鱼汛期也有很大的差异。据清代后期的荣城县志记载:"海族,荣最称盛,虽老渔莫能尽识。今举其

---

[1] 李玉尚:《海有丰歉——黄渤海的鱼类与环境变迁(1368—1958)》,上海交通大学出版社,2011 年,第 1 页。
[2] (清)李天骘修,岳赓廷纂:《荣城县志》,卷三,食货志,物产,道光二十年刻本,台湾成文出版有限公司影印。

鱼之最早出而过春即无者曰鮆,最晚出而逾冬犹有者曰大口,其三、四月出而常时亦间有者曰鲷、曰嘉鲯、曰海鲋,其三、四月出而过时即绝无者曰鳊、曰鲳、曰何罗、曰鲦、曰鲼、曰鲐鲼、曰鲖、曰红娘、曰绿翅、曰黄鲴、曰尉等鱼,其不拘时有者曰鲻、曰豸、曰鲇、曰鳝,其不拘时有而冬末为佳者曰鲫,其有鳔在腹者曰鲵,其有毒在肝者曰鲑……其秋末最多者曰蛇。"①

民国年间的调查也证实,中国沿海的"鱼群来去,视水温为转移,春暖则由南而北,向沿岸而来集;秋凉则自北而南,循大洋以南徙";"黄、渤间之渔场,亦视引为转移。每遇春、秋二季,各类鱼群,游息其间者较旺,乃成春、秋两期之鱼汛。但各种鱼类之汛期均有不同,而各区渔场之同一鱼类,其汛期又略有迟、早。山东滨海南部之渔场,每年鱼汛期间恒较早于北部。大致各类鱼汛,春汛自二月中旬至六月中旬,而以四、五月为最旺;秋汛自九月下旬至十二月下旬,而以十月为最盛。各县各类鱼之行鱼时期,均有淡、旺之不同"。②

与鱼汛早晚和鱼群的巡游地点相适应,渔民捕捞也如影随形。"一、二月间,于北纬三十六至三十八度,东经一百二十三至一百二十四度间,海面水深十七至二十七寻处,捕捞大头鱼、偏口鱼等;于养马岛、崆峒岛北一带,水深十六至二十五寻处,捕捞偏口鱼、牛尾鱼、刀鱼等。三、四月间,于龙须岛、石岛、俚岛一带,水深十五至二十八寻处,用袖子网、流网、拖网,捕捞对虾、黄花鱼、刀鱼等;芝罘岛、八角口一带,水深二十二寻处,用流网、风网、扬操网,捕捞黄花鱼、鲐鲅鱼、加级鱼等。四、五月间,于龙口、虎头崖一带,捕捞甲级鱼、黄花鱼等。五、六月间,于沙子口一带海面,用挂网捕捞鲐鲅鱼等;于老龙头、庙鹤山一带,水深十二至二十四寻处,用挂网、圈网,捕捞鲐鲅鱼、鲶鱼等;于养马岛、金山港一带,水深十二至二十四寻处,专用大凤网,捕捞鲐鱼、鲅鱼;于羊角沟外,捕捞黄花鱼、梭鱼等。七、八月间,于靖海卫、朱家圈口外,用流网、延绳钓,捕捞梭鱼、黄盘鱼等;于刘家旺、栾家口一带海面,用延绳钓捕捞加级鱼。九、十月间,于成山头一带海面,用手钓捕捞鲨鱼。十月之后,于沙子口外,水深十至二十余寻处,捕捞杂色鱼类;于石岛、五叠岛一带,水深十至二十寻处,平坦海底,用打濑网捕捞偏口鱼、大头鱼等;于崆峒岛以北,捕捞秋刀鱼、偏口鱼及杂色鱼等;于羊角沟东,用各种渔具,捕捞面条鱼、鳗鱼、银鱼及虾、蟹等"③。

山东渔民在生产过程中,根据不同的海产品类别和习性,发明了各式各样有针对性的生产工具。最主要工具的自然是渔网,其种类大致有7类38种:一是抄网类,包括河刀渔网、抄网、抢网、扒网、推网、抬网6种;二是建网类,包括迷魂阵、袖网、小插网、小眼网、海蜇网、小张网、挂网、大网、大虾网、六袋网10种;三是刺网类,包括碰网、蟹网、姑眼渔网、站网、摔网、流网6种;四是敷网类,包括筝网、吊网、

---

① 李天鹭修、岳廷麟纂:《荣城县志》,卷三,食货志,物产,道光二十年刊本。
② 实业部国际贸易局:《中国实业志·山东省》,己,实业部国际贸易局,1937年,第39—41页。
③ 胶济铁路管理局车务处编:《胶济铁路沿线经济调查报告总编》上,七、渔盐业,胶济铁路管理局,1934年。

图 5-6　1928 年的渤海渔业生产

(资料来源:〔日〕籘冈启著,吴自强译:《满蒙经济大观》,民智书局,1929 年。)

乌贼网 3 种;五是掩网类,包括罩网、旋网、卸网 3 种;六是旋网类(原文如此——作者注),包括小拉网、拉网、圆网、风网 4 种;七是曳网类,包括海参网、地网、合网、小虾网、汽船曳网、帆船曳网 6 种。①

山东各县常年的鱼类产量为 1 783 080 担,总价值为 15 684 220 元。沿海各县常年的捕鱼量为 1 716 429 担,占 96%。沿海各县当中,以荣城产量最高,常年为 51 万担,掖县、烟台、胶县均在 20 万担以上,青岛在 13 万担以上,海阳、寿光在 6 万担以上,文登及威海一在 5 万担以上,沾化 4.8 万担,即墨 3.57 万担,无棣 2.3 万担,日照、诸城在 1.67 万担,其余为黄县、招远、牟平、蓬莱、昌邑等。内河水产的产量,以鱼台为最多,约 3 万担,东平次之为 1.6 万担,蒲台 1.2 万担,其他各县更少。

销售方面,"内河各县所获之鱼,类多销售县内各大集镇,或销至邻县集镇;沿海各县所获之鱼,则除销售邻县及县内外,更有销至外省、外埠者";"其集散之地点有三,一为青岛,二为烟台,三为威海卫"②。

民国年间,山东沿海的渔业生产技术也有了明显发展。"盐业有永裕、通益两公司制造精盐,渔业有日本渔船竞争,亦增购汽船,技术设备日臻完善,渔、盐前途大有可观";渔船储藏鲜鱼所需要的冰块,主要来自冬季的地窖藏冰;后来,购用大连生产的机器碎冰;再后来,青岛、烟台、威海卫也有了机器冰的生产。另外,还利用当地丰富的海盐,腌制咸鱼、干鱼,运往更远的省内腹地市场,以及大连、天津、江、浙等地销售。③

3. 华北畜牧业的市场化与外向化

口岸开放以后,随着沿海工业和国际市场对中国畜产品需求的增加,华北地区

---

① 实业部国际贸易局:《中国实业志·山东省》,已,实业部国际贸易局,1937 年,第 11 页。
② 实业部国际贸易局:《中国实业志·山东省》,已,实业部国际贸易局,1937 年,第 46—47、56 页。
③ 胶济铁路管理局车务处编:《胶济铁路沿线经济调查报告总编》上、七、渔盐业,胶济铁路管理局,1934 年。

畜牧业的市场化与外向化程度,也有了一定的提高。

(1) 家庭饲养业的商品化

天津作为中国最大的畜产品出口口岸,就有不少来自华北地区家庭饲养业的产品。

河北省枣强县的大营镇,是冀南的皮毛集散地之一。"该镇商号共计百余家,皮货店约占十分之七……该镇与顺德、遵化、辛集并称河北四大皮货市场"①。束鹿县辛集镇所集散的"羊皮由保定、正定、河间、顺德及泊头、周家口等处陆路输入,每年计粗、细两色约三十万张,本境制成皮袄、皮褥等货,由陆路运至天津出售。羊毛由归化、城西、泊头、张家口及五台、顺德等处陆路输入,每年计约四五十万斤,本境制成织绒、毡毯、帽头等货,由陆路运至天津、湖广等处出售"②。

山东省所养的山羊和绵羊,"其目的不专在取毛,故羊毛之品质殊不一律",一个重要的原因,就是这些羊毛多由商贩从各家各户零星收集、并掺杂混合而成。全省产量共约 36 680 市担。其中,昌邑为 8 000 市担,单县 6 800 市担,蒙阴 6 000 市担,滕县 2 100 市担,临沂 2 000 市担,沂水 1 800 市担,肥城 1 250 市担,滨县 1 050 市担,夏津 1 000 市担,其余各县自数量少而不等。除部分自用外,约 32 040 市担外销县外,占产量的 87% 有余。山东羊毛的"省内市场之主要者为青岛、济南、济宁三处,省外行销天津为最多,亦有由青岛、徐州而至上海者"。羊皮的外销总数,共计 181 920 张,行销地点与羊毛同。山东省养猪头数约为 3 959 930 头,大多在当地消费,县外销量为 860 800 头,仅占产量的 22% 弱。"本省行销地点,除邻县外,以济南、青岛、济宁、烟台、博山为止。省外北销天津、南销徐州、南京、上海"③。

华北地区所饲养的牛,和其他牲畜的饲养一样,并不是一种专门的产业,而是家庭的一种副业,其主要用途,是作为耕耘田地或拉车的役备。对此,胶海关专门有一段考述:"考之事实,鲁省并无畜牧事业可言,纵或有之,亦为农民副业耳。盖农民饲牛,乃为耕耘之需,初非售肉之计,遑论运销外洋哉!以故对于畜养方法无甚研究。而贩牛牟利之徒,大都分向农村收买。农民或以近于经济,或以饲养为艰,不得已始行出售,以济燃眉之急。于是牛贩得之,运往青岛,宰割为肉,销往外洋,以图厚利。"④从牛肉对外出口的情况来看,青岛"每年输出鲜、冻牛肉约二十万担,牛皮、牛油各约二万担,大半运销日本。青岛宰畜股份有限公司,为青岛唯一屠宰机关,民国二十年(按:1931年)宰牛六万余头,平均每日宰牛一百六十头,输出牛肉皆由该公司承办。牛之来源,冀、豫、晋、陕各省俱有,然以本省为多。至本路运输牛只,以济南、虾蟆屯、昌乐三站为最多",1928 年运牛 23 817 吨,1929 年为

---

① 天津国货研究所:《国货研究月刊》1932 年 9 月号,第 86 页。
② (清)李中桂等纂:《光绪束鹿乡土志》,卷十二,商务,光绪三十一年修,民国二十七年铅印本。
③ 实业部国际贸易局:《中国实业志·山东省》,戊,实业部国际贸易局,1937 年,第 458、463、470 页。
④ 青岛市档案馆编:《帝国主义与胶海关》,1922—1931 年报表,档案出版社,1986 年。

图 5-7 1939 年的青岛宰畜公司及备宰活牛
（资料来源：青岛市特别市社会局礼教科：《青岛指南》，青岛市特别市社会局，1939 年。）

47 532 吨，1930 年为 46 609 吨，1931 年为 15 964 吨。① 青岛牛肉输出的腹地相当辽阔，其"出口牛肉，百分之七十来自豫省，百分之二十产于鲁省西部，百分之十运自冀省南部，以上成分，迄今未变"②。

蛋类产品出口的具体数据，最早出现在津海关 1904 年的贸易统计中。不过该记录也仅为鲜蛋一个品种，对中国沿海口岸的输出数据，对国外输出数据则为零。鲜蛋同时也对国外市场出口的统计数据，出现在 1905 年。到 1910 年，在蛋类的出口行列里，出现干蛋黄这种禽蛋初加工产品。此后，各类新的蛋类加工产品，如皮蛋于 1911 年；咸蛋于 1912 年；干、湿蛋白，干、湿蛋黄，白黄不分的干货于 1914 年；白黄不分的湿货于 1917 年；冻蛋品于 1924 年，陆续加入到天津的出口商品名单中。1931 年，胶海关输出鲜鸡蛋约 15 900 万个，干、湿冻蛋品 14 600 万担。其制蛋机关，唯青岛有之，商家中茂昌股份有限公司为华商，培林公司为英商，美丰洋行为美商，其中以茂昌公司资本最大。本路运输鸡蛋，年约 1 万余吨，以济南、张店、高密三站输出最多。胶济铁路 1928 年运鸡蛋 3 672 吨，1929 年为 15 590 吨，1930 年为 16 084 吨，1931 年为 16 783 吨。③

胶州湾西南的胶州、诸城、莒州一带是山东柞蚕丝的主要产地，"昌邑商贩将蚕茧在诸城或莒州收购后，再由商行用牲口载运，走 3 天路程，经过胶州和平度来到柳疃。那里亦有来自河南、山西或从关东用民船装来的野生蚕丝"。黄丝即桑蚕丝，青州丝的主要产地有临朐县的五井、野园等处，每年的产值达 200 万两，主要运往烟台，织成丝绸后销往济南、直隶、河南等地；周村丝的产地主要有蒙阴、沂水、泰安、沂州、滕县等处，它们在周村成交后，陆运烟台后"再分组挑选。质量最佳的一级蚕丝供应外销出口，二级蚕丝运往上海供织丝绸用，三级蚕丝则运销广东供制造丝线、丝带等用"④。据统计，1922 年，山东省的蚕丝产量为 116 000 担，其中 40 000

---

① 胶济铁路管理局车务处编：《胶济铁路沿线经济调查报告总编》上，三、农业，胶济铁路管理局，1934 年。
② 青岛市档案馆编：《帝国主义与胶海关》，1922—1931 年报告，档案出版社，1986 年。
③ 胶济铁路管理局车务处编：《胶济铁路沿线经济调查报告总编》上，三、农业，胶济铁路管理局，1934 年。
④ 青岛市档案馆编：《帝国主义与胶海关》，1892—1901 年报告，档案出版社，1986 年。

担产于临朐,12 000担产于莱芜,10 000担产于博山,8 560担产于新泰,5 850担产于蒙阴,4 039担产于益都。①

(2) 野外猎捕业的商品化(以海水捕捞为中心)

鱼类产品的销售量也很大。青岛是民国时期山东最大的水产品销售市场。1931年5月,在青岛的华人成立了青岛渔业公司,日本人也成立了水产组合,其其主要业务分别是代理中、日渔船在青岛本地出售其水产品。其中,青岛渔业公司仅1932年6月至1933年5月1年的时间内,就销售水产品400多万斤。至于"行销外省或外埠之任务,全由鱼行任之。鱼行皆为渔业公司之经纪人,在鱼市场内以竞买方法购进,再行运销外埠,或代外埠鱼商购买,博取佣金。青岛市共有较大之鱼行二十四家,每年营业额为七十六万九千二百元,以义长祥为最大"②。

青岛之外,山东的另一海产品市场当数烟台。"烟台为山东沿海渔业荟萃区域之一,每年遇春、秋两期鱼汛,渔船群集,为销鱼之中心。不仅山东本省沿海渔船驶往该处,即辽宁沿海各岛,亦有常川到岸者。境内有鱼行八十一家,其职能不仅买卖鱼产,且为渔民金融之周转机关"③。

威海的海产品市场也很繁荣。"威海卫渔户将鱼捕获后,除本地销售外,类多售于鱼行,所得利益,各渔户平均分派。鱼行之作用及其与渔民、鱼商之关系,大致与青岛、烟台同";威海共有鱼行协裕恒等25家。此外,文登有鱼行永吉号等18家,日照、诸城、胶县、即墨、海阳、荣成、昌邑、寿光等县也有鱼行,但规模不大。其他地方的水产品,则多由打鱼者自行运销了。④

不过,由于存储技术的原因,山东省长距离的鱼类产品销售,还是以干鱼和咸鱼为主。"据山东胶州、威海卫、烟台、龙口四关之报告,近五年来出口之干鱼、咸鱼,以二十年份(民国二十年,1931年)为最多";上述4关5年间鱼类的出口数量,分别为104 327担、95 555担、85 772担、159 572担、113 396担。⑤另据胶济铁路统计,该路1929年运输的咸鱼、干鱼数量为4 309吨,1930年为6 324吨,1931年为11 416吨。⑥

山东海产品的销售范围广大,"青岛出口之鱼,以销南方各口岸为多,运往海州、上海、香港、厦门、汕头等埠,其中尤以上海为最;至烟台、大连等埠,则有运鱼至青岛销售,而无青岛之鱼运北行销者。烟台出口之鱼,北至天津、吉林,南至上海、广东汕头;威海卫出口之鱼,北至营口、安东、天津,南至上海、福建、香港、广州"⑦。

---

① 青岛市档案馆编:《帝国主义与胶海关》,1922—1931年报告,档案出版社,1986年。
② 实业部国际贸易局:《中国实业志·山东省》,己,实业部国际贸易局,1937年第56—57页。
③ 实业部国际贸易局:《中国实业志·山东省》,己,实业部国际贸易局,1937年第58页。引文中的"常川",原文如此。
④ 实业部国际贸易局:《中国实业志·山东省》,己,实业部国际贸易局,1937年,第62—63页。
⑤ 实业部国际贸易局:《中国实业志·山东省》,己,实业部国际贸易局,1937年,第72页。
⑥ 胶济铁路管理局车务处编:《胶济铁路沿线经济调查报告总编》上,七、渔盐业,胶济铁路管理局,1937年。引文中的近5年,指1928—1932年。
⑦ 实业部国际贸易局:《中国实业志·山东省》,己,实业部国际贸易局,1937年,第72—73页。

畜牧业经济的发展及其商品化程度的提高，厚殖了华北农村市场经济的土壤，成为农民增收的有效路径，在增强近代华北综合经济实力方面，功不可没。

第四节 本章小结

清代之前，汉族和蒙古族分别是华北和蒙古高原的主体民族，农业和游牧业自然也是两大区域的基础经济产业。清代以至民国的政治统一，使两个原本泾渭分明的民族和产业，发生了日益复杂多样的联系。农业与牧业的相互渗透和影响，就是其中最显著的表现。

对蒙古高原地区而言，虽然畜牧业经济依然是当地特别是漠北地区的主体产业，但是，大面积的农业种植区，已经不再局限于长城之内；以农为生的劳动者，也不再是传统的汉族人；该区域的近代农业发展水平虽然比不上华北，但其农业的精耕细作区域也越来越广阔，并且在平绥铁路沿线特别是后套地区，还形成了牢固的商品粮基地。

对于华北地区来说，农业发展的标志，不再单单是粮食产量的提高，还在于为沿海工业和国际市场提供原料和商品的农业经济作物（如棉花、花生、烤烟等），在于种植面积的扩大与产业区的形成。引领当地经济前进的力量，不再是千年不变的国本产业——传统农业，而是国际背景下的现代工业。

与此同时，华北地区原本属于家庭副业的家畜饲养业，也随着蒙古高原地区畜产品国际市场的开拓和价值提升，而有了更大的发展，畜产品的产量和质量均明显提高，在农村经济当中的地位较前改观，这又是畜牧业对农业影响和反作用的结果，是华北与蒙古高原近代畜牧业经济进步的体现。

史学界通行的著作和观点，往往把以农耕为主要经济产业的华夏族及其文明进程，作为整个中华民族的历史主线，以便为中原政权、农耕文化、农业经济在中国历史上的核心和主导地位，寻找理论依据。然而事实上，农业和牧业、工业、商业一样，都是人类最基本的4大经济产业之一，农业并非无处不在的万能产业，它能否存活要受当地土壤、降水、热量、技术等诸多自然和人文条件的严格制约。在气候干旱、降水稀少（200毫米以下）、积温有限、无霜期短暂的高寒和荒漠地区，除非其中灌溉条件较好的零星区域外，整体上并不适合硬性推广农业生产。否则，既破坏了生态，也无益于经济。

另一方面，畜牧业经济也并非真的野蛮落后，更非干旱高寒区的特色产业。事实上，华北农业区的时间间隙（农闲）和空间间隙（荒山岭坡、河边路旁），都是畜牧业经济的良好生存空间，其生命力比农业还要顽强。并且，畜牧业对农业居民的衣食住行诸方面，都有明显的帮衬和反哺作用。许多农民本身就同时兼营农业和牧业，二者在贴补家用方面并无高低贵贱之分。

再者，在包括蒙古高原在内的西北边疆地区，干燥、凉爽的气候和广阔无垠的草地,虽然整体上不利于农业经济的大规模发展,但却非常适合以牛、马、羊、驼等为主要生产内容的畜牧业经济。因为对牧业而言,除了寸草不生的戈壁和沙漠,都是可以放牧牲畜的场所。并且,当地民族在悠久的游牧生产和生活中,业已总结出一整套完备的战干旱、斗严寒的牧业生产技术,创造了与农耕文化同样光辉灿烂的游牧文化,为边疆的开发建设做出了重大贡献。相反,清末民国以来在草原地区不恰当的农业垦殖,反而不利于当地经济和生态的良性循环。

事实上,除了立足于辽阔陆地之上的农业和牧业之外,根植于波涛汹涌的大海间的海洋经济,也长期被我们这个海岸线绵长的国度的主流社会所忽视。凡此种种,均不适应近代以来中国经济全面良性发展的客观需要和世界潮流。

从这个意义上说,打破各种传统的范式和界限,从事跨时期、跨区域、跨产业的综合历史经济地理考察,是非常必要和前景广阔的。

第六章 华北与蒙古高原工业的现代化

清代中期之前的华北和蒙古高原工业,被普遍认为是从属于农、牧业的一种手工副业。尽管从细部来看,它包括自给自足性的手工业和以满足市场需要为目的的商品化手工业两种类型,但限于市场需求和技术水平,它在当时的区域经济发展当中,依然处于次要地位。

进入近代以后,华北和蒙古高原的传统手工业生产,则发生了明显的改变。其根本诱因,是作为英国工业革命成果的机器工业品及其生产方式、管理方式,在北方通商口岸城市登陆,并逐渐发展成为引领区域经济发展方向的主导性产业。在新型现代工业的冲击与带动之下,华北和蒙古高原的传统工业发生严重分化,生产成本高昂而技术低下的自给自足型手工业很快衰落,而学习和运用新材料、新技术和新设备的市场化手工业,则在不断的嫁接、改造和调适中曲折前行。从传承关系上,它们可分为中国传统工业的现代化转型和西方新式工业企业的创立;从生产场地的地理区位上,可分为城市工业与乡村工业;从集约化程度和管理模式上,可分为工厂型工业和作坊型工业;从生产原料上,可分为以矿产品加工业、农产品加工业,等等。整体而言,以天津、青岛等通商口岸为代表的城市工业,是近代北方现代工业的主体;以高阳、潍县棉纺织业为代表的乡村工业,是近代华北现代工业的重要组成部分;而蒙古高原的城、乡畜产品加工业,也有了一定程度的发展。工业化程度的提高,是华北与蒙古高原近代经济地理格局最为显著的变革和进步之一。

第一节 城市工业的繁荣

一、以天津为代表的华北西部城市工业

1. 天津的城市工业

天津作为洋务运动的北方中心,在开埠通商以后,是受西方现代工业品和生产方式冲击最大最直接的地方。清政府为了革新图强,本着"师夷长技以制夷"和"中学为体,西学为用"的原则,在天津投资建设了一批现代化的军事和民用工业企业,从而造就出北方最早的现代城市工业。它们广泛分布在军工、航运、工矿、电信、铁路等领域里。

1866年(同治五年),清政府创立天津机器局,主要生产枪炮弹药,同时也生产挖河船。1872年(同治十一年),设立轮船招商局天津分局,以天津为北洋航线的终端,揽载漕粮和一般客货运输。1878年(光绪四年),在天津成立了开平矿务局,

扩大开平煤的开采,以解决机器的动力能源。

与此同时,外国人也在天津投资创建了包括轮船驳运、羊毛打包、印刷、煤气、自来水、卷烟等轻工企业。中国的许多官僚、军阀和其他民间资本,也在天津投资建设了许多现代轻工企业。

表6-1　1911年前天津各类民族资本企业的分布状况

门类	家数	门类	家数	门类	家数	门类	家数
矿业	5	机器	10	纺织	28	面粉	12
榨油	4	烛皂	12	火柴	4	皮革	5
制碱	3	瓷器	1	玻璃	1	化妆品	2
交通	1	垦业	1	烟酒	7	其他	11

(资料来源:宋美云:《北洋军阀统治时期天津近代工业的发展》,《天津文史资料选辑》第41辑。)

表6-1显示,到1911年(宣统三年)前,各类民族资本企业已达到了107家,所涉及的门类已近20个,表明这一时期,天津的民族现代工业已经初具规模。

表6-2　1914—1928年天津设厂状况统计

年份	设厂总数	其中中国	其中外国	占历年设厂总数的%	年份	设厂总数	其中中国	其中外国	占历年设厂总数的%
1914	48	47	1	3.9	1922	107	103	4	8.7
1915	220	219	1	17.8	1923	80	77	3	6.5
1916	60	59	1	4.6	1924	297	292	5	24.0
1917	53	50	3	4.3	1925	48	43	5	3.9
1918	41	37	4	3.2	1926	64	63	1	5.2
1919	45	35	10	3.6	1927	58	56	2	4.7
1920	43	42	1	3.5	1928	68	65	3	5.5
1921	54	48	6	4.4	合计	1 286	1 236	50	100.0

(资料来源:罗澍伟主编:《近代天津城市史》,表11-2,中国社会科学出版社,1993年,第417页。)

到1928年,天津的中国城区,共有中国人开办的工厂2 186家,资本总额约3 300余万元,其中制盐、碱、棉纱、面粉、火柴等17家大型工厂资本额合计为2 900余万元,占资本总额的93.3%。另外,各国租界内还有中外工厂3 000多家。[1] 1933年和1947年的统计显示,天津在工厂数目、工人人数、资本额和生产净值等方面,均成为国内仅次于上海的北方最大现代工业城市。[2]

---

[1] 罗澍伟主编:《近代天津城市史》,中国社会科学出版社,1993年,第418页。
[2] 严中平等编:《中国近代经济史统计资料选辑》,工业,表8,科学出版社,1955年。

表 6-3　1935 年天津市工业分类概况　　　　　　　　单位：家

工业类别	工厂	小工厂 1	小工厂 2	作坊	合计	百分比(%)
纺织	32	65	21	566	684	56.43
化学	13	1	37	24	75	6.18
饮食	4	2	51	22	79	6.51
服装	6	2	7	15	30	2.47
机器及金属制造	27	1	99	43	170	14
土石制造与建筑	7	5	9	10	31	2.55
竹木骨角制造	0	0	0	36	36	2.97
造纸及印刷	4	1	5	8	18	1.48
文具及运动用品	1	0	0	6	7	0.58
精整工业	6	1	31	45	83	6.83
总计	100	78	260	775	1 213	100
百分比(%)	8.24	6.42	21.42	63.92	100	

(资料来源：天津市社会局编：《天津市工业统计(第二次)》，天津市社会局，1935 年，第 11 页。)

本书作者按：工厂是指工人满 30 人，使用机器动力的工业企业；小工厂 1，是指满 30 人无动力的企业；小工厂 2，是指虽使用动力但不满 30 人的企业；作坊是既无动力又不满 30 人的企业。租界工厂不在统计之内。

　　表 6-3 的统计显示，尽管到 1935 年的时候，天津已经成为北方最大的现代工业城市，但是从中国城区的统计来看，天津工业以轻工纺织类的比重最大，占到 56.43%，机器动力的使用率为 53%，现代化的程度最高；新兴化学工业其次，整体比重和机器动力比率分别为 6.18% 和 50%。如果加上各国租界区的工厂，天津工业现代化的程度还能再提高一些。但从华界的整体水平来看，能够使用机器动力的工厂，比率却仅为 29.66%，说明在天津中国城区，大部分的城市工业企业仍处在手工生产阶段。这虽然不是天津整个城市工业的全貌，但至少可以代表北方那些没有租界的城市其工业经济现代化的最高水平。

　　从整体上讲，和乡村工业相比，城市工业企业，具有规模庞大、资本雄厚、设备先进、技术能力强的优势，因而成为华北工业现代化的主导力量。

　　2. 华北西部其他城市的工业

　　除天津之外，华北西部其他城市的现代工业，也有了一定程度的发展。

　　唐山是天津之外现代工业企业最为集中的城市。其中的开平煤矿、启新洋灰公司，都是中国早期为数不多的著名工业企业。此外，唐山华新纱厂的经济实力和生产能力，也不亚于天津市内的其他纺织企业。它们在资金、技术、管理、市场等方

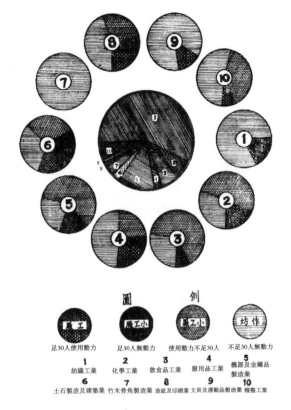

图 6-1　1935 年天津市工业分类比较示意图
（资料来源：天津市社会局编：《天津市工业统计（第二次）》，天津市社会局，1935 年，第 13 页。）

面要受天津的控制，往往被看作天津工业的组成部分。①

北京作为政治、文化和商业中心，一直是北方最大的消费城市而不是生产城市，民国时期亦然。尽管资料记载说，民国时期的北平，有"700 余工厂，7 万余工人"②，生产的象牙雕刻、景泰蓝、地毯、宫灯、日用小商品和中成药等产品亦远近闻名，但从其生产规模和技术水平上讲，像样的现代工业企业却很少，最为知名的如石景山钢铁厂，1937 年以前却并未正式投入生产；清河制呢厂的产品年产量也只有 7 000 米。城市现代工业的落后，使得偌大的北京，连普通的牙膏、香皂、钉子也要靠天津等地来供应。③ 另据考证，解放前的北京，"经济很不发达，工业极端落后，近代工业出现较迟，多为手工业生产。直到抗日战争胜利以后，北京工业中手工业仍然占 80% 以上，在全国工业产值中的比重甚小，只占 1.93%"；

---

① 王玲：《北京与周围城市关系史》，北京燕山出版社，1988 年，第 257—265 页。
② 池泽汇、娄学熙、陈问咸编纂：《北平市工商业概况》，北平市社会局，1932 年，第 1 页。
③ 北京市社会科学院编：《今日北京》，燕山出版社，1986 年，第 90 页。

1949年以前,"北京工业发展极其缓慢,没有真正的机器制造工业,没有基本化学工业,不能纺纱,不能炼钢。企业的规模狭小,设备简陋,技术落后;产品成本高,质量低;原料和市场多依赖外国和外地;而本市所需用的产品却仰赖于洋货或津、沪供给"①。

清苑(保定)一度曾是直隶省和河北省会,工商业经济相对繁荣。西关车站有1913年成立的庆兴蛋厂,资本1万元,专门制造蛋黄粉面和蛋清干片,销售欧美各国,"营业颇佳"。1928年每天出品约1 300余斤,设备包括"火力一架,蛋黄制造器一套,蛋清发酵器桶二百个"。西关十字街南,有1923年成立的广业制革厂,资本9 000元,出品有法兰皮、花旗皮、英软皮,每天出皮5张。西关外还有育德中学附属工厂,资本2万元,出品有水车、织布机、弹花机、切面机、轧花机、棉花榨包机,所用木料购自保定附近,生铁来自鞍山及获鹿、杨子,熟铁多英美货,销路为平汉铁路全线附近,设备包括"镟床四,铣、刨床各一,煤油机二,锅炉一,汽机一",其余"小工厂尚多"。②

虽然1905年(光绪三十一年)前的石家庄,还只是一个只有800人的小村子,但是京汉、正太两条铁路在这里交汇并通车以后,它便逐步发展成为河北平原南部的一个区域性工商贸易中心,城镇工业也有了一定的发展。它拥有"近代化的三大商家,即正太铁路总机厂、炼焦厂、大兴纱厂",除此之外,"还有发电、火柴制造、肥皂制造、粮食加工、机械加工、铁器加工、蛋品加工、轧棉加工等诸多中小型工业和手工业企业"。③

太原是山西省最大的工业城市,使用机器生产的工厂较多。据20世纪30年代的记录,以境内全体工业计算,作坊式企业虽较机器生产工厂为多,但在资本、职工、产值方面比较,后者占绝对优势。太原机器生产工厂共37家,可分纺织、面粉、卷烟、化学、陶瓷、造纸、火柴、制革、电气、印刷、机器、修理、铸造、水压机、洋灰、窑及农工器具制造等17种门类。其中大部分系由公家经营,厂数占59.6%,资本占79.0%,职工占82.8%,年产值占69.0%,私营企业所占之成分甚少。公营企业中,尤以西北实业公司所经办之厂为多,省公营者仅占一二厂而已。④ 37家新式工厂之外,尚有不少手工业工场,主要包括丝线、针线、毛巾、打毡、地毯、榨油、磨面、肠衣、硝皮、酿酒、醋、酱、酱油等多家工场。⑤

由于前期基础牢固,所以,直到抗日战争爆发和城市沦陷以后,太原在工业上依然保持了较快的发展势头,成为山西现代工业的龙头。

---

① 中国人民大学工业经济系编著:《北京工业史料》,北京出版社,1960年,第1、6页。
② 河北省政府建设厅编:《调查报告第四编工商》,河北省政府建设厅,1928年,第10—11页。
③ 李惠民:《近代石家庄城市化研究(1901—1949)》,中华书局,2010年,第136页。
④ 实业部国际贸易局编纂:《中国实业志·山西省》第3编,第1章,实业部国际贸易局,1937年,第15页。
⑤ 周宋康:《山西》,中华书局,1939年,第147页。

表 6-4　1940 年山西省的主要日本军管工业企业

工厂名称	关联的日企	厂址及业务	工厂名称	关联的日企	厂址及业务
第一工场	钟纺	太原纺织	第二十二工场	丰田	太原自动车【注4】
第二工场	兴中、日东	太原电气	第二十三工场	王子制纸	太原制纸
第三工场	兴中、大仓	阳泉制铁【注1】	第二十四工场	王子制纸	兰村制纸
第四工场	兴中	阳泉石炭	第二十五工场	兴中	兰村电气
第五工场	兴中	西山石炭	第二十六工场	兴中	东山石炭
第六工场	兴中、大仓	太原制铁	第二十七工场	兴中	寿阳石炭
第七工场	日东	太原制粉	第二十八工场	兴中	孝义石炭
第八工场	兴中、大仓	太原窑业	第二十九工场	兴中	介休石炭
第九工场	日东	榆次制粉	第三十工场	日东、南鲜	平遥制粉电灯
第十工场	兴中、满工	太原机械	第三十一工场	日东、南鲜	临汾制粉电灯
第十一工场	上海纺	祁县织染	第三十二工场	中华燐寸	汾阳燐寸
第十二工场	东洋纺	榆次纺织	第三十三工场	上海纺绩	新绛纺绩
第十三工场	东亚烟草	太原烟草	第三十四工场	上海纺织	新绛纺织
第十四工场	兴亚印刷	太原印刷	第三十五工场	浅野	太原セメント【注5】
第十五工场	兴中	太原电气	第三十六工场	日东、南鲜	太原制粉电气
第十六工场	钟纺	太原毛织	第三十七工场	中华燐寸	新绛燐寸
第十七工场	钟纺	太原皮革	第三十八工场	兴中	洪洞石炭
第十八工场	钟纺	太原曹达【注2】	第三十九工场	日东、南鲜	祁县制粉电灯
第十九工场	日本火药	太原火药	第四十工场	盐务局	运城盐
第二十工场	日本火药	太原火药	第四十一工场	大仓	代县金矿
第二十一工场	中华燐寸	太原燐寸【注3】	第四十二工场	兴中	富家滩石炭

（资料来源：〔日〕真锅五郎：《北支地方都市概觀》，大连亚细亚出版协会，1940 年，第 181—182 页。）

本书作者按：【注1】原文作"制织"，疑为"制铁"之误。【注2】：曹达，即苏打。【注3】燐寸，即火柴。【注4】自动车，即汽车。【注5】セメント，即水泥。

　　河南省的城市工业，不仅规模较小，而且布局也较分散。现代工业最集中的城市，还要数其省会开封。最著名的工厂，是由开封铜元局改组的河南省立农工机器制造厂。其产品有四个类别：一是采矿用的起重机、各式锅炉、各式水泵；二是灌溉用的蓄力吸水机、柴油机及离心水泵；三是耕种用的双行点播机、单行点播机、改良条播机；四是家庭用的单人摇水机、吸水机，此外还试制成功一部 10 吨蒸汽压路机。河南省的 4 大纱厂，分别是 1909 年创立的安阳广益纱厂，资本 150 万元；1920 年创立的邓县豫丰纱厂，资本 300 万两；1919 年创立的武陟成兴纱厂，资本 60 万元;1922年创立的卫辉新华纱厂(原文如此,应为华新纱厂——作者注),资本300万元;4大纱厂共有纱锭104 728支,布机200架。面粉厂有1918年设立的开封天丰面粉公司,1919年设立的安阳大和恒面粉厂,1920年设立的新乡通丰面粉公司,1925年设立的开封益丰、德丰等面粉厂,1933年设立的郾城大新面粉厂。小型蛋厂颇多,许昌有4家,新乡4家,开封2家,安阳1家,洛阳1家,获嘉2家,沁阳1家,驻马店1家。火柴厂有开封的大中,新乡的同和裕,洛阳的大有,温县的同济,等等。①

图6-2 1934年开封工厂制造的起重机
(资料来源:河南省建设厅:《河南建设概况》,内部刊印,1934年。)

表6-5 1938年前后河南各地造胰、火柴工业发展概况

资本单位:元

类别	厂址	工厂名称	资本额	类别	厂址	工厂名称	资本额
造胰	许昌	新华	1 500	火柴	开封	民生	100 000
		兰记	500		新乡	新华	60 000
	开封	中兴	3 000			同和裕	25 000
	新乡	新昌	6 000		洛阳	大有	20 000
火柴	开封	大中济记	20 000两		光山	远烈	9 000
		鸿昌	50 000两				

(资料来源:杨大金:《现代中国实业志》,长沙商务印书馆,1938年,第503、534页。)

二、青岛等华北东部城市的现代工业

华北东部城市的现代工业,主要有棉布、棉纱、面粉、火柴、卷烟等轻工业部门,

---

① 崔宗埙:《河南省经济调查报告》,财政部直接税署经济研究室,1945年,第34—36页。

大多集中在青岛、济南、潍县等商埠城市里。

青岛的工业在德国占领时期并不发达,因为当时"专致力于港湾、道路、水电工程以及内地之路矿,对于工厂尚属有志未逮。德人所经营者,仅有麦酒(即啤酒——作者注)厂、缫丝厂、汽水厂、鸡蛋厂各一所,与二三窑厂而已"。日占时期,特别是1918—1922年,"为本埠工业之建设时期,所有日人经营之纱厂、油坊、盐厂、酒厂、丝厂、冰蛋厂,大都于此时期成立"。中国收回青岛以后,"华商继起,如恒兴、双蚨两面粉厂,永裕公司之盐厂,以及小规模之油坊、袜厂,继起不少"。不过最为突出的仍数棉纱厂,包括日商投资的内外棉(1918年开业,为内外棉纺织公司的分厂,本社资本1 600万元)、大康(1921年开业,为大日本纺织公司的分厂,本社资本5 200万元)、富士(1921年开业,为富士瓦斯纺织公司的分厂,本社资本4 550万元)、隆兴(1923年开业,为日清纺织公司的分厂,本社资本1 612万元)、钟渊(1923年开业,为上海制造绢丝公司的分厂,本社资本538万元)、宝来(1923年开业,为长崎纺织公司的分厂,本社资本538万元)和华商投资的华新纱厂(1920年开业,为天津华新纺织公司5厂之一,资本250万元),共同组成了青岛的现代纺纱工业体系,①使青岛成为与上海、天津并列的中国3大现代棉纺工业中心。

图6-3　1939年的青岛纺织工厂车间
(资料来源:青岛市特别市社会局礼教科:《青岛指南》,青岛市特别市社会局,1939年。)

开埠通商后,随着外国机制面粉的输入,洋面开始被越来越多的中国人所接受,并成为进口替代企业努力的方向,机器面粉业开始出现并有所发展。

---

① 赵琪修、袁荣等纂:《胶澳志》,卷五,食货志,1928年铅印本,第846—849页,台湾文海出版社影印。

表 6-6　第一次世界大战前济南主要面粉厂的基本情况

工厂	开设年份	资本(万元)	职工人数	日产量(袋)	主要设备(台)
兴顺福	1913	16	55	600	6
溥利	1913	2	24	240	3
恒顺公	1914	2	30	300	4

(资料来源：庄维民：《近代山东市场经济的变迁》，中华书局，2000年，第422页。)

第一次世界大战期间及战后初期，山东面粉工业获得较快的发展。不少面粉厂资本雄厚，规模宏大，拥有钢磨、筛麦机、洗麦机、打麦机、清粉机、麸皮机、打包机等精良设备组成的流水线，并采用股份有限公司制，广泛吸收民间资本入股，工业生产进入佳境。

表 6-7　20世纪30年代山东机器面粉厂概况

工厂	厂址	成立年份	性质	资本(元)	工人数	年产量(袋)	年产值(元)
丰年	济南	1915	股份	751 900	88	578 000	1 703 200
惠丰	济南	1919	股份	500 000	90	1 100 000	330 000
茂新	济南	1919	合资	250 000	96	623 326	1 832 925
华庆	济南	1921	股份	308 700	74	1 000 000	2 700 000
成丰	济南	1921	股份	700 000	151	200 000	5 700 000
宝丰	济南	1929	股份	200 000	69	490 000	1 600 000
成记	济南	1932	股份	200 000	94	84 000	233 000
恒兴	青岛	1924	股份	300 000	66	450 000	121 500
双蚨	青岛	1928	股份	300 000	165	420 000	1 034 000
瑞丰	烟台	1922	股份	297 000	68	185 000	481 000
仁德	泰安	1929	合资	50 000	28	72 000	250 000
济丰	济宁	1922	股份	100 000	50	500 000	1 250 000
合计				3 957 600	899	8 258 326	23 396 125

(资料来源：满铁经济调查会：《山东にける於工业の发展》，1935年，第64页。转引自庄维民：《近代山东市场经济的变迁》，中华书局，2000年，表7，第430页。)

20世纪30年代与1914年之前相比，山东面粉业在资本、年产值等方面获得了飞速发展；济南仍然是面粉业中心，同时青岛、烟台等地面粉业也发展迅速。

在外国机制卷烟大量进口的刺激之下，清朝末年，烟台等地出现了引进外国制烟技术进行生产的卷烟厂。民国以后，随着美种烟叶的种植，卷烟工业由烟台转移到济南、青岛、潍县和济宁等地,卷烟厂技术设备也有了提高。①

表6-8 民国年间山东卷烟业的发展概况

工厂	厂址	建厂日期	资本(元)	年产值或产量
美业	济南	1913	6 000	
裕华	济宁	1913	50 000	
鹤丰	青岛	1925		3 600 大箱
鹤丰	潍县	1930	100 000	3 000 箱
山东	青岛	1928	200 000	450 000 元
崂山	青岛	1932	20 000	2 160 箱
东裕隆	济南	1931	20 000	522 000 元
铭昌	济南	1931	10 000—20 000	1 000—2 000 箱
鲁安	济南	1933	10 000—20 000	1 000—2 000 箱
华通	济南	1934	10 000—20 000	1 000—2 000 箱
成安	济南	1934	10 000—20 000	1 000—2 000 箱
颐中(英国)	青岛	1923	3 000 000	19 200 000 元
华北烟草(日)	青岛	1936	500 000	30 000 箱

(资料来源:庄维民:《近代山东市场经济的变迁》,中华书局,2000年,第437—439页。)

由表6-8可见,山东卷烟工业从1913年兴起,到20世纪30年代初期达到高潮,主要以济南、青岛为中心。但是华商企业从资本到生产规模与洋商不可同日而语,仅颐中烟草公司一家的产值就比山东整个烟草行业的产值还多。

民国以前,山东省内所用火柴都是舶来品。直到1913年山东才有华商设立振业火柴公司,山东火柴业开始发轫。后来青岛、济南等地华商、外商的火柴公司纷纷设立。②

表6-9 近代山东火柴工业的发展概况

工厂	厂址	建厂日期	资本(元)	性质	年产量(箱)
振业第三公司	青岛	1928	300 000	有限公司	25 050
华北火柴公司	青岛	1928	200 000	有限公司	39 800
信昌公司	青岛	1929	20 000	无限公司	17 750
鲁东公司	青岛	1929	15 000	无限公司	16 200
华鲁公司	青岛	1929	30 000	有限公司	10 050

---

① 庄维民:《近代山东市场经济的变迁》,中华书局,2000年,第437页。
② 实业部国际贸易局:《中国实业志·山东省》,辛,实业部国际贸易局,1934年,第605页。

续 表

工　厂	厂址	建厂日期	资本(元)	性　质	年产量(箱)
明华公司	青岛	1929	20 000	无限公司	7 900
兴业公司	青岛	1930	20 000	无限公司	13 450
华盛公司	青岛	1931	30 000	有限公司	4 950
青岛磷寸株式会社(日)	青岛	1918	300 000	有限公司	43 050
山东火柴公司(日)	青岛	1917	550 000	无限公司	24 100
东华公司(日)	青岛	1931	150 000	无限公司	11 800
益丰公司(日)	青岛	1920	5 000	合资	5 850
鲁兴公司	济南	1930	20 000	无限公司	3 200
振业公司	济南	1913	400 000	有限公司	23 150
洪泰第二公司	济南	1930	50 000	独资	11 650
东源隆公司	济南	1931	50 000	合资	7 500
中亚公司	即墨	1932	18 000	合资	600
振东公司	即墨	1928	46 000	合资	3 200
福来公司	即墨	1932	3 200	合资	300
大明公司	即墨	1933	10 000	独资	600
丰源公司	即墨	1930	10 000	合资	1 400
增益公司	即墨	1920	30 000	有限公司	7 850
海滨公司	即墨	1932	13 000	合资	1 000
惠丰公司	潍县	1931	40 000	有限公司	3 850
振业第二公司	济宁	1919	300 000	有限公司	21 900
昌兴公司	烟台	1926	50 000	无限公司	11 750
鲁西公司	临清	1932	30 000	合资	1 500
东益公司	益都	1920	104 200	有限公司	11 000
德威记公司	威海卫	1918	40 000	合资	4 100
洪泰第一公司	胶县	1923	50 000	独资	5 050
炽昌公司	龙口	1932	30 000	合资	1 200
合　计			2 854 400		334 500

（资料来源：实业部国际贸易局：《中国实业志·山东省》第八编，实业部国际贸易局，1934年，第608—609页。）

表6-9显示，火柴工业主要集中在济南和青岛为中心的经济发达地区。火柴工业初具规模，总资本达到285万余元，年产量33万多箱。日商总资本100万元，华商资本却有185万余元。华商的实力与外商相比没有别的行业那么悬殊。但是日商4家公司的产量就达到84 800箱，华商27家公司产量才有249 700箱，其生产

能力还是不容忽视的。外商势力主要集中在青岛。表面看来省内华商火柴企业压倒了日商企业,但是山东火柴工业并没有自立,各火柴厂所需要的化工原料仍然要从外国进口。

三、蒙古高原城市工业的起步

蒙古高原,虽然自古便有与游牧业相结合的手工业生产,但毕竟处于自给自足状态,商品化程度非常低下。一直到民国年间,蒙古高原地区的工业,依然还是以传统手工业为主,非但乡村,即便是城镇当中,能够称得上现代工业的企业,也数量极少、规模极小、技术水平很低。

以绥远地区为例,到了20世纪30年代,其工业仍"极幼稚。各县小工业,如缝纫、打铁、木作、磨坊、马鞍店、铜器店等,规模极小。新式工业,仅绥远、包头,各有电灯面粉股份公司一所,包头有晋源西油粮面粉公司一所,丰镇、平地泉,各有蛋厂一二家,及芬兰人维利俄斯在包头开设甘草厂一所而已"。

其中,绥远电灯股份有限公司,资本40万元,1929年接收塞北电灯公司继续办理,内置瑞士造透平式蒸汽发动机1座,马力540匹;发电机1座,发电总容量400基罗瓦特,发电总度数1 728 000度,有电灯17 000盏。附属面粉厂刚刚成立,尚未投产。包头电灯面粉股份有限公司,成立于1930年,资本8万元,内置德制卧式蒸汽发动机1座,马力130匹;发电机1座,有电灯4 500余盏。附设面粉厂每天用小麦40石,可出头等粉120包,二等三等粉各40包,每包重49磅。产品大多在本地和五原、临河销售,宁夏(银川——作者注)销量很少。包头晋源西油粮面粉公司成立于1928年,资本10万元,每天用小麦25石,可出二等粉130包,三等10包,四等和次面各5包。销路与前者同。包头永茂源甘草公司成立于1930年,资本3 000元。生产100斤甘草膏,需用甘草350斤,产品主要销往天津。除了上述工厂系机器外,其余皆为手工业,以栽绒毡、毛毡为大宗。①

西套蒙古的定远营(今巴彦浩特市)的城市工业,继续保持原来的手工业作坊面貌,只是比牧区集中一些而已。以其铁制品手工业为例,1730年的时候就有铁匠铺5家,匠人13人;20世纪20年代增为7家,匠人20人;20世纪30年代增至13家,匠人40人左右。生产的产品皆属于对熟铁进行再加工,主要有牧民生活和生产用的锅撑子、牛毛剪子、小尖刀、狼夹子、炉条、马嚼子、铁环、铁印子、斧头、铁刀;也有农民用的镰刀、锄、车轮铁瓦、锹等,"均甚粗糙"。铜业作坊在1913年时共有4家,主要为牧民制造铜锅、铜水桶、水壶、饭杓、水盆、盛奶桶。银匠铺在1930年有7家,学徒20余人,制造耳坠、戒指、头饰、佛钉、银盅、银碗等。此外还有羊毛手工制毯、制毛毡、毛口袋,牛皮制靴、制鞋的作坊,生产工具和技术"从民国初年至今毫无

---

① 绥远省政府编:《绥远概况》,第七编,工业,绥远省政府,1933年,第1—11页。

改进"。城里这些手工业作坊的工匠,主要是甘肃民勤人、宁夏银川人和山西人等汉人。①

同一时期的察哈尔省工业,"幼稚已极,殆尚未脱离手工时期。其组织、规模极小,大都皆属于家庭手工业性质,用机器者绝少,犹似欧陆十六七世纪之工业情形,一切俱难求其科学化,故未能充分利用本地出产原料,以求发展。如口外沙土,多含碱质,居民以之制碱,行销各地,素以口碱著称,但均墨守旧法,纯用人工,不求更精,以致近年以来,不克与舶来品相抗衡。再如牛皮、羊毛、骆驼绒、胡麻、菜子之属,产量甚多,价格极贱,乃均未能充分利用,发展工业,坐令大好原料,供外人吸收,制成熟货,转销我国。一出一入,损失至巨"。即便是该省省会城市张家口,也只有加工粗细皮的作坊188家,资本总额170 420元;加工皮革的作坊57家,资本总额9 480元;制造皮靴的23家,资本总额8 810元。销售地域多在当地或漠北蒙古地区。就全省工业发展水平而言,"均系无规模、无计划、无技术,一盘散沙,各不相谋者"。就其最好的毛织工业来说,"张家口有大通工厂,其成品盖系将原料运至天津,设总厂,招雇工人,制成毛衣等物,再运张垣分厂销售。据询该厂执事云,本地无此项技术工人,故不得不如此也。印刷业亦如是"②。此外,张家口还有蒙古人制造的金属类生活用品,但形制异常粗糙,只能行销于蒙古内地。这种金属工业,在半农牧及纯游牧的蒙古地区很少看到。那里的蒙古人,只能利用畜牧业原料,加工制造最低限度的生活用品,如毛毡、牛乳、奶油、奶豆腐、奶酒等。③再稍微晚一点的记载里,稍有一点儿变化,因为"本省规模稍大的工厂,只有省城公记面粉公司一家",总算聊胜于无;其余如制毡,鞣皮,制铜佛像,制作奶茶、奶豆腐之类的手工作坊,一仍其旧。④

热河地区的工业,较之绥远、察哈尔尚为逊色,更不要说工业的现代化了。其主要的手工业制品,包括"衣服用品,以毡、毯为大宗,如羊毛毯、牛毛毯、毡帽、毡鞋、毡袜,各种斜纹布等。垫床用的毡毯,用马皮做的,毛色深浅相间,灿然可观。又野蚕制的茧绸等";"饮食用品,有奶茶、奶酒、酸奶子及奶油、奶豆腐、奶酥饼等,统用牛乳制成。又有酒、小麦粉、荞麦粉、绿豆粉等制粉业";"杂用品,如制蜡、毛头纸及鞣各种兽类的皮为熟皮革等"。⑤

直到民国初年,漠北蒙古地区的工业,还处在自给自足的手工业阶段。其简易的制造品,是以放牧的牲畜为原料的,主要"为羊毛、牛乳等是也。羊毛之制造,约分毛毡、绒毡二种。毛毡质厚而粗,绒毡则质薄而精";奶制的食品有3种,即奶油、

---

① 内蒙古自治区编辑组:《蒙古族社会历史调查》,内蒙古人民出版社,1986年,第97—102页。引文中的"至今",即做调查时的1958年。
② 李延辉、杨实编辑:《察哈尔经济调查录》,新中国建设学会出版科,1933年,第71、86、107页。
③ 贺扬灵:《察绥蒙民经济的解剖》,商务印书馆,1935年,第39页。
④ 杨文洵等编著:《中国地理新志》,第七编,热察高原,第三章,察哈尔省,中华书局,1936年。
⑤ 杨文洵等编著:《中国地理新志》,第七编,热察高原,第二章,热河省,中华书局,1936年。

奶豆腐、奶果子(即上文中的奶酥饼——本书作者注),奶制的饮料有3种,即奶茶、酸奶子、奶酒。①

1921年外蒙古地区在苏联的控制下半独立于中国中央政权以后,其现代工业是逐步获得了一定发展的。"已经完成的有木材、炼瓦、汽车、印刷、机械铸造、酒类蒸馏等等的工厂。一九三四年得了苏联技术上的援助,并在库伦设立了一个综合的大工厂,制造棉纱、毛织品、皮革、皮靴、皮外套等工业品。另外还在库伦设了几所兵工厂、化学兵工厂和发电所。关于矿业方面,除原来已开采的煤矿外,其余如金、银、铅、石墨等矿产,也次第在积极开发中。外蒙古这种种企业,都是由国家经营的。且和苏联一样地拟定了一个五年生产计划,作为努力提高效率的目标。据统计一九三一年,工业生产价值总额已达二百八十七万七千元,预计到一九三七年,可增至一千二百万元之多了"。②

另据记载:"外蒙古的工业,颇为简单:工业以制革业、制材业、炼瓦业、机械业为主,多集中于库伦。在五年计划之下,生产率增进得很快。家庭劳动的小规模工业也不少,以畜产物为中心。有粗制毛织工场、皮革工场、制鞋工场、毛皮制造工场等,都在工业联合会统制之下,依照五年计划,加紧生产。"③

表6-10 1927—1931年的外蒙古工业概况 单位:千脱福利克

工厂	厂址	创办时间	1927前	1927	1928	1929	1930	1931
机械工厂	乌伦巴尔	1929			298	298	398	398
炼瓦厂	乌伦巴尔	1928			194	194	244	294
喀拉伊煤矿	喀拉伊郊外	1923	26	42	42	42	113	198
发电所	乌伦巴尔	1931					184	354
皮革工厂	阿尔泰来勃拉克	1932	125	197	206	230	255	255
公营酿酒场	乌伦巴尔	1927		317	416	670	839	864

(资料来源:据杨文洵等编:《中国地理新志》,第11编,中华书局,1936年,第20页。)
本书作者按:脱福利克,疑为"都开尔格"的不同音译。都开尔格系外蒙古地区当时的货币单位。

综上可知,进入半独立状态后的外蒙古地区,其工业生产虽然较前有了一些发展,但由于深受苏联的控制,工业发展的模式上,已经带有了明显的计划经济、而非市场经济特征了。

日本军队侵占热河、察哈尔、绥远之后,于1938年先后没收了中国西北实业公司在大同所设的兴农酒精厂(资本100万元)和西北洋灰厂(资本200万元),改名蒙疆洋灰厂。同时设立蒙疆木材公司(资本100万元),垄断建筑木材;设立蒙疆石

---

① 卓宏谋:《最新蒙古鉴》,第三卷,实业,北京西城丰盛胡同四号卓宅发行,1919年,第22—24页。
② 沙泉:《外蒙古》,广州全民出版社,1938年,第29—30页。
③ 独立出版社编:《我们的外蒙古》,独立出版社,1938年,第19页。

油公司包办石油买卖;蒙疆运输公司操纵运输;蒙疆电制面粉厂(资本200万元),掌握察、绥民食;由蒙疆、三井、大仓3公司集资20万镑,设立出口公司,经营平绥铁路沿线的驼羊毛、皮革、蛋粉、油脂等原料对欧美市场的输出。1939年又成立蒙疆商业株式会社,集资1 000万元,专销日本来的进口货物。另外,还有编制蒙疆一切工商事务的蒙疆公司、大蒙公司,以及从事部分垄断事务的蒙疆电气株式会社、毛织厂、制革厂等。① 凡此种种,虽然客观上提高了漠南蒙古地区的工业化水平,但更加重了对当地资源和财富的殖民掠夺。

第二节 矿产工业的发展

华北和蒙古高原的多种矿产资源,蕴藏都很丰富。只是在农业长期成为主导经济产业的古代,除了铸币用的贵重金属得到一定程度的开采之外,其他矿种的开发都明显不够。

进入近代以后,随着蒸汽机动力的普遍运用和现代工业的勃兴,作为能源和原料的煤、铁等原来被忽视的矿产资源,引起了中外投资者的日益重视,现代化的矿山企业遂应运而生。在华北和蒙古高原的近代矿产工业中,煤矿和铁矿的开采,无疑占据了突出的地位。

一、开埠前后的煤炭业概况

煤炭工业作为以天然矿产资源的开采为生产内容的工业生产门类,早在天津开埠之前,就存在于北方地区了。只是由于当时的开采和运输过程主要靠人力和手工进行,结果限制了生产规模的扩大和使用价值的发挥。

据方志所考,河北"房山煤业发轫于辽、金以前,滥觞于元、明以后,榷税于前清中叶";"乾隆二十九年(按:1764年),宛平有煤窑1座,房山有煤窑9座,是房之煤业在当日较宛平繁盛"。②

开埠以后的天津,日益发展成为国内外轮船云集、铁路通达、工厂林立的北方最大港口城市和现代工商业中心。无论是轮船、火车、工厂的机械动力,还是居民的日常生活,都需要大量的煤炭资源。

但是,天津当地却并不产煤。周边地区煤炭的开采,也因为技术设备特别是运输条件的落后,导致成本价格太高而无法大量使用。比如,北京西面80里处斋堂煤矿的煤,品质"无异于威尔士之优质煤,每吨可以售得银一两。该矿以原始之土法采煤,足可日产二百吨,纵令采用外洋机器,此燃料之掘取成本,亦似难下降。其质优如斋堂之煤者,所附之困难,公认皆因目下运费之高昂,俾天津及他处耗费匪

---

① 察哈尔蒙旗特派员公署编:《伪蒙政治经济概况》,正中书局,1943年,第65页。
② 冯庆澜等修纂:《房山县志》,卷五,实业,矿业,民国十七年铅印本。

细。盖据上述详细调查之所得,坑口煤每吨值银一两者,一俟在天津交货,每吨则必亏折九两以内"①。有鉴于此,天津只好从日本进口价格相对低廉的煤炭,以敷时需。仅1881年,津埠就进口日本煤炭17 445吨。②

二、煤炭的现代化开采

为解决煤炭资源的供应问题,在李鸿章的积极干预下,天津附近的开平煤矿自1882年开始,大规模地使用机械动力进行开采,聘用西人作为技师,借鉴西方的管理模式和经验,实现了煤炭运输的铁路化,成为腹地煤炭工业现代化的先导和楷模。

一系列现代化革新的结果,使传统的开平煤矿获得了新的生命力,产量明显增加,当年就有60 000吨出窑并销售到天津等地,除用于轮船8 185吨外,还售往上海与福州两地313吨。③此后,营运于津埠的轮船都大量使用开平煤作燃料,煤炭出口明显增加。1884年,"有帆船数只载满煤斤驶往牛庄,另有若干轮船各载数百吨之煤运销上海,煤之出口由是肇端"④。

表6-11 1882—1900年天津开平煤的运销状况   单位:吨

年份	供出口者	供政府用者	年份	供出口者	供政府用者
1882	8 185		1892	55 626	29 963
1883	8 503		1893	51 355	30 485
1884	13 731		1894	65 702	38 550
1885	17 486		1895	41 492	12 480
1886	34 100		1896	74 551	11 765
1887	46 492		1897	116 233	27 957
1888	38 042		1898	108 769	31 034
1889	51 959		1899	99 143	34 585
1890	47 243	9 612	1900	34 139	14 165
1891	70 885	24 667			

(资料来源:茅家琦主编:《中国旧海关史料(1859—1948)》,京华出版社,2001年。)

1900年前后,天津周围现代化程度较高的煤矿只有开(平)滦(州),北京西面的几座老煤矿,由于技术设备处于依然故我的传统状态,所以产品只能在京城及其附近销售。⑤

---

① 吴弘明编译:《津海关贸易年报(1865—1946)》,1880年报告,天津社会科学院出版社,2006年。
② 吴弘明编译:《津海关贸易年报(1865—1946)》,1881年报告,天津社会科学院出版社,2006年。
③ 吴弘明编译:《津海关贸易年报(1865—1946)》,1882年报告,天津社会科学院出版社,2006年。
④ 吴弘明编译:《津海关贸易年报(1865—1946)》,1884年报告,天津社会科学院出版社,2006年。
⑤ 许逸凡译:《天津海关1892—1901年十年调查报告书》,天津市历史研究所编:《天津历史资料》,第4期,第55页。

表 6-12　1912—1925 年的开滦煤炭产量　　　　　　　　　单位：吨

年度	产量	年度	产量	年度	产量
1912	1 693 195	1917	3 254 018	1922	3 874 975
1913	2 532 166	1918	3 398 375	1923	4 464 814
1914	2 877 497	1919	4 201 888	1924	4 024 850
1915	2 884 978	1920	4 363 899	1925	3 581 716
1916	3 032 109	1921	4 085 510		

（资料来源：黄景海主编：《秦皇岛港史（古、近代部分）》，人民交通出版社，1985 年，第 240 页。）

20 世纪初年开始，连接天津和北方广大地区的京奉、京汉、京张、正太、道清、津浦等铁路相继通车，运输成本大大降低，各地煤矿的革新步伐也随之加快了。除开滦之煤大量运津外，逐步使用机器动力采煤的京西各煤矿通过京奉铁路，直隶井陉煤矿由正太铁路转京汉铁路再转京奉铁路，直隶临城煤矿由京汉铁路再转京奉铁路，河南清化的福公司煤矿由道清铁路转京汉铁路再转京奉铁路，或由道清铁路运至道口再用船经卫河、南运河水运，将其质优价廉的煤炭运到天津市场或出口到沿海各地市场，大大拓展了天津的煤炭来源和腹地煤炭工业现代化的空间范围。[①]

表 6-13　1901—1937 年的天津煤出口状况　　　　　　　　　单位：吨

年份	一般用煤	船用煤	焦煤	年份	一般用煤	船用煤	焦煤
1901	43 295	16 109		1920		235 366	6 481
1902	19 165	30 454		1921		304 665	10 694
1903	3 271	23 700		1922		193 502	8 816
1904	900	28 056		1923		284 281	7 563
1905	2 235	22 948		1924	165 005	75 172	5 331
1906	1 643	23 030		1925	81 297	68 129	2 053
1907	8 180	23 822		1926	96 039	69 459	2 068
1908	9 125	38 871		1927	42 601	79 900	2 098
1909	24 678	52 645		1928	48 234	57 031	170
1910	43 684	52 000		1929	26 960	72 610	1 321
1911	83 098	59 317		1930	116 264	95 384	5 320
1912	44 172	45 009		1931	230 162	77 930	8 730
1913	61 267	52 571		1932		398 157	10 012
1914	59 613	63 618		1933		449 215	4 127
1915	61 490	70 806		1934		373 730	5 459
1916	49 805	59 939		1935		383 338	4 875
1917	28 938	54 417	5 575	1936		455 050	7 354
1918	38 092	50 923	26 596	1937		286 929	5 823
1919	83 436	59 528	15 055				

（资料来源：茅家琦主编：《中国旧海关史料（1859—1948）》，京华出版社，2001 年。）
本书作者按：数量单位自 1933 年起为公吨。

[①] 吴弘明编译：《津海关贸易年报（1865—1946）》，1909、1910 年天津口华洋贸易情形论略，天津社会科学院出版社，2006 年。

华北煤炭工业的发展,为区域工业、运输业的现代化,以及城乡人民生活质量的改善,提供了新的能源。20 世纪 20 年代,河北房山县,"煤,山南以长沟峪车厂、羊耳峪、黄院、长流水为大宗,周口店次之;山北以三窨三安子为大宗,英水南北、车营次之。其上者消于京、津,次者供烧灰、附近人家之用"[1]。

河南的手工采煤业开始较早。道清铁路通车后,焦作的中福公司将岔道直接修到了矿厂,使其所产之煤"由道清路转运平汉、陇海路各站销售";与此同时,焦作煤矿开始使用机器采煤,进一步提高了该矿的近代化水平,增加了煤的产量和销量。[2] 1940 年,在各大煤矿的产量统计中,焦作中福公司的年均产煤量为 1 052 448 吨,居全国第三位。[3] 陕县民生煤矿的近代化水平也有了很大的提高。它借助于陇海铁路运输的便利,产、销量日增,在陕州、灵宝、潼关、洛阳、郑州、开封等处站点,均设有分销处。[4]

三、民国时期的华北主要煤铁企业

除了作为工业和交通能源的煤炭大量开采之外,作为工业原料的铁矿资料,也得到了相应的开发,很大程度上奠定了华北现代工业的两大基石。

民国时期开采规模较大的华北煤、铁矿产企业,主要有以下 17 处:

表 6-14 1928 年前后的华北煤铁企业经营概况

矿企名称	所在地	经营情况	矿企名称	所在地	经营情况
门头沟煤矿	河北宛平	以中英合资的通兴公司为主,另有 72 小窑	峄县煤矿	山东峄县、滕县	中兴公司
斋堂煤矿	河北宛平县	均为土法开采小煤窑	淄博煤矿	山东淄川后台、博山县	中日合资的鲁大公司
滦州煤矿	河北唐山县	开平矿务局经营	六河沟煤矿	河南安阳县	六河沟煤矿公司
临城煤矿	河北临城县	临城矿务局	清化煤矿,又称焦作煤矿	河南修武县	为英商福公司,华商中原公司经营
磁县煤矿	河北磁县	怡立公司	平孟寿昔煤矿	山西平定、孟县、寿阳、昔阳 4 县	保晋、建昌、广懋 3 公司经营
井陉煤矿	河北井陉县	井陉矿务局、宝昌公司、正丰公司经营	大怀左煤矿	山西大同、左云、怀仁 3 县	保晋、广兴、裕晋、宝丰、晋华 5 公司
临榆煤矿	河北临榆县	柳江公司	晋陵煤矿,又称泽州煤矿	山西晋城、陵川 2 县	保晋公司,另有 100 余家小煤窑

---

[1] 冯庆澜修,高书官等纂:《房山县志》,卷二,地理,物产,民国十七年铅印本。
[2] 河南省地质调查所:《河南矿产志》,河南省地质调查所,1933 年,第 64 页。
[3] 实业部国际贸易局:《煤》,长沙商务印书馆,1940 年,第 15 页。
[4] 杨大金:《现代中国实业志》,长沙商务印书馆,1938 年,第 237 页。

矿企名称	所在地	经营情况	矿企名称	所在地	经营情况
宣龙铁矿	河北宣化、龙关、怀来3县	龙烟公司	石景山铁厂	北平西郊	引进美国最新设备
金岭镇铁矿	山东益都、临淄、长山、桓台4县之间	中日合资的鲁大公司			

（资料来源：吴承洛编：《今世中国实业通志》，商务印书馆，1929年，第1—106页。）

四、金矿的开采

华北和蒙古高原地区的金矿资源丰富。加之金矿属于贵金属矿，所以，和其他矿产资源相比，它的开采年代要更为久远，并且主要由政府来控制。金矿开采，成为近代华北和蒙古高原矿业发展的组成部分。

进入近代之后，金矿开采规模和技术进一步提高，经营模式也趋于近代化。就华北和蒙古高原地区而言，主要有以下一些产地：

河北金矿，主要分布在昌平、密云、临榆、迁安、遵化等县。昌平金矿在分水岭、黑水寨等地，明代发现，严禁开采，1909年（宣统元年）后归燕兴公司经营。密云金矿，在北平以东的桃园，原为官办，1913年改归华源公司经营。临榆金矿在大山、洞子沟、扁石等地。迁安金矿在柳树行、兴龙沟、拉马沟等处，均为兴华公司经营。遵化金矿在遵化县西北的草厂沟、瑞丰、塔峪、万树率、三道八子沟、牛家王子等地。

山东金矿的主要产地，在招远、平度、沂水、文登、牟平等地，产量都很有限。其中，招远金矿为李鸿章倡办，矿苗以玲珑山、罗山最旺，光绪十六年（1890年）归枣园金矿公司经营。

热河产金的地方很多，如承德、滦平、平泉、凌源、朝阳、阜新、建平、绥东、赤峰、丰宁、围场等地，均有出产。承德金矿在骆驼沟、碾子沟、厂子沟、狮子河、钟鼓老楼、疙疸山等地，但经营均不善。滦平金矿有八道沟等处，由泰丰公司经营。平泉王家村金矿，和建平霍家地、城子山金矿，为中英合资之平远公司经营。

漠北蒙古地区的矿产资源蕴藏丰富，但由于交通和工业的相对落后，开采种类和数量并不多。

较为发达一些的，是金矿的开采。当地金矿很多，而以库伦、乌里雅苏台、阿尔泰一带出产最丰富。[①] 而"在库伦之北，恰克图之南，额尔尼王与马贝子两旗境内，产地凡二十一处，已开采的十五处，最早被俄人开掘，光绪二十六年（按：1900年），俄人

[①] 吴承洛编：《今世中国实业通志》，第1编，第8章，商务印书馆，1929年。

柯乐德和我国库伦办事大臣连顺合组蒙古公司开采,蒙人反对。清廷勒令停办。二十九年(按:1903年),柯复请续办,办事大臣金升阿拟定章程。三十二年(按:1906年),办事大臣延祉电外部,请再停办。柯不允,谓已用去股本数百万,愿将每年所采的金,除开销外,报效吾国百分之十五。清廷核准,以延祉为督办库伦金矿大臣,自三十二年(按:1906)四月开采到宣统三年(按:1911年)九月,共出金一六三四六两六钱。辛亥革命,柯离职,外蒙独立政府仍许开办。到民国十年,以经营善,开采权租给美商蒙古贸易公司;未几又转让于北京蒙古金矿公司;惟当时我国政府未表同意";漠北蒙古地区的其他金矿,均系"和蒙人私订条约,多被俄人采掘,几得金四万两,实为一大漏厄。十九年(按:1930年),蒙藏委员会议定以蒙古各地矿产丰富,分期举办,依照蒙古矿业计划案实地调查,而日本也时常派人出发调查满蒙各矿"。[①]

第三节 乡村工业的转型

进入近代以后,随着西方现代工业生产方式的登陆与发展,华北乡村的传统工业结构发生了很大的转型。不适应的市场新需求的传统手工业门类,遭到了淘汰;适应市场新需求的传统手工业,在生产原料、生产技术、制造工艺和产品等方面进行了一定的调适之后,不断地向前发展。它们和城市的工厂和作坊一起,构筑起近代华北的城乡工业体系。从发展规模和水平上看,它可以分为以农产品为原料的一般农产品加工工业和以机制棉纱为原料乡村织布工业两类。

一、直接以农产品为原料的加工业

在华北的乡村工业中,直接以农产品作为其原料的,如蛋类加工,草帽辫加工,榨油、猪鬃加工,针织、发网、花边加工,等等,也因为国际市场的需求而有了前所未有的发展,从而成为天津出口业的重要内容,也成为现代工业在北方乡村的重要组成部分。其中,又以蛋类和草帽辫加工业的成就最大。

1. 蛋类加工业

天津腹地的禽蛋加工业,在技术、设备和生产规模方面,都随着国际市场需求的变化,处在不断的发展提高中。

表6-15 1904—1937年的天津蛋类产品出口

单位:鲜皮咸蛋(个) 干湿冻蛋白黄(担)

种类 年份	鲜、皮、 咸 蛋	干、湿、 冻蛋白	干、湿、 冻蛋黄	种类 年份	鲜、皮、 咸 蛋	干、湿、 冻蛋白	干、湿、 冻蛋黄
1904	1 517 500			1906	2 461 872		
1905	1 810 320			1907	3 406 600		

[①] 杨文洵等编:《中国地理新志》,第11编,中华书局,1936年,第19,20页。

续表

种类 年份	鲜、皮、咸蛋	干、湿、冻蛋白	干、湿、冻蛋黄	种类 年份	鲜、皮、咸蛋	干、湿、冻蛋白	干、湿、冻蛋黄
1908	7 738 210			1923	385 644 000	42 015	
1909	7 909 780			1924	365 326 000	13 675	47 775
1910	21 665 950		40	1925	295 104 000	12 044	47 905
1911	39 937 761		396	1926	261 702 000	12 623	55 706
1912	47 697 616	251	2 196	1927	171 482 000	21 106	49 445
1913	74 646 520	793	4 474	1928	93 007 000	18 135	38 415
1914	84 067 550	2 360	9 358	1929	75 550 000	32 059	66 890
1915	98 886 800	3 875	18 993	1930	82 130 000	25 662	59 898
1916	99 488 790	8 604	41 713	1931	131 905 000	38 268	67 247
1917	58 474 770	7 605	30 039	1932	76 674 000	34 047	76 868
1918	64 212 024	3 217	10 114	1933	94 547 000	20 558	52 463
1919	81 918 663	12 664	55 347	1934	128 161 000	17 673	50 400
1920	206 403 000		28 421	1935	169 523 000	21 345	52 416
1921	346 545 000		35 041	1936	99 734 000	28 937	77 214
1922	264 016 000		48 748	1937	51 400 000	22 945	50 440

(资料来源：茅家琦主编：《中国旧海关史料(1859—1948)》，京华出版社，2001年。)

本书作者按：1. 干、湿、冻蛋白、黄的数量自1933年为公担。2. 黄白不分之干、湿、冻蛋品本表未统计在内。

由于将禽蛋初加工成蛋白、蛋黄后出售的价格略高，所以，一些鸡蛋商贩便将天津城的打蛋厂"移植"到了产地，既适应了出口需要，便利了运输，也增加了农户和从业者的收入，从而促进了腹地禽蛋加工和出口业的蓬勃发展。

1909年，经常往来于鸡蛋产地与天津之间的商贩兼船户越忠发，在河南新乡北关阁门外，开办了裕兴蛋厂，每天可以打蛋万余个，产品运往天津出口。后因资金短缺和外商竞争等原因而停业。1913年，新乡商人张殿臣等，又在裕兴蛋厂旧址集资开办裕丰蛋厂。由于一战期间外商竞争减弱和国际市场需求增加，所以，新乡蛋厂大为盈利，生意非常红火。因此，自1914—1919年间，新乡人不仅在本地设立了中本、祥太、恒裕、德昌、裕新、福义、慎康、三和成、顺记、隆聚等十余个蛋厂，而且还在河南的周家口、道口、许昌、洛阳、漯河、开封、安阳、孟县、郑州，河北的龙王庙、石家庄、邯郸，山西的太原、大同，安徽的亳县，山东的兖州等地开设了蛋厂。这些蛋厂的产品，大都通过蛋业经纪人，以预期售货的方式卖给天津的洋行或进出口公司。[①]

---

① 政协新乡市委秘书处：《解放前新乡蛋厂业发展情况》，《河南文史资料》第5辑。

表6-16　1938年前后的河南各地蛋厂发展概况　　　　资本单位：元

厂址	企业名称	资本额	厂址	企业名称	资本额
获嘉	泰源	30 000	新乡	福义	45 000
	永记	40 000		恒裕	40 000
	泰和	40 000		慎康	30 000
道口	泰源	35 000	清化	德丰	35 000
	振丰	30 000		恒茂	30 000
郑州	大昌	400 000	洛阳	庆云	40 000
修武	三阳	40 000	许昌	豫昌	200 000
漯河	美丰	42 000		福义	30 000
	鼎丰	30 000	滑县	中兴	40 000
周家口	华昌	40 000	楚旺	庆记	30 000
	松源	45 000	彰德	同和裕	40 000
开封	庆丰	40 000		同记	350 000
	庆云	35 000		中孚	50 000
	大昌	30 000	孟县	庆记	42 000

(资料来源：杨大金：《现代中国实业志》，长沙商务印书馆，1938年，第846页。)

除河南外，山西省的"鸡蛋出产甚多，除鲜蛋出口外，省内尚有蛋厂数家，专制蛋黄、蛋白，由天津运销外洋"[①]，全省"蛋业有资本金约二万元，流动资本约三万元，职工三百人左右，小规模的蛋厂有三十一家，其数较河南省多，由此可知斯业之盛。蛋厂出口的销路，以外国为主，均由天津输出。干蛋白的输往地，为美、英、德、日、比、荷兰及丹麦等国，二十三年（按：1934年）的输出量，计五七六五六五斤，共值八六五八四七元。干蛋黄的输往地，为美、英、德、日、丹、荷各国，二十三年出口量，共一四五七二九五斤，共值五一〇〇五三元"[②]。

蛋制品作为天津的大宗出口货物，每年由各地输往天津并出口英、美、法、日等国的鸡蛋数量都在10亿个以上，价值600余万两关平银。天津经营鸡蛋贸易的华商有福记、华利、奎记、德元等，每年的交易量约在百余万元；洋商以英商和记洋行为最，日商正华、清喜、武斋、植松各洋行、日本鸡卵公司，德商美最时、礼和，法商永兴洋行等次之。交易四季皆有，而以春秋两季最为兴盛，其次为夏季，

---

① 周宋康：《山西》，中华书局，1939年，第98页。
② 周宋康：《山西》，中华书局，1939年，第112页。

最次为冬季。

蛋类产品加工业的广泛发展,是乡村农副业产品的出口深加工的重要组成部分,为腹地乡村近代工业的发展,做出了重要的贡献。

2. 草帽辫加工业

北方地区是我国重要的产麦区,有着丰富的麦秆资源。然而,这种原本只是用来喂牛、烧火的杂物,随着天津的开埠和国际市场对草帽辫的需求,也就逐步变成了重要的出口工艺品原料。"考海关贸易册所载麦秆辫之出口,始于清咸丰初年,以后递年增加"①。

据津海关贸易报告说,"1869年草帽辫首次载入出口货中,其时出口量为85担,估值关平银1 280两。草帽辫之出口骎骎日盛,……此商品之需求量益形增多,农村因之财源茂盛或者多所盖藏,成千上万之男人及妇孺无不编制帽辫,冬令益复如是";而天津口岸"草帽辫之主要产地,计有直省之兴济(今河北省沧州市北兴济)、阳信、黄花店、苏济、玉田及豫省之南乐,上述各地之帽缏,半为在津洋行之代理商所购,半为自立门户之华商购买,该华商将其运交并求售本埠之帽缏经营者"。②

表6-17　1869—1906年的天津草帽辫出口状况　　　　单位:担

年份	数量	年份	数量	年份	数量	年份	数量
1869	85	1876	5 888	1883	26 000	1898	31 000
1870	385	1877	5 945	1884	42 160	1902	32 000
1871	382	1878	9 216	1886	45 183	1903	35 000
1872	1 422	1879	10 973	1887	76 358	1904	26 000
1873	1 859	1880	19 961	1888	31 297	1905	31 000
1874	1 456	1881	17 324	1889	37 125	1906	38 361
1875	2 952	1882	19 116	1897	43 000		

(资料来源:吴弘明编译:《津海关贸易年报(1865—1946)》,天津社会科学院出版社,2006年。)

由表6-17可知,开埠以后,草帽辫已成为天津重要的出口商品之一。但"在胶济、津浦两路未成之前,草帽辫出口之中心点,当推烟台。此后草帽辫营业,乃大部分配于天津、青岛两地,天津则尤占重要"③。此后,特别是进入民国以后,天津的草帽辫出口得到了进一步的发展。

---

① 彭泽益编:《中国近代手工业史资料》,第二卷,三联书店,1957年,第403页。
② 吴弘明编译:《津海关贸易年报(1865—1946)》,1877—1879年报告,天津社会科学院出版社,2006年。
③ 彭泽益编:《中国近代手工业史资料(1840—1949)》,第二卷,中华书局,1962年,第700页。

表6-18　1908—1937年的天津草帽辫出口状况

单位：数量（担）　价值（海关两）

年份	数量	价值	年份	数量	价值	年份	数量	价值
1908	11 378		1918	41 674	2 322 852	1928	22 571	1 507 510
1909	14 388		1919	81 049	4 787 570	1929	20 347	1 041 040
1910	7 455		1920	38 235	2 423 250	1930	11 906	617 120
1911	11 156		1921	33 899	2 133 130	1931	13 893	827 703
1912	12 006		1922	52 118	3 139 990	1932	14 492	2 194 302
1913	7 677	467 220	1923	56 416	3 440 030	1933	6 347	1 506 625
1914	5 526	357 516	1924	52 411	3 306 451	1934	6 114	1 554 605
1915	25 906	1 258 980	1925	32 535	2 197 260	1935	8 127	1 881 747
1916	33 047	1 666 354	1926	29 073	1 966 058	1936	6 924	1 874 471
1917	11 886	1 424 924	1927	16 829	1 246 886	1937	4 876	1 416 158

（资料来源：茅家琦主编：《中国旧海关史料（1859—1948）》，京华出版社，2001年。）

本书作者按：1. 草帽辫的种类包括色草帽辫、白草帽辫和花草帽辫。

2. 自1932年起，价值单位为金单位；自1933年起，数量单位为公担。

从20世纪二三十年代的记载来看，中国草帽辫编制业最为兴盛的，首推山东、直隶两省，次为山西、河南。

山东省内各县人民，大都以编织草帽辫作为家庭工艺之一。每当农活间隙的时候，男女老幼都相聚编制，贫寒的农户，往往以此为主要的谋生手段。这样的县份，遍布齐鲁大地，总数约占山东全省县数的1/3。像历城、淄川、长清、泰安、惠民、阳信、无棣、蒲台、宁阳、嘉祥、临沂、郯城、莒县、菏泽、曹县、博平、清平、莘县、冠县、阳谷、寿张、濮县、朝城、观城、范县、招远、掖县、平度、潍县、胶县、高密、昌邑、临朐、安丘、日照等36县，莫不如此。

草帽辫编制技术由欧洲传教士传入并教授山东农村信教群众，后逐渐传播开来。烟台草帽辫贸易最早始于19世纪70年代。1904年之前烟台是草帽辫的集散中心。自胶济铁路修成之后，因青岛与济南间交通便利，草帽辫逐渐萃集青岛。烟台虽然仍有草帽辫出口，但数量年年减少。[①]

莱州府掖县沙河镇是草帽辫制造和集散中心。光绪年间，沙河附近大地主经营"大中和"，通过烟台的买办签订出口草帽辫协议，后在当地开办辫子庄。同时，还在河南商丘、鲁邑，安徽亳县，直隶省天津兴济、大名府辛庄，山东的平度、昌邑等地设立了分庄，每年向日本出口都在万箱以上。受大中和辫庄的影响，沙河、珍珠一带的大地主纷纷效仿，当时比较有名的辫庄有东昌荣、恒盛

[①] 叶春犀：《山东草辫业》，京都华东石印局，1911年，第1页。

泰、洪祥义、通聚、会昶和、恒祥等十多家。大辫庄都在交通方便贸易繁荣的沙河街占地设点,扩大收购以备出口。当地农民下乡收辫子,然后再卖给沙河的辫庄。①

直隶省的情况是,以草帽辫作为地方大宗出品的县份,有青县、沧县、盐山、庆云、献县、大城、南乐等;以草帽辫作为地方特产的,有玉田、获鹿、平山、临城等县;草帽辫业正处于改良和大发展的,有河间、肃宁、景县、涞水、大名、清丰、濮阳、长垣、威县、清河、宝坻等县;出产虽不畅旺,但出品质量却相当不错的,有静海、徐水、涿鹿、通县、武清等县。

"至于山西、河南,如晋城县等产额,固不及山东、直隶,然产品亦有进步,渐为社会所乐用"②。

河南作为草帽辫生产和出口的主要省份,20世纪20年代,在北部和西部,形成了较为集中的草帽辫产区,著名集散地有鹿邑和惠济桥,产品经由天津、汉口等地输出。③ 不过,河南的草帽辫加工也和腹地其他地区一样,大多是以家庭作坊的形式加工出来的,能够采用机器、设立工厂进行生产的,主要是豫中的荥阳等地。据方志里说,自开办传习所以后,荥阳加工的草帽辫"种类已多至十数种",改用机器后,草帽"出品精美不亚于山东、直隶"。④

总起来说,"山东、直隶等省草辫出口,固有烟台、胶州(青岛)威海卫、龙口等处,然从天津出口,或从此(天津)转运他埠,惟天津为独多"⑤。

表6-19 1925—1927年天津草帽辫出口在全国草帽辫出口总量中的比重

单位:担

商埠	1925		1926		1927	
	白草辫	花草辫	白草辫	花草辫	白草辫	花草辫
全国	35 362	37 411	31 946	25 207	26 433	20 249
天津	19 857	12 678	18 413	10 660	8 183	8 646
天津占全国比重(%)	56.15	33.89	57.64	42.29	30.96	42.70

(资料来源:工商部工商访问局编:《工商半月刊》,1929年1卷11期,调查,第31—32页。)

由表6-19可见,天津一埠草帽辫的出口即占全国的三分之一以上。"惟近年胶州以胶济铁路之交通便利,草帽辫之从此出口者,日益加多,几与天津相抗衡矣",但青岛却并未取代天津在全国草帽辫出口中的重要地位。⑥

---

① 李丕茂:《莱州草辫和草艺品琐记》,《烟台文史资料》第18辑,第143—145页。
② 工商部工商访问局编:《工商半月刊》,1929年1卷11期,第27—28页。
③ 从翰香主编:《近代冀鲁豫乡村》,中国社会科学院出版社,1995年,第396页。
④ 卢以洽、张炘修纂:《续荥阳县志》,卷四,食货,民国十三年刻本。
⑤ 工商部工商访问局编:《工商半月刊》,1929年1卷11期,第31页。
⑥ 工商部工商访问局编:《工商半月刊》,1929年1卷11期,第32页。

3. 榨油业和粉丝加工业

开埠之前,烟台主要出口大豆,豆油、豆饼出口较少。1861年开埠通商以后,烟台利用大豆生产豆油、豆饼的榨油业日渐发展,豆油、豆饼的出口开始增多。① 豆类、豆饼、豆油曾经是早期烟台最重要的出口产品。豆类产品实际上是一种再出口货物,它用舢板从东北的牛庄等港口运到烟台,在烟台加工后,再由外国船运到南方各港口。其中,豆饼出口到汕头,作为糖类作物的肥料。②

烟台的大豆榨油业长期以来都采用人力旧法榨油,只有怡和洋行利用机器榨油。到了1900年,烟台使用机器榨油的油坊数量已很多,机器磨达到120盘。加之人力榨油,每日可出豆油4万斤、豆饼7 000块。后来,烟台榨油业遇到东北当地榨油业的挑战。1894年东三省油坊工业开始发展,加工工艺获得改良。东北的主要贸易港营口临近大豆产区,当地榨油作坊又多,成为烟台的劲敌。③ 与之相比,烟台的榨油业原料价格昂贵,采购困难,无法与牛庄竞争,到1903年烟台榨油业的机器磨已有1/3停工。④ 此后,向为烟台榨油业传统市场的长江流域一带的豆类加工业也逐渐发展起来,导致烟台的榨油业进一步衰落。到了1911年末,烟台只有蒸汽榨油工厂12家,手工榨油作坊40家,只能利用本地出产的大豆进行加工然后再出口。⑤

粉丝业是具有胶东特色的家庭手工业。清末,烟台出口的粉丝主要产于登州府各县,年产量达21万包,其中宁海年产10万包(每包150斤),福山年产5万包,黄县年产3万包,招远年产2万包,蓬莱、莱阳各年产5 000包。⑥ 粉丝产品主要出口南方商埠、香港、南洋及美国旧金山华人居住区,至19世纪80年代出口量达到60 500包(每包135斤)。⑦ 胶东的粉丝以龙口粉丝最为著名,其实龙口粉丝大部分是招远粉丝。清代招远粉丝加工业主要分布在招远北部,有大小粉庄近百处,其中以聚太福、洪太福、宜春乐等最负盛名。1918—1935年间,经营龙口粉丝的商号多达108处,粉丝加工业盛况空前。⑧

二、棉、丝纺织工业

1. 河北和山西的乡村棉纺织业

早在明代,华北农村就有了棉纺织手工业。嘉靖年间,京师附近真定府藁城县所织的"布,有平机、细布、粗布三品"。⑨ 到了清前期,家庭棉纺织手工业在华

---

① 许钟璐等修纂:《福山县志稿》,卷五之一,商业民国二十年铅印本,台湾成文出版有限公司影印。
② 烟台港务局档案馆译:《1864年贸易报告》,烟台港务局内部本,陈为忠抄录。
③ 李文治、章有义主编:《中国近代农业史资料》,三联书店,1957年,第345—348页。
④ 烟台港务局档案馆藏:《光绪二十九年烟台口华洋贸易情形论略》,陈为忠抄录。
⑤ 烟台港务局档案馆藏:《光绪三十四年烟台口华洋贸易情形论略》,陈为忠抄录。
⑥ 东亚同文会编纂:《支那省别全志·山东省》,东京东亚同文会大正六年,第734页。
⑦ 烟台港务局档案馆译:《1880年烟台贸易报告》,烟台港务局内部本,陈为忠抄录。
⑧ 邵学君:《招远粉丝甲天下》,《招远文史资料》第4辑,第69页。
⑨ (明)李正儒纂修:《藁城县志》,卷二,财赋志,土产,明嘉靖十三年刻本,民国二十三年铅字重印。

北地区已相当普遍。所织之布,除供农家自用之外,还作为一种重要的商品,销售到本地或外地的市场上去。乾隆年间,直隶正定府"西鄙资布帛之用,郡近秦陇,地既宜棉,男女多事织作,晋贾集焉。故布甫脱机,即并市去,值视他处亦昂"①。山西蒲州府虞乡县,"布皆妇女所为,自衣被外,折价贸易白银,以供官赋"②。

开埠通商以后,英国现代机器所织的洋布和所纺的洋纱,开始进入天津腹地市场。由于机制棉纺织品的生产效率远远高于手工,所以,即便加上运输和其他方面的费用,其价格还是比中国的土纱、土布便宜,这样,中国传统的棉纺织业,所面临的巨大冲击便不可避免了。

不过,从天津腹地乡村棉纺织业在近代的发展历程来看,洋纱、洋布对土纱、土布的冲击力度和效果,还是有不小区别的,不能混为一谈。否则,我们就无从剖析出乡村棉纺织业近代转型的真实过程和实质。

事实上,这种冲击最大最明显的,是洋纱对土纱的巨大冲击。据临近通商口岸牛庄(营口)的相关记载,1887年,每300斤1包的洋纱,售银57两,而同样数量的土纱则要售银87两才能成交。③ 双方的这种比价在天津及其腹地,应该也相差不大。生产效率和价格方面如此巨大的悬殊,其市场竞争的结果,只能是使北方的手工纺纱败下阵来。本书表4-5、表4-7显示,天津口岸洋纱的进口数量,自1881年的1 510担,一直上升到1916年的620 774担;1917年以后,随着天津城市本身现代纱厂的兴办,洋纱进口的数量开始下降,但一直到1937年,天津口岸仍有251 832担洋纱的进口量。而天津周围农村的情况,也说明了这一点。"畿辅深冀诸州,布利甚饶,纺织皆女工。近来(1900年前——原注)外国布来,尽夺吾国布利。间有织者,其纱仍购之外国"④。直隶南宫县的相关情况,亦复如是。"昔日家庭皆以纺、织为正业,通商以来,为洋布、洋线所挤,不敷工本,相率休其纺、织"⑤。

乡村织布业的情况,则有较大的不同。津海关税务司狄妥玛(Thomas Dick)指出,"中国广植棉花,民人以之织成结实之粗布,此种粗布较之华而不实之(英国)机织布更合农工之所需",所以影响了洋布的销售量。⑥ 不过,洋布的优势明显存在,"已赢得普遍赞誉并广为使用,盖其似乎介于土布与较粗绸缎之间;虽不及土布耐用,但较美观;虽不如绸缎高雅,却较低廉"⑦,所以,天津腹地的手工织布业,还是受到了越来越大的冲击。

以河北高阳地区农村织布业的发展为例,这一地区以前盛产以土纱为原料的

---

① (清)郑大进纂修:《正定府志》,卷十二,风物下,物产,货属,乾隆二十七年刻本。
② (清)周大儒纂修:《虞乡县志》,卷一,地舆志,物产,乾隆五十四年刻本。
③ 严中平:《中国棉纺织史稿》,科学出版社,1955年,第77页。
④ 彭泽益编:《中国近代手工业史资料(1840—1949)》,第二卷,三联书店,1957年,第217页。
⑤ 贾恩绂纂:《南宫县志》,卷二十一,掌故志,谣俗篇,民国二十五年刻本。
⑥ 吴弘明译编:《津海关贸易年报(1865—1946)》,1866年报告,天津社会科学院出版社,2006年。
⑦ 吴弘明译编:《津海关贸易年报(1865—1946)》,1867年报告,天津社会科学院出版社,2006年。

家庭纺织的窄面土布,除了自给外还有一部分销往山西、蒙古一带。随着洋纱、洋布的输入,高阳原有的土纱、土布纺织业深受打击。为了扭转传统纺织业的不利的局面,1906年以后,高阳商会在反省和调查的基础上,毅然决定从天津购买大批新式织机,培训人才,改良技术,试办工厂;并且,不再利用本地自纺的土纱而是购买天津中外纱厂出产的"洋纱"来纺织宽面的"洋布"。熟悉织布方法的贫民,可以在找人担保之后,向布庄先交纳机价格一半的资金,领取织机与棉纱,从事织布。剩下的一半机价,等布织出来以后,用其所应得的工钱抵扣,这样,贫民织布数十匹就可以得到一部织机。另外,由于织布所用的原料也由布庄供给,即便是毫无资本的人也可以从事织布工作。那些积累工资稍多的人,便可以由领纱织布转变为购纱织布的自由营业者了。这些措施推行以后,"高阳布业之基础乃渐趋于巩固,大利所在,织布者日多,经营布庄业者亦如风起云涌。宣统二、三年间,制品之销路仅及于附近各县及山西榆次、太原,民国元、二年(按:1912、1913年)间扩充至北京、济南、汉口"①。

高阳织布业正是在外来机制洋布的巨大冲击下,改良旧有的织机,采用机制洋纱,淘汰使用土纱和土机的老式手工织布工艺,逐步实现了向使用机纱和半机械化的铁轮机的新式织布工艺过渡,在很大程度上完成了由传统手工织布向现代化机器织布的转型,使乡村织布工业在经历了痛苦的蜕变之后,重新走出了低谷。不仅高阳的织布业经历了这样的变迁过程,"宝坻手织工业之兴起,即系受新式织布机及洋纱输入之影响"②。另外,"访问直隶河间、顺德、正定、保定各属,并京东乐亭、宝坻等县,向产棉花,既多且佳。近年(按:指1908年)民间织布,其线大都买自东洋"③。

上述改良,促进了直隶乡村新式织布业的蓬勃发展。海关1912—1921年的十年报告里说:"在高阳、饶阳和这两处地方半径五十里以内的无数村庄,共有织布机一万五千架进行织造,每一人家至少有一架织布机,有的人家有四五架。而且有种种迹象表明,这些家庭手工业正在渐次成为工厂的组织。织布用的棉纱,质量是较好的,估计每年要消费六万包,其中大部分都是洋纱。这些织布机,估计可产布十万包,每包二十匹,即每年产布二百万匹。这种布普通都称为高阳爱国布,分销河南、山西、直隶、蒙古、甘肃、山东、湖北等地。许多产品质地都非常优良,足可以与机织洋布媲美。"④

此后,因受国内外布业的竞争,高阳地区平面布的市场占有率开始缩小。于是,他们又及时地从天津引入了新的纺织机器——提花机,采用了新的纺织原

---

① 经济讨论处编辑:《中外经济周刊》,第195期。
② 方显廷、毕相辉:《由宝坻手织工业观察工业制度之演变》,《政治经济学报》第4卷2期,第268页。
③ 彭泽益:《中国近代手工业史资料》,第2辑,三联书店,1957年,第229页。
④ 彭泽益:《中国近代手工业史资料》,第2辑,三联书店,1957年,第629页。

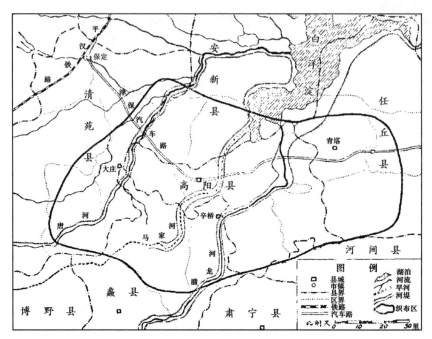

图 6-4 20世纪30年代高阳织布区的地域范围
(资料来源:吴知:《乡村织布工业的一个研究》,商务印书馆,1936年,第5页。)

料——人造丝,纺织新的产品——明华葛(或称为人造丝布、麻布),从而形成高阳织布业的二次兴盛,同时带动了临近地区织布业的新发展。

据《高阳县志》记载,民国元年(1912年)以后,高阳爱国布的销路相当广远,"绥远之包头,甘肃之兰州、凉州,东三省之哈尔滨,外蒙之库伦,河南之洛阳、郑州、开封、信阳、漯河、许州各地,(黄)河北之彰德、新乡、卫辉各处,山西之全省,山东之邹县、兖州、临沂一带,江苏之徐州、海州一带,无不有本县营布业者之足迹";进入20世纪20年代,麻丝提花布出产以后,"销路亦大加扩充,如江苏之上海,福建之福州、厦门、汕头,广东之澳门,安徽之蚌埠、芜湖,湖北之汉口、武昌、宜昌、沙市,湖南之长沙、岳州、宝庆,四川之重庆等地,均有高阳之销售麻织品者"。[①]

表 6-20 1915—1930年高阳织布区各类织布机的数量 单位:张

年代	高阳		蠡县		安新		清苑	任丘	总计	
	平面	提花	平面	提花	平面	提花	平面	平面	平面	提花
1915	1 756	49	2 088	4	872		661	296	5 673	53
1916	2 210	54	4 023	6	1 200		932	1 326	9 691	60
1917	2 698	71	4 659	6	1 518		1 875	2 356	13 106	77

[①] 李大本修,李晓泠等纂:《高阳县志》,卷二,实业,民国二十二年铅印本。

续 表

年代	高阳 平面	高阳 提花	蠡县 平面	蠡县 提花	安新 平面	安新 提花	清苑 平面	任丘 平面	总计 平面	总计 提花
1918	3 188	91	5 258	7	1 924		2 089	3 387	15 846	98
1919	3 663	172	5 877	7	2 168		2 735	4 420	18 863	179
1920	4 082	202	6 523	8	2 475		3 162	5 452	21 694	210
1921	5 047	240	7 315	26	2 741		3 387	5 097	23 587	266
1922	5 250	289	7 506	41	2 826		4 044	4 742	24 368	330
1923	5 618	394	7 932	73	3 220		4 471	4 387	25 628	467
1924	6 129	531	8 197	99	3 064		4 213	4 032	25 635	630
1925	6 863	734	8 411	128	2 505		4 379	3 677	25 835	862
1926	7 838	1 354	8 779	290	2 699		4 994	3 322	27 632	1 644
1927	7 692	1 900	8 461	486	2 533	122	4 431	2 967	26 084	2 508
1928	8 056	2 195	8 073	1 696	2 367	165	4 466	2 613	25 575	4 056
1929	8 465	2 219	7 509	1 976	2 199	129	4 468	2 259	24 900	4 324
1930	8 043	1 762	7 296	1 237	2 029	90	4 195	1 905	23 468	3 089

(资料来源:彭泽益主编:《中国近代手工业史资料》,中华书局,1982年,第2辑,第632页;第3辑,第197页。)

表6-20反映了高阳织布区棉织工业的蓬勃发展。其实,在河北省的其他地区,棉织工业也相当的繁荣。

"河北省一百二十九县中,凡八十九县有棉织工业。以民十八年(1929年)论,八十九县的布匹总产额约为二五六九○九二三匹,总值约为八一三六○五九七元,占全省各种重要乡村工业总值一○八五○四九二三元百分之七十四"。按1929年的产额,"西河区棉织工业占总额百分之六十六,御河区百分之六,东北河区百分之二十一,冀南鲁边区百分之七;以产值论,西河区占总值百分之七十一,东北河区百分之二十,御河区百分之三,冀南鲁边区百分之六","高阳及宝坻两处总产值占河北省八十九县总产值百分之四十六,占四十四县纱布产值百分之六十三"。①

在进口洋纱洋布的冲击下,山西省的乡村织布工业也发展起来。平遥县,以前并不产布。1916年左右,祁县的益晋公司将提花织布技术传授到该地之后,织布业遂得以兴起。进入20世纪20年代后,形成了一个包含平遥、毗连介休、汾阳的织布区。所用原料,来自榆次晋华纱厂、石家庄以及天津的各个纱厂,"布匹之销路,除山西本地外,多由碛口镇渡河运往陕西之榆林、米脂、绥德州,甘肃之安边、定

---

① 毕相辉:《高阳及宝坻两个棉织区在河北省乡村棉织工业上之地位》,方显廷编:《中国经济研究》,下,长沙商务印书馆,1938年,第664—675页。

边、宁夏、西宁等处。本地有布庄数十家,专营贩卖业"①。

尽管直隶等地的乡村织布业,一直到20世纪30年代,还处于并不尽如人意的工场制和商人雇主制水平之上,②但是,它毕竟代表了北方乡村传统工业转型和走向现代化的最高水平,是北方现代工业的重要组成部分。

2. 山东的乡村棉纺织业

近代山东工业以轻纺工业为主,这些产业的发展大多基于出口贸易的需要,且多集中在烟台、青岛等口岸及其附近的地区,充分反映了近代进出口贸易和港口城市对腹地经济辐射的作用。

从19世纪80年代后期起,外国棉纱大量涌入,严重影响山东当地的土纱纺织业。海关贸易报告甚至断言全省的土纱纺织业已经全部破产。③当时的西方机器纺纱劳动生产率是人工纺纱的40倍,生产力低下的山东手工业者在这方面难以与其争锋。但是,他们发现机器织布业的劳动生产率只是手工织布的3倍,机织布加上运费、关税,生产成本与手工布相差不大。于是当地农民便改用洋纱来织手工布,提高了产品的质量,使自己的手工织布业以生存下来。

山东省的织布业以潍县最为著名,鼎盛时期该县每年出产的布匹达到千万匹,约占全省布匹产量的62.96%,销路遍及全国。民国年间,该县从天津购进铁轮机,并传习织布的方法,产品精良,销路旺盛。织布机器普及到潍县各地,全县达到5万台,从业人员不下10余万人。在潍县还出现了专门制造织布机、漂染整理布匹的工厂十余家,形成了织染漂产业链。除了潍县外,其他从事织布业的县也不少,其中以昌邑、菏泽、即墨、寿光、广饶、郓城、益都、高唐、武城等县比较发达,其从业人员也不下十余万。但是这些地方都用老式织布木机,生产效率、产品质量低下。④

3. 山东的缫丝与丝织业

传统手工业在出口贸易推动下逐渐由家庭副业发展成大规模的近代工场手工业,缫丝业与丝绸业就是一个典型。山东半岛野蚕丝生产与织绸业历史悠久,但长期以来市场局限于国内,贸易量不大,生产技术落后。自19世纪七八十年代进入国际市场以后,随着贸易的发展,野蚕茧缫丝业和丝绸业首先在胶东半岛一带得到发展,这些地方的生产工具得到改良。工人们根据洋纩和柳疃坐纩制成脚踏纩丝车。在设备改良的同时,生产规模得到扩大。在烟台还出现了机器缫丝厂。

山东省缫丝工业主要集中在胶东半岛的烟台、牟平、栖霞三地,尤以烟台为盛,工厂有400处,机械多达15 000台,加工蚕丝大约有1.5万担。⑤山东柞丝绸纺织业也非常发达,主要集中在烟台、昌邑、栖霞、宁海等地。从表6-1手工工场的织

---

① 经济讨论处编:《中外经济周刊》,第185期。
② 方显廷:《华北乡村织布工业与商人雇主制度》,南开大学经济研究所,1935年。
③ 烟台港务局档案馆译:《1886年芝罘贸易报告》,烟台港务局内部本,陈为忠抄录。
④ 实业部国际贸易局:《中国实业志·山东省》,辛,实业部国际贸易部,1934年,第47—48页。
⑤ 白眉初:《山东省志》,志六,北京师范大学史地系,1925年,第30—32页。

机数量可见,从19世纪80年代丝绸出口贸易开始,上述产地的生产规模都在不断地扩大。

表6-21　清末与民国年间的山东省柞蚕丝纺织业

年　度	产地	工场数(家)织机数(架)	产量(万匹)
19世纪80年代	昌邑	500架	
	宁海	100架	
	栖霞	150架	
	烟台	200台洋机	
1915年前	昌邑	38家,884架	
	宁海	14家,182架	
	栖霞	60家,441架	
1919年	昌邑	65家,4 290架	64.35
	宁海	65家,1 170架	13.5
	栖霞	51家,900架	17.55
	烟台	9家,180架	2.7

(资料来源:19世纪80年代统计,据彭泽益主编:《中国近代手工业史资料》,第2辑,中华书局,1982年,第95—96页;1915年统计,据白眉初:《山东省志》,志七,北京师范大学史地系,1925年,第37页;1919年统计,据《农商公报》第5卷第10册58期,1919年。)

昌邑县柳疃镇是山东丝绸工业的中心。道光末年(1850年)柳疃丝绸商号已经有100余家,烟台开埠以后柳疃丝织业迅速发展,光绪二十五年(1899年)年贸易量已达800万两[①]。1904年胶济铁路修通,柳疃的丝绸业发展迅速,进入鼎盛时期,南北大街两侧,形成相对完整的缫丝、绸庄、货栈、炼坊、染坊等丝绸业产业链,以柳疃为中心从事织绸业的村庄有数百个之多,织机总数不下两万,工人在10万人左右,年出口柞绸60万匹。[②]

柳疃丝绸业带动了胶东缫丝与织绸工业的发展。从1912—1926年,胶东一带的纩坊和机房发展到1 200余处。柳疃丝绸技工每年有七八千人赴胶东一带柞蚕区缫丝织绸,带来的成熟技术和经营经验大大加速了该区域缫丝与丝织业的发展。胶东一带丝织业集中栖霞县,以唐家村为中心;其次是烟台市,再次是牟平、乳山、莱阳、海洋、荣成、文登等县。[③]

缫丝和织绸业为胶东最大的产业。由于每年需要的野蚕茧数量巨大,当地所产不能满足需要,每年还要从辽东半岛输入一定数量的蚕丝。在20世纪的一二十

[①] 烟台港务局档案馆藏:《光绪二十五年胶州口华洋贸易情形论略》,陈为忠抄录。
[②] 刘汉儒:《昌邑人在胶东各地开办的丝房》,《昌邑文史资料》第4辑。
[③] 刘汉儒:《昌邑人在胶东各地开办的丝房》,《昌邑文史资料》第4辑。

年代,辽东每年都有大约10余万斤至20万斤的柞蚕丝以及相当数量的柞蚕茧输入烟台。为了和日本竞购辽东的柞蚕丝茧,烟台丝业改良委员会甚至要求政府取消蚕茧的进口税。①

4. 河南的乡村织布业

丰富的棉花资源,不仅满足了各口岸城市棉纺织业和国际市场的需要,也为河南自身近代棉纺织业的发展,提供了便利的条件,各地的棉纺织工厂纷纷涌现。

表6-22　1933年前后河南各地棉纺织工业发展概况　资本单位:元

厂址	工厂名称	资本额	厂址	工厂名称	资本额
滑县	兴业	2 000	郑县	豫丰	3 000 000
	大同	3 500	巩县	景茂祥	1 000
	永顺	1 200	开封	贫民	1 000
辉县	泰运	3 000	封丘	振兴	3 500
	同义	1 000	武陟	巨兴	100 000
新乡	新新	20 000	博爱	怡记	1 000
	鸿兴	10 000	许昌	福华	2 000
	民丰	20 000		惠民	1 500
汲县	华新	1 604 600		义丰	3 000
	鸿茂	1 000	唐河	周记	3 300
武安	裕民	3 000		鸿泰祥	1 500
	民生	1 000		毓宝	1 100
安阳	豫新	20 000		庆记	1 000
	华丰	2 000	信阳	徐清源	2 500
	华强	4 000		王孝忠	1 000

(资料来源:河南省建设厅:《河南建设概况》,内部印行,1934年,第25页。)

三、蒙古高原的乡村工业

这里所说的蒙古高原地区的乡村工业,是指其牧区而非农区的乡村工业。不过,相关史料表明,相对于上述蒙古草原城镇落后的手工业,牧区工业更为原始,自给自足性也就更强。"蒙旗本无工业可言,有之则仅系单纯的原始的工艺品而已;而出品的原料只是就其本身牲畜生产所有,加以人工制造,备为自己的最低生活的需要;如毛毡及牛乳、羊乳、奶油、奶豆腐、奶酒、奶茶等。这在纯游牧区如此,在半农牧区的伊盟也是如此"。②

---

① 白眉初:《山东省志》,志六,第26页,北京师范大学史地系,1925年。
② 边疆通信社修纂:《伊克昭盟志》,第5章第5节,工艺,边疆通信社,1939年,远方出版社2007年影印。

在套西阿拉善蒙古牧区,手工业有两种情况,一为作为家庭副业的手工业,如缝制衣服、鞋、靴、熟皮子、缝帐篷、缝连蒙古包毡子等,多由牧民家庭妇女从事;另一种情况是专门的手工业匠人,如擀毡、织毛口袋、木匠、铁匠、铜匠等,这些手工业几乎都是民勤一带的汉人手工业者从事。由于牧区既无必备的原料和设施,比如木料、场坊,所以无法就地做工。只有个别的匠人较长期地住在牧区,绝大多数是游动地、季节性地来牧区做工。还有些民勤牧工,他们专做短工,放牧以外还盖房子,修砌畜圈。牧区里面没有专门从事手工业的蒙古族匠人,即便有也是兼职的。他们"以畜牧为主,附带做些手工业"①。

表6-23　20世纪30年代的伊克昭盟乳制品产量　　　　单位:斤

产品	产量	出售比例(%)	消费比例(%)	产品	产量	出售比例(%)	消费比例(%)
干乳品	400 000	5	95	酸乳	270 000	0	100
乳酪	920 000	6	94	鲜乳	不详	0	100
乳酥	1 470 000	4	96				

(资料来源:边疆通信社修纂:《伊克昭盟志》,第5章第5节,边疆通讯社,1939年,远方出版社2007年影印。)

察绥蒙民所产的乳量,大部分也用于消费。据日本人的调查,热察绥地区的乳制品产量和商品率如下:干乳品,630 000斤;乳酪1 232 000斤,商品率5%,消费95%;乳酥3 664 000斤,商品率6%,消费94%;酸乳346 000斤,商品率4%,消费96%;鲜乳无确数,消费100%。其"原因一方面因为蒙古交通工具的落后,不能很便利的运销到市场来。另一方面,蒙人囿于迷信,禁止牛羊乳向外买卖。现在蒙古一般都以乳为主要的饮料,即就榨出的原状,渗茶少许饮之"②。

在察哈尔和绥远的其他区域,蒙古人民所从事的工业,也是"极单纯的、原始的。而其自作的出品,整个的只能就其本身畜牧生产本位所得的原料,而加工制造其生活最低度的需要品,如毛毡,及牛乳、奶油、奶豆腐、奶酒等等。这些工业制造的方式,完全表示游牧社会的初期作业状态"③。

蒙古高原出产的皮毛很丰富,但是蒙古人对此只能作些原始性的加工整理,如剪毛和洗毛。绵羊大概每年剪毛两次,大羊每只可得毛3斤多,小羊每只可得1斤或2斤,骆驼每只每年可剪毛4—5斤,每当5月春季换毛时,不用剪而用手拔。驼毛剪后多不洗涤,只经简单的抖落就出卖给行商或市场。蒙古人在皮张加工方面的工业性,就是"只会做毛毡及蒙包的幕盖铺盖等等,大部分察绥的毛织业,是把握在汉人的手里"。蒙古人制作毛毡的方法,是以羊毛、羊绒、牛毛为原料,先以筛箩

---

① 内蒙古自治区编辑组:《蒙古族社会历史调查》,内蒙古人民出版社,1986年,第102—105页。
② 贺扬灵:《察绥蒙民经济的解剖》,商务印书馆,1935年,第39—40页。
③ 贺扬灵:《察绥蒙民经济的解剖》,商务印书馆,1935年,第39页。

图6-5 1941年的蒙古族人在用骆驼毛搓绳子
(资料来源:〔日〕中村信:《蒙疆の経濟》,东京有光社,1941年。)

除去毛上的尘埃,再用明矾溶液洗涤,然后在日光下曝晒。等毛干燥后,"施以轻松作业,形成一种密致的物体。接着就用力使用弓弦,弹成柔块。这样反复以反复,把它弹得轻松极了,于是取用6—7斤,薄薄的铺盖在幅3尺长6尺的木板上,形成一种长幅的形式。一会儿注以热水,用足踏踩至相当程度后,轻轻地移搁在竹簧上。再从竹簧上之一端,把它卷成一束,用绳子两条紧缚起来,挂在天井或壁间。又用足力踩踏后,然后渐次把它展开,注以热水,整理其边缘。又从竹簧之另一端逆卷过来。这样反复3—4次或5—6次的结果,才把稀薄的糊水撒在面上,使之晒干,便成毡块了"[1]。

蒙古人加工皮张,原先的技术也很简单,并且容易使皮料的品质受到损坏,不能长久使用。因此,为了保障质量,汉族商人或外国商人常常"从蒙古内地收买活畜入口,或就地自己加工鞣皮"。而蒙古人加工的皮张,就只能自产自销了。其基本做法是,在夏季的时候,"先以羊皮侵入于酸乳中,至7—8月间才取出,用清水洗涤干净后,再把它牵张起来,一俟干燥,为去其臭味,就焚烧干草以熏之,熏后复吊起于竖立的木杆上,用刀将其皮肉上的脂肪除去,再用手竭力将它揉软,就成为蒙古人所披用的衣服或贴铺的材料了。现在一般蒙古人民所穿贴的,多是用这种鞣皮法以制成的。不过王公及富有者,因嫌其粗陋不美观,还是以畜物或货币向城市中购用汉人或外商所制造的皮料"[2]。

另外,蒙古高原的乡村工业中,还有盐、碱加工业。当地的盐池和碱池很多,以察哈尔为最。如北部锡林郭勒盟的乌珠穆沁、苏尼特各旗,中部的多伦诺尔及张北的安固林诺尔等盐滩,产量都很丰富,统称为"蒙盐"。制盐的工人,多是山西浑源人,当地蒙人亦有能制造的。但其制法"非常粗陋。每当春季,择定适当地点,构筑长6—7尺,深4—5尺的壕渠,上横木杆数条,挂以柳条制成的大笊,将由盐池中所扫集的料子(即碱土)装在里面,再注以水流出其碱质。然后又从窟中取出其流出的碱土,复倒入笊中。接着又注以水。如是反复3—4次,碱土凝成浓厚的泥状,就

---

[1] 贺扬灵:《察绥蒙民经济的解剖》,商务印书馆,1935年,第44—46页。
[2] 贺扬灵:《察绥蒙民经济的解剖》,商务印书馆,1935年,第46—48页。

装入有象制造砖瓦所用的木枠中,俟其干燥固结后,遂成为'砖碱'了。大概每约百斤的料子,可以制成土碱7—8个(1个约5斤),形状如瓦,呈黑褐色。这种砖碱,并可供染房间使用,因此又名'缸碱'。至于这种盐业的制造,皆由王府主持,一切的工作,是掠取旗民的劳动力,这又与汉人雇用制碱的工人,在生产关系上,一是力役,一是工偿,不免稍有区别了"①。

总之,近代华北与蒙古高原的工业发展,尽管在省区之间、城乡之间、部门之间,存在着资金、技术、设备、管理、产品、效益等方面的差异,但它们的存在和发展,毕竟改变了当地此前以农业为主导的经济模式和产业结构,在一定程度上完成了某些现代工业产品的进口替代过程和资本原始积累过程,厚殖了北方现代工业发展的物质与技术基础。

第四节 本章小结

如果说作为人类最基本的4类经济产业即物质生产和再生产过程当中,以种植植物为主要经济内容的叫农业,以养殖动物为主要经济内容的叫牧业,以贩运货物为主要经济内容的叫商业,那么,以制造器物为主要经济内容的就应该叫工业了。工业和其他3种基本经济产业一样,随着人类的产生而萌芽,也随着人类的进步而发展。有人说,在欧美近代工业传入中国之前,中国只有从属于农业的家庭手工业,而没有独立的工业。这明显是受了欧洲中心论的蛊惑,不符合中国经济的发展实际。

"近代工业",是一种笼统的提法,很容易让人产生歧义,因为它把"近代化的工业"和"近代时期的工业"混为一谈了。

"近代化的工业"即 Modern Industry,是源自英国工业革命的以机器为动力的集约化工业生产和组织方式。它在鸦片战争特别是甲午战争以后传入中国,并成为引领中国经济发展方向的主导经济产业。这种机器工业在清代民国时期的中国通商口岸城市,发展得比较迅速,并向乡村漫延。而"近代时期的工业"则是 Industry of the Modern Time,即近代历史时期(清末民国)的中国工业,包括从中国古代延续下来的传统手工业和由欧美传入的近代化机器工业。两者既相互竞争又互为补充,共同构成了近代中国的工业体系。

机器工业传入以后,中国的传统工业除一部分被淘汰掉之外,大半都在向机器工业学习的过程中,通过引进新技术、改进新设备、使用新材料、生产新产品等途径,完成了自身的调适和转化过程,重新找到了自己的市场定位,成为中国进口替代工业的主力。华北沿海城市的许多大型工厂和山东潍县、河北高阳的大型织布工场,即属于改良型工业。此外,还有为数众多的外资工厂,也属于近代时期的中

---

① 贺扬灵:《察绥蒙民经济的解剖》,商务印书馆,1935年,第48页。

国工业的组成部分。同时,在华北西部和蒙古高原的广大内陆地区,还保留着传统而原始的手工业,从技术设备到产品变化都不大。

近代与传统经济的重大区别,是中国的主导经济产业由农业变成了工业。工业的这种主导作用,不光是指在国民经济中比重的增加,更是指一种引领,即通过向农业、牧业、商业、交通业等生产和生活领域的渗透,使它们成为工业产业链条的内在环节和组成部分。

尽管在今天来看,工业化带来了很多的经济和社会弊病。但是在当时,相对于近代华北和蒙古高原的传统经济而言,工业化无疑是一种划时代的进步。

第七章 城镇发展、人口增长与民族融合

从聚落的角度讲,城市既是一定区域的人口集聚地,同时也是该区域的生产和销售中心;既是区域的政治和文化中心,也是该区域的经济和生活中心。也就是说,一个城市的政治、经济、文化、社会等功能,应该并重或互为主次。但是,清代中期以前的华北城镇,却均在"都城—治所"为核心的网络框架下,过分地突显了其政治治理的功能,而将经济和其他功能都压缩到了相当次要的地位。进入近代以后,随着国内外政治形势、市场环境和交通条件的变化,华北和蒙古高原的城镇功能,从内涵到外延均发生了明显的变革,大批新兴的口岸城镇、交通城镇、工矿城镇以及转型中的老城镇均次第涌现出来,逐步形成了以"口岸—市镇"为核心、以发展经济特别是外向型经济为主要功能的新型城镇体系。从城市建设上来看,如果说"都城—治所"型传统城镇的城市布局,是以宫殿、府衙等政治功能区为城市中轴线或核心建成区的话,那么,"口岸—市镇"型新兴城镇的城市布局,则是以车站、码头、场矿、租界等经济为核心建成区了。

作为生产力核心要素之一的人口,是包括城市在内的区域经济活动须臾不可或缺的能动力量。对一个区域的经济发展来讲,人口数量、素质和结构的变化,无论对于城市的壮大还是乡村的开发,都既是重要的考量指标,同时又反过来影响城乡经济发展的效果。相对于华北和蒙古高原近代经济地理的变迁历程而言,人口数量和人口结构的变化,还涉及区域开发和民族融合等问题。

第一节 华北与蒙古高原城镇结构的变迁

一、清中期以前"都城—治所"型的华北城镇网络

顾朝林认为,全国(主要是华夏族聚居区——作者注)以中央集权的政治职能为主的城镇网络,在秦汉时期就初步形成了,但主要集中在黄淮流域,城乡联系较差,商品交换尚以大、中城市为主,城市之间的联系偏重于政治上的上下级联系;三国至隋唐时期,城市等级规模差别加大,区域中心城市有了较大的发展,城市体系的重心向长江流域推进;宋元时期,城市经济职能增强,城市等级规模关系基本确立,地区级城市和县城网络初步形成;明清鸦片战争之前,小城镇大量发展,全国形成了更趋完善的首都——省城——府城——县城——镇5级行政中心城市网,地域空间上表现为江南市镇勃兴,沿海港口城镇得到发展,沿江和沿运河的城市轴线进一步定型。[①]

---

① 顾朝林:《中国城镇体系——历史·现状·展望》,商务印书馆,1992年,第88页。

赵冈则把中国古代城市分为两类,一类是行政区划的治所,包括最高层的京师,次一级的省、府、州、县治所,它们的政治意义强烈,是全国性的行政网络节点,可称之为城郡;另一类是城郡以外的市镇,它们大多不是基于政治因素而是基于经济因素而自然形成的。不过,当市镇的规模发展到较高程度,政府又会染指其间,在这里设置行政层面的市或镇。① 这就将原本以经济职能为主导的市镇,纳入了以政治职能为主导的行政城郡体系的掌控之下。因此说,中国古代的城市是以城郡为主的,而城郡虽然也有交通和工商业方面的经济功能,但却是以政治功能为主的。一些经济型的城镇不仅徒有市镇的名分,而且其城市人口只占中国古代城市人口的极小比例。"总的说来,中国的城市史,仍以那一千五六百治所所在地的城郡为主体"②。

具体到华北地区的城市发展进程而言,适应中央集权专制统治的需要,这里很早就形成了以"都城—治所"为核心的传统城镇网络,政治治理成为其最基本的社会功能。长安、洛阳、开封、北京等作为都城的时候,其国家政治核心的作用固然十分明显;而当都城发生位移、上述城市降格为府城县治以后,其区域性政治中心的地位,依然得到了自然而然的认同。尽管这些城镇也在很大程度上扮演着相关区域经济、文化中心的角色,但终究还要从属于政治功能之后。就连金、元、明、清时期漕运和商业都一向较为繁荣的城镇——天津,其京畿门户的政治功能也是居于第一位的;即便是后来变成了对外贸易的通商口岸,天津作为县治、府城、省会以至特别市的政治重负,也没有得到根本性的解脱。③

也正是因为如此,所以清代中期的时候,华北地区的城市结构,便依然是以各级行政治所为核心、以政治职能为主,经济、文化职能为辅的城镇网络。其最高层级的城镇网络,是以京师为中心的首都城市圈,它主要有两个层次。第一个层次,是距离北京一二百里之间的各个县城,相当于元代的大都路和明清顺天府所辖的各州县。即宛平、大兴、良乡、固安、永清、东安、香河、三河、武清、宝坻、潞县(治所在今北京市通州区潞县村)、文安、大城、保定、房山、怀柔、密云、顺义、玉田、丰润、遵化、平谷,共22县。它们是首都圈的腹心部分,行政上很少有独立性,经济上直接为北京服务。"由于北京这个特大城市的存在,这些城市很难有大的发展;但由于北京的特殊需要,又使他们能够持久不衰"。第二个层次,处在距北京三四百里的又一个圆圈上,即现存的保定、张家口、承德、唐山、秦皇岛、天津。它们与北京拉开了一个适当的距离,稍稍避开了首都的锋芒,使自身得到了发展;它们与北京有联系,但又有一定的独立性,它们对北京而言是较大的卫星城镇,又在当地独立带动了许多小的县邑,形成了一个个的小体系;它们都以辅助首都为重要职能,又有

---

① 赵冈:《中国城市发展史论集》,新星出版社,2006年,第3—4页。
② 赵冈:《中国城市发展史论集》,新星出版社,2006年,第18页。
③ 樊如森:《近代北方城镇格局的变迁》,《城市史研究》第25辑,天津社会科学院出版社,2009年。

不同的分工和明显的个性,包括军事、文化、交通、工业、商贸、民族事务等方面。就清代中期以前而言,"首都圈上的第二个层次是最为重要的,它们是首都的屏障,从各方面辅助着北京,北京又提携着这些城市,影响着它们的发展。历代王朝都十分注意这个层次上的主要城市。假如把北京比作一颗最明亮的星,它们就是环绕在北京周围的主要卫星城镇。在它们周围,又有一群更小的县镇,像更小的星体被它们所吸引,环绕在这些中等城市的四周。整个北京地区的各个城镇,就像自然星球那样,相互辉映,形成一个有机的整体"[①]。

处在这一城市体系之中的其他华北城市,在充分履行其拱卫京师职责的同时,自身也有了一定的发展。它们要么分布在各交通要冲,作为省、府、州、县的治所,直接隶属于都城之下的政治治理体系;要么分布在运河沿线,主要服务于都城的经济需求,如山东的临清、济宁,直隶的天津,即是如此。

临清地处大运河与卫河的交汇处,其"商业的繁华程度不仅大大超过与它平级的州城,就是在当时北方的府城、省城中也是十分罕见的",大小商业店铺超过千家。它以中转贸易为主,中转的商品以棉布、绸缎及粮食为大宗,成为"山东,也是华北最大的纺织品和粮食交易中心";另外,经由临清中转的铁锅、瓷器、纸张、茶叶等也不少;经由临清外销的商品,主要有棉花、梨枣、丝织品、皮毛制品等。"临清商业既作为地方性市场为本城居民、手工业者及附近州县的农民服务;又作为区域性市场为鲁西、豫东和直隶一个相当广大地区的商品流通服务;同时还作为商品转运枢纽在全国性经济转运中为南、北两大经济区的物资交流服务。……清代,它作为全国性市场虽仍在发挥作用,而作为区域性市场的功能已呈现出明显的上升趋势"[②]。

地处作为江淮徐泗之间的济宁,是山东运河航线上的又一商品集散中心,它"当漕河要害之冲,江淮百货走集,多贾贩,民竞刀锥,趋末者众","漕艘皆经其地,士绅之舆舟如织,闽广吴越之商持资贸易,鳞萃而蝟集",[③]其商业在明代基础上继续发展,到清代乾隆至道光年间达到鼎盛。城内街巷由45条增至107条,城厢街巷由43条增至183条。商品种类,有来自江南的绸缎,湖广的竹木,闽广的红白糖,江西的瓷器,湖北的桐油,临近兖州、曹州(治今山东菏泽市)的粮食、棉花、烟草,以及陕西、亳州、天津、江西、祁州、苏州、镇江、张家口、山东各地的中药材,等等。[④]从而在徐淮、鲁南以至更广大区域间的商品流通中,发挥了重要的枢纽作用。

今天津地区自金、元时期,就一直是京城河运和海运漕粮的转运站,元代著名

[①] 王玲:《北京与周围城市关系史》,燕山出版社,1988年,第76—80页。
[②] 许檀:《明清时期山东商品经济的发展》,中国社会科学出版社,1998年,第162—171页。
[③] (清)杨通睿纂:康熙《济宁州志》,卷二,风俗志;卷八,艺文志,康熙十二年刻本。
[④] 王云:《明清山东运河区域社会变迁》,人民出版社,2006年,第111—112页。

诗人张翥有诗云:"晓日三叉口,连樯集万艘。"①又云:"一日粮船到直沽,吴罂越布满街衢。"②正是这一地区航运和商业繁盛的写照。明政府为了照顾漕运军士的生活,允许漕船之上捎带一定数量的土产货物进行交易,这样,天津便成为漕船卸载南方洋广杂货和携带北方土特产品的商品集散地。与此同时,随着天津沿海地区海盐生产的较大发展,具有便利交通和商业优势的天津,又成了长芦盐的产销中心。1684 年以后,海禁政策因为台湾的收复而放宽,天津的船只允许出海到达辽东等地,而来天津贩运北方货物的闽粤商船也络绎不绝,南北商品的种类异常繁多,数值也相当巨大;而海河流域的土特商品也源源涌入天津。旧的交易区更加兴旺,新的商业区如北门外沿河一带,也迅速崛起,不仅开设了钱庄和票号,而且形成了以不同地域为组织的会馆和行会。时人咏道:"畿南巨镇此称雄,都会居然大国风。百货懋迁通蓟北,万家粒食仰关东。市声若沸鱼虾贱,人影如云巷陌通。记得销金锅子里,盛衰事势古今同。"③所以说,"到清代中叶,天津已成为华北最大的商业中心和港口城市了"。④

然而,在当时中央集权的政治格局和以农业为主导的国内市场格局之下,华北地区的运河城镇,无论其工商业如何的繁盛,也都不过是一片片的绿叶,其本底功能,都无不是为了供养和陪衬红花——都城治所而存在的。

清代前期的北京,继元、明之后再次作为统一王朝的都城。所以,它自然能够继续凭借其政治中心的无上地位和种种特权,将全国各地巨额的漕粮和杂货,以无偿的方式,强行征集到京师,以供王公贵族和八旗兵丁们享用。从这个意义上说,北京只是一个只进不出的"貔貅"——即全国最大的消费而不是生产城市,全国(至少是北方地区)最大的消费性商业中心。⑤

由于这一时期的华北城镇体系,是与中央集权的政治统治密切相关的,所以,各政治中心的经济状况,自然也与其行政地位及相应"法力"相协调。以济南为例,其商业的"繁荣"程度,就远不如北京。

济南地处大、小清河和鲁中大道的交汇点上,交通较为发达,但由于清代前期,中国的经济中心不在沿海而在内地的运河沿线,所以,其潜在的区位优势并未得到充分的发挥。而与经济区位关系并不直接的政治地位——自明代开始成为山东省的省会,却成了其经济发展的关键推力。所以,"济南的经济价值不仅从未能与它的政治文化地位相匹配,而且也赶不上济宁、临清等运河沿岸的州级城市"(按:因为它们是为更高层级的政治中心都城服务的。);"但是,济南处于优越的地理位置,而且历代都驻有大量官员和吏役兵丁,还有广大的士绅阶层,构成了比省内其他任

---

① (元)张翥:《代祀湄州天妃庙次直沽》,《蜕庵集》卷二,《四库全书》本。
② (元)张翥:《读瀛海喜其绝句清远因口号数诗示九成皆实意也》,《蜕庵集》卷五,《四库全书》本。
③ (清)崔旭:《附诗》,(清)张焘:《津门杂记》引,丁绵孙、王黎雅点校,天津古籍出版社,1986 年。
④ 许檀:《清代前期的沿海贸易与天津城市的崛起》,《城市史研究》,第 13—14 辑。
⑤ 孙健主编:《北京古代经济史》,燕山出版社,1996 年,第 265—267 页。

何城市都广大的消费阶层,从而为商品经济的发展提供了条件";结果,"济南从未出现过资本雄厚的店铺和巨富商人。各种商品的交易,除中药材以外,大都限于局部地区,从未达到全省经济中心的地位"。[①]

二、蒙古高原城镇的萌生

1. 蒙古大草原腹地的城镇

城镇作为人们生产和生活的一种聚落形态,它最重要的景观特征,就是场域的固定性。而游牧业的流动性,则决定了草原民族生产和生活居所的临时性和流动性,从而很难形成大面积的城镇聚落。

从构词学的角度看,"城市相对应的蒙古语为浩特(qota),城镇相对应的为浩特巴拉嘎苏(qota balɣasu)。浩特的本意为游牧在一起的数户牧家,延伸为牲畜夜间宿泊的地方。目前还无法得知蒙古人从何时开始以浩特来称呼城市。追溯至元代,蒙古地区的不少城有蒙古名";"巴拉嘎苏(balɣasu),意为用土筑成的墙或房屋。在

图7-1 流动的蒙古大帐
(资料来源:余元盦:《内蒙古历史概要》,插图,上海人民出版社,1958年。)

《蒙古秘史》中多处出现的巴拉嘎德(balɣad),是巴拉嘎苏(balɣasu)的复数成分。由此可以推测,巴拉嘎苏和浩特二词中,更早表达土质建筑物,表达定居点概念的可能是巴拉嘎苏。然而,和浩特一样,还无法确定巴拉嘎苏从何时被用来称作城或城镇";资料证明"从蒙古高原南端到阿尔泰山脉,曾在这里繁衍生息的北方游牧民族,共同使用巴拉嘎苏一语,来称作与自己的游牧生活不同的、特定的空间。那些特定的空间,很有可能在当地的政治、军事、文化和商业领域拥有和发挥过重要的中心作用",尽管其作为城镇形态的辉煌已经不复存在,而仅仅以历史地名的形式而被保留下来。[②]

由此笔者推测,至少在明末以前,当辽阔的草原还以游牧作为主要生产方式的历史时期,类似城镇形态的聚居虽然已经萌芽,但不可能有太大的发展,并且其数目也不会太多。蒙古高原地区城镇聚落的大量出现,应该是在明末俺答封贡以后、

[①] 王守中、郭大松:《近代山东城市变迁史》,山东教育出版社,2001年,第64、70页。
[②] 乌云格日勒:《十八至二十世纪初内蒙古城镇研究》,内蒙古人民出版社,2005年,第1—2页。

特别是清初盟旗制度在内外蒙古地区推行以后。

漠南蒙古高原的西部,是俺答汗统治的核心地区。这里长期以来就是游牧文化与农耕文化反复交织渗透的地区,其生产、生活和社会形态已经与漠北蒙古高原地区有了一定的区别。明代中期,地处大青山南麓的丰州川地区,就有了大片汉人耕种居住的区域,"中国叛人丘富、赵全、李自馨等居之,筑城建墩,构宫殿甚宏丽,开良田数千顷,接于东胜川,虏人号曰板升。板升者,华言城也"①。由于"这个社会包含有农耕、手工业居民和游牧民",所以俺答汗维护统治的方法之一,便是在当地发展农耕事业,并通过筑城(呼和浩特)建立稳固的根据地,二是再次引入喇嘛教,并使喇嘛寺庙拥有土地和财产权,②以强化其精神统治。这就使内蒙古地区的城市建设,有了相对稳定和连续的社会政治经济基础。

蒙古高原腹地城镇大量涌现的另一个重要时期和原因,是清初康雍乾年间,通过一系列征讨漠西蒙古的战争,牢牢控制了包括喀尔喀蒙古和内蒙古在内的整个蒙古高原地区,并实行内、外扎萨克制度即盟旗制度。最初,是在漠北蒙古设立4部86旗,在漠南蒙古设立6盟49旗;此后,又陆续在原有盟旗的相邻地区,增设了其他一些蒙旗。并且还严格规定,每一蒙旗择一王公,在授予"扎萨克"职衔后,可以独掌旗内行政大权;但是,各个盟旗之间,却不允许形成隶属关系,各个盟旗均归属于中央政府的理藩院统辖,同时受驻地将军、都统的节制。这样,就把蒙古部落延续数千年的原有大游牧局面和上下隶属关系,进行了全面、深入的切割,最终使内外蒙古地区的游牧经济,被严格地限定在了各个蒙旗的狭窄范围之内。结果,蒙古王公的统治中心和寺庙的布道场所,均随之而被从地理空间上予以固定化,这就为草原城镇的形成和发展,奠定了必要的和稳定的政治、经济基础。

清代前期产生的蒙古城镇,选址和发展,大多出于这样的原因。多伦诺尔、小库伦(今库伦旗库伦镇),等等,都是如此。③

2. 蒙汉边界上的城镇

地处蒙汉长城分界线上的城镇,其产生的动因,则与边境互市贸易、汉族移民农垦有关。

比如张家口,早在明朝隆庆年间,就被政府定为与蒙古进行互市的重要场所,到清朝康熙年间,它开始作为中俄进行陆路贸易的重要口岸,乾隆中叶进一步发展成为中俄贸易的商品转运枢纽。凡内地商人赴内外蒙古和漠西厄鲁特蒙古地区贸易的商贾,也均需经张家口的察哈尔都统等机构的批准、并颁发"龙票"才行。国内外贸易交汇地的区位优势,使张家口的商业获得了更大的发展。据文献记载,当时经由张家口输出的商品,主要是茶叶、丝绸、棉布等,而以茶为最大宗;输入的商品,

---

① 《明世宗实录》,卷四百八十六。
② (美)拉铁摩尔著,唐晓峰译:《中国的亚洲内陆边疆》,江苏人民出版社,2005年,第54页。
③ 乌云格日勒:《十八至二十世纪初内蒙古城镇研究》,内蒙古人民出版社,2005年,第21—23页。

图 7-2 蒙古草原庙会景观
(资料来源:(日)松本僴:《東蒙古の真相》,东京兵林馆,1913年。)

则以毛皮、呢绒、牲畜等为大宗。为了提供相应的资金支持,清代中叶,这里还产生了对工商业者进行存贷汇兑业务的新式金融机构,从而更加有利于张家口商业和外贸的发展。综上所述,张家口作为清代前期中国北方最重要的商业城市和金融中心之一,既是清代北疆贸易的必然,也是清政府特殊对外贸易政策的结果,并为其近代时期的商贸大发展,奠定了良好的基础。①

如前所述,明末特别是清代以后,内地农民开始以各种形式,移居到长城以北地区的蒙古草原进行农业垦殖,移民数量越来越多。为了管理这些汉人,清廷最初设立了一些厅,后升为州县。在这些州县的治所,自然也就形成了一批新型的城镇。"清初,内蒙古全为盟旗所覆盖,无一州一县。1911年,内蒙古府州厅县建置达到50个"②。

三、"口岸—市镇"型城镇的发育

这里讲的城镇网络与第二章第一节市场网络,既有共通之外,也有重要区别。前者讲的是商品流通网络和市场层级,其中的城镇是该市场网络中的不同节点;而这里说的城镇,着重则考察其聚落形态、类别、结构,研究城市内部不同功能区的横断面。从城市建设上来看,如果说"都城—治所"型传统城镇的城市布局,是以宫殿、府衙等政治功能区为城市中轴线或核心建成区的话,那么,"口岸—市镇"型新兴城镇的城市布局,则是以车站、码头、场矿、租界等经济为核心建成区了。

1. 新型城镇产生与内部功能区变化

如前所述,1860年以后,华北地区陆续对外开放了天津、烟台、青岛、威海卫、

---

① 许檀:《清代前期北方商城张家口的崛起》,《北方论丛》1998年第5期。
② 阎天灵:《汉族移民与近代内蒙古社会变迁研究》,民族出版社,2004年,第1页。

秦皇岛、海州、济南、周村、潍县、龙口、济宁、郑县、徐州13个通商口岸。与此同时，蒙古高原地区也陆续开放了库伦、科布多、乌里雅苏台、归绥、多伦诺尔、张家口、赤峰、包头，再加上恰克图买卖城共9个通商口岸。两者相加，该区域的开放商埠，总数已达22个。随着对外贸易和现代工商业的发展，这些城市的面貌都获得了较快的改善。

（1）天津

天津开埠之前，与三岔口内河港区货物集散功能相适应，是南运河和海河夹角处天津卫城的建设。该城最早是为了保证漕粮运输的安全，而于1404年开始修筑的。城墙周长9里13步，高3丈5尺，广2丈5尺，设有4个城门，俗称"算盘城"。自明至清，城墙曾多次翻修。城内为衙署、庙宇和居民生活区，街道均为泥土路；最好的路是北门外沿海河的石板叠道，这里濒临北运河、南运河和海河，俗称三岔河口地区，明、清两代都陆续在沿河一带建立了码头和仓库，也就成了清中期之前商业最繁盛的地方。

1860年天津被开辟为通商口岸以后，英、法、美3国援引上海等通商口岸先例，胁迫清政府，将天津城南沿海河的紫竹林地区辟为租界。1895年以后，德、日两国持甲午战争之余威，也在海河南岸获取了租界。1900年八国联军侵华战争胜利以后，俄、奥、意、比4国，又在海河北岸分别建立了各自的租界。从而使天津成为旧中国外国租界设立过程中，涉及国别最多的通商口岸。

天津开埠以后，英、法、美3国在沿海河的紫竹林一带建立了各自的租界。为发展海上航运，他们又在租界的沿河地段，着力建造了紫竹林租界码头。

港口建设带来了对外贸易和现代工商业的繁荣，促进了租界地区工厂、商店、房屋、道路、排水、交通、照明等基础设施的建设，迫使租界面积不断扩大。英、法、美、德、日、俄、奥、意、比9国，除了早先建立的租界外，又纷纷以各种理由和方式，在"合法"租界外进行大面积拓展，致使9国租界及其扩展以后的总面积达23 350.5亩，相当于天津旧城区的8倍。[①]

不过，由于天津租界及其拓展区域，地处海河的下游两岸，这里水洼地荒地很多，填平工作费资巨大且又费时。1920年后，填垫城南洼，随后便是南市的兴起。最为典型的则是英租界墙外推广界，也就是今天所称'五大道'地区的建设工程。换句话说，租界的扩展过程，在很大程度上就是将荒地改造成可用地、使土地增值的过程。所以，"英租界推广界的建设，是改造城市环境的成功范例。现代工程技术的应用，将海河治理与城市建设结合在一起，在低洼的土地上成功地建起了新城区。现代花园城市规划理念的引入，分区制的实行，使这一新建城区建成最适于居

---

① 天津市政协编文史资料委员会编：《天津租界》，前言，天津人民出版社，1986年。

住地区。……天津在某种程度上说,正是建筑在洼淀之上城市"①。

经过中、外人士的共同努力,天津的租界区"街道宽平,洋房整齐,路旁树木,葱郁成林。行人蚁集蜂屯,货物如山堆垒,车驴轿马,辄夜不休。电线联成蛛网,路灯列若繁星。制甚得法,清雅可观,亦俨如一小沪渎焉"②,呈现出与传统的中国城区迥然不同的城市风貌。

同时,由于租界便利的交通,先进的设施,宽松的环境,吸引了工商企业界人士纷纷在这里设立商店、银行、工厂、货栈,引起了天津城内内部工商业中心的扩展和转移。大体在1900年以前,天津的中心商业区是在旧城以北的三岔口一带,如针市街、侯家后、河北大街等等。1900年以后,城墙为八国联军的都统衙门所拆,中心商业区遂向东渐次扩展到北马路、东马路以及大胡同等旧城东北角。此后,随着租界区的建设和进一步繁荣,商业中心迅速向该区域转移。不仅外资的洋行、商店集中在这里,与进出口商品和洋货为主要经营内容的华资商店,也有大量转移到租界地区。据统计,1934年,设立于租界的华资大商店有136家,其中法租界67家,日租界47家,英租界22家。③ 天津城内现代工商业经济的活动空间,进一步地扩大。

天津河北新区的开发,早在李鸿章任直隶总督的时候就陆续开始了。不过,大规模的城市建设活动,是以1902年直隶总督袁世凯批准建设河北新火车站为开端、以《开发河北新市场章程十三条》为基本纲领的。河北新区的开发,一反中国传统的城市规划理念和布局,全面学习和借鉴天津租界的西方现代城市建设规划与经验,建设了包括新式火车站、道路、桥梁、公园、邮局、工厂、学校和市政管理机构在内的现代城市要素,使之成为天津华界的政治、文化中心,与天津重要的现代经济发展区。河北新市区开发过程中对租界区的学习,是西方经济和城市文明在中国实践活动的扩展和深化。虽然由于种种原因,没有实现袁世凯等人扭转天津现代工商业和交通中心向租界区转移的目的,但是,它却从主观和客观两个方面,扩大了天津现代城市建成区的空间规模,并从整体上提高了天津城市现代化的水平,更加有利于北方广大地区经济的现代化进程。

随着天津新旧港区的建设、租界的设立、新市区的开发,天津的城市建成区面积逐步扩大。1840年前后,天津的城市建成区面积约为9.4平方公里,到1934年,城市建成区已经达到了54.8平方公里,扩大了5倍。就作为衡量城市化水平的另一重要指标城市人口而言,1840年,天津城市人口不足200 000人;1906年,天津城区人口达到424 556人;到1936年,城区人口猛增到1 254 696人,仅次于上海和北

---

① 刘海岩:《空间与社会:近代天津城市的演变》,天津社会科学院出版社,2003年,第24—25页。
② 张焘撰,丁绵孙、王黎雅点校:《津门杂记》,天津古籍出版社,1986年,第121—122页。
③ 天津市志编纂处:《天津市概要》,工商编,天津市政府,1934年。

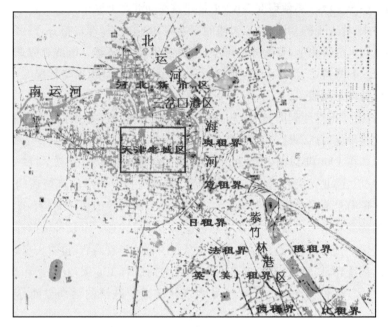

图 7-3　1938 年的天津城区示意图
（资料来源：互联网 www.022tj.net。）

平,在全国居第 3 位。①

（2）烟台

烟台城市的萌芽,大约可以追溯到明代洪武三十一年(1398 年)开始建立的奇山守御千户所的所城,所城周围只有零散的居民点,每隔 5 天有一个不大的集市,至多算是一个村镇。民国时期的"奇山所,所有东西四门,相距各不到一里,城门大如普通住家的大门,城门楼虽荡存,城墙已不可见了"②。开埠之前,天后宫附近有一条 1 里地长的东西大街,两旁散布着一些行栈店铺。后来成为市区中心的烟台山一带,不过是一片沙滩而已。开埠之后,人们开始争相购地建房,烟台山的东麓建立了不少洋行、领事馆(如英、美、日、德领事馆,等等)和华人的商业店铺,人口日趋稠密起来。这一区域逐步修筑起了宽阔的街道,如朝阳街、大马路、二马路、十字街,以及东太平街、西太平街、小太平街、电报局街、北大街,等等。烟台山以西的华人街区狭窄拥挤,道路没有整修,更无排水系统。加之缺乏统一的市政管理和规划,城市建设处于一种混乱无序的状态。

进入 20 世纪 20 年代以后,随着防波堤的修建和码头设施的改善,促使市区向烟台山以西拓展,港区和市区逐步连接起来,烟台的城市建设有了一定的改观。

---

① 罗澍伟主编:《天津近代城市史》,天津社会科学院出版社,1993 年,第 455—456 页。
② 郭岚生编著:《烟台威海游记》,天津百城书局,1934 年,第 11 页。

1928年刘珍年主政烟台的时候,将烟台100多条干支街道全部翻修成柏油马路,明显改善了交通和市貌。到20世纪30年代的时候,"烟埠建筑,多用石为基,与济南情形相似。马路最整洁的,有朝阳街、海岸街、东马路、张裕路、二马路、三马路等路。最可令人称赞的,全埠大小街巷(极僻静地方除外),皆用洋灰铺道,平滑整洁,令人可爱,路政之美,远胜平、津"①。

与此同时,烟台到潍县、烟台至荣城的公路建成通车,电报电话业务也有很大发展,在一定程度上改善了同内陆腹地的交通条件,有利于工商业和进出口贸易的繁荣。到1932年,烟台市区东西约16里,南北约8里,成为一个拥有约14万人的近代城市。②1933年的调查结论是,约18万人。③然而,随着环渤海北部大连和南部青岛的开放,烟台在该海域的航运和贸易优势,逐渐被剥夺。"又以其地内部多山,对内部既无大河,又无铁路,与沿海交通虽然便利,内陆运输则颇感艰涩,因此,烟台商业,遂渐就衰微。……现在虽有烟潍汽车路,但是运价太高,不便商旅"④。

(3) 威海卫

民国时期的威海卫,整体上分为4个区域。刘公岛区、卫城区、码头区和四乡区。前三个部分,均应视为威海城市建设内容的一部分。其中刘公岛区,是清末设立水师提督衙门及其相应军事设施的地方;英国人租借该岛以后,进行了道路等基础设施的建设,"布置井然"。卫城在奈古山麓,最早筑于明朝永乐元年,"城壁高三丈,厚二丈,周六里,砌以石。现在的卫城,高不过丈余,厚不及一丈,周约四里,大约是明代以后改建的。威海租与英国时,卫城虽在租界区域以内,但订明不在租借范围,仍归中国官员治理","城分东南西北四门。城内有两条大路,北门(门楼已拆)至南门的马路,叫作统一路;西门到东门的马路,叫作维新路,均甚广阔","城内建筑多用石材,墙壁自上至下皆石质"。⑤爱德华码头区,在卫城东面沿海一带,是明清时期的演武场。"英人租借以后,即极力经营,一切市政设备,无不完全,是以机关林立,商贾辐辏,俨然繁盛市区"⑥。

1930年中国政府收回威海以后,进行了积极的城市建设,使城市建成区的面积不断扩大,抗战前达到了4平方公里,道路由英占时期的14条增至122条。⑦

(4) 青岛

近代青岛所在的胶州湾地区,汉唐以前就有了一定程度的开发,汉唐时期的海上航运和商业进一步发展。比如北宋就在密州(治今诸城市)的板桥镇(属今胶州市),设立了与广州、泉州、杭州、明州(治今宁波市)并立的密州市舶司,专门管理当

---

① 郭岚生编著:《烟台威海游记》,天津百城书局,1934年,第17页。
② 王守中、郭大松:《近代山东城市变迁史》,山东教育出版社,2001年,第515—517、528页。
③ 郭岚生编著:《烟台威海游记》,天津百城书局,1934年,第28页。
④ 郭岚生编著:《烟台威海游记》,天津百城书局,1934年,第25—26页。
⑤ 郭岚生编著:《烟台威海游记》,天津百城书局,1934年,第67—68页。
⑥ 郭岚生编著:《烟台威海游记》,天津百城书局,1934年,第43页。
⑦ 王守中、郭大松:《近代山东城市变迁史》,山东教育出版社,2001年,第627页。

时的海内外贸易。元明定都大都(今北京市)以后,由南方海运的漕船商船,也要途经胶州停留和贸易。明代中叶"倭寇"猖獗,政府遂实行海禁。此后直到清末,胶州湾地区的商业地位迅速下降,军事地位不断上升。基础设施的建设方面,除明代建立的灵山卫所、鳌山卫所,就是光绪十七年(1891年)以后,李鸿章筹划北洋海防过程中,在胶州湾湾口大小岛屿上建立的炮台和南海铁栈桥了。

近代青岛市区的大规模建设,是1898年德国占领胶州湾以后才正式开始的。如民国时人所说,"青岛市的开始建设,是近三十年(按:自19世纪末计起)的事。因此所谓青岛建设的历史,也不过是从德人租借胶州湾以后三十年间的事实"。[①] 德国人为了把青岛建设为在远东地区的根据地,在城市规划和设计方面做了周到的准备,并从德国国库拨付大量资金用于市政建设。为了统一规划和建设,胶澳衙门把土地宣布为公有,禁止土地买卖;除码头建设外,把全市的住宅区从整体上分为4部分:一为青岛区,用来建筑官厅会社与欧美人的住宅区;二为大鲍岛区,建筑华人住宅区;三是埠头区,建筑进出口商品货栈和码头人员住宅区;四是别庄区,即在市东南接近跑马场和海水浴场的地方,建筑高档别墅。同时,把全市大部分道路都铺上了沥青,建设了供水、排水、电气设施,以及博物馆和气象台。[②] 日本人占领期间和中国政府收回之后,青岛市的城市建设,又有了新的发展。时人评论说:"德人租借以后,锐意创兴。诸凡行政之实施,警察之创设,土地政策之施行,以及司法财政等项,靡不精密切实,可取法者不一而足。而建设事业,尤堪称道。如修治饮水用之水道,及排泄雨水秽水之沟渠,卫生方面极为注意。再如大小港之建筑,新码头之设计,胶济铁路之筹办,更于本市开山凿石,劈悬崖,削峻坡,以筑成尽臻善美之市街,此又便利于交通者。余如所建立之观象台,屠兽场,亦皆规模宏大,而尤以造林事最为风著。昔濯濯之牛山,今乃成苍翠无际之林区,谓非德人之力耶?日人继之,积极整顿,依德人计划,分年进行,于是市内聊城路、辽宁路一带,商店日辟。市外沧口一带,工厂日多,故德日两国占据之二十四年中,又可谓建设时期。我国承德意志、日本之后,利用已有之建设更从而发展之,实收事半功倍之效。民国十五年改市后,益加修饬,市面之繁荣亦蒸蒸而日上。近虽国难当前,而本市迄未波及,建设百端,仍循序前进。前途发展,方兴未艾。故自收回迄今,斯可谓之推广时期也。"[③]

如前所述,除通商口岸城镇之外,进入20世纪以后,随着轮船、火车、汽车、电报、电话等新式交通方式的出现,以发展对外贸易和现代工商业为主要目的的交通枢纽城镇也不断涌现。

随着现代轮船运输业而迅速崛起或进一步繁盛的城镇,主要是沿海的开埠港口城市,如华北的天津、秦皇岛、烟台、青岛、龙口、威海、海州,等等。随着火车、

---

① 倪锡英:《青岛》,中华书局,1936年,第18页。
② 倪锡英:《青岛》,中华书局,1936年,第28页。
③ 国立山东大学化学社:《科学的青岛》,内部刊印,1935年,第6—7页。

汽车运输而兴起或日益兴盛的现代铁路和公路沿线特别是枢纽城市,也是鳞次栉比。如山东的济南、青岛、周村、潍县,河北的天津、北京、石家庄、邯郸,河南的郑县、洛阳、开封、新乡,江苏的徐州、海州,山西的太原、榆次、大同,绥远的归化、包头,察哈尔的张家口、宣化,等等。这些沿海和内陆地区的近代交通型城镇,将现代化的轮船、火车、汽车运输和传统的水陆交通方式连通起来,构成一张遍布北方大地的近代化交通运输网络;再加上电报、电话等现代信息交通方式的辅助,进而形成立体化的北方近代交通体系,为经济交流和社会进步奠定了充要的物质技术基础。

同时,随着现代化的交通工具如轮船、火车以及工业发展对机械动力原料——煤的需求不断增加,一批近代工矿型城镇,也快速发展起来。如河南的焦作,就是靠着近代工矿业的发展才快速兴起的。此前,这里的手工采煤业虽然开始较早,但规模不大。为了开采这里的煤炭资源,1907年,由英国的中福公司出资修建了道清铁路,将岔道直接修到了矿厂,使其所产之煤"由道清路转运平汉、陇海路各站销售";与此同时,焦作煤矿开始使用机器采煤,进一步提高了该矿的近代化水平,增加了煤的产量和销量。① 1940年,在各大煤矿的产量统计中,焦作中福公司的年均产煤量为1 052 448吨,居全国第三位。②

另外,河北的唐山、临城、山西的大同、江苏的徐州、山东的淄博等,也都是近代兴盛起来的北方工矿业城市。

2. 传统城镇的转型与经济功能的突显

再者,口岸、交通、工矿城镇,不仅改变了北方城镇的布局,更引导了城镇发展的潮流。随着它们示范效应的发挥,原有政治特色明显的传统城市,如北京、开封、济南城市的基础设施和城市功能,也向着经济城市转型。

济南作为山东省会,原本是一个封闭的内陆城市。但是,在沿海城市烟台、青岛的影响和铁路交通的带动之下,经济发展和城市建设都有了快速进步,不仅成为胶济、津浦两大铁路干线的交汇点,而且还自开商埠,主动接轨沿海和国际市场,成为百货辐辏、商务繁盛的海岱都会。③ 除商业之外,济南的纺纱、面粉等现代工业,也较为发达。市政建设方面,分整个城市为新、旧两区,大力改造旧有的狭窄土路,"渐修筑石碴路,近数年来,更添筑柏油路、沥青路及花岗石板路较多。行人车马之来往于通衢者,均称便利"④。以其自开的商埠区的建设为例,这里原为坟丘遍布的荒草地,"自从开作商埠以来,经之营之,现在已经筑成许多广坦的马路了。东西称为经,南北称为纬。平行于津浦铁路之南的,叫作大马路,大马路之南为二马

---

① 河南省地质调查所:《河南矿产志》,河南省地质调查所,1933年。
② 实业部国际贸易局:《煤》,长沙商务印书馆,1940年。
③ 杨景雄等编绘:《中华民国最新分省地图》,说明部分,寰澄出版社,1946年。
④ 济南市政府秘书处编:《济南市道路调查统计报告》,济南市政府秘书处,1937年。

路,再向南则为三、四、五、六等马路。自东而西,由纬一路、纬二路以至于纬十一路。高房大屋,相继隆起,一切交易,逐渐发达了"①。

四、蒙古高原近代城镇的涌现

进入近代以后,随着农业开发和商业贸易的进一步发展,蒙古高原的城镇化进程较前加快了。从起因上看,内蒙古地区这一阶段形成的城镇更加丰富多彩,整体上可以概括为以下5种类型。

1. 由管理汉族移民的厅县治所演变成的城镇

这一类包括内蒙古西部的归化城直隶厅、绥远城厅、萨拉齐直隶厅、清水河直隶厅和林格尔直隶厅、托克托直隶厅、宁远直隶厅、丰镇直隶厅、武川厅、五原厅、陶林厅、兴和厅、东胜厅、临河县、集宁县、固阳县、包头县、安北设治局,内蒙古东部的八沟厅、丰宁县、建昌县、朝阳府、赤峰州、长春府、昌图府、呼伦厅、奉化县、怀德县、康平县、农安县、辽源州、阜新县、建平县、林西县、开鲁县、彰武县、洮南府、靖安县、开通县、安广县、大赉厅、肇州厅、安达厅、法库厅、长岭县、醴泉县、镇东县、德惠县、通辽县、双山县、开化县,等等。

其中,绥远省城开始建筑于乾隆二年(1737年),后又经两次重修,"城内有大街四道,小街二十四道,小巷四十六道,市场一处。鼓楼居全城之中心,分东西南北四大干街";由于该城最初是为了"驻防旗兵而筑,一切建置,悉按规制。街衢部位,整齐划一"。

清代的归化厅,于1914年改为归绥县。县城在省城的西南5里,为省城附郭首邑。史料记载,该城最早为明朝万历十四年(1586年),忠顺夫人三娘子所筑,后经多次重修。至民国年间,该城"城内有大街五十七道,小街五十二道,小巷八十五道,市场数处。全城街道以大南街为主干,南北贯通。此外名(按:原文如此,疑为"各")街巷纵横杂错,部位不齐。盖省城原按规制建置,县城则由民商自由兴筑,县城以全市面积计之,较省城约大二倍,南北长约七里余,宽约四里余"②。

绥远省城的西门与归绥县城之间,修筑有宽阔的马路一条,通称为东大马路,"道两旁植杨柳甚茂,绿荫清流,风景天然";"县城为商业荟萃之区,省城为政治集中之地。东大马路为两城交通要道。由此至西门内之马路终点,直达省政府。车马行人,肩摩毂击,络绎不绝焉"③。

萨拉齐厅正式设立于乾隆二十五年(1760年),1912年废厅改县。其城垣开始建筑于同治七年(1868年),"城内有大街四道,小街十四道,小巷五十二道。以图书馆所在地为中心,名为中街,由此起点,至城之四门,各有大街一道,是城街之主

---

① 陈博文:《山东省一瞥》,商务印书馆,1925年。
② 绥远通志馆编:《绥远通志稿》,卷十七,城市,民国二十六年铅印本。
③ 绥远通志馆编:《绥远通志稿》,卷十七,城市,民国二十六年铅印本。

干,县人通称为东街、南街、西街、北街,而不言大也。由西北行为后炭市街及西北门街。又大东街之北为后东街。大北街之中部东向支出之街与大北街成丁字形者,为太平街,均通街也。就中以大西街为最宽,约九丈余";萨县的"商业繁盛之区,厥为中街,居四大干街之中心,廛舍栉比,百货集焉。以粮、布、茶、烟、炭五种为大宗。为县城天然集合之市场"。①

包头,本来为萨拉齐厅属下的一个村,乾隆二十六年(1761年)驻扎税吏笔帖式,嘉庆十四年(1809年)驻岱善巡检。1850年以后,由于托克托县的河口镇码头一度被水冲毁,黄河中上游的皮毛和木材逐步向包头的南海子码头集结,但它仍是一个很小的地方性市场。

天津开埠后,西北地区的皮毛和甘草等向包头集结的数量有所增加。京绥铁路1920年修到归绥,1921年开始向包头延伸,包头的重要性迅速被人们所认识,北京国民政府随即宣布其为自开商埠;1923年,延伸到包头的京绥铁路通车以后,包头在西北地区商品交流和外向型经济发展中的桥梁作用,得以更加迅速地体现出来。1923年设立包头设治局,1926年升为县。

包头城"分内外二城。内城清同治十年(1871年)由包头巡检崔际平、镇守大同总兵马陞创建,十二年工竣";"外城系民国十四年西北边防督办冯玉祥创建"。内城的城内,"有大街十道,小街十道,小巷七十道。市场一处,今废。街衢与归、丰两县情形相同。当时自由建筑,漫无规度,大街小巷,参差不齐。由东门入城为东大街;再西为草市,为长胜街;又西为大公馆街,直达西滩,至西门;由东大街向西南分道,为车市街。至是又岐为二,一支南行为南圪洞街,再下为金龙王街;一支西行为前大街,转南为富三元巷,与金龙王庙街均可直达南门。此外有东门街,西北门街,均通衢也"。现"为河套、甘、宁皮毛唯屯集之地。而后套之牲畜、甘草及各种药材,五(原)、临(河)两县之粮,亦必经本市转销于各处。故历年为西北最大商埠"。②

丰镇(衙门口),乾隆十五年(1750年)由丰川镇宁卫所改设为丰镇厅,1912年改为丰镇县,城池经过多次重修。民国年间,"城内有大街十六道,小街二十五道,小巷四十六道,市场一处。丰镇为绥省大县,城内街巷稠密,建筑多砖质,惟县城之范围,由狭小而渐扩大。街市之部位,其始由民商自由建筑,未能整齐,情形与归绥大略相同。以前市面繁荣状况,虽亚于归绥,然亦可与绥西之包头等量齐观。故商民住户,较他县为多。"③

武川厅,1903年设立,1912年改为县,治可可以力更。"县城内有南北大街一道,直贯南北二门。余仅小巷数道,亦无定名。大小商户十余家,市面冷落。街之

---

① 绥远通志馆编:《绥远通志稿》,卷十七,城市,民国二十六年铅印本。
② 绥远通志馆编:《绥远通志稿》,卷十七,城市,民国二十六年铅印本。
③ 绥远通志馆编:《绥远通志稿》,卷十七,城市,民国二十六年铅印本。

中心有关帝庙,县人称为巷前,为商贩集售杂物之所"。"县城东北一百二十里乌兰花,为县之巨镇","镇内分东、西、南、北四大街。东街长一百三十余步,宽十七步;西街长四百五十步,宽二十步,路南、北有小巷三;南街长四百六十步,宽十六步,路东、西有小巷二;北街长九百一十步,宽二十步。镇内街衢修治,市廛建筑,均属整齐。商业趋重情形与隆盛庄同,繁荣似犹过之。尤以十字街为全镇之精华所萃"。①

2. 由庙会集市和宗教中心演变成的城镇

由庙会集市和宗教中心演变成的城镇包括多伦诺尔、小库伦、大板。它们因为宗教原因形成于清代前期,近代以后有了进一步的发展。② 多伦诺尔在察哈尔省东境,据滦河上流,东通热河,赤峰,北通外蒙古,西通绥远,西南通张家口,地处内蒙古的通冲。它的兴起和发展,都与当地两个最大的喇嘛寺汇宗、善因密切相关。"民国三年开为商埠,人口约三万,半属蒙人。亦以蘑菇、皮革、毛绒宗为出口大宗"③。

漠北蒙古城市"成立的原因不外乎两种:一样是民族的与宗教的,还有一样是外人的与政治的。第一样,在现在的外蒙古全境之内,可以到处看见,这种都市为外表上的便利起见,不妨替它起一个名称叫庙之都市"。

由于宗教原因而兴起的庙之都市,"当然要推库伦第一",它是外蒙的宗教中心,"一八一三年,库伦人口连买卖城加算在内有三万人,一九一○年,有六万人,一九一九年约有十余万人"。

除此之外,札颜沙毗也是这种都市,"札颜沙毗是外蒙古宗教上一个中心,大约有三千个定员喇嘛。札颜呼土克图在喀尔喀宗教界的地位是第二,库伦的布克图格根是第一位,有一万一千平方俄里的土地,有八千人口。在札颜沙毗没有王府,所以管理事务时官厅是教务院式的沙毗卫门,长官叫做商卓特巴。庙的附近有中、俄人的商业地,中国商店十七家,俄国商店七家,商业区的总人口数有五百,其中四百名是中国人,一百名是俄国人"。

比札颜沙毗规模还要狭小的庙之都市,是完颜库连,"定员喇嘛大约有二千,有图儿格吉王的邸宅,虽然没有商业区域,却有六家中国商店,三家俄国商店,商人数大约有一百个,其中七十五个是中国人"。比完颜库连还要狭小的庙之都市,是色楞格河上流的巴颜果勒库连,"只是旷野地方的一个小所在地,定员喇嘛大约有一百个,附近有二个帐幕式的商店,有中国人十名,没有王公的邸宅,也没有俄罗斯的商人,从巴颜果勒库连一直发达到库伦的几个喇嘛庙,就是大都市所以完成的次序"④。

---

① 绥远通志馆编:《绥远通志稿》,卷十七,城市,民国二十六年铅印本。
② 乌云格日勒:《十八至二十世纪初内蒙古城镇研究》,第二、三章,内蒙古人民出版社,2005年。
③ 杨景雄等绘制:《中华民国最新分省地图》,寰澄出版社,1946年,第28图说明部分。
④ 包罗多编:《外蒙古》,昆仑书局,1928年,第31—36页。

3. 王公府第演变成的城镇

清代在内外蒙古地区实行盟旗制度,严格限定各盟旗的边界范围。这一方面限制了蒙古牧民的活动范围,变以往的大游牧生产方式为小游牧甚至固定放牧。另一方面,也限定了蒙古王公的活动和职权范围,使其统治中心由以前的迁徙流动状态(参考图7-1)变为固定在某一处所——王公府第。人力、物力的集中,便利王公府第发展成为城镇。如喀喇沁郡王府、公爷府、大沁他拉奈曼旗扎萨克王府、土默特左翼旗扎萨克王府、阿拉善旗的定远营。

在漠北蒙古地区,除了宗教原因兴起的都市之外,就是因王公府第和外来民族统治中心而形成的政治都市了,"这种都市以乌里雅苏台、科布多为代表。这两个都市除蒙古妓女之外,没有蒙古人住下,有中国人的寺庙而没有喇嘛庙。乌里雅苏台有俄人一百名,科布多有三百名,中国在两市各有三千人。辛亥革命时代,两市华人都大受杀戮,市集也变成废墟的遗迹"[1]。

4. 交通枢纽型城镇

此类城镇包括经棚、包头、满洲里。经棚处在从张家口经过多伦诺尔而通往蒙古东部盟旗以至漠北蒙古,从古北口或喜峰口经过热河再到锡林郭勒盟各旗以至漠北蒙古的交通枢纽地带,汉、蒙交易和商旅往来相当频繁。

5. 矿业型城镇

此类城镇包括扎赉诺尔、吉拉林。前者为煤矿所在地,主要供应东清铁路西线的铁路用煤。后者为金矿所在地,1908年(光绪三十四年)清廷在该地设置了设治局,随着矿业和商业的发展,1920年这里设置了室韦县。

蒙古高原大量城镇的出现,改变了当地的产业和社会结构,加快了其农、牧业经济的开发,强化了草原地区与内地的政治和经济联系。

第二节 人口增长与近代城市化[2]

城市化是近代华北与蒙古高原经济现代化的重要组成部分,城市人口数量和结构的变化,则是城市规模和发展水平的重要指向标。以天津为例,1846年以前,仅直接从事商业运销的铺户和负贩,就占到了天津城区人口的53%,这还不算与工商业关系相对密切的盐商、绅衿、船户、佣作,真可谓"逐末者众"。[3] 凡此,均能说明近代以工商业发展为主要功能的口岸城市、交通城市、工矿城市等,城市人口快速增长与区域经济发展的密切关系。

---

[1] 包罗多编:《外蒙古》,昆仑书局,1928年,第36页。
[2] 有关近代华北和漠南蒙古城市人口的数据,主要参考了张利民:《近代华北城市人口发展及其不平衡性》,《近代史研究》1998年第1期。张文中的华北,包括本书华北和漠南蒙古的大部分地区。
[3] 《津门保甲图说》,转自罗澍伟主编:《天津近代城市史》,第99页。

一、近代华北和漠南蒙古的城市人口

根据赵文林等人的统计,乾隆十四年(1749年)华北5省的人口总数是6 685万人,占当时全国总人口的36.61%;到1840年,人口总数增至10 484.7万人,占全国人口的比重降为25.63%。^① 这其中,城镇人口占据着一个什么样的地位、或者说中国城市化的水平如何呢?据美国学者施坚雅的估计,1843年不包括东北和台湾等地区在内,中国有2 000人以上的城镇1 653个,共2 072万人,占全国总人口的5.1%;其中包括山西、河南、河北省大部,山东全部以及江淮分水岭以北的苏皖部分地区的华北,共有城镇416个,居全国8大区域之首;城镇人口465.1万人,次于长江下游;城镇人口占总人口比重却仅为4.2%,低于全国平均值。1893年华北有城镇488个,人口580.9万人,城镇数量和人口数量均居全国之首;城镇人口占总人口比重较前有所升高,为4.8%,但却依然低于全国6%的平均值,与长江下游的10.6%更是相差甚远。^② 由施氏的估计可以看出,清代中后期的时候,华北由于区域范围广大、人口数量众多,城镇的相对数量也较多,但是,由于城镇的规模小,人口聚集能力非常有限。只有国都北京鹤立鸡群,是全国最大的城市。1781年,京城内外约有87万人之多;^③其他的城镇,都是为其服务的,如天津、通州、德州、临清、济宁、张家口、大同等,人口也都因此而有所聚集;另外就是直隶于国都之下的华北各省省会,也是一定区域的政治经济中心,其周围也有一些中小城镇;最终形成一个以政治职能为主、经济等其他职能为辅的北京为中心的传统城市系统。北京和省会人口的高度集中,广大地区城镇凋零,正是该时期城镇职能单一、社会资源集中掌控于专制政权之手的体现。

然而,施氏的估算,即便完全准确无误,毕竟也只能代表清朝中后期的华北城市人口概况和城市化水平,根本不能替代此后的清末民国时期。事实上,20世纪以后的华北和蒙古高原的城市人口发展,随着经济和社会发展环境的改观,有了新的飞跃。

张利民先生的研究认为,近代以来的华北和漠南蒙古地区的城市人口发展,大致经历了三个阶段。

20世纪以前是起步阶段。进入近代以来,天津、烟台等口岸被迫开埠通商,随着城市功能的转变,人口有较大幅度增长。天津是北洋大臣和直隶总督长驻地,后来又一度作为河北省的省会,外贸和近代工商业起步较早,1840年天津城区范围内共有近20万人,到1903年达到36万人,增加了81.6%,年均增长速度为

---

① 赵文林等:《中国人口史》,人民出版社,1988年,第452、457页。
② (美)施坚雅(G. W. Skinner)著,王旭译:《中国封建社会晚期城市研究——施坚雅模式》,吉林教育出版社,1991年,第74页。
③ 李慕真主编:《中国人口·北京分册》,中国财政经济出版社,1987年,第39页。

9.5‰。①烟台原是渔村,"居民寥落,不过茅屋数十椽耳",开埠数年"高楼广厦,比户相连","贸易之盛,户口之繁,较之省会殆有过之",②1901年有5.7万人,比20年前增加1倍。③青岛自被德国强租后,从数百人的荒僻渔村到1902年增至1.4万人,1909年成为拥有3.5万人的城镇。④秦皇岛原被日本人称之为"僻在北方海岸,特农家渔民所居之一寒村耳"⑤,兴建开滦煤矿和修京奉铁路促使其自辟为通商口岸,建港运煤,数千名筑港工人涌入,1907年,其常住人口达4600人。

唐山,是一个因矿而兴的新兴城镇,它原是"居民百余户,人口不足二千人,有商号数家,均系小本经营",集日时也"销售无几,极为冷落"的村庄;1878年开平煤矿建立,不久又出现了机车修理厂和洋灰公司,升格为镇;19世纪末开平煤矿已有3个矿区出煤,约有工人3000人,全镇区约1万人。⑥

首都和省会等政治中心城市,原有的人口基数虽然很大,但其人口的增长却并不快。北京因旗兵外出征战等原因,人口自然增长较慢,1910年110万人,比130年前仅增25%。济南1843年不过6万人,因是铁路枢纽,到20世纪初增至10万人。⑦太原是省内经济中心,沿海开埠对其影响不大,1890年太原城内有3万人,到1919年为42 672人;⑧保定原称有25万人,由于其重要性逐渐被天津替代,加之官僚及眷属迁居京、津,故而城市人口逐年减少。

20世纪初至1937年是华北和漠南蒙古地区城镇人口迅速增长的阶段。其主要原因在于:首先,通商口岸增多。除了前面的几个之外,又开放了济南、潍县、周村、龙口、多伦、归化(今呼和浩特)、张家口、赤峰、威海卫、郑县、海州等城镇。其次,近代交通运输系统的建立。京奉、胶济、京汉、正太、津浦、京包、道清、汴洛等铁路陆续建成通车,形成了以铁路为主的近代华北交通运输网络。它不仅促进各地的商品化生产、商品流通、人口流动和华北经济布局的重新组合,也带动了铁路中转站和终点站迅速成长为大小不等的城镇。再次,近代工矿业的兴起和以外贸为主的商业的发展,带动了市场规模扩大和繁荣,为一些城镇或市场发展提供了很好的机遇。所以,这一阶段华北和漠南蒙古地区的城镇数量增多,城镇人口剧增,逐渐形成了由铁路相连的以沿海、边境、新兴工矿业和交通枢纽城市为主干的区域城镇系统,近代城市化快速起步。

这一时期涌现的城镇较多。比如,石家庄在1878年仅是"一百五十户,六百多

---

① 张利民:《论近代天津城市人口的发展》,《城市史研究》第4辑,1990年;李竞能:《天津人口史》,南开大学出版社,1990年,第207页。
② 劝业公所编:《山东全省戊申己酉年报告书·商务科文牍》,劝业公所,第22页。
③ 姚贤镐:《中国近代对外贸易史资料》第2册,中华书局,1962年,第1367页。
④ 烟台港务局编:《近代山东沿海通商口岸贸易统计资料》,对外贸易教育出版社,1986年,第251页;海关税务司:《胶海关十年报告,1892—1901年》,青岛市档案馆编:《帝国主义与胶海关》,档案出版社,1986年,第63页。
⑤ (日本)《经济报》,1898年5月14日。
⑥ 刘秉中:《昔日唐山》,政协唐山市文史资料委员会,1992年,第78、86页。
⑦ 胡焕庸:《中国人口地理》下册,华东师范大学出版社,1986年,第66页;(美)珀金斯:《中国农业的发展》,上海译文出版社,1984年,第388页。
⑧ 行龙:《人口问题与中国社会》,人民出版社,1992年版,第138页。

口"的村庄,①成为铁路枢纽和粮棉集散中心后,1928 年有 6 万余人。②张家口 1834 年时市区仅万余人,1909 年京张铁路通车后成为较大的内陆商埠,1931 年市区近 8 万人。③包头 1834 年是近万人的市镇,天津开埠后是西北皮毛转运中心,1912 年人口增至 68 094 人,80 年增长 5.5 倍;1923 年京包线通车后,土洋货集中此地,商店林立,流动人口大增;但由于战争和灾害,使当地固定人口减少,到 1934 年包头市的人口仍维持在 6.5 万人规模。④一些以某种商品为主的专业集散市场如德州、张店、周村、泺口、大汶口、沙河、安阳、周口、道口、榆次、邢台、宣化、辛集、胜芳、独流等也逐渐发展为一定规模的城镇。

天津、青岛、济南等大中城市经济功能提高,吸附能力增强,人口大增。如天津 1928 年达到 1 122 405 人,一跃成为逾百万人的特大城市,22 年的增长率为 164.37%,年均增长率达 45.18‰。青岛 1910 年为 16.5 万人,到 1932 年增至 42.6 万人,增长 156.16%。⑤济南从 1910 年的 25.8 万人,到 1932 年达 42.2 万人,增长了 71.32%。⑥太原到 20 世纪 30 年代初也增至 13 万人;唐山从 1917 年的不足 2 万人,到 1928 年增至近 10 万人。⑦

1937 年至 1949 年是畸形发展阶段。尽管这时华北已沦为日本侵略者的殖民地,又是主要战场,但城镇人口并没有因此而减少。原因为:其一,大量农民为逃避连年不断的战争和灾荒躲进京、津等大城市。如天津租界,1936 年后的 5 年间净增近 6 万人;1939 年大水灾后北京人口增加 10 万人,天津增加 13 万人。其二,日本和华北伪政权为巩固其统治,加强了对政治经济中心城市的统治能力。北京是日本统治华北的大本营,日本军人、官员、工商业者及家属麇集,1940 年全市有日本人(不包括军人,下同)56 268 人,比 5 年前增加了 24 倍。保定、济南、石家庄、太原等交通枢纽和军事要冲,是日军重兵驻扎之地。日本商人等也聚集此地。据统计,1937 年 7 月济南有日本人 2 054 人,太原有 32 人;到 1941 年 6 月分别增至 19 518 人和 15 577 人;石家庄原本没有日本人常住,此时竟也有 13 140 人。大同原来只有 4 个日本人,到 1943 年却达到了近 8 000 人。据 1941 年 4 月的统计,华北各省(包括蒙疆地区)共有日本人 342 112 人,比 1937 年 7 月增加 693.62%,净增近 30 万人;占在关内全部日本人的比重,从 1937 年的 49.59% 增到了 67.58%。⑧其

---

① (清)俞锡纲、曹荣纂修:光绪《获鹿县志》,地理,下,光绪四年刻本。
② 徐振安:《石家庄之人口》,《石家庄文史资料》第 2 辑,1984 年 8 月。
③ 刘蔚:《张家口市区一百五十年间的人口变迁》,《张家口文史资料》第 22 辑,1992 年;内政部统计司:《民国十七年各省市户口调查统计报告》,1931 年。
④ 包头市人口普查办公室:《解放前包头市人口概况》,《包头史料荟要》第 10 期,1984 年;胡焕庸:《论中国人口之分布》,华东师范大学出版社,1983 年,第 88 页。
⑤ 张利民:《论近代天津城市人口的发展》,《城市史研究》第 4 辑,1990 年;青岛市档案馆编:《帝国主义与胶海关》,档案出版社,1986 年,第 387 页。
⑥ 沈国良:《济南开埠以来人口问题初探》,《山东史志资料》总 1 辑,1982 年。
⑦ 《中国人口地理》上册,第 258 页,《昔日唐山》,第 90 页。
⑧ (日)盐原三郎:《都市计画・华北の点线》,自刊本,1971 年,第 86 页,日本国会图书馆藏;(日)高木翔之助:《北支・蒙疆年鉴》,华北经济通讯社,1944 年,第 402 页。

三,日伪为掠夺煤铁等国防资源,扩大和新建一批工矿企业,集中了相当的工人和家属,也促使其成为一定规模的城镇。

因此,1937年以后,华北特大城市和大城市的人口不断增加。北京1941年总人口比1936年增17.05%,天津同期增31.08%;青岛1940年比1938年增11万人,济南同期增10万人。张家口是伪蒙疆政府所在地,1940年增到12万余人。石家庄人口也从1937年的7万人,增到1940年的18万人。[①] 太平洋战争后,残酷的战争又把众多难民赶到城市,一些城市的人口,在跌宕起伏中仍有所增加。

二、城市人口等级与华北和漠南蒙古的城市系统

由于近代时期的各级政府,均不重视城市人口的统计,并且即便有些零星统计,标准也不尽相同,故而没有留下系统而科学的统计资料;但综合考证之后,仍可大致勾画出不同时期华北和漠南蒙古地区城市人口的规模;这将有助于界定其地位和作用,深入研究近代华北的城市系统。城市的等级,主要根据1949年该市的人口规模,即100万人以上为特大城市,50万人以上为大城市,10万人以上为中等城市,5万人以上为小城市,2万人以上为小城镇。

1. 特大城市

北京和天津,是近代华北的特大城市,其人口增长状况如表7-1:

表7-1 1900年前—1953年的北京和天津人口　　　　　单位:千人

城市		1900前	1912	1917	1928	1935	1940	1949	1953
北京	总人口	888[a]	1 129.1	1 221.0	1 358.6	1 573.1	1 745.2	1 979.0	2 538.0
	市　区		725.1	811.6	918.7	1 113.9	1 273.0	1 354.0	1 643.0
	郊　区		404.0	409.5	439.9	459.2	472.0	325.0	895.0
天津	总人口	198.7[b]	886.5	1 047.9	1 361.5	1 237.3[c]	1 503.1	2 431.5	2 939.6
	市　区		601.4	719.9	939.2			1 895.7	2 317.3
	郊　区		285.1	328.0	422.5			535.8	622.4

(资料来源:张利民:《近代华北城市人口发展及其不平衡性》,《近代史研究》1998年第1期。)

本书作者按:a. 此为1781年统计数值,范围包括内外城、城属人口及营兵。b. 此为1840年统计数值,范围包括城关,不含四乡。c. 1934年天津市、县划界,此后统计范围均为市区人口,不含四乡。

北京在清末的时候,已是超过百万人的大城市,进入近代以后的自然增长率较低,有时甚至呈负增长,但其特殊的政治地位,却依然吸引着众多的迁入者,1949年市区人口比20世纪初增1倍。天津则是另一种发展模式。1840年,天津仅是一个不足20万人的中等城市,但在近代开埠之后,随着经济功能的空前增强,天津逐

[①] (日)兴亚院华北联络部:《华北劳动问题概说》,新华印书馆,1942年,第14—17页。

步成为华北区域的经济中心,吸引了大批的腹地人口,其城市人口1903年增加到约36万人,到1949年的百年间市区人口增9倍,达到近200万人。

2. 大城市

青岛和济南,是人口超过50万人的大城市,其历年人口增长如表7-2:

表7-2　1900年前—1953年的青岛和济南人口　　　　单位:千人

城市	1900前	1910	1917	1929	1936	1940	1947	1949	1953
青岛	60[a]	167	217	362	426[c]	584	787	826	917
济南	60[b]	258	275	379	442	523	574	642[d]	680

(资料来源:张利民:《近代华北城市人口发展及其不平衡性》,《近代史研究》1998年第1期。)
本书作者按:a. 1892年胶州地区数值。　b. 1843年统计数值。　c. 1932年统计数值。　d. 1948年统计数值。

近代华北的大城市,都集中在山东省。该省人口多、密度大是原因之一,但更主要的原因还是开埠通商后城市政治、经济地位的提高。青岛被外国租借后,筑港修路,外贸繁盛,轻纺工业发达,容纳能力提高。以最富饶的胶东半岛为腹地,50年内城市人口增长近14倍,一跃为华北的第三大城市。济南是山东省会,历史悠久;胶济和津浦铁路开通后辟为通商口岸,带来了商品流通和近代工业的发展,增强了经济功能,人口增长平稳,1910年后的40年中增长了122.48%。

3. 中等城市

现代人口统计学将拥有20至50万市民的城市列为中等城市,但将这一标准用于城市近代化水平不高的中国,尤其是用于城市近代化刚刚起步的华北区域,似乎牵强,故这里将人口规模下调为10万人。据统计和考证,到1949年华北区域包括城郊人口在内,拥有10万至50万人的中等城市有16个,其历年人口增长如下表:

表7-3　1900年前—1953年的石家庄等16城市人口　　单位:千人

城市	1900前	1917—1918	1928	1936	1940	1949城区扩前	1949城区扩后	1953
石家庄	0.6[a]	6	63	74[b]	179	126	278	370.4
唐山	2[c]	20	98	130	126	163	473.3	629.3
保定	100	80	78[d]	88	105	170	172.5	243
张家口	142[e]	65	90	91	111*	185	241.3	305
秦皇岛	5[f]	6		30	31*	105	166[g]	191.3
烟台	95	86	102	145	170*		172	188
威海		150		190[h]	150*		119	
潍县	100	80		122	122	100	113	149

续 表

城 市	1900前	1917—1918	1928	1936	1940	1949城区扩前	1949城区扩后	1953
太 原	120[i]	110	101	200	143	278	442	721
大 同		20		89	98*		161	228
长 治		9		109[h]			129	98
阳 泉		6				150		177
呼和浩特		78	76	84	104	113		148
包 头	10[i]	74	63	68	62	114		149
郑 州				150	197[j]	100	147	595
开 封	200	200		303	247[j]	230[k]	282	299

（资料来源：张利民：《近代华北城市人口发展及其不平衡性》，《近代史研究》1998年第1期。）
本书作者按：＊其外国人统计中，除日本人外均为1936年数值。a. 为1878年人口数。 b. 为1937年统计数值。 c. 为1874年人口数。 d. 为1930年统计数值。 e. 为1881年人口数。 f. 为1907年统计数值。 g. 秦皇岛与山海关合为秦榆市，1949年山海关归辽西省，秦榆市复称秦皇岛市。h. 为1931年统计数值。 i. 为1834年人口数。 j. 为1939年统计数值。 k. 为1947年统计数值。

  中等城市大致分两大部分。第一部分是由传统时期延续来的城市。如保定、太原、开封都是省会和古城，曾有过人丁兴旺的盛世；到了近代因地处内地，受商品经济影响较弱，或被沿海城市所替代，吸附能力减弱，腹地日益缩小，加之战争不断，盗匪横行，人口增长缓慢，甚至停滞和倒退。张家口是历代军事重镇，1724年设厅，为清王朝与蒙族、俄国政治经济交往中心，又是颇有规模的皮毛集散地；京张铁路开通和自辟为通商口岸后，成为华北北部重要的陆路商埠，人口增长较快。但1910年后外蒙古贸易屡屡受挫，加之军阀混战、灾荒频仍，人口流失较多。后来张家口曾为察哈尔省省会和伪蒙疆政府所在地，人口才略有回升。

  第二部分是近代崛起的城市，可分为通商口岸、交通枢纽和工矿业城市3种类型。它们当中的不少城镇，由于本身的某种优越环境和条件，使其数十年间由小城镇或农村，迅速发展为颇具规模和潜力的城市。只是烟台、秦皇岛、威海、呼和浩特和潍县等通商口岸，人口起伏较大。烟台开埠早，但后被青岛所替代，1916年末人口减至8.6万，到抗战前仅增至14.5万人。[①] 威海为军事要塞，工商业不甚发达，1932年近20万人中务农者近半，从事工商业者仅2万余人。[②] 呼和浩特在开埠前后人口增长较快，但终因地理、经济水平以及战争、灾荒等原因未能持久发展。潍县周围农业商品化程度较高，手工业发达，但本身没有大工业，以家庭手工业和农产品集散为主，吸引力不大。其他新兴城镇人口的发展，则较为迅速。石家庄和郑

[①]（日）东亚同文会编：《支那省别全志·山东省》，第114页，东京东亚同文会，1917年；《烟台概览》，第2页，转引自《近代山东沿海通商口岸贸易统计资料》，对外贸易教育出版社，1986年第252页。
[②]《中国实业志·山东省》，戊，第16页。

州是交通枢纽。郑州原系县城,成为京汉、陇海铁路交汇点后,商品集散能力空前增强,随之出现近代纱厂等工商和金融业,经济实力大增,1939年城市人口近20万人。石家庄亦是同样,1933年人口增至6.3万;1937年日军占领后,极力想把这个粮棉基地、煤矿中心和军事要冲建成其侵华的兵站基地,"开发"为华北的6大都市之一,1940年1月正式成立了石门市,将周围获鹿、正定县的65个村划归该市所有,人口增到16.7万,1941年加上外籍人口达到近18万人。[①] 唐山、大同、长治、阳泉等以工矿业为特色,聚集众多工人。唐山有开滦煤矿、纱厂、洋灰公司和机车制造厂等,1939年有42家近代企业,是重工业为主的城市。[②]

4. 小城市

有5万至10万人的为小城市。据现有的统计资料估算,到1949年华北大约有11个小城市。其中洛阳、济宁和德州等是内河沿岸城市。洛阳在隋朝曾为国都,兴盛一时,拥有100万人,济宁和德州也是商品交流中心;近代后因黄河改道和水患、大运河年久失治以及铁路不便等,地位不断下降,人口发展停滞或减少。承德清初只是80户的小山村,建避暑山庄使其政治地位提高立为府治,人口渐增;1928年又为热河省省会,是该地区的政治中心。其他小城市有的是铁路中转站,有的是近代工矿业兴起之地,有的周围地区商品经济比较发达,人口基本呈增长趋势;但商品经济欠发达和天灾人祸等制约城市经济职能的发挥,人口规模不大。其历年人口增长如下表:

表7-4　1900年前—1953年的承德等11城市人口　　单位:千人

城市	1900前	1917—1918	1929	1937	1940	1946	1949	1953
承德		21		43		45	60	89.3
沧州		23		34	31		55.3	58.1
德州	66[a]	30				20	80	90
济宁	120[b]	67				100		86
博山		25	38	54[c]	54			
周村		25	61	70[c]	69			268[d]
榆次		60					98	60
赤峰		30				34	50	92
洛阳	50				73		69	171
安阳		50		50	94[e]		61.2	125
新乡					60		58	170

(资料来源:张利民:《近代华北城市人口发展及其不平衡性》,《近代史研究》1998年第1期。)
本书作者按:a. 1787年数字。　b. 1843年数字。　c. 1936年统计数值。　d. 博山与周村合并后统计数值。　e. 1938年统计数值。

---

① (日)北京新民报社石门总支社:《石门市を中心としたる京汉线事情》,该社,1940年,第12页;张鹤魂:《石门新指南》,石门新报社,1942年,第7—10页。
② 徐性纯主编:《河北城市发展史》,河北教育出版社,1992年,第109页。

5. 小城镇

小城镇是指 1949 年常住人口 2 万人以上 5 万人以下者,其中有县城,也有集镇。据不完全统计,华北小城镇历年发展状况如下表:

表 7-5　1900 年前—1953 年的邢台等 25 城市人口　　单位:千人

城市	1900 前	1917—1918	1937	1940	1949	1953
邢台		17	51	70	34	56.6
邯郸	28[a]	22		28	45	90
正定		20	22			
胜芳			50		47	48
泊镇					21	32
通州	20	19	37.6			
门头沟		2	20			
宣化	25	15	29	15[b]		
卢龙		15		20[b]		
泰安		20	41		32	60
临清	50[c]	36			36	44
临沂		40				
益都	50[d]		38	35[b]		
菏泽	60	50				
枣庄		10	36[e]			
邹县		30				
大汶口		12				
临汾		8		17	44	
平遥	30	8				
侯马					42	
集宁	17	21	43	29	20	37
多伦		17		30[b]		
周口		20				
焦作		10				37
道口		19				

(资料来源:张利民:《近代华北城市人口发展及其不平衡性》,《近代史研究》1998 年第 1 期。)
本书作者按:a. 1900 年数值。b. 1946 年数值。　c. 1843 年数值。　d. 1852 年数值。　e. 1929 年数值。

这些城镇,有的是传统时期的府治、州治或县治等政治中心,到近代因商品经济发达或铁路开通成为一定规模的市场,并向专业市场发展。邢台和宣化是皮毛集散地,邯郸、正定和邹县等是粮棉集散地。有的城镇政治军事地位不突出,甚至连县城都不是,近代以后工矿业和新式交通的兴起,给其带来发展契机,经济功能加强,人口增长幅度超过一般水平。枣庄、门头沟和焦作等因煤矿而兴,集宁、多伦因清政府实边垦荒政策,招致众多农民聚集,加之铁路开通,成为商品集散地,人口增加;卢龙周围工矿业兴起和商品经济发达;临汾、侯马和平遥等自然环境优越,农业发达,是全省人口最密集的经济荟萃之地,近代后工商业和交通条件使其保持一定的发展速度。

近代以后,一些传统的政治经济中心因环境的变化而停滞或衰落。如临清、益都、菏泽等因交通和市场等原因,没有获得相应的发展。有的人口规模被摒弃在小城镇之外。如大名清代有 4 万人,1917 年减至 1.7 万人;易县清末有 2.5 万人,1917 年仅 1.7 万人;蔚县 19 世纪末有 2.5 万居民,1937 年仅 1.7 万人。① 与此同时,一些县城或镇因交通等条件的改善,政治经济地位上升。河北省霸县的胜芳镇,是京津蔬菜等主要供给地和小批量商品集散地,京津的发展带动了该地人口的发展,1949 年近 3 万人,而该县县城仅 1.5 万人。束鹿县县城始建于隋朝,清代号称 2 万人,近代后其南部的辛集镇因邻近石家庄,交通也比县城便利,尤其辛集是著名的皮毛集散加工中心,被称为"直隶第一镇",1937 年人口增至 7 000 余人,而县城减至 6 000 余人;到 1949 年辛集达 18 172 人,1953 年 22 768 人,遂成为束鹿县行政机构所在地。怀来、阳原和怀安县因重要的军事地位,人口相对集中在县城,京包铁路开通后沿线的旧保安镇、沙城镇、阳原县城的西城等集镇因商业繁荣而迅速兴盛,人口超过了县城,最终县城迁址。旧保安镇 1917 年人口达 1 万左右,1937 年为 13 736 人,是怀安县城的 6 倍;沙城镇 1937 年人口与怀来县城相同,1949 年增至 22 962 人,比 12 年前增近 5 倍。② 这表明经济发展环境的变化,是促使内地城镇功能转变的直接诱因。

综上所述,近代特别是 1900 年以后,华北和漠南蒙古地区各种类型的城镇人口,均在曲折中有了很大的发展。

表 7-6　1910—1928 年的京津沪城市人口增长状况　　　　单位:人

城市	报告基期		报告末期		间隔年数	人口增长率%	年均增加人口	年均增长速度‰
	年份	人口	年份	人口				
全国	1912	409 613 891	1928	449 769 620	16	90.80	2 059 733	5.90
上海	1910	1 289 353	1927	2 641 220	17	104.85	79 552	43.08
北京	1912	1 129 162	1928	1 358 630	16	20.32	14 342	11.60
天津	1910	601 432	1928	1 122 405	18	86.62	28 943	35.27

(资料来源:罗澍伟主编:《近代天津城市史》,中国社会科学院出版社,1993 年,第 456 页。)

---

① (日)东亚同文会编:《支那省别全志·直隶省》,东京东亚同文会,1917 年,第 220、286、318 页。
② 参见河北省地方志编纂委员会:《河北省志》第 12 卷《人口志》,河北人民出版社,1991 年;《河北察哈尔省各县地方实际情况调查报告》,《冀察调查统计丛刊》第 1—3 卷第 1 期,1936 年 7 月—1937 年 7 月。

据罗澍伟的研究,天津的城市人口,"由1840年的不及20万人,增加到1936年的125万余人,若将城郊四乡人口计算在内,达150余万人之多,一跃成为全国第二大城市"①。也就是说,单纯从人口数量而言,华北地区的北京和天津,均为仅次于中国第一大城市上海的全国第二和第三大城市。由此可见,此时的华北,其城市化的相对和整体水平,均较施氏1900年前的研究结论,有了惊人的改变。尽管其城市化的绝对水准,恐怕与周边其他区域特别是长江三角洲相比,或许还有着某些差距,但它毕竟表明,由城市人口发展而体现出来的华北区域经济现代化趋势,是值得充分肯定的。

其整体概况,可以用表7-7表述:

表7-7　1900年前—1953年的华北各级城市人口发展概况　　单位:万人

城市等级	1900前		1917—1918		1936—1937		1949		1953	
	数量	人数	数量	人数	数量	人数	数量	人数	数量	人数
特大城市 100万以上			2	226.9	2	281	2	441.1	2	547.7
大城市 50万以上	1	88.8					2	146.8	5	354.2
中等城市 10万以上	7	98	5	95.2	10	221.7	16	241.5d	17	333.1f
小城市 5万以上	9	54.1a	12	84b	16	108.9c	11	80.1e	10g	78
合计	17	240.9	19	406.1	28	611.6	31	909.5	34	1313

(资料来源:张利民:《近代华北城市人口发展及其不平衡性》,《近代史研究》1998年第1期。)

三、近代漠北蒙古的城市人口

逐水草而居的游牧生产方式,使得漠北蒙古地区的城镇和城镇人口,在数量上都比较稀少。因为据20世纪20年代的估计,外蒙古人总人口为50余万人,而"在都市住民的总数里面只有9%"②。城市人口的增加,是随着外蒙古地区经济的多元化带来的。

漠北蒙古地区人口最多的城市,首推库伦。它既是外蒙古地区的宗教中心,也是这里的贸易中心。"一八一三年,库伦人口连买卖城加算在内有三万人,一九一〇年,有六万人,一九一九年约有十万人,其中俄罗斯人有三千,蒙古人连两个庙的

---

① 罗澍伟主编:《近代天津城市史》,中国社会科学院出版社,1993年,第457页。
② 包罗多编:《外蒙古》,昆仑书局,1928年,第30、38页。

两万喇嘛加算在内有三万人,中国人有七万人"[1]。

此外,城市人口较为集中的城市,还有恰克图买卖城和乌里雅苏台等。1907年前后,它们的城市人口都约为3 000人。[2]

到20世纪20年代,外蒙古地区城市人口的比重,占全区域人口的21.6%,共14万人。其中,库伦有10万人,乌里雅苏台和科布多均为0.3万人,恰克图买卖城0.4万人,喇嘛庙(除去库伦)2万人,各地寺庙商业区的商人1万人。在都市民族当中,中国内地人有8.5万人,占62%;外蒙古人有5万人,占36%;俄国人有0.5万人,占2%。

从漠北蒙古地区的总体人口看,俄国人的都市化程度最高,为100%;其次为中国内地人,为85%;再次才为蒙古人,仅为9%。而在城市化了的蒙古人当中,喇嘛又占据着很高的比率,即5万蒙古族市民当中,有4万人是喇嘛。[3]

由此可见,对漠北蒙古城市经济发展起主要作用的,既不是直接从事牧业生产的当地蒙古牧民,也不是衣来伸手、饭来张口的喇嘛,而是那些背井离乡、从事工商业的外来商人。正是基于这一点,近代外蒙古经济的城市化水平,与内地相比还是很低的。

第三节 经济视角下的汉人蒙古化与蒙古人汉化

近代蒙古高原农业经济的发展过程,实际上也就是当地原有牧业经济不断萎缩,和内地农业经济不断扩张的过程。它不光表现为两种经济产业的此消彼长,也体现为蒙、汉两大民族的空前融合。

然而,现有的清代北方民族关系和民俗史成果中,大多只强调内地文明的扩张和边疆民族的汉化,回避或忽略了汉族移民的边疆化和本土化问题。结果,不仅模糊了民族融合的视线,扭曲了民族问题的史实基础,而且也无助于边疆的开发与建设。本节通过对塞北草原近代经济开发中汉蒙两族双向同化的剖析,揭示华北与蒙古高原两大区域经济接触和交流当中特有的民族融合内涵。

一、清代前期纯游牧地区的汉人蒙古化

早在努尔哈赤关外立国时期,生活在蒙古高原东部的蒙古族部落,就通过联合、投靠和联姻的方式,加强了与满族之间的政治关系;并在统一东北、击溃察哈尔蒙古、征服朝鲜乃至出征明朝的历次战役中,都发挥了重要的作用。因此,在入关之前和之后,满清统治者都非常注重保持与蒙古贵族之间的密切关系,努力维护他们既得的各种政治、经济权益。

---

[1] 包罗多编:《外蒙古》,昆仑书局,1928年,第34页。
[2] (清)姚明辉:《蒙古志》,清光绪三十三年刊本。
[3] 包罗多编:《外蒙古》,昆仑书局,1928年,第37—38页。

表 7-8　清代内蒙古地区的土地占有关系

占有者		类　　型	性质	占有者		类　　型	性质
清政府	中央政府	台站地	官地	清政府	蒙古官僚及差役	官员福分地	私地
		庄头地和大粮官地	官地			差役恩赏地	私地
		八旗马场地	官地	蒙古贵族	扎萨克	内仓地	私地
		小粮地	官地		闲散王公	闲散王公地	私地
		公证府地	私地		台吉或塔布囊	台吉地或塔布囊地	私地
	蒙古官僚及差役	扎萨克外仓地	官地		僧侣贵族	庙地或香火地	私地
		官吏差役地	官地	蒙古平民		生计地、三枝六箭地、户口地	私地
		驿站地或塔并地	官地	汉族移民		黑地和三园地	私地

（资料来源：据王建革：《清代蒙地的占有权、耕种权与蒙汉关系》,《中国社会经济史研究》2003 年第 3 期；朝乐门：《近代蒙古族农业经济的特点及影响》,内蒙古师范大学硕士学位论文 2008 年,未刊稿,表 1-1。）

表 7-8 显示,在汉族人进入蒙古高原佃垦之前,这里的土地并非处于“蒙荒”状态,而是所有和占有关系都较为明晰的有主土地。清朝政府具有土地的最高所有权,各级政府均占有大量官地;效忠于满清王朝的蒙古王公和僧侣贵族,也从清政府那里获得了绝大部分土地的直接占有和使用权,“大部分蒙地由蒙旗直接占有管理,这就是领有权。为了保护游牧和蒙汉分离,清王朝不准汉移民进入蒙地”①。这就决定了来自内地的汉族人,从踏入塞北高原的那一刻起,就在政治、经济和社会层面上,处在了毫无权利和根基的从属地位。

1. 汉人佃耕过程中的蒙古化

从资源环境上看,蒙古高原地域辽阔,土壤的有机质含量高,无霜期在 4—5 个月以上,能够满足糜子、莜麦等作物成熟 1 次对热量的需求。所以,只要是水利条件具备地方,都可以发展农业。大兴安岭以东、哲里木盟、昭乌达盟南部、锡林郭勒盟西南部、大青山南麓、蛮汉山山区、鄂尔多斯高原的东南部,降雨量均达 400 mm 以上,适宜于农作物的生长,是蒙古高原农业生产条件最好的地方;②其他广大的西、北部区域,尽管天然降水不够充足,但在有高山融雪之河流和泉水灌溉的地方,理论上依然能够进行农业生产。

逐水草而居的单一游牧经济,有着自身难以克服的脆弱性,需要人工种植业为其补充粮食和蔬菜等产品。所以,尽管生产和管理水平远比不上中原农耕民族,但

① 王建革：《清代蒙地的占有权、耕种权与蒙汉关系》,《中国社会经济史研究》2003 年第 3 期。
② 编委会：《内蒙古农业地理》,内蒙古人民出版社,1982 年,第 15—18 页。

是,"蒙古地区的先民们在从采集植物果实作食物到人类农业史的各个阶段中都延续了农耕活动"①。而且,南下获取中原的农产品,或招引汉人到蒙地帮助耕种,也是蒙古部族经常从事的活动。其中,以明朝末年俺答汗在丰州川招徕汉人务农最具代表性。史载:"先是,吕老祖与其党李自馨、刘四等归俺答。而赵全又率渫恶民赵宗山、穆教清、张永宝、孙天福及张从库、王道儿者二十八人,悉往从之。互相延引党众至数千,房割板升地家焉。自是之后,亡命者窟板升,开云田丰州地万顷,连村数百,驱华人耕田输粟,反资房用。"②到了清朝前期,蒙古王公们为了获取必需的粮食和丰厚的租金,也继续在灌溉条件较好的土默特平原和包头以西的后套地区,招募内地汉人进行农业垦殖。③

另一方面,自秦、汉时期开始,内地汉人就在政府组织或者在人祸天灾的压力之下,主动地到蒙古高原从事农业垦殖活动。康熙末年,为保障平定准噶尔叛乱的军需供应,清政府允许在水浇条件较好的后套、土默特川平原和察哈尔旗地进行垦殖;雍正十三年(1735年),放垦了官地 40 000 顷;到乾隆八年(1743年),归化城土默特地区的牧地已不足 1/5。④ 乾隆三十年(1765年),又在丰镇东北放垦 23 300 顷;乾隆末年,察哈尔右翼的升科地亩已达 28 000 顷。⑤ 在东蒙地区,乾隆末年的科尔沁左翼前旗、中旗和郭尔罗斯前旗等地,也有不少农业移民存在,此后,农垦范围和规模不断扩大,到嘉庆五年(1800年),仅郭尔罗斯前旗的长春堡,就有汉民 2 330 户,种植的熟田地达到了 265 648 亩。⑥

不过,由于蒙古人在人口数量和资源占有方面的绝对优势,使得塞外高原,"凡形胜之地,皆为蒙古占据";而作为外来移民的汉人,要想从蒙古人拥有的土地和水资源中分享余沥并站稳脚跟,就必须全方位地认可蒙古人的主导地位。"洎乎内地贫民日益来此,于是租地垦耕,种烟种瓜,以为孝敬;树艺五谷,以纳租于台吉"⑦。并且,汉人还必须从语言到习俗上都全盘蒙化,才能获得广泛的社会认同。史载,内地汉人"渐次而来关外,至则依蒙族,习蒙语,行蒙俗,垦蒙荒,为蒙奴,入蒙籍,娶蒙妇,为蒙僧者,等等不齐。否则,不容其自撑门户"⑧。而"汉族之不入蒙籍者,动辄获咎。樵采不许越界,牧养不许出圈(蒙族以汉族所居之内为圈——原注)。犯则掳其人、物,扣其牲畜"⑨。因此,那些"初来之孤苦汉人,或以娶得蒙女,或以贪垦蒙人之荒,相因而入蒙籍者又若干家。是二者,谓之为'随蒙古'";东蒙三座塔地区

---

① 色音:《从牧民到农民——蒙地开垦后蒙汉经济文化的冲突与交融》,《传统文化与现代化》1996年第2期。
② (明)瞿九思撰,楚哈明湖勘注:《万历武功录》,卷八,俺答列传下,内蒙古地方志编纂委员会:《内蒙古史志资料选编》第4辑,1985年,第116页。
③ 蒙思明:《河套农垦水利开发的沿革》,《禹贡半月刊》1934年6卷5期。
④ 肖瑞玲等:《明清内蒙古西部地区开发与土地沙化》,中华书局,2006年,第151页。
⑤ 闫天灵:《汉族移民与近代内蒙古社会变迁研究》,民族出版社,2004年,第12、24页。
⑥ 昆冈等纂:《大清会典事例》,卷九百七十八,光绪间石印本。
⑦ 孙庆璋等纂修:《朝阳县志》,卷二十六,种族,民国十八年铅印本,第2页。
⑧ 孙庆璋等纂修:《朝阳县志》,卷二十六,种族,民国十八年铅印本,第7页。
⑨ 孙庆璋等纂修:《朝阳县志》,卷二十六,种族,民国十八年铅印本,第8页。

的"所谓八大匠者,由内地随媵(陪嫁)而来。娶蒙妇入蒙籍者,又若干家,若王姓、李姓、周姓、张姓、白姓、朱姓之蒙古。问其先,多山东人也"。①

由此可见,在清朝前期和游牧经济占主导地位的草原地区,作为当时当地少数民族的汉族人,蒙古化是必须经历的民族融合过程。

2. 汉人经商过程中的蒙古化

清代前期进入塞北的汉人,除从事农耕之外,也有不少从事商业的,他们就是持有官方照票的旅蒙商人。由于经商活动所面对的蒙古人更多、更复杂,所以,蒙古化的任务也就更加繁重。

首先,旅蒙商人要会说蒙古话,了解蒙古人的生产生活习俗,熟悉蒙古各地的地理和社会知识。著名的旅蒙商号大盛魁,从掌柜到铺伙再到学徒,都"不但学习一般的商业知识,还要学习蒙语和蒙族的生活习惯,学习饲养牲畜的知识,练习骑马和看牲口口齿的技术等"②。大盛魁的"学徒入号的头10年内,除在归化城(今呼和浩特市)总号,学习做生意的一般知识3年外,还必须在前营(乌里雅苏台)柜和后营(科布多)柜各学习3年,首先学会蒙古语言和当地生活习惯,然后学习做蒙古生意的方法,在这个时间内,必须记熟营路的路线和宿息地点;前、后营柜,是以说蒙语为主,说汉语为辅的"③。不仅如此,就连销售给蒙人的商品上,也要标上相应的蒙文说明。比如,在给人治病和给牲畜治病用的各种药包上,就必须"用蒙、汉、藏3种文字注明药名和效用"④。

同时,还要尽可能地搞好和蒙古社会各阶层、特别是上层社会的人际关系,以营造良好的经商环境。大盛魁的创始人"王二疤子(王相卿)初到乌里雅苏台时,适有某王公的女儿患病严重。王将自己所带的药品,如'龟灵集'等特效的成药,送给患者服用,因而逐渐痊愈。某王公为了报答,就将王二疤子的三儿子王德深招赘为婿,并生育了子女。由于这种关系,大盛魁的营业更见发展"⑤。由于"得到蒙古王公的信任,进而包办了前、后营地区几十个和硕的王府用货和台站的差务,进一步扩大了放'印票'账(按:即贷款)的范围,这样,它进货的数量就更大了"⑥。

此外,数目更多的旅蒙商人,或者个体经营,或者作为各大商号的派出机构,都要通过"出拨子"的方式,送货到蒙古牧民中间。他们大体上以每年阴历的三月至五月,七月至九月为期,将蒙古人所嗜好的日用必需品积载于牛车或驼背上,以三四人或数十人为一组,带着食料、寝具、帐幕及炊事用品,途中不做零售,一直向蒙

---

① 孙庆璋等纂修:《朝阳县志》,卷二十六,种族,民国十八年铅印本,第1—2页。
② 内蒙古政协文史委:《旅蒙商大盛魁》,《内蒙古文史资料》第12辑,1984年,第11页。
③ 内蒙古政协文史委:《旅蒙商大盛魁》,《内蒙古文史资料》第12辑,第36页。
④ 内蒙古政协文史委:《旅蒙商大盛魁》,《内蒙古文史资料》第12辑,第94页。
⑤ 内蒙古政协文史委:《旅蒙商大盛魁》,《内蒙古文史资料》第12辑,第12页。
⑥ 内蒙古政协文史委:《旅蒙商大盛魁》,《内蒙古文史资料》第12辑,第86页。

古草原深处进发。这些人"多是小卖行商出身,积多年的经验,巧于蒙古语,又通晓蒙古的风俗人情,沿途都有他们结纳的知己,待至目的地时,即住宿在知己家,或展开帐幕,冠以蒙古文的店号,将携带的物品排列起来,以招徕顾客的买取。经至四五日或六七日后,又移向到别处。生意好时,亦有长久停在一处的"。在附近游牧的蒙古人,听到某号拨子来了,就用皮毛等物换取他们所需要的日用品。等到所携带的商品都卖完了,拨子们便把所换来的皮毛,驮载在牲畜背上或牛车上,运销到归化、多伦诺尔(今多伦市)、张家口等皮毛的中级市场上去。①

再者,除了要满足蒙古人日常生产生活的普通需求之外,还必须顾及不同时代和不同社会阶层的特殊需要,不断更新商品的种类、式样和品质。以大盛魁在乌里雅苏台、科布多、归化城地区的经营为例。在康熙、雍正年间,其营销的货物主要是蒙古百姓需要的"大路货如砖茶、布匹、绸缎、生烟之类,已有成规,只是在数量方面有所增减"。到了乾隆年间,商号实力增强,"它进货的品种,不仅是茶叶、布匹、铁货,又带上绸缎、烟叶、糖味和给人、畜治病的两种药包了。总的情况是:在品种方面,由简而繁;在数量方面,由少而多;在质量方面,由采购大路货而定制"②。嘉庆年间,"大盛魁进货的品种,已加上砖茶、蒙古靴、马鞯、炒米、白酒、铜器、麻绳等货物"。道光、咸丰年间,"更输入生烟、鼻烟和西洋机织布"。为了更"适合蒙民的口味和运输上的便利,和茶商、烟商约定,做出名堂响亮的'三九'砖茶和'祥生烟'。越做越精细,越做越定型。到了光绪、宣统年间,王公们的生活益趋豪奢,归化城的市面更为繁华。为了满足王公们的享受,大盛魁每年运去糕点、饽饽和绍酒、露酒,也为数不少。为了支应官差,交结官员,它每年也带去海菜、干果、红枣、花生等类食品,作为年、节宴客送礼之用"③。

二、清末民国时期纯农耕地区的蒙古人汉化

包括民族融合在内的任何事物,都有赖以产生和发展的历史、地理基础,时、空间环境变了,事物也必将随之发生改变。就蒙汉关系和民俗而言,在清末以前,由于满清政府对满蒙关系的格外重视,蒙古贵族和游牧生产在草原地区的核心地位得到了严格的维护,蒙古人自然也占据了蒙汉族关系的主导地位,表现为汉人蒙古化。而到了清末特别是1902年以后,满蒙关系在国家政治生活中的地位已经下降,汉族洋务派的作用日益突显,"移民实边"成为解决北部边疆危机的主流呼声,于是,清政府遂将原来的草原"禁垦令"改为"放垦令";民国时期的中央政府,更是大力组织和倡导"放垦蒙荒",结果,使蒙古高原东部和南部的牧区越来越小,农区越来越大。再加上交通进步和市场化程度的提高,不少蒙古人逐步放弃了原有的

---

① 贺扬灵:《察绥蒙民经济的解剖》,商务印书馆,1935年,第58—59页。
② 内蒙古政协文史委:《旅蒙商大盛魁》,《内蒙古文史资料》第12辑,第86页。
③ 内蒙古政协文史委:《旅蒙商大盛魁》,《内蒙古文史资料》第12辑,第87页。

游牧生产和生活方式,转过来向汉族学习农耕和贸易,蒙汉关系中出现了蒙古人汉化的反向民族融合。

1. 农垦区域扩大与蒙古人从事农耕

如前所述,游牧经济的单一和脆弱性,使得蒙古人欢迎汉族农民的佃耕活动,因为"素来不谙稼穑的蒙古人,据说最初对大量涌到的汉人甚至感到高兴,因为他们可以把自己并无收益的荒地出租给他们,并且还可以便利地和他们进行物物交换"①。一些蒙古王公尝到好处后,也或明或暗地大肆招垦内地农民。以水利条件较好的后套为例,当地的蒙古王公非常愿意把土地包租给汉族地产商人,"地商包租蒙地,年纳租金,地商除留一部分土地自种外,再分别租于佃户耕种";进而形成"蒙利汉租,汉利蒙地,开垦的事,遂与日俱进"的局面。② 甚至当朝廷颁布禁垦令驱逐汉人时,漠北地区的蒙古王公贵族竟提出了反对意见:"查蒙古人等以牛马羊驼四项牲畜为生,向来不谙耕种,全赖民人种地收成米面、大麦等粮,熬做面茶、炒米以资糊口,至于喇嘛念经需用大麦尤多,因种地之民人历年驱逐,现存无几,各处之地亩俱皆抛荒,以致米面价值较前加增数倍,又兼连年以来春夏之时雨泽甚少,秋冬之际雪厚风狂,各项牲畜无草可食,冻饿倒毙者连山遍野,无法可施。"③

另一方面,进入清代后期,俄国对中国北方领土的蚕食鲸吞日益严重,为了巩固边疆,清廷开始积极推行移民实边的政策。1902 年,清廷废除此前的草原禁垦令,全面放垦蒙地,内地移民进入塞外遂完全合法。民国政府更是继续推行草原放垦政策,并把农垦的主导权由蒙古王公转移到州县官员手中,增强了垦殖的力度。结果,19 世纪初年汉族人口已达 100 万人的内蒙古地区,到"民国初,汉族人口又进一步增至 400 万人左右,相当于蒙古族人口的 4.5 倍。到 1949 年,仅现在内蒙古自治区范围内的汉族人口已达到 515.4 万人,相当于蒙古族人口的 6.17 倍"④。相应地,塞北地区的农垦区域也日益扩大了。以绥远地区为例,1902 到 1911 年间,在绥远地区共放垦土地 7 984 273 亩,共应征押荒地价银 2 641 200 余两;⑤1912 到 1915 年,垦务最高机关绥远垦务公所主持放垦了 295 800 亩。⑥ 而随着"大批汉族农民涌入草原后大量开垦牧场,农耕面积不断扩大,草场面积越来越少,从此蒙古人的游牧生产受到来自农业社会的冲击"⑦。

农垦区域的不断扩大,迫使蒙古牧民发生分化。在内蒙古西部垦区,一部分从事游牧生产蒙古人,"相率驱着视为生活命脉的牛羊牲畜,往他处去了。后套一带原是达拉特旗和杭锦旗的地,但自放垦以后,像那样沃野千里的地方,竟看不到多

---

① (俄)波兹特涅耶夫著,张梦玲等译:《蒙古及蒙古人》,内蒙古人民出版社,1983 年,第 291 页。
② 蒙思明:《河套农垦水利开发的沿革》,《禹贡》半月刊,1934 年 6 卷 5 期。
③ 孙喆:《清前期蒙古地区的人口迁入及清政府的封禁政策》,《清史研究》1998 年第 2 期。
④ 阎天灵:《汉族移民与近代内蒙古社会变迁研究》,前言,民族出版社,2004 年。
⑤ 宝玉:《清末绥远垦务》,《内蒙古史志资料选编》,第一辑,下册,第 33—38 页。
⑥ 宝玉、海棠:《民国初年绥远垦务》,《内蒙古史志资料选编》,第二辑,第 289 页。
⑦ 色音:《从牧民到农民——蒙地开垦后蒙汉经济文化的冲突与交融》,《传统文化与现代化》1996 年第 2 期。

图 7-4 蒙古高原东部定居的蒙古族人
（资料来源：〔日〕太田彻夫、十藏寺宗雄编：《满蒙案内》，东京日本植民协会，1932年。）

少土著的蒙人了。伊盟南界陕北，本以长城为界，可是现在沿边向北百余里或几十里内都是农耕之地，已经看不到一个蒙人影子了"；与此同时，"在放垦的地方，蒙古同胞业农的也大有人在。准噶尔旗、达拉特旗已有不少的牧人变为农人，在过着农业生活了"[1]。

东蒙地区的蒙古人，也由以前的纯游牧民族，分化成了纯牧民、农牧民、纯农民3种。一是蒙古纯牧民。内蒙古的纯游牧地区，包括锡林郭勒盟的全部（西苏尼特旗有少数的农牧民）、察哈尔部的大半部（一部分为纯农民，一小部分为农牧民）、呼伦贝尔的大部分地区。这些蒙古纯牧民的生产生活状态与其先民无异，"纯以游牧为生计，春夏秋冬四季，驱牲畜，逐水草，无一定居住地方。盛夏移住河流湖沼边之清凉处所，严冬则匿于山腹、山凹、山峪中之可以避风处所，随其季节辗转迁徙，收牲畜之乳汁，或加以制造，为主要之饮食品，或以之交易谷物以资食用。手工则制造毛皮、缠服、毛毡、毡幕，依然太古时代之游牧生活，即所谓绩毛饮湩之民也"[2]。这种纯牧区域，还是保存原始游牧的部落状态，在无边光景的草原中，有无数嘶鸣成群的马羊在放牧着。[3]

二是汉化过程中的蒙古农牧民。他们住在"未开拓地"上，包括昭乌达盟的西翁牛特旗、大巴林旗、南北敖汉旗、奈曼旗的大部分、克什克腾旗、小巴林旗、东翁牛特旗、喀尔喀左翼旗、喀尔喀旗、阿鲁科尔沁旗、东西扎鲁特旗的大部分，以及哲里木盟各旗的兴安岭山麓一带，锡埒图库伦喇嘛游牧地的半部。这些蒙古农牧民"以牧为主业，以农为副业，即所谓牧七八农二三是也。除纯牧民与纯农民之全部外，

---

[1] 边疆通信社修纂：《伊克昭盟志》，第五章，第二节，边疆通信社，1939年。
[2] 许公武：《内蒙古地理》，新亚细亚学会出版所，1937年，第107—109页。
[3] 贺扬灵：《察绥蒙民经济的解剖》，商务印书馆，1935年，第27页。

余皆属此,均以畜牧为生计,蒙古固有之风俗依然存在。观其畜牧牛马之多寡,即可知其贫富。然亦稍种粟、麦,聊以自给。居住则有一定之地点,与逐水草而居游牧民完全不同";他们的"耕作方法极其幼稚,不如纯农民远甚。其计算地之面积,以牛马之行程为准,播种收获,皆以椀量。作物听其天然生长,不加管理,丰凶归之天命。一家之食用不足,则以乳制品以补充之"①。具体做法包括,"多是四月间入种,先以牛很简单的锄耙一下,就把种子下去,雨后这些种子自然会侵入土层里面。再过相当时期,到了秋天,就穗而结实了。他们又没有特别的刈获农具,腰上只带着一把小刀子,只有胡乱的割取了事"②。这种半农牧区域,没有完全放垦,农业经济只有一半或不及一半,牧场与田园混杂在一起。既能看到"汗滴禾下土"的移居农民,也可看到"风吹草低见牛羊"的土著牧民。蒙、汉民族的不同生活和习惯,就在这种鞭影和汗滴中透视出来。如察哈尔部、伊克昭盟及乌兰察布盟,都表现这种半农牧的混合姿态。③

三是已经完全汉化的蒙古纯农民。纯农民住在农业"开拓地"上,包括卓索图盟各旗的大部分,以及哲里木盟的博王旗、宾图王旗、扎萨图旗、苏鄂公旗、南郭尔罗斯旗的大半部、北郭尔罗斯旗、杜尔伯特旗、扎赉特旗、图什业图旗、达尔罕旗的一部分,昭乌达盟的克什克腾旗、西翁牛特旗、大巴林旗、南北敖汉旗、奈曼旗、喀尔喀左翼旗的一部分。这些蒙古纯农民与内地汉人为伍,又可再细分为两种,"一为在开拓地方之土著,与汉人杂处,以农耕为生活。一为接近开拓地方之土著,专事农耕兼业畜牧。嗣以逐年开拓,牧地受其影响,渐次缩小,遂不得不以农耕为主业,亦成土著农民矣。纯农民所住房屋及耕作方法,与内地人民完全相同,其作物,以粟、麦、高粱为主,一家之食粮有余,则运之市场贩卖。富裕者田地广大,雇用东省及内地人为其佃户,日常生活与内地富户相同,其风俗、习惯,亦与内地人民无异。而且经营副业,牧养牲畜(以自用之牛马及羊为限),为一家经济之补助"④。这种区域的生产方式,以农为主,以牧为从。过去人烟稀疏、牛羊成群之地,现在已闾阎稠密、鸡鸣树巅;过去是广邈无涯的草原,现在则田园毗连、禾麦油油了。如察哈尔部、土默特旗、伊克昭盟,都有很多蒙古人,转变了传统的游牧生活,成为"有事南亩"的农民。⑤

2. 市场经济发展与蒙古人经营工商

蒙古人原本不从事商业活动。清朝前期的外蒙喀尔喀牧民,"不谙播种,不食五谷,毡房为家,游牧为业,分布散处。人户殷繁,牲畜遍满山谷。富者驼马以千计,牛羊以万计,即赤贫之家,亦有羊数十只,以为糊口之资。冬则食肉,夏则食乳。以牛、羊、马乳为酒,以粪代薪,器具用木。至代烟、砖茶,尤为要需,家家时不可少。男女

---

① 许公武:《内蒙古地理》,新亚细亚学会出版所,1937年,第108页。
② 贺扬灵:《察绥蒙民经济的解剖》,商务印书馆,1935年,第30页。
③ 贺扬灵:《察绥蒙民经济的解剖》,商务印书馆,1935年,第27页。
④ 许公武:《内蒙古地理》,新亚细亚学会出版所,1937年,第108页。
⑤ 贺扬灵:《察绥蒙民经济的解剖》,商务印书馆,1935年,第27页。

皆一律冠履皮靴、皮帽,冬用皮裘,夏着布衣,富者间或亦用细缎。不使钱文,鲜需银两。至日用诸物,均向商民以牲畜皮张易换"①。这种状况一直持续到民国年间,"蒙人不知懋迁,温饱以外,便无余事,器用布帛,多运自内地。其交易商人,多晋、鲁行商。初至时,恒以车载杂货,周游蒙境,蒙人谓之货郎。亦有以布帛交易牛羊,其利最巨"②。绥远地区的"蒙古人对于商业之观念,不甚注意,此皆由其本身生活之关系所致也。盖蒙人生活之简易,五口之家,有牛羊数头,即可维持矣。因是,则蒙古内地之商业,几为汉人所独占也"③。所以,无论是蒙古高原的区域内部贸易,还是当地的对外贸易,均非蒙古牧民所为,而是由来自内地的汉族旅蒙商们所主导。

然而,"有许多生活内地的蒙古人,过惯了汉民族的近代生活,几乎再不能回到自己民族中去生活,久之遂成为汉民族的社会群了"④。耳濡目染的结果,是民国年间出现了蒙古族商人,"如喀喇沁旗地方人民,文化程度可与汉人伍,善营商业,常巡历各旗及喇嘛寺中,售卖佛像、佛具及日用必需品,并往来西藏"⑤。有些王公、富有喇嘛或平民,或与汉商合资营业,或以资本贷给汉人,以取得高利贷。如察哈尔部土默特旗及其他各盟旗,都有这种现象。⑥

同时,蒙古人的手工业也有了发展,"有木工、铁工,专造蒙古包之骨干、梯子、门扉、车辆、箱、桶、农具、纺织具,修理枪械等"⑦。张家口有蒙古人制造的金属品,但形制异常粗糙,只能行销于蒙古内地。这种金属工业,在半农牧及纯游牧的蒙古地区很少看到。那里的蒙古人,只能利用畜牧业原料,加工制造最低限度的生活用品,如毛毡、牛乳、奶油、奶豆腐、奶酒等。⑧

三、蒙汉两族生活习俗和语言的融通

生产上汉化的同时,蒙古人的社交语言和生活习俗,也出现了汉族化的趋势。到 20 世纪 30 年代,除了锡林郭勒盟、呼伦贝尔和外蒙古的大部分地区,受到清末民国草原放垦政策的影响较小,原有的游牧生产和生活方式基本未变之外,内蒙古东部和西部地区的蒙古人,原有的民族风貌和习俗都发生了很大改变。

东蒙地区"在已经开放地方之人民,多半弃其牧业,从事农耕,其风俗性情、习惯,固已大变,而生活状态,亦与游牧地方显有不同,贫富悬殊,甘苦亦异"⑨。西蒙地区的"蒙古人之常食,大体为乳、茶、炒米、白面、炒面等。终日饮茶、食米,在开垦之地方与汉民同,用乳及其制品者少。邻接于开垦地之地方,以粟为常食,牛乳及羊

---

① 佚名修纂:《乌里雅苏台志略》,风俗,清钞本,台湾成文出版有限公司 1968 年影印。
② 卓宏谋:《最新蒙古鉴》,第 3 卷实业,北京西城丰盛胡同四号卓宅,1919 年,第 22 页。
③ 廖兆骏纂:《绥远志略》,商业,第五节,正中书局,1937 年。
④ 贺扬灵:《察绥蒙民经济的解剖》,商务印书馆,1935 年,第 24 页。
⑤ 许公武:《内蒙古地理》,新亚细亚学会出版所,1937 年,第 106 页。
⑥ 贺扬灵:《察绥蒙民经济的解剖》,商务印书馆,1935 年,第 24 页。
⑦ 许公武:《内蒙古地理》,新亚细亚学会出版所,1937 年,第 106 页。
⑧ 贺扬灵:《察绥蒙民经济的解剖》,商务印书馆,1935 年,第 39 页。
⑨ 许公武:《内蒙古地理》,新亚细亚学会出版所,1937 年,第 105 页。

肉、兽肉由杂用之"①。察哈尔右翼四旗的蒙古人,"其食物平常以莜面、小米为最普遍,白面、荞麦面次之,副食以山药为大宗。至晚秋腌咸菜、烂腌菜,亦与汉人同。……零食如麻花、饼子等为早晚佐食品。粽子、凉糕、月饼等为时节品",饮用水则以前逐水草而居时只取天然河水,后"因接近汉人,亦知掘井而饮"②。

民国年间,蒙古人的住房也开始汉化。尽管纯游牧区的蒙古人,依然住在四季追逐水草的移动蒙古包里。但在半农牧区,因为牧地有限,蒙民不得不定居下来,有的用毡幕,有的是中原式墙屋,有的是草房,也有的一面是中原式墙屋,一面仍附设1—2个蒙古包。这种参差混淆状态,正好表现了蒙古人建筑上的汉化过程。而在纯农区域中,更多是与汉人住宅差不多的泥土式房子,所不同的只是蒙古人室内安置有佛坛,并在门楣上贴有"过此门万恶消除"(藏文)的纸条,有的还把画有马的旗子插于屋顶或墙头上,汉人的住宅中则没有。③

蒙古人服饰也带有汉族化的特征。在纯游牧区域中,所服用的大概和纯农区的蒙人差不多,只是更为粗糙一些,即把剥过的绵羊皮用酸乳鞣后,就缝合起来披到身上了。在纯农区域中,蒙古人的高级官吏及富裕者,衣服模仿高等汉人,冬季穿的皮袍,外面多用绸缎,里面不用狐狸皮,就用羔羊皮,只是衣身要比汉式宽阔,色彩最爱鲜明而浓厚的,如紫、红、绀、浅黄等。普通蒙民的服装也有些模仿汉服,衣身喜欢宽而长,唯色彩尚蓝、绀色。只是放在荷包里的鼻烟壶、和腰带上挂的割肉小刀及筷箸,则是汉人衣服上所没有的。④

同时,随着内地汉人数量的增加,即便在纯牧区,蒙古人对他们的控制力也减弱了。后续的汉人"至则择地而居,自营村落。亲戚相依,期供守卫,庆吊相通,始能自成风俗";渐渐地,与蒙古分治的汉人管辖机构也出现了,"乾隆三十九年(1774年)始置三座塔厅,设理事同知,以管辖5旗,保护汉人。民、蒙之交涉,始之厅而不之旗";再接下来,又将内地的行政组织拷贝到汉人聚居地区,"至四十三年改三座塔厅为朝阳县,乃合汉族所居数村为一小牌,合数十小牌为一大牌,仿行内地设乡约、乡长、牌头,以经理民户之命盗各案。自此,汉族始得与蒙族抗衡。而蒙族之肆扰者,亦杀其势矣"。⑤

原本严厉禁止的汉蒙通婚问题,也有了渐进式的变化。乾隆三十九年(1774年)以后,"并开蒙、汉通婚之禁。始汉族之娶蒙妇者,必入蒙籍。自开此禁,汉族始得安居,以迄于今"⑥。到了清朝末年,政府则明令奖励蒙汉通婚,"旗汉现已通婚,蒙汉自可仿照办理。拟由各边将军、都统大臣、各省督抚出示晓谕,凡蒙汉通婚者,

---
① 绥远省政府编:《绥远概况》,第14编,绥远省政府,1933年。
② 傅增湘:《绥远通志稿》,卷七十三,民族志,蒙族,民国二十六年初稿。
③ 贺扬灵:《察绥蒙民经济的解剖》,商务印书馆,1935年,第218页。
④ 贺扬灵:《察绥蒙民经济的解剖》,商务印书馆,1935年,第220页。
⑤ 孙庆璋等纂修:《朝阳县志》,卷二十六,种族,民国十八年铅印本,第9页。
⑥ 孙庆璋等纂修:《朝阳县志》,卷二十六,种族,民国十八年铅印本,第9页。

均由该管官酌给花红,以示旌奖"①。民国年间,"察绥已开垦地方或接近开垦地方,蒙、汉间的杂婚是常有的,同时因为经济关系,并发生民族间的性的商品化(如蒙妓等——原文注),这都足以加强汉民族的同化力"②。

随着汉族人口的增多和蒙汉交流的加强,蒙古人中能用汉字、说汉语的也越来越多。清朝末年,政府明令废止了此前的相关禁令,"旧例内外蒙古,不准延用内地书吏教读,公文、禀牍、呈词等件不得擅用汉字,蒙古人等不得用汉字命名。今则惟恐其智之不开,俗之不变,断无再禁其学习行用汉文、汉字之理。应请将以上诸例一并删除"。到民国年间,"达拉特旗之蒙人,能操纯熟汉语者,几占十分之七,其余亦能作简略之谈话。但蒙人相见,仍操蒙语";汉化程度高的归化城土默特蒙古,"今五六十岁老人,蒙语尚皆熟练,在四十岁以下者,即能勉作蒙语,亦多简单而不纯熟。一般青年,则全操汉语矣"③。

当然,在蒙古人汉化的同时,汉人对蒙古文化的吸收过程依然在进行之中。这在汉族人的饮食、服饰、词汇、习俗、信仰、房屋等方面,都有浓重的蒙古化印记。因前已讲到,兹不赘述。

经过蒙汉两族从清代到民国的长期交往和融合,塞北地区、特别是漠南蒙古高原的经济结构、社会结构和民族结构,均逐步地改变了。

表7-9 清末民初内蒙古东部盟旗的蒙汉人口对照表

盟旗	蒙族人口数	所占百分比	汉族人口数	所占百分比	人口总数
哲里木盟	193 000	7.7	2 300 000	92.3	2 493 000
卓索图盟	209 955	21.6	760 000	78.4	969 955
昭乌达盟	116 741	16.7	583 000	83.3	699 741
合计	519 696	12.5	3 643 000	87.5	4 162 696

(资料来源:珠飒:《全面放垦蒙地与移民》,《内蒙古工业大学学报(社科)》2008年第2期。)

长城内外原本彼此隔阂、对立的民族关系,在经济开发、社会转型、民族融合过程中逐渐淡化下来,代之以取长补短、和睦共处新型蒙汉民族关系;区域经济也由原本清一色的蒙古游牧经济,演变成以牧业为主、农工商兼营的新型塞北近代经济区。大面积的农业种植业已不再限于长城之内;以农为生的劳动者,也不再只是汉族人;农业的精耕细作区域越来越广,并在平绥铁路沿线特别是后套地区,形成了牢固的商品粮基地,强化了边疆与内地间的市场联系。

同时,也必须看到,由于长期历史积淀、民族习俗、资源环境的差异,世代游牧的蒙古族民众,面对蜂拥而至的汉族农业人口,确曾产生过较大的抵触和恐慌;背

---

① 邢亦尘辑:《清季蒙古实录》,下辑,内蒙古社会科学院蒙古史研究所,1981年,第451页。
② 贺扬灵:《察绥蒙民经济的解剖》,商务印书馆,1935年,第24页。
③ 傅增湘:《绥远通志稿》,卷七十三,民族志,蒙族,民国二十六年初稿。

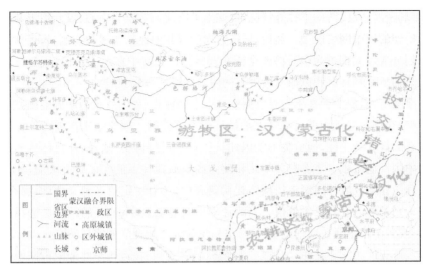

图 7-5 近代蒙古高原蒙汉融合界限示意图
(底图为谭其骧主编:《中国历史地图集(清时期一)》,中国地图出版社,1987年。)

井离乡的内地汉人,在移垦边疆的过程中,也曾饱受过民族磨合的痛苦和创伤。否则,山陕地区《走西口》的民歌里,就不会沉积下那么多凄苦哀怨;蒙古高原的反"放垦"运动,也就不会发生了。这些正面和负面的内容,都是清代和民国时期蒙古高原经济开发和民族融合的真实历史写照。换而言之,边疆开发和中华民族大家庭的团结,固然值得高度赞扬和充分肯定;但其中的困难、挫折和教训,也需要认真、冷静地剖析和汲取。唯其如此,才能找到巩固边疆和建设边疆、解答和解决边疆民族问题的正确答案。

第四节 本章小结

作为聚落的城镇,既是城市人口的生活场域,更是一个区域生产、流通、消费的集散地,是区域经济的枢纽和核心。特别是进入近代之后,随着华北和蒙古高原资源环境、国内外市场、交通体系等方面的快速变化,原有以都城治所为核心的内向型城镇网络被打破,逐步形成了以沿海、沿边通商口岸,特别是天津和青岛为核心、以发展进出口贸易和现代工商业为目的、以现代轮船铁路公路为依托的外向型城镇网络体系。因此,城镇研究一直是北方经济史和经济地理学界集中关注的焦点问题之一。

不过人们关于城市的考察,从研究路径和考察对象上,整体上可分为城镇体系(外部网络)研究和城市个体(内部空间)研究两大类。在研究过程中,不少中国学者都以较为流行的施坚雅模型和二元结构理论,作为学术研究范示。

美国学者施坚雅(G. W. Skinner)的中国城市网络模型,是以德国学者克里斯泰勒的农业中心地理论为基础,考察了19世纪末年成都平原的市镇分布、水上交通、市场密度、农民活动半径等状况，提炼出了以成都平原为中心、以六边形和三角形为构架的城市网络模型。然后，再把它向中国其他地区拓展和复制，将近代中国市场划分成以大都市为中心的9个同心圆经济区。其中在北方地区，就是以北京为中心的华北经济区和以西安为中心的西北经济区，如此等等。①

事实上，以农业为基础的克里斯泰勒中心地理论，和以商业为基础的施坚雅城镇模型，在逻辑基础和现实基础上都是有很大差异的。即便施氏在成都平原证明了二者的高度统一性，但也决不能因此就任意推广到历史、地理、社会环境迥然不同的中国其他区域。笔者有关华北和蒙古高原城镇体系的实证研究表明，如果说克氏理论在本区域外向型市场网络建构研究中，还有一定指导意义的话，那么，施氏理论则基本上没有参考价值。当两种理论明显抵触时，笔者的做法是选择最原始的；或者干脆抛开一切理论，直接从事历史学而非地理学的实证研究。

本章实证研究还证明，城乡"二元经济结构"理论，在近代华北和蒙古高原的城镇体系演化中，同样很不适用。这里的实际情况是，通商口岸城市的发展壮大，辐射和带动了腹地乡村农、牧、工、商业的发展和产业结构的升级；而乡村腹地经济的市场化和外向化，又促进了城市工商业和进出口贸易的发展。城、乡经济之间相互促进，互相依托，共同促进了近代华北和蒙古高原经济的繁荣、人民生活的改善和区域经济格局的演变。

数理模型的构建固然允许假设，但是历史研究却不能停留在虚幻里。在时间、空间、社会多重因素都复杂多变的中国区域经济史研究中，多从史料出发要比理论先行靠谱得多。只要做了扎扎实实的考察，结论符合不符合某某流行理论，一点都不重要。

在本章有关人口变化的研究中，最令笔者震撼的，不仅在于验证了人口规模与城镇规模和辐射能力的一致性，更在于远离城镇的乡间原野即迢迢无涯的蒙古大草原上，所发生的一幕幕波澜壮阔的文明碰撞过程。游牧为生的蒙古民族和农耕为生的内地汉人，为了拓展各自的生存空间，衍生出无数血与火的冲突、爱与恨的交织。社会进步的每一个脚印，饱含的不只是欢歌与笑语，更有无尽的坎坷与痛楚。蒙汉双方正是在长期的边疆建设、区域开发、物质交流、文化传承中，凝汇成民族融合的雄浑交响曲，最终把锋镝遍地的塞北建成了彼此共荣的家园。

边疆开发和民族团结值得肯定和赞颂，双方利益冲突和风俗差异也必须予以正视，这都需要学者们进行深入、冷静、客观、实证的时间与空间剖析，以全面复原区域开发和民族交往的真实历史内涵。

---

① G. W. Skinner, *Cities and the Hierarchy of Local Systems*, in G. W. Skinner, The City in Late Imperial China, pp. 282 - 283. 参见王笛：《跨出封闭的世界——长江上游区域社会研究(1644—1911)》，中华书局，2001年，第211页。

第八章　华北与蒙古高原近代经济地理格局变迁的动力机制

经过 1860—1950 年近 1 个世纪的发展,华北和蒙古高原地区的经济,从内涵到外延、从城市到乡村、从沿海到内地的诸多层面和维度都发生了程度不同的变革,从而改变了这一辽阔地域范围内以传统农牧业为主导的经济面貌,初步形成了以现代工业为主导、以口岸—市镇为核心、以外向型经济为主要内容的华北与蒙古高原近代经济地理新格局。这其中,城镇网络由政治职能为主向经济职能为主的转变,为该区域提供了走向经济现代化的龙头与节点;从水路到陆路、从沿海到内地、从传统到现代的交通方式的进步,保障了该区域人流、物流、资金流、信息流的畅通;农、牧、工、商业市场化与现代化程度的不断提高,为区域经济的繁荣奠定了坚实的物质基础,初步形成了以天津、青岛为中心的华北与蒙古高原外向型市场网络,提升了该区域在全国经济发展中的地位。当然,由于传统积淀的深厚和政治因素的制约,该区域近代经济的现代化水准整体上还不高。

第一节　近代华北与蒙古高原的市场整合度

一、区域内部市场化程度的空间差异

近代华北与蒙古高原经济发展的一个明显变化,就是到 20 世纪 30 年代,初步形成了以天津、青岛为中心的华北与蒙古高原外向型市场网络,通商口岸与内陆腹地之间的市场经济联系不断加强。那么,该区域内部的各个经济地理单元之间,经济现代化水平和市场整合程度到底有多高呢?

笔者研究结论是,华北与蒙古高原地区的近代经济虽有了一定程度的发展,但是,整个区域的经济现代化和市场整合度还较低,离形成统一的外向型经济区,还存在很大的距离。并且,内部各个地理单元之间的经济发展水平,还存在着很大的时、空间差异。

以近代北方最大的工商业中心和通商口岸城市天津来说,其所辐射到的经济腹地内部,经济的发展水准和市场整合程度,就已参差不齐,更不要说其他更小的通商口岸及其经济腹地了。

笼统地讲,20 世纪 30 年代的天津皮毛腹地,已经遍及了华北、西北和东北的广大地区。其中,为天津提供羊毛的地区包括河北、山东、山西、河南、陕西、甘肃、察哈尔、热河、绥远、东三省,以及新疆、青海、宁夏、外蒙古、西藏等省区;提供山羊绒的地区包括河北、山西、绥远、陕西、察哈尔、热河等省;骆驼毛主要来自内外蒙古的驼毛集散地张家口、包头与归化城一带;皮张产区则主要包括河北、山西、陕西、河

南、山东、东三省、热河、察哈尔、绥远、新疆、甘肃等省。①而天津的棉花腹地,则包括了河北全省、山东西北部、河南北部、山西中南部、陕西中部甚至新疆吐鲁番等北方主要产棉区。②当时人认为,天津20世纪30年代的综合腹地范围是,"河北、山西、察哈尔、绥远及热河、辽宁等省都成为他的直接市场圈,同时山东、河南、陕西、宁夏、甘肃、吉林、黑龙江诸省的一部分划归他的势力范围以内。"③

从上述视角不同的3段资料当中,我们可以知道,第一,经济腹地、产业区、市场圈等说法,只是一个相对的和笼统的概念。第二,港口经济腹地的划分,往往是按照该港口吞吐的不同商品,来确定其销售地或来源地大小,即商品进、出口腹地范围的。单一商品的销售范围或来源范围,不仅不相互重合,而是还有着很大的差异。比如天津的某一畜产品腹地和某一农产品腹地,就是截然不同的两个地域。这种差异,是由不同商品的生产、流通和消费环境、环节及特征的不同而形成的,很难调和。因此,那种试图抛开商品的单一腹地,而去强调港口综合腹地的做法,是很难奏效的。第三,天津的综合经济腹地——华北西部与西北东部包括蒙古高原,内部各个经济单元之间,由于所处于地理区位的不同,其经济发展的机遇、内容和程度,也存在很大的差异性,很难一概而论。

以表4—11"1937年以前天津羊毛类畜产品的收集状况"为例,同样作为天津港畜产品腹地的华北和西北地区,对天津畜产品出口的贡献值,是很不一样的。青、甘、宁、新4省的贡献率为50%,内蒙古25%,山、陕占15%,冀、鲁、豫则仅占10%。这既反映了各地畜产品在生产领域里的差异,也反映了彼此的畜牧产业,在市场化、外向化程度上的差异。

再比如,河北和山西2省在天津进出口总值当中的贡献率,比其他地区都高得多,是天津港无可争议的核心经济腹地。但是,就是在这样一个核心市场圈的内部,冀、晋二省之间,又存在很大的差异。

表8-1 1906年直隶和山西在天津外贸总值中的比重

价值单位:海关两

天津腹地	输往天津土货总值	占天津出口总值%	来自天津洋货总值	占天津进口总值%
直隶	5 597 768	44.58	22 120 293	64.14
山西	3 460 295	27.56	6 578 933	18.18
二省合计	9 058 063	72.14	28 699 226	82.32

(资料来源:日本中国驻屯军司令部编:《天津志》,侯振彤中译本改名为《二十世纪初的天津概况》,天津市地方史志编委会总编室,1986年,第274—275、291页。)

---

① 实业部天津商品检验局:《工商要闻》,《检验月刊》1934年3—4期。
② (日)大岛让次著,王振勋译:《天津棉花》,《天津棉鉴》1930年4月。
③ 李洛之、聂汤谷:《天津的经济地位》,经济部驻津办事处,1948年,第2页。

凡此均说明,近代华北与蒙古高原内部,由于其自然状况、历史积淀、产业模式、交通条件、市场环境、社会结构等方面差异是客观存在的,结果造成了区域内部因所处地理区位的不同而出现的经济发展差异,即空间差异,也就决定了区域内部经济发展水平和市场化程度的差异,很难以偏概全。

二、区域内部经济发展的时间差异

在华北与蒙古高原近代经济的发展进程中,既有因地理区位的不同而产生的空间差异,也有因历史条件的不同而产生的时间差异,从而造就出该区域各具特色而又丰富多彩的经济地理画卷。

以近代山东省的区域经济发展为例,就很能说明这种时间上的经济变化。一是山东沿海口岸港势地位的升降,二是山东区域经济重心的转移。

1. 近代山东口岸港势地位的升降

尽管在近代之前,山东半岛就有很多沿海港口的存在,如胶州塔埠头港、莱阳县的羊郡港和金家口港,但是,最早进入中国近代对外开放等系列的,还是1860年以后的烟台港。

1858年,根据中英《天津条约》规定,辟登州(实为烟台)为通商口岸,从而把对外贸易港口与山东腹地经济同日渐广阔的国内外市场对接起来,使山东大部、河南东部地区,开始进入发展外向型经济和现代工业的新时期。

烟台港与其腹地的货物交流,是经由水路和陆路两个渠道来展开的。水路交通方面,由于烟台不像天津、营口那样,有直接连接内陆的入海河流经过,所以,它所销往内地的货物,只有先用帆船西运,然后经大清河(即1855年后的黄河主泓道),在利津县改由内河船只溯流而上,直接或间接地运往济南府、东昌府(治今聊城市)、兖州府、曹州府(治今菏泽市)、东平州、大名府(治今河北大名县)。[①] 此外,还有小清河水路。具体路线是将烟台的洋货先西运到羊角沟,在那里改装成小平船,然后再溯小清河上行200里到索镇后,一部分货物改由陆运至周村,其余部分仍由水路运抵济南。[②] 担任烟台港货物水运任务的,开始为帆船,后来部分轮船也参与其间。由于当时水运成本要比陆运低得多:同样运输200担货物,水运仅用1只帆船,陆路车运则需40头驴子拉的8辆大车或者100匹驮兽。[③] 因此,除贵重物品外,烟台港销往内地或者内地运往烟台的货物,主要借助于水运来完成。陆路通道,主要是走烟潍大道。它从烟台沿海滨西行,经黄县(龙口)、莱州、潍县、青州、周村而达济南。1879年前后,平均每天在这条大路上运送货物的牲口有2 000匹,转

---

① 烟台港务局档案馆译:《芝罘海关1865年贸易报告》,陈为忠抄录。
② 烟台港务局档案馆藏:《光绪二十五年胶州口华洋贸易情形论略》,陈为忠抄录。
③ (清)郭嵩焘:《郭嵩焘日记》,第一册,湖南人民出版社,1981年,第254页。

运的商品达 200 吨以上。① 烟台成为这一时期山东唯一的对外贸易口岸。

但是,随着国内、外市场环境的变化,烟台的这一独尊地位,受到了山东沿海其他后开口岸特别是青岛的冲击。

1897年,青岛在德国的强占下,以自由港的形式对外开放;1898年,威海卫在英国的强租下开放,稍后,济南(1906年)、周村(1906年)、潍县(1906年)、龙口(1915年)、济宁(1921年)等地,又以自开商埠的形式,加入了对外贸易口岸的系列当中。特别是1904年胶济铁路的通车,使港口条件和制度环境都比烟台要优越得多的青岛,迅速地扩展自己的经济腹地,烟台原有的腹地市场蛋糕被逐步地抢占和瓜分。最迟在进入民国以后,山东的第一大港埠和现代工商业经济中心,已经从烟台无可挽回地转移到了青岛。相关贸易数据,参见表 8-2 所示。

表 8-2 1904—1913 年环渤海 5 港进出口贸易额比较

单位:海关两

港口	贸易额及其比例	1904	1909	1913
天津	贸易额	71 812 928	102 491 605	135 018 039
	约占五港总额的%	34.37	35.70	37.85
牛庄	贸易额	41 600 696	55 173 134	50 217 793
	约占五港总额的%	19.91	19.22	14.08
烟台	贸易额	40 644 643	44 319 824	34 950 713
	约占五港总额的%	19.45	15.44	9.80
大连	贸易额	36 019 921	44 825 434	76 098 288
	约占五港总额的%	17.24	15.62	21.33
青岛	贸易额	18 886 198	40 250 929	60 448 850
	约占五港总额的%	9.04	14.02	16.95
五港总额		208 964 386	287 060 926	356 733 683

(资料来源:相关口岸的海关贸易统计。青岛港史编写组:《青岛海港史(近代部分)》,人民交通出版社,1986年,第93页。)

2. 近代山东区域经济重心的转移

在中国古代中央集权的政治经济体制之下,都城治所成为区域经济发展的中心。而元、明、清三代将北京作为了统一王朝的首都,也就把沟通南北的京杭大运河漕运通道及其沿线城镇,变成了资源和市场的集散带。自然,为首都漕运服务的山东西部运河沿线,也就成了经济相对繁荣的物流走廊,成为山东经济的重心所在。济宁、张秋、聊城、临清、德州,都是明清时期山东乃至华北地区商贸繁盛的经

---

① 烟台港务局档案馆译:《芝罘海关 1879 年贸易报告》,陈为忠抄录。

济都会。[①]

然而,正当山东运河经济带蓬勃向前的时候,分属自然和人文的两大事件发生了。一是咸丰五年(1855年),善徙善决的黄河,突然改变了自宋天圣五年(1128年)后一直行走的东南入海河道,在河南铜瓦厢北决,夺山东境内的古济水即大清河的河道,由东北方的渤海入海。大量的黄河泥沙迅速地淤塞了屡浚屡堙的闸河——运河航道,沟通南北经济的漕运动脉被强行切断。

而19世纪50年代,正值清王朝倾其国力与南方太平天国政权进行殊死搏斗,并且应付趁火打劫的英法侵略军的危急时刻,根本无暇顾及对运河河道的疏浚。再加上不在太平天国控制范围的海上轮船运输业正方兴未艾,于是,清廷便借机将原由运河运输的漕粮,改用海轮北上,绕过山东半岛进入大沽口,再溯海河北上抵达通州。光绪三十年十二月(1905年1月),漕粮制度全部废止,大运河鲁西段便更没有再现昔日辉煌的可能了。[②]

与此同时,山东半岛的烟台、青岛、威海卫、济南、周村、潍县、龙口先后成为连通国内外市场的近代通商口岸,同时,与海上轮船相衔接的胶济铁路也于1904年后投入运营,沿海和胶济铁路沿线T字形经济带,逐步成为山东近代工商业和对外贸易的龙头。民国时期,山东的经济重心已经东移。

第二节 影响区域市场整合的核心要素及其动力机制

一、市场整合的核心要素

1. 口岸—市镇是区域市场整合的网络节点

如前所述,为适应中央集权政治统治的需要,华北很早就形成了以"都城—治所"为核心的古代城镇网络,政治治理成为城市最基本的社会功能。尽管它们有时也会扮演相关区域经济、文化中心的角色,但毕竟从属于政治功能之后。进入近代以后,华北和蒙古高原出现了以"口岸—市镇"为核心,由22个口岸城市、众多交通和工矿城市等组成的新型城镇网络,发展现代工商业逐步成为这些城市的主要功能,为该地区外向型市场网络的形成,奠定了必要的网络节点。

2. 新型交通构建起区域市场整合的传输网络

受国内政治经济格局与技术水平的制约,清朝前期的华北和蒙古高原交通还很落后。连接内陆城市和乡村的是泥泞的土路和蜿蜒的河流。信息传递方面,主要依靠古老落后的邮传系统,难以跟上瞬息万变的政治经济形势。

口岸开放以后,蒸汽动力的远洋轮船日益成为华北和蒙古高原连接国内外市

[①] 许檀:《明清时期山东商品经济的发展》,中国社会科学出版社,1998年,第158—190页。
[②] 樊如森:《清末至民国时期京、津的粮食供应》,《中国农史》2003年第2期。

场的重要交通纽带;20世纪以后,现代铁路、公路又成为港口与腹地之间的便捷交通方式;与此同时,传统的内河航运和车马陆运一直发挥着重要作用;再加上电信事业的普及,最终构筑起以轮船、火车、汽车、电报、电话等现代交通工具为主干,以天津、青岛等通商口岸为人流、物流、资金流、信息流枢纽的新型海陆交通体系,为区域市场整合奠定了必要的传输纽带和技术基础。

3. 市场化产业成为区域市场整合的物质保障

在进出口贸易和现代工业的带动下,华北与蒙古高原农业生产发生了显著变化,收益较高的经济作物如棉花、麻类、花生、大豆、烤烟等,种植面积大为增加,市场化农业快速发展起来。牧业方面,无论是草原游牧业还是华北的家庭饲养业的市场化程度,都有了很大提高,成为该区域出口贸易的重要支柱。同时,引进西方现代技术、设备和管理方式的现代工业,在天津、青岛、唐山、济南、石家庄、太原等城市有了较大发展;以棉毛纺织、蛋类加工、草帽辫加工、榨油等为主要内容的乡村工业也获得了一定发展。与国内贸易相适应的传统和现代商品营销网络和金融流动网络也互为表里,组建起了以天津、青岛等通商口岸为国内终点市场、以进出口业务为基本内容的新型商业营销网络。农牧工商业的进步,为区域市场的整合,提供了坚实的物质内容。

4. 不断优化的国内外市场空间结构

近代以来,包括华北和蒙古高原在内的中国经济逐步纳入到全球和区域经济一体化的轨道,自给自足的传统农牧业经济,快速向高度市场化的现代工商业经济转化,改变了该区域经济的内涵和外延。不仅当地经济的市场化程度得到了不断提高,而且其与周边区域的市场联系也日趋紧密,并且,以进出口贸易为主要内容的国际市场也从无到有地拓展出来,进而使得各个层级的市场资源和空间结构都得到了进一步的优化,为该区域经济由传统向现代的转型和发展,提供了源源不断的动力。

二、经济地理格局演变的动力机制

1. 经济地理格局演变的动力机制

华北和蒙古高原的市场整合,是一个长时间、广空间、多层面的复合发展过程。它肇始于19世纪60年代以降,这一地区22个沿海和内陆通商口岸的陆续对外开放。这些口岸作为连通国内外市场网络的核心节点,引领着该区域的城镇、交通、产业等主要经济领域,率先进入了经济现代化与市场化的行列。

其主体内容和表现,就是来自中外双方的不同生产方式和市场要素,在该区域广阔的地理与社会空间内,发生了长时期的相互碰撞、彼此调适和市场整合。这其中,城镇网络格局由政治职能城市为主向经济职能城市为主的转变,为该区域提供了走向经济一体化的发展龙头与网络节点;从水路到陆路、从沿海到内地、从传统到现代的耦合型立体化交通,保障了该区域人流、物流、信息流的畅通;市场化与现代化程度不断提高的农、牧、工、商实体产业,为该区域经济的繁荣奠定了坚实的物质基础,日趋扩展和优化的国内外市场空间结构,则增强了各级市场对该区域的生产和消费需求,成为其经济持续繁荣的本源动力。

2. 区域市场网络初步形成的基本表征

区域经济一体化的核心,就是主要市场要素不断整合,市场联系不断强化、空间结构不断优化的过程。近代华北和蒙古高原外向型市场网络初步形成的基本表征,就是20世纪30年代,以天津、青岛为中心的两个外向型市场网络的构建及其空间结构的优化。

(1) 以天津为核心的华北西北外向型市场网络

天津是近代中国北方最大的经济都会,其直接和间接的经济辐射范围包括华北和东北的西部、西北大部包括内、外蒙古的广大地区。它包括天津统领之下的河南郑县、山西阳曲、察哈尔张家口,西北蒙古高原地区的西安、兰州、古城、包头、库伦等8个二级市场所能直接辐射到的区域。天津这个一级市场、8个二级市场、加上其下的众多三级(也称初级产地)市场一起,共同构成了近代华北西部和西北东部包括蒙古高原的外向型经济区。

(2) 以青岛为核心的华北东部外向型市场网络

青岛是山东省大部、河南省东部和江苏省北部黄河流域部分的国内终点市场,"我国北方的商港,除掉天津、大连以外,就要推青岛了"[①]。同时青岛纺织业、食品加工业、火柴业、面粉业等近代工业也很发达,整体发展水平在北方仅次于天津。以青岛为经济中心城市的华北东部市场网络,统领着烟台、济南、海州3个二级市场。

(3) 华北与蒙古高原近代市场空间结构的不断优化

华北与蒙古高原近代经济的根本变化,不仅是商品种类、产业门类和企业数量的增加,更是该区域国内外市场的空间扩展和结构优化。该区域近代市场经济发展的首要内容,是本地市场的发育和空间结构演化;同时,随着本地市场繁荣和交通改善,它与周边地区如西北、东北、南方市场之间的商品流通也逐步加强;并且,22个沿海沿边和内陆口岸开放以后,该区域的国际市场也渐次开辟出来,进一步改善和优化了近代华北与蒙古高原的市场空间结构,使其成为中国市场化水平最高的区域之一。

3. 华北和蒙古高原在全国经济地位的提升

区域内部的市场整合,促进了各经济地理单元之间的经济交流和进出口贸易

---

① 陈博文:《山东省一瞥》,商务印书馆,1925年,第63页。

发展,加速了各经济领域和产业部门的市场化、工业化与现代化。大量数据显示,20世纪30年代,该地区的多项经济发展指标,均已达到了国内领先水平。

就对外贸易而言,天津的皮毛、棉花、草帽辫,青岛的花生等重要农畜产品的出口量均占全国首位。1934—1937年,天津绵羊毛和山羊绒的出口,平均每年均占全国出口总量的86.5%和86.3%,远远超过了上海,遥居全国第一。①20世纪20年代以后,中国草帽辫编织业首推山东、直隶两省,次为山西、河南,而"山东、直隶等省草辫出口,固有烟台、胶州(青岛)、威海卫、龙口等处,然从天津出口,或从此转运他埠,惟天津为独多"②。20世纪二三十年代,作为重要出口商品之一的棉花,仅天津1个口岸的对外输出,就占到了全国的半数以上。③

现代工业的发展,往往被看作中国近代经济发展的重要指标。而从当时的各类资料统计来看,环渤海城乡的工业现代化水平也已经有了很大提高。据严中平对1933年和1947年全国12个主要工业城市(不含关外)工厂数目、工人数目、资本总额、生产净值等现代工业发展指标的统计,环渤海的天津、青岛、北平、西安4大城市,特别是天津和青岛的地位均很重要,天津已成为仅次于上海的中国第二大工业城市,青岛棉纺织工业的发展程度也仅次于上海之后。④

从作为经济发展支柱的现代金融业来看,1932年,本国银行在天津设立总行的一共有10家,占全国总行数的7.03%;设分行的有93家,占全国所有分行数的9.43%;实收资本总额为2548万元,占全国银行资本总额的12.69%,各项指标仍然均仅次于上海,居全国第二位,⑤从而奠定了天津北方最大金融中心的地位。与此同时,北平在全国现代金融业的发展中,也占有很高的位置。

第三节 近代华北与蒙古高原经济的剧变与渐变

近代华北与蒙古高原地区经过1860—1950年90余年的发展,其农、牧、工、商的许多经济领域,都发生了快速而明显的变化,亦可称之为剧变。这些变化包括,经济政策与市场环境的剧变,城镇体系的剧变,交通网络的剧变,产业结构的剧变。在全国经济地位的剧变这5个主要方面,在前文已有详述,这里不再赘述。

但是,正如剧变现象可以有上述大量史料证明一样,渐变现象也广泛存在着。所谓渐变,不是一点变化没有,而是1950年和1860年相比,变化不太显著。受制于种种因素,直到20世纪50年代,华北与蒙古高原经济的不少方面,依然没有太多、太大的变化。这至少表现在以下3个方面。

---

① 许道夫:《中国近代农业生产及贸易统计资料》,上海人民出版社,1983年,第313页。
② 工商部工商访问局:《调查》,《工商半月刊》1929年第11期。
③ 华北农产研究改进社:《天津棉花运销概况》1934年第15期,第17页。
④ 严中平等编辑:《中国近代经济史统计资料选辑》,工业表8,科学出版社,1955年。
⑤ 谷书堂:《天津经济概况》,天津人民出版社,1984年,第392页。

一、区域经济的市场化水平还不高

市场化水平不高主要表现为,在国际市场上所占的份额很小。以水平较高的华北地区为例,1933年,该区域尚占全国进口贸易的15.1%,出口贸易的24.9%;由于种种原因,到1947年,华北地区仅占全国进口贸易的7.7%,出口贸易的10.4%;①对外贸易的主导和主动权,如远洋运输、国际贸易、国际金融等,还依然牢牢掌握在西方国家手中;国内区域市场,依然是商品贸易的主要场所。

原因不外是:第一,对该区域经济发展起重要制约作用的中央集权专制政治体制没变,当政者除了鱼肉百姓,就是党同伐异,内战内行,外战外行。缺少发展实业、保障经济、改善民生的压力和动力。明清时期形成的"以内陆型且相对封闭的国内市场为主,经济中心与城镇规模是较强的相关性,政治功能与经济功能往往重合和互补,构成在中央专制体制下以行政建制为基础的经济布局",在近代开埠通商以后,"并没有明显的改变",很重要的原因就是政治方面的消极因素,不恰当地贯穿各时期、各层面的始终。② 第二,在近代很长的历史时期内,中国的关税不能自主,国际市场上的信息很不畅通,商品进出口的国际市场风险很大。以天津的面粉业为例,1929—1933年世界经济危机期间,美国为转嫁危机,大量向中国倾销面粉。"当时天津大米庄对国际形势全然无知,自南京政府签订麦棉借款合同后,看到进口的美国面粉价格偏低,认为有利可图,遂争先订购,甚至有举债透支盲目进货者。孰料美国面粉源源不断,价格日益跌落,1933年每袋价格三元二角左右,1934年便跌至二元。河坝市场(天津沿海河而形成的大型面粉市场)的面粉库存量遽增至800万袋,虽价格下跌亦无从脱手。天津大米庄因赔累歇业者比比皆是,如颇负盛名的仁和义米庄,经营已有30余年,即因亏折过甚于1935年宣告歇业。素以财力雄厚著称的义生源,在1934年前亏折40万元;成发号斗局子相传亏折60万元;公兴存则依仗代销外国火油、碱等弥补面粉亏损。以上三家虽亏折甚巨,尚能勉强渡难关维持营业,其余商号大多损失殆尽,关门歇业者不少"。③

二、以农牧业为主导产业的陆向型经济模式没有根本改变

这方面表现为,现代工业比重小,轻工业和手工业占据绝对优势;海向型经济非常薄弱,对外贸易在国民经济中的比重并不高。正如袁欣所指出的那样,包括环渤海在内的"近代中国的对外贸易尽管获得了增长,但与同期世界其他国家相比,其增长速度并不快"④。

---

① 严中平等编:《中国近代经济史统计资料选辑》,科学出版社,1955年,第67—68页。
② 张利民:《简析近代环渤海地区经济中心重组的政治因素》,《天津社会科学》2012年第5期。
③ 朱仙洲:《天津粮食批发商业百年史》,《天津文史资料选辑》28辑,第87—88页。
④ 刘佛丁主编:《中国近代经济发展史》,高等教育出版社,2002年,第296页。

究其原因则在于,中国是一个大陆国家,发展农业的条件较为优越,历史也很悠久;中国政治和经济的话语权和主导权,一直掌握在农耕民族的手中,主政者的海洋意识和开拓能力,极度缺乏。① 另一方面,农本思想早已通过各种各样的宣传与教诲,深入到广大中国人民的内心深处,人人安贫乐道;并且在儒家的伦理道德里面,早有"父母在不远游,游必有方"的说教,致使许多包括环渤海在内的中国人,海向型的冒险与献身精神严重欠缺。元人臧梦解《直沽谣》里的诗句,"杂遝东去海,归来几人在","风尘出门即险阻,何况茫茫海如许","北风吹儿坠海水,始知溟渤皆墓田",②就反映了这种心态。

三、城市化的整体水平还很低

尽管到民国时期,华北与蒙古高原地区出现了人口几十万、上百万的现代化城市,但是大部分的人口依然生活在乡村,很多人即便到了城里,也只是作为一种权宜之计。

一个重要的原因就是,虽然城市的就业机会多,收益也高,但进工厂要有人担保,经商要有本钱,生活要有房子,不是想进城就能进城,进了城就能落脚的。很多人往往是农闲的时候到城里做工或经商,农忙的时候又回乡务农了。③

剧变,反映出华北与蒙古高原经济发展中的巨大进步;渐变,则体现了区域经济发展历程的艰难与曲折。唯有全面认识该区域经济的剧变与渐变,才能完整地认识和把握区域经济发展的全貌。而对区域经济发展快与慢的表现及原因的深度剖析,既同样重要,当然也会同样艰辛。

限于篇幅和研究积淀,渐变表现和原因的更深入、更系统的探讨,只能留待笔者与学界同仁今后的共同努力了。

第四节 本章小结

肇始于近代的华北和蒙古高原经济地理格局的演变过程,是该区域城镇、交通、产业等主要经济领域的市场化、工业化和现代化水平显著提高的过程,它促进了区域内部的市场整合以及区域内外的经济联系,改变了当地此前以农业(牧业)为主导产业的传统经济模式,工业化开始渗透到华北和蒙古高原的各主要经济领域,并成为区域经济发展的努力方向,以天津、青岛为中心的新型外向型市场网络亦初步形成,从而走出了一条具有该区域时空特色的经济现代化之路,在加强区域内部市场整合的同时提升了其在全国的经济地位,顺应了近代以来中国乃至更

---

① 周振鹤:《以农为本与以海为田的矛盾——中国古代主流大陆意识与非主流海洋意识的冲突》,《长水声闻》,复旦大学出版社,2011年,第239—250页。
② 天津社会科学院历史研究所编著:《天津简史》,天津人民出版社,1987年,第25页。
③ 罗澍伟主编:《近代天津城市史》,中国社会科学出版社,1993年,第467页。

大范围区域经济一体化的历史趋势。

但是,从本章和本书研究的实际效果来看,对于近代华北和蒙古高原经济发展进程中核心问题的影响因子,把握得还欠准确;时间、空间、社会多个维度相结合的研究方法,运用得还欠系统;经济渐变表现和原因方面的探讨,还欠深入。凡此,均既需要时间上的磨炼,也需要方法上的创新,比如,引入以地理信息系统及其数理分析方法即GIS技术,借助于计算机技术来提高课题研究的精度,等等,已经势在必行。

后　记

经过反复不断的修改,这部集笔者数年研究心得的50万言书稿,就要杀青了;与此同时,一种释然和怅然相纠结的情怀,也油然而生。

从释然的角度来讲,这种心境恐怕源自笔者对自己学术生涯的阶段性满足。因为自从20世纪末开始,敝人就致力于对近代中国北方经济地理的学习和探索,筚路蓝缕,摸爬滚打,至今已十余个春秋。从最初对港口城市天津的发展史入手,到探索其对外开放之后,如何引领其腹地经济由国内区域市场不断走向沿海和国际市场的发展历程,此即我的博士学位论文——《天津港口贸易与腹地外向型经济发展(1860—1937)》的主要内容。

2005年留在母校复旦大学工作以后,我又将学术研究的目光从一个城市增加到多个城市,从华北西部扩大到北方大部,从商业贸易拓展到农业、牧业、工业、矿业、金融、交通等多个产业部门,从对港口—腹地的研究深化为对该区域经济地理格局的多维度考察,这也就是我的两部个人专著——《天津与北方经济现代化(1860—1937)》(2007)、《近代西北经济地理格局的变迁(1850—1950)》(2012),一部合著——《港口—腹地与北方的经济变迁(1840—1949)》(2011),一部编著《近代中国北方经济地理格局的演变》(2013)的主体框架。

而本书的写作,则是我对近代华北和蒙古高原两大地理单元、农耕和游牧两大地域经济体、跨区域跨民族跨产业的时间与空间进程的新探索。

6部著作,加上已经发表的50余篇论文,勾勒成笔者目前有关近代中国北方经济地理研究的主要"系统工程"。这些成绩的取得,固然与许多前辈学者的提携密不可分,却也跟自己这些年的摸索和尝试不无关联。凡此种种,或许就是本书告竣之时,作为学人顿感释怀的一种自我满足吧?

有道是:半卷书,山清水秀;一杯茶,月明风轻……

然而,当这种短暂的释然,像流星般划过浩渺的天际,随之而来的便是笔者新的惆怅。它集中体现为对已有研究成果,从内容到方法的双重不满足。

研究内容的不满足,体现为本书知识含量的有限性。因为书中所关注的华北与蒙古高原近代经济地理,空间上广约312万平方公里,时间上长达100年之久,仅凭区区50余万字的有限篇幅,就想囊括其经济发展的全部内涵,其解释精度和力度,该是何等的苍白与无力!且不论这会有多少自然、人文、政治、军事、社会、文化、语言、民俗、历史、地理等非经济因素掺杂其中,并间接地影响着该区域近代经济发展的时空间进程;就是农业、牧业、工业、商业、矿业、金融、资讯、市场、交通、技术等核心经济因素的融汇,也足以让该区域的近代经济内涵复杂无比。所有这些,单凭笔者和团队成员有限的智慧和精力,就试图于短短数年之间,毕其功于一役,无异于痴人说梦!

研究方法的局限性,也一直困扰着本书和笔者多年的学术探索过程。印象比较深刻的刺激,是在异国他乡的一次学术交流经历。那是 2009 年 7 月 6 日,当我拜访日本上智大学(Sophia University)副校长顾琳(Linda Grove)教授时,她高兴地拿出了自己即将在中国出版的《中国的经济革命——20 世纪的乡村工业》①样书,与我一起研讨和分享。顾琳教授 30 年磨一剑,运用现代经济学、历史人类学等学科的理论和方法,通过对海量中、英、日文资料的梳理和系统的田野调查,跨越不同政治制度的壁垒,成功地把华北平原近代乡村工业的典范——高阳织布业的兴衰历程,从 1905 年一直关注到了 2005 年,无论是其研究的深度还是精度,都达到了海内外同类研究的高峰。而反观自己,同样是探索近代华北的经济变迁,却在研究视角、精度和力度方面很难望其项背。这不能不让我对国内,特别是自身传统经济史的研究方法,产生由衷的反思和自责!

说实话,笔者现有的基本方法,很大程度上仍停留在李伯重教授 10 年前就批评的"选精"、"集粹"式经济史研究②套路上。尽管在资料严重缺失的时段和地区,传统方法尚不能被完全取代,但这决不是自己墨守成规的挡箭牌。顾琳教授田野调查数据的大量获得和现代经济学理论方法的成功运用,就是明证。因此,在细部资料基本具备或部分具备的情况下,如何恰当引入其他学科的理论方法,包括地理学的数据库和 GIS 技术,多维度地分析区域市场经济发展的历史进程和空间结构,的确应该成为笔者今后的努力方向。

稍感欣慰的是,笔者和团队成员在研究方法的创新方面,迄今已有了点滴的成果。比如在笔者指导的硕士论文《近代上海棉纱业空间研究(1889—1936)》、《近代上海公共租界城市地价空间研究(1899—1930)》③中,就尝试运用了数据库和 GIS 技术,并取得了不错的研究效果。基本做法是,首先编制近代上海棉纱业、地产业的历史地理信息数据库,然后进行相关数据的图谱化处理和时、空间分析,再结合其他的统计数据和文献资料,综合分析和解读近代上海主要经济产业——棉纱业、地产业的空间扩展过程及其动力机制。

从这个意义上说,研究理论和方法的不断创新,或许也是整个中国近代经济史学界,今后进一步提升研究水平的一把钥匙。

诚所谓:路漫漫其修远兮,吾将上下而求索……

樊如森

2014 年 3 月 15 日

于沪上青茗阁

---

① 江苏人民出版社,2009 年 11 月出版。
② 李伯重:《"选精"、"集粹"与"宋代江南农业革命"——对传统经济史研究方法的检讨》,《理论、方法、发展趋势:中国经济史研究新探》,清华大学出版社,2002 年。
③ 吴焕良:《近代上海棉纱业空间研究(1889—1936)》,复旦大学历史地理研究中心 2011 年硕士学位论文;曾声威:《近代上海公共租界城市地价空间研究(1899—1930)》,复旦大学历史地理研究中心 2013 年硕士学位论文,指导教师樊如森。

表图总目

表 2-1　1870—1899 年天津、烟台与上海间的转口贸易
表 2-2　1880—1903 年日本对华北 4 口的进口贸易
表 2-3　1912—1931 年的胶海关洋货直接进口概况
表 3-1　1935—1939 年的华北 6 港进出口贸易总额及其在全国的地位
表 3-2　1927 年前的天津客货汽车营运路线
表 3-3　1936 年的华北和蒙古高原地区汽车数量统计
表 3-4　1936 年华北和蒙古高原地区已经通车和正在修筑的主要汽车路
表 3-5　1937 年的绥远省汽车营运路线概况
表 3-6　1925 年前后华北和蒙古高原的主要邮路概况
表 3-7　1925 年前后华北和蒙古高原地区的邮政局概况
表 3-8　1925 年前后华北和蒙古高原地区主要陆路电报线路的分布概况
表 3-9　1925 年前后华北和蒙古高原地区电话局的分布概况
表 3-10　20 世纪 20 年代的天津地区内河航运概况
表 3-11　1921—1930 年各类运输工具在天津棉花输入过程中的作用
表 3-12　山东境内的黄河水运概况
表 3-13　民国时期黄河上游河段水运工具的种类及航运概况
表 3-14　黄河上游的重要码头及其商业概况
表 4-1　七七事变前天津三大石油分公司的营销概况
表 4-2　1937 年前天津英美烟公司的销售网络
表 4-3　1882—1937 年的天津中外银行
表 4-4　1861—1937 年的天津港进出口贸易
表 4-5　1863—1903 年的天津进口商品概况
表 4-6　1919—1931 年的天津主要出口货物
表 4-7　1919—1931 年的天津主要洋货进口情况
表 4-8　1867—1936 年的烟台进出口贸易
表 4-9　1919—1936 年的烟台主要原货出口
表 4-10　1899—1936 年的青岛进出口贸易
表 4-11　1937 年以前天津羊毛类畜产品的收集状况
表 4-12　1927—1929 年中国内地和苏联的对外蒙古贸易
表 4-13　1923—1936 年的外蒙古对苏联贸易
表 5-1　20 世纪二三十年代冀鲁豫三省及全国小麦的播种面积与产量

表 5-2　1931—1936 年的华北粮食生产估计
表 5-3　1862—1910 年天津的棉花出口及其在全国的地位
表 5-4　1927—1936 年的河南棉花种植情况
表 5-5　民国时期山东的棉花种植面积和产量统计
表 5-6　1914—1937 年北方主要产棉区的棉花种植面积
表 5-7　1930—1936 年天津棉花出口在该港出口总值中的地位
表 5-8　1911—1933 年天津的棉花出口及其在全国的地位
表 5-9　1861—1910 年天津开埠早期各类鸦片进口情况
表 5-10　1912—1921 年天津海关及地方查获的毒品数值
表 5-11　1914—1937 年的华北花生的生产概况
表 5-12　1901—1937 年的天津花生出口
表 5-13　1861—1900 年的天津干果出口
表 5-14　1901—1937 年的天津干果出口
表 5-15　1933—1937 年的天津麻类出口及在华北六港的地位
表 5-16　1930 年察哈尔省口北 6 县的农垦情况
表 5-17　1902—1911 年哲里木盟各旗的放垦情况
表 5-18　1936—1939 年洋行在包头每年收购的皮毛数量
表 5-19　1866—1906 年的天津皮毛出口数量
表 5-20　1924—1926 年天津口岸主要出口商品的价值及百分比
表 5-21　1927—1931 年的天津畜产品出口状况
表 5-22　1912—1937 年天津港甘草和发菜的出口数量
表 5-23　1904—1906 年天津市场禽蛋的输出入状况
表 6-1　1911 年前天津各类民族资本企业的分布状况
表 6-2　1914—1928 年天津设厂状况统计
表 6-3　1935 年天津市工业分类概况
表 6-4　1940 年山西省的主要日本军管工业企业
表 6-5　1938 年前后河南各地造胰、火柴工业发展概况
表 6-6　第一次世界大战前济南主要面粉厂的基本情况
表 6-7　20 世纪 30 年代山东机器面粉厂概况
表 6-8　民国年间山东卷烟业的发展概况
表 6-9　近代山东火柴工业的发展概况
表 6-10　1927—1931 年的外蒙古工业概况
表 6-11　1882—1900 年天津开平煤的运销状况
表 6-12　1912—1925 年的开滦煤炭产量
表 6-13　1901—1937 年的天津煤出口状况

表 6-14　1928 年前后的华北煤铁企业经营概况
表 6-15　1904—1937 年的天津蛋类产品出口
表 6-16　1938 年前后的河南各地蛋厂发展概况
表 6-17　1869—1906 年的天津草帽辫出口状况
表 6-18　1908—1937 年的天津草帽辫出口状况
表 6-19　1925—1927 年天津草帽辫出口在全国草帽辫出口总量中的比重
表 6-20　1915—1930 年高阳织布区各类织布机的数量
表 6-21　清末与民国年间的山东省柞蚕丝纺织业
表 6-22　1933 年前后河南各地棉纺织工业发展概况
表 6-23　20 世纪 30 年代的伊克昭盟乳制品产量
表 7-1　1900 年前—1953 年的北京和天津人口
表 7-2　1900 年前—1953 年的青岛和济南人口
表 7-3　1900 年前—1953 年的石家庄等 16 城市人口
表 7-4　1900 年前—1953 年的承德等 11 城市人口
表 7-5　1900 年前—1953 年的邢台等 25 城市人口
表 7-6　1910—1928 年的京津沪城市人口增长状况
表 7-7　1900 年前—1953 年的华北各级城市人口发展概况
表 7-8　清代内蒙古地区的土地占有关系
表 7-9　清末民初内蒙古东部盟旗的蒙汉人口对照表
表 8-1　1906 年直隶和山西在天津外贸总值中的比重
表 8-2　1904—1913 年环渤海 5 港进出口贸易额比较
图 0-1　1948 年前后的华北与蒙古高原示意图
图 0-2　中译本《中国西北部之经济状况》书影
图 1-1　1820 年前后的华北地理形势示意图
图 1-2　1932 年前后河南虞城的火硝土盐生产
图 1-3　1935 年前后的山西娘子关风光
图 1-4　1934 年的山西各县煤炭生产分布图
图 1-5　1820 年前后的蒙古高原地理形势示意图
图 1-6　1920 年民国北洋政府蒙藏院接见外蒙古地方王公
图 1-7　蒙古地区逐水草而居的游牧生活
图 1-8　清末后套地区的河渠灌溉网
图 2-1　旅蒙商所持的照票（信票）
图 2-2　中心地市场网络模型示意图
图 2-3　近代华北与蒙古高原"口岸—市镇"市场结构示意图
图 2-4　1934 年前后以天津为中心城市的华北西北市场网络示意图

图 2-5　1934 年前后以青岛为中心城市的华北东部市场网络示意图

图 2-6　1936 年前后河南棉花的外销市场与运输路线

图 2-7　1907 年修建的兰州黄河铁桥

图 2-8　1933 年前后的大连码头景观

图 2-9　1931 年前后华北与东北地区间的市场联系示意图

图 2-10　1931 年前后华北与东南地区间的市场联系示意图

图 2-11　1875—1911 年日本对华贸易比重的变化

图 2-12　1875—1903 年华北主要口岸的洋货直接进口情况

图 2-13　1875—1903 年华北主要口岸的土货直接出口情况

图 3-1　1910 年前后的天津三岔口码头

图 3-2　海河结冰，轮船尚行

图 3-3　1934 年前后的烟台港势示意图

图 3-4　1934 年前后的威海卫港势示意图

图 3-5　1897 年前后的青岛口

图 3-6　1934 年前后的青岛港港势地位示意图

图 3-7　1925 年的秦皇岛港势示意图

图 3-8　1918 年的龙口港势示意图

图 3-9　1936 年前后的连云港港势示意图

图 3-10　20 世纪 30 年代的华北主要港口港势地位示意图

图 3-11　1936 年河南安阳地区的农用大车

图 3-12　近代内蒙古地区的 5 条驿路示意图

图 3-13　1910 年前后的天津火车东站

图 3-14　1934 年的河南省长途汽车站景观

图 3-15　1937 年的绥远省公路交通示意图

图 3-16　近代海河流域的内河航运示意图

图 3-17　1933 年前后黄河中下游航运概况示意图

图 3-18　1933 年前后黄河上游航运概况示意图

图 3-19　1932 年前后华北与蒙古高原（含新疆北部）之间的三大商路示意图

图 4-1　清朝末年的中俄北部边境口岸恰克图——买卖城

图 5-1　1936 年前后的河南棉花主要集散市场

图 5-2　20 世纪 30 年代河北定县井水灌溉用的水车

图 5-3　1933 年前后的西北羊毛运销线路示意图

图 5-4　20 世纪 20 年代北京城外的家庭养羊业

图 5-5　1934 年前后华北近海渔场分布示意图

图 5-6　1928 年的渤海渔业生产

图 5-7　1939 年的青岛宰畜公司及备宰活牛
图 6-1　1935 年天津市工业分类比较示意图
图 6-2　1934 年开封工厂制造的起重机
图 6-3　1939 年的青岛纺织工厂车间
图 6-4　20 世纪 30 年代高阳织布区的地域范围
图 6-5　1941 年的蒙古族人在用骆驼毛搓绳子
图 7-1　流动的蒙古大帐
图 7-2　蒙古草原庙会景观
图 7-3　1938 年的天津城区示意图
图 7-4　蒙古高原东部定居的蒙古族人
图 7-5　近代蒙古高原蒙汉融合界限示意图

参考征引文献目录
（以发表年代为序）

一、近代时期的文献档案

《雍正朱批谕旨》，台湾文海出版社，1965年影印本。
(清)张之浚等修纂：《古浪县志》，乾隆十五年刻本。
(清)陈锡辂修，查岐昌纂：《归德府志》，乾隆十九年刻本。
(清)周尚质修，李登明纂：《曹州府志》，郓城县，乾隆二十一年刻本。
(清)周大儒纂修：《虞乡县志》，乾隆五十四年刻本。
(清)彭良弼等修纂：《正阳县志》，嘉庆元年刻本。
(清)桂万超等修，高继珩等纂：《栾城县志》，道光二十六年刻本。
(清)王锡祺辑：《小方壶斋舆地丛钞》，第三帙，上海著易堂印行本。
(清)昆冈等纂：《大清会典事例》，卷六十三，光绪间石印本。
(清)李维清编纂：《上海乡土志》，光绪三十三年铅印本。
(清)姚明辉编：《蒙古志》三卷，中国图书公司，光绪三十三年印本。
(清)吴汝纶撰：《深州风土记》，光绪二十六年刻本。
(清)李中桂等纂：《光绪束鹿乡土志》，光绪三十一年修，民国二十七年铅印本。
日本中国驻屯军司令部编：《天津志》，光绪年，侯振彤等译，改名为《二十世纪初的天津概况》，天津市地方史志编委会总编室，1986年。
赵翰銮纂：《郓城县乡土志》，民国十五年后钞本，台湾成文出版有限公司影印。
东亚同文会编：《支那省别全志·山东省》，东京东亚同文会，1917年。
徐珂编：《清稗类钞》，第五册，农商类，商务印书馆，1917年。
陈桢等修纂：《文安县志》，民国十一年铅印本。
王秀文等修纂：《许昌县志》，民国十二年宝兰斋石印本。
陈希周：《山西调查记》，共和书局，1923年。
卢以洽、张炘修纂：《续荥阳县志》，民国十三年刻本。
王怀斌等修纂：《澄城县附志》，民国十五年铅印本。
冯庆澜等修纂：《房山县志》，民国十七年铅印本。
赵琪修、袁荣等纂：《胶澳志》，民国十七年铅印本，台湾成文出版有限公司影印。
张震科等纂修：《宁晋县志》，民国十八年石印本。
孙庆璋等纂修：《朝阳县志》，民国十八年铅印本，台湾成文出版有限公司影印。
滕绍周等修纂：《迁安县志》，民国二十年铅印本。
万震霄等修纂：《青县志》，民国二十年铅印本。

许钟璐等修纂:《福山县志稿》,民国二十年铅印本,台湾成文出版有限公司影印。
李景堂等纂修:《确山县志》,民国二十年排印本。
陈宝生等修纂:《满城县志》,民国二十年铅印本。
方策等修纂:《续安阳县志》,民国二十二年铅印本。
李大本修,李晓泠等纂:《高阳县志》,民国二十二年铅印本。
铁道部财务司调查科:《包宁线包临段经济调查报告书》,内部刊印,1931年。
陇海铁路车务处商务课:《陇海铁路全路调查报告》,陇海铁路车务处,1932年。
池泽汇等编:《北平市工商业概况》,北平市社会局1932年。
(日)太田彻夫、十藏寺宗雄编辑:《满蒙案内》,东京日本植民协会,1932年。
绥远省政府编:《绥远概况》,绥远省政府,1933年。
李延墀、杨实编:《察哈尔经济调查录》,新中国建设学会出版科,1933年。
陕西实业考察团:《陕西实业考察》,中文正楷书局,1933年。
王德乾等修纂:《望都县志》,民国二十三年铅印本。
张自清等修纂:《临清县志》,民国二十三年铅印本。
华北水利委员会编印:《黄河中游调查报告》,华北水利委员会,1934年。
李景汉:《定县经济调查一部分报告书》,河北省县政建设研究院,1934年。
行政院农村复兴委编:《河南省农村调查》,商务印书馆,1934年。
平绥铁路车务处编:《平绥铁路沿线特产调查》,平绥铁路车务处,1934年。
实业部国际贸易局编:《中国实业志·山东省》,实业部国际贸易局,1934年。
铁道部全国铁路沿线出产货品展览会编:《中华民国国有铁路平汉线物产一览》,铁道部全国铁路沿线出产货品展览会,1934年。
胶济铁路管理局车务处编:《胶济铁路沿线经济调查报告总编》上、下,《胶济铁路沿线经济调查报告分编》1—6册,胶济铁路管理局,1934年。
山西省政府秘书处编:《山西省统计年鉴》上、下,山西省政府,1934年。
彭作桢等修纂:《完县新志》,民国二十三年铅印本。
陈继淹等修纂:《张北县志》,民国二十四年铅印本。
铁道部业务司商务科编:《陇海铁路西兰线陕西段经济调查》,内部本1935年。
铁道部业务司商务科编:《陇海铁路甘肃段经济调查报告书》,内部本1935年。
萧梅性著:《兰州商业调查目录》,陇海铁路管理局,1935年。
郑植昌修,郑裕孚纂:《归绥县志》,民国二十四年铅印本。
天津市社会局编:《天津市工业统计(第二次)》,天津市社会局,1935年。
李宗黄:《考察江宁邹平青岛定县纪实》,作者书社,1935年。
金城银行总经理处天津调查分部编:《山东棉业调查报告》,金城银行总经理处,1935年。
全国经济委员会:《山西考察报告书》,全国经济委员会,1936年。
陈伯庄:《平汉沿线农村经济调查》,上海交通大学研究所,1936年。
全国经济委员会编:《山西考察报告书》,全国经济委员会,1936年。

中国国民党陇海铁路特别党部编：《陇海铁路调查报告》，中国国民党陇海铁路特别党部，1936年。

实业部国际贸易局编：《中国实业志·山西省》，实业部国际贸易局，1937年。

傅增湘：《绥远通志稿》，民国二十六年未刊稿本。

杨保东等修纂：《巩县志》，民国二十六年刻本。

廖兆骏：《绥远志略》，正中书局，1937年。

北宁铁路经济调查队编：《北宁铁路沿线经济调查报告》，北宁铁路管理局，1937年。

察南政厅官记资料科编：《察哈尔省和县实况调查报告》，察南政厅官记资料科，1937年。

边疆通信社修纂：《伊克昭盟志》，边疆通信社，1939年，远方出版社2007年影印。

李肇基等修纂：《邯郸县志》，民国二十九年刻本。

建设总署水利局编：《华北河渠建设事业关系各县农事调查报告书》，建设总署水利局，1942年。

曾鲁：《山东省各县概况一览》，新民会中央总会，1942年。

崔宗埙编：《河南省经济调查报告》，财政部直接税署经济研究室，1945年。

丁骕：《新疆概述》，1947年铅印本。

严中平等：《中国近代经济史统计资料选辑》，科学出版社，1955年。

陈真、姚洛主编：《中国近代工业史资料》，三联书店，1957年。

李文治、章有义主编：《中国近代农业史资料(1840—1937)》，三联书店，1957年。

中国人民大学工业经济系编著：《北京工业史料》，北京出版社，1960年。

中国人民银行上海市分行编：《上海钱庄史料》，上海人民出版社，1960年。

中国近代史资料丛刊：《洋务运动(六)》，上海人民出版社，1961年。

彭泽益主编：《中国近代手工业史资料(1840—1949)》，中华书局，1962年。

姚贤镐主编：《中国近代对外贸易史资料(1840—1895)》，中华书局，1962年。

台湾中研院近代史研究所编：《中俄关系史料——东北边防与外蒙古(1921)》，台湾中研院近代史研究所，1975年。

邢亦尘辑：《清季蒙古实录》，内蒙古社会科学院蒙古史研究所，1981年。

郭嵩焘：《郭嵩焘日记》，第一卷，湖南人民出版社，1981年5月。

聂宝璋编：《中国近代航运史资料》，上海人民出版社，1983年。

许道夫编：《中国近代农业生产及贸易统计资料》，上海人民出版社，1983年。

中国近代经济史丛书编委会编：《中国近代经济史研究资料》，上海社会科学院出版社，1984年。

渠绍淼、庞义才编：《山西外贸志》上卷，山西省地方志编委办公室，1984年。

徐雪筠等译编《上海近代社会经济发展概况(1882—1931)——海关十年报告译编》，上海社会科学院出版社，1985年。

(明)瞿九思撰，楚哈明湖勘注：《万历武功录》，卷八，俺答列传下，《内蒙古史志资料选编》第 4 辑,内蒙古地方志编纂委员会,1985 年。

青岛市档案馆编:《帝国主义与胶海关》,档案出版社,1986 年。

交通部烟台港务管理局编:《近代山东沿海通商口岸贸易统计资料(1859—1949)》,对外贸易教育出版社,1986 年。

青岛市博物馆等编:《德国侵占胶州湾史料选编(1897—1898)》,山东人民出版社,1986 年。

内蒙古自治区编辑组:《蒙古族社会历史调查》,内蒙古人民出版社,1986 年。

郑昌淦编:《明清农村商品经济》,中国人民大学出版社,1989 年。

厦门海关志编委会:《近代厦门社会经济概况》,鹭江出版社,1990 年。

孙健主编:《北京经济史资料(近代北京商业部分)》,北京燕山出版社,1990 年。

吴弘明整理:《津海关年报档案汇编(1865—1911)》,天津市档案馆、天津社科院历史所,1993 年。

李必樟译编:《上海近代贸易经济发展概况(1854—1898)》,上海社会科学院出版社,1993 年。

赵尔巽著:《清史稿》,交通志,中华书局,1998 年。

山西省史志研究院编:《山西通志·对外贸易志》,中华书局,1999 年。

戴鞍钢、黄苇主编:《中国地方志经济资料汇编》,汉语大词典出版社,1999 年。

茅家琦主编:《中国旧海关史料(1859—1948)》,第 1—170 卷,京华出版社,2001 年。

谢国桢选编,牛建强等校:《明代社会经济史资料选编》,下册,福建人民出版社,2005 年。

东亚同文书院:《大旅行记》,东京东亚同文会,1940 年,日本爱知大学 2006 年影印本。

吴弘明编译:《津海关贸易年报(1865—1946)》,天津社会科学院出版社,2006 年。

许檀编:《清代河南、山东等省商人会馆碑刻资料选辑》,天津古籍出版社,2013 年。

吴松弟主编:《哈佛燕京图书馆所藏中国未刊旧海关出版物》,第 1—279 册,广西师范大学出版社,2014 年。

二、近代时期的研究著作

(德)马克思、恩格斯著,中共中央编译局编译:《马克思恩格斯选集》,第一卷,人民出版社,1995 年。

佚名:《乌里雅苏台志略》,台湾成文出版有限公司 1968 年影印本。

张穆著,何秋涛校补:《蒙古游牧记》,同治六年刻本,张正明、宋举成点校,山西人民出版社,1991 年。

天津中裕洋行:《北支那寫真帖》,天津中裕洋行内部发行,1910 年前后。

(俄)婆兹德奈夜夫:《蒙古及蒙古人》,北洋法政学会,1913 年。

(日)松本儁:《东蒙古の真相》,东京兵林馆,1913 年。

欧洲战纪社编辑:《青岛》,中华书局,1914年。

赵琪、蒋邦珍:《开辟龙口商埠纪事》,龙口商埠兴筑公司,1919年。

卓宏谋编:《最新蒙古鉴》,北京西城丰盛胡同四号卓宅发行,1919年。

(英)雷穆森(O. D. Rasmussen):《天津——插图本史纲》,Tientsin — An Illustrated Outline History. The Tientsin Press, Ltd.许逸凡、赵地译,载于《天津历史资料》第2期,天津市历史研究所,1964年。

陈崇祖编纂:《外蒙古近世史》,商务印书馆,1922年。

东方杂志社编:《蒙古调查记》,商务印书馆,1923年。

(日)吉野美弥雄:《利用す可き天津を中心こせる北支那の物产》,大阪三岛开文堂,1924年。

白眉初:《中华民国省区全志》,北京求知学社1924年。

满铁庶务部调查课:《南满洲三港中继贸易(1921—1923)》,内部本,1924年。

陈博文:《山东省一瞥》,商务印书馆,1925年。

漆树芬:《经济侵略下之中国》,上海独立青年杂志社,1926年。

王金绂:《中国分省地志(上)河南省》,商务印书馆,1926年。

山西省长公署统计处:《山西省第四、第九次经济统计》(1922、1927),民国资料丛刊,大象出版社,2009年。

(日)后藤朝太郎:《支那行脚记》,东京万里阁,1927年。

吴世动编:《河南》,中华书局,1927年。

刘虎如:《外蒙古一瞥》,商务印书馆,1927年。

吴世勋编:《河南》,中华书局,1927年。

包罗多:《外蒙古》,上海昆仑书局,1928年。

周颂尧:《鄂托克富源调查记》,绥远垦务总局,1928年。

谢彬:《中国邮电航空史》,中华书局,1928年。

赵琪等:《胶澳志》,1928年。

(日)籐冈启著,吴自强译:《满蒙经济大观》,上海民智书局,1929年。

吴承洛编:《今世中国实业通志》,商务印书馆,1929年。

方显廷:《天津地毯工业》,南开大学社会经济研究委员会,1930年。

张其昀:《中国经济地理》,商务印书馆,1930年。

实业部国际贸易局:《花生》,长沙商务印书馆,1930年。

曲直生:《河北棉花之出产及贩运》,商务印书馆,1931年。

林竞:《西北丛编》,神州国光社,1931年。

张心澄:《中国现代交通史》,上海良友图书印刷公司,1931年。

交通部、铁道部交通史编纂委员会:《交通史航政编》,内部刊印,1931年。

陈宗实:《日本在华各种经济侵略实况》,华风书店,1932年。

池泽汇、娄学熙、陈问咸编纂:《北平市工商业概论》,北平市社会局,1932年。

方显廷:《天津之粮食业及磨坊业》,南开大学经济学院,1932年。

张英甫、张子丰:《河南火硝土盐之调查》,黄海化学工业研究社,1932 年。
马鹤天:《内外蒙古考察日记》,南京新亚细亚学会,1932 年。
(苏)克拉米息夫著、王正旺译:《中国西北部之经济状况》,商务印书馆,1933 年。
(日)关东长官官房调查课:《关东厅要览》,大连满洲日报社,1933 年。
绥远省政府:《绥远概况》,绥远省政府,1933 年。
吴绍璘编著:《新疆概观》,南京仁声印书局,1933 年。
杜延年、孙毓钧编:《绥远省实业视察记》,北平万国道德总会,1933 年。
河南省地质调查所:《河南矿产志》,1933 年。
李景汉编著:《定县社会概况调查》,中华平民教育促进会,1933 年。
方范九:《蒙古概况与内蒙自治运动》,商务印书馆,1934 年。
河南省建设厅:《河南建设概况》,内部刊印,1934 年。
顾执中、陆诒:《到青海去》,商务印书馆,1934 年。
华北农产研究改进社编:《天津棉花运销概况》,内部刊印,1934 年。
丁文江、翁文灏、曾世英合编:《中华民国新地图》,上海申报馆,1934 年。
顾执中、陆诒:《到青海去》,商务印书馆,1934 年。
张其昀、任美锷:《本国地理(下册)》,南京钟山书局,1934 年。
郭岚生编著:《烟台威海游记》,天津百城书局,1934 年。
王益厓:《高中本国地理》,世界书局,1934 年。
方显廷:《天津棉花运销概况》,南开大学经济研究所,1934 年版。
吴知:《乡村织布工业的一个研究》,商务印书馆,1936 年。
国立山东大学化学社:《科学的山东》,青岛醒民印刷局,1935 年。
方显廷:《华北乡村织布工业与商人雇主制度》,南开大学经济研究所,1935 年。
国立山东大学化学社:《科学的青岛》,1935 年。
黄泽苍编:《山东》,中华书局 1935 年。
山西民社编:《太原指南》,北平民社,1935 年。
贺扬灵:《察绥蒙民经济的解剖》,商务印书馆,1935 年。
河南省棉产改进所:《河南省棉产改进所工作总报告》,河南省棉产改进所,1936 年。
长江:《中国的西北角》,天津大公报馆,1936 年。
高良佐:《西北随轺记》,建国月刊社,1936 年。
倪锡英著:《青岛》,中华书局,1936 年。
河南省棉产改进所:《河南棉业》,河南省棉产改进所,1936 年。
晋阳日报卅周年纪念特刊:《三十年来之山西》,晋阳日报社,1936 年。
(日)田中忠夫著,姜般若译:《华北经济概论》,北京出版社,1936 年。
杨文洵等编:《中国地理新志》,中华书局,1936 年。
汪公亮:《西北地理》,正中书局,1936 年。
许公武:《内蒙古地理》,新亚细亚学会出版所,1937 年。

长江:《塞上行》,天津大公报馆,1937年。
(日)佐佐木清治:《北支那の地理》,东京贤文馆,1937年。
金曼辉编:《我们的华北》,上海杂志无限公司,1937年。
绥远通志馆编:《绥远通志稿》,卷十七,城市,民国二十六年初稿。
廖兆骏:《绥远志略》,南京正中书局,1937年。
行政院新闻局:《烟草产销》,内部刊印,1937年。
实业部国际贸易局编纂:《中国实业志(山西省)》,内部刊印,1937年。
济南市政府秘书处编:《济南市道路调查统计报告》,济南市政府秘书处,1937年。
(日)吉村忠三著,李祖伟译:《外蒙之现势》,商务印书馆,1937年。
周振鹤:《青海》,商务印书馆,1938年。
(日)一氏义良编:《最新北支那写真帖》,东京市综合美术印刷社,1938年。
黄奋生编:《蒙藏新志》,广州中华书局,1938年。
杨大金:《现代中国实业志》,长沙商务印书馆,1938年。
沙泉:《外蒙古》,广州全民出版社,1938年。
独立出版社编:《我们的外蒙古》,独立出版社,1938年。
金城银行总经理处汉口调查分部:《汉口之麦粉市场》,内部刊印,1938年。
(日)藤田元春:《北支中支の風物》,东京博多成象堂,1938年。
青岛市特别市社会局礼教科:《青岛指南》,青岛市特别市社会局,1939年。
陈燕山:《河北棉产之改进与斯字棉之将来》,国立北京大学农学院,1939年。
周宋康:《山西》,中华书局,1939年。
王望:《新西安》,中华书局,1940年。
(美)拉铁摩尔:《中国的亚洲内陆边疆》,1940年,唐晓峰译,江苏人民出版社2005年。
实业部国际贸易局:《煤》,长沙商务印书馆,1940年。
实业部国际贸易局:《芝麻》,长沙商务印书馆,1940年。
(日)真锅五郎:《北支地方都市概观》,大连亚细亚出版协会,1940年。
(日)中村信:《蒙疆の经济》,东京有光社,1941年。
河南农工银行经济调查室:《河南之桐油与漆》,1942年。
(日)米内山庸夫:《蒙古草原》,东京改造社,1942年。
(日)山田武彦:《蒙疆の农村》,大阪锦城出版社,1943年。
察哈尔蒙旗特派员公署编:《伪蒙政治经济概况》,正中书局,1943年。
满铁北支经济调查所编:《天津を中心ごする北支谷物市场》,南满铁道株式会社调查部,1943年。
任美锷、张其昀、卢温甫:《西北问题》,科学书店,1943年。
华北综合调查研究所水利调查委员会编:《洛水汾河及沁河历史研究》,华北综合调查研究所,1944年。
史念海:《中国的运河》,重庆史学书局,1944年。

许公武:《青海志略》,1945 年铅印本。
崔宗埙:《河南省经济调查报告》,财政部直接税署经济研究室,1945 年。
杨景雄等绘编:《中华民国最新分省地图》,寰澄出版社,1946 年。
联合征信所平津分所调查组:《平津金融业概览》,联合征信所平津分所,1947 年。
叶祖灏:《宁夏纪要》,正论出版社,1947 年。
吕敢:《新新疆之建设》,时代出版社,1947 年。
黄河治本研究团编:《黄河上中游考察报告》,水利委员会发行,1947 年。
吴怀冰:《外蒙古内幕》,经纬书局,1947 年。
李洛之、聂汤谷:《天津的经济地位》,经济部冀热察绥区特派员办公处结束办事处驻津办事处,1948 年。

三、近代时期的研究论文

国民政府工商部工商访问局:《中国草帽辫之制造与销路》,《工商半月刊》1929 年第 11 期。
国民政府工商部工商访问局:《天津肠衣调查》,《工商半月刊》1929 年第 13 期。
工商部工商访问局编:《中国草帽辫之制造与销路》,《工商半月刊》1929 年 1 卷 11 期。
工商部工商访问局编:《中国草帽辫之制造与销路》,《工商半月刊》1929 年 1 卷 11 期。
工商部工商访问局编:《杏仁调查》,《工商半月刊》1929 年 1 卷 13 期。
(日)大岛让次著,王振勋译:《天津棉花》,《天津棉鉴》1930 年第 4 期。
工商部工商访问局编:《津埠之鸡卵调查》,《工商半月刊》1930 年 2 卷 3 期。
工商部工商访问局编:《天津花生油生产状况》,《工商半月刊》1930 年 2 卷 4 期。
工商部工商访问局编:《天津红枣之产销情况》,《工商半月刊》1931 年 3 卷 6 期。
工商部工商访问局编:《天津黑枣之调查》,《工商半月刊》1931 年 3 卷 7 期。
顾颉刚、谭其骧:《发刊词》,《禹贡半月刊》创刊号,禹贡学会 1934 年。
顾(颉)刚:《王同春开发河套记》,《禹贡半月刊》1934 年第 2 卷第 12 期。
蒙思明:《河套农垦水利开发的沿革》,《禹贡半月刊》1934 年第 6 卷第 5 期。
胡宗耀:《彰德棉业调查及分级鉴定结果报告》,《国际贸易导报》,第 6 卷 12 期,1934 年。
汪胡桢:《民船之运输成本》,《交通杂志》第 3 卷第 3 期,1935 年。
王干:《泊头镇一瞥》,《工商学志》,第 7 卷第 1 期,天津工商学院 1935 年。
张景观、刘秉仁:《北平鸭业调查》,载千家驹编:《中国农村经济论文集》,中华书局 1936 年。
毕相辉:《高阳及宝坻两个棉织区在河北省乡村棉织工业上之地位》,方显廷编辑:《中国经济研究》,下,长沙,商务印书馆,1938 年。
王遇春:《陕北羊毛》,《陕行汇刊》1941 年第 5 期。

王世昌:《甘肃的六大特产》,《甘肃贸易季刊》1943年第5—6期。
云章:《抗战以来之陕西工业概述》,《陕行汇刊》1944年第1期。
武国安:《驿运制度与西北资源》,《西北资源》1944年第1卷第2期。
王肇仁:《甘肃药材产制运销概况》,《甘肃贸易季刊》1944年第10、11期合刊。
郭沫若:《中苏同盟四周年——中苏友好同盟条约四周年纪念日在北平新华广播电台对全国的广播词》,《人民日报》1949年8月14日,人民日报图文数据库1949年8月,第1133条。

四、20世纪50年代以后的研究著作

严中平:《中国棉纺织史稿》,科学出版社,1955年。
孙敬之主编:《华北经济地理》,科学出版社,1957年。
余元盦:《内蒙古历史概要》,上海人民出版社,1958年。
(德)施丢克尔:《十九世纪的德国与中国》,三联书店,1963年。
编委会:《内蒙古农业地理》,内蒙古人民出版社,1982年。
叶淑贞:《天津港的贸易对其腹地经济之影响(1867—1931)》,台湾大学经济研究所硕士学位论文1983年,未刊稿。
南开大学经济研究所经济史研究室编写:《旧中国开滦煤矿的工资制度和包工制度》,天津人民出版社,1983年。
胡汶本、寿杨宾主编:《帝国主义与青岛港》,山东人民出版社,1983年。
沈斌华:《内蒙古经济发展史札记》,内蒙古人民出版社,1983年。
谷书堂:《天津经济概况》,天津人民出版社,1984年。
黄景海主编:《秦皇岛港史》(古近代部分),人民交通出版社,1985年。
李华彬主编:《天津港史(古、近代部分)》,人民交通出版社,1886年。
天津市政协编文史资料委员会编:《天津租界》,天津人民出版社,1986年。
张焘撰,丁绵孙、王黎雅点校:《津门杂记》,天津古籍出版社,1986年。
北京市社会科学院:《今日北京》,燕山出版社,1986年。
青岛档案馆:《帝国主义与胶海关》,档案出版社,1986年。
青岛港史编写组:《青岛海港史(近代部分)》,人民交通出版社,1986年。
徐德济主编:《连云港港史》(古近代部分),人民交通出版社,1987年。
张瑞德:《平汉铁路与华北经济的发展(1905—1937)》,台湾中研院近代史研究所,1987年。
蒙古族经济史研究组:《蒙古族经济发展史研究》第一、第二集,内蒙古蒙古族经济史研究组,1987、1988年。
耿捷主编:《天津公路运输史》第一册,人民交通出版社,1988年。
王玲的《北京与周围城市关系史》,北京燕山出版社,1988年。
上海社科院经济所等编《上海对外贸易》上册,上海社会科学院出版社,1989年。
人民银行总行金融研究所金融历史研究室编:《近代中国的金融市场》,中国金融出

版社,1989 年。

邹逸麟:《千古黄河》,香港中华书局,1990 年。

刘素芬:《烟台贸易研究(1867—1919)》,台湾商务印书馆 1990 年。

(美) Thomas J. McCormick. *China Market: America's Quest for Informal Empire* (*1893 – 1901*), Elephant Paperbacks (Ivan R. Dee, Chicago), 1990.

葛剑雄:《中国人口发展史》,福建人民出版社,1991 年。

史培军:《地理环境演变研究的理论与实践——鄂尔多斯地区晚第四纪以来地理环境演变研究》,科学出版社,1991 年。

顾朝林:《中国城镇体系——历史·现状·展望》,商务印书馆,1992 年。

钢格尔主编:《内蒙古自治区经济地理》,新华出版社,1992 年。

李玉文:《山西近现代人口统计与研究》,中国经济出版社,1992 年。

邹逸麟编著:《中国历史地理概述》,福建人民出版社,1993 年。

罗澍伟主编:《近代天津城市史》,中国社会科学出版社,1993 年。

姚洪卓主编:《近代天津对外贸易(1861—1948)》,天津社会科学院出版社,1993 年。

中国大百科全书编委会:《中国大百科全书·中国地理》,中国大百科全书出版社,1993 年。

周清澍主编:《内蒙古历史地理》,内蒙古大学出版社,1993 年。

韦胜章主编:《内蒙古公路交通史》,第一册,人民交通出版社,1993 年。

张海鹏、张海瀛主编:《中国十大商帮》,黄山书社,1993 年。

卢明辉、刘衍坤:《旅蒙商——17 至 20 世纪中原与蒙古地区的贸易关系》,中国商业出版社,1995 年。

从翰香主编:《近代冀鲁豫乡村》,中国社会科学出版社,1995 年。

(日) 久保亨:《中国経済 100 年のあゆみ——统计资料で见る中国近现代经济史》,福冈县久留米市创研出版,1995 年。

张正明:《晋商兴衰史》,山西人民出版社,1995 年。

陈桦:《清代区域社会经济研究》,中国人民大学出版社,1996 年。

孙健主编:《北京古代经济史》,北京燕山出版社,1996 年。

宝山区史志委编:《吴淞区志》,上海社会科学院出版社,1996 年。

刘建生等:《山西近代经济史》,山西经济出版社,1997 年。

黎风编:《山西古代经济史》,山西经济出版社,1997 年。

许檀:《明清时期山东商品经济的发展》,中国社会科学出版社,1998 年。

戴鞍钢:《港口·城市·腹地——上海与长江流域经济关系的历史考察(1843—1913)》,复旦大学出版社,1998 年。

李正华:《乡村集市与近代社会——20 世纪前半期华北乡村集市研究》,当代中国出版社,1998 年。

色音:《蒙古游牧社会的变迁》,内蒙古人民出版社,1998 年。

安介生:《山西移民史》,山西人民出版社,1999年。

(美)马若孟著,史建云译:《中国农民经济——河北和山东的农民发展,1890—1949》,江苏人民出版社,1999年。

张忠民:《经济历史成长》,上海社会科学院出版社,1999年。

天津市地方志编修委员会编著:《天津通志·港口志》,天津社会科学院出版社,1999年。

山西省史志研究院编:《山西通志·对外贸易志》,中华书局,1999年。

(美)关文斌:《文明初曙——近代天津与社会》,天津人民出版社,1999年。

郑宝恒:《民国时期政区沿革》,湖北教育出版社,2000年。

柴彦威:《城市空间》,科学出版社,2000年。

(美)黄宗智:《华北的小农经济与变迁》,中华书局,2000年。

徐永志:《开埠通商与津冀社会变迁》,中央民族大学出版社,2000年。

庄维民:《近代山东市场经济的变迁》,中华书局,2000年。

王玉海:《发展与变革:清代内蒙古东部由牧向农的转型》,内蒙古大学出版社,2000年。

邹逸麟主编:《中国历史人文地理》,科学出版社,2001年。

吴承明:《中国的现代化:市场与社会》,三联书店,2001年。

信乃诠主编:《农业气象学》,重庆出版社,2001年。

王笛:《跨出封闭的世界——长江上游区域社会研究(1644—1911)》,中华书局,2001年。

牛敬忠:《近代绥远地区的社会变迁》,内蒙古大学出版社,2001年。

(日)内山雅生著,李恩民、邢丽荃译:《二十世纪华北农村社会经济研究》,中国社会科学出版社,2001年。

王守中、郭大松:《近代山东城市变迁史》,山东教育出版社,2001年。

(日)Shin'ya Sugiyama, Linda Grove. *Commercial Networks in Modern Asia*, London: Curzon Press, 2001.

陈诗启:《中国近代海关史》,人民出版社,2002年。

柴彦威等:《中国城市的时空间结构》,北京大学出版社,2002年。

宋美云:《近代天津商会》,天津社会科学院出版社,2002年。

李伯重:《理论、方法、发展趋势:中国经济史研究新探》,清华大学出版社,2002年。

黄鉴晖:《山西票号史》,山西经济出版社,2002年。

米镇波:《清代中俄恰克图边境贸易》,南开大学出版社,2003年。

张利民主编:《解读天津600年》,天津社会科学院出版社,2003年。

张利民、周俊旗、许檀、汪寿松:《近代环渤海经济与社会研究》,天津社会科学院出版社,2003年。

刘海岩:《空间与社会:近代天津城市的演变》,天津社会科学院出版社,2003年。

陈为忠:《山东港口与腹地研究(1860—1937)》,复旦大学历史地理研究中心硕士学位论文2003年,未刊稿。

张利民:《华北城市经济近代化研究》,天津社会科学院出版社,2004年。

樊如森:《天津港口贸易与腹地外向型经济的发展(1860—1937)》,复旦大学历史地理研究中心博士学位论文2004年,未刊稿。

郭锦超:《近代天津和华北地区经济互动的系统研究(1880年代—1930年代)》,南开大学经济研究所博士学位论文2004年,未刊稿。

姚永超:《大连港腹地核心地域结构演变的研究(1907—1931)》,复旦大学历史地理研究中心硕士学位论文2004年,未刊稿。

阎天灵:《汉族移民与近代内蒙古社会变迁研究》,民族出版社,2004年。

庞玉洁:《开埠通商与近代天津商人》,天津古籍出版社,2004年。

乌云格日勒:《十八至二十世纪初内蒙古城镇研究》,内蒙古人民出版社,2005年。

郑振铎等:《西行书简·平绥沿线旅行记》,山西古籍出版社,2005年。

刘建生等:《晋商研究》,山西人民出版社,2005年。

程民生:《河南经济简史》,中国社会科学出版社,2005年。

(美)彭慕兰著,马俊亚译:《腹地的构建:华北内地的国家、社会和经济(1853—1937)》,社会科学文献出版社,2005年。

吴海涛:《淮北的盛衰成因的历史考察》,社会科学文献出版社,2005年。

吴松弟主编:《中国百年经济拼图——港口城市及其腹地与中国现代化》,山东画报出版社,2006年。

王建革:《农牧生态与传统蒙古社会》,山东人民出版社,2006年。

蔡家艺:《清代新疆社会经济史纲》,人民出版社,2006年。

肖瑞玲等:《明清内蒙古西部地区开发与土地沙化》,中华书局,2006年。

唐巧天:《近代上海外贸埠际转运变迁(1864—1930)》,复旦大学历史地理研究中心博士学位论文2006年,未刊稿。

毛立坤:《晚清时期香港对中国的转口贸易(1869—1911)》,复旦大学历史地理研究中心博士学位论文2006年,未刊稿。

冀福俊:《清代山西商路交通及商业发展研究》,山西大学硕士学位论文2006年,未刊稿。

乌日陶克套胡:《蒙古族游牧经济及其变迁》,中央民族大学出版社,2006年。

阎光亮:《清代内蒙古东三盟史》,中国社会科学出版社,2006年。

王云:《明清山东运河区域社会变迁》,人民出版社,2006年。

李小建主编:《经济地理学》,高等教育出版社,2006年。

赵冈:《中国城市发展史论集》,新星出版社,2006年。

樊如森:《天津与北方经济现代化(1860—1937)》,东方出版中心,2007年。

王卫东:《融会与构建——1648—1937年绥远地区移民与社会变迁研究》,华东师范大学出版社,2007年。

龚关:《近代天津金融业研究(1861—1936)》,天津人民出版社,2007年。

范立君:《近代关内移民与中国东北社会变迁(1860—1931)》,人民出版社,2007年。

姚永超:《国家、企业、商人:东北港口空间的构建与绩效研究(1861—1931)》,复旦大学历史地理研究中心博士学位论文2007年,未刊稿。

任银睦:《青岛早期城市现代化研究》,三联书店,2007年。

聂家华:《对外开放与城市社会变迁——以济南为例的研究(1904—1937)》,齐鲁书社,2007年。

肖洲:《梁漱溟与山东乡村建设运动》,河北师范大学硕士学位论文2007年。

朝乐门:《近代蒙古族农业经济的特点及影响》,内蒙古师范大学硕士学位论文2008年未刊稿。

王建革:《传统社会末期华北的生态与社会》,三联书店,2009年。

(日)顾琳(Linda Grove)著,王玉茹、张玮、李进霞译:《中国的经济革命——二十世纪的乡村工业》,江苏人民出版社,2009年。

(日)吉泽诚一郎:《天津の近代——清末都市にぉける政治文化と社会统合》,名古屋大学出版会,2009年。

(日)栾玉玺:《青岛の都市形成史:1897—1945——市场经济の形成と展开》,京都思文阁出版,2009年。

(日)佐藤宪行:《清代ハルハ·モンゴルの都市に关する研究——18世纪末から19世纪半ばのフレを例に》,东京学术出版会,2009年。

朱维铮:《重读近代史》,百家出版社,2010年。

(美)鲍德威(David D Buck)著,张汉等译:《中国的城市变迁:1890—1949年山东济南的政治和发展》,北京大学出版社,2010年。

李惠民:《近代石家庄城市化研究(1901—1949)》,中华书局,2010年。

王哲:《晚清民国对外和埠际贸易网络的空间分析——基于旧海关史料等的研究(1873—1942)》,复旦大学历史地理研究中心博士学位论文2010年,未刊稿。

高福美:《清代沿海贸易与天津商业的发展》,南开大学历史学院博士学位论文2010年,未刊稿。

张学军、孙炳芳:《直隶商会与乡村社会经济(1903—1937)》,人民出版社,2010年。

吴松弟、樊如森等:《港口—腹地与北方的经济变迁(1840—1949)》,浙江大学出版社,2011年。

姚洪卓著,天津市国际贸易学会编:《近代天津对外贸易研究》,天津古籍出版社,2011年。

李玉尚:《海有丰歉——黄渤海的鱼类与环境变迁(1368—1958)》,上海交通大学出版社,2011年。

吴焕良:《近代上海棉纱业空间研究(1889—1936)》,复旦大学历史地理研究中心硕士学位论文2011年,未刊稿。

林满红著,詹庆华、林满红等译:《银线》,江苏人民出版社,2011年。

支军:《开埠后烟台城市空间演变研究》,齐鲁书社,2011年。
包梅花:《雍正乾隆时期呼伦贝尔八旗历史研究》,内蒙古大学蒙古学研究中心博士学位论文2012年,未刊稿。
樊如森:《近代西北经济地理格局的变迁(1850—1950)》,台湾花木兰文化出版社,2012年。
吴松弟、樊如森主编:《近代中国北方经济地理格局的演变》,人民出版社,2013年。
齐光:《大清帝国时期蒙古的政治与社会——以阿拉善和硕特部研究为中心》,复旦大学出版社,2013年。
曾声威:《近代上海公共租界城市地价空间研究(1899—1930)》,复旦大学历史地理研究中心硕士学位论文2013年,未刊稿。

五、20世纪50年代以后的研究论文

胡华:《关于承认和保证蒙古人民共和国的独立地位》,《人民日报》1950年2月24日第4版,人民日报图文数据库1950年2月,第271条。
谭其骧:《黄河与运河的变迁》,《地理知识》,1955年第8—9期。
王怀远:《旧中国时期天津的对外贸易》,《北国春秋》1960年1—3期。
谭其骧:《何以黄河在东汉以后会出现一个长期安流的局面——从历史上论证黄河中游的土地合理利用是消弭下游水害的决定因素》,《学术月刊》1962年第2期。
邹逸麟:《黄河下游河道变迁及其影响概述》,《复旦学报(社科)》1980年增刊,历史地理专辑。
内蒙古政协文史委:《旅蒙商大盛魁》,《内蒙古文史资料》第12辑,1984年。
王天奖:《清末河南的民族资本主义》,《中州学刊》1984年第1期。
徐新吾:《近代中国自然经济加深分解与解体的过程》,《中国经济史研究》1988年第1期。
方行:《封建社会的自然经济和商品经济》,《中国经济史研究》1988年第1期。
魏金玉:《封建经济、自然经济、商品经济》,《中国经济史研究》1988年第2期。
李根蟠:《自然经济商品经济与中国封建地主制》,《中国经济史研究》1988年第3期。
屠义源:《绥远政坛见闻琐记》,《内蒙古文史资料》第31辑,1988年。
刘绍仁、李维章:《萨县种植鸦片及其恶果》,《土默特右旗文史资料》第3辑,1989年。
邓亦兵:《对近代河南经济问题的一点思考》,《中州学刊》1989年第2期。
陈钲:《历史上黄河航运的兴与衰》,《人民黄河》1990年第5期。
谢玉明:《赶大营的"路单"和"大篷车"》,《西青文史资料选编》第4辑1990年。
张利民:《试论近代华北棉花流通系统》,《中国社会经济史研究》1990年第1期。
薛智平:《清代内蒙古地区设治述评》,载内蒙古档案局、内蒙古档案馆主编:《内蒙古垦务研究》第一辑,内蒙古人民出版社1990年。

董光荣、李森等:《中国沙漠形成演化的初步研究》,《中国沙漠》1991 年第 4 期。
庄维民:《近代山东农业科技的推广及其评价》,《近代史研究》1993 年第 2 期。
邹逸麟:《明清时期北部农牧过渡带的推移和气候寒暖变化》,《复旦学报(社科)》1995 年第 2 期。
色音:《从牧民到农民——蒙地开垦后蒙汉经济文化的冲突与交融》,《传统文化与现代化》1996 年第 2 期。
孔德祥等:《盐池半荒漠风沙区土地沙漠化》,《干旱区资源与环境》1997 年第 3 期。
林甘泉:《秦汉的自然经济与商品经济》,《中国经济史研究》1997 年第 1 期。
张利民:《近代华北城市人口发展及其不平衡性》,《近代史研究》1998 年第 1 期。
许檀:《清代前中期的沿海贸易与山东半岛经济的发展》,《中国社会经济史研究》1998 年第 2 期。
许檀:《清代前期北方商城张家口的崛起》,《北方论丛》1998 年第 5 期。
孙喆:《清前期蒙古地区的人口迁入及清政府的封禁政策》,《清史研究》1998 年第 2 期。
许檀:《明清时期区域经济的发展—江南华北等若干区域的比较》,《中国经济史研究》1999 年第 2 期。
麦劲生:《十八至十九世纪德国商人在中国沿海的活动》,载李金强等编:《近代中国海防军事与经济》,香港中国近代史学会出版 1999 年。
冯天瑜:《东亚同文书院的中国旅行调查》,《文史知识》2000 年第 1 期。
王建革:《定居与近代蒙古族农业的变迁》,《中国历史地理论丛》2000 年第 2 期。
许檀:《明清时期城乡市场网络体系的形成及意义》,《中国社会科学》2000 年第 3 期。
许檀:《清代前期的沿海贸易与天津城市的崛起》,《城市史研究》第 13—14 期。
樊如森:《天津开埠后的皮毛运销系统》,《中国历史地理论丛》2001 年第 1 期。
樊如森:《西北近代经济外向化中的天津因素》,《复旦学报(哲社)》2001 年第 6 期。
杨天宏:《近代中国自开商埠研究述论》,《四川师范大学学报(社科)》2001 年第 6 期。
张力小、宋豫秦:《青藏高原的隆起对中国沙漠与沙漠化时空格局的影响》,《人口、资源与环境》2001 年第 4 期。
王涛、朱震达:《中国北方沙漠化的若干问题》,《第四纪研究》2001 年第 1 期。
(美) Steven H Strogatz. "Exploring Complex Networks", *Nature*, 2001, 410: 268-276.
王建革:《农业渗透与近代蒙古草原游牧业的变化》,《中国经济史研究》2002 年第 2 期。
樊如森:《近代天津外向型经济体系的架构》,《历史地理》第 18 辑,上海人民出版社 2002 年。
王建革:《清代蒙地的占有权、耕种权与蒙汉关系》,《中国社会经济史研究》2003 年第3期。

王建革:《近代蒙古族的半农半牧及其生态文化类型》,《古今农业》2003年第4期。

苏德:《关于清末内蒙古西部地区的放垦》,载《蒙古史研究》第七辑,内蒙古大学出版社2003年。

韩茂莉:《论中国北方畜牧业产生与环境的互动关系》,《地理研究》2003年第1期。

陈为忠:《近代华北花生的运销体系(1908—1937)》,《中国历史地理论丛》2003年第1期。

樊如森:《清末至民国时期京、津的粮食供应》,《中国农史》2003年第2期。

张利民:《近代华北港口城镇发展与经济重心的东移》,《河北学刊》2004年第6期。

姚永超:《大连港的中转贸易(1907—1931)》,《中国历史地理论丛》2004年第1期。

Lin Man-houng. "Late Qing Perceptions of Native Opium", *Harvard Journal of Asiatic Studies* 64.1(June 2004): 117 - 144.

罗澍伟:《谈谈近代的"华北区域"》,载江沛、王先明主编:《近代华北区域社会史研究》,天津古籍出版社2005年。

吴松弟、方书生:《一座尚未充分利用的近代史资料宝库——中国旧海关系列出版物评述》,《史学月刊》2005年第3期。

薛娴等:《中国北方农牧交错地区沙漠化发展过程及其成因分析》,《中国沙漠》2005年第3期。

庄维民:《贸易依存度与间接腹地:近代上海与华北市场经济》,复旦大学历史地理研究中心主编:《港口—腹地和中国现代化进程》,济南齐鲁书社2005年。

刘大可、庄维民:《抗战时期日本在山东的经济统制及其影响》,《山东社会科学》2005年第8期。

樊如森:《论北方在近代上海经济发展中的作用》,《城市史研究》第23辑,天津社会科学院出版社2005年。

毛立坤:《晚清时期东南沿海通商口岸对外航线与港势地位的变迁》,载《史学月刊》2005年第12期。

王涛等:《中国北方沙漠化过程及其防治研究的新进展》,《中国沙漠》2006年第4期。

董朝阳等:《中国沙漠化过程中人文作用研究进展》,《中国沙漠》2006年第4期。

樊如森:《天津——近代北方经济的龙头》,《中国历史地理论丛》2006年第2期。

张利民:《区域史研究中的空间范围界定》,《学术月刊》2006年第3期。

樊如森:《民国时期西北地区市场体系的构建》,《中国经济史研究》2006年第3期。

张利民:《"华北"考》,《史学月刊》2006年第4期。

张利民:《论华北区域的空间界定与演变》,《天津社会科学》2006年第5期。

唐巧天:《中国近代外贸埠际转运史上的上海与天津(1866—1919)》,《史林》2006年第1期。

陈为忠:《山东的港口—腹地》,吴松弟主编:《中国百年经济拼图——港口城市及其腹地与中国现代化》,济南山东画报出版社 2006 年。

张利民:《首次发现的〈华北月报〉与华北一词的滥觞》,《历史教学(高校版)》2007年第 8 期。

樊如森:《环渤海经济区与近代北方的崛起》,《史林》2007 年第 1 期。

樊如森:《从上海与北方关系的演变看环渤海经济崛起》,《史学月刊》2007 年第 6 期。

王晓燕:《论清代官营茶马贸易的延续及其废止》,《中国边疆史地研究》2007 年第 4 期。

珠飒:《全面放垦蒙地与移民》,《内蒙古工业大学学报(社科)》2008 年第 2 期。

樊如森:《近代北方城镇格局的变迁》,《城市史研究》第 25 辑,天津社会科学院出版社 2009 年。

樊如森:《陕西抗战时期经济发展述评》,《云南大学学报(社科)》2009 年第 5 期。

樊如森著,福岛惠译:《1871—1931 年の中日の経済貿易関系》,《学习院大学人文科学研究所报》2009 年。

风凌石:《蒙古国乌兰巴托印象》http://www.photofans.cn/forum/showthread.php? forumid = 81 & threadyear = 2009 & threadid = 62198 & action = & word = & searchusername = & page=7.

樊如森:《民国以来的黄河航运》,《历史地理》第 24 辑,上海人民出版社 2010 年。

樊如森:《华北近代经济地理格局的变迁》,《史学月刊》2010 年第 9 期。

樊如森著,吉田建一郎译:《华北経済の近代的変革》,《近代中国研究汇报》第 32 号,东洋文库,2010 年。

樊如森:《内河航运的衰落与环渤海经济现代化的误区》,《世界海运》2010 年第 5 期。

董良:《北京近代金融建筑述略》,《中华民居》2011 年第 12 期。

樊如森、吴焕良:《近代西北与华北的市场联系》,载张萍主编:《西北地区城乡市场结构演变的历史进程与环境基础》,三秦出版社 2011 年。

樊如森、杨敬敏:《清代民国西北牧区的商业变革与内地商人》,《历史地理》第 25 辑,上海人民出版社 2011 年。

刘丽君、宋萍:《梁漱溟与山东乡村建设运动》,《山东档案》2011 年第 3 期。

樊如森:《中国历史经济地理学的回顾与展望》,《江西社会科学》2012 年第 4 期。

张利民:《简析近代环渤海地区经济中心重组的政治因素》,《天津社会科学》2012 年第 5 期。

樊如森、吴焕良:《近代中日贸易述评》,《史学月刊》2012 年第 6 期。

樊如森、伍伶飞:《近代环渤海市场结构的时空演进》,《历史地理》第 28 辑,上海人民出版社 2013 年。

樊如森:《清代民国的汉人蒙古化与蒙古人汉化》,《民俗研究》2013 年第 5 期。

索　引

一、地名索引

包头　58,59,74,85,86,89,92,94—96, 108—112,148,153—155,159,160,167, 174—179,181,192—194,200,207,227, 229,268,273,274,279—281,307,324, 340,345—347,349,352,362,373,379

北京　1—3,12—13,28,30,31,41,63,79— 81,84—87,105,117,128,147,148,150— 152,158—164,181,184,188,190—192, 197,200,201,203,207,227—229,251, 254,255,268,283,298—300,310,311, 315,323,334—336,344,345,347,350— 353,358,359,372,376

北平　3,5,30,43,87,97,153,195,201, 237,285,286,299,314,341,380

察哈尔　3—6,14,20,21,29,39,44,48,57, 58,60,74,75,86,89,90,146,148,152, 156,159,189—192,196,232,236,237, 266,267,272,308,309,329,330,345, 348,355,360,362,366—369,373, 374,379

赤峰　58,62,85,103,148,149,155,159, 226,228,250,314,340,346,348,351,356

大连　26,86,98,99,113—115,130,131, 138,148,162,211,215,286,290,293, 343,376,379

道口　104,105,148,159,162,165,312, 316,317,352,357

多伦诺尔　61,82,85,148,159,226,273, 274,330,338,340,348,349,364

俄国　18,19,29,49,51—53,78,79,83,85, 86,93,94,103,113,115,148,149,160, 162,179,192,196,202,211,220,225, 229—233,252,266,269,273,280,281, 348,355,360,365

甘肃　3,4,7,14,19,48,56,60,62,89—92, 94,96,104,108—112,168,173—178, 189,193,194,227,228,232,248,251, 308,323—325,373,374

高阳　17,29,34,38,151,188,240,296, 322—325,331,385

古城　89,108,109,112,147,179,192,229, 273,338,355,379

归化城　5,57—59,74,81—83,92,108, 144,160,179,226,228,229,267,280, 346,362—364,370,373

哈尔滨　113,115,116,148,149,162, 179,324

海河　3,39—41,45,63,90,127—129,136, 140,158,163,164,180,181,240,336, 340,375,377,381

海州　4,84,86,99,100,103,106,117,127, 132,138,139,161,221—223,249,253, 255,256,288,293,324,340,344,345, 351,379

汉口　12,39,91,104—106,111,117,118, 120,121,147,150,162,176,188,200, 207,240,241,255,283,320,323,324

河北　3—5,12,14—17,28,29,32,37,39, 41—43,48,50,56,62,76,78,86,87,90— 92,97,105,110,113,128,140,152,164— 166,188—193,195,196,226,228,236, 237,240,243,248,251,252,254,260— 263,265,274,279,282,283,288,291, 300,310,313,314,316,318,321,322,

324，325，331，340，341，345，350，358，373—375，377

河南 3—7，14，29，30—32，39，41—43，65，66，79，86，87，89—91，99，100，103—108，110，112，117，118，128，142，151，153，159—161，164—169，172，189—192，195，200，221，227，228，236，238，240，241，243，249—253，255—257，260—264，266，279，282，283，285，292，301，302，312，313，316，317，319，320，323，324，328，345，350，373—375，377，379，380

华北 1—18，24—37，39，40，42，44，62—64，67，69，75—79，84—87，89，90，92—95，97，98，102，106—108，112，113，115—127，133，134，140—142，147—152，156—158，160—163，178，180，182，186—188，190，196—199，201，204，205，207，217，221，224，234—239，241，245，246，248，249，251，252，255，257，258，260—263，265，270，271，281，282，284—288，290，291，294，296，298，302，310，313—315，321，331—336，339，344，349—360，371—385

华北平原 3，16，17，36，37，39—43，58，62，63，66，68，79，128，142，143，235—237，263，385

环渤海 2，17，18，41，77，79，86，87，90，107，112，113，116—118，120，121，124，126，127，181，343，376，380—382

黄河 3，4，6，14，40—42，44，45，59，60，62，64，65，75，92，99，100，104—106，108—110，112，116，138，150，159，164，166—170，172—178，180，181，190，194，221，240，253，255，263，279，347，356，375，377，379

济南 2，11—13，38，84，86，99—102，104—106，117，131，132，140，142，147，150，151，153，158—161，169，171—173，188，192，195，201，202，211，221，236，238，241，249，253，255，256，261，265，283—285，287，291，292，303—306，319，323，336，337，340，343，345，351—354，375—379

开封 39，41，43，65，79，86，95，104—106，117，148，150，152，159—163，169，179，221，255，301，302，313，316，317，324，328，334，345，355

科布多 5，48—51，53，55，56，72，74，83—85，92—94，103，108，145，146，149，179，227，229—232，269，270，273，340，349，360，363，364

库伦 10，18—20，54，55，84，85，89，92—94，103，145—149，153，155，158，160，162，179，202，203，227，229，230，232，269，270，273，309，314，315，324，338，340，348，359，360，366，379

兰州 89，92，96，108—112，174—177，193，200，324，379

临清 13，38，64，79，97，104，116，161，164，165，191，238，240，242，249，254，262，306，335，336，350，357，358，376

龙口 13，84，86，102，113，127，138，141，173，190，215，216，253，260，289，293，306，320，321，340，344，351，375—377，380

蒙古高原 1，4—7，10，13，15，18，19，21—31，33—36，48，52，54，56，58，60—62，68—71，76—80，84—86，89，95，96，100，102，107，108，112，118，124—126，143，144，148—150，152，154，156—158，160—163，173，178，180，182，189，193，196，197，204，205，225，226，228，229，234，235，245，266，270—273，275，277—281，294，296，307，310，314，328—333，337，

338,340,346,349,350,360—362,364, 365,368,370—375,377—380,382—384

漠北蒙古 5,18,48—50,53—56,59,62, 71,83—85,92—94,103,144,149,160, 173,202,226,228—230,269,308,314, 315,338,348,349,359,360

漠南蒙古 5,18,20,23,49,56—58,60— 62,74,75,95,226,266,310,338,349— 351,353,358

内蒙古 3,5,14,18—23,26,30—32,48, 50,56—58,75,82,85,92,96,103,116, 143—146,148,154,155,196,226,228, 230,249,250,260,267,268,280,337— 339,346,348,361,365,366,368,370

宁夏 3,4,48,58—60,90,92,95,108— 111,153,155,156,159,166,167,169, 174—177,227,228,307,308,326, 373,374

欧美 36,79,93,118,119,124,187,189, 197,252,254,300,310,331,344

恰克图 18,20,26,28,49,55,78,83,85, 92—94,103,142,145,146,149,153,158, 161,162,179,225,229—232,269,270, 280,314,340,360

秦皇岛 10,84,86,97,112,127,136—138, 141,159,179,187,190—192,200,254, 255,260,312,334,339,344,351,354,355

青岛 2,3,5,7,11—13,25,26,29,34,35, 84,86,89,91,97—107,113,117,124, 127,131—136,138,141,147,148,150— 153,160—163,187,190,195,197,200— 202,211,214—218,220—223,236,241, 249,252,253,255,256,260,261,265, 266,282,284,285,287,290—293,296, 302—307,318—320,326,339,343—345, 351—355,371,373,376—380,382

青海 3,4,20,24,41,48,80,92,97,109,

110,112,174,176—178,227,228, 272,373

热河 3,4,6,38,39,57,58,60,90,153, 159,189—192,224,228,232,250,308, 309,314,348,349,356,373,374

日本 7,10,11,14—16,18,20,21,28,86, 98,101,108,109,113,115,120—124, 128,132,135,148,153,161—163,183, 194,198,201,202,207,211,216,217, 220,223—225,229,232,248,252,254, 261,265,269,281,285,287,290,291, 293,301,309—311,315,317,319,328, 329,344,351,352

三岔口 41,128,129,140,164,166, 340,341

杀虎口 58,68,82,144,146,267

山东 3—5,7,11—18,25,28—32,38,39, 41—43,54,56,62,64,65,68,76,78,79, 82,86,87,90,91,95,98—102,104,112, 113,116,117,120,126,128,130—136, 139,151,153,158—161,163—166,169, 170,172,183,184,189—193,195,196, 200—202,211,217,221—223,227,228, 236—238,240,242,243,249,251—257, 260—263,265,266,283—293,304—307, 313,314,316,319,320,323,324,326, 327,331,335,336,345,350,354,363, 373—377,379,380

山西 3—5,7,14,15,29,31,32,43—48, 56,60,62,66—68,78,82,83,86,87,89— 92,94,95,99,100,103—105,108—110, 112,127,142—144,150,154,159—161, 166—169,172,183,184,186,188—196, 200,226—228,231,236,238,240,243, 248—250,260—262,274,279,282,292, 300,301,308,313,316,317,319—325, 330,345,350,373,374,379,380

山西高原　36,44—47,58,66,67,142,143,
183,262

陕西　3,4,7,14,48,62,68,86,89—91,99,
100,104,105,108—112,166—169,172,
176,183,184,189,190,193,228,240,
243,248,251,325,335,373,374

上海　29,39,78,87,90,91,98,100,101,
103,105—107,110,111,113,116—121,
123,124,150,158—162,184,185,191,
196,198—202,207,211,221—223,240,
241,252,253,255—257,266,285,286,
291—293,297,301,303,311,324,340,
341,358,359,380,385

石家庄　12,86,97,105,150,159,190—
192,195,200,300,316,325,345,351—
356,358,378

苏联　19,21,26,32,49,51,52,54,71,94,
103,115,145,146,160,203,230—234,
269,270,273,309

绥远　3,4,6,14,20,21,23,29,30,44,57—
62,75,83,86,89,90,92,94,95,142,145,
146,148,149,151,154—156,160,163,
166,167,175,177,178,189—192,195,
227,232,237,250,267,268,271,272,
274,277—280,307—309,324,329,345—
348,365,368—370,373,374

太原　12,44,45,66—68,86,89,91,92,95,
148,153,159,160,163,168,186,188,
190—192,194,207,250,300,301,316,
323,345,351,352,355,378

天津　2,3,5,7—10,14,16,17,25,26,28,
29,34,35,38,40—42,79,84,86,87,89—
93,95,97—99,102—113,116,117,119—
124,126—131,137,140—142,144,147—
153,157—166,179—181,183—200,
204—211,220,222,224—230,235,237—
241,243—248,251—254,258—260,263,
273—277,279,280,284—286,290—293,
296—299,303,307,308,310—312,315—
320,322,323,325,326,334—336,339—
342,344,345,347,349—353,358,359,
371,373—376,378—382,384

外蒙古　4,5,7,18—22,31,48,50—52,55,
56,71,73,79,82,85,89,93,103,108,
145,146,148,149,152,160,163,173,
192,202,203,226,229—234,269,270,
309,348,355,359,360,368,373,379

威海卫　84,113,127,132,190,253,255,
260,287,290,293,306,320,339,343,
351,376,377,380

潍县　13,34,39,79,84,86,100—102,152,
153,159,161,195,253,256,257,264,
296,303—306,319,326,331,340,343,
345,351,355,375—377

卫河　103,104,106,237,254,312,335

乌里雅苏台　18,49,50,55,80,83—85,
92—94,103,144—146,149,173,179,
227,229—232,273,314,340,349,360,
363,364,368

西安　86,89,105,108,111,112,148,168,
169,179,190,372,379,380

西北　4,19—21,24—26,28,32,68,79,80,
92—96,107,108,110—112,117,118,
143,147,149,150,160,161,176,177,
181,184,188,189,192,193,225,227,
228,266,273—275,277,280,294,347,
352,372—374,379,384

小清河　4,99—102,104,140,142,172,
173,221,253,336,375

新疆　4,19,20,46,48,49,51,53,56,59,
79,89,91—94,108,109,135,143,146,
147,149,155,176—179,189,192,227,
228,232,281,373,374

新乡　39,41,86,95,105,117,159,164,

索引　411

190,241,263,302,316,317,324,328,345,356

许昌 39,95,105,117,150,256,257,262,302,316,317,328

烟台 4,12,13,25,26,28,31,42,79,84,86,99—102,104,106,113,116,119,120,126,127,130—133,140—142,151,152,158,161—163,173,187,190,201,211,212,214—219,221,222,235,238,246,252,253,255,265,266,284,285,287,290—293,304,306,318—321,326—328,339,342—345,350,351,355,375—377,379,380

羊角沟 100—102,140,173,289,375

营口 26,86,113,114,117,162,215,228,293,321,322,375

运河 13,32,41,59,64,65,68,79,90,95,100,103—105,116,117,127,128,130,134,140,151,163—165,184,221,222,240,253—256,265,312,333,335,336,340,356,376,377

张家口 19,21,58,62,68,81—83,85,86,89,92,95,103,105,109,144—150,153,155,158—160,162,163,179,182,183,187,190—194,200,203,207,226,227,229,230,232,251,272—274,291,308,334,335,338—340,345,348—355,364,368,373,379

镇江 4,25,39,104,106,117,121,158,221,222,255,256,335

郑县 39,84,86,89,91,95,104—106,117,152,160,168,169,262,328,340,345,351,379

直隶 7,14,17,37,38,63,64,78,79,82,83,95,100,104,112,116,120,132,136,144,159—161,187—191,193,195,226,228,240,249,251,274,292,300,312,

319,320,322,323,326,335,358,374,380

周村 13,79,84,86,100—102,127,161,286,292,340,345,351,352,356,375—377

紫竹林 128,129,140,164,340

二、企业索引

蛋厂 91,105,195,300,302,303,307,316,317

电报局 161,163,227,342

电话局 163

海关 4,8,9,25,27,31,65,76,78,79,86,91,98—100,104,108,112,115,117,119—124,129,130,133,135,136,140,141,144,147,150,151,158,159,161,163—165,181,185,187,190,192,193,204—212,214—226,228,239,247—251,254,256,258,260,274—276,279—282,285,287,291—293,311,312,316,318,319,322,323,326,351,352,355,374—376

矿务局 86,129,296,313

旅蒙商 22,82,83,92,94,96,103,107,193,194,202,226,227,229—231,274,280,363,364,368

轮船公司 116,129,132,135

煤矿 11,55,86,138,198,298,309—313,345,349,351,356,358

面粉厂 236,237,302—304,307,310

民信局 157

农桑会 261

票号 15,68,184,197,200,336

汽车公司 151,155

钱庄 86,115,197,198,200,202,255,336

纱厂 86,91,105,150,188,198,221,251,266,298,300—303,322,323,325,356

实业公司 300,309

烟草公司　86,256,257,305

洋行　97,100,103,108,109,118,128,129,135,147,176,177,185,186,189,190,194,196,226,227,252,265,274,285,292,316—318,321,341,342

银号　193,197,198,200

银行　10,29,86,92,105,106,114,116,185,186,197—203,227,230,232,255,341,380

银行公会　201

邮政管理局　159,160

油行　191

织布厂　91

三、商品索引

草帽辫　14,90,99,102,104,106,120,190,195,208,215,220,221,315,318—320,378,380

大豆　32,42,65,66,100,113,116,117,165,222,236,237,266,269,321,378

肥皂　111,300

干果　189,233,257—260,276,364

甘草　14,55,62,99,110,176—178,279—281,307,347

花生　14,42,64,95,99,100,102,104,106,117,127,150,165,170,171,173,196,199,215—217,220—223,233,251—257,264,265,294,364,378,380

化肥　261,264,265

火柴　15,32,95,99,101,102,110,111,136,151,165,178,189,193,216,217,220,297,300—302,305—307,379

粮食　8,29,41,59,63—65,68,72,74,79,95,100,106,115,128,139,142,164,167,171,175,180,184,208,211,216,217,221—223,235—237,249,264,265,268,270,294,300,335,361,362,377,381

硫酸　265

煤炭　11,14,15,46,66—68,86,91,100,105,109,117,127,135,139,165,167,169—171,173,174,184,189,211,220,223,257,310—313,345

煤油　32,95,99—102,105,113,114,151,165,170,171,189—191,210,211,220,300

棉布　16,64,68,83,92,95,101,151,171,184,187,195,205,206,209,211,220,287,302,335,338

棉花　8,14,29,32,42,46,63—66,90,91,94,97,100—102,104—106,116,117,127,150,165,166,168—171,173,176,180,188,189,194,195,199,208,210,217,220—223,227,234,238—245,251,257,261—263,265,266,276,294,300,322,323,328,335,374,378,380

棉纱　16,25,95,100—102,151,165,187,188,205—207,209—211,220—222,297,302,303,309,315,323,326,385

面粉　15,95,100,102,105,111,165,170,171,173,223,227,232,236,237,297,300,302—304,307,308,310,345,379,381

农药　261,264,265

皮毛　25,63,79,83,90,96,103,108—111,114,144,150,160,167,174—178,189,192—194,199,202,226—229,231,232,260,274—277,291,329,335,347,352,355,357,358,364,373,380

染料　31,32,63,99,151,216,217

石油　15,32,62,181,190,233,309,310

土布　43,62,102,110,111,117,176,187,188,193,195,238,322,323

土纱　187,188,322,323,326

驼毛　108,110,175,208,226—228,232,

274—276,329,373

小麦 14,42,46,59,63,65,66,71,106,116,165,170,171,199,210,222,223,235—237,254,256,257,262—266,270,307,308

鸦片 10,36,79,84,108,114,127,184,187,205—207,216,245—251,257,266,331,333

烟草 32,42,46,64—66,68,86,99,100,102,105,113,151,184,208,210,232,233,256,257,264,265,301,305,335

羊毛 14,32,69,91,94,101—103,106,108—110,112,174—177,189,194,208,226—228,232,234,274—277,282,291,297,307,308,310,329,373,374,380

洋布 99,101,102,110,165,176,187,188,193,194,221,322,323,325

洋纱 99,187,188,221,322,323,325,326

药材 32,42,55,62,68,81,82,96,99,100,104,106,108—111,169,174,178,184,189,192—194,210,215,227,229,271,276,278—281,335,337,347

纸 15,32,63,67,68,74,79,94,95,99,100,102,109—111,116,127,151,157,165,170,171,176,178,184,189,193,198,202,203,209,211,216,217,220,221,224,230,298,300,301,308,335,369

猪鬃 14,102,108,120,194,208,275,276,284,315

柞蚕 42,64,115,262,286,287,292,327,328

四、人名索引

岑春煊 267

查日乾 183

德璀琳 159

傅作义 250

噶尔丹 80,83,229

赫德 158,159

李鸿章 147,161,311,314,341,344

梁炎卿 185

莫尔斯 161

派伦 150,251

沈铭昌 172

王铭槐 185

王同春 24,75

王相卿 363

徐树铮 92,203,229

阎锡山 262,282

杨士骧 172

贻谷 267

袁世凯 162,341

郑翼之 185

图书在版编目（CIP）数据

中国近代经济地理.第七卷,华北与蒙古高原近代经济地理/樊如森著.—上海：华东师范大学出版社,2014.10
（中国近代经济地理）
ISBN 978-7-5675-2647-1

Ⅰ.①中… Ⅱ.①樊… Ⅲ.①经济地理－中国－近代②经济地理－华北地区－近代③经济地理－内蒙古－近代 Ⅳ.①F129.9

中国版本图书馆 CIP 数据核字(2014)第 235936 号

审图号 GS(2014)1498 号

中国近代经济地理

第七卷·华北与蒙古高原近代经济地理

丛书主编	吴松弟　副主编　戴鞍钢
本卷著者	樊如森
策划编辑	王　焰
项目编辑	庞　坚
审读编辑	李惠明
责任校对	时东明
版式设计	高　山
封面设计	储　平

出版发行	华东师范大学出版社
社　　址	上海市中山北路 3663 号　邮编 200062
网　　址	www.ecnupress.com.cn
电　　话	021－60821666　行政传真 021－62572105
客服电话	021－62865537　门市（邮购）电话　021－62869887
门市地址	上海市中山北路 3663 号华东师范大学校内先锋路口
网　　店	http://hdsdcbs.tmall.com
印 刷 者	上海中华商务联合印刷有限公司
开　　本	787×1092　16 开
印　　张	26.75
字　　数	537 千字
版　　次	2015 年 5 月第 1 版
印　　次	2015 年 5 月第 1 次
书　　号	ISBN 978－7－5675－2647－1/K·420
定　　价	95.00 元

出 版 人　王　焰

（如发现本版图书有印订质量问题,请寄回本社客服中心调换或电话 021-62865537 联系）